Knaur

Frank von Berger
Feryal Kanbay

Knaurs Gartenlexikon

Knaur

Frank von Berger / Feryal Kanbay

Knaurs Gartenlexikon

Gartenwissen von A–Z

www.knaur.de

Wichtiger Hinweis

Die im Buch veröffentlichten Ratschläge wurden mit größter Sorgfalt von Verfasser und Verlag erarbeitet und geprüft. Eine Garantie kann jedoch nicht übernommen werden. Ebenso ist eine Haftung des Verfassers bzw. des Verlages und seiner Beauftragten für Personen-, Sach- oder Vermögensschäden ausgeschlossen.

Bibliografische Information der Deutschen Bibliothek

Die Deutsche Bibliothek verzeichnet diese Publikation in der Deutschen Nationalbibliografie; detaillierte bibliografische Daten sind im Internet über http://dnb.ddb.de abrufbar.

Redaktion: Stephanie Wenzel, München
Illustration: Sabine Weber
Bildredaktion: Sylvie Busche (Ltg.)
Umschlaggestaltung:
ZERO Werbeagentur, München
Umschlagfoto: FinePic
Layout und Satz:
Verlagsservice Peter Schneider, Iffeldorf
Reproduktion:
Kaltner Media, Bobingen
Druck und Bindung:
Stürtz AG, Würzburg

Printed in Germany

ISBN 3-426-66883-1

Gedruckt auf elementar chlorfrei gebleichtem Papier

Bitte besuchen Sie uns im Internet
www.droemer-knaur.de

Vorwort

Was ist ein Grubber und was bedeutet „remontieren“? Wachsen Weintrauben auch im Norden und welche Balkonpflanzenarten gedeihen im Schatten? Nicht nur Laien fragen sich oft, was die Fachausdrücke in Gartenbüchern bedeuten und wo man all die kleinen Fragen des Gartenalltags beantwortet bekommt. Auch mancher erfahrene Hobbygärtner ist sich trotz jahrelanger Praxis bei der Verwendung eines Begriffes nicht immer ganz sicher, ob das Gemeinte auch wirklich so heißt.

Was zum Beispiel unterscheidet eine Rabatte von einer Einfassung, was einen Ableger von einem Kindel und warum können Kräuter auch Stauden sein? Natürlich geht es dabei nicht um Wortklaubereien, sondern um oft wichtige Unterschiede, die über Erfolg oder Misserfolg beim Gärtnern entscheiden können. Schließlich ist ein Verjüngungsschnitt etwas anderes als ein Pflege- oder Erhaltungsschnitt und die richtige Technik kann im Zweifelsfall (Pflanzen-)leben retten oder zumindest eine Menge überflüssiger Arbeit sparen.

Das vorliegende, aus jahrelanger Praxiserfahrung entstandene Gartenlexikon hilft aber nicht nur bei der Klärung von Fachausdrücken, sondern gibt auch Antwort auf Fragen nach dem richtigen Einsatz von Düngemitteln, der möglichst schonenden Schädlings- und Krankheitsbekämpfung sowie den richtigen Schnitt- und Vermehrungsmethoden für die jeweiligen Pflanzenarten. Darüber hinaus wird das breite Spektrum der Gartenwerkzeuge und -geräte vorgestellt, Techniken der Bodenbearbeitung und -pflege erläutert und verschiedene Kulturmethoden und Gartenstile genannt. Und weil es sogar im schönsten Gartenparadies immer wieder zu nachbarschaftlichen Konflikten kommt, findet man auch einige Tipps zu rechtlichen Fragen.

Bei unserem Buch handelt es sich um ein echtes Allzwecklexikon – ein unverzichtbares Standardwerk für jeden Gartenbesitzer. Alle wichtigen in West- und Mitteleuropa kultivierten Gartenpflanzen wurden in diese Sammlung aufgenommen. Anders als bei vielen Gartenbüchern wurde darauf geachtet, dass alle Pflanzen in unserem Klima gedeihen und bei uns auch erhältlich sind. Neben einem möglichst breiten Artenspektrum für vielfältige Standorte wurde auch besonderer Wert auf die Nennung aktueller, handelsüblicher Arten und Sorten gelegt. Die Pflanzen sind im Lexikon unter ihrem gebräuchlichen deutschen Namen in alphabetischer Reihenfolge zu finden, anschließend wird der lateinische Artname in schräger Schrift (Kursivsatz), der botanische Familienname sowie der deutsche Familienname genannt. Die Sortennamen stehen nach dem deutschen und dem kursiv gesetzten, speziellen Artnamen in einfachen Anführungszeichen. Ein Beispiel: Ahorn, Acer, ACERACEAE, Ahorngewächse, Eschenahorn, Acer negundo ‘Flamingo’.

Zu jedem Pflanzenporträt wurden praxisnahe Kulturanleitungen und Pflegetipps beigestellt, mögliche Krankheiten und Schädlinge sowie Besonderheiten der jeweiligen

Pflanzenarten genannt und die schönsten Sorten aufgezählt.

Sämtliche Stichwörter sind alphabetisch angeordnet. Alle Pflanzenarten, Gartenfachbegriffe, aber auch Schädlinge und Krankheiten sowie Nützlinge werden unter ihrem deutschen oder sonst gebräuchlichen Namen aufgeführt und sind daher leicht aufzufinden. Verweise durch Pfeile führen auf dem schnellsten Weg zum Stichwort, unter dem der betreffende Begriff ausführlich erklärt wird.

Wenn wir mit unserem Gartenlexikon dazu beitragen können, die Lust am Gestalten in Gärten, auf Terrassen und Balkons zu wecken und das Gärtnern zu erleichtern, dann haben wir unser Ziel erreicht.

Freiburg und München, im Frühjahr 2004

Frank von Berger
Feryal Kanbay

Abdecken
Das Bedecken von Pflanzen, die über den Winter im Freien verbleiben zum Schutz vor Kälteschäden, z. B. mit trockenem Laub, Reisig oder Zweigen von Nadelgehölzen.

Abgelagerter Kompost (Reifekompost)
➛ Kompost

Abgetragenes Fruchtholz ➛ Fruchtholz

Abhärten
Pflanzen, die unter geschützten Bedingungen vorgezogen bzw. überwintert wurden, allmählich an die Bedingungen am endgültigen Standort gewöhnen, um sie vor Schäden widriger Klimaeinflüsse zu bewahren und gleichzeitig ihr kräftiges Weitergedeihen zu sichern. So hebt man z. B. schützende Abdeckungen (➛ Frühbeet, ➛ Folien) zunächst kurzzeitig nach und nach, dann immer länger und weiter an oder stellt die Pflanzen an milden Tagen stundenweise an einem geschützten Ort, später den ganzen Tag am vorgesehenen Platz auf.

Abiotische Schäden
Gesundheitliche Beeinträchtigung, die nicht auf Krankheitserreger oder tierische Schädlinge, sondern auf Faktoren wie Pflegefehler, einen falschen Standort oder Witterungsereignisse wie Hagel oder Sturm zurückzuführen sind.

Ableger
1. Allgemein ein durch vegetative Vermehrung entstandener Nachkömmling.
2. Triebe, die beim Kontakt mit dem Boden leicht Wurzeln schlagen.
3. Durch ober- oder unterirdische Ausläufer vermehrte Pflanze.

Ableiten
Einkürzen eines zu langen, und deshalb meist in ungünstiger Richtung wachsenden Triebes einer Gehölzkrone bis auf eine weiter untenliegende Seitenknospe (➛ Knospe) bzw. Seitenverzweigung.

Abmoosen
Vegetative Vermehrungsart bei Pflanzen, bei welcher der später abzutrennende Steckling bis zur Bewurzelung auf der Mutterpflanze verbleibt; die Bewurzelung wird durch Umhüllen des Stamms mit feuchtem Moos erreicht.

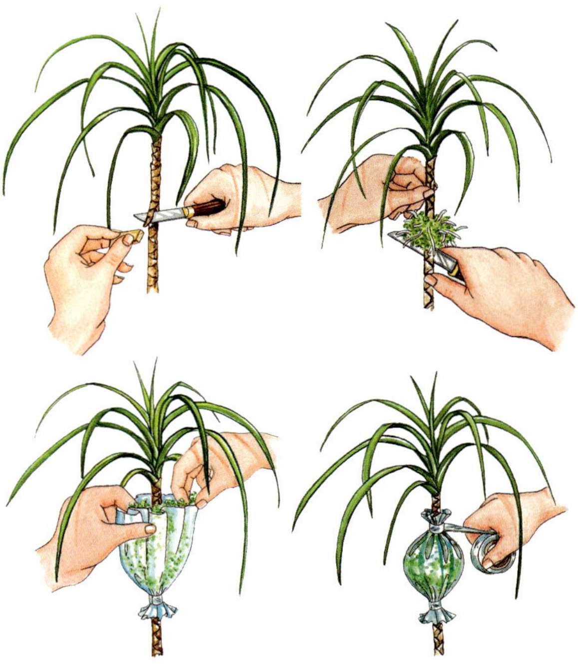

An einer günstigen Triebstelle, ca. 30 cm unter der Spitze, werden alle Blätter der Mutterpflanze entfernt, die Rinde angeschnitten, diese Stelle mit Bewurzelungshormonen bestrichen und mit Moos umhüllt. Anfeuchten und mit einer aufgeschnittenen Plastiktüte befestigen.

Abrissvermehrung (Anhäufeln)
Eine Form der Vermehrung, die vorwiegend bei einigen Beerensträuchern durchgeführt wird. Diese bilden leicht aus der Triebbasis, sobald diese mit Erde in Kontakt steht, Wurzeln; um diesen Vorgang zu fördern, häufelt man ebendort Erde an und schneidet später die bewurzelten Triebe ab.

Absenker
Trieb, der zur vegetativen Vermehrung von Gehölzen auf dem Boden oder in einer leichten Bodenvertiefung abgelegt wird. Durch einen Einschnitt an der Stelle, die mit der Erde in Berührung kommt, wird die Wurzelbildung angeregt.

Absonnig → Lichtverhältnisse

Abspreizen (Sperren)
Ausrichten von zu steil nach oben wachsenden Leitästen mit Hilfe eines Spreiz- oder Sperrholzes, das zwischen den Mitteltrieb und den Leitast geklemmt wird; wird hauptsächlich beim Formieren von Obstbäumen angewendet.

Der Trieb wird mit einer Klemme oder einem Holz an der Einschnittstelle in der Bodenkuhle befestigt.

Abspreizer: Das Sperrholz drückt den Mitteltrieb vom Leitast weg.

Abstützen

Abstützen
Das Stützen von Zierpflanzen, die schwache Triebe haben oder in die Höhe schießen, mit Hilfe von Stäben aus Holz, Kunststoff oder Bambus, da sie die Last ihres Laubes und ihrer großen Blüten kaum aus eigener Kraft tragen können. Die Stützhilfen werden schon bei der Pflanzung in den Boden geschlagen, um die empfindlichen Wurzeln nicht zu verletzen.

Abwehrpflanzen
Pflanzen, die tierische Schädlinge und Krankheiten durch Absonderung von chemischen Stoffen (meist Düfte) auf Abstand halten und daher als schützende Nachbarschaftspflanzen kultiviert werden können.

Schädling/Krankheit	Abwehrende Pflanzen
Ameisen	Lavendel, Rainfarn
Blattläuse, Blutläuse	Kapuzinerkresse, Lavendel, Bohnenkraut
Echter Mehltau	Knoblauch, Schnittlauch
Erdflöhe	Wermut, Pfefferminze
Kartoffelkäfer	Meerrettich, Farnkraut
Kohlweißling	Beifuß, Dill, Pfefferminze, Rosmarin, Salbei, Sellerie, Thymian, Tomaten
Möhrenfliege	Kresse, Salbei, Zwiebeln
Säulenrost, Johannisbeerrost	Wermut
Schnecken	Kapuzinerkresse, Knoblauch, Salbei, Senfsaat, Thymian, Ysop, Zwiebeln
Zwiebelfliege	Möhren
Wühlmäuse	Knoblauch, Kaiserkronen, Steinklee, Sonnenblumen
Wurzelälchen	Ringelblumen, Tagetes

Achsel
Übergangsstelle zwischen 2 Pflanzenorganen. Eine *Blattachsel* liegt zwischen Blatt und Stängel, eine *Sprossachsel* zwischen 2 Sprossen. Den Pflanzenteil, der sich in einer A. befindet, bezeichnet man als achselständig.

Achselbulben, -bulbillen ➛ Brutorgane

Achselknospe ➛ Knospe

Achselspross ➛ Spross

Achselständig ➛ Achsel

Ackerschachtelhalmbrühe, -jauche, -tee ➛ Pflanzenzubereitungen

ADR-Rose ➛ Anerkannte Deutsche Rosa

Adventivbildung
Nachträgliche („hinzukommende“) Bildung verschiedener Pflanzenorgane oder -teile an für sie ungewöhnlichen Stellen, z.B. nach einem verletzendem Einschnitt. Je nach Funktion und Entstehung unterscheidet man *Adventivknospen, Adventivsprosse* oder *Adventivwurzeln*.

Adventivknospe ➛ Adventivbildung

Adventivspross ➛ Adventivbildung

Adventivwurzel ➛ Adventivbildung

Aerifizieren ➛ Bodenbelüftung

Ahorn
(*Acer*; ACERACEAE) Ahorngewächse
Gattung mit etwa 150 meist Laub abwerfenden, voll frostharten Baum- oder Straucharten Europas, Nordafrikas, Asiens, Nord- und Zentralamerikas. Typisch sind die ➛ gegen-

Japanischer Fächerahorn *Acer palmatum* 'Atropurpureum'

Eschenahorn *Acer negundo* 'Flamingo'

Fächerahorn *Acer palmatum* 'Hessei'

Schlitzahorn *Acer palmatum* var. *dissectum* 'Dissectum atropurpureum'

Ahornarten für den Garten

Name	Wuchsform	Höhe (in m)	Blatt	Besonderes
Feldahorn (*A. campestre*)	mittelgroßer Baum; auch strauchig, kegel- oder eiförmig bis rundkronig; unscheinbare Blüten und Früchte	3–15	fünflappig, dunkelgrün; im Herbst leuchtend gelb	anpassungsfähig, für fast alle Standorte; schnittverträglich, daher auch als Hecke geeignet
Rotstieliger Schlangenhaut-Ahorn (*A. capillipes*)	Großstrauch bis Kleinbaum; lockerkronig; Blüte: gelblich hängende Trauben, rotbraune Früchte	7–9	dreilappig, glänzend dunkelgrün, unterseits heller; Austrieb rötlich, im Herbst leuchtend rot	für alle außer sehr kalkhaltige Böden; besonders schöne, charakteristisch gestreifte Rinde
Feuer-Ahorn (*A. ginnala*)	Großstrauch bis Kleinbaum, locker kegelförmige Krone, anfangs raschwüchsig; Blüte: grünlich weiße Dolden, später rote Früchte	5–6	dreilappig, glänzend dunkelgrün; im Herbst leuchtend orange bis rot	Standort: sonnig bis halbschattig; für alle, außer sehr kalkhaltige Böden geeignet
Zimtahorn (*A. griseum*)	Großstrauch bis Kleinbaum; meist mehrstämmig, lockere, offene breite bis trichterförmige Krone, langsam wachsend; Blüte: zartgelb, rispenförmig, später flügelförmige Nüsschen	5–8	dreizählig; Austrieb bronzefarben, im Sommer dunkelgrün; im Herbst scharlachrot, leuchtend orange und gelb	Standort: sonnig bis halbschattig; liebt hohe Luftfeuchtigkeit und eher saure bis neutrale Böden; möglichst nicht beschneiden; sehr attraktiv abschilfernde, zimtbraune Rinde

Name	Wuchsform	Höhe (in m)	Blatt	Besonderes
Japanischer Feuer-Ahorn (*A. japonicum*)	in Gärten meist die Sorte 'Aconitifolium'; langsam wachsender, breitkroniger Großstrauch; Blüte: unscheinbar	2–4	farnartig geschlitzt, sieben- bis neunlappig, frischgrün; im Herbst orange- bis leuchtendrot	Standort: sonnig bis lichter Schatten, jung nur mäßig frosthart; liebt luft- und bodenfeuchte Lagen und schwach sauren Boden
Eschenahorn (*A. negundo*)	raschwüchsiger, mittelgroßer Baum; unregelmäßig und breit rundkronig, oft mehrstämmig; Blüte: unscheinbar	5–10 Zuchtformen etwas kleiner	gefiedert, drei- bis fünfblättrig, hellgrün; im Herbst gelbgrün	Standort: sonnig bis halbschattig; im Alter anfällig für Windbruch, anpassungsfähig. Sorten mit weiß- bzw. gelbgrün panaschiertem Laub: 'Aureo-variegatum' 'Flamingo', 'Variegatum'
Japanischer Fächer-Ahorn (*A. palmatum*)	Großstrauch bis Kleinbaum; oft mehrstämmig, im Alter breiter als hoch, locker rundkronig mit locker überhängenden Trieben, langsam wachsend; Blüte: rötliche Trauben, attraktive Früchte	4–6 kleine Zuchtformen 1,5–2	fünf- bis elflappig, tief geschlitzt, frischgrün; bei manchen Sorten, z. B. 'Atropurpureum' im Sommer rot bis rotbraun bleibend; im Herbst orange bis rot	bevorzugt halbschattige, kühlfeuchte, wintermilde Standorte; Austrieb spätfrostgefährdet; möglichst nicht schneiden. Über 200 Gartensorten bekannt, *A. p.* var. *dissectum* ist besonders zierlich und schwach wachsend
Spitz-Ahorn (*A. platanoides*)	Großbaum; rundkronig, kurzstämmig, mit aufstrebenden Ästen; für Gärten eher kleinere Zuchtformen geeignet. Blüte: zitronengelbe duftende Dolden	20–25 Zuchtformen 6–15	fünflappig, sattgrün, bei manchen Zuchtformen auch rot; im Herbst gelborange bis rot	Standort: sonnig bis halbschattig, sehr anpassungsfähig. Nicht im Frühjahr beschneiden, da er stark blutet. Etwa 90 Zuchtformen für den Garten sind bekannt
Berg-Ahorn (*A. pseudoplatanus*)	großer, rundkroniger Baum; anfangs raschwüchsig	25–30	fünflappig, stumpf dunkelgrün; im Herbst leuchtend gelb	Standort: sonnig bis halbschattig, für kühle bis kaltfeuchte Standorte; wegen der Größe nicht so gut für Hausgärten geeignet
Rot-Ahorn (*A. rubrum*)	kleiner bis mittelgroßer Baum; lockerwüchsig, unregelmäßige Krone; anfangs raschwüchsig; Blüte: rote Büschel, auffällige, rote Früchte	7–12	drei- bis fünflappig, Austrieb bronzefarben, später frischgrün; im Herbst flammend rot, gelb oder orange	Standort: sonnig bis lichter Schatten; meidet Luft- und Bodentrockenheit. Besonders schöne Herbstfärbung an vollsonnigen Standorten in sauren bis neutralen Böden
Rostbart-Ahorn (*A. rufinerve*)	Großstrauch bis Kleinbaum; lockere, unregelmäßige Krone mit aufwärts strebenden Ästen, sehr langsam wachsend; Blüte: unauffällig	4–7	dreilappig, mittelgrün, an den Blattnerven rostrote Haarbüschel; im Herbst auch in beschatteten Lagen orange bis rot	Standort: halbschattig und luftfeucht; bevorzugt sauren, humosen, feuchten Boden – keine heißtrockenen Lagen; auffällige grüne, weißlich bis rosa längsgestreifte Rinde

ständigen, tief bis gefingert und gelappten Blätter, die sich im Herbst spektakulär verfärben (➛ Herbstfärbung). Im Frühjahr trägt er kleine, grüngelbe Blüten in Trauben, Rispen oder Dolden, im Spätsommer paarige Flügelfrüchte. **Kultur:** Sonnig oder halbschattig in nährstoffreichen, feuchten, gut dränierten, leicht sauren bis neutralen Böden pflanzen. *A. palmatum* und *A. japonicum* vor Wind und starken Frösten schützen. Beschneiden, falls nötig, im Spätherbst oder Winter. Wertvolle Gartengehölze; größere Arten sind jedoch so raschwüchsig, dass sie nur für wirklich große Gärten geeignet sind. In Hausgärten sollte man strauchförmige Arten bevorzugen. Kleinere Arten sind auch für Kübel geeignet. **Schädlinge/Krankheiten:** Blattläuse, Schildläuse, Milben (Gallenbildung), Raupen sind möglich, ebenso Welkekrankheit, Blattverbräunung und Befall mit Hallimasch. **Vermehrung:** Aussaat an Ort und Stelle oder durch Pfropfen im Spätwinter oder Okulieren im Spätsommer (➛ Veredelungsmethoden).

Ähre

Blütenstand, dessen Blüten einzeln an einer dünnen Achse sitzen, z.B. Süßgräser; die Ähre wird häufig mit der Rispe verwechselt.

Älchen ➛ Nematoden

Algen

Eine Abteilung im Pflanzenreich, die einfache, ein- oder vielzellige Pflanzen umfasst. Algen leben gewöhnlich im Wasser oder an feuchten Stellen, können frei schwimmen oder festgewachsen sein. Durch ihre Fotosyntheseleistung sind sie an der Sauerstoffversorgung der Erde beteiligt und spielen daher in allen Gewässern, also auch im Gartenteich, eine sehr wichtige Rolle für das ➛ ökologische Gleichgewicht. Unter Bedingungen, die für sie günstig sind, z.B. Wärme und hohem Nährstoffangebot, vermehren sie sich jedoch explosionsartig und können so den Gartenteich stark belasten; man spricht dann von einer *Algenblüte*.

Algenmatten können einen undurchdringbaren Teppich bilden – zum Nachteil der übrigen Wasserflora und -fauna.

Algenblüte → Algen

Algenkalk → Kalkung

Algizide → Pflanzenschutzmittel

Alkalisch → pH-Wert

Alpengarten (Alpingarten)
Anlage im Gebirge, in der alpine Pflanzen in ihrer natürlichen Umgebung gepflegt und beobachtet werden können.

Alpenpflanzen
1. Im Allgemeinen alle im Hochgebirge vorkommenden Pflanzen.
2. Im Besonderen nur die Pflanzen der alpinen Stufe der Alpen (zwischen Baumgrenze, 1800–2200, und Schneegrenze, 2500–3300 m); charakteristisch ist die klima-, boden- und höhenbedingte Anpassung, z.B. an die intensive Sonneneinstrahlung, Temperaturschwankungen und heftige Winde durch u.a. Polsterwuchs, Zwergformen, Behaarung (als Schutz vor Verdunstung). A. sind größtenteils geschützt!

Alpinum
Steinanlage, in der vorwiegend zu wissenschaftlichen Zwecken Alpenpflanzen kultiviert werden; der Unterschied zum Steingarten besteht darin, dass auf gestalterische Elemente verzichtet wird. Im Gegensatz zum Alpengarten kann ein A. an jedem beliebigen Platz stehen.

Alte Rosen → Rosen

Alternanz
Bei Obstgehölzen, vor allem bei Kernobst und Weinreben, der Wechsel in der Ertragshöhe von einem Jahr zum anderen, zumeist hervorgerufen z.B. durch genetisch festgelegte, hormonelle Vorgänge in der Pflanze. Auch Klimaschwankungen führen in manchen Fällen zu A.

Altweibersommer → Singularitäten

Ambossschere → Schnittwerkzeuge

Ameisen
Staaten bildende Insekten, deren Nester anfangs meist unbemerkt bleiben; erst im 2. oder 3. Jahr, wenn das Volk größer geworden ist, können sie zu einer Belästigung werden (besonders im Rasen, wo sie die Grasnarbe unterwühlen). A. ernähren sich u.a. von Honigtau Pflanzen saugender Insekten (→ Blattläuse); Bekämpfung am besten durch Köderverfahren, das die Königin und ihre Brut erfasst, sodass keine Nachkommen mehr produziert werden.

Ampeln → Pflanzgefäße

Anbaufolge (Kulturfolge)
Abfolge verschiedener, auf ein und demselben Beet nacheinander angebauter Gemüse.

Anemone, Windröschen
(*Anemone*; RANUNCULACEAE) Hahnenfußgewächse
Eine farben- und formenfrohe Gattung mit etwa 120 variablen Staudenarten. Die Blätter sind meist fingrig gelappt und oft behaart; die Schalenblüten können offen, flach bis leicht becherförmig mit einem Staubblattbüschel in der Mitte sein. Anemonen bilden je nach Art Rhizome, Knollen, fleischige oder faserige Wurzeln (→ Speicherorgane) und blühen je nach Art im Frühjahr,

Freundliche Frühlingsgrüße bringen die Strahlenanemone *A. blanda*, das wild wachsende Buschwindröschen *A. memorosa* und die japanische *A. japonica* 'Prinz Heinrich'.

Frühsommer oder Herbst. Größere Arten eignen sich für Rabatten und Beete, kleinere für ➛ Stein- oder Gehölzgärten und zum ➛ Verwildern. **Kultur:** Die Kulturansprüche variieren je nach Art. (1): halbschattige Standorte mit feuchten, aber durchlässigen Böden, toleriert im Sommer (Ruhephase) trockenere Bedingungen. (2): Sonne oder Halbschatten in durchlässigen, humosen Böden. (3): vollsonnig in sandigen, leichten Boden mit trockener ➛ Ruhezeit nach der Blüte, in rauen Lagen frostfrei überwintern. **Schädlinge/Krankheiten:** Anfällig für Blattflecken, Echten Mehltau, Raupen- und Schneckenfraß. **Vermehrung:** Aussaat, Teilung (herbstblühende im Frühjahr und Rhizomstauden nach Abwelken der Blätter teilen), Brut- bzw. Tochterknollen.

Anerkannte Deutsche Rosa

Das Prädikat, das einer Rose nach der *Alldeutschen-Rosenneuheiten-Prüfung* verliehen wird, wenn sie eine bestimmte Mindestpunktzahl erreicht. Die Rosen werden nach

Anemonenarten und -sorten

Name	Beschreibung	Sorten	Blütenfarbe	Höhe (in cm)	Blütezeit (Monat)
Strahlen- oder Berganemone (*A. blanda*)	voll frostharte Knollenstaude, die rasch große Horste bildet; für Stein- oder Gehölzgarten oder zum Verwildern. Kultur: (2) oder (3)	'Blue Shades'	blau mit gelben Staubgefäßen	15	III–IV
		'White Splendour'	weiß mit gelben Staubgefäßen	15	III–IV
		'Radar'	magentarot mit weißem Zentrum und gelben Staubgefäßen	15–20	III–IV
Kronenanemone (*A. coronaria*)	voll frostharte, Knollen bildende, aufrechte Staude mit großen Blüten, gute Schnittblume; Kultur: (3)	De Caen-Gruppe	ungefüllte, rote, weiße oder blaue bis blauviolette Blüten mit schwarzer Mitte	25–35	V–VI
		St. Brigid-Gruppe	gefüllte, rote, weiße oder blaue bis blauviolette Blüten	25–35	V–VI
Herbstanemone (*A.* x *hybrida*)	Kreuzung u. a. aus *A. japonica* und *A. hupehensis*); voll frostharte, wüchsige, aufrechte, Schösslinge bildende Staude mit faserigem Wurzelstock; für Rabatten oder Gehölzgärten; Kultur: (2)	'Honorine Jobert'	ungefüllte weiße Blüten mit goldenen Staubblättern	100	VIII–X
		'Königin Charlotte'	halb gefüllte, rosa Blüten	150	VIII–X
		'Whirlwind'	halb gefüllte, weiße Blüten mit grünlich weißem Zentrum	100	VIII–X
Buschwindröschen (*A. nemorosa*)	voll frostharte Staude mit kriechenden Rhizomen, für Gehölzgärten und zum Verwildern geeignet; Kultur: (1)		weiß, oft rosa überhaucht; auch gefüllte und blau blühende Sorten	10–15	III–IV

etlichen Kriterien wie Wuchs, Knospen- und Blütenform, Reichblütigkeit, Blühdauer, Farbbeständigkeit und Duft der Blüten, Selbstreinigung sowie Widerstandsfähigkeit gegen Schädlingsbefall und Krankheiten, Regen, Trockenheit und Frost geprüft und bewertet.

Angießen

Ausgiebiges Wässern eines frisch gepflanzten Gewächses, um einen engen Kontakt der feinen Wurzeln mit dem Bodensubstrat herzustellen und die Pflanze mit Wasser zu versorgen. ➛ Einschlämmen.

Angiospermae (Bedecktsamer) ➛ Blütenpflanzen

Anhäufeln

1. Bedecken des Stammfußes bzw. des unteren Sprossteils mit einem Haufen aus Erde, Kompost oder Mulchmaterial. Dient zur Förderung der Wurzelentwicklung und zum Bleichen von Gemüse; wird außerdem durchgeführt, um eine empfindliche Veredelungsstelle (➛ Veredelung) am Wurzelhals vor Frost zu schützen, z. B. bei Rosen.
2. ➛ Abrissvermehrung

Anuelle Pflanzen (einjährige Pflanzen) ➛ Lebensdauer

Anzucht

1. Allgemein die Kultivierung von Pflanzen während ihrer Jugendphase.
2. Heranziehen von Pflanzen aus Samen, gewöhnlich unter wachstumsfördernden Bedingungen, z. B. auf der Fensterbank oder im Gewächshaus, bis zum Umpflanzen an den endgültigen Standort im Garten.

Anzuchterde ➛ Substrate

Die zarten Keimlinge haben in Anzuchtgefäßen noch allen Schutz, den eine Kinderstube zu bieten hat.

Anzuchtgefäße

- *Einzeltöpfe:* aus Ton oder Kunststoff gefertigte Töpfe mit verschieden großen Durchmessern
- *Saatschale:* eine flache Schale oder Kiste, meist aus dünnen Kunststoff oder Styropor, im Format von 20 x 30 cm, 30 x 40 cm oder 40 x 60 cm
- *Multitopfplatte:* eine in der Regel aus Kunststoff gefertigte Einheit mit vielen kleinen, dicht nebeneinander eingepressten Vertiefungen
- *Torfpresstopf:* aus torfhaltigem Substrat in Form gepresstes Gefäß; einzeln oder als größere Einheit ähnlich der Multitopfplatte
- *Torfquelltopf:* eine Kombination von Gefäß und torfhaltigem Substrat. Eine Substratmenge wird mit einer Form stabilisierenden Umhüllung, z. B. mit einem Kunststoffnetz, zu einer „Tablette“ zusammengepresst; diese lässt sich durch Einweichen in Wasser zu einer Art Topf aufquellen
- *Paperpot:* Einwegtopf aus Altpapier, der sich im Boden zersetzt oder kompostiert werden kann
- *Minigewächshaus (Zimmergewächshaus):* Set aus Saatschale und passender Abdeckung aus durchsichtigem Kunststoff; auch mit thermostatgeregelter Beheizung erhältlich.

Anzuchtsubstrat ➛ Substrate

Apfel

(*Malus*; ROSACEAE) Rosengewächse
Gattung mit etwa 35 Laub abwerfenden Bäumen und ➛ Sträuchern mit ➛ wechselständigen, eiförmigen bis elliptischen Blättern und weißen, rosafarbenen oder rötlichen Blüten. Ziersorten für Gärten werden wegen der Blüten und Miniaturfrüchte gepflanzt. Der Obst-Apfel, *Malus* x *domestica*, stammt aus Westasien und wurde durch ➛ Kreuzung und ➛ Auslese zum wichtigsten und beliebtesten Kernobst der gemäßigten Klimaregionen. Über 10 000 Sorten sind bekannt, von denen in Mitteleuropa etwa 1500 angebaut werden und nur etwa 100 eine wirtschaftliche Bedeutung haben. Zusammenfassung der Sorten nach Verbreitung, Verwendung, Marktbedeutung in Sortengruppen, häufig auch nach Reifezeiten gruppiert. *Marktsorten:* in weiten Anbaugebieten, in großen Mengen kultiviert und überall angeboten, z. B. Golden Delicious, Boskoop, Elstar. *Neben-, Regional- oder Liebhabersorten*: regional verbreitet und damit seltener verkaufte Sorten, z. B. Champagnerrenette, Zaubergäurenette, Hamburger Pfannkuchenapfel. *Mostäpfel* dienen der Saft- und Mosterzeugung.

Die populärste Obstsorte in Mitteleuropa – der Apfel. Hier die Blüte des Zwergapfels 'Everesta'.

Früh reifende Sorten (erntereif ab Juli) bezeichnet man als *Sommeräpfel*. Als *spät reifende Herbstäpfel* bezeichnete Sorten sind bis Dezember/Januar lagerfähig, *spät reifende Winteräpfel* bis zum nächsten Frühjahr. Blütezeit je nach Sorte im April/Mai. In rauen Lagen sind spät blühende Sorten spätfrostgefährdet. Apfelblüten sind in der Regel selbstunfruchtbar: Zur ➛ Befruchtung sind sortenfremde Pollen nötig, also fast immer eine zweite, unterschiedliche Sorte, die aber gleichzeitig blüht. Nicht alle Kombinationen ergeben gleich gute Ergebnisse (gute und schlechte Befruchtersorten sind in der Sortentabelle genannt!). Äpfel, auch Zieräpfel in der Umgebung, können ebenfalls als Befruchter fungieren. Früchte mit von Fruchtfleisch ummanteltem, fünfkammerigem Kerngehäuse mit je 2 Samenkernen. Je nach Sorte typische Färbung und Textur der Fruchtschale: grün, gelb, rot, wachsig, rau, gepunktet oder bereift/berostet (z. B. Boskoop). **Kultur:** Anpassungsfähig an viele Standorte; am besten luftige, nicht windige, sonnige Standorte mit hoher Luftfeuchtigkeit in tiefgründigem, schwach bis mäßig saurem, humosen Lehmboden mit ausreichend Feuchtigkeit. Wichtig: ➛ Bodenpflege. ➛ Baumscheibe (in der Größe der Krone) frei von jeglichem Bewuchs halten, mit ➛ Mulchschicht abdecken. Fruchtansatz nur bei ausreichender Versorgung mit Nährstoffen und Feuchtigkeit. Im Herbst zum Ausreifen des Holzes nicht mehr düngen und trockener halten. Ziel der Schnittmaßnahmen: lichte, luftige Krone und reicher Fruchtbesatz. In den ersten 4 bis 5 Jahren jährlich ein ➛ Erziehungsschnitt. Im Sommer Konkurrenztriebe, Wurzeltriebe an der Stammbasis und Wasserreiser (senkrecht nach oben in die Krone gehende Triebe) entfernen. Bis zum 10. Le-

Apfelsorten für den Hausgarten					
Sorte	Fruchtgröße	Fruchtfarbe	Geschmack	Reifezeit	Gute Befruchter
Alkmene	klein – mittelgroß	gestreift bis flächig karminrot	aromatisch, feine Säure	September	2, 4, 7, 15, 21
Berlepsch (Goldrenette Freiherr von Berlepsch)	mittel	rot gestreift auf goldgelbem Grund	weinwürzig mit feiner Fruchtsäure, hoher Vitamin-C-Gehalt	Oktober	3, 7, 8, 16, 25, 26
Cox Orange Renette	klein – mittel	grüngelb, in der Sonne streifig und rötlich	aromatisch süß mit feiner Säure	September – Oktober	1, 7, 8, 13, 26
Elstar	mittel	gelb mit leuchtend roter Deckfarbe	sehr aromatisch, süßsäuerlich, leicht säurebetont	September – Oktober	teils selbst-fruchtbar; 16, 18
Geheimrat Dr. Oldenburg	klein – mittel	grüngelb mit streifigem, verwaschenen Rot	mild-säuerlich, wenig ausgeprägtes Aroma	September	3, 8, 25
Gloster 69	mittel – groß	grünlich, flächig dunkles bis bläuliches Rot	säuerlich, saftig, leicht aromatisch	Oktober	13, 16, 26
Golden Delicius	mittel – groß	grünlich gelb bis gelb, schwache Deckfarbe möglich	überwiegend süß aromatisch	Oktober	3, 4, 5, 12, 13, 16
Goldpamäne	klein – mittel	rote Streifen und Flammen auf gelbem Grund	süßlich fruchtig, nussartiges Aroma	September	5, 7, 16, 21, 26
Gravensteiner	mittel – groß	gelbgrün, in der Sonne rot geflammt	süßsauer, aromatisch, ausgeprägtes Aroma	August – September	2, 3, 16, 25
Holsteiner Cox	mittel – groß	grüngelb, in der Sonne verwaschen rote Flammung	fein säuerlich würzig	Oktober	4, 8, 18
Horneburger Pfannkuchenapfel	groß	grün, rot gestreift	erfrischend säuerlich, mürbe	Oktober	7, 8
Idared	mittel – groß	hell- bis dunkelrot, schattenseits grün	mild, süßlich	Oktober	2, 16, 25
Ingrid Marie	mittel – groß	hell- bis dunkelrot auf grünem Grund	mild, fein säuerlich	September	3, 7, 8, 18
Jakob Fischer (Schöner vom Oberland)	groß – sehr groß leuchtend rot	gelb, in der Sonne saftig	weinsäuerlich,	September	7, 8
Jakob Lebel	groß – sehr groß	gelblich grün, kurze rote Streifen	säuerlich, aromatisch, saftig	September	7, 8
James Grieve	mittel	grüngelb, orangebraun überzogen	saftig, würzig, feine Säure	August-September	teils selbst-fruchtbar; 1, 2, 3, 25 →

Sorte	Fruchtgröße	Fruchtfarbe	Geschmack	Reifezeit	Gute Befruchter
Jonagold	groß – sehr groß	grüngelb bis gelb, streifig bis flächig orangerot	aromatisch, ausgewogen süßsäuerlich	Oktober	4, 6, 8
Jonathan	klein – mittel	dunkelrot auf grüngelbem Grund	mild, süßsäuerlich	September – Oktober	in geringem Maß selbstfruchtbar; 3, 7, 21, 26
Kaiser Wilhelm	mittel – groß	grüngelb, in der Sonne flächig rot überzogen	wenig Säure, fein würzig	Oktober	3, 6, 8, 26
Morgenduft	mittel	gelbgrün, rote Streifen	saftig, wenig süß, schwach aromatisch	Oktober	3, 18
Ontarioapfel	groß	grüngelb, rötlich verwaschen, bläulich überhaucht	leicht säuerlich, schwach aromatisch	Oktober	in geringem Maß selbstfruchtbar; 3, 4, 8, 17
Rheinischer Bohnapfel	klein – mittel	grünlich gelb, bläulich rot gestreift	herb bis mild-säuerlich, wenig Aroma	Oktober	3, 5, 26
Roter Boskoop	groß – sehr groß	gelb, in der Sonne dunkel-orange bis dunkelrot	würzig, kräftig, weinsäuerlich	Oktober	1, 2, 8, 16, 18, 25
Boskoop (Schöner von Boskoop)	groß – sehr groß	gelb, in der Sonne verwaschen dunkelrot, braun bereift	würzig, kräftig weinsäuerlich	Oktober	1, 2, 8, 16, 18, 25
Weißer Klarapfel	klein – mittel	gelbgrün-wächsern	säuerlich frisch	Juli–August	1, 3, 5, 16
Weißer Winter-glockenapfel (Glockenapfel)	groß – mittel	blass grüngelblich, sonnenseits rötlich überhaucht	erfrischend herb säuerlich	Oktober	3, 7, 8, 18, 21

bensjahr ➛ Erhaltungsschnitt, um Kronenwachstum zu beschränken und Ausbildung von ➛ Fruchtholz zu fördern. Im Alter: alle 3 bis 6 Jahre ein ➛ Verjüngungsschnitt. **Schädlinge/Krankheiten:** Raupen des Apfel-, des Schalenwicklers, des Kleinen und Großen Frostspanners, Apfelsägewespe, Apfelblütenstecher, Obstbaum-Miniermotten, Blattläuse, Schildläuse, Blutläuse, Feuerbrand, Virosen, Pilze (Apfelschorf, *Gloeosporium*-Rindenbrand, Milchglanz, Grauschimmel, Echter Mehltau, Bitterfäule, Obstbaumkrebs und Kragenfäule, Monilia-Fruchtfäule). ➛ Stippigkeit der Früchte geht oft auf ➛ Nährstoffmangel zurück. **Vermehrung:** Aussaat im Herbst. Die ➛ Wildlinge müssen später im Winter mit einer Edelsorte gepfropft werden (➛ Veredelungsmethoden), um schmackhafte Früchte zu produzieren. Sichere Ernten erzielt man durch Pfropfen auf vegetativ vermehrte ➛ Unterlagen. Diese sind nach Wuchseigenschaften klassifiziert, bezeichnet mit der Abkürzung M (nach der englischen Forschungsstation East Malling) und jeweils einer Nummer: M 27, M 26 und M 9 sind schwach wachsend, nicht sehr standfest und brauchen zeitlebens eine Stütze. Als Unterlage für sehr stark wachsende Edelsorten wie 'Boskoop' oder 'Gravensteiner' sowie Spindelbüsche, Spaliere und Obsthecken in geschützten Lagen; früher Ertragsbeginn. M 4, M 7 und MM 106 sind robuster, mittelstark wachsend und eignen sich für schwach wachsende Edelsorten wie 'Klarapfel' oder 'James Grieve' sowie Spindelbäume und Niederstämme; Ertragsbeginn ab dem 5. Jahr. M 25, M 11 und M 2 sowie Unterlagen aus Sämlingen wachsen stark, eignen sich für große Bäume, Pyramidenformen, Halb- und Hochstämme auf Streuobstwiesen und sind sehr frosthart und standfest; Ertragsbeginn ab dem 7. Jahr. Bei so genannten Duo-Äpfeln wurden zwei Sorten auf einem Stamm veredelt. Hohe Erträge auf engstem Raum bieten Ballerina®-Äpfel, säulenförmige Kübelpflanzen mit schlankem, aufrechten Wuchs für Balkon und Terrasse mit hohem Nutz- und Zierwert ohne komplizierte Schnittmaßnahmen (z. B. Säulenapfel-Sorten 'Bolero®', 'Polka®' und 'Waltz®').

Apfelblütenstecher

Schwarzer, hell getupfter Rüsselkäfer, der seine Eier im Vorfrühling in die schwellenden Knospen der Obstbäume legt; Unterschlupf in Rindenritzen.

Gefährdete Pflanzen: Äpfel, gelegentlich Birnen, Quitten und Mispel.

Schadbild: braune, vertrocknende, ausgehöhlte Blütenknospen, im Innern gelbliche Larven oder Puppen.

Vorbeugung und Bekämpfung: sorgfältige Rindenpflege; vertrocknete Knospen entfernen und vernichten; ab dem Vorfrühling bis Spätfrühling Wellpapperinge (➛ mechanische Abwehrmittel) um den Stamm binden und frühmorgens darunter sitzende Käfer absammeln – nur bei sehr starkem Befall ölhaltige Präparate anwenden (wenn sich die Blüten gerade zu öffnen beginnen).

Apfelwickler

Dämmerungsaktiver Falter, dessen madenartige Raupen („Obstmaden") Früchte inwendig auffressen.

Gefährdete Pflanzen: Äpfel, Birnen, gelegentlich auch Quitten, Kirschen, Pfirsiche, Aprikosen und Walnuss.

Schadbild: Eigelege an Blättern und Fruchtansätzen; junge Früchte mit kleinem Bohrloch, aus dem Kothäufchen der Larven herauskrümeln; im Fruchtinnern Maden; im Sommer Raupengespinste in den Rindenritzen; vorzeitiger Fruchtfall.

Vorbeugung und Bekämpfung: sorgfältige Rindenpflege; nach der Blüte mit Wermut- oder Rainfarntee besprühen; Fallobst regelmäßig aufsammeln; ab dem Frühsommer bis zur Ernte Gürtel aus Wellpape (➛ Pflanzenschutz) an den Stämmen anbringen; es gibt auch weitere Wicklerarten, z. B. ➛ Pflaumenwickler, Traubenwickler, Schalenwickler.

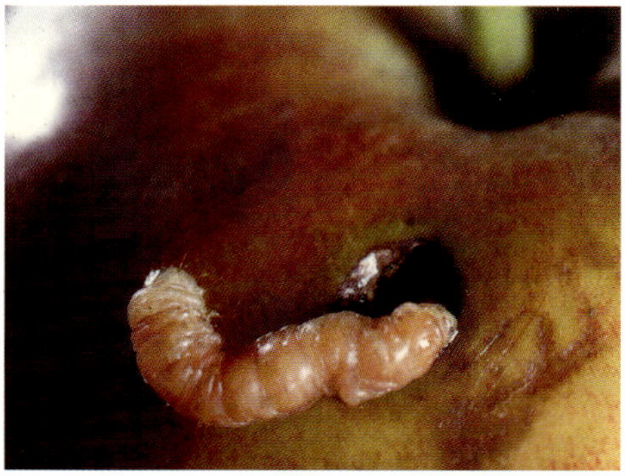

Zwei, die es sich schmecken lassen: links der Apeflblütenstecher und rechts die Raupe des Apfelwicklers.

Apoplexie

1. *Obstanbau:* Krankheitserscheinung bei Aprikosenbäumen. Scheinbar gesunde Bäume sterben plötzlich ab; wird zurückgeführt auf eine Art Unverträglichkeit mit bestimmten ➛ Unterlagen.

2. *Weinbau:* plötzliches Absterben einzelner Rebstöcke im Sommer als Spätfolge extremer Winterfröste (-25 °C und weniger).

Aprikose

(*Prunus armeniaca*; ROSACEAE) Rosengewächse

Aus China stammendes, in rauen Lagen empfindliches Steinobst; die verschiedenen Sorten sind durch ➛ Züchtung und ➛ Auslese entstanden. Die Blätter sind breit eiförmig bis rundlich und am Ende zugespitzt, die Blüten sind ➛ zwittrig, daher in der Regel selbstfruchtbar und mit spätfrostgefährdeten Blüten am kahlen Baum. Die kugeligen Früchte reifen nach und nach im Sommer und sind nicht lange lagerfähig. **Kultur:** Möglichst einjährige ➛ Veredelungen nehmen, da sie leichter anwachsen; in wind- und frostgeschützter Lage in trockene, nährstoffreiche, gut durchlässige, eher kalkige als saure Böden pflanzen. ➛ Staunässe, verdichteter Boden und wechselfeuchte Substrate sind ungeeignet. ➛ Bodenpflege und Düngung wie bei anderen Steinobstarten (➛ Mulchen der bewuchsfreien ➛ Baumscheibe im Herbst, nach der Blüte eventuell einen Volldünger verabreichen). Bei zu starkem Fruchtbehang muss ausgedünnt werden. Kultur als Hohl- oder Pyramidenkrone oder am ➛ Spalier. **Schnitt:** Direkt nach der Ernte regelmäßig abgetragenes ➛ Fruchtholz entfernen (Früchte werden nur an einjährigen Trieben gebildet!). Die Fruchttriebe werden dabei um die Hälfte oder ein Drittel eingekürzt. Zu dicht stehendes Fruchtholz und sich kreuzende Äste können auch im Winter noch ausgelichtet werden. Ältere Bäume gelegentlich verjüngen. Schnittwunden heilen schlecht und müssen mit ➛ Wundverschlussmittel behandelt werden. **Schädlinge/Krankheiten:** Schildläuse, Spinnmilben, Frostspanner-Raupen, Pflaumen-/Schalenwickler, Monilia, Scharkakrankheit (Virose), Aprikosensterben (Apoplexie, durch mehrere Pilze verursacht), *Verticilium*-Welke (Pilzinfektion). **Vermehrung:** Sämlinge müssen durch Pfropfen (➛ Veredelungsmethoden) im Winter veredelt werden. Besser bewährt hat sich das Pfopfen am ➛ Wurzelhals oder in Kronenhöhe auf einer ➛ Unterlage von *Prunus domestica* (Hauszwetsche oder St. Julien-Pflaume), da diese resistent gegen *Verticilium*-Welke ist.

Sorten (selbstfruchtbar): Mombacher Aprikose (goldgelb, wenig gerötet, zart, Reifezeit: Mitte Juli); Nancy-Aprikose (orange-

Zarte Haut, saftig aromatisches Fruchtfleisch – Idealbild von Aprikosen.

gelb, dunkelroter Überzug, süß, saftig, aromatisch, Reifezeit: August); Orangered (intensiv rot, saftig, aromatisch, Reifezeit: August); Ungarische Beste (grünlich gelb/dunkelrot, saftig, süß, Reifezeit: August).

Art ➛ botanische Namen

Artenschutz

Wichtiger Bestandteil des ➛ Naturschutzes, der gefährdete Pflanzen und Tiere in Abhängigkeit vom Grad ihrer Gefährdung vollkommen oder teilweise unter Schutz stellt.

Artischocke

(*Cynara scolymus*; COMPOSITAE) Korbblütler
Distelartige Staudengruppe des mediterranen und nordafrikanischen Raumes mit markantem Laub und attraktiven, bei einigen Arten essbaren Blütenköpfen. Die bis zu 1 m hohen und breiten, Wärme und Sonne liebenden Stauden werden als Zierpflanzen für Rabatten und als Gemüse gepflanzt. Ein gewerblicher Anbau erfolgt heute hauptsächlich in Frankreich, Italien und Spanien; in milden Regionen Deutschlands ist die etwas frostempfindliche ➛ Staude ebenfalls winterhart. Die Pflanzen blühen im zweiten Jahr. Zum Verzehr bestimmte Blütenknospen müssen im Laufe des Sommers geerntet werden, bevor die Blütenblätter sich violett färben. **Kultur:** Aussaat im März/April als ➛ Vorkultur, später in fruchtbarer, gut durchlässiger Erde windgeschützt in voller Sonne pflanzen. Soll die Staude als ➛ Blattschmuckpflanze durch ihr Laub wirken, entfernt man die im Frühsommer erscheinenden Blütenknospen. Im Winter durch eine ➛ Mulchschicht vor starken Frösten schützen. **Schädlinge/Krankheiten:** Schnecken, Blattläuse, Graufäule

Aus stacheligen Blattrosetten überrascht die wunderschöne Artischockenblüte.

(*Botrytis*); in nassen Wintern kann der Wurzelstock verfaulen. **Vermehrung:** Aussaat im Frühjahr in Töpfen oder im ➛ Kalten Kasten, ältere Exemplare durch Teilung im Frühjahr oder Wurzelschnittlinge (➛ Stecklinge) im Winter vermehren.
Arten und Sorten: Als Gemüse empfohlene Sorten: 'Große Grüne von Laon'; 'Green Globe'; 'Imperial Star' (F1-Hybride) blüht bereits im ersten Jahr; verwandt ist die Spanische Artischocke oder Cardy (*Cynara cardunculus*), die im Aussehen und in der Pflanzengröße der Artischocke ähnelt, aber kleinere Blütenköpfe entwickelt. Sie wird in der Regel einjährig kultiviert. Die Blätter werden im Spätsommer zusammengebunden und gebleicht (➛ Bleichen), um die Blattstiele nach etwa 3 Wochen wie Spargel zuzubereiten.

Asseln

1 bis 2 cm große, vielfüßige, dunkelgraue oder braune lichtscheue Bodentiere, die sich bei Gefahr sofort zusammenrollen und wie leblos liegenbleiben. Sie leben vor allem von abgestorbenen Pflanzenresten und sind auf Komposthaufen, aber auch auf der Unterseite von Töpfen und Kübeln zu finden. Nachts fressen sie junge Pflanzenwurzeln oder frische Blätter und Triebe an – sie

lassen sich durch ausgelegte Köder, z.B. Möhren- oder Kartoffelscheiben, fangen.

Assimilation

Umwandlung von außen aufgenommener Stoffe in körpereigene Substanzen, die wiederum zum Wachstum, zur Vermehrung und zum Aufbau von Speicherstoffen erforderlich sind. Für diesen Vorgang wird immer Energie benötigt; grüne Pflanzen verfügen dazu in ihren oberirdischen Teilen über einen besonderen Farbstoff, das *Blattgrün (Chlorophyll)*. Dieser lässt Pflanzen grün erscheinen und befähigt sie, das Sonnenlicht als Energiequelle für die A. zu nutzen. Durch die Umwandlung der Lichtenergie in chemisch nutzbare Energie bauen die Gewächse in ihren Blättern Wasser aus dem

Frühjahrsastern

Name		Beschreibung	Höhe (in cm)	Blütezeit (Monat)
Alpenaster (*Aster alpinus*)	'Albus'	weiße Blüten	20	V–VI
	'Dunkle Schöne'	tiefviolett	20	V–VI
	'Happy End'	rosa Tönungen	20	V–VI
Aster tongolensis	'Berggarten'	lavendelblau mit orangegelber Mitte	40	V–VI
	'Berggartenzwerg'	violett mit orangegelber Mitte	20	V–VI
	'Wartburgstern'	blauviolett mit orangegelber Mitte	40	V–VI

Sommerastern

Name		Beschreibung	Höhe (in cm)	Blütezeit (Monat)
Bergaster, Kalkaster (*Aster amellus*)	'Butzemann'	violett mit gelber Mitte großblumig,	30	VIII–IX
	'Hermann Löns'	lavendelblau mit gelber Mitte	60	VII–X
	'Silbersee'	großblumig, hellblau mit gelber Mitte	50	VII–IX
	'Veilchenkönigin'	veilchenblau mit gelber Mitte	50	VIII–IX
Aster x *frikartii*	'Mönch'	große, violettblaue Blüten mit oranger Mitte	80	VII–IX
	'Wunder von Stäfa'	große, hellblaue Blüten mit orangegelber Mitte	60	VII–IX
Goldaster (*Aster linosyris*)		heimische, zierliche Wildaster mit goldgelben, bis 4 mm breiten Blüten in dichten Schirmrispen, nadelförmiges Laub	70	IX–X

Herbstastern				
Name		Beschreibung	Höhe (in cm)	Blütezeit (Monat)
Kissenaster (*Aster* Dumosus-Hybriden)	'Augenweide'	blauviolett, kompakt und reich blühend	30	IX–X
	'Herbstfreude'	rosa, kompakt und reich blühend	40	IX–X
	'Kristina'	weiß, kompakt und reich blühend	40	IX–X
Myrtenaster (*Aster ericoides*)	'Blue Star'	viele kleine blaue Blüten, kompakt, standfest	70	X–XI
	'Esther'	viele kleine, rosaweiße Blüten	80	X–XI
	'Schneegitter'	straff aufrecht, viele kleine weiße Blüten	100	X–XI
Neuenglische Aster, Raublattaster (*Aster novae-angliae*)	'Andenken an Alma Pötschke'	leuchtend rosarot	110	IX–X
	'Barr's Blue'	dunkelblau	150	IX–X
	'Herbstschnee'	reinweiß	130	IX–X
	'Rubinschatz'	rubinrot	130	IX–X
Neubelgische Aster, Glattblattaster (*Aster novi-belgii*)	'Blaue Nachhut'	späteste hellblaue Sorte	120	IX–X
	'Bonningdale White'	reinweiß, halb gefüllt	100	IX–X
	'Karminkuppel'	karminrot	80	IX–X
	'Marie Ballard'	großblumig, hellblau, gefüllt	90	IX–X
	'Royal Ruby'	rubinrot, halb gefüllt	50	IX–X
	'Schöne von Dietikon'	dunkelblau	90	IX–X

Boden und Kohlendioxid aus der Luft in Kohlenhydrate (Zucker oder Stärke) um. Diese werden dann zu anderen Produkten für den Pflanzenaufbau und den Stoffwechsel weiterverarbeitet. Dabei wird Sauerstoff frei, der für Mensch und Tier lebensnotwendig ist. Diesen äußerst komplizierten Prozess bezeichnet man als *Fotosynthese*. Außer Grünpflanzen haben nur noch einige Bakterienarten die Fähigkeit dazu.

Aster

(*Aster* sp.; ASTERACEAE) Asterngewächse Gattung mit etwa 250 ein- und mehrjährigen Arten vor allem Nordamerikas. Einzeln in endständigen Schirmrispen stehende, margeritenähnliche Blütenköpfchen in vielen Farben, vor allem in Weiß, Rosa-, Purpur-, Blau- und Violetttönen, aber kein echtes Rot. Staudenastern sind wertvolle Blütenpflanzen für Beete und Rabatten, aber auch für ➛ Naturgärten. Blüte je nach Art im Frühjahr, Sommer oder Herbst. **Kultur:** Die meisten Gartenarten bevorzugen sonnige Standorte in mäßig fruchtbaren, gut durchlässigen Böden. Manche tolererieren Halbschatten und feuchtere Böden. **Schädlinge/Krankheiten:** Anfällig für Älchen, Blattläuse, Schnecken, *Fusarium*-Welke, Blattflecken, Grauschimmel (*Botrytis*); *A. no-*

Sie erfreuen mit ihrer Farbenpracht hauptsächlich im Sommer bis in den Herbst hinein: Bergaster (links) und Raublattaster (rechts).

vi-belgii-Abkömmlinge auch für Echten Mehltau und Weichhautmilben. **Vermehrung:** Durch Aussaat, ➛ Stecklinge und vor allem ➛ Teilen älterer Horste im Frühjahr oder Herbst.

Astring

Meist wulstartig verdickte Ansatzstelle eines Astes, in der wichtige Reservestoffe gespeichert sind. Sollte beim Entfernen eines Astes erhalten bleiben, da er zur Stabilisierung und zum Schutz der Wundstelle beiträgt.

Astschere ➛ Schnittwerkzeuge

Ätherische Öle

Flüchtige, sehr stark riechende Pflanzeninhaltsstoffe, die mit Hilfe verschiedener Verfahren, z.B. Extraktion oder Destillation, aus den Pflanzen gewonnen werden. Verwendung in der Medizin, Kosmetik und Spirituosenherstellung. Reich an ätherischen Ölen sind z.B. Lavendel, Rosmarin, Lavendel und Zitronenmelisse.

Äthylen (Fruchtreifegas)

Ein Pflanzenhormon, das verstärkt in reifen Früchten vorkommt. Manche, wie z.B. Äpfel, setzen Ä. während der Fruchtreife in hohem Maße frei, wodurch sich der Reifeprozess in der Nachbarschaft befindlicher Früchte beschleunigt. Aus diesem Grund sollte man z.B. früh reifende Äpfel nicht neben spät reifenden lagern. Ä. beschleunigt auch das Altern von Blüten und Blättern.

Atriumgarten

Im Innenhof eines Gebäudes angelegter Garten.

Aubergine

(*Solanum melongena*; SOLANACEAE) Nachtschattengewächse

Aus dem tropischen Ostindien stammendes, etwa 1 m hohes, einjährig kultiviertes ➛ Nachtschattengewächs mit großen, behaarten, stacheligen Blättern und schmackhaften, länglichen, bei den meisten Sorten violettschwarzen Früchten, die nur gekocht verzehrt werden können (roh enthalten sie ein starkes Gift). Die Pflanzen brauchen viel Wärme, weshalb sie nur in milden Regionen im Freiland, sonst unter Glas oder im ➛ Folientunnel angebaut werden können. **Kultur:** Aussaat in ➛ Vorkultur unter Glas im März/April. Im Mai im Abstand von 50 x 70 cm in humoser, fruchtbarer, gut durchlässiger, neutraler bis schwach alkalischer Erde in voller Sonne auspflanzen. Ausreichende Wasser- und Düngerversorgung gewährleistet guten Fruchtansatz. Bei Trockenheit werfen die Pflanzen die Blüten ab. Höhere Pflanzen eventuell stützen und nach 6 bis 7 Seitentrieben den Haupttrieb entspitzen. Die Früchte sind erntereif, wenn sie glänzen und die sortentypische Färbung haben. Im Inneren sind die Samen dann noch weiß und unreif. **Schädlinge/Krankheiten:** Blattläuse, Weiße Fliege, Grauschimmel (*Botrytis*). **Vermehrung:** Aussaat im Frühjahr.

Sorten: 'Adona', 'Black Beauty', 'Black King', 'Bonica', 'Lange Violette', 'Tanja'. Weiße Früchte hat 'White Eggs', rundliche, purpurviolette die Sorte 'Violetta di Firenze'.

Aufbauschnitt ➛ Erziehungsschnitt

Aufbinden

Festbinden der Pflanzenstängel an Stützstäben mit einer Bast- oder Sisalschnur im Abstand von 30 bis 40 cm; um dabei die Triebe nicht zu quetschen, wird die Schnur in Form einer liegenden Acht locker um Stützstab und Pflanzenstiel geschlungen

Auffrieren

Heraustreten des Wurzelballens aus der Erde infolge einer durch Frost verursachten Aufwölbung der oberen Bodenschicht.

Auflaufen

Durchstoßen der Erdoberfläche von den Keimblättern frisch gekeimter Sämlinge.

Aufleiten

1. Pflanzen während des Streckenwachstums an Stützhilfen wie Stäben, Schnüren und Spalieren in die Höhe führen.
2. Bei Obstgehölzen Einkürzen eines Astes, der zu flach wächst.

Aufnehmen

Pflanzen bzw. Zwiebeln oder Knollen aus dem Boden ausgraben, um sie zu überwintern, zu teilen oder umzupflanzen.

Aufputzen

Entfernen störender Zweige zur optischen Verbesserung von Gehölzen.

Auge ➛ Knospe

Augenveredelung ➛ Veredelungsmethoden

Ausblühung

Ablagerung von Belägen oder Krusten aus Kalk und/oder Mineralsalzen an der Oberfläche von Boden, Substraten und Pflanzgefäßen durch stetige Verdunstung von kalk- und nährsalzhaltigem Wasser. Vor allem an Tontöpfen ergeben Kalkausblühungen weiße bis graue Ränder und Flecken; diese Über-

Das Aufbinden hilft der Pflanze, einmal einen festen Stamm oder Stängel zu bilden und sich dann allein nach oben weiter entwickeln zu können.

Ausblühungen an Tontöpfen.

züge müssen entfernt werden, da sie Nährböden für Bakterien, Algen und Pilze sind und die Bodenbelüftung behindern.

Ausdauernde Pflanzen (mehrjährige Pflanzen) ➝ Lebensdauer

Ausdünnen

1. Vereinzeln: Herausziehen einzelner, zu dicht beieinander stehender Sämlinge, die sich in ihrer Entwicklung gegenseitig bedrängen; die kräftigsten Pflänzchen bleiben stehen.
2. Auspflücken eines zu dichten Fruchtbesatzes bei Obstbäumen.

Ausgeizen ➝ Entgeizen

Ausläufer (Stolonen)

Ober- oder unterirdische Seitensprosse, die den Pflanzen zur ungeschlechtlichen (vegetativen) Vermehrung dienen.

Auslese (Selektion)

Auswahl von Pflanzen, die sich durch bestimmte Eigenschaften, z.B. üppige Blüte, reichen Fruchtansatz oder eine spezielle Wuchsform gegenüber den übrigen Vertreter der Art oder Sorte hervortun und damit besonders kulturwürdig erscheinen. A wird bei der Züchtung wiederholt durchgeführt.

Auslichten (Auslichtungsschnitt)

Herausnehmen kranker, störender, überalteter oder unproduktiver Pflanzenteile, vor allem bei Gehölzen. Diese Schnittmaßnahme sollte bei Bäumen und Sträuchern in regelmäßigen Abständen durchgeführt werden, damit die Krone ausreichend Licht bekommt und gesund wachsen kann, und um einer vorzeitigen Vergreisung vorzubeugen.

Ausputzen

Entfernen welker Blüten bei blühenden Pflanzen. A. erfüllt ästhetische Ansprüche und verhindert die Bildung von Samen und Früchten; dadurch verschwenden die Pflanzen keine Kraft auf die Entwicklung dieser meist unerwünschter Teile, außerdem wird die Bildung neuer Blütenknospen angeregt.

Aussaat (Saat)

Ausbringen von Saatgut durch den Menschen. Je nach Vorgehensweise spricht man von

- *Direktaussaat* (Freilandaussaat): Ausstreuen des Saatguts ins Freiland direkt an Ort und Stelle.
- *Folgesaat:* mehrmaliges Aussäen ein und derselben Pflanzenart oder -sorte in zeitlichen Abständen; so verlängert man bei Sommerblumen die Blüte, erzielt bei Gemüse fortlaufend Ernte.
- *Markiersaat:* Aussaat einer sehr schnell keimenden Pflanzenart in direkter Nähe

Auch eine Aussaat in Tontöpfen ist möglich, und zwar schon in der kalten Jahreszeit.

einer langsam keimenden, um damit den Standort der letzteren im Beet zu kennzeichnen; die später keimende Saat wird so bei Bodenbearbeitung (z.B. Hacken) geschützt.

- *Selbstaussaat:* natürliche Vermehrungs- und Verbreitungsart vieler Pflanzen; sie verteilen ihre Samen auf verschiedenste Weise in der Umgebung.
- *Einzelsaat:* Säen einzelner Samenkörner in entsprechendem Pflanzabstand, sodass man später auf das Ausdünnen verzichten kann.
- *Breitwürfige Saat (Breitsaat):* Verteilung der Samenkörner, gewöhnlich durch schwungvolles Ausstreuen mit der Hand.
- *Reihensaat (Rillensaat):* Säen der Samenkörner in parallel verlaufenden Saatrillen – die Pflanzabstände der jeweiligen Arten sind dabei berücksichtigt; die Pflege der Kulturen werden dadurch vereinfacht.
- *Dibbelsaat (Horstsaat):* Ausbringen von mehreren Samenkörnern an einer Stelle. Nach der Keimung lässt man die 2 bis 3 stärksten Jungpflanzen stehen und entfernt die übrigen; auf diese Weise lassen sich standfeste Pflanzen heranziehen.

Zur Keimung und optimalen Entwicklung der Sämlinge muss eine bestimmte *Saattiefe* eingehalten werden, d.h., die Samen müssen je nach Pflanzenart mehr oder weniger tief in die Erde kommen.

Aussaaterde ➛ Substrate

Aussaatgefäße ➛ Anzuchtgefäße

Austopfen

Herausnehmen eines Gewächses aus seinem Pflanzgefäß bei Umtopfen oder zum Umpflanzen in den Garten.

Austrieb

1. Einsetzen des Wachstums nach der Vegetationsruhe (➛ Vegetationperiode), das durch das Aufbrechen der Knospen zu erkennen ist und im Frühjahr die Entfaltung von neuem Laub aus den Blattknospen bezeichnet.
2. Gesamtheit aller Triebe eines Gehölzes, die zu einer bestimmten Zeit gebildet werden. Der *Frühjahrstrieb* bezeichnet sämtliche diesjährig frisch erschienen Triebe, der *Holztrieb* alle jüngst gewachsenen holzigen Teile. Beim *Sommertrieb* (auch *Johannestrieb*) der Gehölze entwickeln sich im Frühsommer die noch ruhenden Blattknospen. Von *Neuaustrieb* spricht man, wenn eine Pflanze nach Rückschnitt, Teilung oder Beschädigung einen Wachstumsschub zeigt und neue Triebe, Blätter, Wurzeln und/oder Blüten bildet.

Auswaschung

Durch Niederschläge und/oder übermäßiger Bewässerung verursachte Verlagerung von Nährstoffen aus der oberen Bodenschicht in tiefere Lagen bis hin zum Grundwasser, wo sie für Pflanzenwurzeln nicht mehr erreichbar sind. Besonders leichte und saure Böden sind von A. betroffen.

Auswinterung

Schäden, die durch widrige Witterung im Winter an Kulturpflanzen verursacht werden, z.B. durch Erfrierung, ➛ Frosttrocknis oder ➛ Auffrieren.

Axt ➛ Schnittwerkzeuge

Azalee ➛ Rhododendron

Azet-Wühler ➛ Bodenbearbeitungsgeräte

Bach

Kleines fließendes Gewässer, das im Garten meist zu dekorativen Zwecken, aber auch aus ökologischen Gründen angelegt wird. Ein Bachlauf sollte mindestens 5 m lang und 30 cm breit sein. Ein künstliche angelegter Bach verbindet 2 Wasserstellen miteinander: Quelle und Mündung. Dazwischen muss ein Höhenunterschied vorhanden sein. Je höher das Gefälle, desto mehr muss die Pumpe leisten.

Zum Abdichten eignen sich die Teichfolie, aber auch vorgefertigte Bachschalen aus Kunststoff. Zunächst wird das Ufer mit Steinen oder Rundhölzern befestigt, dann die Folie ins Bachbett gelegt und Kies oder Steine als Füllmaterial eingebracht, Anschließend wird die Folie über die Randbefestigung gezogen und in die Erde vergraben, wobei das Folienende nach oben zeigt. So können Boden und Pflanzen aus der Umgebung dem Bach kein Wasser entziehen. Die Folie mit großen Natursteinen oder Kieseln kaschieren; bepflanzt wird in Gitterkörben, die ins Bachbett eingesetzt werden. Am feuchten Bachrand gedeihen Sumpfpflanzen, im Bachbett nur Gewäch-

Ob ein Bachlauf mit Steinen umsäumt oder ein Wiesenbach mit Brunnenkresse bewachsen ist – am schönsten sehen sie im Garten aus, wenn sie naturgetreu gestaltet sind.

se, die fließende Gewässer bevorzugen, z. B. Bachbungenehrenpreis und Sumpfdotterblume (➛ Wasserpflanzen). Ein Bachlauf kann auch mit einem Teich kombiniert werden. Hier versorgt eine Pumpe den Bach mit dem Wasser aus dem Teich und führt es wieder zurück.

Bachmodelle

Unterschiedliche Bachtypen aus der Natur, die als Vorbilder für Gartenanlagen dienen. Sie stellen eigene, an die herrschenden Bedingungen angepasste Tier- und Pflanzenwelten dar. Der *Gebirgsbach* ist durch mehr oder weniger steiles Gefälle gekennzeichnet und bildet immer wieder kleine Wasserfälle – für Hang- und Steingärten geeignet. Der *Wiesenbach* strömt durch leicht abfallendes oder fast ebenes Gelände und bildet dabei häufig enge Schlingen (Mäander) – für Gärten mit geringem Gefälle geeignet. Ein *formaler Kanal* ist streng geometrisch angelegt – für moderne oder fernöstlich inspirierte Gärten geeignet. Ein *Bach mit Teich* ist ökologisch wertvoll: durch die Bewegung wird das Teichwasser mit Sauerstoff angereichert und geklärt – besonders geeignet für naturnahe Gärten.

Bacillus thurengiensis

Ein Bakterienstamm, der nur auf ganz bestimmte Falter oder Käfer tödlich wirkt und daher im Pflanzenschutz selektiv eingesetzt werden kann. Das Präparat ruft z. B. bei Motten eine tödliche Darmkrankheit hervor, ist aber für Menschen und Haustiere ungiftig. Im Handel in Pulverform erhältlich; es wird in Wasser eingerührt und als Spritzbrühe auf die Blätter gesprüht.

Bakterielle Krankheiten ➛ Bakteriosen

Bakterienblüte

Übermäßige Vermehrung von Bakterien im Gartenteich, wenn große Mengen Algen und Mikroorganismen schlagartig absterben und zugleich die Wassertemperatur sehr hoch ist; das Wasser wird dann milchig trüb. Abhilfe durch Reinigung des Wassers durch einen Außenfilter, Abfischen gröberer Schwebstoffe und Entfernen von Schlick vom Bodengrund.

Bakterienbrand

Obstbaumkrankheit, die durch eine Infektion mit verschiedenen bakteriellen Erregen hervorgerufen wird.

Gefährdete Pflanzen: Kirschen, Pflaumen, Birnen, seltener auch Aprikosen, Äpfel und Walnüsse.

Schadbild: helle Flecken mit durchscheinendem Rand auf den Blättern, die rasch braun werden; olivgrüne, bald einsinkende und sich schwarz färbende Flecken auf den Früchten; absterbende Zweige; aufplatzende Rinde an Stämmen und Ästen; Gummifluss; bei Kernobst absterbende Blütenbüschel.

Vorbeugung und Bekämpfung: widerstandsfähige Sorten pflanzen; ausgewogene Ernährung und sorgfältige Pflege der Obstbäume; Wunden verschließen; Schnittwerkzeug desinfizieren; erkrankte Teile bis ins gesunde Holz zurückschneiden und vernichten.

Bakterienfäule (Nassfäule, Rhizomfäule, Weichfäule)

Eine bakterielle Infektion, die bei unterschiedlichen Pflanzengruppen dieselben Symptome hervorruft.

Gefährdete Pflanzen: Stauden, Zwiebel- und Knollengewächse, Wurzelgemüse, vor allem Möhren.

Schadbild: unterirdische Organe faulen, Gewebe wird breiartig und übel riechend.
Vorbeugung und Bekämpfung: Staunässe vermeiden; nicht zu stickstoffreich düngen; befallene Pflanzen entfernen und vernichten; an betreffender Stelle mehrere Jahre gefährdete Arten nicht anbauen.

Bakterienkrebs

Durch Bakterien verursachte Krankheit.
Gefährdete Pflanzen: Gehölze, z.B. Forsythien und Pappeln.
Schadbild: geschwulstartige, unregelmäßige Wucherungen an den Trieben; bei Pappeln Schleimaustritt aus der Rinde.
Vorbeugung und Bekämpfung: Wunden verschließen; geschädigte Äste bis ins gesunde Holz zurückschneiden.

Bakterienwelke

Von einem bestimmten Bakterium verursachte Krankheit.
Gefährdete Pflanzen: Stauden, Balkon- und Kübelpflanzen, Gemüse.
Schadbild: Blätter im unteren Bereich der Pflanze welken plötzlich, ohne abzufallen; meist schwarz gefärbte Stängel; beim Anschnitt der Triebe tritt zähflüssiger Schleim aus.
Vorbeugung und Bekämpfung: gute Hygiene; beschädigte Teile, bei starkem Befall ganze Pflanze entfernen und vernichten.

Bakteriosen (bakterielle Krankheiten)

Von Bakterien, mikroskopisch kleinen, einzelligen Lebewesen, hervorgerufene Krankheiten. Verbreitung erfolgt meist durch direkten Kontakt mit infizierten Pflanzen, über Tiere, durch Menschen, verunreinigte Geräte, infizierten Boden und/oder durch Wasser.
Gefährdete Pflanzen: Sommerblumen, Balkon- und Kübelpflanzen, Stauden, Zwiebel- und Knollengewächse, Ziergehölze, Rosen, Obst und Gemüse.
Schadbild: je nach Erreger unterschiedlich, z.B. ➛ Bakterienbrand, ➛ Feuerbrand, ➛ Blattfleckenkrankheiten, ➛ Bakterienfäule, Wucherungen an Pflanzenorganen und ➛ Gallen.
Vorbeugung und Bekämpfung: widerstandsfähige Sorten pflanzen; nur einwandfreies Saatgut verwenden; ausgewogen düngen; regelmäßig Stärkungsmittel wie Kräuterjauchen verabreichen; Werkzeuge sorgfältig reinigen; erkrankte Teile sofort entfernen und vernichten.

Bakterizide ➛ Pflanzenschutzmittel

Balkonkasten ➛ Pflanzgefäße

Balkonpflanzen

(siehe auch: Sommerblumen, einjährige)
Als klassische Balkonpflanzen gelten alle einjährig kultivierten, blühfreudigen Pflanzen wie ➛ Pelargonien („Geranien"), ➛ Petunien und Fleißige Lieschen, die über die ganze Saison hinweg ständig neue Blütentriebe entwickeln und mit dem beschränkten Platzangebot in Balkonkästen und Töpfen gut zurecht kommen. Zusätzlich gibt es Pflanzen, die nur für kurze Zeit, etwa als Frühjahrsblüher (Stiefmütterchen, ➛ Primeln oder Maßliebchen) oder als Herbstschmuck (Chrysanthemen, Glockenheide, Strauchveronika) in Kästen und Töpfe gepflanzt werden. Immer größerer Beliebtheit erfreuen sich auch kletternde und rankende Einjährige wie Prunkwinden (*Ipomoea tricolor*), Duftwicken (*Lathyrus odoratus*) oder Schwarzäugige Susanne (*Thunber-*

Neben der bekannten Geranie eignen sich für Balkonbepflanzungen auch z. B. (von oben links nach unten rechts) eine Gazenie, Vanilleblume, Knollenbegonie oder Buntnessel für schöne Arrangemens.

gia alata). Darüber hinaus findet man heute auch Kübelpflanzen wie Oleander (*Nerium oleander*), Kartoffelstrauch (*Solanum rantonnetii*) oder Zitrusbäumchen (*Citrus*-Arten) auf vielen Balkonen. Sogar viele winterharte, mehrjährige Blütenpflanzen (➛ Stauden) und zwergig wachsende, meist immergrüne Gehölze werden als Balkonpflanzen angeboten und ganzjährig in frostfesten Töpfen oder Kübeln kultiviert. Sie brauchen einen größeren Topf oder Kübel, um zu gedeihen und im Winter etwas Schutz vor starken Minusgraden, da die Töpfe leichter durchfrieren als der Gartenboden. Am einfachsten kauft man vorgezogene, blühbereite oder blühende Pflanzen. Eine Anzucht aus Samen ist bei vielen Sorten ebenfalls möglich, erfordert jedoch ausreichend Platz und rechtzeitige Planung. Nur wenige Arten wie etwa die Kapuzinerkresse (*Tropaeolum majus*) können direkt im Kasten ausgesät werden, weil sie rasch keimen und sich innerhalb kurzer Zeit zu blühenden Pflanzen entwickeln. Alle anderen müssen bereits im Spätwinter gesät und bis zum Auspflanzen nach den letzten Nachtfrösten (Mitte Mai) geschützt im Haus kultiviert werden. Nach dem Auspflanzen ist eine regelmäßige Versorgung mit Wasser und Dünger Voraussetzung für

Tipps zur Balkonpflanzenpflege:

- Beim Bepflanzen auf ausreichend Platz im Pflanzgefäß achten. Die Wurzeln wachsen im Laufe des Sommers noch!
- Das Pflanzgefäß muss ein Loch zum Ablaufen überschüssigen Gießwassers im Boden haben.
- Bei frostfesten Pflanzen, die draußen überwintern, daran denken, dass auch das Pflanzgefäß frostfest sein muss.
- Für die Pflanzen geeignetes Substrat verwenden.
  In der Regel genügt Universal-Blumenerde aus dem Handel oder mit Kompost und etwas Sand gemischte Gartenerde. Pflanzen mit speziellen Ansprüchen (z. B. Zitruspflanzen oder Hortensien) verlangen Spezialerden, die es im Handel gibt.
- Beim Pflanzen die Erde bis einen Fingerbreit unterhalb des Gefäßrandes einfüllen und leicht andrücken. An einen Gießrand denken.
- Pflanzgefäße windgeschützt und gegen Absturz gesichert aufstellen.
- Werden Untersetzer verwendet, diese regelmäßig auf überschüssiges Gießwasser kontrollieren. „Nasse Füße" können die Pflanzen umbringen.
- Regelmäßig gießen, am besten in den Morgen- oder späten Nachmittagsstunden.
- 14-tägig düngen – Pflanzen mit hohem Nährstoffbedarf wöchentlich.
- Bei Kübelpflanzen und mehrjährigen Arten ab Ende August nicht mehr düngen, damit die Triebe ausreifen können.
- Verblühtes regelmäßig ausschneiden.
- Bei leichten Frösten im Frühjahr oder Herbst mit einem übergelegten Vlies schützen.
- Nicht frostharte, mehrjährige Pflanzen rechtzeitig vor den ersten Frösten hineinstellen.
- Pflanzen im Winterquartier gelegentlich gießen, damit sie nicht vertrocknen.

andauernde Blütenpracht. Gedüngt wird in der Regel wöchentlich bis 14-tägig mit einem flüssigen Universaldünger; man kann aber auch schon beim Eintopfen einen Langzeitdünger in Granulatform (➛ Langzeitdünger) unter das Pflanzsubstrat mischen. Werden Verblühtes und Samenansätze regelmäßig ausgepflückt, regt dies die Pflanzen zur Bildung neuer Blütentriebe an. Balkonkästen mit Wasserdepot erleichtern die Pflege, da seltener gegossen werden muss. Bei häufiger Abwesenheit oder längerem Urlaub lohnt sich die Installation einer automatischen Bewässerung. Auf keinen Fall dürfen die Pflanzgefäße zur Selbstversorgung in eine Wanne mit Wasser gestellt werden. Die entstehende ➛ Staunässe würde zum Verfaulen der Wurzeln führen. Einjährige Arten blühen bis zum ersten Frost und werden dann entsorgt; mehrjährige, frostharte Arten werden zu Beginn des Winters mit isolierenden Materialien (Jute, Strohpackungen, aber kein luftundurchlässiges Plastik) und einer ➛ Mulchdecke an der Oberfläche geschützt. Nicht frostfeste Mehrjährige, darunter die meisten Kübelpflanzen, werden bis zum nächsten Frühjahr frostsicher deponiert und gelegentlich gegossen, damit sie nicht vertrocknen.

Pflanzen für sonnige Balkone				
Pflanzenname	Wuchs	Blüte	Pflege	Besonderheiten
Leberbalsam (*Ageratum houstonianum*)	polsterförmig, breitbuschig bis leicht übergeneigt, 10–70 cm hoch	quastenartige Blütenbüschel in Trugdolden, meist Lilatöne, aber auch weiß, rosa und purpurn	regelmäßig gießen und düngen, Staunässe vermeiden, Verblühtes ausschneiden	für Balkonkästen kompakte Sorten bevorzugen
Maskenblume (*Alonsoa* x *meridionalis*)	locker buschig, bis 50 cm hoch	trichterförmige, bis 3 cm große Blüten in verschiedenen Rottönen	mäßig feucht halten, junge Triebspitzen ausschneiden, um Verzweigung anzuregen	braucht einen sehr warmen, geschützten Standort
Strauchmargerite (*Argyranthemum frutescens*)	dichtbuschig mit graugrünem, gefiederten Laub, je nach Sorte 25–100 cm hoch	weiße Blüte mit gelber Mitte, auch gefüllte und rosafarbene Sorten	regelmäßig gießen und reichlich düngen, Verblühtes ausschneiden	Pflanzen können hell und kühl, aber frostfrei überwintert werden
Goldzweizahn (*Bidens ferulifolia*)	buschig überhängende, locker verzweigte Triebe mit fiedrigem Laub, bis 60 cm lang	unzählige kleine, goldgelbe Blütensterne	regelmäßig gießen und düngen	zu üppig wachsende Pflanzen können zurückgeschnitten werden
Blaues Gänseblümchen (*Brachyscome multifida*)	kompakte Polster mit feinem Laub, bis 50 cm lange, überhängende Triebe	blaue, margeritenförmige Blüten mit orangegelber Mitte	bevorzugt leicht saure Erde; kalkhaltiges Gießwasser vermeiden	putzt sich selbst, ist anfällig für Thripse
Pantoffelblume (*Calceolaria integrifolia*)	kompakt buschig	goldgelbe, kugelig ovale Blüten in Trauben oder Rispen	reichlich gießen, aber nur schwach düngen; Verwelktes ausschneiden	verträgt keine pralle Sonne, fühlt sich im lichten Halbschatten wohler
Blaue Mauritius (*Convolvulus sabatius*)	buschig überhängende, bis zu 1 m lange Triebe	trichterförmige, blauviolette Blüten, die sich am Abend schließen	regelmäßig gießen und düngen	schöne Ampelpflanze; kann hell und frostfrei überwintert werden
Zigarettenblümchen (*Cuphea*)	dicht buschig, aufrecht, 30–50 cm hoch	orangerote Röhrenblütchen mit schwarzweißer Spitze	bevorzugt leicht saure Erde; regelmäßig gießen und düngen	die Blüten der verwandten Art *Cuphea llavera* 'Tiny Mice' erinnern an Mickymausohren
Sommernelke (*Dianthus chinensis* Hybride)	kompakte Blattpolster mit schmalen, silbergrünen Blättchen, 20–30 cm hoch	gefranste, dicht gedrängt stehende Blüten in Weiß, Rosa und Rottönen	durchlässige Erde, mäßiges Gießen und Düngen verhindern Pilzkrankheiten; Verblühtes ausschneiden	typischer Nelkenduft

→

Pflanzenname	Wuchs	Blüte	Pflege	Besonderheiten
Elfensporn (*Diascia vigilis*)	locker buschig, etwas überhängend, 20–30 cm hoch	rosa- und korallenrote Rachenblüten in endständigen Trauben	bevorzugt leicht saures Substrat, mäßig gießen und düngen, nach der Hauptblüte Büsche zurückschneiden, um Nachblüte anzuregen	die Sorte 'Ruby Fields' ist besonders großblütig
Spanisches Gänseblümchen *karvinskianus*) (*Erigeron*	breitet sich kriechend aus, reich verzweigt, 20–30 cm	gänseblümchenartige Blüten, im Verblühen rosa gefärbt	mäßig gießen und düngen; Verblühtes hin und wieder ausschneiden	robuster Dauerblüher, auch als Unterpflanzung für Kübelpflanzen
Mittagsgold (*Gazania*-Hybride)	leicht überhängende Polster dunkelgrüner, blaugrau bereifter Blätter, bis 25 cm hoch	große, goldgelbe Margeritenblüten	sehr durchlässiges Substrat; mäßig gießen und wöchentlich düngen; Verwelktes ausschneiden	die Pflanzen sollten regengeschützt stehen
Sonnenblume (*Helianthus annuus*)	einzelne, aufrechte Stängel, selten verzweigt, je nach Sorte zwischen 30 und 250 cm hoch und höher	große Körbchenblüten mit gelben, rotbraunen oder braunen Blüten und brauner Mitte, auch gefüllte Sorten	regelmäßig gießen und reichlich düngen, hohe Sorten stützen	spektakuläre, leider nur kurzzeitig haltende Blüten; für Balkone niedrige Sorten bevorzugen
Lakritzkraut (*Helichrysum petiolare*)	breitbuschig, überhängend, etwas sparrig; bis 50 cm lange Triebe mit graugrünen Blättern	unbedeutend; wird als Blattschmuck- und Strukturpflanze kultiviert	regelmäßig gießen und schwach düngen; eventuell Rückschnitt bei zu starkem Ausbreitungs-	viele Sorten mit unterschiedlicher Blattzeichnung im Handel
Vanilleblume, Sonnenwende (*Heliotropium arborescens*)	aufrecht, buschig verzweigt; sehr dunkelgrüne, runzlige Blätter 20–60 cm	Trugdolden mit zahlreichen violetten, duftenden Einzelblüten	drang mäßig gießen, nicht austrocknen lassen; Verblühtes ausschneiden	die Pflanze ist in allen Teilen sehr giftig
Duftwicke (*Lathyrus odoratus*)	an Geländer oder Stützen rankend, manche Sorten auch buschig; 1–2 m hoch	große, duftende Schmetterlingsblüten in Weiß, Rosa, Rot, Blau und Violettönen	regelmäßig gießen und düngen; Samenansätze (Schoten) entfernen	beliebte, sommerliche Duftpflanze, die leicht aus Samen gezogen werden kann
Lavendel (*Lavandula angustifolia*)	aufrecht, buschig, verzweigt; schmales, blaugraues Laub; 25–60 cm hoch	kleine, in Ähren zusammenstehende, blaue bis violette, duftende Blüten; auch rosa und weiße Sorten	regelmäßig gießen und sehr sparsam düngen; nach der Blüte kräftig zurückschneiden	mehrjähriger Halbstrauch; kann an geschütztem Standort überwintert werden und verträgt gut mäßige Fröste
Männertreu (*Lobelia erinus*)	kompakte Polster niederliegender oder hängender, bis 25 cm langer Triebe	kleine, blaue, violette, rosa oder weiße Blüten mit kleinem hellem Auge	regelmäßig gießen, mäßig düngen, nach der Hauptblüte kräftig zurückschneiden	viele aparte Sorten im Handel; gedeiht auch gut im lichten Schatten

Pflanzenname	Wuchs	Blüte	Pflege	Besonderheiten
Duftsteinrich (*Lobularia maritima*)	dichte Polster, die in die Breite wachsen; 10–15 cm hoch	kleine weiße, duftende Einzelblüten, die in lockeren Trugdolden zusammenstehen; auch rosa und violette Sorten	mäßig gießen und düngen; nach der Hauptblüte die Pflanzen kräftig zurückschneiden	gedeiht auch in flachem Boden, daher gut als Unterpflanzung für Kübelpflanzen
Hornklee (*Lotus maculatus*)	buschig mit bis zu 20 cm langen, überhängenden Trieben; nadelartiges graugrünes Laub	kleine längliche, orangerote Blüten, die in lockeren Gruppen zusammenstehen	regelmäßig gießen und düngen; Verblühtes ausschneiden	öfteres Entspitzen langer Triebe begünstigt buschigeren Wuchs
Elfenspiegel (*Nemesia fruticans*)	niederliegende bis überhängende, bis zu 60 cm lange Triebe	blauviolette, weiße, hellblaue oder rosa Blüten mit hellem Auge	regelmäßig gießen, nicht austrocknen lassen; mäßig düngen	frühes Entspitzen der Triebe führt zu dichterem Wuchs und mehr Blüten
Ziertabak (*Nicotiana* x *sanderae*)	aufrecht, dicht buschig	sternförmige Röhrenblüten in grünlichem Weiß, Rot, Rosa, die in Trauben zusammenstehen	regelmäßig und reichlich gießen und düngen, Verwelktes ausschneiden	abends zarter Duft; viele Sorten im Handel
Nierembergia (*Nierembergia hippomanica*)	lockere, überhängende Polster, 15–25 cm hoch	weiße oder lavendelblaue, glockenblumenartige Blüten mit gelbem Auge	bevorzugt gut durchlässige Erde; regelmäßig gießen und schwach düngen; Verblühtes ausschneiden	ziemlich wetterfeste Ampelpflanze, die auch im Halbschatten gut wächst
Kapkörbchen (*Osteospermum ecklonis*)	dichte, kompakte Polster mit lang gestielten Blüten; bis 35 cm hoch	weiße, hellgelbe, rosa- bis lachsfarbene zierliche Margeritenblüten mit blauschwarzer Mitte	verträgt keine anhaltende Nässe, deshalb sparsam gießen; regelmäßig düngen; Verblühtes ausschneiden	vor Regen schützen; blüht erst im Hochsommer üppig
Pelargonie (*Pelargonium*-Hybriden)	je nach Sorte aufrecht buschig und verzweigt oder locker in Kaskaden überhängend; 20–50 cm lange Triebe	reiches Farbspektrum von Weiß über Rosa- und Rottöne bis zu Purpur; auch zweifarbige und gefüllte Sorten	mäßig gießen und regelmäßig düngen; bei älteren Sorten Verblühtes samt Stiel ausschneiden, neuere Sorten putzen sich oft selbst	das Laub aller Pelargonien duftet bei Berührung intensiv; Duftpelargonien verströmen je nach Sorte sehr aromatische Düfte
Petunie (*Petunia*-Hybriden)	buschig, manche Sorten mit überhängenden Trieben, bis 25 cm hoch, Kaskadenformen (z. B. 'Surfinia') entwickeln bis zu 1 m lange Triebe	große, weit geöffnete Trichterblüten in breitem Farbspektrum von Weiß über blassem Gelb, Rosa- und Rottöne bis zu Veilchenblau und Dunkellila; auch zweifarbige und gefüllte Sorten; 'Zauberglöckchen' auch in Terrakottafarben und Gelb	bevorzugen leicht saure Erde; regelmäßig gießen und mit eisenhaltigem Dünger versorgen; bei älteren Sorten Verblühtes ausschneiden, neuere Sorten putzen sich oft selbst	ältere Sorten galten als nicht regenfest, neuere Sorten sind robuster; viele attraktive Hängesorten neu im Handel, darunter 'Surfinia' und Million-Bells-Petunien ('Zauberglöckchen') →

Pflanzenname	Wuchs	Blüte	Pflege	Besonderheiten
Mottenkönig, Weihrauchkraut (*Plectranthus coleoides*)	buschig überhängende, bis 1 m lange Triebe mit weißbunten, stark duftenden Blättern	unbedeutend; die Pflanze wird als Blattschmuck- und Strukturpflanze kultiviert	mäßig gießen und regelmäßig düngen; eventuell zurück-schneiden	sehr stark wachsend, kann andere Pflanzen bedrängen; der Duft der Blätter kann als unangenehm empfunden werden
Feuersalbei (*Salvia splendens*)	aufrecht, buschig, kompakt, 20–25 cm hoch	lange, kegelförmige Blütentrauben mit leuchtend roten Lippenblüten; auch lachsrosa Sorten	regelmäßig gießen und mäßig düngen; Verwelktes ausschneiden	sehr auffällige Blütenfarbe, die mit Bedacht eingesetzt werden sollte
Husarenknöpfchen (*Sanvitalia procumbens*)	dichte, überhängende Polster aus reich verzweigten, bis 20 cm langen Trieben	wie kleine Sonnenblumen mit gelber oder brauner Mitte	schätzt durchlässige Erde; mäßig gießen und düngen; im Hochsommer struppig werdende Pflanzen um zwei Drittel einkürzen	je nach Sorte sind die Pflanzen mehr oder weniger kompakt oder überhängend
Fächerblume, Spaltglocke (*Scaevola saligna*)	bis 1 m lange, überhängende Triebe; locker verzweigt	blauviolette, selten auch weiße fächerförmig gespreizte Blüten mit hellem Auge	bevorzugt leicht saure Erde; regelmäßig mit kalkfreiem Wasser gießen und düngen; putzt sich selbst	neue Sorten wachsen dichter und blühen besser als die frühen Züchtungen
Spaltblume (*Schizanthus uisetonensis*)	aufrecht, buschig verzweigt, 20–50 cm hoch	weiße, gelbe, rosa, purpurne oder rote Blüten, die in üppiger Fülle in Gruppen zusammenstehen	regelmäßig gießen und mäßig düngen; Verwelktes ausschneiden	gedeiht auch im Halbschatten
Gelbes Gänseblümchen (*Thymophylla tenuiloba*)	niedrige, breite Polster, bis 20 cm hoch	kleine goldgelbe Gänseblümchenblüten	mäßig gießen und düngen; nach der Hauptblüte bis zu den Blättern zurück-schneiden, um Nachflor anzuregen; putzt sich ansonsten selbst	kleiner Lückenfüller, auch als Unterpflanzung von Kübelpflanzen geeignet
Blaumäulchen (*Torenia*-Hybride)	dicht buschig, überhängend, etwa 30 cm lange Triebe	mittelgroße, blauviolette Rachenblüten	bevorzugt leicht saure Erde; regelmäßig mit kalkfreiem Wasser gießen und düngen	in kühlen Sommern endet die Blütezeit relativ früh
Eisenkraut (*Verbena*-Hybriden)	je nach Sorte aufrecht breitbuschig; bis 30 cm hoch oder mit bis zu 40 cm langen Trieben	kleine Einzelblüten in Weiß, Rosa, Rot, Purpur, Blau oder Violett, die in doldigen, abgeflachten Ähren zusammenstehen	regelmäßig gießen und düngen; Verblühtes ausschneiden; struppig werdende Pflanzen kräftig zurückschneiden	schöne neue Hängesorten ('Tapien', 'Temari') mit extremer Farbintensität
Zinnie (*Zinnia elegans*)	aufrecht, buschig, kompakt, 15–20 cm hoch	Körbchenblüten, zum Teil gefüllt, in Rot, Gelb, Orange, Rosa oder Grün	regelmäßig gießen und düngen; Verwelktes ausschneiden	zuverlässig blühend; neue Sorten haben kleinere, dafür zahlreichere Blüten

Pflanzen für halbschattige und schattige Balkone				
Pflanzenname	Wuchs	Blüte	Pflege	Besonderes
Knollenbegonie (*Begonia* x *tuberhybrida*)	je nach Sorte aufrecht stehend, bis 35 cm hoch oder überhängend mit bis zu 45 cm langen Trieben	rundliche, fast fleischige Blütenblätter, zum Teil gefüllt oder gekräuselt; in Weiß, Rosa, Rot, Orange oder Gelb, auch zweifarbig	die Knollen im Haus vortreiben, erst spät auspflanzen; regelmäßig gießen und düngen, dabei nicht zu feucht halten; Verblühtes ausschneiden	Knollen können vor dem ersten Frost aufgenommen und überwintert werden; dazu die Erde abtrocknen lassen, die Knollen reinigen und luftig bei 5–10 °C lagern
Fuchsie (*Fuchsia*-Hybriden)	je nach Sorte aufrecht stehend, bis 60 cm hoch, oder mit überhängenden Trieben; an der Basis verholzend	glockenförmige, manchmal gefüllte Blüten, dabei sind Kelch- und Kronblätter oft unterschiedlich gefärbt; bei Triphylla-Hybriden sind die Blüten lang und schlank und stehen in Büscheln zusammen	regelmäßig mit kalkfreiem Wasser gießen und bis August düngen; Fruchtansätze ausbrechen	die Pflanzen können vor dem ersten Frost eingeräumt und überwintert werden; bei dunkler Überwinterung wird das Laub abgeworfen, bei heller behalten die Pflanzen es; gelegentlich gießen
Gundermann (*Glechoma hederacea*)	bildet dichte und flache Matten, im Kasten überhängende, bis 2 m lange Triebe	unbedeutend, wird als Blattschmuck- und Strukturpflanze kultiviert	regelmäßig gießen und düngen	im Handel wird meist die weißbunte Form 'Variegata' angeboten.
Efeu (*Hedera helix*)	kriechende bis überhängende, bei Erdberührung wurzelnde Triebe, die sich mit Haftwurzeln selbst an Mauern etc. festhalten	unbedeutend, als Blattschmuck- und Strukturpflanze kultiviert	regelmäßig gießen und düngen; kann jederzeit zurückgeschnitten werden	voll frosthart; weißbunte Sorten sind attraktiver, aber etwas frostempfindlicher
Hortensie (*Hydrangea macrophylla*)	aufrecht buschig, verzweigt, verholzend, bis 70 cm und höher wachsend	große, kugelige Doldenrispen mit attraktiv gefärbten Scheinblüten in Rosa, Rot, Weiß oder Blau	bevorzugt saure Erde; regelmäßig mit kalkfreiem Wasser gießen und gelegentlich düngen; für dauerhaft blaue Blüten mit Alaunpräparat düngen	die Pflanzen sind mäßig frosthart und können an geschützten Standorten im Freien überwintern; dazu Töpfe mit isolierenden Schilf- oder Bastmatten oder Jute einpacken
Edellieschen (*Impatiens*-Neuguinea-Hybriden)	aufrecht buschig, reich verzweigt, bis 35 cm hoch	große gespornte, runde Blüten in Weiß, Rosa, Rot, Violett, auch zweifarbig	spät auspflanzen (Kälte empfindlich!); regelmäßig gießen und mäßig düngen; Verblühtes ausschneiden	viele attraktive Sorten; möglichst nicht über die Blätter gießen →

Pflanzenname	Wuchs	Blüte	Pflege	Besonderes
Fleißiges Lieschen (*Impatiens walleriana*)	aufrecht buschig, reich verzweigt, bis 30 cm hoch	einfache oder gefüllte Blüten in Weiß, Rosa, Rot in verschiedenen Variationen	regelmäßig gießen und mäßig düngen; bis auf gefüllte Sorten putzen sie sich selbst	Feuerlieschen ('Firefly') vertragen auch sonnige Standorte
Iresine (*Iresine herbstii*)	aufrecht buschig und verzweigt; mit attraktiv dunkelrot gefärbten oder gelbgrün gezeichneten Blättern; bis 90 cm hoch	unbedeutend, wird als Blattschmuckpflanze kultiviert	regelmäßig gießen und mäßig düngen; Jungpflanzen öfter entspitzen, um buschigere Wuchs zu erhalten	zwergige Sorten für Blumenkästen, höhere für Töpfe oder Kübel geeignet
Pfennigkraut (*Lysimachia nummularia*)	kriechende bis überhängende Polster; 5 cm hoch, Triebe bis 30 cm lang	kleine goldgelbe Blüten in den Blattachsen	sehr anspruchslos; feucht halten und gelegentlich düngen; kann jederzeit zurückgeschnitten werden	immergrüne, frostharte Ampelpflanze, die nach der Saison im Freien ausgepflanzt werden kann
Männertreu (*Lobelia erinus*)	kompakte Polster mit niederliegenden oder hängenden, bis 25 cm langen Triebe	kleinen blaue, violette, rosa oder weiße Blüten mit kleinem hellem Auge	regelmäßig gießen und mäßig düngen; nach der Hauptblüte kräftig zurückschneiden	viele aparte Sorten im Handel; gedeiht auch gut in der Sonne
Buntnessel (*Solenostemon scutellarioides*)	aufrecht verzweigt und buschig; große attraktiv gefärbte Blätter; 40–60 cm hoch	lange Rispen weißer bis blauvioletter Blüten; kultiviert wird die Pflanze wegen der sehr variabel und lebendig gezeichneten Blätter	reichlich gießen und regelmäßig düngen; für einen buschigeren Wuchs Jungpflanzen öfter entspitzen	gut durch Stecklinge, die im Wasserglas wurzeln, zu vermehren; zahlreiche attraktive Sorten im Handel
Mottenkönig, Weihrauchkraut (*Plectranthus coleoides*)	buschig überhängende, bis 1 m lange Triebe mit weißbunten, stark duftenden Blättern	unbedeutend, die Pflanze wird als Blattschmuck- und Strukturpflanze kultiviert	mäßig gießen und regelmäßig düngen; bei Bedarf zurückschneiden	sehr stark wachsend, kann andere Pflanzen bedrängen; der Duft der Blätter kann als unangenehm empfunden werden
Schneeflockenblume (*Sutera diffusa*)	stark verzweigte, überhängende, bis 25 cm lange Triebe	kleine weiße bis blassrosa Sternblüten	anspruchslos; regelmäßig gießen und mäßig düngen	gute Ampelpflanze; regenfest und dauerblühend

Ballenlose Pflanzware ➛ Pflanzware

Ballenpflanzen ➛ Pflanzware

Bambus

(*Bambusa* sp.; POACEAE/GRAMINEAE) Süßgräser

Sammelbezeichnung für verschiedene exotische Süßgräser mit etwa 100 Gattungen. Die eigentlichen Bambusse sind Horst bildende, immergrüne Grasarten aus subtropischen und tropischen Waldgebieten Afrikas, Asiens, Zentral- und Südamerikas. Die glatten, hohlen Stängel mit schlanken Zweigen tragen an jedem ➛ Knoten (Internodium) lineal-lanzettförmige Blätter. Die etwa 120 Ar-

ten von *Bambusa* sind nicht winterhart und werden in der Regel im Wintergarten oder Kübel kultiviert. Sorten frostfester, winterharter Bambusse, die in unseren Gärten Verwendung finden, gehören anderen Arten an: *Arundinaria*, *Fargesia*, *Phyllostachus*, *Pleioblastus*, *Sasa* und *Thamnocalamus*.
Kultur: Mäßig bis voll frostfeste Gartenbambusse an sonnigen bis lichten, halbschattigen Standorten etwas windgeschützt in fruchtbaren, humusreichen, gleichmäßig feuchten, aber gut durchlässigen Boden pflanzen. ➛ Ausläufer bildende Arten müssen durch eine 70 cm tief in den Boden rei-

Bambus – hier ein *Phyllostachys aureosulcata* in voller Pracht.

Gartenbambus – Arten und Sorten

Name	Beschreibung	Höhe (in cm)	Frosthärte
„Halbrohr-Bambus" *Arundinaria gigantea*, syn. *A. macrosperma*, *A. tecta*	gelbgrüne Stängel, bis 20 cm lange Blätter, breitet sich stark aus	100	-12 °C
Gartenbambus (*Fargesia murieliae*; syn. *Arundinaria murieliae*)	leuchtend grüne Blätter, langsam wachsend, bildet Horste ohne Ausläufer; in Gruppen oder als Heckenpflanze (Sichtschutz)	200–400	voll frosthart
Schirmbambus (*Fargesia nitida;* syn. *Sinarundinaria nitida*)	dunkelgrüne Blätter, weißlich bemehlte Jungtriebe; bildet Horste ohne Ausläufer	200–500	voll frosthart
Gelbfurchenbambus, Unrund (*Phyllostachys aureosulcata*)	Ausläufer bildend, lockerer Wuchs, gelb gezeichnete Halme; für größere Gruppen, aber auch im Kübel geeignet	200–800	voll frosthart
Chengtu-Unrund (*Phyllostachys bissetii*)	dicht belaubt, leicht überhängend, bildet kurze Ausläufer; als Sichtschutz geeignet, schnittverträglich	300–400	voll frosthart
Niedriger Unrund (*Phyllostachys humilis*)	wie Chengtu-Unrund, aber kleiner; in Einzelstellung für kleinere Gärten	300–400	voll frosthart
Buschbambus (*Pleioblastus variegatus*)	grüne Halme, weißbuntes Laub; bildet Ausläufer; als hoher Bodendecker oder als Unterpflanzung	75	voll frosthart
Pfeilbambus (*Pseudosasa japonica*)	grüne Halme, breites Laub; als Hecke, aber auch in Einzelstellung oder im Kübel	200–600	voll frosthart
Waldbambus (*Sasa palmata*)	grüne Halme, breites Laub mit markanten Blattnerven; üppige Büsche in Gruppen, auch an Teichen	100–200	voll frosthart
Zwergbambus (*Sasa pygmaea*)	winziges, grünes Laub; als Bodendecker oder Rasenersatz	10	voll frosthart

chende ➛ Wurzelsperre (Spezialmatten im Fachhandel erhältlich; ersatzweise dicke ➛ Teichfolie) am Wuchern gehindert werden, da sie sonst rasch den gesamten Garten erobern können. **Schädlinge/Krankheiten:** Jungtriebe sind anfällig für Schneckenfraß. **Vermehrung:** durch Teilung im Frühjahr.

Bart

Ein meist auffällig gefärbtes, feines, bürstenförmiges Gebilde auf Blütenblättern; z. B. bei Bartiris.

Basalfäule (Fußkrankheit, Stängelgrundfäule)

Durch Pilze *(Fusarium)* verursachte Krankheit, die meist im Winterlager direkt von Knolle zu Knolle übertragen wird.

Gefährdete Pflanzen: Zwiebel- und Knollengewächse, vor allem Lilien, selten auch Knoblauch.

Schadbild: an den unterirdischen Organen braune oder schwarze Faulstellen vom Grund her, die weich werden können; später weißlicher Schimmelrasen auf den Faulstellen; oberirdische Pflanzenteile werden gelb und welken vorzeitig.

Vorbeugung und Bekämpfung: nur unbeschädigte Pflanzware verwenden; standortgerecht pflanzen; für gute Durchlässigkeit sorgen; befallene Zwiebeln oder Knollen wegwerfen; kranke Pflanzen entfernen und vernichten; den betroffenen Gartenboden 4 bis 5 Jahre lang nicht mit anfälligen Arten bepflanzen.

Basalsteckling (Grundsteckling) ➛ Stecklinge

Basengehalt ➛ pH-Wert

Basilikum

(*Ocimum basilikum*; LABIATAE) Lippenblütler

Aromatische, einjährige, ca. 20 bis 50 cm hohe Gewürzpflanze aus der Familie der ➛ Lippenblütler aus den trockenen und heißen Gebieten Afrikas und Asiens mit aufrechten, verzweigten Sprossen, ➛ gegenständigen, linealen bis rundlichen Blättern und endständigen Ähren weißer oder rosapurpur überlaufener Blüten, die eine gute ➛ Bienenweide sind. Das frische Kraut findet Verwendung in der Küche, vor allem für mediterrane Gerichte, ist nahezu das Standartkraut zu Tomaten und kann in Öl konserviert werden. Beim Trocknen oder Einfrieren büßt es sein Aroma ein. **Kultur:** Aussaat nach den letzten Nachtfrösten Mitte bis Ende Mai oder in ➛ Vorkultur in fruchtbare, gut durchlässige Erde an einem geschützten, warmen, sonnigen Standort. Bei Trockenheit reichlich gießen. Werden die jungen Pflanzen ➛ entspitzt und erscheinende Blütenstände immer wieder ausgekniffen, entwickeln sie sich buschiger. Bei Temperaturen unter 8 °C oder während langer Regenperioden werden die Blätter braunschwarz und welken. **Schädlinge/Krankheiten:** Blattläuse, Mehltau, *Fusarium*-Pilzwelke. **Vermehrung:** Aussaat. **Sorten:** Neben der eigentlichen Art mit den typischen rundlichen, glänzenden, dunkelgrünen Blättern ('Genueser Basilikum') gibt es noch eine Reihe interessanter Sorten mit zum Teil aparten Aromen, etwa 'Lemon' und 'Aromata' (Zitronenbasilikum), 'Cinnamon' (Zimtbasilikum), 'Opal' und 'Purpurascens' (purpurbraune Blätter), Thai-Basilikum 'Thai Magic' mit besonders pfeffrigem Aroma und das Kleinblättrige Basilikum (*O. minimum*).

Basisch → pH-Wert

Bast → Holz

Bastard → Hybride

Bauerngarten
Traditioneller Gartentyp, bei dem Nutz- und Zierpflanzen auf Beeten zusammen angepflanzt werden. Charakteristisch sind die klare Aufteilung und strenge Symmetrie der Beete. Bei klassischen Anlagen ist der B. kreuzförmig eingeteilt, wird durch Kieswege erschlossen, die sich in der Mitte an einem Rondell treffen; die Beete sind oft mit Buchsbaum eingefasst. Typische B.-Blumen sind z. B. Dahlien, Eibisch, Levkojen, Kaiserkronen, Lilien, Pfingstrosen, Rittersporn, Rosen.

Bauernregeln
In früheren Zeiten von naturverbundenen Menschen wie Bauern und Winzern in Spruch- oder Reimform gefasste Wetterbeobachtungen; beinhalten Zusammenhänge zwischen Witterung und Ernte sowie allgemeine Wetterphänomene.

Baugenehmigung → Rechtsvorschriften

Baum
Gehölz mit deutlich ausgeprägtem Stamm und davon abgesetzter Krone, die von älteren und daher starken Trieben, den Ästen, sowie jüngeren Trieben, den Zweigen (gehen von den Ästen ab), gebildet wird. Die Form der Krone ist für die jeweilige Art charakteristisch.

Baumchirurgie
Gezielte Eingriffe, z. B. Absägen oder Abstützen, zur Gesunderhaltung und Heilung kranker Gehölze bzw. Gehölzteile.

Baumgurte → Bindematerialien

Baummesser → Schnittwerkzeuge

Baumsäge → Schnittwerkzeuge

Baumscheibe → Pflanzscheibe

Baumschere → Schnittwerkzeuge

Baumschule
Pflanzgarten, in dem Samen (z. B. Bucheckern, Eicheln, Fichten- und Kieferzapfen) und Stecklinge zu Jungpflanzen herangezo-

Bauerngärten wirken durch die vielen bunt blühenden Stauden, die scheinbar wild nebeneinander wachsen.

gen werden. Diese dienen in erster Linie zur Aufforstung, z.B. nach Waldbränden, sowie als Einkaufsquelle für Kleingärtner. Eine B. darf nur Saatgut aus anerkannten Waldbeständen verwenden, um das Erbgut einheimischer Bäume vor Vermischung mit fremden Genen zu schützen. Viele B. bieten die Möglichkeit, das passende Gehölz unter fachkundiger Beratung direkt auf den B.-Feldern auszusuchen; auch über Kataloge.

Baumschutzverordnung ➛ Rechtsvorschriften

Baumwachs ➛ Wundverschlussmittel

Bedarfsdüngung
Gezielte nachträgliche Verabreichung von Nährstoffen, die nur bei Feststellung von Nährstoffmangel erfolgt; beschränkt sich auf die Ergänzung der fehlenden Nährelemente.

Bedecktsamer (Angiospermae) ➛ Blütenpflanzen

Beere ➛ Fruchtformen

Beerenobst ➛ Obst

Befestigungswurzeln ➛ Wurzel

Befruchter (Pollenspender) ➛ Befruchtung

Befruchtung
Die Verschmelzung einer männlichen mit einer weiblichen Geschlechtszelle – bei Pflanzen ist eine ➛ Bestäubung Voraussetzung. Nach der Übertragung des Blütenstaubs vom Staubblatt auf die Narbe keimt der Pollen aus, ein Pollenschlauch wächst durch den Griffel zum Fruchtknoten; die männliche Geschlechtszelle kann aus dem Pollenkorn zur weibliche Zelle im Fruchtknoten wandern und mit ihr verschmelzen; danach entsteht der Embryo einer neuen Pflanze.
Bei Pflanzen, die sich durch *Selbstfruchtbarkeit* auszeichnen, findet eine B. innerhalb derselben Blüte oder zwischen Blüten derselben Pflanze statt – man spricht dann von *Selbstbefruchtung*. Kann aber nur der Pollen einer anderen Pflanze, eines *Pollenspenders* oder *Befruchters*, auf den Narben keimen, weist die Pflanze *Selbstunfruchtbarkeit* auf, den Vorgang bezeichnet man dann *Fremdbefruchtung*.

Begleitpflanzen
Gewächsarten, die bei der Gestaltung eines Pflanzenarrangements den ➛ Leitpflanzen zur Seite gestellt werden; sie sollen deren Wirkung und Ausdruck unterstreichen.

Begonie, Schiefblatt
(*Begonia*; BEGONIACEAE) Begonien- oder Schiefblattgewächse
Gattung mit etwa 900 Arten und inzwischen unzähligen Zuchtsorten mehr oder weniger fleischiger Einjähriger, krautiger ➛ Stauden und ➛ Kletterpflanzen aus den tropischen Regionen Amerikas, Asiens und Afrikas. Sehr variable Wuchsformen mit faserigen Wurzeln, Rhizomen oder Knollen (➛ Speicherorgane). Wegen der oft prächtigen Blüten (einhäusig und zweigeschlechtlich) kultiviert, viele Arten davon als Zimmerpflanzen, im Freiland als Einjährige oder, wie bei *B.* x *tuberhybrida*, als nicht frostharte Knollenpflanze. Zur Unterscheidung in 7 Gruppen mit unterschiedlichen Wuchsformen und Kulturansprüchen un-

terteilt, von denen vor allem die ersten beiden als Gartenpflanzen Verwendung finden:

1. Begonia-Semperflorens-Hybriden (Eisbegonien): Einjährige, faserwurzelige, 15 bis 20 cm hohe Sommerblume für Beete und Schalen und als Grabschmuck; wegen der kontinuierlich entwickelten Blüten kultiviert. Gerundete, grüne oder bronzefarbene, 3 bis 10 cm lange Blätter und einfache oder gefüllte, 1 bis 2,5 cm breite Blüten in Rot, Rosa und Weiß. **Kultur:** Jungpflanzen nach den letzen Nachtfrösten auspflanzen. Standort: humose, nicht zu trockene, nährstoffreiche Böden in lichtem Schatten. Bei ausreichender Bodenfeuchtigkeit wird auch Sonne vertragen. Am schönsten in großen Gruppen mit einem Pflanzabstand von 15 bis 20 cm. **Schädlinge/Krankheiten:** Raupen, Milben, Thripse, Blattläuse, Grauschimmel (*Botrytis*), Echter Mehltau, Sprossfäule. **Vermehrung:** Aussaat im Januar/Februar im Haus, im Sommer grundständige Stecklinge nehmen, sonst Kauf von Jungpflanzen im Mai.

Sorten: Cocktail-Serie: bronzefarbenes Laub und rosa, weiße oder rote Blüten; Party Fun-Serie: grünes oder braunes Laub, wird etwa 30 cm hoch und hat Blüten bis 4 cm Ø in Rosa, Rot und Weiß; Olympia-Serie: kompakte, wetterfeste Sorte mit rosa, weißen oder roten Blüten mit bis zu 4 cm Ø; Victory-Serie: bis 4 cm große, rosa, weiße oder rote Blüten oder eine Mischung dieser Farben.

2. Begonia x tuberhybrida (Knollenbegonien): Meist aufrechte, bei manchen Sorten auch hängende, buschige, Knollen bildende, im Winter ruhende, bis etwa 30 cm hohe Stauden. Sie haben prächtige, die meisten Sorten gefüllte Blüten mit einem Ø von bis zu 12 cm, in Weiß, Gelb, Rosa, Orange und Rot; es gibt auch zweifarbige Sorten und manche Kultivare haben gefranste oder gekräuselte Blüten. Die Blütenform ist von der Tageslänge abhängig: Im Herbst erscheint bei gefüllten Sorten manche Blüte einfach – im nächsten Sommer blüht dieselbe Pflanze dann wieder gefüllt. **Kultur:** Die frostempfindlichen Knollen werden ab Anfang April im Haus ➛ vorgetrieben. Dabei werden sie mit der hohlen Seite der Knolle nach oben wenige Zentimeter tief in humose, Feuchtigkeit speichernde Erde gelegt und bei Zimmertemperatur angetrieben und dann in der zweiten Maihälfte an halbschattige, geschützte Standorte ausgepflanzt (Pflanzabstand: 25 cm). Im Herbst vor den ersten Nachtfrösten aufnehmen, bei 8–10 °C abtrocknen lassen, dann sämtliche Erdreste und Stiele entfernen und die Knollen dunkel bei 5–7 °C und trocken überwintern. Gelegentlich auf

Folgende frostempfindliche Gruppen werden in unseren Breiten nur als Zimmerpflanzen oder in Gewächshäusern kultiviert:

Begonia-Rex-Hybriden: Meist immergrüne Rhizomstauden; unscheinbare Blüten; wegen des attraktiv gefärbten Laubes kultiviert.

Rhizom-Begonien: Variable, immergrüne Stauden mit kriechenden Rhizomen; im Winter blühend; hauptsächlich wegen der attraktiven Blätter kultiviert.

Stamm-Begonien: Holzige, faserwurzelige, immergrüne Stauden.

Strauch-Begonien: Buschige, immergrüne Stauden mit reich verzweigten, aufrechten Sprossen, kleine Blüten im Frühjahr/Sommer; vor allem wegen der attraktiven Blätter kultiviert.

Winterblütige Begonien: Kompakte, faserwurzelige, immergrüne Stauden, mit gefüllten oder halb gefüllten Blüten. Zwei Hauptgruppen: Lorraine-Begonien und Begonia-Elatior-Hybriden (einschließlich Rieger-Hybriden).

Als etwas spröde Schönheiten erscheinen Berberitzen. *B. frikartii* (links) und *B. thunbergii* 'Atropurpurea' (rechts) zeigen sich von ihrer besten Seite.

Schädlinge kontrollieren. **Schädlinge/ Krankheiten:** Raupen, Milben, Thripse, Blattläuse, Gefurchter Dickmaulrüssler, Grauschimmel (*Botrytis*), Echter Mehltau, Spross- und Knollenfäule. **Vermehrung:** Aussaat (vor allem 'Non Stop'-Serie) im zeitigen Frühjahr im Haus und Stecklinge im Sommer.

Sorten: Zur besseren Unterscheidung wurden Sorten mit ähnlichen Eigenschaften in Gruppen zusammengefasst: Großblumige (Grandiflora-) Hybriden, z.B. 'Memory'-Serie in allen Begonienfarben; niedrige Großblumige (Grandiflora Compacta-) Hybriden, z.B. 'Schneekönigin' (weiß), 'Fortuna' (rot), 'Goldkrone' (gelb); Mittelblumige Hybriden, z.B. 'Clips' und 'Non Stop'-Serie in allen Begonienfarben; Kleinblumige Hybriden, z.B. die scharlachrote 'Bertinii', werden zunehmend von anderen Hybriden verdrängt; Ampel- (Pendula-) Hybriden, z.B. 'Happy End'-Serie in 5 verschiedenen Farben und 'Illumination'-Serie in Blassrosa bis Orange. Jedes Jahr erscheinen neue, attraktive Zuchtsorten im Handel.

Beinwelljauche ➛ Pflanzenzubereitungen

Beißkohl ➛ Mangold

Bentonit

Ein Tonmineral, das als ➛ Gesteinsmehl zur Bodenverbesserung eingesetzt wird.

Berberitze, Sauerdorn

(*Berberis*; BERBERIDACEAE) Sauerdorngewächse

Gattung mit rund 450 immergrünen oder Laub abwerfenden, meist frostharten Straucharten mit dornigen Zweigen und giftiger Rinde. Die Formenfülle wurde durch Züchtungen zusätzlich erweitert, sodass die Gattung zu den reichhaltigsten Gehölzgattungen überhaupt gehört. Blätter ➛ wechselständig, einfach, eiförmig, ganzrandig oder gezähnt; Blütenstände in Trauben, Rispen oder achselständigen Büscheln aus becherförmigen, gelben bis dunkelorangen Einzelblüten, gefolgt von manchmal spektakulär gefärbten Früchten. In Gärten werden Berberitzen meist nicht wegen der Blüten, sondern wegen des Zierwertes des zum Teil farbigen, im Herbst bunten Laubes gepflanzt. Schön als ➛ Solitär, in gemischten und Gehölzrabatten und für geschnittene und ungeschnittene ➛ Hecken, zwergige Arten auch für ➛ Steingärten und Gräber. **Kultur:** In fast jedem gut durchlässigen Boden in Sonne bis Halbschatten; Laub und

Früchte färben sich an sonnigen Standorten kräftiger. Immergrüne Arten an etwas geschützte Standorte in nicht zu trockenen Boden setzen. **Schnitt:** Hecken nach der Blüte trimmen, bei immergrünen Arten jährlich nach der Blüte Abgeblühtes zurückschneiden; ältere Triebe auslichten bzw. kappen, um Jungwuchs anzuregen; Laub abwerfende Arten wenn nötig im zeitigen Frühjahr kräftig auf 2 oder 3 ➛ Knospen über der Basis

Berberitzen für Hecken

Für Hecken eignen sich besonders Sorten der Hecken-Berberitze (*B. thunbergii*-Kultivare). Die dornigen, Laub abwerfenden Sträucher werden ungeschnitten 1,5 bis 3 m hoch und breit, sind mäßig wüchsig und gut schnittverträglich. Sie haben kleine eiförmige, hellgrüne, bei vielen Sorten auch purpurrote Blätter und zahlreiche kleine hellgelbe Blüten. Sie bevorzugen sonnige Standorte in durchlässigen, schwach sauren bis neutralen, mäßig trockenen bis frischen Böden und tolerieren lichten Schatten. Schöne ➛ Herbstfärbung des Laubes.

Name	Wuchs	Größe in m H: Höhe B: Breite	Blattfarbe	Besonderes
Blut-Berberitze (*B. thunbergii* 'Atropurpurea')	Normalstrauch; erst straff aufrecht, später breitrund	H + B: 2–3	purpurrot, während des Austriebs intensivste Färbung	attraktive Herbstfärbung in Orangerot, zahlreiche rote Früchte
Zwerg-Blutberberitze (*B. t.* 'Atropurpurea Nana')	Kleinstrauch; halbkugelig, dicht und langsam wachsend	H: 0,5–0,6 B: 0,5–1	erst schwarzrot, später braunrot	leuchtend rote Herbstfärbung; für Steingärten
B. t. 'Aurea'	Kleinstrauch; im Alter eher breit als hoch	H: 1,5 B: 2	junge Blätter leuchtend gelb	braucht einen hellen Standort
B. t. 'Bagatelle'	Zwergstrauch; flachkugelig, kompakt mit dichter Verzweigung	H: 0,3–0,4 B: 0,4–0,6	dunkelpurpur- bis schwarzrot	intensive rote Herbstfärbung; für Steingärten
B. t. 'Green Carpet'	Kleinstrauch; dicht, buschig und aufrecht; später ausgebreitet und überhängend	H: 1 B: 1,2–1,7	hellgrün	gelborange Herbstfärbung, rosarote Früchte
B. t. 'Green Ornament'	dichter, gedrungener Kleinstrauch, schmal, aufrecht, buschig	H + B: 1,5	bronzegrüner Austrieb, später vergrünend	rötlich gelbe Herbstfärbung, mit zahlreichen roten Früchten
B. t. 'Helmond Pillar'	schmal aufrechter Kleinstrauch, schlank säulenförmig	H: 1,5 B: 0,6	purpurbraun	ähnlich ist 'Red Pillar'; beide auch gute Solitärgehölze
B. t. 'Kobold'	Zwergstrauch; halbkugelig und kompakter	H + B: 0,4–0,5	bronzefarbener Austrieb, später frischgrün	leuchtend gelborange Herbstfärbung, rosarote Früchte
B. t. 'Red Chief'	Normalstrauch; straff aufrecht, später trichterförmig, leicht überhängend	H. 1,5–2,5 B: 1,5–2	dunkelroter Austrieb, später braunrot	rote bis orangerote Herbstfärbung, kaum fruchtend
B. t. 'Rose Glow'	Normalstrauch; erst aufrecht, dann breit trichterförmig	H + B: 1,5–2	purpurrot, weiß gefleckt	erster Austrieb nicht panaschiert
B. t. 'Silver Beauty'	Kleinstrauch; kompakt und langsam wachsend	H: 0,6 B: 0,9	grün, cremeweiß gesprenkelt	braucht lichten Standort

oder auf bleibende Äste zurückschneiden. **Schädlinge/Krankheiten:** Blattläuse und Echter Mehltau. **Vermehrung:** Aussaat im zeitigen Frühjahr; Sämlinge sind oft ➛ Bastarde, zuverlässiger vermehrt man aus Stecklingen: Grünstecklinge Laub abwerfender Arten und halbverholzte ➛ Stecklinge bei immergrünen Arten im Sommer schneiden.
Arten und Sorten: Buchsbaumblättrige Berberitze (*B. buxifolia* 'Nana'): rundlicher, dichter, immergrüner Zwergstrauch mit kleinen, blaugrünen, rot gerandeten Blättern, 30 bis 50 cm hoch, selten blühend oder fruchtend; Himalaja-Berberitze (*B. hookeri*): immergrüner, aufrechter bis übergeneigter Kleinstrauch, bis 150 cm hoch, mit dunkelgrünen, bis 8 cm langen Blättern und gelben Blüten im Frühsommer; Große Blutberberitze (*B.* x. *ottawensis* 'Superba'): gerundeter, Laub abwerfender Strauch, 3 bis 4 m hoch, 2 m breit, starkwüchsig, braunrotes Laub mit schöner Herbstfärbung; Rosmarin-Berberitze (*B.* x *stenophylla*): immergrüner, locker aufgebauter Strauch, 1,5 bis 2 m hoch und breit, reicher Blütenschmuck in goldgelben Rispen, etwas frostempfindlich; Sauerdorn, Gewöhnliche Berberitze (*B. vulgaris*): heimischer, Laub abwerfender Normalstrauch, 1 bis 3 m hoch, erst straff aufrecht, später übergeneigt wachsend, gelbe Blüten im Mai.

Beregnung

Künstliche Bewässerung, bei der Pflanzenkulturen mit Hilfe von *Sprengern* oder *Regnern* von oben mit Wasser versorgt werden; durch die Verteilung wie bei einem sanften Regen besonders Boden schonend. Nur anwenden, wenn die Laubblätter anschließend rasch und ohne Gefahr von Sonnenbrand abtrocknen können.

Bergenie

(*Bergenia*; SAXIFRAGACEAE) Steinbrechgewächse

Gattung mit Gruppen bildenden, immergrünen, voll frostharten ➛ Stauden aus Zentral- und Ostasien. Sie haben einen flach kriechenden, rhizomartigen Wurzelstock und Rosetten aus wechselständigen, großen, rundlichen bis eiförmigen, glänzenden, ledrigen Blättern, die sich bei vielen Arten im Winter bronzerot verfärben. Weiße, rosa- oder purpurfarbene Blüten im Frühjahr (März bis Mai) in Rispen (Trugdolden) an langen Stielen über dem Laub stehend. Anspruchslose ➛ Blattschmuckpflanze für Gehölz- und ➛ Steingärten, Rabattenränder, ➛ Einfassungen und Teichmotive. **Kultur:** sonnig, halbschattig oder schattig in humosem, feuchtem, aber gut durchlässigem Boden. Die Rhizome im Winter durch ➛ Mulch etwas schützen. In kalten Wintern kann das Laub erfrieren, treibt aber in der Regel im Frühjahr neu aus. **Schädlinge/Krankheiten:** Junges Laub anfällig für Schnecken, Raupen und Käferfraß; Rhizome anfällig für die Larven des Dickmaul-Rüsselkäfers. Blattflecken und Braunfäule der Rhizome möglich. **Vermehrung:** Teilen größerer Gruppen im Herbst oder Frühjahr oder Bewurzeln von Rhizomschnittlingen nach der Blüte.
Arten und Sorten: *B. ciliata*, blüht rosa, sehr früh an kahler Staude, Laub friert im Winter zurück, bis 30 cm hoch; *B. cordifolia*, blüht rosarot, Laub im Winter purpurn überlaufen, bis 60 cm hoch; *B. crassifolia*, blüht rosapurpur, Laub im Winter rot überlaufen, bis 45 cm hoch; *B. purpurascens*, blüht satt purpurrot, Laub im Winter tief purpurrot, bis 45 cm hoch; *B.*-Hybriden (Auswahl): 'Abendglut' (halbgefüllt, ma-

Sauerkirschenbesatz

gentarosa, bis 30 cm hoch); 'Beethoven' (zartrosa, bis 45 cm hoch); 'David' (pink, bis 25 cm); 'Morgenröte' (dunkel-rosarot, im Herbst nochmals blühend, bis 45 cm hoch); 'Nebellicht' (weiß, bis 50 cm hoch); 'Schneekönigin' (zartrosa, bis 50 cm hoch).

Besatz
1. Ausstattung von Ästen und Zweigen mit Knospen, Fruchttrieben, Seitenverzweigungen oder anderen Pflanzenteilen (Garnierung).
2. Früchte, die ein Gehölz oder ein Gehölzteil trägt, vor allem bei Obstarten (Behang, Fruchtbehang).

Bestäuber
➛ Bestäubung

Bestäubung
Übertragung von Blütenstaub (Pollen) auf die Narbe (bei ➛ Bedecktsamern) oder direkt auf die offen daliegenden Samenanlagen (bei ➛ Nacktsamern). B. ist die Voraussetzung für eine Befruchtung und damit für eine Samenbildung. Die Pflanzen bedienen sich verschiedener B.-Arten, z. B. des Windes oder unterschiedlicher Insekten – ihre Blütenorgane sind entsprechend ausgebildet. *Windblütige* Pflanzen entwickeln z. B. offene Blüten, aus denen die Staubbeutel weit herausragen, damit eine Vielzahl herbeigewehter Pollen von den klebrigen Narben aufgefangen werden. *Insektenblütige* Pflanzen zeigen meist raffinierte Blütengestalten, die die bestäubenden Insekten (Bestäuber) besonders anziehen. Diese werden beim Blütenbesuch mit dem Pollen eingepudert und tragen ihn zur nächsten Blüte, wo ein Teil davon an der Narbe hängenbleibt.

Bewässerung
Versorgung von Pflanzen mit Wasser. Neben der B. mit Gießkanne und Schlauch gibt es die Möglichkeit von automatischen B.-Systemen für Balkonkästen, z. B. Tröpchenbewässerung, Dochtbewässerung oder Flaschenbewässerung.

Bewurzelungshormon
(Bewurzelungsmittel)
Präparat, das die Bewurzelung von Pflanzen bzw. Pflanzenteilen, z. B. Stecklingen, fördert; im Gartenfachhandel erhältlich.

Ein praktisches und unauffälliges Bewässerungssystem stellt dieser Viereckversenkregener dar.

Bienen
Staaten bildende Insekten, die sich von Nektar und Pollen der Blüten ernähren. Zusammen mit Hummeln zählen sie zu den eifrigsten Blütenbesuchern im Garten und haben als Bestäuber die größte Bedeutung unter aller Insektenarten.

Bienenweide
Nährpflanzen der Bienen (Trachtpflanzen), die Nektar und Pollen liefern – sie werden häufig eigens für die Bienen angebaut. Frühtracht bieten z.B. Obstbäume und Weiden; Frühsommertracht, Klee, Luzerne und Linde; Spätsommertracht Weidenröschen, Besen- und Glockenheide.

Auswahl an Sommerblumen – Bieneweiden:
Balsamine *(Impatiens balsamina)*
Bienenfreund *(Phacelia tenacetifolie)*
Boretsch *(Borago officinalis)*
Dahlie *(Dahlia-Hybriden)*
Feuerbohne *(Phaseolus coccineus)*
Glockenblumen (Campanula-Arten)
Jungfer im Grünen *(Nigella damascena)*
Kapuzinerkresse *(Tropaeolum-Hybriden)*
Löwenmaul *(Antirrhinum majus)*
Malve *(Malva sylvestris)*
Resede *(Reseda odorata)*
Ringelblume *(Calendula officinalis)*
Sonnenblume *(Helianthus annuus)*
Wicke *(Lathyrus odoratus)*

Bienne Pflanzen (zweijährige Pflanzen) ➛ Lebensdauer

Bierfalle (Schneckenfalle) ➛ Pflanzenschutz

Bildungsgewebe (Meristem) ➛ Gewebe

Bimskies ➛ Bodenlockerungsmittel

Bindematerialien
Hilfsmittel wie Schnüre, Klammern oder Gurte zum Befestigen und Fixieren von Pflanzen und Pflanzenteilen; sie finden vor allem beim Abstützen, Aufleiten, Binden, Formieren und Pfählen Verwendung. Universell einsetzbar sind Gartenschnüre, Kunst- und Naturbast, Juteband und Draht. Für ➛ *Veredelung* eignen sich spezielle Gummi- bzw. Kunststofffäden oder Klebebänder. Vorgefertigte *Pflanzenringe* sind an einer Stelle offene Drahtringe, die sich an Trieben bzw. Stützen anbringen lassen. Biegsame Kunststoffbänder, die man mit Haken oder Ösen schließen kann, bezeichnet man als *Anbinder*. *Baumgurte* sind breite Gummi- oder Lederbänder mit Schnallen, die um Stamm und Stützpfahl gewunden werden.

Binden
1. Einen frisch gepflanzten Baum mit Hilfe eines Baumgurtes oder Stricks an einem Stützpfahl befestigen; dabei auf eine senkrechte Ausrichtung achten.
2. Äste von Obstbäumen, die ungünstig wachsen mit einer Schnur in bessere Lage bringen.

Biologischer Pflanzenschutz ➛ Pflanzenschutz

Biologisches Gleichgewicht ➛ ökologisches Gleichgewicht

Biotechnischer Pflanzenschutz ➛ Pflanzenschutz

Biotop

Lebensraum einer Lebensgemeinschaft aus Pflanzen und Tieren oder einer bestimmten Organismenart, der durch die dort vorherrschenden Standortfaktoren gekennzeichnet ist.

Birke

(*Betula*; BETULACEAE) Birkengewächse

Gattung mit etwa 60 Laub abwerfenden Baum- und Straucharten der nördlichen Hemisphäre. Alle Arten sind voll frosthart und vertragen exponierte Standorte. Die Blüten sind einhäusig mit gelblichen Kätzchen. Die meisten Arten haben eine auffällig gefärbte Rinde, die bei Verletzung schwarze ➛ Borke ausbildet. Attraktive, goldgelbe Herbstfärbung des Laubes. Schön als ➛ Solitär oder in kleinen Gruppen. Die stark zehrenden Flachwurzler verdrängen in ihrem Umfeld jeglichen Unterwuchs. **Kultur:** In mäßig fruchtbarem, feuchten, aber gut durchlässigen Boden in Sonne oder lichtem Schatten; Beschneiden im Spätherbst oder Winter. **Schädlinge/Krankheiten:** Grünrüsselkäfer, minierende Birken-Blattwespen, Blattläuse, Birkenrost, Hallimasch. Auf kalkreichen Böden können die Blätter chlorotisch werden. **Vermehrung:** Wildsorten im Herbst säen (Samen von Zuchtsorten bilden oft Hybriden), Grünstecklinge im Sommer oder Pfropfen im Winter (➛ Veredelungsmethoden).

Arten und Sorten: Chinesische Kupfer-Birke (*B. albosinensis*): 6 bis 10 m hoher, langsam wachsender Kleinbaum, lockere, breit kegelförmige, unregelmäßige Krone, glatte, weißlich rosa bis kupfrig gefärbte Rinde; Gold-Birke (*B. ermanii*): 15 bis 20 m hoher, langsam wachsender, mittelgroßer Baum mit kegelförmiger, erst kompakter, dann lockerer Krone; Rinde: glatt, weiß bis cremefarben, obere Schichten abrollend; Himalaja-Birke (*B. jacquemontii*): 10 bis 15 m

Ihre milchig weiße und zarte Rinde ist ihr Markenzeichen: Die Birke *Betula pendula* (links) und eine Verwandte, die Himalaya-Birke.

hoher, langsam wachsender, mittelgroßer Baum mit zunächst kegelförmiger, später abgeplatteter Krone und glatter, abrollender, rötlich weißer, quer gestreifter Rinde; Zwerg-Birke (*B. nana*): strauchförmiges, bis 1 m hohes, langsam wachsendes Zwerggehölz, breit niederliegend bis bogig aufrecht mit orangegelber bis roter Herbstfärbung; Schwarz-Birke (*B. nigra*): 15 bis 20 m hoher Baum, häufig mehrstämmig, locker rundkronig, etwas hängende Zweige, rasch wachsend; Rinde zimtbraun, löst sich in krausen Fetzen vom Stamm; Sand- oder Weiß-Birke (*B. pendula*): 8 bis 22 m hoher, schmal konischer, rasch wachsender Großbaum mit hängenden, warzigen Ästchen und abblätternder weißer Rinde; zahlreiche Zuchtsorten, darunter auch Trauerformen, die z.T. deutlich kleiner bleiben; Moor-Birke (*B. pubescens*): mittelgroßer, 5 bis 15 m hoher Baum, erst locker kegelförmig, später rundkronig mit aufrechten Ästen; mit quergestreifter, weißlicher Rinde; für saure, nasse Böden geeignet.

Birne

(*Pyrus communis;* ROSACEAE) Rosengewächse
Neben dem Apfel die zweitwichtigste, vielseitig verwendbare Kernobstart. Tafelbirnen wachsen meist mittelstark zu stumpfer Pyramidenform, mit steilen oder schlendernden Trieben variierender Dicke, Länge und Farbe. Die Blätter sind sattgrün bis graugrün gefärbt und fallen im Herbst relativ früh; die Blüte ist weiß und riecht etwas unangenehm. Birnen sind nicht selbstfruchtbar und daher auf Fremdbefruchtung (➛ Befruchtung) angewiesen. Für eine reiche Ernte ist die Nachbarschaft einer geeigneten anderen, gleichzeitig blühenden Sorte nötig. Im Juni wird oft ein Teil der Früchte abgeworfen („Junifall"), was durch gute Nährstoffversorgung und warmes Wetter vermindert werden kann. Die Früchte sind je nach Sorte grünlich bis gelb, manchmal rötlich überhaucht oder gestreift und nicht selten von einer pelzigen Schicht überzogen („berostet"). Das Fruchtfleisch kann unter Umständen Steinzellen aufweisen. **Kultur:** Sehr anpassungsfähig; in allen fruchtbaren, durchlässigen Böden in voller Sonne pflanzen. Frühjahrspflanzungen sind wegen möglicher Frostschäden im ersten Winter besser als Herbstpflanzungen. Die ➛ Baumscheibe sollte möglichst frei von Bewuchs gehalten und mit einer ➛ Mulchschicht bedeckt werden. Früh blühende Sorten sind in rauen Lagen spätfrostgefährdet. Schnitt: Die geringe Verzweigung und die starke Entwicklung der Mittelachse erfordern mehr Rückschnitt, aber selteneres Auslichten. Günstig für die Fruchtentwicklung ist mehrmaliges Einkürzen diesjähriger Seitentriebe. **Schädlinge/Krankheiten:** Birnenblattlaus, Birnenblattsauger, Raupen, Gallmücken, Milben; Birnengitterrost, Feuerbrand, Mehltau, Hallimasch, Baumkrebs. **Vermehrung:** Sortenecht kann nur durch Veredelung (➛ Veredelungsmethoden) auf Birnensämlinge oder eine Quitten- ➛ Unterlage im Winter vermehrt werden.

Arten und Sorten: Zahlreiche Sorten mit zum Teil regionaler Bedeutung, darunter auch reine Mostbirnen-Sorten. Unterteilt wird in der Regel nach Reifezeit und ob man die Früchte pflückfrisch genießen kann, kurze Zeit nachreifen lassen muss (Herbstbirnen) oder ob es sich um ausgesprochene Lager- (Winter-) Birnen handelt. Bei so genannten Duo-Birnen wurden zwei verschiedene Birnensorten auf einem Stamm veredelt.

Sorte	Größe, Form	Fruchtfarbe	Geschmack	Reifezeit	Gute Befruchter
Alexander Lucas	mittel bis groß, stumpfkegelig	gelbgrün bis goldgelb, hellbraune Berostung	süß, fruchtig, saftig	September	4, 5
Bosc's Flaschenbirne (Alexanderbirne)	mittel, flaschenförmig	trüb grüngelb bis gelb, zimtfarben berostet	süß, würzig, fein säuerlich	September	4, 11
Clairgeaus (Butterbirne)	groß, flaschenförmig bis stumpfkegelig	hellgrün bis gelb, sonnenseits kupferrot	herb, aromatisch, süß, würzig	Oktober	2, 7, 9
Clapps Liebling	mittel bis groß, bauchig	intensiv gelb, sonnenseits gelbrot gestreift	süßsäuerlich, saftig, schwach würzig	August	2, 5
Conference	klein bis mittel, länglich flaschenförmig	Grünlich gelb, fleckig berostet	saftig, süß, aromatisch	September-Oktober	9, 10, 11
Frühe von Trévoux	klein, stumpfkegelig	grüngelb, sonnenseits rot verfärbt	angenehm säuerlich, saftig	August	4, 10, 11
Gellerts Butterbirne	mittel bis groß, stumpfkegelig	ocker, bronzebraun berostet	sehr saftig, süßlich, würzig	September-Oktober	4, 9, 11
Gräfin von Paris	mittel bis groß, flaschenförmig	grüngrau, netzartig berostet	süß, saftig, herb würzig	Oktober-November	6, 7, 10
Gute Luise	klein bis mittel, länglich eiförmig	glatt, grüngelb, sonnenseits braunrot gepunktet	fruchtig, süß, aromatisch	September-Oktober	4, 5
Köstliche von Charneu (Bürgermeisterbirne)	mittelgroß, kegelförmig	grüngelb, sonnenseits streifig berostet	süß, saftig, weinwürzig	September-Oktober	7, 8, 11
Williams Christ	mittel, glockenförmig, leicht beulig	goldgelb, sonnenseits schwach gerötet	süßlich würzig, sehr aromatisch	August-September	4, 5, 6, 9

Birnengitterrost

Durch einen wirtswechselnden Pilz hervorgerufene Obstbaumerkrankung.
Gefährdete Pflanzen: Birnen, Wacholderarten, z.B. Sadebaum und China-Wacholder, ausgenommen der Gewöhnliche Wacholder.
Schadbild: Mitte Frühling keulenartige, braune bis orangefarbene Verdickungen an Wacholdertrieben, aus denen eine schleimige Masse austritt; ab dem Hochsommer orangerote Flecken auf den Oberseiten von Birnenblättern, unterseits mit knorpeligen Pusteln.
Vorbeugung und Bekämpfung: keine anfälligen Wacholder-Arten in die Nähe von Birnen pflanzen und umgekehrt; befallene Blätter vom Birnbaum absammeln; befallene Triebe beim Wacholder herausschneiden.

Bitterfäule (Gloeosporium-Fruchtfäule)

Durch den Pilz *Gloeosporium* verursachte Lagerkrankheit bei Äpfeln. Die Pilzsporen (sie gehen von Fruchtkörpern des *Gloeosporium-Rindenbrands* aus) befallen die Früchte, machen sich jedoch erst bei der Lagerung in Form von braunen, fauligen, rundlichen Flecken bemerkbar, die sich langsam vergrößern – die Früchte schmecken bitter. Nach der Einlagerung gibt es keine Maßnahmen mehr gegen den Pilz. *Vorbeugung gegen Rindenbrand:* nur gesunde und widerstandsfähige Pflanzen wählen, sorgfältige Wundpflege betreiben, befallener Triebe großzügig herausschneiden.

Bittersalz

Magnesiumsulfat, das vor allem aus Mineralquellen gewonnen wird; im Garten als Magnesiumdünger eingesetzt.

Blähton ➛ Bodenlockerungsmittel

Blasenfüße ➛ Thripse

Blatt

Neben *Stängel* und *Wurzel* das drittwichtigste Pflanzenorgan, das der ➛ Assimilation, dem Gaswechsel und der Transpiration dient. Den einfach gebauten *Keimblättern* folgen *Niederblätter* (meist häutig) oder gleich die *Laubblätter*. Diese zeigen je nach Pflanzenart sehr unterschiedliche ➛ Blattformen und Blattränder. Ein B. besteht aus *Blattstiel*, *Blattgrund* und einer *Blattspreite*, die von *Blattadern* (Blattnerven, Blattrippen) durchzogen ist, wobei die mittlere in die *Blattspitze* ausläuft. Der Blattgrund kann als Stängel umgreifende *Blattscheide* auftreten wie bei Süßgräsern oder *Nebenblätter* tragen. Bei den meisten Pflanzen sind Ober- und Unterseite der Blätter verschieden gebaut. Auf der Unterseite befinden sich die *Spaltöffnungen* (Blattporen) zum Gaswechsel, die von der Pflanze nach Bedarf geöffnet bzw. geschlossen werden können. Die Ansatzstellen nach dem Laubfall bezeichnet man als *Blattnarben*. *Umgebildete Blätter*, die andere Funktionen übernehmen, sind u.a. die einzelnen

Blattränder

Organe der Blüte, Dornen oder die Schalen einer Zwiebel.

Blattachsel ➛ Achsel, ➛ Pflanzenorgane

Blattadern ➛ Blatt

Blattdüngung

Besprühen von Pflanzenblättern mit einer Düngerlösung zur Nachlieferung von fehlenden Nährstoffen. Diese werden von der Pflanze direkt über die Blattoberfläche aufgenommen.

Blattfall

1. Im Herbst werden vor allem bei sommergrünen Gehölzen alle Reservestoffe und weitere Substanzen aus den Blättern in das Splintholz (➛ Holz) abtransportiert; danach welken diese und fallen ab.
2. Verlust der Blätter bei ➛ Blattfallkrankheit und anderen Pflanzenerkankungen, z. B. ➛ Blattfleckenkrankheiten.

Blattfallkrankheit

Pilzerkrankung.

Gefährdete Pflanzen: Rote und Weiße Johannisbeeren, Zierformen der Johannisbeere, Stachelbeere.

Schadbild: zahlreiche punktförmige Flecken auf den Blättern, die sich einrollen und frühzeitig abfallen.

Vorbeugung und Bekämpfung: widerstandsfähige Sorten pflanzen; Stärkungsmittel wie Knoblauchtee verabreichen; befallene Blätter entfernen und vernichten.

Blattfleckenkrankheiten

Erkrankungen, die von unterschiedlichen Schadpilzen verursacht werden.

Gefährdete Pflanzen: Sommerblumen, Balkon- und Kübelpflanzen, Stauden, Zwiebel- und Knollenpflanzen, Ziergehölze, Gemüse, vor allem Möhren, Rettiche und Meerrettich.

Schadbild: schwarze, braune, violette oder bläuliche Flecken auf Blättern und Stängeln; vorzeitiger Blattfall; Knollen und Rüben verfärben sich blauschwarz.

Vorbeugung und Bekämpfung: widerstandsfähige Sorten pflanzen; Anbau in Mischkulturen, Fruchtwechsel einhalten; weite Pflanzabstände; ausgewogene Düngung; Stärkungsmittel wie Ackerschachtelhalm verabreichen; befallene Teile, bei starkem Befall ganze Pflanze entfernen und vernichten.

Blattformen

Unterschiedliche Gestaltvariationen der Blätter. Eine Form beschreibende Einteilung

Blattformen

einfache Blattformen

dient zur Veranschaulichung und Bestimmung von Pflanzenarten; Blätter mit zusammenhängender Blattfläche bezeichnet man als *einfach*, ein Blatt, das aus mehreren, voneinander getrennten Teilen als *zusammengesetzt*.

Blattgemüse

Unter diesem Begriff zusammengefasste Gemüse sind sehr vielgestaltig und schließen sowohl ein- wie auch ➛ zweikeimblättrige Arten ein. Zum Blattgemüse zählen neben allen Salaten und den Blättern von Kräutern auch ➛ Kohlköpfe aus Blattschichten (Weißkohl, Rotkohl, Wirsing u.a.), Schnitt- ➛ Mangold, ➛ Spinat, ➛ Brunnenkresse und ➛ Fenchelknollen, ebenso ➛ Zwiebeln, ➛ Lauch und ➛ Knoblauch.

Blattgrün (Chlorophyll) ➛ Assimilation

zusammengesetzte Blattformen

schildförmig nierenförmig herzförmig handförmig gelappt spießförmig

Blattgrund ➛ Blatt

Blattkäfer ➛ Käfer

Blattlaus

Eine gelber, grüner, grauer, brauner oder schwarzer kleiner Pflanzensauger, der meist in Kolonien lebt; ab dem Hochsommer gibt es auch geflügelte Tiere.

Gefährdete Pflanzen: Sommerblumen, Balkon- und Kübelpflanzen, Stauden, Zwiebel- und Knollenpflanzen, Ziergehölze, Rosen, Obst und Gemüse, Kräuter.

Schadbild: vor allem junge Triebe, Blattunterseiten und Blütenknospen oft dicht mit Läusen besetzt und durch deren Saugtätigkeit verkrüppelt, eingerollt, gekräuselt oder blasig aufgetrieben; gelbe Punkte oder Flecken auf den Blättern, auch rötlich gefärbt; gestauchte Triebe. Befallene Pflanzenteile sind oft von klebrigem Honigtau überzogen, der sammelnde Ameisen anlockt; diese wiederum regen B. zur Absonderung von Honigtau an. An diesen Stellen siedeln sich oft verschiedene Pilze an, die schwere Krankheiten hervorrufen können. B. übertragen auch Viruskrankheiten.

Vorbeugung und Bekämpfung: standortgerechte Pflanzung; nicht zu stickstoffreich düngen; Stärkungsmittel, z.B. Brennnesseljauche verabreichen; ➛ Abwehrpflanzen und Köderpflanzen (z.B. Kapuzinerkresse) einsetzen; sorgfältige Rindenpflege; ➛ Nützlinge fördern. Läuse mit starkem Wasserstrahl abspülen; stark befallene Triebspitzen oder Blätter entfernen und vernichten; Algenkalk bestäuben; Pflanzenpräparate wie Rainfarntee sprühen; bei starkem Befall Schmierseife-Spiritus-Lösung (➛ Pflanzenschutz) oder pyrethrumhaltige Mittel anwenden; bei Obstbäumen Leimringe anbringen, um Ameisen abzuhalten; in der Nähe der Lauskolonien Florfliegen aussetzen.

Sie machen Gärtnern das Leben schwer: Blattläuse, die sich gerade an einem Eisenhut gütlich tut.

Blattminierer ➛ Minierfliegen

Blattnerven (Blattadern) ➛ Blatt

Blattporen ➛ Blatt

Blattranken ➛ Kletterorgane

Blattsalat, Gartensalat

(*Lactuca sativa*; COMPOSITAE) Korbblütler Köpfe oder offene Blattrosetten bildende, einjährige Gemüsepflanze mit verschiedenen Kulturformen, etwa Kopf-, Spargel-, Schnitt- oder Pflücksalat, Römischer Salat oder Bindesalat. In der Regel werden Salatblätter roh verzehrt. Alle Sorten enthalten einen weißen Milchsaft, der bei Verletzungen austritt. **Kultur:** Aussaat vom zeitigen Frühjahr (unter Glas) bis zum Spätsommer, später Jungpflanzen vereinzeln und in lockeren, nährstoffreichen Boden in voller Sonne pflanzen. In rauen Lagen, im Frühjahr und Herbst unter Glas oder im ➛ Folientunnel kultivieren. Die Kulturdauer ist kurz, nur bei Pflücksalat beiben die Pflanzen längere Zeit am Standort. Sehr hoher Lichtbedarf; bei hohen Temperaturen bilden sich nur lockere Köpfe und die Pflanzen beginnen zu blühen (der Salat beginnt zu ➛ schossen). Die Blätter sind dann bitter und ungenießbar. Als Flachwurzler braucht Salat einen ständig leicht feuchten Boden. Trocknet die obere Bodenschicht völlig aus, welken die Blätter rasch. **Schädlinge/ Krankheiten:** Blattläuse, Schnecken, Virosen, pilzliche Salatfäule, Falscher Mehltau. **Vermehrung:** Aussaat im Freiland oder unter Glas.
Arten und Sorten: Spargelsalat (*Lactuca sativa* var. *angustana*): in Asien beliebtes Ge-

Immer wieder köstlich, besonders wenn er im eigenen Garten gezogen wird: verschiedene Blattsalate.

müse, die verdickten Stängel werden wie Spargel zubereitet; Schnitt- oder Pflücksalat (*L. sativa* var. *crispa*): bildet keinen Kopf, sondern eine offene Blattrosette, wird in Reihen oder mit Pflanzabstand zwischen den einzelnen Pflanzen gesät; beliebte Sorten z.B. 'Amerikanischer Brauner', 'Hohlblättriger Butter', 'Red Sails', Eichblattsalat 'Salad Bowl', Blattbatavia 'Lollo Bionda', 'Lollo Rossa'; Römischer- (Romana-), Binde- oder Kochsalat (*L. sativa* var. *longifolia*): locker geschlossene, länglich ovale Köpfe, verträgt höhere Temperaturen als Kopfsalat, neigt weniger zum Schossen und wird roh oder gekocht verzehrt; Kopfsalat (*L. sativa* var. *capitata*): je nach Jahreszeit werden verschiedene Sorten bevorzugt angebaut, vom Frühjahr bis zum Herbst kultiviert werden z.B. 'Merveille des Quatres Saisons' (rotbraun) und 'Dynamite' (grün); Eissalat hat knackigere Blätter; gute, vom Frühjahr bis zum Herbst angebaute Sorten: z.B. 'Fortunas' und 'Sioux'.

Blattsauger (Blattflöhe)

Sprungaktive, geflügelte, blattlausähnliche Insekten, die sich von Pflanzensäften ernähren.

Gefährdete Pflanzen: Äpfel, Birnen, Ziergehölze, vor allem Buchsbaum.

Schadbild: Blätter und Blüten entwickeln sich sehr langsam, vertrocknen und fallen frühzeitig ab; blasig aufgetriebene oder löffelartig verformte Blätter; abgestorbene Triebspitzen (bei starkem Befall); an Blättern und Trieben längliche Eier (zuerst gelb, dann dunkel) erkennbar; klebriger Honigtau auf den befallenen Pflanzenteilen.

Vorbeugung und Bekämpfung: Falllaub gründlich entsorgen; sorgfältige Rindenpflege; Nützlinge fördern; im Frühling die Insektenkolonien mit Schmierseife-Spiritus-Lösung (➛ Pflanzenschutz) abspülen; Eigelege in Knospennähe und an Laubblättern abstreifen; bei starkem Befall ölhaltige Präparate anwenden.

Blattscheide ➛ Blatt

Blattschmuckpflanzen

Gewächse, die hauptsächlich wegen ihrer dekorativen Blätter kultiviert werden.

Blattspreite ➛ Blatt

Blattsteckling ➛ Stecklinge

Blattstellung

Anordnung der Blätter am Spross; wichtig bei der Bestimmung einzelner Arten.

Grundständig: wenn alle Blätter am Grund gehäuft (Blattrosette) sind.

Wechselständig: wenn jedes Blatt getrennt für sich am Spross entspringt.

Gegenständig: wenn immer 2 Blätter einander gegenüber entspringen.

Quirlständig: wenn 3 oder mehr Blätter einander gegenüber entspringen

Blattstiel ➛ Blatt

Blattstielgemüse
Zum Blattstielgemüse zählen alle Gemüsesorten, die durch Nahrungsspeicherung angeschwollene Sprossteile haben. Dabei kann es sich um oberirdische, aber auch um unterirdische Sprossteile handeln. Viele ➛ Sprosse sind ziemlich kräftig, da sie den oberen Teil der Pflanze (Blätter) tragen, so etwa bei ➛ Rhabarber, Bleich-➛ Sellerie und Rippen-➛ Mangold. ➛ Spargel wird in der Regel geerntet, bevor die Sprossen aus dem Boden kommen, sobald sie ans Licht gelangen, werden sie grün (Grünspargel). Zum Blattstielgemüse gehören auch die Knollen von ➛ Kohlrabi, ➛ Topinambur und Knollen-➛ Sellerie.

Blattwanzen
Käferartige Tiere mit dreieckigem Rückenschild, die sich bei Gefahr blitzartig zu Boden fallen lassen.
Gefährdete Pflanzen: Sommerblumen, Balkon- und Kübelpflanzen, Stauden, Dahlien, Ziergehölze, Erdbeeren, Kartoffeln, Bohnen, Kohl, Sellerie.

Hungrig auf (fast) alles: die Blattwanze

Schadbild: kleine gelbe, später braune Saugflecken und abgestorbene Partien auf jungen Blättern, Trieben und Knospen; nur einseitig ausgebildete Blüten.
Vorbeugung und Bekämpfung: Nützlinge fördern; in den frühen Morgenstunden die noch trägen Tiere absammeln; bei starkem Befall im Winter ölhaltige, im Sommer pyrethrumhaltige Mittel anwenden.

Blattwespen ➛ Triebbohre

Blaubeere ➛ Heidelbeere

Blauregen ➛ Glyzine

Blautafel ➛ Leimtafel

Bleichen
Bei bestimmten Gemüsearten, z. B. Spargel, Bleichsellerie, Radicchio, Endivien oder Cardy, gezielt herbei geführter Lichtabschluss. Um das Ergrünen von Pflanzenteilen zu verhindern wird Erde angehäufelt oder mit schwarzer Folie abgedeckt. Dadurch „verholzt“ das Pflanzengewebe nicht und das Gemüse bleibt besonders zart und schmackhaft.

Bleichsellerie ➛ Sellerie

Bleiglanzkrankheit ➛ Milchglanzkrankheit

Blindschleiche
Heimisches, harmloses, 35 bis 50 cm langes Reptil, das mit der Eidechse verwandt ist (keine Schlange!). Ihre Beine haben sich im Laufe der Evolution zurückgebildet. Die B. ist nicht blind, sondern verdankt ihren Namen dem „blendenden“ Glanz ihrer Schup-

penhaut. Sie lebt an leicht feuchten, dicht bewachsenen Plätzen im Wald und auch in naturnahen Gärten, häufig im Kompost – unter Altholz und Steinen befinden sich ihr Schlupfwinkel. B. ernähren sich vor allem von Nacktschnecken, Insektenlarven, Würmern, Raupen und Spinnen.

Blindtrieb

Trieb ohne endständige Blütenknospe bei solchen Arten, die gewöhnlich endständige Blüten tragen, z. B. Rosen.

Blühdauer ➛ Blühverhalten

Blühfaulheit ➛ Blühverhalten

Blühverhalten

Beschreibt, in welcher Menge und in welchen Zeiträumen eine Pflanze Blüten hervorbringt. Der Blütenansatz hängt weitgehend von art- und sortenspezifischen Eigenschaften, vom Standort, Klima sowie Witterung ab. Das B. wird charakterisiert durch die *Blühwilligkeit*, die Bereitschaft einer Art oder Sorte unter den gegebenen Umständen überhaupt Blüten zu entwickeln, aber auch durch die *Blühdauer*, also die Zeitspanne, in der die Pflanze Blüten trägt. Verminderten oder fehlenden Blütenansatz bezeichnet man als *Blühfaulheit*; Pflanzen, die ununterbrochen Blüten bilden, nennt man *Dauerblüher*.

Blühwilligkeit ➛ Blühverhalten

Blumenerde ➛ Substrate

Blumenkohl

(*Brassica oleracea* convar. *botrytis* var. *botrytis*; CRUCUFERAE) Kreuzblütler Schmackhaftes, im Anbau jedoch anspruchsvolles Blütengemüse aus dem Mittelmeerraum. Geerntet wird der umgebildete, fleischig verdickte Blütenstand, der von nicht genießbaren, grünen Blättern umstanden wird. **Kultur:** Aussaat (unter Glas, ➛ Vorkultur) von März bis Juni, Jungpflanzen werden von April bis Juli in nährstoffreiche Böden in voller Sonne ausgepflanzt. Wachstumsstockungen führen zu verfrühter Blüte und kleinen Köpfen. Während des Wachstums regelmäßig wässern, hacken und düngen. Kurz vor der Ernte werden die äußeren Laubblätter eingeknickt, damit die Blume weiß bleibt und nicht vergilbt. **Schädlinge/Krankheiten:** Kohlweißlingsraupen, Kohlfliege, Kohleule, Blattläuse, Erdflöhe, Pilzerkrankungen, Kohlhernie. **Vermehrung:** Aussaat im Frühjahr. **Sorten:** Frühe Sorten: 'Allerfrühester Erfurter Zwerg', 'Walcheren Winter', 'Erfolg'; Sommer- und Herbstsorten: 'Neckarperle', 'Fremont F1', 'Hormade'; eine purpurfarbene Blume bildet 'Graffiti F1'.

Blumenzwiebeln ➛ Zwiebel- und Knollengewächse ➛ Speicherorgane

Blüte

Speziell zur geschlechtlichen Vermehrung umgebildeter Spross, dessen Blätter an dem stark gestauchten Stängel dicht beieinander stehen. Bei der typischen Blüte einer bedecktsamigen Pflanze (➛ Blütenpflanzen) befindet sich an der Spitze des Blütenbodens das weibliche Geschlechtsorgan, ein aus Fruchtblättern zusammengewachsener *Fruchtknoten*, der die Samenanlagen umschließt. Seine Spitze ist gewöhnlich in eine stielartige Verlängerung, den *Griffel*, ausgezogen, der in eine *Narbe* ausläuft. In seiner

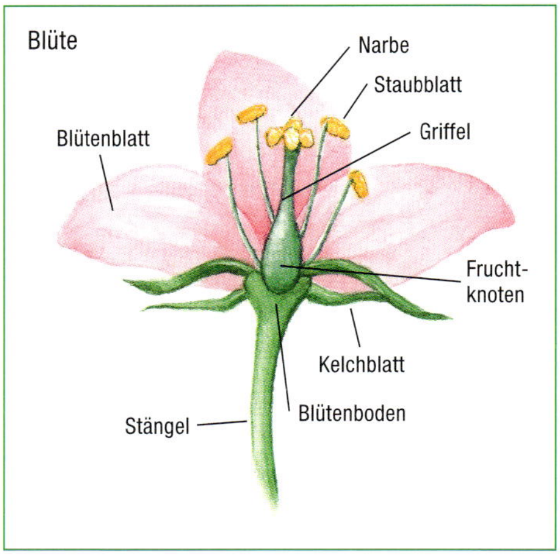

Gesamtheit wird das weibliche Geschlechtsorgan als *Stempel* bezeichnet. Rund um den Fruchtknoten gruppiert (in eingeschlechtlichen Blüten auch allein für sich) finden sich die männlichen Geschlechtsorgane, die *Staubblätter*. Sie bestehen aus einem fädigen Stiel, dem *Filament*, das die *Staubbeutel* (*Pollensäcke*) trägt. In den Staubbeuteln wird der *Blütenstaub* (*Pollen*) produziert. Zum Schutz der Geschlechtsorgane und zur Anlockung von Bestäubern reihen sich weitere Blätter um das Zentrum der Blüte – sie bilden die *Blütenhülle*. Auffallend sind die oft prächtig gefärbten *Kronblätter* (*Blütenblätter*), die die so genannte *Krone* bilden. Nach außen hin werden sie von meist grünen *Kelchblättern* umfasst, die sich zum *Kelch* umschließen. *Hochblätter*, die Kelchblättern ähneln oder die Kronblätter ersetzen, übernehmen in manchen Fällen die Aufgaben der Blütenhülle (vor allem das Anlocken von Bestäubern). An Stelle von Kronblättern können auch *Deckblätter (Brakteen)* treten, die meist direkt unter dem Blütenboden sitzen. Als B. bezeichnet man auch die Gesamtheit einer Pflanze und zuweilen – nicht ganz exakt – die Blütezeit.

Bluten

Austritt von Pflanzensaft, der meist durch die Verletzung eines Pflanzenteils hervorgerufen wird, z. B. nach einem Schnitt.

Blütenachse ➛ Blüte

Blütenansatz ➛ Blüte

Blütenbildung ➛ Blühverhalten

Blütenblätter ➛ Blüte

Blütenformen

Blüten zeigen eine große Vielfalt in ihren Formen. Am einfachsten sind die *radiären* (*strahligen*) Blüten; komplizierter erscheinen Schmetterlings- und Lippenblütler. Bei den Korbblütlern finden sich stark reduzierte Einzelblüten, die so genannten *Zungen-* und/oder *Röhrenblüten*, die zu einem körbchenförmigen Blütenstand vereint sind.

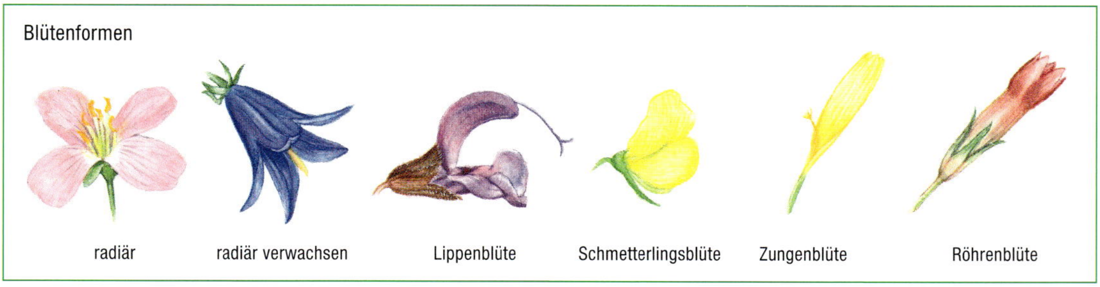

Nach der Anzahl der Blütenblätter unterscheidet man *einfache, halb gefüllte* und *gefüllte Blüten.*

Blütengemüse
Kleine Gruppe geschätzter Feingemüsesorten. Die Hauptvertreter sind Blumenkohl und ➛ Brokkoli, deren Blüten geerntet und genossen werden, bevor sie sich entfalten. Weitere Blütengemüse sind ➛ Artischocken und die vor allem in Südeuropa geschätzten Blüten von ➛ Zucchini. Viele Blumen haben essbare Blüten, so etwa Kapuzinerkresse, Ringelblumen, Salatchrysanthemen und ➛ Rosen. Voraussetzung für eine Verwendung von Blüten im Salat oder als essbare Dekoration ist, dass die Pflanzen nicht mit Pestiziden behandelt wurden. Da es auch viele Blüten gibt, die gefährliche Gifte enthalten, sollte man nur solche verwenden, die man eindeutig identifizieren kann und über deren Ungiftigkeit man informiert ist.

Blütenhecke ➛ Hecke

Blütenhüllblätter ➛ Blüte

Blütenhülle ➛ Blüte

Blütenknospe ➛ Knospe

Blütenpflanzen
1. Gruppe des Pflanzenreichs, deren Vertreter Blüten bilden, die der geschlechtlichen Vermehrung dienen. Botanisch werden sie als *Samenpflanzen* bezeichnet, da sie als Fortpflanzungseinheiten Samen ausbilden. Zu B. gehören sowohl die *Nacktsamer (Gymnospermae)* mit offen daliegenden Samenanlagen, z.B. sämtliche Nadelgehölze, als auch die *Bedecktsamer (Angiospermae)*, deren Samen mindestens bis zur Reife in den Fruchtknoten eingeschlossen sind und die unterschiedlichsten Arten umfassen; so auch die meisten Gartenpflanzen.
2. Volkstümliche Bezeichnung für alle, vorwiegend krautige Pflanzen, die auffällige Blüten bilden.

Blütenstand (Infloreszenz)
Blüten tragender Stängel, der vom vegetativen Teil deutlich abgesetzt ist; am B. sind nach gewissen Regeln mehrere Blüten zu einer Gemeinschaft angeordnet.

Blütenstände

Blütenstände

Blütenstaub

Blütenstaub (Pollen) ➛ Befruchtung, ➛ Bestäubung

Blütenstauden

Blütenstauden ➛ Stauden

Blutläuse

Kleine blutrote Läuse, die meist von weißen, watteartigen Wachsausscheidungen bedeckt sind; vor allem an jungen Trieben und an Rindenverletzungen. Beim Zerdrücken scheiden die Läuse eine rote Flüssigkeit ab.
Gefährdete Pflanzen: Äpfel, Ziergehölze.
Schadbild: aufgeplatzte Rinde (durch die Saugtätigkeit), Wucherungen (Blutlauskrebs).
Vorbeugung und Bekämpfung: sorgfältige Rindenpflege, Rindenwunden mit Wundmittel verschließen; Köderpflanzen (z. B. Kapuzinerkresse) auf die ➛ Pflanzscheibe setzen; Nützlinge wie Ohrwürmer fördern. Läusekolonien sorgfältig abbürsten; befallene Triebe entfernen und vernichten; mit Pflanzenpräparaten wie Kapuzinerkresseauszug besprühen; Schlupfwespen aussetzen.

Blutmehl

Getrocknetes und gemahlenes Tierblut, das im Garten als organisches Düngemittel eingesetzt wird. B. hat einen besonders hohen Stickstoffgehalt sowie geringere Anteile an Phosphor und Kalium. Es ist im Zuge der BSE-Krise in Zwielicht geraten und gehört möglicherweise zum Risikomaterial.

Boden

Die oberste, lebenerfüllte Schicht der Erdkruste (Gestein), die sich fortlaufend weiterentwickelt; setzt sich aus mineralischen und organischen Substanzen zusammen, enthält Wasser, Luft und Lebewesen.

Bodenanalyse

Untersuchungen, die über die den Pflanzen zugänglichen Vorräte an Nährstoffen im Boden Auskunft geben. Ermittelt werden in erster Linie die Gehalte der Hauptnährstoffe Phosphor, Kalium und Magnesium. Zusätzlich wird der Säuregehalt in Form des ➛ pH-Wertes geprüft. Ungefähre Werte zu wichtigen Bodendaten kann man mit käuflichen Bodenprüfsets selbst ermitteln. Für genauere Ergebnisse schickt man Bodenproben an eine der landwirtschaftlichen Untersuchungs- und Forschungsanstalten (LUFA) der Bundesländer.

Bodenart

Klassifizierung eines Bodens anhand seiner Anteile verschieden großer Mineralpartikel (Korngröße). Körnchen mit 2–0,063 mm Ø bezeichnet man als *Sand*; 0,063–0,002 mm Ø als *Schluff* und kleiner als 0,002 mm Ø als *Ton*. Die Klassifizierung einer B. erfolgt nach dem vorherrschenden Körnchenanteil:

- *Sandboden:* leichter Boden, der hauptsächlich aus groben Mineralpartikeln besteht.
- *Schluffboden:* mittelschwerer Boden, der überwiegend Mineralkörnchen mittlerer Größe enthält.
- *Tonboden:* schwerer Boden, der weitgehend aus feinen Mineralpartikeln zusammengesetzt ist.
- *Lehmboden:* eine Mischung aus Ton, Schluff und Sand; je nach Mengenverteilung dieser Komponenten kann ein Lehmboden leichter oder schwerer sein (➛ Bodeneigenschaften).

Bodenbearbeitung

Sammelbegriff für alle der Erhaltung und Verbesserung der Bodenstruktur und -fruchtbarkeit dienenden Verfahren. Wichtige Maßnahmen sind dabei

- *Hacken:* Zerkleinern von groben Erdklumpen sowie Lockerung der obersten Bodenschicht mit einer Hacke; sorgt für eine krümelige Bodenoberfläche und beseitigt Verkrustungen der Oberfläche und Unkraut.
- *Holländern:* Umgraben des Gartenbodens in doppelter Spatentiefe; vor allem bei verunkrauteten sowie mittelschweren bis schweren Böden anzuwenden.
- *Lockerung:* Aufbrechen von Verdichtungen in der Bodenstruktur mit Hilfe verschiedener ➛ Bodenbearbeitungsgeräte; bewirkt eine gesteigerte Durchlüftung des Bodens und dadurch eine bessere Sauerstoffversorgung der Pflanzenwurzeln sowie der Bodenorganismen. Wasser kann besser aufgenommen werden bzw. schneller versickern.
- *Umgraben (Umstechen):* Wenden des Bodens mit Hilfe von Spaten oder Grabgabel; bewirkt tiefgründige Lockerung und Durchlüftung des Oberbodens sowie Bekämpfung des Unkrauts.

Bodenbearbeitungsgeräte

Werkzeuge zur Boden- und Pflanzenpflege. Zur oberflächlichen Bodenlockerung und Unkrautbekämpfung eignen sich verschiedene *Hacken*:

- *Doppelhacke* (Kombihacke, Kreuzhacke): kombinierte Schlag- und Ziehhacke.
- *Krail (Kräuel, Vierzahnhacke):* ähnelt einer gekrümmten Grabgabel.
- *Sauzahn (Azet-Wühler):* besteht aus einer stark gekrümmten, flachen Zinke, die in eine pflugartige Spitze ausläuft.
- *Schlaghacke:* besteht aus 2 Zinken oder einem meißelartigen Messer; wird mit schlagenden oder hin- und herschwingenden Bewegungen geführt.
- *Schuffel:* Stoßhacke mit meist zweischneidiger Klinge; vor allem zum Herausjäten von Unkraut zwischen Kulturen geeignet.
- *Stoßhacke:* im Gegensatz zu einer Schlag- oder Ziehhacke stoßend geführt.
- *Ziehhacke:* breitflächige Hacke, die ziehend durch den Boden bewegt wird.

Speziell zur Beseitigung von Unkraut dienen:

- *Unkrautstecher (Distelstecher)*: Handgerät in verschiedenen Formen, mit dem Unkrautpflanzen mitsamt ihrer Wurzeln herausgestochen werden können.
- *Jätemesser:* Handgerät mit dolch- oder sichelartiger Schneide.

Für umfangreiche Erdarbeiten eignen sich:

- *Bodenfräse:* Gerät zur tiefgründigen Lockerung und feinen Zerkrümelung des Bodens; in verschiedenen Ausführungen erhältlich.
- *Spaten:* Gerät in erster Linie für gröbere und umfassende Erdarbeiten; zum Umstechen, Abstechen von Rasenkanten, Teilen von Wurzelballen und Ausheben von Pflanzlöchern.
- *Schaufel:* zur Durchführung kleinerer Erdbewegungen; Ausführung mit langem, als Handschaufel mit kurzem Stiel.
- *Grabgabel:* langstielige Gabel mit meist 4 geraden Zinken; wird beim oberflächlichen Einarbeiten und Vermischen von Kompost oder Erde, bei tiefgründiger Bodenlockerung sowie beim ➛ Aufnehmen von Pflanzen eingesetzt.
- *Häufelpflug (Handpflug):* Handgerät mit spitz zusammenlaufenden Metallflügeln; wird zum Ziehen von Pflanzgräben, zum Anhäufeln von Gemüse oder Erdwällen eingesetzt.

Zur Belüftung der oberen Bodenschicht, zur Zerkrümelung von Erdbrocken und zum Glätten von Pflanzfläche dienen Kultivatoren:

- *Grubber (Dreizack):* Gerät mit drei gerümmten Zinken.
- *Sternfräse (Gartenwiesel):* Fräse mit sternartig zugespitzten Metallscheiben, die auf einer Achse angeordnet sind.

Boden-
bearbeitung

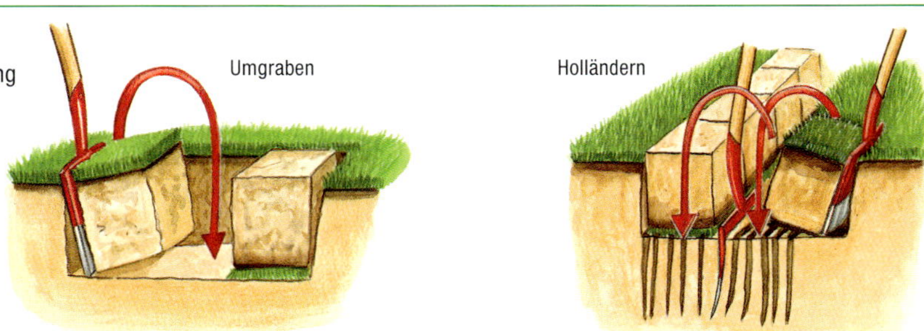

Mithilfe von Bodenbearbeitungsgeräten wie z.B. einem Grubber und einem Rechen lässt sich der Boden lockern und die Erde gleichmäßig verteilen.

Für das Zusammenziehen von Pflanzenresten, zur Glättung der Erdoberfläche sowie für diverse Arbeiten eignen sich:

- *Rechen (Harke):* Handgerät mit festen, starren und kurzen Zinken; wird auch zum oberflächlichen Einarbeiten von Saatgut oder Dünger eingesetzt; auch als Handharke mit kurzem Stiel erhältlich.
- *Laubrechen (Fächerbesen):* Rechen mit flexiblen, langen Zinken, die fächerartig ausgebreitet sind.

Bodenbefestigung

1. Sicherung der oberen Bodenschicht gegen ➛ Erosion durch geeignete Bepflanzung, z.B. mit Bodendeckern, oder durch bauliche Maßnahmen, etwa eine Stützmauer in Hanglage

2. Verdichtung und Abdeckung des Bodens mit einer tragfähigen Schicht, z.B. zur Anlage von Wegen.

Bodenbelüftung

Zur Verbesserung der Luftversorgung des Bodens dienende Maßnahme. B schafft günstigere Voraussetzungen für das Pflanzenwachstum und wird durch verschiedene Formen der ➛ Bodenbearbeitung erreicht; bei Rasenflächen durch:

- *Vertikutieren:* das Zerschneiden verfilzter Rasendecken mit Hilfe eines speziellen Geräts, eines Vertikutierers (➛ Rasen);
- *Aerifizieren:* das Einstechen oder Ausbohren von senkrechten Luftkanälen mit Grabgabel oder einem speziellen Gerät (➛ Rasen).

Bodendecker

Bezeichnung für niedrige Pflanzen, die kriechend wachsen oder sich durch Ausläufer oder rankende, üppig verzweigte Triebe dicht über dem Erdboden ausbreiten. Keine fest umrissene Pflanzengruppe mit bestimmten botanischen Merkmalen. Gemeinsam ist allen der breitwüchsige ➛ Habitus, mit dem sie eine geschlossene Laubdecke bilden und den Untergrund verschwinden lassen, sodass Unkräuter unterdrückt werden, sowie in der Regel ihre Pflegeleichtigkeit. Gleichzeitig verhindern sie ein Austrocknen und – besonders an Hängen – die Erosion des Bodens. Zu den Bodendeckern zählen sowohl Ein- und Zweijährige wie auch ➛ Stauden und Ge-

Besonders bei extremen Boden- aber auch Wetterverhältnissen sind Bodendecker sehr vorteilhaft, da sie auf »ihrem Terrain« ein eigenes Mikroklima erzeugen. Beispiel: Elfenblume, kleines Immergrün und Johanniskraut (von links).

hölze. Sie können dicht am Grund aufliegen wie Günsel, Pfennigkraut oder Efeu, aber auch knie- oder hüfthoch wachsen wie Kriech-➛ Wacholder, Besenheide (➛ Heidekraut) oder Johanniskraut. Im Idealfall sind sie immergrün und ganzjährig attraktiv und stellen, etwa an Problemstandorten im Schatten oder unter Gehölzen, eine Alternative zu Rasenflächen dar. Eine den Standort berücksichtigende Auswahl trägt zur Pflegeleichtigkeit bei. Bei mehrjährigen Stauden und flach wachsenden Gehölzen sollte sich 2 bis 3 Jahre nach der Pflanzung eine geschlossene Laubdecke gebildet haben, die Jäten, Düngen und Wässern überflüssig macht. Um bei Bodendeckern, die hauptsächlich durch ihr Laub wirken, einen zusätzlichen Zierwert zu erreichen, können höher wachsende Blumenzwiebeln wie ➛ Tulpen oder einzelne kleine Blütengehölze zwischengepflanzt werden. Bodendecker werden auch als Unterpflanzung in Gehölzgruppen, größeren Stauden- und gemischten Rabatten und in Rosenbeeten eingesetzt, ebenso als Einsäumung und Wegbegrenzung. Besonders an sonnigen Standorten wirkt eine Mischung verschiedener, etwa gleich hoch wachsender Bodendecker wie ein aparter Teppich. Die sogenannte „Bodendeckerrosen“, niedrig ausgebreitet wachsende Sorten, sind im Sommer hübsche Bodendecker für Böschungen und Wegränder, haben aber dafür den Nachteil, im Winter wenig attraktiv auszusehen.

Bodendecker für Sonne und Schatten

Deutscher Name	Standort	Höhe (cm)	Blütezeit (Monat)	Blütenfarbe	immergrün	Stückzahl (pro m²)
Stachelnüsschen *(Acaena microphylla)*	sonnig	5–10	VI–VII	graugrün	ja	7–9
Kriechender Günsel *(Ajuga reptans)*	halbschattig bis schattig	15	V–VI	blau	bedingt	8–10
Kaukasus-Vergissmeinnicht *(Brunnera macrophylla)*	halbschattig bis schattig	40–50	IV–V	blau	nein	4–5
Besenheide *(Calluna vulgaris)*	sonnig bis halbschattig	15–30	VII–X	weiß, rosa, purpurrot	ja	18–20

Deutscher Name	Standort	Höhe (cm)	Blütezeit (Monat)	Blütenfarbe	immergrün	Stückzahl (pro m²)
Weißbunte Japan-Waldsegge *(Carex morrowii* 'Variegata')	halbschattig	20–40	IV–V	bräunlich	ja	8–10
Zwerg-Felsenmispel (*Cotoneaster dammeri)*	sonnig bis halbschattig	20–100	V–VI	weiß bis rötlich	ja	3–4
Elfenblume (*Epimedium* sp.)	halbschattig bis schattig	20–45	IV–V	gelb, creme-weiß, weiß	bedingt	5–8
Balkan-Storchschnabel (*Geranium macrorrhizum)*	sonnig bis halbschattig	20–30	V–VI	purpurrosa	ja	12
Efeu (*Hedera helix)*	sonnig bis schattig	10–20	X–XI	unbedeutend	ja	8–10
Johanniskraut (*Hypericum calycinum)*	sonnig bis halbschattig	20–50	VII–IX	goldgelb	ja	6–8
Teppichwacholder, Kriechwacholder (*Juniperus horizontalis)*	sonnig bis halbschattig	20–100	–	–	ja	3–4
Goldnessel (*Lamiastrum galeobdolon)*	halbschattig bis schattig	25–50	VI–VII	gelb	ja	6–8
Pfennigkraut (*Lysimachia nummularia)*	sonnig bis schattig	5	VI–VII	gelb	bedingt	14–16
Dickmännchen, Ysander	halbschattig bis schattig	25	IV–V	cremeweiß	ja	8–12
Polsterphlox, Teppichphlox (*Pachysandra terminalis Phlox subulata)*	sonnig	8–12	IV–V	weiß, rosa, pink und violett	ja	8–12
Zwergbambus (*Sasa pygmaea*, syn. *Pleioblastus pygmaeus)*	sonnig bis halbschattig	10	–	–	ja	3–4
Weißer Mauerpfeffer (*Sedum album)*	sonnig	5–10	VI–VII	weiß	ja	25
Blüten-Fetthenne (*Sedum floriferum)*	sonnig	5–10	VI–VII	gelb	ja	25
Teppich-Fetthenne (*Sedum spurium)*	sonnig	5–10	VI–VII	weiß oder rosapurpur	bedingt	25
Wollziest (*Stachys byzantina)*	sonnig	20	V–VI	purpurrosa	ja	6–8
Kriechthymian (*Thymus serpyllum)*	sonnig	5–10	VII	purpurrosa oder weiß	ja	8–10
Schaumblüte (*Tiarella cordifolia)*	halbschattig bis schattig	20	IV–V	cremeweiß	nein	7
Kleines Immergrün (*Vinca minor)*	halbschattig bis schattig	15	IV–VI	violettblau	ja	8–10
Golderdbeere (*Waldsteinia ternata)*	halbschattig bis schattig	25	II–V	gelb	ja	5–7

Bodeneigenschaften

Physikalische, chemische und biologische Merkmale eines Bodens, die bei der Wahl des richtigen Standorts eine wichtige Rolle spielen. Nach der *Bearbeitbarkeit* des Bodens unterscheidet man

- *leichte Böden:* enthalten vorwiegend Sand, lassen sich mühelos bearbeiten, erwärmen sich schnell und lassen Wasser rasch durchsickern; trocknen jedoch binnen kurzer Zeit aus und können nur wenig Nährstoffe speichern.
- *schwere Böden:* enthalten vorwiegend Ton, sind nur mit Kraftaufwand zu bearbeiten, neigen zu Verdichtungen und Staunässe, können aber viel Wasser und Nährstoffe festhalten.
- *mittelschwere Böden:* hauptsächlich aus Schluff bestehend oder sehr lehmhaltig; vereinen Vor- und Nachteile von leichten und schweren Böden in sich.

In Bezug auf *Feuchtigkeit* lassen sich Böden einteilen in

- *nasse Böden*, die permanent mit Wasser übersättigt sind.
- *feuchte Böden*, die durchweg mit Wasser gesättigt sind und sich nach Niederschlägen noch lange Zeit feucht anfühlen.
- *frische Böden*, die gewöhnlich leicht feucht sind, zeitweilig aber auch sehr trocken oder sehr nass sein können.
- *trockene Böden*, die im Wurzelbereich der Pflanzen meistens wenig Feuchtigkeit aufweisen.

Hinsichtlich der *Bodenfruchtbarkeit* lassen sich Böden einteilen in

- *fette Böden:* a) Sie enthalten reichlich Nährstoffe und ermöglichen ein üppiges Pflanzenwachstum. b) Außerdem weisen sie einen hohen Anteil an feinen Partikeln wie Ton und zeigen einen „fettigen" Glanz der Schollen (besonders nach dem Umgraben) auf.
- *karge Böden (magere Böden):* speichern wenig Nährstoffe und erlauben nur spärliches Pflanzenwachstum; meist steinig, sehr sandig und/oder flachgründig.

Nach ihrer *Wasserdurchlässigkeit* unterscheidet man

- *durchlässige Böden*, deren Bodenstruktur ein ungehindertes Versickern des Niederschlags oder Gießwassers ermöglicht; weisen keine Wasser stauende ➛ Sperrschicht im Untergrund auf.
- *lockere Böden* mit guter Krümelstruktur, Wasserführung und Durchlüftung und keinerlei Bodenverdichtung.
- *staunasse Böden* mit einer Wasser stauenden ➛ Sperrschicht in mehr oder weniger großer Tiefe, daher kann überschüssiges Niederschlags- oder Gießwasser nicht im Untergrund versickern und den Boden vernässen.

Bodenfauna ➛ Bodenleben

Bodenflora ➛ Bodenleben

Bodenfräse ➛ Bodenbearbeitungsgeräte

Bodenfrost

1. Frost direkt an der Bodenoberfläche; kann auch bei Lufttemperaturen über dem Gefrierpunkt auftreten, wobei im Boden selbst noch keine Minusgrade herrschen müssen.
2. Gefrieren des Bodenwassers in der oberen Bodenschicht in sehr strengen Wintern bis in 1 m Tiefe.

Bodenfruchtbarkeit

Bezeichnung für die Fähigkeit eines Bodens, gutes Pflanzenwachstum zu ermöglichen und reiche Ernten hervorzubringen. Kennzeichen sind: Durchwurzelbarkeit, Nährstoff- und Wassergehalt sowie Durchlüftung und Bearbeitbarkeit eines Bodens; ➛ Bodeneigenschaften.

Bodengare

Bezeichnung für optimalen Bodenzustand im Hinblick auf Luft- und Feuchtigkeitsgehalt und krümelige Humusstruktur. Eine gute B. weist auf einen lockeren, krümeligen und tiefgründigen Boden mit aktivem Bodenleben hin. Nach Entstehungsart unterscheidet man:

- *Naturgare:* die B. stellt sich auf natürliche Weise ein.
- *Bearbeitungsgare:* durch gezielte Förderung gärtnerischer Maßnahmen.
- *Frostgare:* wenn das Bodenwasser sich beim Gefrieren ausdehnt und zu einer Zerkrümelung von Erdklumpen führt.
- *Schattengare:* die B. bildet sich unter einer möglichst geschlossenen Pflanzendecke, im Garten z. B. durch konsequente Bodendeckung.

Bodenleben

Gesamtheit der Lebewesen, die im Boden vorkommen. Das gesamte B. ist für die Lockerung des Bodens und für die Umsetzung von organischem Material und damit für die Pflanzenernährung von großer Bedeutung.

- *Bodenfauna:* im Boden lebende Tiere verschiedenster Größe wie Regenwürmer, Käfer, Asseln, Tausendfüßer oder einzellige Organismen. Sie zerkleinern abgestorbene Pflanzenreste und Tiere und machen die darin enthaltenen Nährstoffe über ihre Ausscheidungen für Pflanzen verfügbar.
- *Bodenflora:* im Boden vorkommende pflanzliche Lebewesen wie Algen, auch Bakterien und Pilze; sie zerlegen ebenfalls die für Tiere schwer abbaubaren Substanzen und setzen die darin enthaltenen Nährstoffe frei.

Bodenlebewesen ➛ Bodenleben

Bodenlockerungsmittel

Materialien, oft mit hohem Porenvolumen, die zur Verbesserung der Struktur in den Boden eingearbeitet werden, vor allem zur besseren Durchlässigkeit, Lockerung und Durchlüftung. Der Fachhandel bietet:

- *Styromull:* aufgeschäumtes, zerkleinertes Polystyrol
- *Hygromull:* Granulat aus Kunststoff
- *Blähton:* aufgeschäumte poröse Tonkügelchen
- *Splitt:* scharfkantiges, stark zerkleinertes Gestein
- *Bimskies:* zerkleinertes Bimsstein, poröses vulkanisches Material
- *Lavagrus:* zerkleinertes Lavagestein

Bodenlockerungsmittel machen schwere Böden leichter

Bodenmüdigkeit

Schlechter Bodenzustand, der nachlassende ➛ Bodenfruchtbarkeit zur Folge hat. Ursachen im Garten: mangelnde Nachlieferung von Nährstoffen oder zu einseitige ➛ Fruchtfolge; oft sind auch Wuchs hemmende Wurzelausscheidungen sowie eine Anreicherung von Bodenschädlingen oder Krankheitskeimen für die B. verantwortlich.

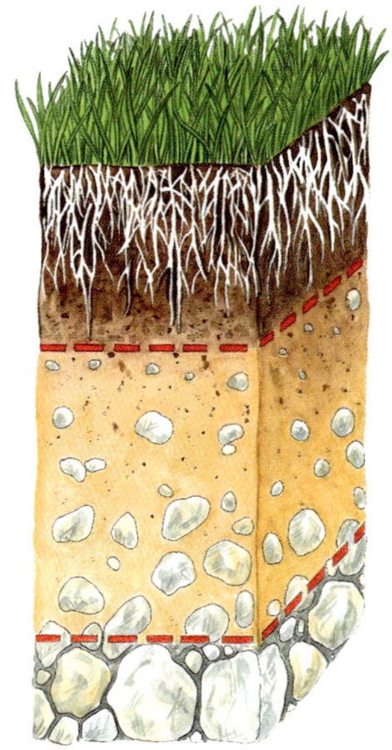

Bodenpflege

Sorgfältiger Umgang mit der Bodensubstanz, um eine lang anhaltende bzw. verbesserte Bodenfruchtbarkeit zu erzielen; umfasst vor allem eine schonende ➛ Bodenbearbeitung, die Versorgung des Bodens mit organischem Material und eine gezielte Düngung.

Bodenprobe

Die Erdmenge, die für einen Gartenboden oder bestimmte Bodenflächen repräsentativ ist und einer ➛ Bodenanalyse unterzogen werden soll. Über die gesamte Bodenfläche verteilt werden mehrere Portionen aus der durchwurzelten Bodenschicht entnommen und miteinander gemischt.

Bodenprofil (Bodenschichtung)

Bodenquerschnitt, auf dem verschiedene Schichten *(Bodenhorizonte)* mit unterschiedlicher Färbung, Struktur und/oder Konsistenz zu erkennen sind und parallel zur Oberfläche verlaufen; dient zur Charakterisierung des Bodens. Man unterschiedet:

- *Oberboden (A-Horizont, Mutterboden, Krume):* oberste, durch Anreicherung von Humusmaterial vorwiegend dunkel gefärbte Schicht.
- *Unterboden (B-Horizont):* zwischen Oberboden und dem Ausgangsmaterial liegende Schicht, die wegen fehlender Humusanteile meist heller gefärbt ist; nach unten hin steinig.
- *Untergrund (C-Horizont):* nur wenig aufbereitetes Ausgangsgestein.

Bodenschluss

Durch vorsichtiges Verdichten erzielte Verfestigung der obersten Bodenschicht, z. B. durch Walzen; durchgeführt vor Aussaat und Pflanzung.

Bodenstruktur (Bodengefüge)

Anordnung und Zusammenhalt der mineralischen und organischen Partikel im Boden; bestimmt wesentlich den Wärme- und Nährstoffhaushalt sowie die Durchwurzelbarkeit und Bearbeitbarkeit des Bodens. *Krümelstruktur:* für das Pflanzenwachstum günstigste Form; eine durch Bodenorganismen (besonders durch Regenwürmer) verursachte lockere Verklebung der Bodenteilchen zu porösen, humushaltigen Krümeln, die auch durch sorgfältige Bodenbearbeitung erzielt werden kann.

Bodentyp

Bezeichnung für Böden mit gleicher Abfolge und ähnlichen Eigenschaften der Horizonte (➛ Bodenprofil). Man unterscheidet:

- *Kulturboden:* 1. Überbegriff für alle durch menschlichen Einfluss hervorgegangene B., wie Gartenboden oder Ackerboden; 2. speziell auf die Bedürfnisse der im Gartenbau verwendeten Gewächse abgestimmtes Substrat, besonders zur Anzucht von Pflanzen eingesetzt (➛ Substrate).
- *Gartenboden (Hortisol):* durch Bodenbearbeitung, Düngung und pflanzenbauliche Maßnahmen entstandener Boden; meist tiefgründiger und nährstoffreicher als der natürlich vorkommende Boden.
- *Ackerboden:* intensiv landwirtschaftlich genutzter Boden.
- *Moorboden:* Boden mit Torfschichten von mehr als 30 cm Dicke und über 30 % Anteil an organischem Material.
- *Rohboden:* befindet sich noch im Anfangsstadium der Bodenbildung, mit nur sehr flachem Ober- und noch fehlendem Unterboden, z. B. in steilen Gebirgslagen.

Bodenverbesserung

Maßnahmen zur Steigerung der Bodenfruchtbarkeit wie Bodenbearbeitung, Düngung und Beimengung verschiedener Bodenverbesserer, z. B. Kompost (zur Humusanreicherung) oder Sand (zur Lockerung schwerer Böden). Siehe auch ➛ Bodenlockerungsmittel.

Bodenverdichtung

Zerstörung der ➛ Bodenstruktur, die durch Komprimierung kompakt und schlecht durchlüftet ist. Das zusammengepresste Bodengefüge blockiert das Wurzelwachstum und verhindert die Versickerung des Bodenwassers – als Folge kommt es oft zu Staunässe bzw. zu verstärkter ➛ Erosion. B. entsteht entweder durch Verlagerung von feinen Bodenpartikeln in tiefere Schichten oder als Folge ständiger Gewichtsbelastung durch schwere Geräte oder durch häufiges Betreten, aber auch durch falsche Bodenbearbeitung.

Bodenversalzung

Übermäßige Anreicherung des Bodens mit Mineralsalzen, d.h. vorwiegend befinden sich die Pflanzennährstoffe in der obersten Bodenschicht. Entsteht im Garten durch Überdüngung, auch bei Verwendung von mineralreichem Gießwasser in Verbindung mit einer hohen Verdunstungsrate.

Bohne

(*Phaseolus vulgaris*; LEGUMINOSAE)
Schmetterlingsblütler
Wertvolle Gemüsepflanze aus Mittel- und Südamerika schlingend (*P. vulgaris* var. *vulgaris*) oder buschig (*P. vulgaris* var. *nanus*). Die einjährig kultivierten krautigen Pflanzen haben große, länglich herzförmige, gespitzte Blätter und schmale, längliche Schoten, in denen die Samen heranreifen. Verzehrt werden die jungen, zarten, ganzen Schoten vor dem Ausreifen der Samen oder die reifen Samen ohne Schoten in gekochtem Zustand. Rohe Bohnen sind beim Verzehr giftig. **Kultur:** Aussaat ab Mitte Mai direkt ins Freiland in fruchtbaren, neutralen bis leicht alkalischen, strukturstabilen Boden in voller Sonne; ➛ Vorkultur in Töpfen möglich. Während des Wachstums und vor allem während der Blüte für ausreichend Feuchtigkeit sorgen, da bei

Trockenheit die Blüten abgeworfen werden. Buschbohnen werden in Reihen im Abstand von 8 bis 10 cm gesät, der Reihenabstand beträgt 40 bis 50 cm. Stangenbohnen benötigen eine Kletterhilfe (dünne, etwa 3 m hohe Bambusstangen), an denen sie emporklettern. Man steckt die Stangen vor der Aussaat im Abstand von 60 x 100 cm und legt je Stange 6 bis 8 Bohnenkerne in 3 bis 5 cm Tiefe. Ernte ab Juli; mehrmals wöchentliches Ernten fördert neue Blüten und damit kontinuierlichen Ertrag. Bohnen reichern den Boden mit Stickstoff an und sind somit eine gute Bodenkur. **Schädlinge/Krankheiten:** Schwarze Bohnenblattlaus, Brennflecken-, Fettfleckenkrankheit, Virose, Bohnenrost, Grauschimmel (*Botrytis*). **Vermehrung:** Aussaat im späten Frühjahr. Der Samen ausgereifter Bohnen kann gesammelt und im kommenden Jahr verwendet werden. Ausnahme: F1-Hybridzüchtungen, die nicht sortenrein vermehrt werden können.

Sorten: Man unterscheidet zwischen Buschbohnen (grün-, gelb- und blauhülsig), Stangenbohnen (grün-, gelb- und blauhülsig) und Trockenkochbohnen, bei denen nur die reifen Kerne verwendet werden. Bohnen mit flachem Hülsenquerschnitt bezeichnet man als Schwertbohnen, solche mit flach ovalem als Flageolettbohnen, mit rundovalem bis rundem als Brechbohnen und solche mit kleinen, schlanken, runden Hülsen als Prinzessbohnen.

Verwandt sind Prunk- und Feuerbohnen (*P. coccineus*), die immun gegen Bohnenkrankheiten sind, ebenfalls essbare Schoten erzeugen, aber nicht so zart wie Gartenbohnen sind. Dicke Bohnen (Puffbohnen oder Saubohnen; *Vicia faba*) sind weniger kälteempfindlich als Gartenbohnen, können ab Ende Februar 8 bis 10 cm tief ins Freiland gesät werden und reifen ab Juni. Verzehrt werden die gekochten unreifen oder ausgereiften Samen. Sorten: 'Staygreen', 'Sterntaler', 'Con Amore', 'Hangdown', 'Dreifache Weiße'; Spargelbohnen (*Vigna unguiculata*) stammen aus Südostasien, klettern bohnenartig bis 3 m hoch und haben 4 bis 10 cm große, feine Hülsen, die ab Juli reifen.

Buschbohnen (grünhülsig): 'Admires', 'Hinrichs Riesen', 'Odeon', 'Paulista', 'Pfälzer Juni', 'Primel', 'Doppelte Holländische Prinzess', 'Saxa'
Buschbohnen (gelbhülsig): 'Berggold', 'Beste von allen', 'Butterzart', 'Golddukat', 'Rocdor'
Buschbohnen (blauhülsig): 'Purpiat', 'Purple Teepee', 'Royal Burgundy'

Stangenbohnen (grünhülsig): 'Cobra', 'Hilda', 'Marga', 'Neckarkönigin', 'Perle von Marbach', 'Weiße Riesen'
Stangenbohnen (gelbhülsig): 'Goldelfe', 'Goldhilde', 'Neckargold', 'Wachs Goldregen'
Stangenbohnen (blauhülsig): 'Blauhilde'

Trockenkochbohnen: 'Borlotto di Vigevano nano', 'Marie Louise', 'Red Kidey', 'Rote von Paris', 'Trobo'

Bohnenkraut, Kölle

(*Satureja*; LAMIACEAE/LABIATAE) Lippenblütler

Aromatisches Gewürz- und Heilkraut aus Südeuropa. Man unterscheidet zwischen dem einjährigen Sommerbohnenkraut (*S. hortensis*) und dem winterharten mehrjährigen Bergbohnenkraut (*S. montana*). Beide werden 25 bis 35 cm hoch, haben schmale lanzettliche Blättchen, die beim gedrungeneren Bergbohnenkraut kleiner sind, und bekommen im Sommer in den Blattachseln kleine, weiße bis rosa Blüten. Der Geschmack ist leicht bitter, pfeffrig. Das Kraut wird am besten kurz vor der Blüte an einem

Bergbohnenkraut ist ein zartes, hoch aromatisches Gewürzkraut (links). Die kratzigen Härchen auf den Blättern schützen Borretsch vor allerlei Ungeziefer.

sonnigen Mittag geerntet und kann getrocknet werden, ohne dass es an Aroma einbüßt. **Kultur:** Aussaat im Frühjahr (Mai) in mäßig fruchtbaren, gut durchlässigen, neutralen bis leicht alkalischen Boden in voller Sonne. Bergbohnenkraut im Winter vor übermäßiger Feuchtigkeit schützen und im Frühjahr alte Triebe kürzen. Sommerbohnenkraut wird jährlich neu ausgesät, Bergbohnenkraut kann im Sommer auch durch halb verholzte Stecklinge vermehrt werden.

Borretsch, Gurkenkraut

(*Borago officinalis*; BORAGINACEAE) Borretschgewächse/Raublattgewächse, Röhrenblütler
Als Heil- und Gewürzpflanze kultiviertes Mitglied aus der Familie der Raublattgewächse aus dem Mittelmeerraum mit sehr stark behaarten, runzeligen Blättern und blauvioletten sternförmigen, nickenden Blüten; die Pflänzchen werden 40 bis 80 cm hoch. In der Küche werden Borretschblätter nur frisch gehackt wegen des gurkenähnlichen Geschmacks vor allem für Gurkensalat, Quark und kalte Saucen verwendet. Die Blüten sind eine hübsche, essbare Dekoration. Borretsch ist frostempfindlich und wird einjährig kultiviert. Man sät ihn im Frühjahr (Mai) in feuchter, aber durchlässiger, nahrhafter Erde in voller Sonne. Die Pflanzen säen sich selbst willig aus.

Borke

➛ Holz

Böschungsmatte

Bodenauflage aus dickem, weitmaschigen Textilmaterial, oft mit eingearbeiteten Pflanztaschen versehen – dient an Steilufern von Teichen zur Sicherung des Substrats und der darin gepflanzten Gewächse vor dem Abrutschen. B. werden über die Uferböschung bis in die Tiefe ausgebreitet und am Gewässergrund mit größeren Steinen, am Teichrand mit speziellen Bodendübeln festgehalten. Die einfachen B. legt man auf eine Substratschicht und setzt die Wurzelballen der Pflanzen zwischen das lockere Gittergewebe; die Fasern der Matte werden einfach auseinander geschoben. Taschenmatten, ebenfalls aus gleichen Materialien, haben regelrechte Taschen, die mit Substrat gefüllt und bepflanzt werden.

Botanische Namen

Nach international gültigen Regeln vergebene Bezeichnungen für Pflanzen in latinisierter Form. Das System dieser wissenschaftlichen Namen basiert auf den Verwandtschaftsverhältnissen innerhalb des Pflanzenreichs; anhand der Benennungen ist die Rangstufe der jeweiligen Pflanzengruppe erkennbar. In der systematischen Einteilung der Pflanzen stellt die *Familie* (*familia*), deren Namen stets auf *-aceae* enden, eine relativ hochstehende Kategorie dar. Die nächste Ordnungsebene ist die *Gattung* (*genus*), die eine geringere Zahl von einander meist sehr ähnlichen Gewächsen umfasst. Pflanzen, die sich in ihren Eigenschaften weitgehend gleichen gehören ein und derselben *Art* (*species*) an; als Artname erhalten sie neben dem immer groß zu schreibenden Gattungsnamen einen immer klein zu schreibenden Zusatz. Um die botanischen Namen kenntlich zu machen, werden sie immer kursiv geschrieben, z. B. umfasst die Familie der Rosengewächse *(Rosaceae)* Gattungen wie Rosen *(Rosa)*, Erdbeeren *(Fragaria)* und Apfel *(Malus)*; innerhalb der Gattung Rosa sind wiederum verschiedene Arten bekannt, z. B. Hundsrose *(Rosa canina)* oder Kartoffelrose *(Rosa rugosa)*. Lassen sich unter den Vertretern einer Art noch weitere Unterscheidungen treffen, ergeben sich *Unterart* (*subspecies*, abgekürzt ssp.), *Varietät* (*varietas*, abgekürzt var.) und/oder *Form* (*forma*, abgekürzt f.). Pflanzen, die aus Kreuzungen von Eltern aus verschiedenen Gattungen hervorgehen (Gattungshybriden) werden mit einem x vor dem Gattungsnamen gekennzeichnet (z. B. x *Citrofortunella*). Pflanzen, deren Eltern unterschiedlichen Arten angehören (Arthybriden), tragen das x zwischen dem Gattungsnamen und ihrem neuen Artnamen (z. B. *Rosa* x *alba*). Eine *Sorte* (*cultivar*) stellt eine Zuchtform, also eine in Kultur entstandene, meist durch Züchtung erzielte Abweichung vom üblichen Erscheinungsbild einer Art, Unterart oder Varietät dar. Der Sortenname wird in einfache Anführungszeichen gesetzt und dem Artnamen nachgestellt (z. B. *Rosa rugosa* 'Robusta')

Botrytis ➛ Grauschimmel

Brache

Zeitlich begrenztes Stilllegen einer Anbaufläche zur Bodenregeneration oder zur Förderung der Bodenfruchtbarkeit. Von Bodenmüdigkeit betroffene Erde wird durch die fehlende Bodenbearbeitung und das Aussetzen des Anbaus wieder mit Nährstoffen angereichert; außerdem werden Bodenleben und Bodenstruktur gefördert.

Brakteen (Deckblätter) ➛ Blüte

Braunfäule ➛ Kraut- und Braunfäule

Breitwürfige Saat ➛ Aussaat

Brennfleckenkrankheit

Durch einen in die Pflanzen eindringenden Schadpilz verursachte Erkrankung.
Gefährdete Pflanzen: besonders Bohnen, auch Erbsen, Gurken und Melonen.
Schadbild: braune, schwarz oder rötlich umrandete, oft eingesunkene Flecken auf Blättern, Stängeln und Früchten; später rosafarbene Schleimtropfen auf den Flecken.
Vorbeugung und Bekämpfung: Fruchtfolge einhalten; resistente Sorten wählen; nur einwandfreies Saatgut verwenden; entsprechende Pflanzabstände einhalten; beim Gießen Pflanzen nicht benetzen; stärkende Mittel wie Ackerschachtelhalmbrühe verabreichen.

Brennnesselbrühe ➛ Pflanzenzubereitungen

Brennnesseljauche ➛ Pflanzenzubereitungen

Brennnesselkaltwasserauszug
➛ Pflanzenzubereitungen

Brokkoli

(*Brassica oleracea* convar. *botrytis* var. *italica*; CRUCIFERAE) Kreuzblütler
Dem ➛ Blumenkohl ähnliches Blütengemüse mit gestauchtem, fleischig verdickten Blütenstand mit grünen oder violetten Blütenknospen. Nach dem Schnitt des Haupttriebes treiben die Seitentriebe aus. **Kultur:** Aussaat im Frühjahr unter Glas (➛ Vorkultur) oder direkt ins Freiland in lockeren Reihen oder Einzelstand mit Pflanzabstand in fruchtbaren Boden in voller Sonne. Während der Kultur regelmäßig hacken und wässern; eine ➛ Kopfdüngung verstärkt die Triebbildung. Geerntet wird zuerst der Haupttrieb, später die Seitensprosse, solange sich die Blütenknospen noch nicht geöffnet haben. Auch die Stiele mit den zarten Blättern sind roh oder gekocht verzehrbar. **Schädlinge/Krankheiten:** Kohlweißlingsraupen, Kohlfliege, Kohleule, Blattläuse, Erdflöhe, Pilzerkrankungen, Kohlhernie. **Vermehrung:** Aussaat im Frühjahr. **Sorten:** bevorzugt werden Sorten, die viele Seitentriebe bilden, z.B. 'Atlantic', 'Pakman', 'Futura Hybrid F1'; rotviolette Blumen haben 'Violet Queen' und 'Rosalind', einen starken Haupttrieb 'Corvet', 'Skiff' und 'Green Dome'; eine Besonderheit ist die Sorte 'Romanesco': die Oberfläche der hellgrünen Blume ist mit regelmäßigen, minarettartigen Höckern übersät, was dem Gemüse ein sehr dekoratives Aussehen verleiht.

Brombeere

(*Rubus* spec.; ROSACEAE) Rosengewächse
Früher unter *Rubus fruticosus* zusammengefasste Gruppe von Arten mit meist stacheligen, Laub abwerfenden oder immergrünen ➛ Kletterpflanzen mit wechselständigen, mehrfach gefiederten Blättern. Nach der Blüte (Doldentrauben weißer wildrosenartiger Blüten) im Frühsommer werden schwarze, essbare Beerenfrüchte (eigentlich: Sammelfrüchte aus ineinander verwachsenen Steinfrüchten) hervorgebracht. Die Pflanzen sind selbstfruchtbar: Es genügt schon eine Pflanze, um Früchte zu ernten. Höher fällt der Ertrag jedoch bei Kombination mit einer zweiten Sorte aus. Bastarde aus ➛ Brombeeren und ➛ Himbeeren wie Logan-, Boysen- und Youngbeeren konnten sich wegen mangelnder Winterhärte nicht in Europa durchsetzen. Neuere Hybriden wie Tay- und Sunberry bieten eine interessante Alternative oder Ergänzung zu den

Brombeersorten		
Sorte	Reifezeit	Besonderes
Black Satin	Anfang August bis Anfang Oktober	dornlos, kräftig rankend, großfruchtig, saftig, aromatisch, säuerlich
Loch Ness	August bis September	dornlos; große, aromatische Früchte
Theodor Reimers	Ende Juli bis Mitte	stark wachsend, süß und sehr aromatisch
Thornfree	August bis Oktober	dornlos, kräftig rankend, aromatisch, süßsäuerlich
Thornless Evergreen	August bis Oktober	dornlos, kräftig rankend, fast immergrün, süßsäuerlich, mäßiges Aroma
Wilsons Frühe	Mitte Juli bis Ende August	mittelstark, ähnlich wie Himbeeren, süß, mäßiges Aroma
Tayberry Medana®	Juli bis August	mittelstarker Wuchs, längliche, sehr große rote Früchte, weinsäuerlich, aromatisch
Sunberry®	Juli bis August	starker Wuchs, große schwarzrote, süßsäuerliche Früchte

klassischen Brombeeren. **Kultur:** Im Frühjahr vor dem Austrieb in durchlässigen, mäßig fruchtbaren Boden in voller Sonne pflanzen (Pflanzenabstand: 1,5 bis 2,5 m, Reihenabstand mindestens 2,5 m). Amerikanische Arten sind nur mäßig frosthart (Weinbauklima!). Gegen Austrocknen hilft eine ➛ Mulchschicht. Vor dem Austrieb mit ➛ Kompost und ➛ organischen Düngern (z. B. ➛ Hornspäne) versorgen, ➛ Stickstoffdünger vermeiden (führt zu übermäßigem Wachstum der Triebe auf Kosten der Fruchtbildung). Die Spreizklimmer brauchen eine Unterlage (Zaun, Spalier, Spanndrähte etc.), um sich daran entlangzuranken. Die aus dem bis 6 m langen Haupttrieb im Sommer sprießenden Geiztriebe (Seitenverzweigungen an jungen Ruten, die erst im nächsten Jahr fruchten) werden im Juli und/oder August ganz oder bis auf 4 Augen entfernt (➛ Entgeizen); im Spätwinter schneidet man die Ruten, die im Vorjahr gefruchtet haben, bodennah zurück und belässt 3 bis 6 Jungtriebe, die man an einer Stütze aufbindet. Erfrorenes wird ebenfalls ausgeschnitten. **Schädlinge/Krankheiten:** Brombeergallmilbe, Himbeerkäfer, Erdbeerblütenstecher, selten Spinnmilben, außerdem Virosen, Grauschimmel (*Botrytis*) der Früchte, Milchglanzkrankheit (bleigraue Verfärbungen der Blätter), bei anhaltender Feuchtigkeit kann die Gnomonia-Rindenkrankheit die Ruten absterben lassen. **Vermehrung:** ➛ Absenker, ➛ Stecklinge oder Wurzelschnittlinge.

Brühe ➛ Pflanzenzubereitungen

Brunnenkresse

(*Nasturtium officinale*; CRUCIFERAE) Kreuzblütler

Ausdauernde, wintergrüne Wasserpflanze Süd- und Mitteleuropas aus der Familie der ➛ Kreuzblütler, die wild in fließenden Gewässern vorkommt und deren Triebe frisch als Salat oder in Suppen verzehrt werden. Weiße Blüten von April bis September – in dieser Zeit keine Ernte der Blätter. **Kultur:** Aussaat oder Stecklinge im Mai oder Juni in dauerfeuchtes Substrat unter einer flachen Sandschicht, späteres Verpflanzen im August. Wenn die Pflanzen wachsen, wird der

Wasserspiegel langsam auf 12 bis 15 cm angehoben. Später alle 4 bis 6 Wochen junge Triebe ernten.

Brutknolle

→ Brutorgane

Brutknospen

→ Brutorgane

Brutorgane

Von einigen Gewächsen gebildete Pflanzenorgane, die der ungeschlechtlichen Vermehrung dienen; nach Abtrennung von der Mutterpflanze entstehen daraus selbstständige Nachkommen.

- *Brutknolle (Tochterknolle),* gliedert sich von einer Knolle ab.
- *Brutzwiebel (Nebenzwiebel, Tochterzwiebel),* entsteht an der Basis einer Zwiebel.

Nicht nur im Garten, sondern auch in der Küche eine Bereicherung – Brunnenkresse.

- *Bulbille,* hauptsächlich bei Lilienarten gebildete Organe, die kleinen Zwiebeln ähneln; in den Blattachseln sitzen *Achselbulbillen,* am Stängel knapp unter der Erdoberfläche befinden sich *Stängelbulbillen.*
- *Brutknospen,* etwa erbsengroße Triebknospen an den Wedelunterseiten mancher Farne.
- *Brutwedel,* Wedel mancher Farnarten, an denen sich ungeschlechtlich neue Pflänzchen entwickeln.

Brutwedel

→ Brutorgane

Brutzwiebel

→ Brutorgane

Buche

(*Fagus*; FAGACEAE) Buchengewächse

Gattung mit 10 Laub abwerfenden Baumarten der nördlichen Hemisphäre. Im Gartenbau findet die heimische Rotbuche (*F. sylvatica*) Verwendung. Die eigentliche Art bildet große, bis zu 25 m hohe und 15 m breite, dicht belaubte Bäume mit breit gewölbter Krone, meist durchgehendem Hauptstamm und bogenförmig bis waagerecht ausgebreiteten Ästen. Der mäßig bis stark wachsende Baum wird eher in Parks und in der Landschaftsgestaltung verwendet. In Hausgärten sind vor allem die Kulturformen von *F. sylvatica* zu finden, die weniger groß und ausladend werden. Blätter: → wechselständig, eiförmig, mittelgrün, im Herbst gelborange, zum Teil den Winter über haftend. Blüten: unauffällig; Früchte: dreieckige Bucheckern in weich-dornigen Kapseln im Herbst. Herz- oder Flachwurzler, reagiert empfindlich auf Störungen im Wurzelbereich. **Kultur:** Sonnig bis halbschattig auf gut durchlässigen, schwach sauren bis alka-

Rotbuchen bestechen im Sommer durch ihre üppige Form, im Herbst durch schöne Laubverfärbungen.

lischen, lehmigen, frischen bis feuchten Böden. Wegen des frühen Austriebs etwas spätfrostgefährdet. Gut schnittverträglich, daher auch als Heckenpflanze geeignet; Rückschnitt falls nötig im Spätwinter. **Schädlinge/Krankheiten:** Pilze (Baumschwamm!), Blattläuse, Rindenschildläuse und Echter Mehltau. **Vermehrung:** Aussaat im Herbst oder nach Stratifizieren im Frühjahr säen, Kulturformen im mittleren Winter pfropfen.

Sorten: Farnblättrige Buche (*F. s.* 'Asplenifolia'): mittelgroßer, 15 bis 20 m hoher, 8 bis 15 m breiter Baum, hoch gewölbt bis eiförmig, tief eingeschnittene, grüne Blätter; Säulen-Buche (*F. s.* 'Dawyck'): säulenförmiger, 15 bis 25 m hoher und 3 bis 6 m breiter, grünlaubiger Baum; Gelbe Säulen-Buche (*F. s.* 'Dawyck Gold'): Kleinbaum, 4 bis 8 m hoch und bis 3 m breit, schlank säulenförmig, Austrieb goldgelb, später hellgrün; Rote Säulen-Buche (*F. s.* 'Dawyck Purple'): Kleinbaum, 8 bis 10 m hoch und bis 3 m breit, dunkel-purpurbraunes Laub; Hänge-Buche (*F. s.* 'Pendula'): mittelgroßer Baum, 15 bis 20 m hoch und breit, schirmförmig überhängende Äste mit grünem Laub; Rote Hänge-Buche (*F. s.* 'Purple Fountain'): Kleinbaum, 7 bis 11 m hoch und 4 bis 5 m breit, aufrechte Äste mit locker pendelnden Zweigen und dunkel-rotbraunem Laub; Schwarzrote Hänge-Buche (*F. s.* 'Purpurea Pendula'): Kleinbaum, 8 bis 12 m hoch und 4 bis 6 m breit, aufrecht mit bogig hängenden Zweigen und schwarzrotem, metallisch schimmerndem Laub.

Buchsbaum

(*Buxus*; BUXACEAE) Buchsbaumgewächse
Gattung mit verschiedenen Arten immergrüner, variabler Sträucher oder kleiner Bäume mit dunkelgrünen, manchmal ➛ panaschierten, ➛ gegenständigen, lanzettförmigen bis rundlichen, ganzrandigen und ledrigen Blättern. Unscheinbare, gelbgrüne, eingeschlechtliche Blüten im Frühjahr. Heimat: Westeuropa und Mittelmeergebiet. Wegen der Schnittverträglichkeit als Hecken-, ➛ Formschnitt- und Einfassungspflanze beliebt. Voll frosthart. Auch für Kübel und Balkonkästen geeignet. **Kultur:** Halbschattig, in feuchten Böden auch sonnig in fruchtbarem, gut dränierten Boden pflanzen. Rückschnitt zur ➛ Verjüngung im Frühjahr, Hecken- und Formschnitt jederzeit während des Sommers bei bedecktem Himmel. **Schädlinge/Krankheiten:** Anfällig für die Rote Spinnmilbe und die Buchsbaumschildlaus (➛ Schildläuse). **Vermehrung:** Im Sommer durch halb verholzte Stecklinge.

Arten und Sorten: Der kleinblättriger Buchsbaum (*B. microphylla*) ist langsamwüchsig, im Winter hat er bronzefarbenes Laub; die Sorte 'Compacta' hat besonders kleine Blätter, 'Wintergreen' behält im Winter die grüne Laubfarbe; guter Einfassungsbuchs. *B. sempervirens* bildet Sträucher oder kleine Bäume bis 5 m Höhe und Breite, die gut schnittverträgliche, dichtbuschige Sorte 'Arborescens' wird ungeschnitten bis zu 3 m hoch, 'Marginata' ist weniger wüchsig mit gelb gerandeten Blättern, 'Suffruticosa' ist kompakt (bis 1 m hoch) und sehr langsam wachsend und gilt al die beste Heckensorte.

Bulbille ➛ Brutorgane

Buntblättrigkeit ➛ Panaschierung

Busch ➛ Gehölzverkaufsformen

Carotinoide ➛ Herbstfärbung

Chemischer Pflanzenschutz ➛ Pflanzenschutz

Chicorée

(*Cichorium intybis* var. *foliosum*; COMPOSITAE) Korbblütler

Treibgemüse, dessen weißliche Sprossen roh als Salat oder gekocht genossen werden. Das Gemüse ist wegen des leicht bitteren, aromatischen Geschmacks und des geringen ➛ Nitratgehaltes geschätzt. Zur gleichen Art gehört der rotblättrige ➛ Radicchio und der ➛ Zuckerhutsalat, auch Fleischkraut genannt. **Kultur:** Breitwürfige Aussaat im Mai ins Freiland in feuchten, humosen, tiefgründigen Boden in voller Sonne. Später auf etwa 10 cm vereinzeln und im Sommer unkrautfrei halten. Im Oktober/November werden die rübenartigen Wurzeln der Pflanzen gerodet (➛ Roden). Unter Schonung der Herzknospe die Blattreste entfernen und die Wurzeln auf eine Länge von 15 bis 20 cm kürzen. Die Wurzeln senkrecht mit der Triebspitze nach oben mit 5 cm Abstand zueinander in einen tiefen, erdgefüllten Eimer stellen, angießen und mit dunkler ➛ Folie oder einem Eimer abdecken. Bei 12–16 °C etwa 4 bis 5 Wochen antreiben, dann können die gelbweißen Sprosse geerntet werden.

Sorten: 'Brüsseler Witloof', 'Primrosa', 'Redoria' (rosafarbig), 'Zoom F1'

(siehe auch ➛ Radicchio, ➛ Zuckerhutsalat)

Chicorée setzt im Sonnenlicht Blattgrün und damit den Bitterstoff Intybin an.

Chinakohl

(*Brassica pekinensis*; CRUCIFERAE) Kreuzblütler

Geschätztes, bekömmliches Gemüse aus China, das roh, gekocht oder milchsauer vergoren genossen wird. Gute Lagerfähigkeit. **Kultur:** Im Gegensatz zu heimischen ➛ Kohlsorten wird Chinakohl einjährig im Sommerhalbjahr kultiviert. Kälteeinfluss während der Keimung führt zu frühem ➛ Schossen, lange Tage im Frühsommer zum Blühen, daher sollte die Aussaat erst ab Mitte Juli direkt ins Freiland in fruchtbaren, mittelschweren Boden erfolgen; später auf 30 x 35 cm vereinzeln. Wegen des raschen Wachstums haben die Pflanzen einen großen Nährstoff- und Wasserbedarf. Vegetationszeit: 2 bis 3 Monate. Geerntet werden die Köpfe, sobald sie ein ausreichendes Gewicht haben. Da sie nur mäßig frosthart sind, sollten sie vor den ersten Nachtfrösten abgeerntet werden. **Schädlinge/Krankheiten:** Kohlweißlingsraupen, Kohlfliege, Kohleule, Blattläuse, Erdflöhe, Kohlhernie, Bakterienweichfäule, Alternaria-Pilzkrankheit. **Vermehrung:** Aussaat im Sommer.

Sorten: 'Treasure Island', 'Nippon Sprint', 'Nippon Früh', 'Osiris F1', 'Samurai' (alle

Chinakohl, die zartere Alternative zu Weißkohl.

ovalrund); 'Early Jade Pagoda', 'Chiko', 'Green Rocket F1', 'Tokyo King' (alle zylindrisch halblang bis lang).

Chlorophyll ➛ Assimilation

Chlorose (Gelbsucht)
Durch verschiedene Ursachen ausgelöste Erkrankung, der ein Verlust an Blattgrün zugrunde liegt. *Schadbild:* Ausbleichen und Vergilben der grünen Pflanzenteile. Eine C. beruht meist auf dem Mangel an einem bestimmten Nährstoff wie Mangan oder Eisen (*Mangan- oder Eisenmangel*). Durch Spätfröste kann es zu *Kältechlorosen* am Neuaustrieb kommen.

Clematis ➛ Waldrebe

Clematiswelke (Clematissterben)
Vermutlich durch eine Pilzinfektion verursachte Krankheit.
Gefährdete Pflanzen: Clematis, vor allem großblütige Hybriden.
Schadbild: Triebspitzen welken ohne ersichtlichen Grund und sterben ab.
Vorbeugung und Bekämpfung: standortgerecht pflanzen; gute Beschattung des Fußes; gleichmäßig hohe Wasserversorgung; Stärkungsmittel, z.B. Ackeschachtelhalmbrühe, verabreichen; befallene Triebe großzügig abschneiden und vernichten.

Climber ➛ Rosen

C/N-Verhältnis
Maß für die Zersetzbarkeit organischer Stoffe, das als Verhältnis der Anteile von Kohlenstoff (chemisches Zeichen C) und Stickstoff (chemisches Zeichen N) angegeben wird – vor allem bei der Kompostierung und bei organischen Düngern zu beachten. Bei organischen Stoffen mit überwiegendem Anteil an Kohlenstoffen verläuft der Abbau schleppend oder bleibt gehemmt, da den Mikroorganismen nicht ausreichend Stickstoff zur Verfügung steht; durch Zufuhr von Stickstoff kann man das Verhältnis günstig beeinflussen und die Zersetzung beschleunigen. Schlecht ausgereifter Kompost und wenig abgelagerter Mist zehren nach Verabreichung als Dünger noch den im Boden vorhandenen Stickstoff, wodurch das Pflanzenwachstum negativ beeinflusst werden kann; Abhilfe durch zusätzliche Stickstoffgabe, z.B. Brennnesseljauche oder Hornspäne.

Containerpflanze ➛ Pflanzware

Cotoneaster ➛ Felsenmispel

Cottage-Garten
Für englische Landhäuser typische Gartenform, die sich vor allem durch üppige Blumenrabatten großer Farbenpracht auszeichnet; wird auch in deutschen Gärten gerne nachempfunden.

Cultivar (Sorte) ➛ botanische Namen

D

Dachbegrünung ➛ Hausbegrünung

Dahlie

(*Dahlia*; ASTERACEAE/COMPOSITAE) Korbblütler

Früher als Georgine bezeichnete Pflanze. Die mittelamerikanische Gattung umfasst etwa 30 Wildarten und etwa 20 000 Zuchtsorten (Hybriden). Letztere sind Knollen bildende, nicht frostharte ➛ Stauden mit gefiederten, dunkelgrünen, manchmal purpurn überlaufenen Blättern und vielgestaltigen, großen duftlosen Blüten in allen Farben und Farbkombinationen außer echtem Blau. Blütezeit vom Hochsommer bis zum ersten Frost. Beliebte Beet- und Rabattenpflanze und gute ➛ Schnittblume; niedrige Sorten auch für Balkonkästen und Kübel geeignet. Stammmutter der heute gehandelten Dahlienzüchtungen ist wohl

Einfach blühende Dahlie 'Fellbacher Gold'

Pompondahlie 'Purpurkönig'

Ball-Dahlie 'Evelyne'

Kaktus-Dahlie 'Vulkan'

Dahlien gehören in jeden Bauerngarten.

Die besten Dahlien-Hybriden (Auswahl)

Klasse	Name	Blütenfarbe	ungefähre Wuchshöhe in cm
Einfach blühende Dahlien	Fellbacher Gold	gelb	90
	Feuerrad	leuchtend rot	100
	Kardinal	rot	140
	Karfunkel	rot	140
	Loki Schmidt	orangerot mit gelben Streifen	160
	Rotkäppchen	rot	50
	Roxy	helllila	40
	Schloss Reinbek	orange mit roter Mitte	40
	Schneeweißchen	weiß	140
Anemonenblütige Dahlien	Boogie Woogie	gelb, rot gespitzt	40
	Evita	rot, gelb gespitzt	40
	Miss Saigon	rot/weiß, weiße Mitte	40
	Scarlet Comet	rot	110
	Toto	weiß, gelbe Mitte	40
Halskrausen-Dahlien	Chimborazo	rot, gelbe Krause	120
	Clair de Lune	blassgelb, cremefarbene Krause	110
	Don Lorenzo	rot, Krause gelb	120
	Herz As	rosa mit heller Mitte	50
	La Gioconda	feuerrot, Krause gelb	110
	Stefanie Hertel	schwarzrot mit heller Krause	120
Seerosen-Dahlien	Christopher Taylor	rot,	110
	Gay Princess	fliederrosa	150
	Gerrie Hoek	rosa	130
	Glorie van Heemstede	gelb	130
	Sabine	rosaweiß	130
	Souvenir	rosa	140
	Yvonne	rosa	140
	Vicky Crutchfield	rosa	110
Dekorative Dahlien	Akita	rotbraun mit hellen Absätzen	100
	Anatol	rosarot/marmoriert	120
	André	rotweiß	160
	Arabian Night	dunkelrot	100
	Berliner Kleene	lachsrosa	40
	Engelhardts Matador	purpur	120
	Eveline	weiß mit lila Touch	100
	Helios	gelb	120
	Klein Erna	gelb	60
	Parkfreude	rot	80
	Peter der Große	rosa	120
	Rothesay Reveller	purpurweiß	120
	Zorro	rot	110

→

Klasse	Name	Blütenfarbe	ungefähre Wuchshöhe in cm
Ball-Dahlien	Charles Dickens	lila	120
	IGA Stuttgart	weiß-lila-rosa	130
	Kaiser Wilhelm I.	älteste deutsche Sorte, lachsfarben mit roten Rändern	120
	L'Ancresse	weiß	120
	Little Tiger	rotweiß	60
	Maren	hellorange	120
	Peter	rosa	100
	Stolz von Berlin	lilarosa	110
Pompon-Dahlien	Laura Marie	rot	140
	Piroshka	hellorange	120
	Purpurkönig	purpurn	100
	Schneeflocke	weiß	100
	Valentine	gelb	100
	Vollmond	gelb	120
	White Aster	die weltweit älteste noch erhältliche Sorte; weiß	120
Kaktus-Dahlien	Alexander von Humboldt	rosa	100
	Biedermannsdorf	gelbrot gesprenkelt	130
	Blaumeise	violett	150
	Chat noir	dunkelrot	120
	Cheerio	weinrot mit hellen Spitzen	110
	Extase	rosagelb	40
	Hale Bopp	gelb	130
	Karma Fuchsiana	lilarosa mit gelber Mitte	80
	Match	lila	120
	München	gelb	40
	Othello	dunkelrot	120
	Park Princess	hellrosa	60
	Pfitzer's Joker	dunkelrot mit weißen Spitzen	100
	Primaner	rot	140
	Purple Gem	purpurrosa	80
	Stadt Kassel	dunkelrot	140
	Trampoline	purpurn	110
	Hirschgeweihdahlie		
	Tu-Tu	weiß	110
	Vulkan	orangerot	130
Semi-Kaktus-Dahlien	Aspen	weiß	40
	Deutschland	rot	120
	Krönung	gelb	140
	Ludwig Helfert	gelborange	120
	Nivea	weiß	140
	Vuurvogel, Feuervogel	cremefarben mit roten Spitzen	120

Klasse	Name	Blütenfarbe	ungefähre Wuchshöhe in cm
Diverse Dahlien	Bishop of Llandaff	Duplex-Dahlie, rot, dunkles Laub	110
	Faszination	Duplex-Dahlie, lilarosa, dunkles Laub	60
	Jescot Julie	Orchideenblütige Dahlie, orangegelb	110
	Pink Giraffe	Orchideenblütige Dahlie, rosagelb	120

D. juarezii. Alle Zuchtformen werden unter einer einzigen Art (*Dahlia* x *cultorum* bzw. *Dahlia variabilis* hort.) und ihrem Sortennamen geführt. Um die Vielfalt der gehandelten Hybriden übersichtlicher zu gestalten, werden sie alle jeweils einer von zehn Klassen zugeordnet. Die Klasseneinteilung erfolgt nach den Richtlinien der englischen „National Dahlia Society" allein nach der Form der Blüten. Andere Kriterien wie Pflanzengröße, Laub oder Verwendungszweck bleiben dabei unberücksichtigt. Die 10. Klasse umfasst dabei alle Sorten, die in keine der übrigen Klassen eingeordnet werden können, z.B. Duplex-, Giraffen- und Orchideendahlien. So genannte Dahlianova-Sorten sind kompakt und reich blühend, besonders für Töpfe geeignet. **Kultur:** Knollen im Frühjahr in fruchtbaren, humosen, feuchten, aber gut durchlässigen Boden an einem vollsonnigen Standort pflanzen. Ein ➛ Vortreiben der Knollen im Haus verfrüht die Blütezeit. Hohe Sorten stützen, Verblühtes ausschneiden. Nach dem ersten Nachtfrost werden die oberirdischen Teile glasig und schwarz. Zu diesem Zeitpunkt nimmt man die Knollen auf (➛ Aufnehmen), lässt die Erde antrocknen und bürstet sie dann vorsichtig ab. Bis zum Frühjahr werden sie, getrennt nach Sorten und mit Etikett versehen, in mit leicht feuchtem Torf oder Sand gefüllten Kästen an einem dunklen, gut belüfteten, frostfreien Ort gelagert. Gelegentliche Kontrollen sorgen dafür, dass Schädlinge und Fäulnis rechtzeitig entdeckt und bekämpft werden können. Einjährige Beetdahlien aus Samenanzucht werden in der Regel nicht überwintert. **Schädlinge/Krankheiten:** Schnecken, Blattläuse, Ohrwürmer, Spinnmilben, Echter Mehltau, Blattflecken, Mosaikvirus und Stängelfäule sowie Knollenfäule, Schnecken- und Raupenfraß im Winterquartier. **Vermehrung:** Aussaat von Beetdahlien im zeitigen Frühjahr unter Glas (einjährige Mignon- und Topmix-Dahlien), Auspflanzen nach den letzten Nachtfrösten; ➛ Teilen der Knollen im Frühjahr (jedes Teilstück muss mindestens einen Trieb haben) und durch Triebstecklinge im Sommer.

Dauerkultur

Bezeichnung für mehrere Jahre nacheinander auf demselben Beet angebaute Kultur; wird nicht in die ➛ Fruchtfolge einbezogen.

Deckblätter ➛ Blüte

Deckspelzen ➛ Granne

Depotdünger ➛ Düngeformen

Dibbelsaat ➛ Aussaat

Dicke Bohnen ➛ Bohnen

Dickenwachstum
Querschnittszuwachs von Pflanzen. Bei Gehölzen bildet während der Wachstumsperiode ein zylindrisch den Stamm durchziehendes Gewebe (Kambium) nach außen neue Rinde, nach innen neues Holz. Bei tropischen Gewächsen erfolgt das D. zum Teil ohne Unterbrechung.

Dikotylen ➛ Zweikeimblättrige Pflanzen

Dill, Blähkraut, Gurkenkraut
(*Anethum graveolens*; APIACEAE) Doldenblütler
Einjähriges Heil- und Gewürzkraut aus der Familie der ➛ Doldenblütler mit fein gefiedertem Laub, 50 bis 120 cm hoch, das frisch oder tiefgefroren vor allem zu Fischgerichten und in Salaten, aber auch für Saucen und zur Käseherstellung verwendet wird. Dill eignet sich nicht zum Trocknen, er verliert sein Aroma und schmeckt dann grasig. **Kultur:** Aussaat ab April an einem warmen, windgeschützten Platz in feuchter, humoser, durchlässiger Erde. Die empfindlichen Pflanzen müssen frei von Unkräutern und gleichmäßig feucht gehalten werden. Bei Trockenheit welkt das Laub rasch.

Dill verfeinert Saucen, Salate und Gemüsegerichte – allerdings darf er nicht gekocht werden.

Direktaussaat ➛ Aussaat

Distelstecher (Unkrautstecher) ➛ Bodenbearbeitungsgeräte

Dolde
Blütenstand, bei dem mehrere gleich lange, gestielte Blüten aus einem Punkt der Hauptachse der Pflanze entspringen; von dieser zweigen sich wieder kleine D. ab, was als *zusammengesetzte Dolden* bezeichnet wird; z. B. bei Dill oder Gartenpetersilie.

Doldenblütler
(APIACEAE, früher UMBELLIFERAE)
Pflanzenfamilie mit rund 2700 Arten, Einjährige und Stauden mit hohlem Stängel, meist zerteilten Blättern und ➛ zwittrigen Blüten mit umgekehrt herzförmigen Blütenblättern. Die Frucht zerfällt zur Reife in zwei Teilfrüchte, die an einem Fruchtträger hängen. Einzelblüten und Fruchtstände bilden Dolden, meist aus mehreren kleineren Dolden zusammengesetzt. Beispiele: ➛ Kerbel, ➛ Fenchel, ➛ Möhre, ➛ Petersilie und ➛ Liebstöckel.

Doppelhacke ➛ Bodenbearbeitungsgeräte

Doppelt gefiedert
Zusammengesetzte Blattform; ein gefiedertes Blatt, dessen Teilblättchen selbst wieder gefiedert sind.

Doppelt gesägt
Gesägter Blattrand, bei dem die Vorsprünge selbst noch einmal kleine Spitzen tragen.

Dornen

Spitze, in der Regel starre und stechende Strukturen, die durch Umwandlung verschiedener Pflanzenorgane oder Teile davon, meist jedoch aus Blättern oder kurzen Seitenzweigen entstanden sind. Anders als bei ➛ Stacheln sind an der Bildung von D. auch tiefer liegende Gewebeschichten beteiligt – daher lassen sich D. ohne Beschädigung der Pflanze nicht entfernen; z. B. bei Weißdorn.

Dornen können im Gegensatz zu Stacheln nicht ohne Verletzungen vom Pflanzenkörper abgetrennt werden.

Dost ➛ Oregano

Drahtwurm

Glänzend gelbe, 2 bis 3 cm lange, dünne und harte Larve von Schnellkäfern, die an Pflanzenwurzeln fressen.

Gefährdete Pflanzen: Setzlinge, vor allem junge Salatpflanzen, Gemüse und Rasengräser.

Schadbild: plötzliche Welke ohne ersichtlichen Grund; Wurzeln sind abgefressen, Pflanzen fallen um, Rüben und Knollen zeigen lochartige Fraßgänge; Rasen wird braun, die Grasnarbe kann man abheben.

Vorbeugung und Bekämpfung: Salatpflanzen als Köder einsetzen; Nützlinge fördern (z. B. Nistkästen aufhängen), Maulwürfe nicht bekämpfen; halbierte Kartoffeln oder Möhren mit der Schnittfläche nach unten etwa 5 cm tief in die Erde drücken und davon angelockte D. absammeln; den Boden um befallene Pflanzen gründlich durchhacken und nach den Schädlingen absuchen.

Der Drahtwurm ist ein besonders gefräßiger Vertreter seiner Art.

Drainage (Dränage)

Das Versickern von überschüssigem Bodenwasser in tiefer gelegen Bodenschichten und/oder dessen Ableitung. Gezielte Verbesserung der D. eines Bodens durch tief reichende Bodenlockerung, Aufbrechen von Wasser stauenden ➛ Sperrschichten, Einarbeiten von grobem Material wie Kies am Grund von Pflanzgruben oder Gefäßen, Anlage von Wasserabzugsgräben oder Verlegung von Abflussrohren.

Dränierung ➛ Drainage

Dreiastkrone ➛ Kronenformen

Duftrosen ➛ Rosen

Düngefehler ➛ Überdüngung

Düngemittel

Alle Präparate, die einer Erschöpfung der Bodenfruchtbarkeit entgegenwirken. Grundsätzlich lassen sich D. in drei Gruppen einteilen:

Mineraldünger: überwiegend durch chemische Verfahren hergestellte Präparate, die vor allem aus leicht löslichen Mineralsalzen bestehen; sie werden schnell von den Pflanzen aufgenommen. Mineraldünger gibt es in unterschiedlicher Zusammensetzung: *Mehrnährstoffdünger* enthalten 2 oder 3 der Hauptnährstoffe Stickstoff, Phosphat und Kalium in unterschiedlicher Mischung. Hier werden nur gezielt die erforderlichen Nährstoffe ergänzt. Sind auch weitere Nährstoffe und Spurenelemente beigemischt, handelt es sich um *Volldünger*. Diese sind sehr einfach in der Anwendung, da sie alle wichtigen Nährstoffe liefern – sie werden am häufigsten genutzt. Bei ausschließlicher Anwendung können sich jedoch ein oder mehrere Nährstoffe zu stark anreichern und schädlich werden. *Einnährstoffdünger* oder *Einzeldünger* enthalten nur eine Komponente und sind für die gezielte Nachlieferung eines bestimmten Nährstoffs gedacht. *Spezieldünger* sind Präparate, die aufgrund ihrer Inhaltsstoffe und Zusammensetzung auf besondere Bedürfnisse spezieller Kulturen abgestimmt sind, z. B. Blühpflanzendünger, Erdbeerdünger, Tomatendünger. *Gesteinsmehle* bestehen aus fein vermahlenem Gestein und enthalten auch Stoffe wie Tonminerale, die für die Bodenstruktur wichtig sind.

Organische Dünger: Sie bestehen aus tierischen oder pflanzlichen Stoffen, die aufbereitet werden. Die darin enthaltenen Nährstoffe müssen im Boden erst umgesetzt werden, bevor die Pflanzen sie aufnehmen können. Es gibt verschiedene Formen: ➛ *Kompost* kann einfach selbst hergestellt werden. *Mist* von Rindern oder Pferden kann frisch auf die Beete gebracht oder erst kompostiert werden. *Tierische Abfallprodukte* (z. B. Guano, Hornspäne, Hornmehl) setzen ihre Nährstoffe erst nach und nach frei. *Pflanzenjauchen* entstehen durch Vergärung von bestimmten Pflanzen (z. B. Brennnessel, Beinwell) – sie wehren auch Schädlinge ab. *Gründünger* sind Saaten oder Saatmischungen aus Pflanzen, die durch ihre Grünmasse den Boden verbessern und bei ihrer Verrottung Nährstoffe abgeben; z. B. Weißer Senf, Ölrettich und Wicken. *Biologische Handelsdünger* bestehen ebenfalls aus tierischen oder pflanzlichen Stoffen, wurden aber aufbereitet und sind leichter anzuwenden, z. B. getrockneter Rinderdung.

Wichtige Düngeregeln:

- Düngung nach dem Zustand des Bodens ausrichten (➛ Bodenanalyse).
- Nur entzogene Nährstoffe ersetzen; entsprechend dem Bedarf der Pflanzen düngen.
- Besser mehrmals in schwachen Konzentrationen düngen.
- Dünger nicht bei voller Sonne und auf trockenen Boden ausbringen.
- Speichervermögen des Bodens für Nährstoffe fördern (Humusbildung anregen).
- Überdüngung vermeiden.
- Durch richtige Anwendung und Terminauswahl eine Auswaschung der Nährstoffe vermeiden.

Organisch-mineralische Dünger (Mischdünger): Mischungen aus den beiden vorher genannten Düngerformen. Das Produkt liefert einen Teil der Nährstoffe schnell, einen anderen Teil erst nach der Umsetzung durch Bodenorganismen.

Düngerformen

Handelsübliche Formen von Düngemitteln.

Feststoffdünger: Düngemittel in fester Form, z. B. pulverisierte, gekörnte oder granulierte Mittel, die direkt über den Boden gestreut werden – sie eigenen sich zur ➛ Grunddüngung. Gepresste oder gebundene Dünger in Stäbchen- oder Tablettenform werden zur längerfristigen Versorgung in die Erde gedrückt.

Flüssigdünger: Düngemittel in flüssiger oder fester Form, die mit Wasser angemischt werden müssen. Sie werden mit dem Gießwasser verabreicht. Die Nährstoffe stehen den Pflanzen sofort zur Verfügung, müssen aber meist vor der Anwendung entsprechend verdünnt werden.

Langzeitdünger: langsam wirkende Düngemittel (mineralische und organische Präparate), die ihre Nährstoffe nach und nach in kleinen Dosen freigeben. Sie können von den Pflanzen erst nach der Umsetzung durch Bodenorganismen aufgenommen und genutzt werden.

Depotdünger: künstlich hergestellte Mittel, bei denen die Nährstoffe durch eine besondere Behandlung (künstliche Hülle oder ein Trägerstoff, die abgebaut werden und die Nährstoffe freigeben) nur allmählich freigesetzt werden; zur langfristigen Versorgung von Kulturen geeignet.

Düngung

Verabreichen von ➛ Düngemitteln, um Nährstoffmangel oder -verluste des Bodens auszugleichen. Damit eine D. bestmögliche Wirkung zeigt, muss sie zielgerichtet ausgeführt werden.

Dunkelkeimer ➛ Keimung

Duobäumchen ➛ Naschbäumchen

Durchlässiger Boden ➛ Bodeneigenschaften

Durchwurzelung ➛ Wurzelraum

Eberesche

(*Sorbus*; ROSACEAE) Rosengewächse
Auch Mehlbeere oder Vogelbeere genannt. Variantenreiche Gattung mit etwa 100 Arten von Sträuchern oder kleinen, z.T. auch mittelgroßen Bäumen der nördlichen Hemisphäre. ➛ Wechselständige Blätter, vielgestaltig, einfach oder gefiedert, im Herbst attraktiv gefärbt. Blühen nach dem Laubaustrieb mit weißen, doldenähnlichen Blütenständen, aus denen weiße, gelbe, orange, braune oder – häufig vorkommend – rote Beeren reifen. Attraktive, voll frostharte ➛ Solitärgehölze, aber auch für Blütenhecken geeignet. Rohe Beeren verursachen bei Verzehr Übelkeit, die gekochten Beeren bestimmter Arten (*S. aucuparia*, *S. domestica*, *S. torminalis*) sind genießbar. **Kultur:** In

Ebereschen für Hausgärten

Name	Wuchs	Blüte	Früchte	Blatt	Besonderes
Amerikanische Eberesche (*S. americana*)	Kleinbaum, 5–10 m hoch, 4–6 m breit; kurzstämmig, oft mehrtriebig, rundkronig	bis zu 12 cm große, doldenähnliche, weiße, streng riechende Blüten im Mai/Juni	leuchtend orangerot, erbsengroß, im Winter anhaftend	gefiedert; Fiederblättchen lanzettlich, mattgrün, Blattspreiten rot, glühendrote Herbstfärbung	Flachwurzler; hitzeempfindlich, langsam wachsend
Echte Mehlbeere (*S. aria*)	vielstämmiger Großstrauch oder Kleinbaum, 6–15 m hoch, 4–8 m breit; locker kegelförmig bis rundkronig	große weiße, streng riechende Trugdolden im Mai	orangerote genießbare, aber mehlig fad schmeckende Früchte	breit eiförmig; im Austrieb weiß filzig, später oberseits dunkelgrün, unterseits weiß- bis grauwollig, gelbe bis graugrüne Herbstfärbung	robuster, Wärme liebender Tiefwurzler für kalkhaltige, nicht zu feuchte Standorte; langsam wachsend; verschiedene Sorten im Handel
Arnolds Eberesche (*S. arnoldiana*)	oft mehrstämmiger Kleinbaum, 8–12 m hoch, bis 5 m breit; locker kegelförmige bis runde Krone	weiße Trugdolden im Mai/Juni	große auffällig gefärbte, fleischige, essbare Beeren, oft so reichlich, dass die Zweige sich unter der Last biegen	gefiedert; dunkelgrün, Fiederblättchen lanzettlich, Herbstfärbung gelb bis orangerot	Flachwurzler; empfindlich gegen lange Trockenheit und hohen Kalkgehalt des Bodens; mäßig bis schnell wachsend
Eberesche, Vogelbeere (*S. aucuparia*)	ein- oder mehrstämmiger, heimischer kleiner oder mittelgroßer Baum, 5–10 m hoch, 4–6 m breit; anfangs eiförmige, später locker runde Krone	weiße, unangenehm riechende Trugdolden im Mai/Juni	erbsengroße orangerote oder rote, essbare Beeren	gefiedert; stumpf mittelgrün, unterseits bläulich; im Herbst gelborange bis ziegelrot	anfangs (10 bis 15 Jahre) rasch wachsend, später langsamer; zahlreiche Sorten im Handel, z.T. kleiner und mit heller oder dunkler gefärbten Beeren

Name	Wuchs	Blüte	Früchte	Blatt	Besonderes
Mährische Eberesche (*S. aucuparia* 'Edulis')	wie *S. aucuparia*, nur größer (12–15 m hoch, 5–7 m breit)	*wie S. aucuparia*	größer und zahlreicher als bei *S. aucuparia*, orangerot, gut verwertbar	größer und dunkler als bei *S. aucuparia*; im Herbst gelborange bis rot	rasch wachsend; geringere Fruchtbildung auf trockenen, kalkhaltigen Böden
Prunk-Eberesche, Schmuck-Eberesche (*S. decora*)	Großstrauch oder Kleinbaum, 6–10 m hoch, 4–6 m breit; mehrstämmig, auch breiter; aufrechte, offene, breit kegelförmige Krone	8–15 cm große Trugdolden mit bis zu 1 cm großen weißen, herb riechenden Einzelblüten im Mai/Juni	runde, fast kirschgroße orangerote Beeren, gut zu verwerten	gefiedert; Fiederblättchen langelliptisch, mattgrün; im Herbst prächtiges Farbspiel (gelbe, rote, orange, purpurne Töne)	Flachwurzler; kaum Blüten im Schatten; empfindlich gegen Hitze und Trockenheit sowie kalkreiche Böden
Speierling, Sperbe (*S. domestica*)	mittelgroßer Baum, 10–15 m hoch, 8–10 m breit; anfangs kegelförmige, später eiförmige bis runde Krone	weiße, unangenehm riechende Trugdolden im Mai/Juni	je nach Unterart apfel- (*S. d. f. pomifera*) oder birnenförmige (*S. d. f. pyriformis*), 2–4 cm große, im reifen Zustand braune Früchte, genießbar (Mostfrucht)	gefiedert; Fiederblättchen schmal elliptisch; oberseits stumpfgrün, unterseits hellbläulichgrün; Herbstfärbung gelb bis orange	Tiefwurzler mit weit reichenden Seitenwurzeln; mäßig frosthart, Kalk liebend, Nässe empfindlich, langsam wachsend
Weißfrüchtige Eberesche (*S. koehneana*)	mittelgroßer Strauch oder Kleinbaum, 2–4 m hoch und breit; kurzstämmig oder mehrtriebig, locker breitwüchsig	weiße Trugdolden im Mai/Juni	Fruchtstiel rot, ungenießbare Beeren weiß	farnartig fein gefiedert; bläulich bis mattgrün; im Herbst kupferrot	Flachwurzler; langsam wachsend; hoher Zierwert in gemischten Rabatten und Gehölzgruppen
Elsbeere (*S. torminalis*)	variabler, mittelgroßer bis großer Baum, 8–22 m hoch, 6–10 m breit; dichte, eiförmig bis runde Krone	weiße, streng riechende Trugdolden	hängende Fruchtdolden mit eiförmigen, gelb- bis dunkelbraunen, ledrigen, genießbaren Beeren	untypisch: ahornähnlich gelappt, oberseits glänzend dunkelgrün, unterseits hellgrün, prächtige Herbstfärbung (gelb, kupferorange, leuchtend rot)	Tiefwurzler mit starken Seitenwurzeln, Ausläufer treibend; mäßig frosthart, auch auf alkalischen Böden; sehr langsam wachsend
Strauch-Eberesche (*S. vilmorinii*)	Großstrauch oder Kleinbaum, 3–6 m hoch und breit; lichte rundliche Krone, im Alter ausgebreitet trichterförmig	lockere, weiße Trugdolden im Mai/Juni	hängende Büschel erbsengroßer erst rosaroter, dann hellrosa Beeren	farnartig gefiedert; licht und durchsichtig, mattgrün; orange bis purpurrote Herbstfärbung	Flachwurzler; für saure bis , neutrale frische bis feuchte Böden; sehr langsam wachsend

Die Eberesche *Sorbus x anoldiana* 'Carpet of Gold' bezaubert durch ihre wunderschöne Belaubung und Früchte.

mäßig fruchtbaren, humosen, gut durchlässigen Boden in voller Sonne oder Halbschatten pflanzen; Arten mit gefiederten Blättern bevorzugen sauren bis neutralen Boden. Im Herbst/Winter beschneiden, falls nötig. **Schädlinge/Krankheiten:** Anfällig für Blattläuse, Ebereschen-Pockengallmilbe, Rote Spinnmilbe, Schildläuse, Blattwespenlarven, Krebs, Bleiglanz, Hallimasch und besonders Feuerbrand. **Vermehrung:** Aussaat im Herbst oder Grünstecklinge im Frühsommer; im Sommer okulieren oder im Winter pfropfen (➛ Veredelungsmethoden).

Edelkastanie, Esskastanie

(*Castanea sativa*; FAGACEAE) Buchengewächse Großbaum aus dem Mittelmeergebiet, das bis zu 10 bis 35 m hoch und 10 bis 15 m

Die Früchte der Edelkastanie, Maroni, sind gerade in der kalten Jahreszeit, heiß genossen eine Delikatesse.

breit werden kann. Sie hat eine weit ausladende und hoch gewölbte Krone, mittel bis stark wachsend, einhäusig, weiße Blüten im Juni/Juli, gefolgt von stacheligen Fruchtkapseln mit im Oktober reifenden, braunen essbaren Maronen. Die selbstunfruchtbaren Bäume brauchen eine zweite Bestäubersorte als Pollenspender (➛ Bestäubung). ➛ Solitärbäume bringen keine Früchte hervor. Goldgelbe Herbstfärbung des Laubes. **Kultur:** Die tiefwurzelnden Bäume (weibl. Und männl. Blüten am gleichen Baum blühen nie zur gleichen Zeit) stehen gern sonnig bis halbschattig in frischen bis trockenen, durchlässigen, sauren bis neutralen Böden. Rückschnitt wenn nötig im Herbst oder Winter. Nur in wintermilden Gegenden (Weinbauklima) zuverlässig frosthart und fruchtend. **Schädlinge/Krankheiten:** Kastanienbohrer, Kastanienwickler, Hallimasch und *Phytophthora*-Wurzelfäule. **Vermehrung:** Samen bei Reife im Herbst säen, im Spätwinter pfropfen oder im Sommer okulieren (➛ Veredelungsmethoden).
Arten und Sorten: 'Noire Precoce' und 'Precoce de Vannes' werden in Baumschulen angeboten und können sich gegenseitig befruchten.

Echter Mehltau

Durch verschiedene Mehltaupilze hervorgerufene Erkrankung.
Gefährdete Pflanzen: Sommerblumen, Balkon- und Kübelpflanzen, Stauden, Zwiebel- und Knollengewächse, Ziergehölze, Obst und Gemüse.
Schadbild: zunächst punktförmiger, später flächiger, weißlicher bis grauer Belag an Blattober- und -unterseiten, Knospen, Blüten und Trieben; vorzeitiges Welken; Blätter rollen sich ein, verfärben sich.

Echter Mehltau ist ein zarter, aber tödlicher Schimmelpilz – hier an einem Kürbis.

Vorbeugung und Bekämpfung: widerstandsfähige oder resistente Sorten bevorzugen; standortgerecht pflanzen; weite Pflanzabstände wahren; nicht zu stickstoffreich düngen; Stärkungsmittel wie Knoblauchtee verabreichen; Gewächshaus und Frühbeet gut lüften; befallene Teile sofort entfernen und vernichten; bei starkem Befall lecithinhaltige Präparate einsetzen.

Edelauge ➛ Veredelung

Edelreis ➛ Veredelungsmethoden

Edelrose ➛ Rosen

Edelsorte ➛ Veredelung

Efeu

(*Hedera*; ARALIACEAE) Araliengewächse

Gattung ausschließlich immergrüner kletternder Arten, die in Europa, Asien und Amerika heimisch sind. Efeu besitzt ➛ wechselständige, drei- bis fünflappige oder ganzrandige Blättern mit zum Teil schöner Blattzeichnung. Es gibt eine Jugend- und eine Altersform. Junge Pflanzen kriechen oder klettern mithilfe kleiner Haftwurzeln (Adventivwurzeln; ➛ Haftorgane) und haben gelappte Blätter; die Jungsprosse sind mit winzigen Haaren besetzt. Im Alter bildet Efeu oberhalb der Trägerstruktur Büschel aus ganzrandigen, meist breit eiförmigen, glänzend dunkelgrünen Blättern (im Winter bei manchen Sorten bronzegrün). Im Herbst folgen Dolden mit gelblich grünen, zwittrigen Blüten, die über den Winter zu runden, blauschwarzen, manchmal auch orangefarbenen, für den Menschen giftigen, aber bei Vögeln sehr geschätzten Beeren reifen. Wildformen und Kultivare unterscheiden sich stark in der Blattform, im ➛ Habitus und in der Wuchsstärke. Nicht alle Formen sind voll frosthart – einige, vor allem weißbunte Kultivare eignen sich nur als Zimmerpflanzen. **Kultur:** Sehr anpassungsfähig; am besten gedeihen sie aber in Sonne bis Halbschatten. *H. helix* auch im Schatten, in fruchtbaren, humosen, schwach sauren bis stark alkalischen, feuchten, aber gut durchlässigen Böden pflanzen. Im Frühsommer erneuert sich ein Teil des Laubes, alte Blätter werden dann vermehrt abgeworfen. Ein Schnitt ist jederzeit bis ins alte Holz möglich. Wichtig für Fassadenbegrünung: Nur an intakten Fassaden mit gut anhaftendem Putz klettern lassen. Die Haftwurzeln können sich in den ersten Tagen unter dem Einfluss von Feuchtigkeit in Erdwurzeln umbilden. Normalerweise verkorken sie innerhalb von 14 Tagen und verändern sich dann nicht mehr. Triebe wandern allerdings unter Dachziegel und können diese anheben. **Schädlinge/Krankheiten:** Rote Spinnmilbe, Schildläuse, Blattläuse und Blattflecken. **Vermehrung:** Im Sommer halbverholzte ➛ Stecklinge von Jungtrieben bewurzeln, damit gezogene Jungpflanzen klettern (Stecklinge von der Altersform klettern nicht!); zufällig oder mutwillig abgesenkte Triebe (➛ Absenken) schlagen rasch Wurzeln und können dann von der Mutterpflanze abgetrennt werden.

Arten und Sorten: Kolchischer oder Persischer Efeu (*H. colchica*): wärmeliebend und nur im Weinbauklima zuverlässig winterhart; verschiedene Sorten mit zum Teil attraktiv gelb oder weiß panaschiertem Laub, z.B. *H. c.* 'Dentata Variegata' mit gelb bis cremefarbenem Blattrand, 4 bis 6 m hoch kletternd, kriechend bis 40 cm hoch; ähnlich, aber wüchsiger und etwas höher ist *H. c.* 'Sulphur Heart'; Gewöhnlicher Efeu (*H. helix*): die eigentliche Art erreicht unter günstigen Bedingungen eine Kletterhöhe von 25 bis 30 m, zahlreiche Kultivare sind weniger wüchsig; alle hier vorgestellten Sorten sind voll frosthart: Strauchefeu (*H. h.* 'Arborescens') wird 1,5 bis 2 m hoch und breit, klettert nicht und ist langsam wachsend; *H. h.* 'Conglomerata': bis 1 m hoch kletternde Zwergform; *H. h.* 'Goldheart': bis 3 m hoch kletternd, fast dreieckige dunkelgrüne Blätter mit goldgelber Mitte; *H. h.* 'Plattensee': robust, bis 20 m hoch kletternd; *H. h.* 'Woerner' (syn. 'Remscheid'): 10 bis 15 m hoch kletternd, schwarzgrüne Blätter mit auffallender Äderung, im Winter unter Sonneneinfluss bronzepurpurn; *H. h.* 'Sagittifolia', auch unter dem Namen 'Pedata' im Handel: bis 4 m hoch kletternde, zierliche Sorte mit schmal bis pfeilförmigen Lappen; Irischer oder Atlantischer Efeu (*H. hibernica*): 5 bis 20 m hoch kletternd, jedoch bevorzugt kriechend bis mattenförmig, mit sehr großen, dunkelgrünen Blättern mit weißer Äderung, im Winter bronzegrün, nur mäßig frosthart.

Eibe

(*Taxus*; TAXACEAE) Eibengewächse

Gattung mit 10 Arten breit rundlicher oder aufrechter, voll frostharter, zweihäusiger, immergrüner Nadelgehölze mit strauch- oder baumartigem Wuchs, das auf der nördlichen Halbkugel beheimatet ist. Die Nadeln sind dunkel- bis schwarzgrün, die Rinde rotbraun und bei weiblichen Pflanzen treten rote, länglich eiförmige, beerenähnliche Fruchtbecher vor. Alle Pflanzenteile (bis auf den fleischigen Mantel der Früchte, dem so genannten Arillus) sind stark giftig. Eiben wachsen relativ langsam, sind schnittverträglich, re-

Eiben sind mittlerweile Raritäten geworden. Hier eine *Taxus baccata* mit roten Früchten.

Sortenübersicht Taxus Baccata			
Sorte	Wuchsform J: Jugendform A: Altersform	Größe in m H: Höhe B: Breite	Besonderes
Gelbbunte Straucheibe (*T. b.* 'Aureovariegata')	aufrecht breitbuschig	H+B: 3–5	gelbe Nadeln; braucht gleichmäßige Luft- und Bodenfeuchtigkeit und eher sonnigen Standort
T. b. 'Cavendishii'	Zwergform; Äste flach über dem Boden ausgebreitet	H: 0,4 B: 0,6	blaugrüne Nadeln
Hänge-Eibe (*T. b.* 'Dovastoniana', syn. 'Pendula')	schwach ausladend mit schrägen Ästen und überhängenden Zweigspitzen	H: 2–4 B: 4–8	braucht reichlich Platz
Säuleneibe (*T. b.* 'Fastigiata')	J: straff aufrecht A: breit zylindrisch bis vasenförmig	H: 5–7 B: 2–3	reichlicher Beerenschmuck
Säuleneibe (*T. b.* 'Fastigiata Robusta')	J: schlank, straffe Säulenform A: fällt nicht auseinander	H: 3–5 B: 1–2	beste Säulenform; auch in der Sonne voll frosthart
Kroneneibe (*T. b.* 'Nissens Corona')	J: breitbuschig A: ausgreifender Großstrauch	H: 1,5–3 B: 5–8	robuste, sehr frostharte Form
Kegeleibe (*T. b.* 'Overeynden')	J: kegelförmig A: breit, locker eiförmig	H: 3–5 B: 2–3	robuster Großstrauch; wenig Fruchtansatz
Tafeleibe (*T. b.* 'Repandens')	flach ausgebreiteter, Matten bildender Kleinstrauch	H: 0,5–0,7 B: 2–3	dekorative Wuchsform
Goldeibe (*T. b.* 'Semperaurea')	dichtbuschiger und breitwüchsiger Normalstrauch	H: 2–3 B: 2–4	beste goldgelbe Form, die nicht verblasst oder vergrünt

generieren sich gut aus dem alten Holz (manche Sorten sind hervorragende ➛ Heckenpflanzen) und widerstehen auch Wurzeldruck größerer Gehölze. Die meisten Arten vertragen exponierte Standorte, trockene Böden und Schatten. **Kultur:** Anspruchslos und sehr anpassungsfähig. In allen durchlässigen, fruchtbaren, sauren bis alkalischen Böden in Sonne, Halbschatten oder tiefem Schatten. Schnitt: jederzeit, am besten nach dem Austrieb im Sommer; Hecken im Sommer oder Frühherbst trimmen. **Schädlinge/Krankheiten:** Gefurchter Dickmaulrüssler, Wicklerraupen, Eibenschorf und *Phytophthora*-Wurzelfäule. **Vermehrung:** Aussaat nach Beerenreife – die Keimung kann bis zu zwei Jahren dauern; halbverholzte Stecklinge von aufrecht wachsenden Sprossen im Sommer, im Frühherbst Propfen von Kultivaren (➛ Veredelungsmethoden).

Arten und Sorten: Europäische Eibe, Gewöhnliche Eibe (*T. baccata*): breit konischer

An Eiben – eine *Taxus baccata* 'Fastagiata' – ist sogut wie alles giftig.

Baum mit ausladenden, waagerechten Ästen, bis 20 m hoch und 10 m breit; zahlreiche Kulturformen (siehe Sortenübersicht); Japanische Strauch-Eibe (*T. cuspidata*): breit säulenförmiger, extrem frostharter Strauch oder Baum mit im Winter rotgrün verfärbten Nadeln, bis 15 m hoch und 8 m breit; *T. c.* f. *nana* wächst gedrungen, bis 3 m hoch und 5 m breit; Hecken-Eibe (*T.* x *media*): breit aufrechte, dichtbuschige, vieltriebige, langsam wachsende Normalsträucher; robuste, sehr frostharte Sorten: *T.* x *m.* 'Brownii': gedrungen-buschig, bis 3 m hoch und 4 m breit; *T.* x *m.* 'Farmen': kompakt, bis 2 m hoch und 3 m breit; *T.* x *m.* 'Hicksii': breit säulenförmig, bis 5 m hoch und 4 m breit; *T.* x *m.* 'Hillii': breit aufrecht, bis 5 m hoch und 4 m breit.

Eiche

(*Quercus*; FAGACEAE) Buchengewächse

Gattung mit mehreren 100 Arten Laub abwerfender oder immergrüner, je nach Art voll frostharter bis bedingt frostharter Bäume und Sträucher, die in der gesamten nördlichen Hemisphäre beheimatet sind. Sie zeichnet sich durch rissige Borke und ➛ wechselständige, ganzrandige, gelappte oder gesägte Blätter aus. Mäßig frostharte Arten, z. B. Steineichen (*Q. ilex*), sind nur im Weinbauklima zuverlässig winterhart. Bei nicht heimischen, Laub abwerfenden Arten folgt oft eine spektakuläre ➛ Herbstfärbung. Das welke Laub bleibt meist bis zum Spätwinter am Baum. Einhäusige Pflanze, deren Blüten unscheinbar sind; im Herbst folgen rundliche, nussartige Früchte (Eicheln), die von einem geschuppten Achsenbecher umgeben sind. Eichen wachsen in der Regel zu mächtigen Bäumen heran, die sich gut als ➛ Solitärgehölze eignen, aber wegen ihrer Größe nur für Parks und wirklich große Gärten in Frage kommen. **Kultur:** In tiefgründigem, fruchtbarem, durchlässigen Boden in voller Sonne oder Halbschatten pflanzen. Die meisten Arten sind ziemlich kalktolerant. Mäßig winterharte, immergrüne Arten vor austrocknenden, kalten Winden schützen. Schnitt: Kaum erforderlich; falls nötig im Spätwinter oder zeitigem Frühjahr. **Schädlinge/Krankheiten:** Blattläuse, Gallwespen, Eichenmehltau, Echter Mehltau, Hallimasch, Baumschwämme. **Vermehrung:** Nach Samenreife im Herbst aussäen, Kultivare von Mitte bis Ende des Winters pfropfen (➛ Veredelungsmethoden). **Arten und Sorten:** Zerr-Eiche (*Q. cerris*): Laub abwerfender, langsam wachsender Großbaum, bis 35 m hoch und 15 m breit, hoch gewölbte Krone, durchgehender Hauptstamm, Äste schräg aufrecht, Seitenzweige ausgebreitet bis leicht überhängend, die Blätter sind grob gezähnt uned werden bis zu 15 cm lang; Scharlach-Eiche (*Q. coccinea*): Laub abwerfender, stark wachsender, mittelgroßer bis großer Baum, bis 20 m hoch und 12 m breit, kegelförmige Krone, Äste schräg aufrecht, kaum überhängend, die Blätter sind stark gebuchtet, werden bis zu 15 cm lang und verfärben sich im Herbst leuchtend rot; Steineiche (*Q. ilex*): immergrüner, bis 25 m hoher und 20 m breiter, nur mäßig frostharter Baum mit etwa 8 cm langen, schmal eiförmigen, ganzrandigen bis gezähnten, in der Jugend filzigen Blättern; Sumpf-Eiche (*Q. palustris*): Laub abwerfender, mittelgroßer, kegelförmiger Baum für fast alle Böden, bis 20 m hoch und 15 m breit, langsam wachsend, die Blätter sind tief eingeschnitten und schmal gelappt, werden bis zu 12 cm lang und verfärben sich im Herbst spektakulär orangerote; Traubeneiche (*Q. petraea*): Laub abwerfender, mittelstark wachsender, hoch gewölbter bis rundlicher Großbaum, bis 35 m hoch und 20 m breit, die Blätter sind länglich eiförmig und regelmäßig gelappt, werden bis zu 10 cm lang und verfärben sich im Herbst gelbbraun; Pontische oder Armenische Eiche (*Q. pontica*): Laub abwerfender, sehr langsam wachsender, mäßig frostharter Großstrauch, bis 6 m hoch und 4 m breit, lichter Aufbau, im Alter schirmförmig, auffallende Blütenkätzchen, die nicht gelappten Blätter werden bis zu 25 cm groß und verfärben sich im Herbst gelb; Stieleiche (*Q. robur*): Laub abwerfender, ungleichmäßig kegelförmiger, ausladender, mäßig stark wachsender Großbaum, bis 35 m hoch und 25 m breit, sehr kurz gestielte, bis 14 cm lange Blätter mit rundlichen Lappen, im Herbst goldgelb; *Q. robur* 'Pendula' hat hängende Äste, 'Concordia' hat hellgelbes, später hellgrünes Laub und wird nur etwa 10 m hoch und breit; Säuleneiche (*Q. robur* 'Fastigiata'): schlank, straff aufrecht wachsender, mittelgroßer, Laub abwerfender Baum, bis 20 m hoch und 5 m breit; *Q. robur* 'Fastigiata Purpurea': dunkel-purpurrote, langsam vergrünende Blätter; Kosters Säuleneiche (*Q. r.* 'Fastigiata Koster'): noch schlanker, sonst aber gleich wie *Q. r.* 'Fastigiata', im Alter nicht auseinanderfallend; Amerikanische Roteiche (*Q. rubra*): breit rundkroniger, Laub abwerfender, stark wachsender Großbaum, bis 25 m hoch und 15 m breit, mächtige, aufgerichtete Äste, Seitenzweige horizontal, die Blätter sind spitz gelappt, werden bis zu 20 cm lang und haben eine spektakuläre Herbstfärbung; *Q. rubra* 'Aurea' hat im Austrieb goldgelbe, später grüne Blätter.

Der Bestand von Eichen geht gravierend zurück, da sie langsam wachsen und deswegen wenig lukrativ für die schnelllebige Forstwirtschaft sind.

Eierfrucht ➛ Aubergine

Eiförmig ➛ Blattformen

Einfache Palmette ➛ Kronenformen

Einfassung
Umrahmung von Beeten oder Pflanzflächen mit Blumen, niedrigen Hecken (z.B. Buchs) oder Steinen.

Einfriedung (Umfriedung)
Einfassung der gesamten Gartenfläche oder eines größeren Gartenteils mit Pflanzen, einer Mauer oder einem Zaun.

Einhäusig ➛ Geschlecht

Einheitserde ➛ Substrate

Einjährige Pflanzen ➛ Lebensdauer

Einjährig kultiviert ➛ Lebensdauer

Einkeimblättrige Pflanzen (Monokatylen)
Zweite Gruppe innerhalb der Bedecktsamer, die im Gegensatz zu den ➛ Zweikeimblättrigen Pflanzen nur 1 Keimblatt besitzen. Die Blätter sind meist parallelnervig aufgebaut. In der Regel kein Dickenwachstum bzw. dieses verläuft, wenn es auftritt, anders als bei Holzgewächsen der Zweikeimblättrigen Pflanzen und Nacktsamern, z.B. Liliengewächse wie Herbstzeitlose, Tulpe, Hyazinthe, Lilie, Schnittlauch, Spargel, auch Narzisse, Schwertlilie, Froschlöffel und Pfeilkraut.

Einnährstoffdünger ➛ Düngemittel

Einschlag
Vorrichtung zur Zwischenlagerung mit möglichen Erscheinungsbildern:
1. Ein Graben, in den man frisch gekaufte Pflanzen mit bloßen Wurzeln oder mit Wurzelballen stellt und diese mit Erde anhäufelt, damit die Gewächse bis zur Pflanzung nicht austrocknen.
2. Eine Sandanhäufung, in der z.B. Steckhölzer (➛ Stecklinge) den Winter über oder haltbare Gemüse kurzfristig gelagert werden (➛ Miete).

Einschlämmen
Gründliche Vermischung der Aushuberde nach der Pflanzung durch ➛ Angießen. E. dient zur Stabilisierung des Gewächses im Pflanzloch, soll dessen Einwurzelung fördern und beugt einem späteren Einsacken der Pflanzerde vor. Beim E. werden Erdbrocken durch reichliche Wassergaben aufgeweicht, der entstehende Schlamm verteilt sich gleichmäßig, sodass keine Hohlräume mehr bleiben und alle Wurzeln engen Bodenkontakt bekommen.

Eintriebige Pflanzen ➛ Wuchsformen

Einzelfrüchte
Fruchtform, bei der sich die Frucht nur aus einem Fruchtknoten entwickelt. Bei der *Balgfrucht* (z.B. Rittersporn), der *Hülse* (Lupine), *Schote* (Gemüsekohl, Goldlack) und *Kapsel* (Schwertlilie) werden die Samen nach der Reife ausgestreut *(Streufrüchte)*; bei der *Nuss* (z.B. Eiche), der *Spaltfrucht* (Fenchel, Bärenklau), *Bruchfrucht* (Beinwell), *Beere* (Heidelbeere, Tomate) und *Steinfrucht* (Kirsche, Pflaume) werden die Samen mit der Frucht verbreitet *(Schließfrüchte)*.

Einziehen
Vorbereitung auf die Ruheperiode, vor allem bei Zwiebel- und Knollenpflanzen. Während und nach der Blütezeit werden mit Hilfe der Laubblätter Reservestoffe gebildet und in den ➛ Speicherorganen gelagert. Nachdem Nährstoff- und Wasserreserven aufgefüllt und Brutzwiebeln bzw. -knol-

Eisfreihalter verhindern, dass der Gartenteich im Winter durchfriert.

len (➛ Brutorgane) angelegt sind, verwelken die Blätter – die Pflanze zieht sich sozusagen in die Speicherorgane zurück, zieht also ein.

Eisfreihalter

Vorrichtung, die beim Zufrieren eines Gartengewässers für offene Wasserstellen und somit für Sauerstoffzufuhr sorgt. E. können aus Holz, Kunststoff oder Gummi bestehen.

Eisheilige ➛ Singularitäten

Eissalat ➛ Blattsalat

Elsbeere ➛ Eberesche

Endivie

(*Cichorium endivia*; COMPOSITAE) Korbblütler

Salat- und Gemüsepflanze, deren leicht bittere Blätter roh oder gekocht verzehrt werden. Die mittleren Blätter der dichten Blattrosette sind zarter und enthalten weniger Bitterstoffe als die äußeren Blätter. Früher ➛ bleichte man die Rosetten durch Zusammenbinden oder Abdecken mit schwarzer ➛ Folie, heutige Sorten sind oft selbstbleichend, ein Zusammenbinden ist nicht mehr nötig. Im ➛ Frühbeet oder kalten Keller eingeschlagen sind die Salatköpfe begrenzt haltbar. **Kultur:** Aussaat in ➛ Vorkultur, später im Abstand von 35 x 35 cm auspflanzen und gleichmäßig feucht halten. Bei früher Saat besteht die Gefahr, dass die Pflanzen zu ➛ schossen beginnen. Sorten für die Frühsommerernte werden von Mitte März bis Ende April ausgepflanzt, für die Herbsternte geeignete Sorten ab Mitte Juli bis zur 2. Augusthälfte. Endivien bevorzugen feuchte, humose Böden in voller Sonne; Herbstsorten vertragen leichte Fröste.

Sorten: Man unterscheidet zwischen breitblättrigen, glatten (Escariol-Typ) und krausblättrigen Sorten (Frisee-Typ). Letztere haben stark geschlitzte und gekräuselte Blätter. Endivien werden vor allem in Südeuropa angebaut, sind insgesamt empfindlicher und vertragen kaum Frost.

Glatte, breitblättrige Sorten: 'Bubikopf', 'Nummer Vijf2/Malan' (beide für die Sommerernte); Winterendivien: 'Escariol grüner' (haltbarste Wintersorte für den Ein-

Der leicht bittere Geschmack der Endivien ist Appetit anregend.

schlag); 'Escariol gelber', 'grüne große Krause', 'Jeti';
Frisee-Endivien: 'Elodie', 'Melie', 'Wallone'.

Endknospe ➛ Knospe

Englische Rosen ➛ Rosen

Entgeizen (Ausgeizen)
Abknipsen von Seitentrieben, den so genannten Geiztrieben, die sich in den Blattachseln entwickeln. Hauptsächlich bei Gemüse zur Förderung der Fruchtbildung.

Entspitzen (Pinzieren)
Abschneiden oder Auskneifen von Triebspitzen, um eine Verzweigung anzuregen und so einen buschigeren Wuchs zu fördern. Anwendung vor allem bei Jungpflanzen.

Epidermis
Einschichtiges Abschlussgewebe, das die Pflanzenteile wie eine Haut umhüllt und Transpirationsvorgänge regelt. Die E. ist außer bei den Wurzeln mit einer dünnen, wachsartigen Schicht (Cuticula) überzogen, die die Pflanze vor übermäßiger Verdunstung schützt, da sie weniger gas- und wasserdurchlässig ist. Vor allem auf den Blattunterseiten ist sie mit Spaltöffnungen durchsetzt, damit die lebensnotwendige Transpiration und der Gaswechsel trotzdem stattfinden können.

Erbse
(*Pisum sativum*; LEGUMINOSAE) Hülsenfrüchtler
Delikates Sommergemüse mit aufrechten, niedrigen, rankenden Trieben und Schoten, in denen die essbaren Samen reifen. Zuckerschoten oder Zuckererbsen (*P. sativum* ssp. *sativum* convar. *axiphium*) werden im unreifen Zustand geerntet. Man verzehrt die ganzen Schoten mit den noch unentwickelten Erbsen. Bei Schal- oder Palerbsen (*P. sativum* ssp. *sativum* convar. *sativum*) werden die Schoten geerntet, wenn sie prall und saf-

Verwenden Sie zum Entspitzen eine gut schneidende Gartenschere.

tig sind und die noch weichen Körner zum Verzehr herausgelöst. Lässt man Schalerbsen ausreifen, bis die Schoten vergilbt sind, können die Erbsen getrocknet aufbewahrt werden. Bei Markerbsen (*P. sativum* ssp. *sativum* convar. *medullare*) werden nur die unreifen, süßen Samen verzehrt - ausgereifte, harte Samen werden auch durch Kochen nicht mehr weich und können nur noch als Saatgut verwendet werden. Alle Erbsen sollten nur gekocht verzehrt werden, da sie im rohen Zustand leicht giftig sind. **Kultur:** Aussaat an Ort und Stelle ab April bis Juni, 3 bis 5 cm tief in Reihen mit 40 bis 50 cm Abstand in nährstoffreicher, mittelschwerer Erde in voller Sonne. Eine ➛ Stickstoffdüngung ist überflüssig, da Erbsen wie alle Leguminosen (Hülsenfurchtgewächse) den Boden selbst mit Stickstoff anreichern. Sobald die Pflanzen 15 cm hoch sind, sollte man leicht Erde anhäufeln. Zwischen die Pflanzen gestecktes Reisig, bei hohen Sorten auch Maschendraht oder ein gespanntes Netz, gibt den Pflanzen Halt. Je nach Sorte werden sie zwischen 30 und 140 cm hoch, es gibt auch noch höhere Sorten. Beim Pflücken der Schoten muss man darauf achten, nicht die ganze Pflanze auszureißen. Nach dem Anbau von Erbsen sollte man auf demselben Boden für 4 bis 5 Jahre keine Leguminosen mehr kultivieren. **Schädlinge/ Krankheiten:** Vögel picken die Samen aus der Erde; Blättläuse, Echter Mehltau, Fusarium-Bodenpilze.

Sorten:

Zuckererbsen: 'Ambrosia' (70 cm hoch); 'Frühe Heinrich' (70 cm hoch); 'Sugar Bon' (80 cm hoch); 'Schweizer Riesen' (130 cm hoch); ohne Stützen können 'Rheinische Zucker' (60 cm hoch) und 'Zuga' (60 cm hoch) angebaut werden.

Schalerbsen, Palerbsen: 'Kleine Rheinländerin' (40 cm hoch, wächst ohne Stütze); 'Maibote' (70 cm hoch); 'Germana' (70 cm hoch; 'Imperiala' (120 cm hoch); die früheste Erbse ist 'Maiperle'.

Markerbsen: 'Aldermann' (bis 2 m hoch); 'Markana' (braucht keine Rankstütze); 'Wunder von Kelvedon' (40 cm hoch, braucht keine Rankstütze); 'Juwaperle' (80 cm hoch); 'Excellenz' (60 cm hoch).

Nicht mit den Erbsen verwandt ist die Spargelerbse (*Tetragonobulus purpureus*). Sie stammt aus dem Mittelmeerraum, bildet bis 1 m lange Triebe und 4 bis 5 cm lange Hülsen, die wie Zuckererbsen im jungen Zustand als Ganzes verspeist werden.

Erdbeere

(*Fragaria*; ROSACEAE) Rosengewächse

Staudenartige, stark Ausläufer treibende Gruppe des Beerenobstes mit stark gestauchtem Spross und rosettenartig angeordneten, drei- bis fünfteilig gezähnten Blättern. Die weißen, manchmal auch rosa, in der Regel ➛ zwittrigen Blüten (die meisten Sorten sind daher selbstfruchtbar; höhere Erträge erzielt man jedoch durch Zusammenpflanzen zweier unterschiedlicher Sorten) stehen in kleinen Gruppen (Trugdolden) an Stängeln, die aus dem Herz der Pflanze entspringen. Verschiedene Erntetypen: Walderdbeeren (*F. vesca*) oder Monatserdbeeren (*F. vesca* var. *semperflorens*-Sorten) haben kleine, aber sehr aromatische Früchte. Einmal tragende Gartenerdbeeren stammen nicht von der heimischen Walderdbeere (*F. vesca*) ab, sondern entstanden durch eine ➛ Kreuzung zweier amerikanischer Erdbeerarten. Diese großfrüchtigen, einmal tragenden Hybrid-Sorten sind als *F. ananassa*-Sorten im Handel.

Einmal tragende Sorten der Gartenerdbeere					
Sorte	Reifezeit	Ertrag	Fruchtgröße	Geschmack	Anfällig für
Bogota	spät	sehr hoch	sehr groß	süßsäuerlich, mäßiges Aroma	Grauschimmel, Mehltau
Elsanta	mittelfrüh	hoch	groß	süßsäuerlich, saftig, aromatisch	Rote Wurzel- und Rhizomfäule, Frostschäden
Elvira	früh	hoch	sehr groß	süß und aromatisch	Mehltau
Gorella	früh	mäßig	mittel bis groß	nur vollreif wirklich aromatisch	gegen Pilzkrankheiten sehr widerstandsfähig
Hummi-Ferma (Ferma)	mittelspät	hoch	groß	süßsäuerlich mit ausgeprägtem Aroma	Chlorose
Korona	mittelfrüh	hoch	groß	aromatisch süßsäuerlich	Grauschimmel, Rote Wurzelfäule, Mehltau
Senga Sengana	mittelfrüh	hoch	klein bis mittel	sehr gut, säurebetont und würzig	Grauschimmel, Rote Wurzelfäule
Tenira	mittelfrüh	hoch	mittel bis klein	süßsäuerlich, sehr aromatisch	Rote Spinne

Zweimal oder mehrmals tragende Sorten bringen nach der Haupternte im Frühsommer bis in den Herbst hinein immer wieder Früchte hervor. Einige dieser Sorten erzeugen besonders lange Triebe und ➛ Ausläufer und werden vom Handel als Hänge- oder Klettererdbeeren angeboten. Manche Sorten (*F* x *vescana*-Sorten) bilden so reichlich Ausläufer, dass man damit einen Erdbeerrasen anlegen kann, statt die Pflanzen, wie sonst üblich, in Reihen zu kultivieren. **Kultur:** An voll sonnigen, geschützten Standorten (Spätfrost kann die Blüten schädigen und zum Totalausfall der Ernte führen) auf nahezu allen, am besten jedoch auf tiefgründigen, humosen, gut durchlässigen, schwach sauren Böden pflanzen. Auf Sandböden muss häufig gewässert werden. Setzen von Jungpflanzen im Spätsommer/Herbst (einmal tragende Pflanzen Mitte Juli bis Mitte August, mehrmals tragende von August bis September) auf gut vorbereitete Böden in Reihen, Pflanzabstand 15 bis 20 cm, Reihenabstand 40 bis 50 cm. So genannte Frigo-Erdbeeren (im Spätherbst, Winter oder zeitigen Frühjahr abgenommene, gefrostete Jungpflanzen) können auch noch später – bis Mai – gepflanzt werden und setzen trotzdem schon im ersten Jahr Blüten an. Die Herzknospe muss beim Pflanzen über dem Erdboden bleiben. Das Pflanzen in Schwarzfolie (Mulchfolie) hat sich bewährt und unterdrückt Unkraut, dass sonst regelmäßig gejätet werden muss. Ab Ende April aufgestellte ➛ Folientunnel beschleunigen im Frühjahr die Fruchtreife. ➛ Mulchen mit Stroh oder spezielle Erdbeerkragen beugen Befall mit ➛ Grauschimmel vor und halten ➛ Schnecken fern. Bei einmal tragenden Erdbeeren sollten alle Ausläufer, die nicht zur Anzucht von ➛ Setzlin-

Mehrmals tragende (remontierende) Erdbeersorten				
Sorte	Reifezeit	Ertrag	Fruchtgröße	Geschmack
Ostara	Juli bis in den Herbst	sehr hoch	mittelgroß	säuerlich aromatisch
Rapella	Juli bis Oktober	geringe Sommerernte, hohe Herbsternte	mittelgroß	mäßig aromatisch
Rimona	Juli bis Oktober	mäßige Sommerernte, gute Herbsternte	mittelgroß	gut
Rügen	Ende Mai bis in den Herbst	gering	klein	würzig aromatisch

gen genutzt werden, regelmäßig abgetrennt werden. Nach der Ernte das Laub etwa 5 cm über dem Boden abschneiden (Herzknospe dabei nicht beschädigen) und mit ➛ Kompost oder einem Erdbeer-Spezialdünger düngen. Erdbeerwiesen können mit einem hoch eingestellten Rasenmäher abgemäht werden. Für bessere Erträge werden einmal tragende Erdbeerpflanzen alle 3 bis 4 Jahre durch junge Pflanzen auf einem neuen Beet ersetzt (Erdbeeren sind selbstunverträglich, wachsen also schlecht auf Beeten, auf denen in den Jahren zuvor schon Erdbeeren standen). **Schädlinge/Krankheiten:** Erdbeermilben, Spinnmilben, Blattläuse, Wicklerraupen, Erdbeerblütenstecher, an reifen Früchten auch Vogel- und Schneckenfraß; Grauschimmel, Erdbeermehltau, *Verticillium*-Welke, Rote Wurzelfäule, Virosen. **Vermehrung:** Ausläufer im Sommer bewurzeln und im ab Ende Juli/Anfang August von der Mutterpflanze abtrennen und neu pflanzen. Für den eigenen Bedarf ist diese Art der Vermehrung auch von geschützten (patentierten) Sorten gestattet. Monatserdbeeren, die keine Ausläufer bilden, werden im zeitigen Frühjahr unter Glas ausgesät und im April ausgepflanzt. Die im ersten Jahr noch geringe Ernte steigert sich in den folgenden Jahren.

Erdbeerblütenstecher (Himbeerblütenstecher)

Kleiner schwarzer Rüsselkäfer. Während sich die Käfer an Blüten, Früchten und Blätter sich schadlos halten, ernähren sich die Larven meist von den Wurzeln.

Gefährdete Pflanzen: Erdbeeren, besonders großfrüchtige Sorten, Himbeeren, Brombeeren, Rosen, gelegentlich Ziergehölze wie Weißdorn.

Schadbild: angenagte Blütenstiele, Blütenknospen knicken ab, fallen verwelkt zu Boden, in ihrem Innern sitzen weißliche Larven.

Vorbeugung und Bekämpfung: Erdbeerbeet mit Farnkraut mulchen; nach der Ernte Boden mit Rainfarntee gießen; Falllaub voll-

Um Erdbeeren vor allzu hungrigen Schnecken zu schützen – und sie damit für uns Menschen zu erhalten – sollte man sie mit Stroh mulchen.

ständig entfernen; Käfer frühzeitig absammeln; befallene Knospen abschneiden und vernichten.

Erdbeerkragen ➛ Pflanzenkragen

Erdfloh
Kleiner, springender, schwarzer oder glänzend grünblauer Blattkäfer. Seine Larven fressen Wurzel und Wurzelhals an.
Gefährdete Pflanzen: Gemüse, vor allem Kohl, Radieschen, Rettich.
Schadbild: kleine, runde Löcher in den Keimblättern; Lochfraß an den jungen Blättern.
Vorbeugung und Bekämpfung: Erdoberfläche regelmäßig lockern oder mulchen; gleichmäßig gießen; junge Blätter mit Gesteinsmehl, Algenkalk oder Holzasche überstäuben; Schutznetze über die Kulturen ausbreiten; Käfer absammeln; bei starkem Befall Pyrethrum-Präparate anwenden.

Bis eine Erdraupe sich mal in einen schönen Falter verwandelt benötigt sie viel Nahrung. Und die sieht sie vornehmlich in jungen Trieben und Wurzeln.

Erdmiete ➛ Miete

Erdraupen (Eulenraupen)
Gräuliche, braune oder grünliche, bis 6 cm große, dicke Larven verschiedener Eulenfalterarten. Sie sind nachtaktiv und rollen sich bei Störung sofort spiralig ein.
Gefährdete Pflanzen: Gemüse, vor allem Setzlinge, auch Erdbeeren.
Schadbild: Fraßschäden an Blättern, jungen Trieben und Wurzelhälsen; glänzend braune Puppen im Boden.
Vorbeugung und Bekämpfung: Erdoberfläche häufig lockern, mulchen und gießen, damit der Boden gleichmäßig feucht bleibt; Rainfarn- oder Wermuttee über die Pflanzen sprühen; Nützlinge fördern; Eigelege und Raupen absammeln; bei starkem Befall ➛ *Bacillus-thuringiensis*-Präparat anwenden.

Erdspross (Rhizom, Wurzelstock) ➛ Speicherorgane

Erhaltungsschnitt (Pflegeschnitt)
Schnittmaßnahme bei Gehölzen nach bestimmten Regeln, die in gewissen Abständen wiederholt wird. Er dient bei Sträuchern der Bewahrung einer optimalen Wuchsform und zur Erhaltung der Blühfähigkeit über viele Jahre hinweg; bei Obstgehölzen vor allem einer möglichst langen und reichen Ertragsphase. Wie häufig und auf welche Weise der E. bei den verschiedenen Sträuchern erfolgt, hängt von dem Zeitpunkt ihrer Blütenknospenanlage und von ihrer Verzweigungsweise ab.

Erneuerungsschnitt ➛ Verjüngungsschnitt

Erntereife ➛ Reife

Zwergbambus (*Pleioblastus fortunei*, syn. *Arundinaria fortunei*)
Winterharter, zwergwüchsiger, mehrjähriger ➛ Bambus mit unterseitig fein behaarten Blättern. Die Sorte 'Variegatus' besitzt hell- ➛ panaschierte Blätter. Höhe: bis 75 cm. Bevorzugt fruchtbare, humusreiche, feuchte, aber durchlässige Böden in sonniger bis halbschattiger Lage.

Hechtblaues Rispengras (*Poa glauca*)
Für ➛ Steingärten gut geeignetes, mehrjähriges, Horst bildendes Ziergras mit blaugrauen Halmen für sonnige bis halbschattige Standorte und leichte, wasserdurchlässige Böden. Die im Sommer erscheinenden Blütenähren sollten vor der Reife entfernt werden, um eine Selbstaussaat zu verhindern. Höhe: 30 bis 40 cm.

Kolbenhirse (*Setaria italica*)
Einjähriges, bis 1 m hohes Ziergras mit auffälligen Fruchtständen: die bis 3 cm dicke, gelbliche Ährenrispe wird auch als Vogelfutter verwendet. Blüht je nach Aussaat von Juli bis September.

Goldbartgras, Indianergras (*Sorghastrum nutans*, syn. *Sorghastrum avenaceum*, *Chrysopogon nutans*)
Dichte, straffe Horste von 80 bis 150 (Blüte) cm Höhe bildendes, mehrjähriges Schmuckgras mit graugrünen Blättern für sonnige Standorte. Die violettbraunen, rispenförmigen Blüten erscheinen im August bis Oktober und sind überhängend.

Reiherfedergras (*Stipa barbata*)
Für sonnige, trockene Standorte mit kalkhaltigem Boden geeignetes, mehrjähriges Schmuckgras mit langen, schmalen Blättern. Höhe: 30 bis 80 (Blüte) cm. Die attraktiven, silberweiß behaarten Blütenrispen mit fedrigen Grannen erscheinen im Juli/August.

Riesenfedergras, Pyrenäen-Federgras (*Stipa gigantea*, syn. *S. lagascae*, *Macrachloa arenaria*)
Dichte Horste bildendes, 70 bis 200 (Blüte) cm hohes, attraktiv blühendes, mehrjähriges Schmuckgras für sonnige, trockene Standorte. Die Blütenrispen mit langen, hängenden Grannen erscheinen ab Juli und schmücken die Pflanze bis zum späten Herbst.

Laxmanns Rohrkolben (*Typha laxmannii*)
Mehrjährige, winterharte Sumpfpflanze mit kriechendem Rhizom für Uferbereiche. Die bis 150 cm hohen Blätter sind halbrund, schmal und überragen den braunen Blütenkolben. Blütezeit: Juli/August. Der männliche Blütenkolben ist deutlich größer als der weibliche.

Zwergrohrkolben (*Typha minima*)
Mehrjährige Sumpfpflanze mit ähnlichen Ansprüchen wie Laxmanns Rohrkolben, aber nicht so hoch (maximal 75 cm) und daher auch für kleine Gärten geeignet. Die weiblichen Blütenkolben sind eher eiförmig und erscheinen im Juni/Juli.

Ziermais (*Zea mays*)
Einjährige, 1 bis 2 m hohe Varianten der bekannten Futterpflanze mit farbigen Fruchtkolben. Mais braucht recht viele Nährstoffe und stets ausreichend Feuchtigkeit. Als Sichtschutz, einzeln oder in kleinen Gruppen auf Flächen mit niedrigeren Sommerblühern pflanzen. Kunterbunt fallen die kleinen, runden Kolben der Sorte 'Harlekin' aus. Zwergmais (*Z. mays* var. *gracillima*) erreicht nur eine Höhe von 90 cm, Riesenmais (*Z. mays* var. *curagua*) wird bis zu 3 m hoch. Die Kolben sind für die Trockenfloristik geeignet.

Grauschimmel liebt feuchte, überdüngte Pflanzen, selbst wenn sie bereits abgestorben sind.

Grauschimmel (Botrytis)
Pilzkrankheit.
Gefährdete Pflanzen: Sommerblumen, Stauden, Zwiebel- und Knollengewächse, Balkon- und Kübelpflanzen, Rosen, Beerenobst sowie Zwiebel-, Frucht- und Blattgemüse.
Schadbild: grauer Schimmelrasen an jungen Trieben, Knospen, Blüten, Blättern, Früchten, Zwiebeln und Knollen, besonders nach feuchtwarmem Wetter; rasches Absterben des Gewebes, rotbraune Flecken auf Blättern und Früchten.
Vorbeugung und Bekämpfung: widerstandsfähige Sorten bevorzugen; standortgerecht pflanzen; angemessene Pflanzabstände einhalten; ausgewogen düngen und regelmäßig wässern (Pflanzen nicht benetzen); abgestorbene Pflanzenteile konsequent entfernen; bodennahe Kulturen mit Stroh mulchen; Gewächshaus und Frühbeet ausreichend lüften; erkrankte Pflanzenteile sofort entfernen und vernichten; Stärkungsmittel (z. B. Knoblauchtee) verabreichen.

Griffel ➛ Blüte

Großklima (Makroklima) ➛ Klima

Grubber ➛ Bodenbearbeitungsgeräte

Grunddüngung
Ausbringen von lange wirksamen Volldüngern (mineralische oder organische) vor der Aussaat oder Pflanzung. Sie dient der Grundversorgung der Gewächse mit Nährstoffen.

Gründigkeit
Angabe über die Stärke der obersten Schicht eines Bodens, der für die Pflanzenwurzeln durchdringbar und vom Menschen bearbeitbar ist. Sie gibt auch Aufschluss über die Struktur des Bodens und den Wurzelraum, der Pflanzen zur Verfügung steht. Wichtiges Kriterium bei der Auswahl des geeigneten Standorts.
Flachgründiger Boden: die für die Pflanzen nutzbare Schicht reicht höchstens etwa 20 cm tief hinab.
Tiefgründiger Boden: noch in Tiefen von bis 1 m locker und leicht von Wurzeln zu durchdringen.

Grundsteckling ➛ Stecklinge

Gründüngung
Boden verbessernde Maßnahme, bei der spezielle Gründüngungspflanzen ausgesät und später in den Boden eingearbeitet werden.

Grünkohl, Krauskohl
(*Brassica oleracea* convar. *acephala* var. *sabellica*; CRUCIFERAE) Kreuzblütler
Ein- oder zweijährig kultiviertes Wintergemüse aus der Gruppe der Blätterkohlarten, die aus dem Mittelmeerraum und dem At-

lantikküstengebiet herkommen. Grünkohl hat einen kräftigen, verdickten, bis 150 cm hohen Haupttrieb, an dem die mittel- bis dunkelgrünen, gekräuselten Blätter gleichmäßig verteilt sind. An der Spitze bildet sich eine Blattrosette. Verzehrt werden die gekochten Blätter, die einen hohen Mineralstoff- und Vitamingehalt besitzen. Die Pflanzen vertragen kurzfristig Temperaturen von -10 °C bis -15 °C und schmecken milder, wenn sie vor der Ernte niedrigen Temperaturen ausgesetzt waren. **Kultur:** Aussaat im Mai/Juni als ➛ Vorkultur, später vereinzeln der Sämlinge und Auspflanzen im Juni/Juli im Abstand von mindestens 40 x 40 cm in nahezu allen nährstoffreichen Böden in voller Sonne. Während des Wachstums das Gießen, Düngen und Hacken nicht vernachlässigen. Geerntet werden die Blätter im Herbst und Winter. **Schädlinge/Krankheiten:** Grünkohl gilt als relativ robust und widerstandsfähig gegen die meisten Kohlkrankheiten, dennoch muss mit allen für ➛ Kohl typischen Krankheiten gerechnet werden. **Vermehrung:** Aussaat im Frühsommer.

Sorten: bevorzugt werden dunkelgrüne, stark gekrauste Sorten wie 'Halbhoher Grüner Krauser', 'Lerchenzungen' (syn. 'Hamburger Markt'), 'Arsis F1', 'Spurt' und 'Vates'; der purpurblättrige 'Redbor F1' wird beim Kochen grün und eignet sich wegen seiner aparten Blätter auch als interessante Pflanze für Blumenrabatten; besonders dekorativ sieht auch der ähnlich wie Grünkohl zu verwendende, schon im Sommer erntereife Palmkohl 'Nero die Toscana' aus: palmenartig vom Haupttrieb abstehende, zungenartig gewölbte Blätter, die nach und nach von unten nach oben geerntet werden können.

Auswahl an Gründüngungspflanzen
Bienenfreund (Phacelia tanacetifolia)
Blaue Lupine (Lupinus angustifolius)
Gelbe Lupine *(Lupinus luteus)*
Inkarnatklee *(Trifolium incarnatum)*
Luzerne *(Medicago sativa)*
Ölrettich *(Raphanus sativus)*
Puffbohne *(Vica faba)*
Spinat *(Spinacia oleracea)*
Weiße Lupine (*Lupinus albus*)
Weißer Senf *(Sinapis alba)*
Winterraps (*Brassica napus* var. *napus*)
Winterwicke *(Vicia villosa)*

Grünsteckling ➛ Stecklinge

Guano

Ablagerung der Exkremente von Seevögeln, vor allem von Guanotölpeln und Guanokormoranen vornehmlich der südamerikanischen Küstengebiete und pazifischer Inseln. G. enthält Kalziumphosphat, Harnstoff und Harnsäure und dient als Phosphor- und Stickstoffdünger.

Gummifluss

Austreten einer durchscheinenden, zähen, hartgummiartigen Masse aus Rinden- oder Fruchtwunden. Zeichen für eine Schwächung durch ungünstige Standortverhältnisse.

Gurke

(*Cucumis sativus*; CUCURBITACEAE) Kürbisgewächse

Einjähriges, rankendes Gurkengewächs, vermutlich aus Indien stammend. Im alten Griechenland und Rom war es eines der beliebtesten Gemüse. Gurken haben große, drüsig behaarte, mehrfach gespitzte Blätter. Aus den Blattachseln sprießend Blattranken

Einlegegurken wachsen geschützt auf Mulchfolien.

mit gelben, kelchförmigen Blüten und länglichen, grünen Früchten, die roh als Salat, essigsauer eingelegt oder gegart genossen werden. Die Sprossen der Pflanzen liegen entweder am Boden oder klettern, sofern sie eine Möglichkeit finden, an Stützen empor. Geerntet werden die Früchte fortlaufend den ganzen Sommer über, in der Regel unreif, bevor die Schale hart wird und die Samen im Fruchtfleisch ausgebildet sind. Beim Ernten der Gurken darauf achten, dass die Früchte abgeschnitten und nicht gepflückt werden, um die empfindlichen Triebe vor Quetschungen zu schützen. **Kultur:** Aussaat von Salatgurken in ➛ Vorkultur ab Mitte April unter Glas. Jeweils 2 bis 3 Samen werden dabei 1 bis 2 cm tief in ein Töpfchen mit Anzuchterde (➛ Substrate) gelegt. Nach dem Keimen nur die stärkste Pflanze belassen, ab Mitte Mai im Abstand

Salatgurken sind wasserreiche und erfrischende Gemüsefrüchte, die wegen ihres zarten Aromas besonders in Salaten geschätzt werden.

von 1 m in humosen, fruchtbaren, sich leicht erwärmenden Boden in volle Sonne oder Halbschatten auspflanzen. Gurken brauchen viel Feuchtigkeit und Nährstoffe und sind besonders im Jugendstadium sehr anfällig für Schneckenfraß. Gurkensämlinge können auf Kürbisunterlagen gepfropft werden (➛ Veredelungsmethoden), was sie weniger kälteempfindlich und widerstandsfähiger gegen Krankheiten macht. Einlegegurken werden ab Mitte Mai in Direktsaat (3 bis 4 Samen pro Saatstelle) im Beet ausgesät. Reihenabstand: 30 cm. Kultur sonst wie bei Salatgurken. Wöchentlich wird 2-mal geerntet - regelmäßiges Pflücken erhöht den Fruchtansatz. **Schädlinge/Krankheiten:** Schnecken, Blattläuse, Rote Spinne, Echter Mehltau, Gurkenbrand, Gurkenwelke. **Vermehrung:** Aussaat und Pfropfen auf Kürbisunterlage im Frühsommer.

Sorten: Es gibt bei Gurken rein weiblich, vorwiegend weiblich und gemischt blühende Sorten. Rein weiblich blühende, parthe-

nokarpe Sorten bringen aufgrund von ➛ Jungfernfrüchtigkeit dennoch Erträge. Das Sortenspektrum ist riesig, von der langen, schlanken Treibhausgurke über Freiland-Salatgurken bis zu Einlege- und Schmorgurken.
Gurken für die Treibhauskultur: 'Euphya F1', 'Picador F1', 'Sudica F1', 'Telegraph Improved'
Salatgurken für die Freilandkultur: 'Chinese Slangen' (syn.: 'Chinesische Schlangen'); 'Solverde F1' (Landgurke); 'Sprint F1'; 'Riesen Schälgurke'; 'Delikatess' (gedrungene Früchte); 'Kalunga F1' 'Bush Champion' (für Kübel und Töpfe auch auf dem Balkon geeignet); besonders kleine Früchte, aber hohe Erträge bringen die Mini-Schlangengurken 'Amir F1' und 'Rawa F1'.
Einlegegurken: 'Bidretta F1'; 'Bimbostar F1'; 'Colet F1'; 'Conny F1'; 'Libelle F1'; 'Naf F1'; 'Mempran F1'; 'Vorgebirgstrauben'; die gelbe Sorte 'Travito' eignet sich besonders gut für Senfgurken.

Gurkenkraut ➛ Borretsch, siehe auch ➛ Dill

Guttationstropfen einer Pflanze zur Feuchtigkeitsregulierung.

Guttation
Ausscheidung von Wassertropfen durch spezielle Wasserspalten an den Blatträndern oder -spitzen verschiedener Pflanzenarten, z.B. Frauenmantel oder Kapuzinerkresse. Mit Hilfe der G. kann die Pflanze bei hoher Luftfeuchtigkeit durch Verdunstung den Wasser- und Nährstofftransport aufrechterhalten.

Gymnospermae (Nacktsamer) ➛ Blütenpflanzen

Hacken → Bodenbearbeitung

Häcksel → Gehölzhäcksel

Häcksler (Schredder)
Maschinen zum Zerkleinern von Gehölzschnitt und anderen groben Materialien. Im Garten meist eingesetzt, um größere Pflanzenabfälle wie Zweige und Äste besser kompostierbar zu machen. H. sind in unterschiedlicher Größe und Leistung erhältlich.

Einmal auf den Häcksler gekommen, mag man ihn nicht mehr missen, nimmt er doch lästige Schneidearbeiten problemlos ab und beschleunigt das Kompostieren.

Haftscheiben → Kletterorgane

Haftwurzeln → Kletterorgane

Halbgefüllte Blüte → Blütenformen

Halbgräser
andere Bezeichnung für Sauergräser (→ Gräser)

Halb-immergrün → immergrün

Halbreifer (halb verholzter) Steckling → Stecklinge

Halbschattig → Lichtverhältnisse

Halbstamm → Gehölzverkaufsformen

Halbstrauch → Strauch

Hallimasch (Honigpilz)
Blätterpilz, der Gehölze befallen und von einer Pflanze zur anderen überspringen kann. Er wird gefährlich, wenn aggressivere Arten Wurzeln oder die Stammbasis infizieren – dann stirbt der Baum in kurzer Zeit ab. Bei harmloseren Arten stirbt der Baum langsam ab.
Gefährdete Pflanzen: Gehölze, vor allem Apfelbäume, Rhododendron, Liguster und Rosen.
Schadbild: bei Befall erschienen im Herbst honiggelbe Pilze an der Basis des Stamms oder an den Wurzeln; Rinde löst sich ab und lässt zwischen ihr und dem eigentlichen Holz eine cremeweiße Schicht erkennen, die eindeutig nach Pilz riecht; feste, braunberindete meterlange Myzelstränge im Erdboden.
Vorbeugung und Bekämpfung: in Bereichen, die von Pilzmyzel durchzogen sind, keine anfälligen Bäume pflanzen, sondern widerstandsfähige Arten wie Eibe bevorzugen; infizierte Bäume roden.

Handelsdünger
Bezeichnung für Düngemittel, die im Handel erhältlich sind, im Gegensatz zu Wirtschaftsdüngern, die im eigenen Betrieb bzw. Garten erzeugt werden wie Mist oder Kompost.

Im Wald oft in großen Gruppen anzutreffen und sogar von Pilzsammlern geschätzt, macht der Gartenverwandte weitaus weniger Freude: Hallimasch wirken an den Wurzeln von Obstbäumen zerstörerisch.

Handförmig geteilt

Bezeichnung für Blattrand, wenn die Einschnitte alle vom Grund der Blattspreite ausgehen.

Handharke ➛ Bodenbearbeitungsgeräte

Handschaufel ➛ Bodenbearbeitungsgeräte

Hängeform (Trauerform)

Meist gezielt durch Züchtung hervorgerufene Wuchsform von Gehölzen, bei der sich die Äste und Zweige bogenförmig zu Boden neigen.

Hängegitterkorb ➛ Pflanzgefäße

Hängepflanzen

Gewächse, deren lange Triebe samt Blätter und Blüten nach unten herabhängen; meist in Gefäßkultur verwendet.

Hanging baskets ➛ Pflanzgefäße

Harke ➛ Bodenbearbeitungsgeräte

Hartholzsteckling ➛ Stecklinge

Hartriegel

(*Cornus*; CORNACEAE) Hartriegelgewächse Vielgestaltige Gattung mit 45 meist Laub abwerfenden Strauch- und Baumarten sowie einigen basal verholzenden ➛ Stauden. Ihr Lebensraum sind vor allem die nördlichen gemäßigten Breiten - eine Art lebt am Kilimandscharo. Die Blätter sind meist ➛ gegenständig, manchmal ➛ wechselständig, lanzettlich- bis breit eiförmig und mittel- bis dunkelgrün. Die Blüten variieren von Art zu Art: bei manchen Arten klein, sternförmig, in Cymen stehend, bei anderen klein und grünlich und werden von 4 auffälligen weißen, gelben oder rosafarbenen Hochblättern umgeben (➛ Blütenformen). Die Früchte sind Büschel aus Beeren oder erdbeerartig miteinander verwachsen. Großblütige Arten werden wegen der attraktiven Blüten, andere wegen des eleganten Wuchses oder den im Winter farbig berindeten Trieben gepflanzt. Hartriegel werden als ➛ Solitärbäume, in Strauchrabatten und mache Arten auch in Sumpfgärten kultiviert. Der staudige Teppich-Hartriegel (*C. canadensis*) ist als ➛ Bodendecker geeignet. Alle Arten gelten als anpassungsfähig, leicht zu kultivieren und pflegeleicht, wobei manche durch ihren ➛ Ausläufer treibenden Wuchs leicht invasiv werden können. **Kultur:** Großblütige Hartriegel (solche mit großen Brakteen (➛ Blüte) wie *C. florida*, *C. nuttallii* und *C. kousa*) und deren Hybriden in fruchtbaren, humnosen, durchlässigen, neutralen bis leicht sauren Boden in Sonne

Hartriegel sind schön und anspruchslos: *Cornus alba* 'Elegantissima', *Cornus florida*, *Cornus konsa* 'Eurostar' und *Cornus konsa* var. *sinensis* zeigen sich von ihrer besten Seite (von links oben nach rechts unten).

oder Halbschatten pflanzen. Ein Schnitt ist kaum nötig und sollte, wenn doch erforderlich, im Spätwinter bis zeitigen Frühjahr erfolgen. *C. canadensis* gedeiht am besten auf feuchten, sauren Böden und braucht praktisch keine Pflege und keinen Schnitt. Kleinblütige Arten sind in der Regel sehr anpassungsfähig an Böden und Standort und können, wenn nötig, im zeitigen Frühjahr zurückgeschnitten werden. Werden dabei ältere Triebe bodeneben herausgenommen, fördert das die Bildung von jungem, schön ausgefärbten Blütenholz. **Schädlinge/Krankheiten:** Blattläuse, Pilzwelke (*Athraknose*). **Vermehrung:** Aussaat im Herbst oder Frühjahr, *C. canadensis* im Herbst oder Frühjahr teilen, Stecklinge mit grünem Holz im Sommer bewurzeln, Steckreiser im Winter schneiden, *C. alternifolia* und *C. controversa* im Winter pfropfen (➛ Veredelungsmethoden).

Arten und Sorten: Weißer Hartriegel (*C. alba*): Wüchsiger Normalstrauch, bis 3 m hoch und breit, mit roten Wintertrieben und rot-orangefarbener ➛ Herbstfärbung, kleine weiße Blüten im Frühsommer, die Sorten 'Elegantissima' und 'Spaethii' mit ➛ panaschiertem Laub; Teppich-Hartriegel (*C. canadensis*): staudiger, Ausläufer treibender Zwergstrauch, bis 15 cm hoch und unbegrenzt in die Breite wachsend, im Mai/Juni unauffällig grünweiße Blüten, von weißen Hochblättern umgeben, ab August büschelweise scharlachrote Beeren; Etagen- oder Pagoden-Hartriegel (*C. alternifolia*): rundlicher, bis 8 m hoher und 6 m breiter Baum mit ausladenden, in Etagen angeordneten Ästen, mit glänzend dunkelgrünen, im Herbst violettbraun bis mattgelb gefärbten Blättern und cremeweißen, kleinen Blüten in Dolden – die Sorte 'Variegata' mit panaschiertem Laub; Amerikanischer Blumen-Hartriegel (*C. florida*): aufstrebender, mehrstämmiger Großstrauch bis Kleinbaum, je nach Sorte 5 bis 10 m hoch und breit, vor dem Laubaustrieb im Mai überreich mit von weißen bis rosafarbenen, an der Spitze gekerbten Hochblättern umgebenen Blüten geschmückt, im Herbst ovale, scharlachrote Früchte – viele schöne Zuchtsorten, z. B. 'Cherokee Princess' (weiß) oder 'Cherokee Chief' (rosa); Japanischer Blumen-Hartriegel (*C. kousa*): erst aufrecht, später breit wachsender Strauch oder Kleinbaum, je nach Sorte 4 bis 7 m hoch und bis zu 4 m breit, unregelmäßige Krone, im Frühsommer grüne, von cremeweißen Hochblättern umgebene Blüten, später als andere Blumenhartriegel, aber dafür bis zu 6 Wochen lang blühend; Chinesischer Blumen-Hartriegel (*C. kousa chinensis*): etwas höher und breiter als der Japanische Blumen-Hartriegel, Blüten je nach Sorte cremeweiß bis rosa – viele Sorten, z. B. 'China Girl' (weiß) und 'Satomi' (dunkelrosa); Kornelkirsche (*C. mas*): heimisches Gehölz, Großstrauch bis Kleinbaum, bis zu 6 m hoch und breit, im zeitigen Frühjahr unzählige kleine, gelbe Blütendolden vor dem Laubaustrieb; Pazifischer Blüten-Hartriegel (*C. nuttallii*): Großstrauch bis Kleinbaum, 3 bis 6 m hoch und 5 m breit, ein- oder mehrstämmig, mit auffälligen großen, erst grünlichen, später elfenbeinweißen Hochblättern im Mai/Juni; Blutroter Hartriegel (*C. sanguinea*): Großstrauch, 1 bis 5 m hoch und 2 bis 4 m breit, erst aufrecht, dann breitwüchsig, im Mai kleine, cremeweiße Blüten in Dolden, junge Zweige blutrot gefärbt; Gelbrindiger Hartriegel (*C. stolonifera* 'Flaviramea'): vieltriebiger, breitrunder, Ausläufer treibender Normalstrauch, bis 2 m hoch und breit, Zweige breitlagernd auf dem Boden aufliegend und bewurzelnd, vom Winter bis zum Frühjahr auffällig gelb gefärbte Rinde (jährlicher Rückschnitt fördert die Bildung junger, besonders farbiger Triebe), weiße Blütendolden nach dem Laubaustrieb.

Haselnuss, Zellernuss, Lambertsnuss

(*Corylus avellana*; BETULACEAE)
Zu den Birkengewächsen gehörend, mit 10 bis 15 Laub abwerfenden Baum- und Straucharten der nördlichen gemäßigten Breiten. Sie besitzen ➛ wechselständige, rundliche bis ovale, zugespitzte, doppelt gesägte Blätter. Die voll frostharten ➛ Sträucher bilden noch vor dem Blattaustrieb im zeitigen Frühjahr einhäusige, hübsche männliche Blütenkätzchen; die weibliche Blüten sind hingegen knospenförmig und unscheinbar. Im Herbst trägt die Pflanze braune, essbare Schließfrüchte (Haselnüsse). Am Fuß des Strauchs bilden sich ständig Erneuerungssprosse, die, wenn man sie nicht auslichtet, zur starken Verdichtung führen. Die Urform der Haselnuss, *C. avellana* var. *avellana*, ist schon über 10 000 Jahre in ganz Europa und Westasien heimisch und seit jeher eine wichtige Nahrungspflanze. Die Heimat der ebenfalls Nüsse tragenden, für den Ertragsanbau heute sehr wichtigen Lambertsnuss (*C. maxima*) und der oft als Unterlage für Veredelungen benutzten Baumhasel (*C. colurna*) ist Südosteuropa bis Kleinasien. Neben den auf Ertrag gezüchteten Sorten (meist Kultivare der Lambertsnuss), die am besten fruchten, wenn sie eine zweite Pflanze als ➛ Bestäuber in der Nähe haben, existieren auch noch Zierformen, die wegen des Laubes oder der Wuchsform gepflanzt werden. Als ➛ Solitär, in ➛ Hecken oder Strauchrabatten. **Kultur:**

In fruchtbaren, durchlässigen, leicht sauren, neutralen bis alkalischen Boden in voller Sonne bis Halbschatten pflanzen. Sehr anpassungsfähig. Schnitt: Im Winter oder zeitigem Frühjahr alle Äste, die älter als 4 Jahre sind, bodeneben herausnehmen, damit der Strauch diese durch junges Blütenholz ersetzt. Zur Wuchskorrektur schiefe und sich kreuzende Äste entfernen. Haselnüsse sind sehr gut schnittverträglich und können sogar einen radikalen Rückschnitt vertragen. **Schädlinge/Krankheiten:** Haselnuss-Gallmilbe, Haselnussbohrer, Raupen, Blattwespen, Blattläuse, Hallimasch, Bleiglanz, Echter Mehltau. **Vermehrung:** Aussaat oder Absenker im Herbst, Pfropfen im Winter (➛ Veredelungsmethoden). Stecklingsvermehrung kaum möglich. Sortenechte Sträucher erhält man nur durch vegetative Vermehrung (➛ Absenker oder ➛ Veredelung).

Arten und Sorten: Haselnuss (*C. avellana* var. *avellana*): breit aufrechter, später schirmförmiger, stark wachsender Großstrauch, 4 bis 6 m hoch und breit – die bei uns heimische Haselnussart; Goldhasel (*C. a.* 'Aurea'): kleiner und langsamer wachsend als die Stammform, leuchtend gelber Austrieb, später limonengrün, gelbe Herbstfärbung, kleine Früchte; Korkenzieherhasel (*C. a.* 'Contorta'): sehr langsam wachsender, 2 bis 4 m hoher und breiter Strauch, dessen Äste bizarr verdreht wachsen, besonders im Winter attraktiv; Lambertsnuss (*C. maxima*): aufrechter Großstrauch, bis 6 m hoch und 5 m breit, längliche Nüsse in röhrigen Hüllen – weitere zahlreiche Kultursorten sind im Handel, z.B. 'Lambert-Filbert', 'Webb's Preisnuss' und 'Wunder von Bollweiler'; Purpur-Hasel, Rotblättrige Lambertsnuss (*C. maxima* 'Purpurea'): wie die Art, aber mit metallisch glänzenden, schwarzroten, im Schatten vergrünenden Blättern, roten Blütenkätzchen und rötlichen Nüssen; Baum-Hasel (*C. colurna*): konischer, 12 bis 15 m hoher und bis zu 8 m breiter Baum mit breit ovalen, mittelgrünen Blättern und in Büscheln stehenden, fade schmeckenden Nüssen.

Hauptachse ➛ Obstbaumteile

Hauptkultur

Gemüsearten, die den überwiegenden Teil der Vegetationsperiode für ihr Wachstum benötigen und somit eine Beetfläche längere Zeit belegen.

Das Bepflanzen von Häusern ist oft nicht nur eine optische Bereicherung, sondern schafft auch kleine Klimazonen und Schutz für das Haus selbst.

Hauptnährstoffe ➛ Nährstoffe

Haupttrieb ➛ Obstbaumteile

Hauptwurzeln ➛ Wurzeln

Hausbegrünung

Bepflanzung von Gebäuden mit geeigneten Gewächsen. Man unterscheidet:
Dachbegrünung: gezieltes Bepflanzen von Dächern mit speziellen Arten. Am besten geeignet sind Häuser mit Flachdach oder mit nur leicht schrägen (Neigung zwischen 2 und 25 °C) Dachflächen. Voraussetzung ist eine ausreichende Tragfähigkeit, die ausschlaggebend für die Art der Bepflanzung ist. Das Anlegen sollte nur unter fachmännischer Beratung erfolgen. Auf den Dachunterbau wird gewöhnlich zuerst eine Dichtung verlegt und darauf eine Trenn- und Ausgleichsschicht. Es folgt eine Wurzelschutzfolie mit einer Drainageschicht, dann eine Vlies- oder Filtermatte, zuletzt das Substrat. Dieses besteht aus einem relativ hohen Anteil an Blähton (geringes Gewicht), Lavagrus oder Kies – der Rest setzt sich aus Lehm und Humus zusammen. Auch Steinwolle oder spezielle Schaumstoffmatten dienen als Wurzelgrundlage. Die Substratschicht ist zwischen 5 bis 30 cm stark. Als Pflanzen nur sehr robuste Arten verwenden, z. B. Echte Hauswurz, Fetthenne, Gräser wie Erdsegge, Wiesenrispengras, Schafschwingel, auch Blaukissen, Echter Lavendel, Färberkamille, Feldthymian, Kartäusernelke, Mauerpfeffer, Wiesenmargerite, Ziersalbei, Zwergglockenblume u. a.
Wandbegrünung (Fassadenbegrünung): Bewachsen von Gebäudeteilen mit ➛ Kletterpflanzen.

Hecke

In Reihe gesetzte oder auch wild in streifenförmiger Anordnung wachsende Pflanzengruppe, in der Regel Gehölze, die aus nur einer oder aus verschiedenen Arten zusammengesetzt sind. Man unterscheidet hauptsächlich zwischen *frei wachsenden Hecken*, bestehend aus Sträuchern, die nicht geschnitten werden, und *Schnitthecken*, die man in regelmäßigen Zeitabständen einkürzt.

Weitere Heckenformen sind

- *Blütenhecke:* vorwiegend aus blühenden Sträuchern, z. B. Deutzie, Forsythie, Spierstrauch, Flieder, zusammengesetzt.
- *Laubhecke:* besteht nur aus Laubgehölzen, z. B. Hainbuche, Buche, Berberitze.
- *Nadelhecke:* setzt sich ausschließlich aus Nadelgewächsen wie Rotfichte, Eibe oder Thuje zusammen.
- *Obsthecke:* meist aus niedrig wachsenden Kernobstarten und/oder Beerensträuchern zusammengesetzt; Pflanzen oft als Spaliere erzogen.
- *Wildhecke:* aus frei wachsenden, vorwiegend heimischen Gehölzen bestehende Hecke.

Als Nistplatz für Vögel und Windschutz sind Hecken ein guter Bestandteil eines natürlichen Gartens.

Natürlich muss im Heidegarten nicht nur Heidekraut wachsen: auch andere typische Heidegartenpflanzen sind hier bestens aufgehoben.

Schneeheide (links) und Besenheide, Verwandte der allseits bekannten Erika, sind robuste Pflanzen, denen der Boden nicht karg genug sein kann.

Heckenkirsche ➛ Geißblatt

Heckenpflanzen ➛ Hecken

Heckenschere ➛ Schnittwerkzeuge. Heckenschnitt

Heide

1. Weitgehend baumfreier Landschaftstyp, der von flächig wachsenden Zwergsträuchern beherrscht ist. Im engeren Sinn ein durch besondere Bewirtschaftungsweise entstandenes, von Heidekrautgewächsen geprägtes Gebiet wie die Lüneburger Heide in Norddeutschland.
2. Teppichartige Pflanzengesellschaften in unterschiedlicher Zusammensetzung; besonders an rauen Strandorten mit kargen Böden, z. B. auf Dünen.
3. Deutsche Sammelbezeichnung für viele Vertreter aus der Pflanzenfamilie der ➛ Heidekrautgewächse.

Heidegarten

Einer Heidelandschaft nachempfundene Anlage, in der charakteristische Heidekrautgewächse vorherrschen. H. empfiehlt sich vor allem in Gebieten mit feuchtem Meeresklima und auf lockeren und eher kargen Böden.

Heidekraut, Erika

(*Calluna, Erica*; ERICACEAE) Heidekrautgewächse

Angehörige der Gattungen *Erica*, Heidekrautgewächse, mit über 700 Arten und *Calluna*, Heidekraut, mit einer Art immergrüner ➛ Sträucher. Die bei uns als Heidekraut kultivierten Zwergsträucher beider Gattungen sind sich im Wuchs und in der Verwendung im Garten so ähnlich, dass sie hier unter dem Oberbegriff Heidekraut zusammen vorgestellt werden. Die Gartenarten beider Gattungen haben kleine, nadelartige, sich unter Kälteeinfluss oft verfärbende Blätter, kleine, glockenförmige, je nach Sorte einfa-

che oder gefüllte Blüten in Weiß, Rosa, Purpur oder Karminrot in endständigen Trauben. Besonders in Heidegärten geschätzt als pflegeleichte, naturnahe Bepflanzung zusammen mit ➛ Wacholder, ➛ Gräsern und anderen charakteristischen Heidepflanzen, aber an geeigneten Standorten auch in Rabatten, Beeten und Kübeln sowie auf Gräbern. Im Handel sind zahlreiche Zuchtsorten erhältlich. **Kultur:** In humosen, feuchten, aber gut durchlässigen, sauren Boden in voller Sonne oder lichtem Schatten pflanzen. Die Pflanzen reagieren empfindlich auf Trockenheit und Hitze, daher sind sie im Sommer feucht zu halten. Schnitt: *Calluna* (am diesjährigen Holz blühend!) im Spätwinter/zeitigem Frühjahr, *Erica* (am vorjährigen Holz blühend!) nach der Blüte (je nach Art im Frühjahr, Sommer oder Herbst) abgeblühte Sprosse bis auf 1,5 bis 2,5 cm ins alte Holz zurückschneiden. Ein zu starker Rückschnitt führt zum Verkahlen der Sträucher. **Schädlinge/Krankheiten:** Anfällig

Sorten von *Calluna Vulgaris*

Sorte	Blütenfarbe und -form	Blütezeit Monat	Wuchsform	Höhe in cm
Alba Plena	reinweiß; gefüllt	VIII–IX	breit aufrecht	30–50
Alexandra	tiefrosa; einfach, Knospenblüher	IX–X	dicht, buschig	25–35
Allegro	karminrot; einfach	VIII–IX	dicht buschig	40–50
Annemarie	rosarot bis purpurrot; gefüllt	IX–XI	breit aufrecht	50
Boskoop	violettrosa; einfach, orangegelbes Laub	VIII–IX	breit aufrecht	40
Carmen	dunkelrot; einfach	VIII–IX	kompakt, breit aufrecht	40
County Wicklow	silbrig rosa; gefüllt	VIII–IX	breit, kompakt	30
Foxii Nana	violettpurpur; einfach	VII–IX	halbkugelige Polster	20
Gold Haze	weiß; einfach, gelbes Laub	VIII–IX	aufrecht, locker	40
Heide-sinfonie	purpurrosa, einfach	VIII–IX	locker aufrecht	20–40
J. H. Hamilton	lachsrosa; gefüllt	VIII–IX	ausgebreitet, gedrungen	30
Liebes-traum	dunkel-purpurrot; einfach	VIII–X	breit buschig	20–30
Marlies	hell-karminrot; einfach, Knospenblüher	IX–X	gedrungen aufrecht	20–30
Melanie	weiß; einfach, Knospenblüher	IX–X	gedrungen aufrecht	50–60
Mullion	dunkel-malven-rosa; einfach	VIII–IX	dicht, rasenförmig	15–20
Peter Sparkes	intensiv rosa; gefüllt	IX–XI	locker aufrecht	40–60
Ralph Purnell	hellviolett bis purpurn; einfach	VII–IX	raschwüchsig, straff aufrecht	30–60
Silver Knight	hellllila; einfach	VIII–IX	gedrungen aufrecht	30–40
Sonnyboy	karminrosa; einfach	VIII–X	kompakt	20–30

Sorten von *Erica Carnea*				
Sorte	Blütenfarbe und -form	Blütezeit Monat	Wuchsform	Höhe in cm
Ann Sparkes	rosa; goldoranges bis rotbronzenes Laub	III–IV	buschig	25
Challenger	tief-purpurrot	III–IV	breit, kompakt	20–30
Golden Stralet	weiß, im Sommer gelbes Laub	II–III	kompakt	15–20
Isabell	reinweiß	II–IV	ausgebreitet	15–25
Lohse's Rubin	karminrot	I–IV	breit aufrecht	15–20
March Seedling	rosalila	III–V	breit aufrecht	15–25
Myretoun Ruby	karminrot	II–IV	dicht, aufrecht	20–30
Rosalie	rosa	III–IV	aufrecht	20–30
Rubin-teppich	rubinrot	II–III	kompaktes Polster	10–15
Snow Queen	reinweiß	I–IV	aufrecht, dicht	15–20
Vivellii (syn. ‚Urville')	karminrosa, bronze getöntes Laub	XI–III	dicht, gedrungen	20–30
Winter Beauty	rosarot, braune Staubbeutel	XII–III	aufrecht	15–20
Winter Rubin	rubinrot	XII–III	aufrecht	20

Sorten von *Erica Cinerea*				
Sorte	Blütenfarbe und -form	Blütezeit Monat	Wuchsform	Höhe in cm
Alba	weiß	VIII–IX	breitwüchsig überhängend	25
Atro-sanguinea	leuchtend rosarot	IX–X	breitwüchsig	20
C. D. Eason	leuchtend rosarot	VI–IX	breit aufrecht	20–30
C. G. Best	lachsrosa	VIII–IX	locker aufrecht	30–40
Katinka	dunkelpurpurn	VI–IX	locker aufrecht	30–40
Knap Hill Pink	rosarot	VII–IX	aufrecht	20–30
Pallas	lilarosa	VII–IX	breit aufrecht	25–35
Pink Ice	rein rosa	VII–IX	gedrungen	15–25
P. S. Patrick	violett	VIII–IX	schlank aufrecht	40
Rosea	hell-karminrot	VI–IX	dicht, buschig	25
Violetta	purpurviolett	VII–IX	buschig aufrecht	25–35

für Pilzerkrankungen, vor allem *Phytophthora*-Wurzelfäule, *Rhizoctonia*; *Calluna* auch für *Botrytis*. **Vermehrung:** Halb verholzte Stecklinge im Frühsommer bis Sommer bewurzeln, bei *Calluna* im Frühling absenken oder bei *Erica* ➛ Ableger durch ➛ Anhäufeln bilden.

Arten und Sorten: Besenheide, Heidekraut (*Calluna vulgaris*): nieder liegender bis locker aufrecht wachsender Zwergstrauch, bis 0,7 m hoch, bis 0,5 m breit, teilweise Ausläufer bildend, langsam wachsend, von Ende Juli bis Oktober leicht duftende, einfache oder gefüllte, glockenförmige Blüten in Weiß, Rosa, Purpur oder Rötlich. Die so genannten Knospenblüher verharren im Knospenstadium und sind daher über viele Wochen attraktiv – Sortenübersicht, siehe Tabelle. Glockenheide, Schneeheide, Frühlingsheide, Erika (*Erica carnea*, syn. *E. herbacea*): polsterförmiger Zwergstrauch mit kriechenden Zweigen, bis 30 cm hoch und 50 cm breit, von November bis März schwach duftende, glockenförmige Blüten in endständigen Trauben in Weiß, Rosa, Purpur bis Rot – Sortenübersicht, siehe Tabelle; Grauheide (*E. cinerea*): Zwergstrauch, bis 60 cm hoch und breit, Zweige grau behaart, von Juni bis August glöckchenförmige, rosa- bis purpurfarbene Blüten in endständigen Trauben; Englische Heide (*E. darleyensis*): Hybride aus *E. carnea* und *E. erigena*, Zwergstrauch, bis 40 cm hoch und breit, stark wachsend, von November bis Mitte Mai mit glöckchenförmigen, rosafarbenen oder weißen Blüten; Sorten z. B. 'Darley Dale' (hellrosa), 'Kramers Rote' (rosarot), 'White Perfection' (weiß); Zierliche Glockenheide (*E. gracilis*): nicht frostharter, immergrüner, buschiger, niedriger Strauch, blüht von Oktober bis Dezember purpurviolett oder weiß, wird meist einjährig für Balkon und Terrasse, aber auch für Grabbepflanzung verwendet; Glockenheide (*E. tetralix*): Zwergstrauch, bis 50 cm hoch und breit, von Juli bis September rote, rosa oder weiße glöckchenförmige Blüten in endständigen, nickenden Trauben; Sorten z.B. 'Alba' (weiß), 'Con Underwood' (karminrot), 'Helma' (rosa), 'Hookstone Pink' (hellrosa); Cornwall-Heide (*E. vagans*): Zwergstrauch, bis 40 cm hoch und 80 cm breit, von Juli bis September kugelige Blütenglöckchen in Rosa oder Weiß; Sorten: 'Diana Hornibrook' (intensiv rosa), 'Lyonesse' (rahmweiß), 'Mrs. D. F. Maxwell' (tiefrosa), 'St. Keverne' (lachsrosa).

Heidekrautgewächse

(ERICACEAE)

Familie der Heidekrautpflanzen mit mehr als 2500 Arten, darunter Halbsträucher, Sträucher und kleine Bäume. Blätter einfach, meist ➛ wechselständig, ganzrandig, immer- oder wintergrün, oft mit eingerolltem Rand. Blüten: kugelig, glockig oder röhrig mit 4 bis 5 meist untereinander verwachsenen Kronblättern und Kapsel- oder Beeren- bzw. Steinfrüchten. Fast alle Arten schätzen feuchte, saure (basische) Böden in halbschattiger Lage. Typische Vertreter: ➛ Heidekräuter (*Calluna, Erica, Daboecia*), ➛ Rhododendren und Azaleen (*Rhododendron*) sowie ➛ Heidelbeeren (*Vaccinium*).

Heidelbeere, Blaubeere

(*Vaccinium corymbosum*; ERICACEAE) Heidekrautgewächse

Gattung mit etwa 450 Arten, von denen nur einige wegen der Früchte kultiviert werden. Die Pflanzen haben ledrige, ➛ wechselständige, lanzettlich bis rundliche, dunkelgrüne Blätter, die sich bei Laub abwerfenden Arten im Herbst rot färben. Aus kleinen glockenförmigen, weißen bis rosaweißen Blüten, die in den Seitenverzweigungen des vorjährigen Holzes gebildet werden, entwickeln sich runde, oben und unten abgeflachte bis birnenförmige kleine Beeren, die außen und innen dunkel-violettblau sind. Alle Sorten der Gartenheidelbeeren stammen von nordamerikanischen Arten ab. Diese Sorten entwickeln sich zu 1,5 bis 3 m hohen Sträuchern, die reichlich Früchte tragen. **Kultur:** An sonnigen bis halbschattigen Standorten in humosen, feuchten, lockeren, leicht sauren Böden (pH-Wert: 4,3 bis 4,8). Die Flachwurzler vertragen weder Kalk noch verdichtete, trockene Böden. Der Pflanzabstand zwischen den einzelnen Sträuchern sollte mindestens 1,5 m betragen. Den Boden möglichst mulchen, gleichmäßig feucht halten und nach der Ernte schwach mit organischem, kalkfreien Dünger versorgen. Schnitt: Um ein ➛ Vergreisen zu verhindern und den Fruchtansatz zu steigern, alle 3 bis 4 Jahre im Spätwinter ei-

Heidelbeeren: köstliche Früchte an niedrigbuschigen Pflanzen.

nen ➛ Verjüngungsschnitt ausführen, indem man alle etwa 4-jährigen Triebe ganz oder bis auf eine Verzweigung entfernt. Pro Strauch belässt man bis zu 8 Leittriebe. Die meisten Sorten tragen besser, wenn eine zweite, andere Heidelbeersorte als ➛ Befruchter in der Nähe steht. Einige wenige selbstunfruchtbare Sorten brauchen in jedem Fall eine zweite Sorte als Befruchter. **Schädlinge/Krankheiten:** Raupen des Frostspanners, Milchglanzkrankheit, Chlorose durch kalkhaltige Böden, *Phytophthora*-Wurzelhalsfäule, Virosen. Als Schutz vor Vogelfraß zur Zeit der Beerenreife die Sträucher mit einem Netz schützen. **Vermehrung:** Grünstecklinge im Sommer oder im Spätsommer ➛ absenken.
Sorten: 'Ama®': stark wachsend, selbstfruchtbar, frühe und lang anhaltende Ernte ab Ende Juli, Früchte mittelgroß; 'Berkeley': stark bis überhängend wachsend, selbstfruchtbar, mittelspäte Ernte ab Anfang August, sehr große, bereifte Früchte; 'Bluecrop': mittelstark wachsend, selbstfruchtbar, mittelfrühe Ernte ab Ende Juli, große, bereifte Früchte; 'Blueray': stark breitbuschig wachsend, selbstfruchtbar, mittelfrühe Ernte ab Ende Juli, hellblau bereifte Früchte; 'Elizabeth': späte Ernte, August bis September, hellblaue Früchte; 'Heerma®': stark und breit ausladend wachsend, selbstfruchtbar, mittelspäte Erne ab Mitte August, große, feste Früchte; 'Patriot': mittelstark wachsend, frühe Ernte ab Anfang Juli, sehr große, mittelblaue Früchte.

Heilpflanzen

(Arzneipflanzen, Heilkräuter) Gewächse, die aufgrund ihrer Inhaltsstoffe in der Medizin verwendet werden, wobei je nach Art verschiedene Pflanzenteile nutzbar sind; z.B. Anis, Baldrian, Beifuß, Beinwell, Fenchel, Kamille, Kümmel, Lavendel, Pfefferminze, Rosmarin, Thymian, Ysop, Zitronenmelisse u.a.

Hemlocktanne

(*Tsuga*; PINACEAE) Kieferngewächse
Immergrüner, voll frostharter, mittelgroßer bis großer Nadelbaum aus Ostasien und Nordamerika. Ihn zeichnen flache, unterschiedlich lange, zweizeilig oder kreisförmig angeordnete Nadeln aus. Die Früchte der ➛ einhäusigen Bäume sind kleine bis mittelgroße Zapfen. Als ➛ Solitärbäume oder, im Fall von *T. heterophylla*, als ➛ Heckenpflanze geeignet. Besonders junge Pflanzen sind sehr schattentolerant. **Kultur:** In humose, feuchte, aber durchlässige, saure bis schwach alkalische Boden in voller Sonne bis Halbschatten pflanzen. Empfindlich gegen Hitze und Trockenheit. Schnitt: Neben Eibe und Lebensbaum die schnittverträglichste Koniferenart; Hecken vom Früh- bis zum Spätsommer trimmen. **Schädlinge/Krankheiten:** Anfällig für Pilzbefall. **Vermehrung:** Aussaat im Frühjahr oder halb verholzte ➛ Stecklinge im Spätsommer bis Frühherbst bewurzeln.
Arten und Sorten: Kanadische Hemlocktanne (*T. canadensis*): locker aufgebauter, mittelhoher Baum, 12 bis 15 m hoch und 4 bis 8 m breit, oft mehrstämmig, breit kegelförmig, bis zum Boden beastet, Äste horizontal, Zweige übergeneigt, Zweigspitzen nickend; *T. c.* 'Jeddeloh' hat hellgrüne Nadeln, wächst halbkugelig, langsam und bleibt recht klein (1,5 m hoch, 2 m breit); Strauchige Hemlocktanne (*T. c.* 'Nana'): sehr langsam wachsende Form, ausgewachsen bis zu 2 m hoch und 3 m breit, kompakt rundlich, Zweigspitzen nickend; Hänge-Hemlocktanne (*T. c.* 'Pendula'): langsam

wachsender, kuppelförmiger, elegant überhängender Strauch, bis 4 m hoch und breit; Japanische Hemlocktanne (*T. diversifolia*): breit konischer, später kuppelförmiger Großstrauch oder Kleinbaum, bis zu 8 m hoch und 4 m breit, oft mehrstämmig, langsam wachsend; *T. heterophylla*: schmal konisch wachsend, unbeschnitten im Alter bis zu 40 m hoch und 10 m breit; Graue Hemlocktanne (*T. mertensiana*): schlanker, langsam wachsender Kleinbaum, bis 12 m hoch und 4 m breit, Zweige dicht und unregelmäßig; die Sorte *T. m.* 'Glauca' hat silbrig bis stahlgraue Nadeln und wird im Alter nur etwa 8 m hoch und 2 m breit.

Herbarium
Sammlung getrockneter, meist gepresster und auf Papier aufgeklebter Pflanzen oder Pflanzenteile zu Lehr- und Archivzwecken. Auf diese Weise behalten die Pflanzen in der Regel ihre typischen Merkmale.

Herbizide ➛ Pflanzenschutzmittel

Herbstbirne ➛ Birne

Herbstfärbung
Farbänderung des Laubs vor dem Blattfall, vor allem bei Laubgehölzen, die durch den Abbau des Blattgrüns bedingt ist. Dadurch treten die anderen Farbstoffe, die vorher von dem Blattgrün überdeckt waren, in den Vordergrund und bestimmen die Blattfarbe, z.B. *Anthocyane* (rot) oder *Carotinoide* (gelb/orange).

Herzförmig ➛ Blattformen

Herzwurzler (Pfahlwurzler) ➛ Wurzelsystem

Heterosis (F1-Hybriden) ➛ Hybriden

Hexenring
Auffällige Ringe in Grünflächen, die von Pilzen hervorgerufen werden.
Gefährdete Pflanzen: vor allem Rasengräser.
Schadbild: Hutpilze, die kreisförmig aus dem Boden treiben; in der Mitte des Ringes absterbende, weiter nach außen hin dagegen sattgrüne Gräser, da sich der Pilz unterirdisch ausbreitet, indem er auf Nahrungs-

Eigentlich der Prozess des Sterbens der Blätter, erfreut uns die Herbstfärbung doch aufgrund des leuchtenden Farbspiels. An einem sonnigen Altweibersommertag genossen, ist sie ein unvergesslicher Anblick.

Ein Gartenhexenring hat leider nichts Mystisches an sich, sondern ist eher mal Anzeichen für ein Myzel, das sich gerade in Ihrem Garten nachteilig für den Rasen ausbreitet.

suche ist; im Boden ein weißliches Fadengeflecht.

Vorbeugung und Bekämpfung: Rasen regelmäßig vertikutieren und belüften; betroffene Bereiche großzügig ausstechen, Boden austauschen.

Himbeere

(*Rubus idaeus*; ROSACEAE) Rosengewächse

Laub abwerfender, alljährlich vom Grund aus neu austreibender → Halbstrauch mit Wurzelstock als Dauerorgan, der in Mitteleuropa beheimatet ist. Im ersten Entwicklungs-

Himbeersorten
(alle vorgestellten Sorten sind selbstfruchtbar und brauchen keine weitere Befruchtersorte)

Sorte	Wuchs	Fruchtgröße und -farbe	Geschmack	Reifezeit	Besonderes
Autumn Bliss	stark	groß; mittelrot	säuerlich	Mitte August bis Anfang Oktober	früh reifende Herbstsorte
Glen Clova	sehr stark	groß; hellrot	säuerlich	Ende Juni bis Mitte Juli	frühe, reich tragende Sorte
Himbostar®	mittelstark	groß; hellrot	süß, aromatisch	Anfang Juli bis Ende Juli	mäßig bestachelte Triebe, hohe Erträge
Korbfüller	mittelstark bis stark	sehr groß; dunkelrot	aromatisch	Anfang Juli bis Anfang August	Triebe kaum bestachelt; gilt als 2-mal tragend, d.h. bis zum Herbst immer wieder Früchte
Malling Promise	mittelstark	klein; mittelrot	mild aromatisch	Ende Juni bis Anfang Juli	frühe, robuste Sorte, reich bestachelte Triebe
Meeker	stark	mittel; dunkelrot	süßsäuerlich	Anfang Juli bis Ende Juli	reich bestachelte Triebe, virenresistent
Multiraspa®	mittelstark	groß; hellrot	aromatisch süß	Ende Juni bis Mitte Juli	sehr frühe Sorte
Preußen II	stark	mittelgroß; hellrot	süß aromatisch	Ende Juni bis Ende Juli	alte, mittelfrühe Sorte
Rubaca®	stark	groß; mittelrot	sehr aromatisch	Ende Juni bis Ende Juli	unempfindlich gegen Rutenkrankheiten, Grauschimmel und Wurzelsterben
Rutrago	sehr stark	groß; mittelrot	süß, mäßig aromatisch	Anfang Juli bis Ende Juli	sehr hoher Ertrag, aber anfällig für Himbeerruten-Gallmücke und Grauschimmel
Schönemann	stark	groß; dunkelrot	säuerlich aromatisch	Anfang Juli bis Anfang August	späte, ertragreiche Sorte
Zefa 2	stark	mittel; dunkelrot	süß, aromatisch	Anfang Juli bis Ende Juli	mittelfrühe, in kurzer Zeit abreifende Sorte
Zefa 3 Herbsternte	mäßig	sehr groß; mittelrot	süßsäuerlich	Anfang September bis Ende Oktober	hochwertige Herbstsorte, Ernte über langen Zeitraum

Himbeeren tragen im Sommer zarte, rote Früchte mit einem unvergleichlichem Aroma.

jahr bilden sich mehr oder weniger bestachelte oder borstige, beblätterte Jungruten, im zweiten Jahr sprießen aus den Seitenknospen Lateraltriebe, an denen Blüten und Früchte entstehen – danach stirbt die Rute ab. Die Früchte sind botanisch gesehen keine Beeren, sondern Sammelfrüchte; die Einzelfrucht ist eine Steinfrucht. Himbeeren lösen sich im reifen Zustand – im Gegensatz zu ➛ Brombeeren – vom Zapfen. Die verschiedenen im Handel befindlichen Sorten stammen sowohl von der europäischen Himbeere (*R. idaeus* var. *vulgatus*), als auch von der nordamerikanischen Himbeere (*R. i.* var. *strigosus*) ab. Bemerkenswert sind die herbsttragenden Sorten, bei denen die Ruten schon im ersten Jahr der Entwicklung von der Spitze her fruchten. Durch die Herbsternte bleiben die Früchte von einigen typischen Schädlingen verschont. **Kultur:** Windgeschützt in voller Sonne in humosen, lehmigen, stets ausreichend feuchten, aber gut durchlässigen Böden; Kultur an Spanndrähten, in Hecken oder an nach oben geöffneten, V-förmigen ➛ Spalieren, bei denen die jungen Ruten in der Mitte wachsen und nicht bei der Ernte stören. Pflanzabstand: 40 bis 50 cm. ➛ Mulchen hält die Feuchtigkeit im Boden, jedoch muss bei anhaltender Trockenheit gegossen werden. Kompostgaben im Frühjahr zur Austriebszeit verbessern die Erträge. Die Flachwurzler dürfen nicht durch Graben oder Hacken im Wurzelbereich gestört werden. Nach Abschluss der Ernte werden die abgetragenen Ruten bodennah zurückgeschnitten. **Schädlinge/Krankheiten:** Himbeerkäfer (Maden in den Beeren) bei Sommerernte, Spinnmilben, Blattläuse, Erdbeerblütenstecher, Himbeerrutenfliege, Himbeerruten-Gallmücke (➛ Gallmücke), Grauschimmel (*Botrytis*), Rutenkrankheit, Wurzelfäule, Himbeermosaikvirus (➛ Virose), Milchglanzkrankheit, *Verticillium*-Welke. **Vermehrung:** Abtrennen von ➛ Ausläufern.

Himbeerkäfer

Kleine braune, dicht gelb bis grau behaarte Käfer, die an den Blüten fressen. Ihre blassgelben, braun gestreiften madenartigen Larven ernähren sich von den Früchten.

Himbeerkäfer treten in Gruppen auf und vertilgen die gesamte Blüte.

Gefährdete Pflanzen: Himbeeren, Brombeeren, früh blühende Rosengewächse wie Äpfel, Birnen und Weißdorn.
Schadbild: Käfer ab Mitte Frühling an Rosengewächsen, ab dem Frühsommer an Himbeeren und Brombeeren; abgefressene Staubgefäße und Stempel in den Blüten; verkümmerte und braune Früchte.
Vorbeugung und Bekämpfung: im Frühjahr und Herbst Boden unter Himbeeren und Brombeeren mit Rainfarntee gießen; Käfer von blühenden Zweigen in darunter gelegte Tücher abklopfen und aufsammeln; nur bei sehr starkem Befall Pyrethrum-Präparate einsetzen.

Hippe ➛ Schnittwerkzeuge

Hochbeet
Aus mehreren Schichten organischen Materials und Erde aufgebautes Beet mit fester Einfassung. Die bei der Zersetzung der organischen Stoffe frei werdende Wärme erhöht die Bodentemperatur und begünstigt so einen intensiven Gemüseanbau.

Für bestimmte Gartentypen, z. B. solche mit einem kompakt tonigen Boden, sind Hochbeete zum Anbau von Wurzelgemüse hervorragend geeignet.

Hochblätter ➛ Blüte

Hochbusch ➛ Gehölzverkaufsformen

Hochsommer
Im phänologischen Kalender der Zeitraum von Ende Juni bis Mitte August; ➛ phänologische Jahreszeiten.

Hochstamm ➛ Gehölzverkaufsformen

Hohlkrone ➛ Kronenformen

Holländern ➛ Bodenbearbeitung

Holunder, Schwarzer, Fliederbeere
(*Sambucus nigra*; CAPRIFOLIACEAE)
Geißblattgewächse
Laub abwerfender, aufrechter, buschiger, bis 6 m hoher und breiter, völlig winterharter Strauch mit kräftigen Stämmen. Ursprünglich in gemäßigten subtropischen Regionen beheimatet, hat sich Holunder auch in den nördlichen Regionen Europas, Amerikas und Asiens angesiedelt. Die Blätter sind gefiederte, bis 30 cm lange und frischgrün. Im Frühsommer trägt er kleine, weiße, stark duftende Blütchen in bis zu 20 cm breiten Rispen (Trugdolden), die im Hochsommer bis Herbst zu kugeligen, bis 5 mm breiten, schwarzvioletten Früchten reifen. Diese dienen hauptsächlich der Herstellung von Säften, Sirup, Gelee und Konfitüre. Kultivare wie 'Aureo' mit goldgelben Blättern, 'Aureomarginata' mit dunkelgrünen, gelb gerandeten Blättern und 'Guincho Purple' mit dunkelgrünen, später purpurnen Blättern und rosa Blüten sowie die verwandte Art *Sambucus racemosa* (Trauben-Holunder) werden als Ziergehölze gepflanzt. **Kultur:** In humosen, fruchtbaren, feuchten,

aber durchlässigen Boden in Sonne oder Halbschatten pflanzen. Schnitt: Alle Holunder vertragen kräftigen Rückschnitt bis ins alte Holz und treiben willig wieder aus; Rückschnitt nach der Blüte fördert den Austrieb von Blütenholz für das kommende Jahr und verjüngt die Pflanze. **Schädlinge/ Krankheiten:** Schwarze Blattlaus, *Verticillium*-Welke; bei Fruchtreife kann man die Beeren durch Netze vor Vogelfraß schützen. **Vermehrung:** Aussaat im Herbst oder Stecklinge mit grünem Holz im Frühsommer.

Sorten: Außer den oben genannten Ziersorten sind folgende Fruchtsorten besonders empfehlenswert: 'Donau': stark und sparrig wachsend, mittelfrüh reifende Beeren; 'Haschberg': sehr stark wachsend, mittelfrüh reifende Beeren, hoher Ertrag; 'Sambu': mittelstark wachsend, mittelfrüh reifende, hervorragende Früchte.

Holz

1. Der Festigung, Speicherung und Wasserleitung dienendes Dauergewebe bei Sträuchern und Bäumen. Der gesamt Holzkörper setzt sich aus mehreren Schichten zusammen, von denen jede eine bestimmte Funktion hat. Von außen nach innen sind es:

- *Kernholz*: besteht überwiegend aus abgestorbenen Zellen und dient vor allem der Stützung und Festigung.
- *Splintholz*: noch lebendes Gewebe; dient dem Transport von Wasser und Nährstoffen von den Wurzeln bis in die Blattspitzen; speichert auch Reservestoffe.
- *Kambium*: besteht aus lebenslang teilungsfähigen Zellen, die sich zur Rinde entwickeln
- *Rinde*: gleichsam als Haut der Triebe schützt sie vor äußeren schädlichen Einflüssen; platzt bald auf und wird von dem darunter liegenden Bast ersetzt.
- *Bast*: weiches, saftiges, ziemlich dünnes Gewebe; übernimmt den Transport der in den Blättern gebildeten Stoffe zum Stamminnern und zu den Wurzeln.
- *Borke*: äußerste Schicht aus abgestorbenen Zellen. Bei Gehölzen wie Birke papierdünn, bei manchen Eichenarten recht mächtig; oft charakteristisch für eine bestimmte Gehölzart.

2. Verholzte Triebe, nach deren Alter man einjähriges, zweijähriges und mehrjähriges H. unterschieden kann.

Holztrieb ➛ Trieb

Honigtau

Zuckerhaltige, klebrige Lösung, die von Pflanzensaft saugenden Insekten, vor allem von Blattläusen, ausgeschieden wird und große Teile der Pflanze überzieht.

Hormone ➛ Phytohormone

Hornmehl

Ein stickstoff- und phosphorhaltiges, aus Hörnern, Hufen und Klauen von Schlachtvieh gewonnenes Düngemittel. Anders als ➛ Blutmehl und ➛ Knochenmehl nicht von der BSE-Krise betroffen, da H. nicht als Risikomaterial gewertet wird.

Hornspäne

Geraspelte Hornstückchen, die als stickstoff- und phosphorhaltiges Düngemittel eingesetzt werden. Sie zersetzen sich im Boden schwerer als Hornmehl und wirken langsamer, dafür aber nachhaltiger. Wie Hornmehl auch nicht von der BSE-Krise betroffen.

Horstpflanzen ➛ Wuchsformen

Horstsaat (Dibbelsaat) ➛ Aussaat

Hortensie

(*Hydrangea*; HYDRANGEACEAE) Steinbrechgewächse
Gattung mit etwa 80 Arten Laub abwerfenden oder immergrünen Sträuchern und Kletterpflanzen aus Ostasien, Nord- und Südamerika. Die Blätter sind breit bis schmal eiförmig und lanzettlich, gezähnt, gegenständig oder wirtelig angeordnet; die endständigen Blütenköpfe sind flach, kuppelförmig oder konisch, die aus Scheinrispen oder Rispen mit winzigen fruchtbaren Blüten und größeren, attraktiven Schaublüten bestehen. Hortensien werden vor allem wegen der attraktiven Blüten als Gartenpflanze und in Kübeln kultiviert. Nicht alle Arten sind voll frosthart. **Kultur:** In tiefgründigen, humosen, feuchten, aber gut durchlässigen, mäßig fruchtbaren Böden windgeschützt in Sonne oder Halbschatten pflanzen. Die Blütenfarbe ist abhängig von der Bodenzusammensetzung. In sauren Böden (pH-Wert: unter 5,5) färben sich die Blüten blau, in kalkhaltigeren Böden rosa. Im Fachhandel gibt es speziellen Hortensiendünger, der für ein Blau werden der Blüten sorgen kann. Schnitt: Alle Arten bis auf *H. paniculata*, deren Triebe jährlich im zeitigen Frühjahr kräftig zurückgeschnitten werden, sollten nach Möglichkeit ungeschnitten bleiben; lediglich verwelkte Blütenköpfe ausschneiden. **Schädlinge/Krankheiten:** Blattläuse, Rote Spinnmilbe, Schildläuse, Gefurchter Dickmaulrüssler, Blindwanzen sowie Grauschimmel (*Botrytis*), *Hydrangea*-Virus, Echter Mehltau, Hallimasch und Blattflecken. **Vermehrung:** Grünstecklinge von Laub abwerfenden Arten im Frühsommer oder Steckreiser im Winter bewurzeln; bei immergrünen halb verholzte Stecklinge nicht blühender Triebe im Sommer bewurzeln.
Arten und Sorten: Schneeballhortensie (*H. arborescens*): halbrunder, Laub abwerfender Strauch, 1,5 bis 3 m hoch und bis 1,5 m breit, aufrecht, unter der Blütenlast überhängend, rasch wachsend, von Juli bis September mit großen, erst grünlich weißen, dann cremeweißen Blütenkugeln – die Sorte 'Annabelle' hat größere, weißere Blütenbälle als die Sorte 'Grandiflora'; Samthortensie (*H. aspera* ssp. *sargentiana*, syn. *H. sargentiana*): starr aufrecht wachsender, Laub abwerfender Strauch mit dicken, kaum verzweigten Trieben und oberseits samtig behaarten, bis 35 cm langen, breit eiförmigen Blättern. Von Juni bis August bis 25 cm breite, flache Schirmrispen mit blauen und purpurnen, mittigen, fruchtbaren und weißen sterilen Randblüten, bis 3 m hoch und 2,5 m breit; Gartenhortenise, Japanhortensie (*H. macrophylla*): 1 bis 3 m hoher und breiter, Laub abwerfender Strauch mit großen, breiten Blättern und im Juni/Juli großen, runden, abgeflachten Schirmrispen. Zahlreiche Kultivare in verschiedenen Farben und Blütenformen, die vor allem in 2 Hauptgruppen unterteilt werden: 1. Tellerhortensien mit flachen Blütentellern und kleinen, fruchtbaren Blüten im Zentrum, umgeben von einem Kranz meist anders gefärbter, großer, steriler Blüten und 2. Gartenhortensien mit kugeligen Blütenköpfen und großen, sterilen Blüten. Sortenbeispiele Tellerhortensien: 'Bluebird' (purpurlila bis blaue Randblüten, lilarosa oder blaue Mitte), 'Lanarth White' (Randblüten weiß, Mitte rosa bis hellblau), 'Mariesii' (Randblüten lilarosa bis lavendelblau, Mitte rosa bis hellblau), Sortenbeispiele Garten-

Hügelbeet

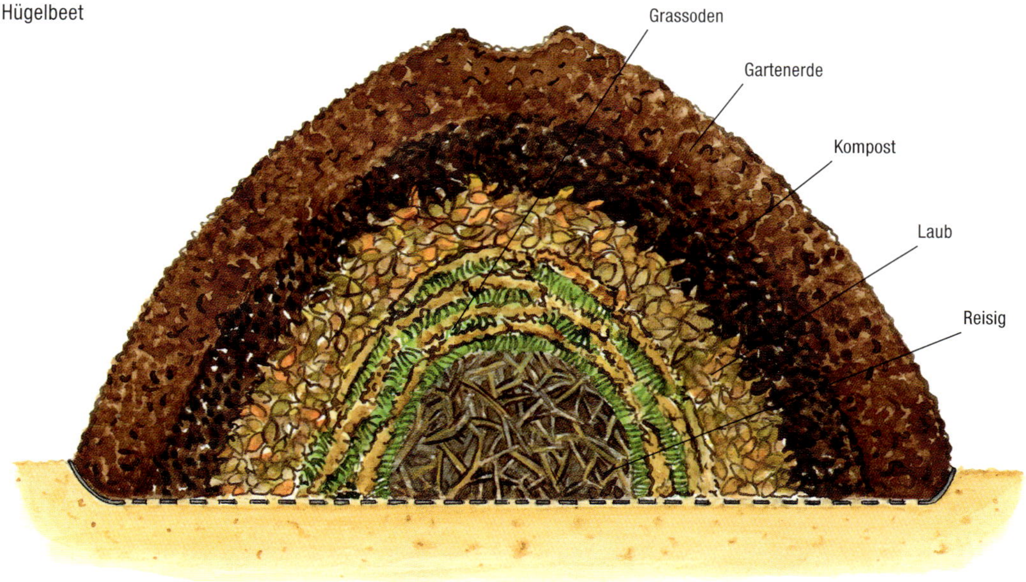

hortensien: 'Bouquet Rose' (hellrosa bis hellblau), 'Masja' (leuchtend kraminrot, nicht verblauend), 'Madame E. Moullière' (weiß mit rosa Auge); Rispenhortensie (*H. paniculata*): stark wachsender, aufrechter Strauch, bis 3 m hoch und breit, im August/September mit bis zu 30 cm großen, prunkvollen weißen, beim Verblühen rosa getönten Rispen – die Sorten 'Kyushu' und 'Unique' sind besonders reich blühend; Kletterhortensie (*H. petiolaris*, syn. *H. anomala* ssp. *petiolaris*) bis 15 m hoher Haftwurzel-Kletterer, im Alter etwas schlingend, mit großen, locker aufgebauten Schirmrispen mit etwa 3 cm breiten, weißen Randblüten; Eichenblättrige Hortensie (*H. quercifolia*): bis 2 m hoher und 2,5 m breiter, Laub abwerfender Strauch mit großen, drei- bis siebenlappigen, mattgrünen Blättern, die eine spektakuläre Herbstfärbung annehmen und bis 20 cm großen, grünlich weißen Blütenrispen.

Hortisol ➛ Bodentyp

Hügelbeet

Aus mehreren Lagen organischen Materials und Erde aufgebautes Beet, das im Querschnitt Hügelform aufweist und keine feste Einfassung hat. Die bei der Verrottung des organischen Materials entstehende Wärme führt wie beim ➛ Hochbeet zu einer höheren Bodentemperatur und somit zu einer schnelleren Entwicklung der Gewächse.

Hülsenfrüchte

(LEGUMINOSAE, FABALES)

Artenreiche Familie mit über 13 000 ➛ zweikeimblättrigen Arten mit meist fiedrig zusammengesetzten Blättern und charakteristischen Schmetterlingsblüten und Früchten (meist Hülsen). Darunter befinden sich ein- und mehrjährige, zum Teil rankende Kräuter, Halbsträucher und Sträucher, aber auch

Bäume. Die Früchte dieser Pflanzenfamilie enthalten mehr Eiweiß als die aller anderen Pflanzen (zwischen 20 und 50 Prozent); sie sind daher im Laufe der Menschheitsgeschichte zu wichtigen Nahrungspflanzen geworden. Eine zweite Eigenschaft macht sie für die Landwirtschaft unersetzlich: Sie binden in ➛ Symbiose mit den ➛ Knöllchenbakterien in ihren Wurzelknöllchen Stickstoff und sorgen so für eine Gründüngung, die eine künstliche Stickstoffdüngung überflüssig machen können. Typische Vertreter sind ➛ Erbsen, Kichererbsen, ➛ Bohnen, Dicke Bohnen (Saubohnen), Linsen und Sojabohnen. Als Ölpflanzen werden (außerhalb Europas) Sojabohne und Erdnuss angebaut. Unter den Gründüngungspflanzen, die nach einer Saison untergepflügt werden, sind Esparsette, Seradella, Kleearten und Luzerne weit verbreitet. Unter den krautigen Zierpflanzen zählen Wicken, Lupinen und Kleesorten, unter den Gehölzen Scheinakazie (Robinie), Judasbaum und ➛ Ginster zu den Hülsenfrüchten. (➛ Samen- und Schotengemüse)

Humus

Gesamtheit der toten organischen Substanzen im und auf dem Boden. H. gilt als ein wichtiger Faktor bezüglich der Fruchtbarkeit des Bodens. Die *Humusbildung* erfolgt durch die biochemischen Aktivität der Bodenorganismen, die totes pflanzliches und tierisches Material zersetzen und in Humusstoffe umwandeln. Es gibt verschiedene *Humusarten*, die je nach Ausgangsmaterial unterschiedliche Zusammensetzung und Eigenschaften aufweisen. H. wird häufig auch als ➛ Kompost bezeichnet, da der Vorgang seiner Entstehung der Kompostierung sehr ähnlich ist.

- *Laubhumus (Laubkompost):* besteht überwiegend aus zersetzten Blättern von Bäumen mit nährstoffreichem und rasch abbaubarem Laub.
- *Rindenhumus (Rindenkompost):* entsteht durch Kompostierung von Rindenstücken und Holzfasern; wird wegen seines niedrigen pH-Wertes auch anstelle von ➛ Torf eingesetzt.
- *Wurmhumus (Wurmkompost):* von Roten Kompostwürmern zersetztes organisches Material.

Humusarten ➛ Humus

Humusbildung ➛ Humus

Humusdünger ➛ organische Dünger

Humusierung

Ausbringen von ➛ Humus auf die oberste Bodenschicht zur Verbesserung des Humusgehalts.

Hundertjähriger Kalender

Aufzeichnungen von periodisch auftretenden Wettergeschehnissen, die sich auf die Beobachtungen des Abtes Mauritius Knauer während der Jahre 1652–1658 stützen. Unter der irrtümlichen Annahme, dass sich das Wetter nach Ablauf eines 7-jährigen Planetenzyklus – in Anlehnung an die damals übliche astrologische Vorstellung von der Herrschaft der 7 bekannten Planeten – wiederholt, wurden Wettervorhersagen für die nächsten 100 Jahre abgeleitet. Auch wenn manche im H.K. (1701 erschienen) verzeichneten Wettergeschehnisse zutreffen, so ist dieser als verlässliche Wettervorhersage ungeeignet.

Hundstage ➛ Singularitäten

Die Hyazinthen 'Fondant', 'Carnegie' (von links) und 'Blue Jacket' zeigen sich mit ihren leuchtenden Blüten bereits früh im Jahr.

Hyazinthe

(*Hyacinthus orientalis*; LILIACEAE) Liliengewächse

Beliebtes Zwiebelgewächs aus West- und Zentralasien, das wegen der attraktiven, stark duftenden Blüten kultiviert wird. Mit riemenförmigen, halb aufrechten, grundständigen, 15 bis 35 cm langen Blättern und in bis zu 20 cm langen Trauben angeordneten, sternförmigen, ungefüllten oder gefüllten Einzelblüten. Hyazinthen eignen sich in Gruppen für Frühjahrsbepflanzungen, den Vordergrund von Beeten und Rabatten, aber ebenso für Töpfe, Schalen und Balkonkästen. Speziell vorbehandelte (gekühlte) Zwiebeln werden auch für die Treiberei im Zimmer verwendet (➛ Vortreiben). Alle Pflanzenteile sind giftig. **Kultur:** Pflanzenzwiebeln im Herbst 10 cm tief mit 8 cm Abstand in gut durchlässige, mäßig fruchtbare Erde in Sonne oder Halbschatten einsetzen, eventuell durch Drahtkörbchen vor ➛ Wühlmausfraß schützen. Wird in Töpfe gepflanzt, müssen diese im Winter vor zu viel Nässe geschützt werden. Nach der Blüte im Frühjahr den welken Blütentrieb abschneiden, aber das Laub stehen lassen, bis es gelb wird. Die Zwiebeln können aufgenommen (➛ Aufnehmen) und bis zum Wiedereinpflanzen im Herbst trocken gelagert werden. Belässt man sie im Boden, werden die Blütentrauben mit den Jahren immer lockerer und ähneln schließlich der Wildform. Für die Treiberei im Zimmer nur vorbehandelte Zwiebeln verwenden. Diese im Spätherbst so tief in Töpfe pflanzen, dass nur die Zwiebelspitze herausschaut. Für mindestens 6 Wochen an einem kühlen (maximal 7 °C) und dunklen Ort aufstellen, damit die Zwiebeln anwurzeln. Wenn die Triebe zu wachsen beginnen, wärmer und heller aufstellen und vorsichtig gießen, bis die Pflanze blüht. Ein Platz auf der Fensterbank ist nur dann empfehlenswert, wenn keine Heizung darunter ist. Nach der Blüte kann die Zwiebel im Garten ausgepflanzt werden. Alternativ kann man Hyazinthen auch in Wasser antreiben. Spezielle Hyazinthengläser mit eingezogenem Hals gibt es im Handel. Außerdem braucht man ein für Licht undurchlässiges Hütchen und vorbehandelte Zwiebeln, die zuvor eine künstliche Winterperiode durchgemacht haben. Der Handel bietet speziell für die Treiberei gekühlte Zwiebeln und das passende Zubehör an: Man füllt das Glas bis zur Verengung mit frischem Wasser und setzt die Zwiebel darauf. Ein Stück Aktivkohle (aus der Apotheke) verhindert Fäulnis. Der Zwiebelboden sollte dabei nur wenige Millimeter über

Bewährte Gartenhybriden:
Weiß: 'Carnegie', 'L'Innocence', 'Top White'; 'White Pearl'
Blassgelb: 'City of Haarlem', 'Gipsy Princess'
Lachs: 'Amsterdam', 'Gipsy Queen'
Rosa: 'Anna Marie', 'Fondant', 'Lady Derby', 'Marconi', 'Pink Pearl'
Rot: 'Jan Bos', 'Red Magic', 'Woodstock' (bordeauxrot)
Blau: 'Blue Giant', 'Blue Jacket', 'Delfts Blauw', 'Marie', 'Ostara', 'Peter Stuyvesant'
Violett: 'Amethyst', 'Kronos', 'Lord Balfour', 'Violet Pearl'
Gefüllte Hyazinthen: 'Ben Nevis' (weiß); 'Hollyhock' (rot); 'Chrystal Palace' (blau); 'King Codro' (blau); 'Pink Royal' (rosa mit blauer Glut)

dem Wasser schweben. Die ersten Wochen stellt man das Glas dunkel und kühl, z.B. im Keller, auf. Wenn es reichlich mit Wurzeln gefüllt ist und der Trieb unter dem Hütchen 5 bis 7 cm hervorspitzt, darf die Hyazinthe ans Licht. Auch hier sollte sie relativ kühl, also nicht direkt über der Heizung stehen. „Hut ab" heißt es erst, wenn die Blüte die Bedeckung selbst anhebt. Dann dauert es nicht mehr lange, bis man sich an den intensiv duftenden Blüten freuen kann. **Schädlinge/Krankheiten:** Fäulnis, Pilzerkrankungen. **Vermehrung:** Während der Ruhezeit Brutzwiebeln abnehmen.

Arten und Sorten: Multiflora-Kultivare bilden mehrere kleine, lockere Blütentrauben, werden allerdings heute kaum noch angepflanzt und im Handel meist als Mischung verschiedener Farben angeboten. Alle anderen im Handel befindlichen Sorten sind großblütige *H. orientalis*-Hybriden, die es in Weiß, Blassgelb, Lachs, Orange, Rosa, Magentarot, Blau und Violett gibt.

Hybride (Bastard)
Aus einer zufälligen oder gezielten Kreuzung von Eltern verschiedener Arten oder Gattungen hervorgegangener Nachkömmling. Die 1. Generation von Nachkommen bezeichnet man als *F_1-Hybriden*, die 2. Generation dementsprechend als *F_2-Hybriden*. Hybriden zeichnen sich in der Regel durch besondere Eigenschaften aus.

Hydrokultur
Verfahren zur Kultivierung von Pflanzen in Gefäßen ohne Verwendung eines Erdsubstrats. Bei H. geben Kügelchen aus Blähton den Wurzeln Halt, eine spezielle Nährlösung versorgt die Gewächse mit Nährstoffen.

Hygiene
Reinlichkeit im Rahmen der Pflegemaßnahmen bei Gartenarbeiten, die vor allem der Gesundheitsvorsorge dient. Die H. im Garten umfasst u.a. das Entfernen von welken Blättern, abgestorbenen Ästen und Wurzelresten, die von vielen Schaderregern (z.B. von Pilzen) als Refugium und als Überwinterungsmöglichkeit genutzt werden. Wichtig ist auch das gründliche Reinigen von Gartengeräten, vor allem von ➛ Schnittwerkzeugen, damit keine Krankheitserreger wie Pilze oder Viren übertragen werden können.

Hygromull ➛ Bodenlockerungsmittel

Hyphen ➛ Pilze

Hypocotylknolle ➛ Speicherorgane

Immergrün

Bezeichnung für Pflanzen, die im Gegensatz zu *sommergrünen* (Laub abwerfenden) Arten ihre Blätter nicht auf einmal zu Beginn einer widrigen Jahreszeit, sondern nach einem arttypischen Rhythmus abwerfen. Daher erscheinen sie beständig grün. Der Laubfall sommergrüner Gewächse findet gewöhnlich im Herbst statt; sie entfalten dann im Frühjahr wieder neue Blätter. Als *halb-immergrün* oder *wintergrün* bezeichnet man Pflanzen, die zwar den Winter über ihr Laub behalten, im Frühjahr aber neu austreiben und dann die alten Blätter abwerfen.

Immergrüne Gehölze

Dazu gehören alle höheren Pflanzen mit verholzenden Achsen (Stamm, Äste, Zweige) und Wurzeln, die ganzjährig ihr Laub oder ihre Nadeln behalten. Die Pflanzen sehen das ganze Jahr über attraktiv und unverändert frischgrün aus. Immergrüne werfen ihr Laub nicht im Rhythmus der Jahreszeiten ab, sondern erneuern es sukzessive, also nach und nach, sodass es durch die immer vorhandenen grünen Blätter nicht auffällt, dass sie eine Verjüngung des Blattkleides vornehmen ➛ immergrün. Immergrüne Gehölze sind ganzjährig vitale, attraktive Gestaltungselemente für jeden Garten und eignen sich je nach Art und Sorte als Heckenpflanzen, für Strauchrabatten oder in Einzelstellung. Eine der wichtigsten Gruppen der Immergrünen sind die Nadelgehölze. Dazu zählen alle Arten mit schuppen- oder nadelförmigem Laub, die nicht im jahreszeitlichen Rhythmus ihr Laub erneuern. Sie werden auch als Koniferen bezeichnet, was soviel wie „Zapfenträger" bedeutet und darauf hinweist, dass die meisten von ihnen Zapfenfrüchte erzeugen, in denen die Samen heranreifen. Typische Vertreter sind ➛ Kiefern (*Pinus*), ➛ Fichten (*Picea*), ➛ Tannen (*Abies*), aber auch ➛ Lebensbäume (*Thuja*), ➛ Scheinzypressen (*Chamaecyparis*), ➛ Wacholder (*Juniperus*) und ➛ Eiben (*Taxus*). Immergrüne Laubgehölze haben oft ledrig harte, wachsartig oder flaumig überzogene Blätter, um sich gegen Verdunstung und Frosteinflüsse zu schützen. Typische Vertreter sind ➛ Stechpalme (*Ilex*), Lorbeerkirsche (*Prunus laurocerasus* ➛ Zierkirsche), ➛ Berberitze oder Sauerdorn (*Berberis*) und ➛ Rhododendren. Wird ihr Laub durch extreme Fröste geschädigt, treiben sie im kommenden Frühjahr wieder aus. Im Gegensatz zu Laub abwerfenden Gehölzen brauchen immergrüne Gehölze auch im Winter und sogar bei Frost ausreichend Bodenfeuchtigkeit, damit sie nicht vertrocknen. Normalerweise schützt im Winter eine Schneedecke die Pflanzen. Da sie aus gefrorenem Boden kein Wasser aufnehmen können, muss man bei längeren Kahlfrösten die Pflanzen schattieren oder, sobald der Boden wieder aufgetaut ist, gründlich wässern. So absurd es klingt: die meisten im Winter „erfrorenen" immergrünen Gehölze verdursten in Wirklichkeit.

Immergrüne Stauden

Alle krautigen, mehrjährigen, nicht verholzenden Pflanzen, die ihr Laub ganzjährig behalten und unauffällig nach und nach erneuern. Im Gegensatz dazu werfen wintergrüne Pflanzen ihr Laub oft im Frühjahr ganz oder teilweise ab, um es zu erneuern ➛ immergrün. Immergrüne ➛ Stauden, wozu in der Regel auch immergrüne ➛ Gräser und ➛ Farne gezählt werden, sind für die Gestaltung ganzjährig attraktiver Gärten von unschätzbarem Wert. Einige wie hohe ➛ Wolfsmilcharten (*Euphorbien*) und Palmlilien (*Yucca*) sind schöne ➛ Solitärstauden, andere wie

Anhand der Jahresringe im Querschnitt eines Baumstamms kann man das Alter erkennen. Fachkundige Menschen können daran sogar Klimaänderungen und andere Umwelteinflüsse festmachen.

Gänsekresse (*Arabis*) und ➛ Bergenien (*Bergenia*) finden als ➛ Steingarten- und Rabattenstauden Verwendung, und viele Arten wie Goldnessel (*Lamiastrumum*) und Immergrün (*Vinca minor*) eignen sich hervorragend als ganzjährig attraktive ➛ Bodendecker. Zahlreiche Stauden sind nur bis zu einem gewissen Grad unempfindlich gegen Frost und müssen entsprechend geschützt werden. Lange Kahlfrostperioden können sie bis in den Wurzelstock vertrocknen lassen. Sollten nur die oberirdischen Teile durch Frosteinwirkung geschädigt werden, treiben die Pflanzen oft im Frühjahr wieder frisch aus.

Industriefestigkeit ➛ Rauchhärte

Infloreszenz ➛ Blütenstand

Insektenschutznetz ➛ Pflanzenschutz

Insektizide ➛ Pflanzenschutzmittel

Integrierter Pflanzenschutz ➛ Pflanzenschutz

Internodien ➛ Stängel

Iris ➛ Schwertlilie

Jahresringe

Nach Fällung auf den Stammquerschnitten erkennbare konzentrisch angeordnete Ringe. Jedes Jahr entsteht am Außenrand des Stammes ein neuer Ring – nach der Anzahl der Ringe ist daher die Altersbestimmung von Bäumen möglich. Der helle Teil der Ringe entsteht im Frühling und Frühsommer, der dunkle gegen Ende einer Wachstumsperiode (auch in Jahren extremer Trockenheit); tropische Pflanzen haben meist keine Jahresringe. ➛ Dickenwachstum

Jahreszeiten

In den gemäßigten Breiten die Einteilung des Jahres nach dem Lauf der Sonne traditionsgemäß in 4 Abschnitte. Am 21. Juni, wenn die Sonne ihren höchsten Stand erreicht hat, beginnt der Sommer. Ihr tiefster Stand am 21. Dezember markiert den Winteranfang. Sind Tag und Nacht gleich lang, am 20. März und 22. September – setzen Frühling bzw. Herbst ein. Mit diesen astronomisch festgelegten Quartalen decken sich weitgehend die meteorologischen J., denen der Zyklus der vorherrschenden Großwetterlagen zu Grunde liegt. Diese starren Gliederungen der Zeit berücksichtigen allerdings nicht die tatsächlichen Abläufe in der Natur. ➛ phänologischer Kalender

Japanische Kirsche ➛ Zierkirsche

Jardinier ➛ Pflanzgefäße

Jasmin, Falscher ➛ Pfeifenstrauch

Jäten

Das Bekämpfen von unerwünschten Pflanzen (Unkraut) durch Herausziehen mitsamt der Wurzel.

Jauche ➛ Pflanzenzubereitungen

Johannisbeere

(*Ribes*; SAXIFRAGACEAE) Steinbrechgewächse Gattung von Frucht- und Ziergehölzen aus der Familie der ➛ Steinbrechgewächse mit etwa 150 meist Laub werfenden, manchmal bedornten Arten der nördlichen, gemäßigten Breiten mit wechselständigen, drei- bis fünflappigen Blättern und kleinen, röhrenglocken- oder becherförmigen Blüten, die einzeln oder in hängenden Trauben erscheinen. Die Beeren sind, je nach Art, kugelig oder eiförmig, rot, schwarz, gelbgrün oder weiß. Neben den wenigen Ziersorten, die als ➛ Solitärsträucher oder in Gehölzrabatten und Hecken gepflanzt werden, sind in Gärten vor allem die Frucht tragenden Arten (Rote, Schwarze und Weiße ➛ Johannisbeeren, ➛ Stachelbeeren und Jostabeeren von Bedeutung. **Kultur:** Möglichst im Spätherbst, ersatzweise im zeitigen Frühjahr in mäßig fruchtbaren, gut durchlässigen Boden windgeschützt in voller Sonne pflanzen. Als Buschform oder Hecke am besten an einem Drahtgestell mit 2 x 2 bis 2 x 1 m Abstand. Während der Reifezeit den Boden ausreichend feucht halten. Die Flachwurzler sind für eine gemulchte (➛ Mulchen) ➛ Pflanzscheibe dankbar und sollen nicht durch Hacken gestört werden. Jährlich vor dem Austrieb mit reifem ➛ Kompost mulchen oder einen Universaldünger zugeben. Schnitt: nach 3 bis 5 Jahren erschöpfte Äste komplett bis auf den Boden ausschneiden, damit junges Fruchtholz nachwachsen kann. Bei Schwarzen Johannisbeeren kann dies schon im zweiten Jahr nötig werden. Rote und Weiße Johannisbeeren verzweigen sich gut, bei Schwarzen Johannisbeeren muss durch einen Rückschnitt der Leittriebe bis auf 4 Augen die Verzweigung angeregt werden. Ältere Sträucher können radikal ➛ verjüngt werden, nach 15 Jahren gelten sie allerdings als vergreist und erschöpft und sollten durch neue Exemplare ersetzt werden. Alle Schnittmaßnahmen entweder direkt nach der Ernte im Hochsommer oder erst im Spätwinter vor dem Austrieb vornehmen. Die meisten Fruchtsorten sind ausreichend selbstfruchtbar, die Nachbarschaft einer gleichzeitig blühenden anderen Sorte erhöht jedoch in der Regel den Ertrag. **Schädlinge und Krankheiten:** Vogelfraß an Knospen im Winter und an Beeren im Sommer, Johannisbeer-Gallmilbe („Rundknospenkrankheit"; ➛ Gallmilben), Virosen („Brennnesselblättrigkeit", „Pfeffinger Krankheit"), Johannisbeer-Glasflügler, Johannisbeer-Trieblaus, Rote Spinnmilbe, Schildläuse, Stachelbeer-Blattwespe, Pilzerkrankungen (Blattfallkrankheit, Milchglanz, Säulenrost, *Verticilium*-Welke). **Vermehrung:** Durch ➛ Abrisse vermehren oder Steckreiser im Winter schneiden.

Ob rot, schwarz oder weiß, aus allen Fruchtsorten der Johannisbeere lassen sich köstliche Marmeladen, Säfte oder Kuchen herstellen. Die Blutjohannisbeere hat mehr optische als kulinarische Qualitäten zu bieten.

Sortenübersicht schwarze Johannisbeere				
Sorte	Wuchs	Reifezeit; Ertrag	Fruchtfarbe; Fruchtgröße	Geschmack
Ben Sarek	kompakt, schwach, aufrecht	Juli; sehr hoch	schwarz; groß	mild aromatisch
Ben Lomond	mittel, etwas hängend	Juni – Juli; hoch	glänzend schwarz; sehr groß	säuerlich aromatisch
Ometa®	stark, überhängend	Juli; mittel	schwarz; groß	süßsäuerlich aromatisch
Roodknop	stark, breitwüchsig	Juni – Juli; hoch	rotschwarz; mittel bis klein	weiche Beeren, herb aromatisch-säuerlich
Rosenthals Langtraubige Schwarze	sehr stark, breit ausladend	Juni – Juli; mittel bis hoch	blauschwarz; groß	kräftig herb-säuerlich
Silvergieters Schwarze	stark, etwas hängend	Juni; hoch	schwarz; groß	mild aromatisch
Titania®	kräftig, aufrecht	Juni; hoch	glänzend schwarz; sehr groß	aromatisch, angenehme Säure

Sortenübersicht rote und weiße Johannisbeeren				
Sorte	Wuchs	Reifezeit; Ertrag	Fruchtfarbe; Fruchtgröße	Geschmack
Heinemanns Rote Spätlese	sehr stark	Anfang August; sehr hoch	hellrot; lange Trauben, kleine Beeren	mäßig aromatisch, sauer
Heros	mittelstark	Ende Juli; mittelhoch	leuchtend rot; lange Trauben, sehr große Beeren	süß, mild, aromatisch
Jonkher van Tets	kräftig	Ende Juni; hoch	hellrot; lange Trauben, mittelgroße Beeren	säuerlich aromatisch
Red Lake	mittelstark	Anfang Juli; hoch	leuchtend rot; lange Trauben, große, locker sitzende Beeren	süßsäuerlich, mild, aromatisch
Rondom	stark bis sehr stark, oft überhängend	Mitte bis Ende Juli; sehr hoch	dunkelrot; dichte, mittellange Traube, mittelgroße Beeren	säuerlich, mild, aromatisch
Rotet	sehr stark	Mitte Juli; hoch	sehr lange Trauben, große Beeren	säuerlich aromatisch
Rovada	mittelstark	Ende Juli; hoch	sehr lange Trauben; mittelgroße Beeren	säuerlich, sehr aromatisch
Weiße Versailler	mittelstark	Mitte Juli; gering bis mittel	lange Trauben, mittelgroße Beeren	mäßig sauer, aromatisch
Werdavia	stark	Mitte Juli; hoch	lange Trauben, große Beeren	süßsäuerlich, aromatisch

Arten und Sorten: Alpen-Johannisbeere (*R. alpinum*): gedrungener, Laub abwerfender, reich verzweigter, bis 1 m hoher und breiter Zierstrauch, im Frühjahr grünlich gelbe Blüten, gefolgt von roten Beeren; Schwarze Johannisbeere (*R. nigrum*): rasch wachsender, robuster, Laub abwerfender, schwach verzweigter Strauch, 1 bis 1,8 m hoch, blüht im April, Ernte der Früchte von Ende Juni bis Anfang August – Sortenübersicht, siehe Tabelle; Rote Johannisbeere, Weiße Johannisbeere (*R. rubrum*): robuster, Laub abwerfender, gut verzweigter, 1,2 bis 1,8 m hoher Strauch, blüht im April, Ernte der Früchte Ende Juni bis Mitte August – Sortenübersicht, siehe Tabelle; Blut-Johannisbeere (*R.*

sanguineum): aufrechter, Laub abwerfender Zierstrauch, bis 2 m hoch und breit, im April/Mai mit etwa 8 cm langen Trauben rötlicher bis roter Blüten, manchmal gefolgt von schwarzen Beeren. Wichtigste Sorte: *R. s.* 'Pullborough Scarlet'. Stachelbeere (*Ribes uva-crispa* ➛ Stachelbeeren) Alle Sorten der Früchte tragenden Beerensträucher sind in der Regel sowohl als Busch wie auch als Hochstamm im Handel erhältlich.

Jostabeere

(*Ribes* x *nidigrolaria*; SAXIFRAGACEAE) Steinbrechgewächse

Aus einer Kreuzung von Hybriden der Schwarzen ➛ Johannisbeere, der mehltauresistenten Wildart *R. divaricatum* und einer säulenrostresistenten ➛ Stachelbeere entstanden und seit den 1970er Jahren im Handel. Das Blatt ähnelt dem von Johannisbeeren, ist aber größer. Die im Juli reifenden Beeren ähneln einer großen Schwarzen Johannisbeere, sitzen aber einzeln oder zu zweit an kurzen Stielen und schmecken süßsäuerlich, aromatisch und angenehm mild ohne den strengen Geruch Schwarzer Johannisbeeren. Die stark und breit ausladend wachsenden, bis 2 m hohen Sträucher sind selbstfruchtbar. **Kultur:** Wie bei Johannisbeeren. **Schädlinge/Krankheiten:** Wie bei Johannisbeeren und Stachelbeeren, allerdings resistent gegen Johannisbeer-Gallmücke, Amerikanischen Stachelbeermehltau und die Blattfallkrankheit. **Vermehrung:** Durch Steckhölzer.

Arten und Sorten: Nur die Sorte 'Josta'.

Jungfernfrüchtigkeit (Parthenokarpie)

Eine besondere Art der Fruchtbildung bei vielen Birnen- und einigen Apfelsorten, bei der auch aus unbefruchtet gebliebenen Samenanlagen Früchte heranwachsen. Diese Jungfernfrüchte enthalten keine Samen und zeigen oft eine sortenuntypische Gestalt, wodurch die Fruchtqualität jedoch nicht beeinträchtigt ist.

Jungfernrebe ➛ Wilder Wein

Jungtrieb ➛ Trieb

Die Jostabeere (links) ist eine Kreuzung aus der schwarzen Johannisbeere und der Stachelbeere.

Jungfernfrüchtigkeit (rechts) nennt man Früchte aus unbefruchteten Blüten. Sie selbst sind unfruchtbar.

Kahlfrost
Frost, der direkt auf Boden und Pflanzen einwirkt, da diese nicht von einer Schneedecke oder Winterabdeckung geschützt sind.

Kalibriertes Saatgut ➛ Saatgut

Kaliumdünger
Nährstoffdünger, der nur die Komponente Kalium enthält und für die gezielte Nachlieferung dieses Nährstoffs geeignet ist. ➛ Düngemittel

Kalkanstrich (Stammanstrich)
Das Versehen von Obstbaumstämmen mit einer Anstrichmischung bei gefährdeten Sorten mit frostempfindlichem Holz. Starke Temperaturwechsel im Spätwinter zwischen frostigen Nächten und sonnigen Tagen können sonst die Rinde zum Aufplatzen bringen und Frostrisse und -platten hervorrufen. Fertige Anstriche sind meist als Weißanstrich im Fachhandel erhältlich.

Als Kallus bezeichnet man unorganisiertes Zellwachstum.

Kalkausblühungen ➛ Ausblühung

Kalkdüngung ➛ Kalkung

Kalkgehalt
Im Bodensubstrat vorhandener Anteil an Kalk, dessen Höhe vor allem vom Ausgangsgestein bestimmt wird. So sind aus Silikatgestein hervorgegangene Böden kalkarm, aus Kalkstein entstandene dagegen kalkreich. Der K. beeinflusst den ➛ pH-Wert des Bodens entscheidend.

Kalkung (Kalkdüngung)
Einarbeiten von Kalkpräparaten, z.B. Algenkalk oder kohlensaurem Kalk, in die obere Bodenschicht. Das dient zur Erhaltung bzw. Verbesserung der ➛ Bodenstruktur und ➛ Bodengare, zur Düngung sowie der Aufrechterhaltung eines bestimmten pH-Werts. In bestimmten Abständen wird die Kalkmenge ersetzt, die durch Auswaschung und Ernteentzug verlorenging. Eine K. bei der ➛ Kompostierung beschleunigt die Verrottung und vermindert Fäulnis und Geruchsbelästigung.

Kallus
Gewebewucherungen an Wundstellen, vor allem bei Gehölzen, durch die eine Verletzung schnell verheilen kann. K. bildet sich auch bei Veredelungen an der Verwachsungsstelle zwischen Unterlage und Edelreis.

Kalter Kasten ➛ Frühbeet

Kalthaus ➛ Gewächshaus

Kaltkeimer ➛ Keimung

Kaltluftsenke
Talsenke, in der sich oft kalte Luft sammelt und die deshalb ein für empfindliche Pflanzen besonders widriges Kleinklima bietet.

Werden dicht belaubte, hohe Gehölzgruppen am Hang gepflanzt, lässt sich das Kleinklima einer Kaltluftsenke (oben) beeinflussen.

Kaltwasserauszug ➛ Pflanzenzubereitungen

Kambium ➛ Holz

Kantenstecher ➛ Schnittwerkzeuge

Kapillareffekt ➛ Kapillaren

Karger Boden (magerer Boden) ➛ Bodeneigenschaften

Karotte ➛ Möhre

Kartoffel

(*Solanum tuberosum*; SOLANACEAE) Nachtschattengewächse

Eine der wichtigsten Nahrungspflanzen. Die aus Südamerika stammende, krautige Staude mit weißen oder violetten Blüten und essbaren, verdickten Wurzelknollen wird einjährig kultiviert. Das Kraut und die kirschgroßen, tomatenähnlichen Früchte des ➛ Nachtschattengewächses sind giftig. Zum Verzehr eignen sich nur die stärkereichen, gekochten Wurzelknollen, die vom Frühsommer bis Herbst reifen und sich je nach Sorte auch gut an dunklen, kühlen Orten einlagern lassen. Werden sie hell gelagert, beginnen sie rasch zu keimen, und die braungelbe Schale vergrünt, wobei sich ein Gift (Solanin) bildet, das auch beim Kochen nicht zerfällt. Grüne Kartoffeln sollten daher nicht mehr verzehrt werden. **Kultur:** Die Knollen der Pflanzkartoffeln werden je nach Sorte ab Mitte April etwa 15 cm tief in einem Abstand von 40 x 60 cm an einem sonnigen Standort in lockere, lehmige bis sandige, fruchtbare Erde gepflanzt. Man kann die Knollen ab Mitte März an einem 15 °C warmen, hellen Ort vortreiben, was die Ernte verfrüht. Die Pflanzen sind frostempfindlich, weshalb sprießende Pflanzen in rauen Lagen bei späten Frösten mit einem ➛ Vlies geschützt werden müssen. Bei Trockenheit gießen. Ab Mitte Juni werden

Seit Friedrich II im 18. Jahrhundert den Anbau von Kartoffeln befahl, ist die Knollenfrucht aus der deutschen Küche nicht mehr wegzudenken.

die Pflanzen bis zu den unteren Blattansätzen angehäufelt. Geerntet wird, sobald das Laub vertrocknet ist, möglichst vorsichtig mit einer Grabgabel, um die Knollen nicht zu verletzen. **Schädlinge/Krankheiten:** Es sind über 50 Kartoffelkrankheiten bekannt, unter anderem Kartoffelkäfer, Braunfäule und Viruserkrankungen. **Vermehrung:** Durch Kartoffelknollen, die im Frühjahr gepflanzt werden. Durch Samen werden Kartoffeln nur in Zuchtbetrieben vermehrt. **Sorten:** Es gibt unzählige Sorten, die zum Teil regionale Bedeutung haben. Man unterscheidet sie nach den Erntezeiten und ob sie mehlig oder fest kochend sind. Einige Sorten haben eine rosafarbene Haut und zartrosa Fleisch.

Die beliebtesten Kartoffelsorten:
Frühe Sorten: 'Atica', 'Christa', 'Gloria', 'Hela', 'Rosella' (Rosa), 'Sieglinde', 'Saskia', 'Ukama',
Mittelfrühe Sorten: 'Agria', 'Charlotte', 'Clivia', 'Desirée' (rosa), 'Granola', 'Jetta', 'Maja', 'Quarta', 'Rosara' (rosa), 'Roseval' (rosa)
Späte Sorten: 'Aula', 'Carmen', 'Cosima', 'Datura', 'Hansa', 'Maritta', 'Saturna'
Spezialitäten: 'Bamberger Hörnchen' (syn. 'Ratte d'Ardèche'): fingerlange, dünne, gekrümmte Sorte mit fest kochendem, gelbem, aromatischen Fleisch; 'Vitelotte Noire': blauschalige Sorte mit blauviolettem Fleisch, ebenfalls fest kochend.

Kartoffelkäfer (Colorado-Käfer)

Halbkugeliger, gelbschwarz gestreifter Käfer. Die dicken, orangeroten Larven mit schwarzen Punkten erscheinen ab dem Frühsommer.
Gefährdete Pflanzen: Kartoffeln, gelegentlich auch Auberginen, Tomaten und Paprika.

Er macht ihr den Garaus, so man ihn nicht hindert – Kartoffelkäfer können die Blätter ernsthaft schädigen, was natürlich Konsequenzen auf die Fruchtbildung hat.

Schadbild: Loch- und Skelettierfraß an den Blättern; ab Ende Frühling lang-ovale, orangegelbe Eigelege an den Blattunterseiten.
Vorbeugung und Bekämpfung: Schutznetze über die Kulturen ausbreiten; stärkende Mittel wie Brennnesseljauche ausbringen; Steinmehl oder Algenkalk über die Blätter stäuben; Käfer, Eier und Larven konsequent absammeln und vernichten.

Kätzchen

→ Blütenstand

Keimblätter

→ Blatt

Keimdauer

→ Keimung

Keimling

→ Keimung

Keimlingskrankheit

(Umfallkrankheit, Schwarzbeinigkeit, Wurzelbrand)
Sammelbegriff für Krankheiten, die durch verschiedene Pilzarten verursacht werden.
Gefährdete Pflanzen: Sämlinge oder Stecklinge fast aller Pflanzenarten.
Schadbild: Pflänzchen fallen um; Sämlinge verfärben sich schwarzbraun; der Stängelgrund wird weich-faul; manchmal schimmelartiger Pilzbelag.
Bekämpfung: befallene Pflanzen sofort entfernen und die Erde beseitigen (nicht auf den Kompost!); Anzuchtschalen mit Desinfektionsmittel behandeln.

Keimprobe

Testmethode, um das allgemeine Keimvermögen von Samen zu ermitteln – vor allem bei lange gelagerten oder selbstgesammelten Saaten sinnvoll. Man sät eine bestimmte Anzahl Samenkörner in einer Saatschale aus, stellt sie unter geeigneten Bedingungen auf und zählt die nach entsprechender Zeit erscheinenden Keimlinge. Die *Keimrate,* d.h. der prozentuale Anteil gekeimter Samen an der Gesamtzahl, gibt Aufschluss über die Keimfähigkeit des Saatguts.

Keimrate ➛ Keimprobe

Keimruhe ➛ Keimung

Keimschutzpackung ➛ Saatgut

Keimtemperatur ➛ Keimung

Keimung

Hervortreten der Keimwurzel und danach der Keimblätter aus der Samenschale. Zuvor befindet sich der Samen im Ruhezustand, in der so genannten *Keimruhe.* Der Keimung muss eine Quellung vorangehen, da erst die Wasseraufnahme den zum Wachstum erforderlichen Stoffwechsel anregt; deshalb müssen Samen feucht gehalten werden. Die Zeitspanne zwischen Aussaat und Keimung bezeichnet man als *Keimdauer.* Sie kann je nach Art nur wenige Tage oder auch Jahre betragen. Das zarte, sehr empfindliche Pflänzchen, das dann erscheint, ist der *Keimling.* Man unterscheidet

- *Leichtkeimer:* anspruchslose Pflanzen, die rasch keimen, auch unter nicht idealen Bedingungen.
- *Schwerkeimer:* Pflanzen mit einer langen Keimdauer, weil in den Samen erst die Keimung hemmende Substanzen abgebaut werden müssen, bis die Samenschale wasserdurchlässig wird; z.B. Diptam, Blutweiderich.
- *Dunkelkeimer:* Pflanzen, deren Samen durch Licht in ihrer Keimung gehemmt

Zarte Erscheinung mit ungeheurer Durchsetzungskraft – ein Keimling auf dem Weg zur Pflanzwerdung.

Im Frühjahr, wenn es frischen Kerbel gibt, ist Zeit für grüne Saucen oder andere Kräutergerichte.

werden und bei der Aussaat deshalb mit Erde abgedeckt werden müssen, z.B. Enzian, Trollblume, Lupine, Rittersporn, Borretsch, Sauerampfer.

- *Lichtkeimer:* Pflanzen, die nur in Licht keimen können und deshalb nicht abgedeckt werden dürfen, z.B. Nelken, Salbeiarten, Glockenblumen, Sonnenhut, Fingerhut, Möhre, Sellerie, Basilikum, Majoran.
- *Kaltkeimer:* Pflanzen, deren Keimruhe erst durch Einwirkung niedriger Temperatur beendet wird (vor allem Gebirgspflanzen); verschiedene Laucharten, Traubenhyazinthe, Blaustern, Anemone.
- *Frostkeimer:* Pflanzen, deren Samen eine Zeitlang Minusgraden ausgesetzt sein müssen, damit sie zur K. kommen; z.B. Silberdistel, Buche, Liguster, Eibe, Wacholder.
- *Warmkeimer:* Pflanzen, die zur K. höhere Temperaturen benötigen (besonders Gewächse, die in warmen Klimazonen heimisch sind); z.B. Engelstrompete, Korallenstrauch, Palmen.

Keimzellen
→ Befruchtung

Kelch
→ Blüte

Kelchblätter
→ Blüte

Kerbel, Gartenkerbel, Suppenkraut

(*Anthriscus cerefolium*; APIACEAE)
Doldenblütler
Beliebtes, einjährig kultiviertes, bis 60 cm hohes Küchenkraut mit zarten, grünen, mehrfach gefiederten Blättern, die beim Zerreiben einen süßlichen, aromatischen, anisartigen Duft freisetzen. Die eher unscheinbaren, weißen Blüten stehen in mehrstrahligen Dolden und erscheinen im Hoch-

sommer. Geerntet werden die jungen Blätter etwa 6 Wochen nach der Aussaat. Man verwendet sie für Salate und Suppen, sollte das stets frisch zu verwendende Kraut jedoch nie mitkochen. Um den ganzen Frühsommer über frischen Kerbel zur Verfügung zu haben, macht man am besten bis zum Hochsommer in 14-tägigem Abstand Folgeaussaaten. Der verwandte, ähnlich aussehende Wiesenkerbel (*A. sylvestris*) kommt auch in der Natur vor. Er sieht Wilden Möhren, aber auch dem giftigen Schierling zum Verwechseln ähnlich. Man sollte ihn daher nur dann in der Natur sammeln, wenn man ihn eindeutig identifizieren kann. **Kultur:** Aussaat in Reihen oder breitwürfig von März bis Juli in lockeren, gut wasserdurchlässigen Boden im Halbschatten. Bei Trockenheit gut wässern, um vorzeitiges Fruchten zu vermeiden. **Schädlinge/Krankheiten:** Blattläuse, Schnecken, Raupen, Echter Mehltau. **Vermehrung:** Durch Aussaat. Die letzten Pflanzen einer Saison kann man zur Samengewinnung ausreifen lassen.

Arten und Sorten: Gartenkerbel (*A. cerefolium*); Wiesenkerbel (*A. sylvestris*); mit purpurbraunem Laub ist der bis 1 m hohe Purpurkerbel (*A. sylvestris* 'Ravenswing') eine hübsche Zierpflanze für Rabatten.

Kernholz ➛ Holz

Kernobst ➛ Obst

Kiefer, Föhre

(*Pinus*; PINACEAE) Kieferngewächse
Die größte und variantenreichste Gruppe unter den Nadelgehölzen. Gattung mit etwa 120 Arten einhäusiger, immergrüner, strauchiger und baumförmiger Koniferen der nördlichen Hemisphäre. Die ➛ Borke ist rissig und zerfällt bei einigen Arten in flache Segmente, die ziemlich langen Nadeln stehen selten einzeln, sondern in Gruppen zwischen 2 und 8 Kurztrieben. Die ➛ Winterknospen sind mit Harz überzogen. Nach der Befruchtung brauchen die weiblichen ➛ Zapfen bis zu 3 Jahre zur Samenreife und fallen dann als Ganzes ab. Kiefern wachsen weniger streng kegelförmig und symmetrisch als ➛ Fichten und ➛ Tannen. Viele Arten bilden im Alter bizarre, malerische Kronen aus. Schöne, in der Regel frostharte ➛ Solitärpflanzen, jedoch wegen der enormen Größe im Alter finden nur manche Arten in Hausgärten Verwendung. Kleinere, langsam wachsende Arten auch für ➛ Steingärten und Kübel geeignet. Die Tiefwurzler vertragen eine Unterpflanzung mit flach wurzelnden ➛ Stauden, ➛ Rhododendren o.Ä., tolerieren aber im Kronenbereich keine Konkurrenz. **Kultur:** In durchlässigen Boden in voller Sonne pflanzen. Kiefern sind sehr anpassungsfähig an unterschiedlichste Böden und gedeihen auch in rauen Lagen. Manche Arten reagieren auf sehr flachgründigen, kreidigen Böden mit Kurzlebigkeit. Schnitt: Anders als bei vielen Koniferen können bei Kiefern die jungen Triebe zurückgeschnitten werden. Auch können Totholz und, wo dies aus Platzgründen oder zur Kronenkorrektur nötig ist, ganze Äste entfernt werden. Weil sie nicht aus dem alten Holz austreiben, sollte man es vermeiden, Stümpfe stehen zu lassen.

Sie haben keine besonderen Ansprüche: Ob auf sandigem oder tonigem Boden – so wie die Waldkiefer (rechts) oder in hohen Bergregionen – dort gedeiht die Zwergkiefer (links) – Kiefern wachsen auch noch da, wo andere Bäume schon längts kein Land mehr sehen.

Die beste Zeit für Schnittmaßnahmen ist der Winter. **Schädlinge/Krankheiten:** Fichtenläuse, Blattwespenlarven, Hallimasch, Gespinstmotten, weißer Kiefernrost. **Vermehrung:** Aussaat im Frühjahr in Töpfen oder ➛ Kalten Kasten, Kultivare im Spätwinter pfropfen.

Arten und Sorten: Grannenkiefer (*P. aristata*): kegelförmiger, im Alter aufgelockerter, langsam wachsender Kleinbaum, 6 bis 10 m hoch und 2 bis 6 m breit, Äste nach oben gebogen, blaugrüne Nadeln; Zirbelkiefer, Arve (*P. cembra*): langsam wachsender, mittelhoher, 15 bis 20 m hoher und bis 4 m breiter Baum mit geschlossen kegelförmiger, im Alter lockerer und bizarrer Krone, Zweige bogenförmig aufstrebend, bis zum Boden beastet, weiche blaugrüne, bis 8 cm lange Nadeln; Drehkiefer (*P. contorta*): mittelgroßer, 10 bis 15 m hoher und bis 6 m breiter, langsam wachsender, erst konischer, im Alter kuppelförmiger Baum mit schuppiger, rotbrauner Borke und bis 4,5 cm langen, dunkelgrünen Nadeln – die Sorte *P. c.* 'Compacta' wächst dichtbuschig verzweigt und bleibt wesentlich kleiner; Japanische Rotkiefer (*P. densiflora*): die eigentliche Art wird für Gärten zu groß, aber die langsam und mehrstämmig wachsende, Sorte *P. d.* 'Umbraculifera' (syn. 'Pumila') mit anfangs kugeliger, später schirmförmiger Krone und bis 10 cm langen Nadeln erreicht nur bis 3 m Höhe und 2,5 m Breite; Bosnische oder Schlangenhautkiefer (*P. leucodermis*): mittelhoher, in der Jugend schlanker, später geschlossen kegelförmiger Baum, 6 bis 10 m hoch, 3 bis 6 m breit, mit schuppiger, aschgrauer Borke und bis 9 cm langen, dunkelgrünen Nadeln, die Sorte *P. l.* 'Compact Gem' wächst dichtbuschig, breit kegelförmig und wird nur 2 m hoch und 1,5 m breit; Bergkiefer, Latsche, Krummholzkiefer (*P. mugo*): niederliegender, vielstämmiger, ausladender Großstrauch oder Kleinbaum, bis 5 m hoch und 4 m breit, Stämme und Äste wachsen schwach, bogig aufrecht und oft knieförmig gebogen. Man unterscheidet 2 Hauptvarietäten und zahlreiche Gartenkultivare: *P. mugo* var. *mughus* (Krummholzkiefer): wächst aufrechter und stärker als *P. mugo* var. *pumilo* (Kriechkiefer), die nur bis 1,5 m hoch und 3 m breit wird; wichtige, durchweg langsam wachsende Gartenformen: *P. m.* 'Columnaris' (Säulen-Bergkiefer, gedrungen säulenförmig bis kegelig, bis 3 m hoch und 1 m breit); *P. m.* 'Gnom' (kompakt kugelförmig, 2 bis 4 m hoch und 3 m breit); *P. m.* 'Humpy' (kissen- bis kugelförmig, dicht, gedrungen, bis 1 m hoch und 1,5 m breit); *P. m.* 'Minimops' (extrem langsam wachsend, regelmäßiger, kissenförmiger Wuchs, bis 0,5 m hoch und 0,8 m breit); *P. m.* 'Mops' (Kugel-Bergkiefer, kissen- bis kugelförmig, bis 1,5 m hoch und breit); Österreichische Schwarzkiefer (*P. nigra*): die eigentliche Art wird mit bis über 30 m Höhe für Hausgärten zu gewaltig, einige Kultivare bleiben jedoch deutlich kleiner: Strauch-Schwarzkiefer (*P. n.* 'Nana'): breit kegelförmig, dicht verzweigt, bis 8 m hoch und 2 m breit; Säulen-Schwarzkiefer (*P. n.* 'Fastigiata', syn. var. *pyramidata*): breit säulen- bis eiförmiger Kleinbaum, bis 4 m hoch und 2 m breit); Blaue Mädchenkiefer (*P. parviflora* 'Glauca'): bis 8 m hoher und 6 m breiter, unregelmäßig kegelförmiger bis bizarr und locker aufgebauter, langsam wachsender Baum mit silbrig blaugrünen, bereiften Nadeln; Japanische Zwergkiefer (*P. pumila*): ausladender, niedriger Strauch, zwischen 0,5 und 3 m hoch und breit, sehr schöne Zwergkonifere mit zahlreichen Kultivaren: *P. p.* 'Glauca': locker halbrund bis 1,5 m hoch und breit wachsender Strauch mit blaugrünen Nadeln; *P. p.* 'Jeddeloh': flach ausgebreitet, Äste schräg ansteigend, daher in der Mitte nestartig vertieft; Weymouth-Kiefer *(P. strobus)*: die eigentliche Art wird mit über 30 m zu gewaltig für Gärten, aber Zwergformen wie 'Krüger's Liliput', 'Radiata', 'Minima' und 'Macopin' werden nur zwischen 1 und 3 m hoch und breit und sind sehr langsam wachsend; Waldkiefer, Föhre (*P. sylvestris*): heimischer Großbaum mit aparter rotoranger Rinde und blaugrünen Nadeln – für Gärten eignen sich kleiner bleibende Kultivare, z. B. die Säulen-Waldkiefer (*P. s.* 'Fastigiata'): schwach wachsender Kleinbaum, bis 7 m hoch und 1,5 m breit, mit straff aufrechten Ästen und kurzen Zweigen; Blaue Waldkiefer (*P. s.* 'Glauca'): erst kegelförmige, dann aufgelockerte, bizarre Krone und silberblaue Nadeln, bis 15 m hoch und 8 m breit; Strauch-Waldkiefer (*P. s.* 'Watereri'): kugeliger bis halbrunder Großstrauch, im Alter schirmförmige Krone, bis 5 m hoch und breit; Tränenkiefer (*P. wallichiana*): erst kegelförmiger, dann locker bis unregelmäßig aufgebauter Großbaum, bis 30 m hoch und 10 m breit, mit bis zu 20 cm langen, blaugrünen, locker herabhängenden Nadeln, die Sorte 'Densa Hill' ist deutlich kleiner (bis 7 m hoch und 2 m breit). Die mit Harztropfen überzogenen, bis 25 cm langen Zapfen setzen beide Kiefernarten erst im 10. Jahr an.

Kies ➛ Bodenlockerungsmittel

Kiesbeet

Beetanlage, die einzelnen Elementen einer Moränen- oder Flusslandschaft nachempfunden ist. Das K. wird mit unterschiedlich großen, gerundeten Kieseln bedeckt und eignet sich als Umrandung eines Gartenteichs, entlang eines Bachlaufs sowie für eine wenig geneigten Terrassenhang.

Kindel (Tochterpflanze)

Triebteil einer Pflanze, die sich meist dicht neben oder direkt an der Mutterpflanze zu einem eigenständigen Gewächs entwickelt. K. kann man abnehmen und zur vegetativen ➛ Vermehrung nutzen; z. B. bei Steinbrech und Hauswurz.

Kirsche

(*Prunus*; ROSACEAE; siehe auch: Zierkirsche) Rosengewächse

Diese weit verbreitete Steinobstart gedeiht im gemäßigten Klima Westasiens und Europas. Die Laub abwerfenden Bäume gehören in die Gattung Prunus, sind also mit Pflaumen, Pfirsichen und Mandeln verwandt. Man unterscheidet zwischen Süßkirschen (*Prunus avium*) und Sauerkirsche (*Prunus cerasus*), die sich sowohl im Wuchs als auch durch den Geschmack der Früchte voneinander unterscheiden. Süßkirschen bilden einen hoch wachsenden, aufrechten Baum zwischen 6 und 15 m Höhe und bis zu 10 m Breite mit kräftigem Stamm. Die Blätter sind

Sie müssen nicht immer rot sein: die weißgelben Süßkirschen sind genauso lecker wie ihre roten Verwandten.

länglich eiförmig und zugespitzt, die im April/Mai erscheinenden, spätfrostgefährdeten Blüten sind weiß bis schwach rosa und selbstunfruchtbar. Gleichzeitig blühende, fremde Sorten sollten nicht weiter als 40 m entfernt stehen, damit eine ➛ Befruchtung stattfindet. Man kann auch einen einzigen Zweig einer anderen Sorte in den Süßkirschbaum hineinveredeln, der dann als Pollenspender fungiert. Süßkirschen werden als Tafelobst vor allem für den Frischverzehr abgebaut. Sauerkirschen bilden mittelstark wachsende Büsche oder Kleinbäume zwischen 3 und 6 m Höhe, häufig mit überhängendem Wuchs. Die Blätter sind ähnlich denen der Süßkirschen, die weißen, im Mai erscheinenden Blüten sind bei einigen der verbreitetsten Sorten selbstfruchtbar. Sauerkirschen werden in der Regel als Einmachobst verwendet. **Kultur:** In nährstoffreiche, mittel- bis tiefgründige, lehmige und gut durchlässige Böden an einem geschützten, warmen Standort pflanzen. Sauerkirschen sind etwas weniger anspruchsvoll in Bezug auf den Standort und fruchten auch in raueren Lagen meist noch zuverläs-

Sortenübersicht Süßkirschen

Sorte	Erntezeit (Kirschwoche)	Fruchtfarbe	Fruchtgröße	Besonderes
Büttners Rote Knorpelkirsche	5	gelbe Grundfarbe, sonnenseits rot überlaufen	groß bis sehr groß	selbstunfruchtbar; erst stark, später mittelstark wachsend; späte Blüte, platzfeste Früchte
Burlat	1–2	leuchtend bis dunkelrot	groß bis sehr groß	selbstunfruchtbar; stark wachsend; mittelfrüh blühend, Früchte platzen bei Regen leicht
Dönissens Gelbe Knorpelkirsche	5–6	hell- bis goldgelb	mittelgroß	selbstunfruchtbar, mittelstark bis stark wachsend; mittelspät blühend
Große Prinzessin	4–5	hellgelbe Grundfarbe, rote Deckfarbe	groß bis sehr groß	selbstunfruchtbar; mittelstark wachsend; mittelfrüh blühend, Früchte platzen bei Regen leicht
Hedelfinger Riesenkirsche	4–5	braun- bis schwarzrot	groß bis sehr groß	selbstunfruchtbar; erst stark, später schwächer wachsend; Früchte platzen nach längerer Trockenheit und Regen leicht
Kassins Frühe Herzkirsche	1–2	braunschwarz	mittelgroß	selbstunfruchtbar; stark wachsend; Früchte platzen bei Regen leicht
Lapins Süßkirsche	6–7	dunkel braunrot	sehr groß	selbstfruchtbar; kompakter Wuchs
Schneiders späte Knorpelkirsche	5–6	leuchtend dunkelrot	sehr groß	selbstunfruchtbar; sehr stark wachsend; mittelspät blühend, Früchte platzen bei Regen leicht
Sunburst	5–6	leuchtend rot	groß	selbstfruchtbar; schlanker, aufrechter Wuchs; spät blühend
Van	4–5	braunrot	sehr groß	selbstunfruchtbar; mittelstark wachsend; mittelfrüh blühend, Früchte platzen bei Regen leicht

Sortenübersicht Sauerkirschen				
Sorte	Erntezeit (Kirschwoche)	Fruchtfarbe	Fruchtgröße	Besonderes
Beutelspacher Rexelle	4–5	kräftig rot bis dunkel-braunrot	mittelgroß bis groß	selbstfruchtbar; mittelstark wachsend
Heimanns Rubinweichsel	4–5	braunrot	klein	selbstfruchtbar; hängender Wuchs
Köröser Weichsel	5–6	glänzend rotbraun, leicht durchscheinend	groß bis sehr groß	selbstunfruchtbar; stark wachsend
Ludwigs Frühe	2–3	leuchtend hellrot, durchscheinend	klein bis mittelgroß	selbstfruchtbar; mittelstark wachsend
Kobold®	4–5	leuchtend rot	groß	selbstfruchtbar; schwach wachsend; kleinkronig
Morellenfeuer	5–6	dunkel-braunrot	groß	selbstfruchtbar; mittelstark wachsend
Schattenmorelle	6–7	braunrot	mittelgroß bis groß	selbstfruchtbar; mittelstark wachsend; hängende Triebe

sig. Die ➛ Pflanzscheibe sollte frei von Bewuchs gehalten und nach der Blüte mit einer ➛ Mulchschicht bedeckt werden. In rauen Lagen schützt ein ➛ Stammanstrich vor ➛ Frostrissen. Düngen in größeren Abständen entweder nach der Blüte mit Kompost oder Tiefendüngung mit Mineraldünger. Schnitt: Ein ➛ Erziehungsschnitt kann nach der Ernte im August oder September erfolgen. Man zieht 3 bis 4 Leitäste heran, die in den folgenden Jahren immer nur leicht eingekürzt werden. Bei Sauerkirschen entfernt man den Mitteltrieb. Alle nach innen gerichteten Triebe und zu eng stehenden Zweige werden entfernt, bei Sauerkirschen werden peitschenartige, nach unten hängende Triebe bis auf kräftige jüngere Äste zurückgenommen. **Schädlinge/Krankheiten:** Vogelfraß (vor allem bei Süßkirschen), Blattläuse, Kirschfruchtfliege (Maden), Apfelwickler, Schalenwickler, Kirschblattwespe, Obstbaum-Miniermotte, Frostspanner, Virosen (Pfeffinger- und Stecklenberger Krankheit), Bakterienbrand, Milchglanz, Schrotschuss- und Sprühfleckenkrankheit, Monilia-Spitzendürre (vor allem Sauerkirschen), Monilia-Fruchtfäule, *Verticilium*-Welke, Valsa-Krankheit. **Vermehrung:** Alle Sorten der Süßkirschen werden normalerweise auf stark wachsenden ➛ Unterlagen veredelt. Schwächer wachsende Unterlagen, etwa von *Prunus fruticosa*, 'Weiroot®', 'Giesela' oder 'Maxma' führen zu niedrigeren Bäumen. Sauerkirschen werden ebenfalls durch Veredeln auf Unterlagen (meistens *Prunus mahaleb*, die Steinweichsel, selten auch *P. avium*) veredelt. Auch Vermehrung durch Aussaat und Wurzelausläufer sind möglich.

Arten und Sorten: Die fast unübersehbar große Anzahl der Süßkirschsorten wird in 2 Hauptgruppen eingeteilt: Herzkirschen (*P. avium* var. *juliana*) und Knorpelkirschen (*P. avium* var. *duracina*). Es gibt Sorten mit roten, schwarzen, gelben und rotgelben Früchten (Sortenübersicht, siehe Tabelle). Sauerkirschen werden in Echte Sauerkirschen oder Weichseln und Bastard-Sauerkirschen unterteilt. Letztere entstanden durch Kreuzung mit Süßkirschen. Es gibt Sorten mit dunkelrotem, färbendem Saft und solche mit hellerem roten Saft bis hin zu nicht färbendem, gelben Fruchtfleisch („Glaskirschen"), die alle ein etwas unterschiedliches Aroma haben (Sortenübersicht, siehe Tabelle).

Kissenpflanzen ➛ Wuchsformen

Kiwi

(*Actinidia deliciosa*, syn. *A. chinensis*; ACTINIDIACEAE) Strahlengriffelgewächse

Windende, Laub abwerfende, bis 10 m lange Kletterpflanze. Im Juni trägt sie große, ➛ wechselständige, einfache Blätter und becherförmige, gelblich weiße, zweihäusige Blüten, auf die länglich eiförmige, 5 bis 7 cm große, grünlich gelbe bis braune, behaarte Beerenfrüchte folgen, die im Oktober/November reifen. In kalten Jahren können die Früchte vor dem ersten Frost abgenommen und bis zur Reife gelagert werden. Die Früchte sind innen leuchtend grün, mit zahlreichen kleinen, schwarzen Samen bestückt und schmecken hervorragend. In Asien wird die Pflanze bereits seit über

Aus Kiwipflanzen kann man Pergolen ziehen, da sie schöne breite Blätter haben und schnell rankend sind.

1000 Jahren kultiviert, in Europa ist sie erst seit relativ kurzer Zeit bekannt. **Kultur:** Die meistens nur mäßig frostharten Pflanzen wachsen am besten im Weinbauklima, aber auch in geschützten Lagen anderer Regionen. In lehmigen, tiefgründigen, humosen, leicht sauren und ausreichend feuchten Boden windgeschützt in voller Sonne bis Halbschatten pflanzen. Eine Kultur als ➛ Spalierpflanze ist gut möglich. Die rasch wachsenden Pflanzen können schnell größere Flächen begrünen. Schnitt: im Spätwinter die Seitentriebe auf 3 oder 4 Knospen zum dauerhaften Astwerk zurückschneiden, zu dichte Triebe ausdünnen, lange Triebe aufbinden, sodass sie möglichst viel Licht bekommen. **Schädlinge/Krankheiten:** Blatt- und Schildläuse gelegentlich möglich, Grauschimmel (*Botrytis*) an Früchten und *Verticilium*-Welke, auf kalkigen Böden Chlorose. **Vermehrung:** Früher wurde auf Sämlinge veredelt, heute vermehrt man meist durch halb verholzte Stecklinge im Sommer. Die Pflanzen werden bis zu 50 Jahre alt, ohne an Fruchtbarkeit einzubüßen.

Arten und Sorten: Nur eine Art, aber einige Sorten sind inzwischen im Handel erhältlich. Die meisten Kiwisorten sind ➛ zweihäusig, das bedeutet, dass man, um Früchte zu ernten, sowohl eine männliche als auch eine weibliche Pflanze nebeneinander setzen muss. Moderne Züchtungen sind manchmal auch ➛ einhäusige, sodass eine einzige Pflanze für Ernteerfolge genügt. 'Abbott' (stark wachsend, zweihäusig, rein weibliche Blüten, zahlreiche mittelgroße Früchte); 'Blake' (selbstfruchtbare, weibliche Sorte); 'Bruno' (zweihäusig, rein weibliche Blüten, sehr zahlreiche, mittelgroße, schmale Früchte); 'Hayward' (zweihäusige, rein weibliche Sorte, zahlreiche große Früchte); 'Jenny' (selbstfruchtbare, weibliche Sorte); 'Monty' (zweihäusig, rein weibliche Sorte, zahlreiche mittelgroße Früchte); 'Matua' (zweihäusige, rein männliche Sorte; Pollenspender); 'Tomuri' (zweihäusige, rein männliche Sorte; Pollenspender). Besonders frosthart (bis -30 °C) ist die verwandte Art des Scharfzähnigen Strahlengriffels (*Actinidia arguta* 'Weiki'), die ebenfalls wohlschmeckende, glattschalige, bis 3 cm große Früchte hervorbringt.

Kleingewächshaus ➛ Gewächshaus

Kleinklima (Mikroklima) ➛ Klima

Kletterhilfen

Gerüste in unterschiedlichsten Formen, die Kletterpflanzen, die keine Selbstklimmer sind, als Rankstützen dienen. Die gebräuchlichsten Materialien für K. sind Holz, Metall und Kunststoffe.

Kletterorgane

Speziell ausgebildete Pflanzenteile, mit deren Hilfe sich Kletterpflanzen an einer Stütze festhalten und daran in die Höhe wachsen können.

Selbstklimmer wie Efeu, Wilder Wein und Trompetenblume halten sich mit Hilfe von *Haftwurzeln* oder *-scheiben* am Untergrund fest und benötigen keine Kletterhilfen.

Rankende Arten wie Clematis, Glyzine oder Echter Wein bilden berührungsempfindliche Rankorgane wie *Spross-* oder *Blattstielranken*.

Windende Arten wie Hopfen, Feuerbohne, Blauregen oder Geißblatt winden sich um die Kletterhilfen; man unterscheidet links bzw. rechts windende Arten (➛ Kletterpflanzen).

Spreizklimmer wie Keltterrose oder Brombeere stützen sich mit Hilfe ihrer langen Triebe auf Klettergerüsten ab und erhalten durch Dornen, Stacheln oder Haare eine gewisse Stabilität.

Kletterpflanzen

Kaum eine andere Pflanzengruppe bietet die Möglichkeit, so viel Wirkung auf so geringer Grundfläche zu erzielen wie Kletterpflanzen. Wenn im Garten kein Platz mehr ist, können Kletterpflanzen an Spalieren, Pergolen oder an der Wand befestigten Rankhilfen, manche sogar ganz ohne diese, für Blattschmuck und Blüten sorgen. Die Vielfalt der Pflanzenarten, die entweder selbst klimmen oder mittels einer Rankhilfe klettern, macht es leicht, das Passende für die jeweilige Situation zu finden. Sie schmücken nicht nur Hauswände, Carports und begrünen abgestorbene Bäume neu, sie bieten auch zahlreichen Tieren einen wertvollen Lebensraum: Nistplätze für Vögel sowie

Nicht alle Rankpflanzen schaffen es von Anfang an alleine. Einige benötigen eine Kletterhilfe, die ihnen Halt gibt.

Kletterorgane

Unterschlupf und Nahrung für nützliche Insekten. Mit Kletterpflanzen begrünte Hauswände und -dächer wirken klimatisch ausgleichend und halten bei ausreichender Dichte der Blätter Schlagregen und damit Feuchtigkeit von der Mauer fern. Je nach Ausrichtung des Hauses hat man die Auswahl zwischen immergrünen oder Laub abwerfenden, sonnenliebenden oder schattenverträglichen Arten sowie solchen mit attraktiven Blüten und solche, die eher wegen des schmückenden Laubes kultiviert werden (siehe Übersichtstabellen). Allen gemeinsam ist die Eigenschaft, statt eines aufrechten, stabilen Haupttriebes lange, biegsame Triebe zu bilden, die sich rankend oder schlingend dem Licht zuwenden. Bei mehrjährigen Arten verholzt der anfangs weiche Trieb und kann im Alter einen stammähnlichen Durchmesser erreichen.

Schäden an Mauern und Putz

An intaktem Mauerwerk können Kletterpflanzen praktisch keinen Schaden anrichten. Nur dort, wo sich Haftwurzeln (etwa des Efeus) in feine Risse des Mauerwerks schieben und diese durch Breitenwachstum vergrößern, können Schäden auftreten.

Rosen eignen sich hervorragend zum Klettern an Hauswänden, für Pergolen oder einfach an Klettergerüsten. In Kombination, hier z.B. mit einer Clematis, steigert sich noch ihr Zauber.

Haftscheiben verursachen keine Schäden am Putz, können aber nach dem Entfernen der Pflanzen schwierig abzulösen sein. Gefahr droht vor allem, wenn sich Triebe von Kletterpflanzen unter Dachziegel schieben und diese anheben, und wenn Dachrinnen überwuchert werden und ihrer Funktion nicht mehr gerecht werden können. Im Zweifel entscheidet man sich für Kletterpflanzen, die an einem der Mauer im Abstand von etwa 10 bis 20 cm vorgeblendeten Klettergerüst gezogen werden.

Kletterhilfen ➛ Kletterorgane

Eine Kletterhilfe am Haus zu befestigen ist eine bauliche Maßnahme und sollte im Fall von Mietwohnungen niemals ohne schriftliches Einverständnis des Hauseigentümers erfolgen. Mobile Kletterhilfen, etwa in Kästen auf Balkonen angebrachte ➛ Spaliere für Einjährige wie Duftwicken oder Kapuzinerkresse sind davon ausgenommen. Im Garten können Kletterhilfen wie ➛ Pergolen oder

Wie klettern Ketterpflanzen?

Nur wenige Kletterpflanzen klimmen selbst. Sie bilden dazu Haftwurzeln (➛ Haftorgane) aus, mit denen sie sich an Flächen wie Mauern oder Baumrinde festklammern. Diese Wurzeln nehmen in der Regel keine Nährstoffe auf – die Pflanzen schmarotzen nicht an den Bäumen, die sie zur Stütze brauchen. Zu dieser Gruppe der Wurzelkletterer gehören Efeu (*Hedera*), Jungfernrebe (*Parthenocissus tricuspidata*), Trompetenblume (*Campsis*), Kletterhortensie (*Hydrangea anomala, Schizophragma hydrangeoides*) und Kletterspindel (*Euonymus fortunei*). Spreizklimmer, zu denen Rosen (*Rosa*), Brombeeren (*Rubus*) und Winterjasmin (*Jasminum nudiflorum*) gehören, halten sich mit Dornen oder Trieben an ihrer Stütze fest. Sie müssen meist zusätzlich angebunden werden. Ranker wie Winden (*Ipomoea* und andere), Glyzinen (*Wisteria*), Bohnen (*Phaseolus*) und Hopfen (*Humulus*) winden sich mit dem gesamten Trieb um dünne Gegenstände wie Pflanzenstängel, Bambusstangen oder Geländer. Rankpflanzen halten sich mit Blättern oder Blüten, die eine Ranke ausbilden, an der Stütze fest. Typische Vertreter sind Wein (*Vitis*), Duftwicke (*Lathyrus*), Erbse (*Pisum*) und Kürbis (*Cucurbita*).

→ Rosenbögen die Anlage in verschiedene Räume gliedern, als Sichtschutz oder als Laube dienen. Rankhilfen können aus Holz, Kunststoff oder Metall sein. Je stabiler und dauerhafter das Material ist, desto besser – und meistens leider auch teurer. Dennoch lohnt es sich bei einer längerfristigen Begrünung mit Kletterpflanzen, tiefer in den Geldbeutel zu greifen, denn eine alte Kletterrose mit einem neuen Gerüst zu versehen ist ein schwieriges Unterfangen, bei dem es kaum ohne Verletzungen sowohl an der Pflanze, als auch am Gärtner abgehen wird. Holzkonstruktionen können fertig gekauft oder selbst konstruiert werden. Vor dem Begrünen empfiehlt es sich, das Holz mit einer Lasur oder einem deckenden Farbanstrich gegen Fäulnis und Bläue zu imprägnieren. Erdkontakt der Stützen sollte vermieden werden, indem man die Pfosten auf Stützanker aus Metall montiert. Konstruktionen aus Kunststoff sind nur für schwache, Einjährige Kletterpflanzen geeignet, da sie kräftigen Trieben leicht nachgeben. Metallkonstruk-

Einjährige Kletterpflanzen

Pflanzenname	Wuchs	Blüte	Standort	Pflege	Besonderes
Glockenrebe (*Cobaea scandens*)	klettert mit an den Blättern sprießender Ranken, 8–10 m hoch	glockenförmig; blauviolett oder grünlich weiß; 5 cm lang; blüht ab Juli	sonnig, warm	Aussaat im April/Mai; reichlich gießen und düngen; an dünnen Stäben oder gespannten Drähten in die Höhe leiten	Triebspitzen und später Früchte ausknipsen, damit die Pflanzen sich verzweigen und neue Blüten bilden
Prunkwinde (*Ipomoea purpurea*)	Schlinger mit bis zu 4 m langen Trieben	trichterförmig; in Weiß, Rosa, Rot, Violett und Blau, teilweise andersfarbig gezeichnet; blüht ab Juli	sonnig, warm, windgeschützt	Aussaat im März unter Glas; frühzeitig eine Kletterhilfe installieren; regelmäßig gießen und düngen; Samenansätze entfernen	die einzelnen Blüten sind kurzlebig, erscheinen aber in großer Zahl
Sternwinde (*Ipomoea lobata*, syn. *Quamoclit lobata*)	schlingend kletternd, im unteren Teil eher buschig, bis 6 m hoch	kleine, zungenförmige Blüten in bis zu 40 cm langen Rispen; rot knospend, im Aufblühen heller; blüht ab Juli	sonnig, warm, windgeschützt	mäßig gießen und wöchentlich düngen; junge Triebe an Rankhilfe leiten	die Sternwinde bildet wegen des dichten Wuchses einen guten Sichtschutz
Duftwicke (*Lathyrus odoratus*)	rankend, buschig, bis 2 m hoch	duftende Schmetterlingsblüten; weiß, gelb, rosa, rot und violett; ab Mai/Juni	sonnig, warm, windgeschützt	Aussaat Ende März/ Anfang April; Samenansätze müssen entfernt werden, um die Blütezeit zu verlängern	eine zeitlich versetzte Folgeaussaat garantiert lange Blütenfreude
Kletterndes Löwenmaul (*Maurandya erubescens*)	Rankpflanze, Blattstiele winden sich um Kletterhilfe, bis 3 m hoch	trichterförmige, bis 7 cm lange Blüten; rosarot; von Juli bis Oktober	sonnig, warm	Aussaat im März unter Glas; regelmäßig gießen und düngen; anfangs die Triebe zur Kletterhilfe leiten	noch recht seltene Art, die aus Samen herangezogen wird

Pflanzenname	Wuchs	Blüte	Standort	Pflege	Besonderes
Feuerbohne (*Phaseolus coccineus*)	schlingende Kletterpflanze, bis 4 m hoch	kleine, feuerrote Schmetterlingsblüten	sonnig bis halbschattig	Aussaat im Mai an Ort und Stelle; regelmäßig gießen, schwach düngen; waagerecht gezogene Triebe verzweigen sich stärker	die Früchte sind jung geerntet wie grüne Bohnen genießbar, ältere Früchte werden hart und fädig; häufiges Pflücken regt neue Blütenbildung an
Rosenkleid (*Rhodochiton atrosanguineus*)	schlingend kletternd bis halbstrauchig, wird bis zu 3 m hoch	rosaroter Kelch mit dunkelroter Krone; blüht ab August	sonnig, warm, geschützt	Aussaat im Spätwinter unter Glas; mäßig gießen, wöchentlich düngen	selbst ausgesäte Pflanzen brauchen lange bis zur Blüte – besser man kauft im Hochsommer blühende Pflanzen
Schwarzäugige Susanne (*Thunbergia alata*)	Schlinger, bis 2 m hoch	trichterförmige, weit geöffnete, orangegelbe (auch cremeweiße) Blüten mit schwarzem Auge in der Mitte; blüht ab Mai/Juni	sonnig, warm, windgeschützt	regelmäßig gießen, wöchentlich düngen; Kletterhilfe mit rauer Oberfläche anbieten	aus Samen selbst gezogene Pflanzen brauchen in unserem Klima zu lange, bis sie blühen, daher lohnt sich der Kauf blühender Exemplare im Frühsommer
Kanarenkresse (*Tropaeolum peregrinum*)	schwach schlingend, bis 3 m lange Triebe	gelbe, unregelmäßig gefranste, 2–3 cm große Blüten	sonnig bis halbschattig, windgeschützt	Aussaat im Mai an Ort und Stelle; reichlich gießen und oft, aber schwach düngen	Triebspitzen frühzeitig auskneifen, damit die Pflanzen sich verzweigen

Mehrjährige Kletterpflanzen					
Pflanzenname	Wuchs	Blüte	Standort	Pflege	Besonderes
Kiwi (*Actinidia deliciosa*)	Rankenkletterer mit sehr großen, behaarten Blättern, bis 12 m hoch	im Frühjahr, weißlich grün, 5–7 cm im Ø, gefolgt von essbaren, behaarten Beerenfrüchten im Herbst	volle Sonne bis Halbschatten	regelmäßiges Aufbinden der Ranken; Schnitt (fruchtet am zweijährigen Holz)	die meisten im Handel befindlichen Kiwipflanzen sind zweihäusig, d.h., man benötigt um Früchte zu ernten, eine zweite Befruchtersorte
Pfeifenwinde (*Aristolochia macrophylla*)	Schlinger mit sehr großen Blättern, bis 15 m hoch	unscheinbare Blüten im Mai: 2–3 cm lang, pfeifenartig geformt, gelbbraun an langen Stielen	sonnig bis schattig; braucht viel Wasser	in trockenen Sommern gießen; bei Bedarf zurückschneiden	attraktive Blattschmuckpflanze mit aromatisch duftender Rinde
Trompetenblume (*Campsis radicans*)	Rankenkletterer, ältere Pflanzen entwickeln Haftwurzeln; bis 10 m hoch	von Juli bis September orangerote, 6–9 cm lange, in Büscheln stehende Kelchblüten	vollsonnig, windgeschützt	im Winter junge Achsen einkürzen, um Austrieb von jungem Blütenholz zu fördern	in rauen Lagen nicht sicher frosthart

➛

Pflanzenname	Wuchs	Blüte	Standort	Pflege	Besonderes
Waldrebe (*Clematis*)	Rankenkletterer mit feinem, geteilten Laub; je nach Art und Sorte zwischen 2 und 20 m hoch	je nach Art und Sorte kleine, mittelgroße bis große Sternblüten mit auffälligen Staubgefäßen in Weiß, Rosa, Rot, Gelb, Blau, Purpur, oder Violett; Hauptblützeit im Frühjahr	beschattete, nicht zu trockene Basis; die Triebe vertragen volle Sonne bis Halbschatten	verträgt keine sauren Böden; Wildarten brauchen keinen Rückschnitt, andere je nach Art und Sorte beschneiden	sehr attraktive, wenn auch nicht unkomplizierte Pflanze; schön in Kombination mit Rosen
Spindelstrauch (*Euonymus fortunei*)	immergrüner Wurzelkletterer; langsam wachsend; bis 5 m hoch	unscheinbar blassgrün; giftige Früchte im Herbst	halbschattig bis schattig; anspruchslos	absolut pflegeleicht; Rückschnitt bei Bedarf	wird hauptsächlich wegen des bei vielen Sorten schön gemusterten Laubes gepflanzt
Schlingknöterich (*Fallopia aubertii,* syn. *Polygonum aubertii*)	Schlinger, bis 15 m hoch	von Juli bis September kleine weiße, traubenförmig angeordnete Blüten	sonnig bis halbschattig; nicht zu trockene Böden	bei Bedarf im Winter bis auf die Haupttriebe zurückschneiden	für sehr rasche Fassadenbegrünungen
Efeu (*Hedera*-Arten)	immergrüner Wurzelkletterer, je nach Art und Sorte 3–25 m hoch	im Spätherbst Doldentrauben mit bis zu 40 gelblich grünen Einzelblüten, gefolgt von blauschwarzen, giftigen Beeren	sonnig bis halbschattig oder schattig	völlig pflegeleicht; Rückschnitt jederzeit, wenn nötig	robuste, sehr langlebige Kletterpflanze, die in der Altersform die Form der Blätter ändert
Hopfen (*Humulus lupulus*)	rasch wachsender Schlinger; bis 7 m hoch	unscheinbar; die charakteristischen Dolden erscheinenim Spätherbst an den weiblichen der zweihäusigen Pflanzen	sonnig bis halbschattig; nicht zu trockene Böden	alle 2 Jahre Ableger abstechen	schneller Schlinger, der bis zum Frost grün bleibt; Japanischer Hopfen (*H. scandens*) ist ebenso wüchsig, aber einjährig
Kletterhortensie (*Hydrangea anomala, Schizophragma hydrangeoides*	langsam wachsender Wurzelkletterer; bis 10 m hoch	im Juni große weiße Dolden, bis 25 cm Ø	halbschattig bis schattig	sehr pflegeleicht	auch für Nordwände geeignet

Pflanzenname	Wuchs	Blüte	Standort	Pflege	Besonderes
Winterjasmin (*Jasminum nudiflorum*)	wintergrüner Spreizklimmer, bis 4 m hoch	von November bis Februar kleine, schwefelgelbe Sternblüten	sonnig, halbschattig bis schattig	Rückschnitt nach der Blüte erhöht die Blühfreudigkeit im nächsten Jahr	klettert nicht von selbst, sondern muss aufgebunden werden
Geißblatt (*Lonicera*-Arten)	Schlinger, je nach Art und Sorte 3–10 m; *L. henryi* ist immergrün	je nach Art und Sorte von April bis Oktober gelbweiße, orangerote oder purpurgelbe Röhrenblüten, die in kleinen Büscheln zusammenstehen	sonnig bis halbschattig	nur bei Bedarf, am besten im zeitigen Frühjahr beschneiden	manche Sorten duften betörend; nach einigen Jahren vergreisen die Pflanzen
Wilder Wein (*Parthenocissus quinquefolia*)	Rankenkletterer mit Haftscheiben, braucht Rankhilfe; bis 15 m hoch	im Juni gelblich grün, unbedeutend, gefolgt von giftigen, blauschwarzen Beeren im Spätsommer	sonnig bis halbschattig	pflegeleicht; gelegentliche Wuchskontrollen verhindern, dass Dachziegel gehoben werden; das Herbstlaub kann lästig werden	dekorative Herbstfärbung des Laubes, daher beliebter Fassadenschmuck
Jungfernrebe (*Parthenocissus tricuspidata*)	Wurzelkletterer, bis 20 m hoch	im Mai unscheinbare, grüngelbe Blüten, gefolgt von blauschwarzen Beeren im Herbst	sonnig bis halbschattig	pflegeleicht; gelegentliche Wuchskontrolle verhindert, dass Gebäudeschäden entstehen; das Herbstlaub kann lästig werden	dekorative Herbstfärbung des Laubes; Kletterfüßchen können schwer zu entfernen sein
Kletterrose (*Rosa*-Arten)	Spreizklimmer; muss aufgebunden werden; je nach Art und Sorte 3–6 m und mehr	je nach Art und Sorte im Frühsommer und später sehr attraktive, oft duftende, ungefüllte oder gefüllte Blüten in Weiß, Gelb, Rosa, Rot	vollsonnig, luftig	Anbinden der Triebe; Ausschneiden von Verblühtem, eventuell Verjüngungsschnitt im zeitigen Frühjahr	eine der attraktivsten Kletterpflanzen überhaupt
Weinrebe (*Vitis vinifera*)	Rankenkletterer, bis 9 m hoch und breit wachsend	im Juni/Juli unscheinbare, gelbgrüne Blüten, im Herbst gefolgt von essbaren Beeren (Weintrauben)	vollsonnig, geschützt	braucht mehrmals in der Saison kenntnisreiche Schnittmaßnahmen, damit die Pflanzen fruchten	viele, darunter auch einige für raue Lagen (Norddeutschland) geeignete Sorten im Handel
Glyzine, Blauregen (*Wisteria*-Arten)	rasch wachsender Schlinger; je nach Sorte 10–35 m	im April/Mai bis 30 cm lange, fliederfarbene oder weiße Blütentrauben	sonnig	starker Rückschnitt im Winter fördert die Blütenbildung	Kletterpflanze mit großartiger Wirkung; verholzende Triebe können Regenfallrohre quetschen

tionen sollten verzinkt, aus rostfreiem Edelstahl oder mit einem Kunststoffüberzug gegen Alterung geschützt sein. Die preiswerteste Lösung sind dabei in einem Abstand von einigen Zentimeter an der Hauswand befestigte, verzinkte, 6 bis 8 mm starke Drähte. Unversiegeltes Metall kann sich im Sonnenlicht allerdings so stark aufheizen, dass die Pflanzen daran verbrennen. Egal, für welche Lösung man sich entscheidet: die Konstruktionen müssen stabil und sicher sein, damit sie nicht aus der Verankerung gerissen und Menschen gefährdet werden. In jedem Fall müssen die Kletterpflanzen planmäßig geleitet und bei Bedarf überflüssige Triebe entfernt werden.

Kletterrose ➛ Rosen

Klima

Gesamtheit der Witterungserscheinungen, die an einem bestimmten Ort der Erde über einen längeren Zeitraum auftreten. *Witterung* kennzeichnet den Charakter des Wetterverlaufs bis zu einigen Wochen; der Begriff *Wetter* bezieht sich auf den atmosphärischen Zustand und die Prozesse zum gegenwärtigen Zeitpunkt. Das K. entsteht als Folge von physikalischen Prozessen, die durch die Sonneneinstrahlung verursacht werden. Auch so genannte Klimafaktoren, geografische Begebenheiten wie Meere oder Gebirge sowie Bebauung und Bodenbeschaffenheit wirken auf das K. ein. Je nach Ausdehnung des betreffenden Areals unterscheidet man *Großklima (Makroklima)* vom *Lokalklima (Mesoklima)* eines begrenzten Gebiets, z. B. einer Stadt, und dem *Kleinklima (Mikroklima)* der bodennahen Luftschicht, das auf engstem Raum wirksam ist.

Knoblauch

(*Allium sativum*; LILIACEAE) Liliengewächse Ein- oder zweijährig kultivierte Gewürz- und ➛ Heilpflanze aus der Familie der ➛ Liliengewächse aus Westasien. Sein intensiver, charakteristischer Geschmack wird vor allem in Süreuropa geschätzt – dort nimmt diese Zwiebelpflanze einen wesentlichen Platz in der Küche ein. Die im Knoblauch unter anderem enthaltenen Schwefelverbindungen sorgen dafür, dass nach dem Verzehr unangenehme Gerüche von Atem und Haut aufkommen, die der Essende selbst oft nicht wahrnimmt. Graugrüne, bis 1 m hohe, 2,5 bis 5 cm breite Blätter; unterirdisch bildet sich im Laufe eines Jahres eine Zwiebel mit bis zu 18 einzelnen Zehen (Nebenzwiebeln), die von einer papierartigen Schicht umgeben sind. Die im Spätsommer geernteten Zwiebeln sind, wenn sie gut abtrocknen können, mehrere Monate lagerfähig. **Kultur:** Im Frühjahr oder Herbst einzelne Zehen mit der Spitze nach oben etwa 5 cm tief im Abstand von 25 x 10 cm in gut durchlässigen, sandigen bis lehmigen, tiefgründigen Boden in voller Sonne pflanzen. Herbstpflanzungen sollen höhere Erträge bringen. Geerntet wird, wenn das Laub eintrocknet. Im Boden vergessene Zwiebeln blühen im folgenden Jahr und setzen am Blütenschaft sterile Blüten und ➛ Brutzwiebeln an. **Schädlinge/Krankheiten:** Weißfäule, Falscher Mehltau, Zwiebelfliege. **Vermehrung:** Vegetativ durch einzelne Zehen oder oberirdisch angelegte Brutzwiebeln.
Arten und Sorten: Man unterscheidet statt nach Sorten nach Selektionen und Herkunft, z. B. 'Weißer Französischer Blanc de Lautrec', 'Spanischer', 'Thüringer'.

Knoblauchjauche ➛ Pflanzenzubereitungen

Knoblauchtee ➛ Pflanzenzubereitungen

Knochenmehl

Aus entleimten oder gedämpften Knochen gewonnenes organisches Düngemittel mit einem hohen Phosphorgehalt, mittleren Stickstoffgehalt und geringen Anteil an Kalium. Wegen der BSE-Krise in Zwielicht geraten und gehört wie das ➛ Blutmehl möglicherweise zum Risikomaterial.

Knöllchenbakterien

Bakterien, die mit bestimmten Pflanzen aus der Familie der Schmetterlingsblütlern, z.B. Lupinen, Bohnen und allen Kleearten, in Symbiose leben. Die in den Wurzelverdickungen (Wurzelknöllchen) lebenden K. sind in der Lage, den Luftstickstoff zu binden, der beim Absterben der Mikroorganismen der Wirtspflanze zugute kommt.

Knolle ➛ Speicherorgane

Knollenfenchel ➛ Fenchel

Knollengemüse ➛ Wurzel- und Knollengemüse

Knollengewächse ➛ Zwiebel- und Knollengewächse

Knollensellerie ➛ Sellerie

Knospe (Auge)

Ruheform junger Blatt- und Blütentriebe, die durch derbe Knospenschuppen gegen Kälte und Verdunstung geschützt sind. Aus Triebknospen entwickeln sich ganze Sprossen, Blattknospen enthalten nur Blattanlagen und Blütenknospen nur Blütenanlagen. Nach ihrer Stellung am Pflanzenkörper bezeichnet man eine K. als

- *Endknospe (Spitzenknospe, Gipfelknospe):* befindet sich an der Spitze eines Haupttriebs.
- *Achselknospe (Seitenknospe):* liegt an der Übergangsstelle zwischen Blatt und Stängel oder zwischen Haupt- und Seitenzweig.
- *Nebenknospe (Beiauge):* ist einer anderen K. unmittelbar benachbart.

Eine *schlafende Knospe (Ruheknospe, Reserveknospe, schlafendes Auge)* ist eine beim Dickenwachstum des Stamms überwachsene K., die sich eine Zeitlang in *Knospenruhe* befindet, ohne sich weiterzuentwickeln. Sie dient der Pflanze dann als Reserve, um Verluste an anderen K. oder Pflanzenteilen auszugleichen.

Knospenruhe ➛ Knospe

Knospensterben (Triebsterben)

Welken und Absterben der Spitzen junger Triebe bei Laub- und Nadelgehölzen durch Pilze.

Knoten ➛ Pflanzenorgane, Stängel

Knotenzwischenräume (Internodien) ➛ Stängel

Kohl, Kopfkohl

(*Brassica oleracea* convar. *capitata*; CRUCIFERAE) Kreuzblütler

Wichtige, vielseitig verwendbare, vitamin- und ballaststoffreiche Nahrungspflanze, mit vielen, verschieden ausgeprägten Sorten, die sich in Form (plattrund, rund, spitz) und Farbe (hell- bis dunkelgrün, rot, violett) unterscheiden. Alle sind ➛ zweijährig, wer-

Eine überaus große Familie mit durchweg schmackhaften Früchten: zur Kohlfamilie gehören u.a. auch Rotkohl (links) und Wirsing.

den jedoch ➛ einjährig kultiviert (im zweiten Jahr entwickeln sie Blütentriebe). Im Sommer geerntete Frühkohl-Sorten werden gleich verzehrt, die im Spätsommer bis Herbst reifenden Kohlsorten (Lagerkohl) lassen sich gut in ➛ Mieten oder an kühlen, dunklen Orten lagern. Weißkohl wird auch milchsauer zu Sauerkraut vergoren und auf diese Weise haltbar gemacht. Verzehrt wird Kohl praktisch ganzjährig in roher oder gekochter Form. **Kultur:** Aussaat im zeitigen Frühjahr unter Glas. Vereinzeln und Auspflanzen ab April in nährstoffreiche, ausreichend feuchte, tiefgründige Böden. Bei drohenden Spätfrösten Pflanzen mit einem ➛ Vlies schützen. Kohl hat einen hohen Stickstoffbedarf, daher 2 ➛ Kopfdüngungen mit Stickstoff, einmal 3 Wochen nach der Pflanzung, ein zweites Mal zu Beginn der Kopfbildung sichert hohe Erträge. Regelmäßig Wässern und Hacken fördern das Wachstum, ➛ Anhäufeln die Standfestigkeit. Engmaschige Netze oder Vlies schützen vor Befall durch Kohlfliegen und andere Schädlinge. Geerntet wird Früh- oder Sommerkohl bei ausreichender Größe, Lagerkohl im Oktober, indem man den Kohlkopf am Wurzelansatz abschneidet. Kohl, besonders Kopfkohl, ist ein ➛ Starkzehrer. Deshalb und aus Gründen der Bodenhygiene (Gefahr von Kohlhernie, einer gefürchteten Pilzkrankheit, die alle ➛ Kreuzblütler befallen kann) sollte man nach dem Anbau von Kohl mehrere Jahre keine Kohlarten

Sorten:
Weißkohl, Weißkraut (B. oleracea convar. capitata f. alba): 'Cape Horn' (Spitzkohl), 'Dithmarscher Früher', 'Marner Allfrüh', 'Delphi', 'Rapid', 'Minicole F1' (alle Früh-/ Sommerkohl); Lagerkohl: 'Filderkraut' (Spitzkohl), 'Hidena', 'Bislet', 'Dauerweiß', 'Lion F1' 'Polinius', 'Marner Langweiß'.

Rotkohl, Rotkraut, Blaukraut: (B. oleracea convar. capitata f. rubra): 'Langendijker Allerfrühester', 'Marner Frührotkohl', 'Allrot', 'Vitesse', 'Sombrero' (alle Früh-/ Sommerkohl); Lagerkohl: 'Langedijker Herfst', 'Marner Dauerrot', 'Marner Lagerrot', 'Rodon F1', 'Ruby Perfection'; die Sorte 'Schwarzkopf' eignet sich sowohl für Früh- wie für Spätanbau.

Wirsing (B. oleracea convar. capitata var. sabauda): 'Vorbote', 'Frühkopf', 'Salarite', 'Praero', 'Marner Grünkopf' (alle Früh-/ Sommerkohl); Lagerkohl: 'Hamasa', 'Lucetta', 'Ice Queen', 'Savoy Star F1', 'Vertus', 'Winterfürst', 'Wirosa'.
siehe auch ➛ Blumenkohl, ➛ Brokkoli, ➛ Chinakohl, ➛ Grünkohl, ➛ Kohlrabi, ➛ Rosenkohl

und andere Kreuzblütler auf dem Beet anbauen. **Schädlinge/Krankheiten:** Kohlweißlingsraupen, Kohlfliege, Kohleule, Kohlschnake, mehlige Kohlblattlaus, Kohlgallenrüssler, Erdflöhe, Kohlhernie. **Vermehrung:** Durch Aussaat.

Kohldrehherzmücke

Bis zu 2 mm große, gelbbraune Mücke. Sie selbst ist harmlos, aber ihre gelblich weißen Maden richten Schaden an.
Gefährdete Pflanzen: Kohlgemüse.
Schadbild: von den Maden oberseits angesaugte Blattstiele wachsen unregelmäßig, verdrehen sich und kümmern; statt eines Kopfes werden viele Seitentriebe gebildet.
Vorbeugung und Bekämpfung: Kohlkulturen mit Schutznetzen überspannen; immer in Mischkultur mit Tomaten oder Sellerie anbauen; Unkraut, vor allem Kreuzblütler, regelmäßig entfernen; bei Befall mehrmals Schmierseife-Spiritus-Lösung sprühen.

Kohlhernie (Kropf- oder Fingerkrankheit)

Durch einen Schleimpilz hervorgerufene Krankheit.
Gefährdete Pflanzen: Kohlgemüse, insbesondere Kohlrabi und Blumenkohl, gelegentlich auch Rettiche, Radieschen, Rüben sowie Goldlack und Levkojen.

Schadbild: knollige, kropf- oder krebsartige Wucherungen an den Wurzeln; keine Feinwurzeln; später auch Verdickungen am Wurzelhals.
Vorbeugung und Bekämpfung: in Mischkultur anbauen; Fruchtwechsel einhalten; Anbaupausen von 4 Jahren wahren; vor dem Anbau von Kohlgemüse keine Kreuzblütler als Gründüngung pflanzen; für kalkreichen Boden sorgen, bei Bedarf kalken; Boden gut durchlüften; Kohlgemüse nicht mit frischem Stallmist düngen; Unkraut, vor allem, Kreuzblütler, regelmäßig entfernen; Gartengeräte nach Gebrauch gründlich reinigen; Stärkungsmittel wie Kräuterjauche verabreichen; befallene Pflanzen sofort entfernen und vernichten; nach Auftreten der Krankheit mindestens 4 Jahre keine anfälligen Pflanzen auf dem Beet anbauen; im Frühbeet und Gewächshaus den Boden austauschen.

Kohlkragen ➛ Pflanzenkragen

Kohlrabi

(*Brassica oleracea* convar. *acephala* var. *gongylodes*; CRUCIFERAE) Kreuzblütler
Geschätztes ➛ Kohlgemüse mit hellgrünen oder violetten, zu Knollen verdickten Stängelbasen mit kurzer Kulturzeit, das fast das ganze Jahr über (auch unter Glas), vor allem aber im Frühjahr angebaut wird. Verzehrt werden die knolligen Sprossknollen im rohen oder gekochten Zustand. Auch die klein gehackten, jungen Blätter sind essbar. **Kultur:** Aussaat im zeitigen Frühjahr unter Glas, ➛ Vereinzeln und Auspflanzen der Sämlinge im April unter ➛ Folie (bei −14 °C) mit einem Abstand von 25 x 25 cm in nährstoffreiche, gleichmäßig feuchte, durchlässige Erde in der Sonne. Bei Kälte-

Wo es etwas Gutes zu essen gibt, bleibt natürlich ein tierischer Anwärter nicht aus: die Kohlhernie hat sich auf besagte Familie spezialisiert.

Sorten:
Für Anbau im Frühjahr unter Folie und im Glashaus: 'Castor', 'Primavera weiß', 'Quickstar', 'Trero' (alle hellgrün); 'Azur Star', 'Capri' (violett).

Für den Anbau im Frühjahr und Sommer im Freiland: 'Avanti F1', 'Delikatess Weißer', 'Lanro', 'Rolano', 'Superschmelz', 'Trero' (alle hellgrün); 'Azur Star', 'Delikatess blau' (violett)

Für Anbau im Herbst: 'Gigant', 'Prima', 'Noriko' (hellgrün); 'Prager Blauer Speck' (violett).

Ganzjähriger Anbau: 'Prila' (hellgrün), 'Blaro', 'Blauer Delly', 'Blusta' (violett).

einfluss können die Pflanzen früh ➛ schossen und blühen. Wasser- und Nährstoffmangel während der Wachstumsphase führen zu Wachstumsstockungen, holzigen oder geplatzten Knollen. Geerntet wird, wenn die Knollen einen Durchmesser von mindestens 6 cm haben. Nach der Kultur von Kohlrabi einige Jahre keine Kohlpflanzen (➛ Kreuzblütler) mehr auf dem Beet anbauen. **Schädlinge/Krankheiten:** Kohltriebrüssler (Folge: geplatzte Knollen), alle anderen Kohlkrankheiten (➛ Kohl, Kopfkohl). **Vermehrung:** Durch Aussaat.

Kohlrübe, Steckrübe

(*Brassica napus* var. *napobrassica*; CRUCIFERAE) Kreuzblütler

Nur noch selten angebautes Wintergemüse mit eher regionaler Bedeutung. Einst früher in Europa ein wichtiges Nahrungsmittel dient sie heute zumeist als Futterpflanze. Kohlrüben zeichnen sich durch ihren rübenförmig verdickten ➛ Spross aus und können nach der Ernte längere Zeit in ➛ Mieten gelagert werden. Als Speiserübe werden gelbfleischige Sorten verwendet, als Viehfutter weißfleischige. **Kultur:** Aussaat im April/Mai direkt in Reihen, später auf einen Abstand von 40 x 50 cm vereinzeln oder mit ➛ Vorkultur und späterem Auspflanzen bis Ende Juli. Stellt keine großen Ansprüche an Boden und Klima, bevorzugt jedoch lehmige, tiefgründige Böden. Bei Trockenheit gießen, sobald sich die Stängelbasen verdicken, ➛ anhäufeln, um ein Vergrünen der Rüben zu verhindern. Geerntet wird im Herbst bis zum ersten Frost. Nach dem Anbau von Kohlrüben mehrere Jahre auf den Anbau von ➛ Kreuzblütlern auf dem Beet verzichten. **Schädlinge/Krankheiten:** Wie bei ➛ Kohl. **Vermehrung:** Durch Aussaat.

Leckere weiße und violette Kohlrabi sind eine Bereicherung für jeden Gemüsegarten – und natürlich für die dazugehörige Küche.

Schon fast in Vergessenheit geraten ist die früher so häufig angebaute Kohlrübe.

Sorten: 'Grünköpfige Gelbe Wilhelmsburger', 'Marian', 'Mella', 'Pandur'

Kohlweißling

Milchweiße Falter mit schwarzer Flügelzeichnung, dessen blassgrüne, schwarz gefleckte Raupen Schaden anrichten.
Gefährdete Pflanzen: Kohlgemüse außer Grünkohl, Kreuzblütler, Kapuzinerkresse.
Schadbild: ab Anfang Frühling gelbe, kegelförmige Eier an den Blattunterseiten, ab Mitte Frühling Raupen sowie Loch- und Skelettfraß an den Blättern.
Vorbeugung und Bekämpfung: gefährdete Pflanzen in Mischkultur anbauen; Schutznetze oder Vliese über die Kulturen spannen; stark riechende Abwehrpflanzen wie Lavendel zwischen die Kulturen setzen; stark riechende Pflanzenbrühen, z.B. Rainfarnbrühe oder Wermuttee, ausbringen; Eier und Raupen absammeln; nur bei starkem Befall *Bacillus-thurgiensis*-Präparat einsetzen.

Kolben

Ähriger Blütenstand, bei dem die Blütenachse auffallend verdickt ist.

Kombihacke

➛ Bodenbearbeitungsgeräte

Kompost

Erdiger, organischer Dünger und Bodenverbesserer, der überwiegend aus ➛ Humus besteht. Er entsteht durch die Verrottung pflanzlicher und tierischer Substanzen, die gezielt einem Zersetzungsprozess, der *Rotte*, durch Bodenorganismen unterzogen werden. Nach dem erreichten Stadium der Umsetzung unterscheidet man *Frischkompost*, der noch relativ wenig umgebaut ist, und den feinkrümeligen *abgelagerten* oder *Reifekompost*. Es gibt auch noch Spezialkompost, z.B. *Laubkompost, Mistkompost, Rasenkompost* oder *Wurmkompost*.

Kompostbehälter

Behältnisse zur Kompostierung. Man unterschiedet zwischen offenen *Kompostkästen*, mit einem Deckel verschlossenen *Komposttonnen* und Wärme isolierenden *Thermokompostern*. K. haben den Vorteil, dass das Material während der Verrottung nicht umgesetzt werden muss und der Zersetzungsprozess wegen der Wärmespeicherung schneller abläuft. Damit die Luft ausreichend zirkulieren kann, müssen die K. zahlreiche Öffnungen an den Seitenwänden haben.

Kompostierhilfen (Kompostzusätze)

Rottebeschleuniger und Impfmittel zur Steuerung des Zersetzungsprozesses. Neu angelegten Komposthaufen fügt man ein Paar Schaufeln reifen Kompost zu (dadurch wird das frische organische Material „geimpft"), um ihn mit Mikroorganismen zu versorgen. Im Handel gibt es so genannte Kompoststarter in flüssiger und pulverisierter Form, die Mikroorganismen und Stickstoff enthalten. Auch Kalk sorgt für ei-

Kompostbehälter sind nicht nur eine optische Bereicherung. Sie halten eine gewisse Wärme, bei der die Kompostierung schneller und gleichmäßiger verläuft.

nen stabil ablaufenden Zersetzungsprozess, indem er durch seine neutralisierende Wirkung eine Übersäuerung verhindert.

Kompostierung
Umsetzung organischer Abfälle, wobei als Endprodukt dieses Zersetzungsprozesses Kompost entsteht. K. erfolgt meist in speziellen Kompostbehältern oder in frei aufgesetzten Komposthaufen, den ➛ Mieten. Die K. wird von Faktoren wie Feuchtigkeit, Temperatur und Sauerstoffzufuhr beeinflusst und lässt sich mit verschiedenen ➛ Kompostierhilfen beschleunigen.

Kompostmaterial
Zur Kompostierung geeignete Stoffe. Dazu gehören grundsätzlich alle organischen Abfälle aus Garten und Küche. Ungeeignet sind nicht verrottende Materialien wie Kunststoff, Metall, Glas oder Stein, aber ebenso schadstoffbelastete oder mit Krankheitserregern infizierte Pflanzenreste sowie samende Unkräuter, Fleischabfälle, Reste von Tierfutter und Haustierstreu. Diese Stoffe verursachen hygienische Probleme und locken Ungeziefer, etwa Ratten, an. Unbedrucktes Papier lässt sich in kleinen Mengen ebenfalls gut kompostieren.

Kompostmiete ➛ Miete

Koniferen (Nadelhölzer) ➛ Gehölze

Konkurrenz
Kampf von Lebewesen um verschiedene für sie lebensnotwendige Faktoren. Bei Pflanzen wären das etwa Licht, Wurzelraum oder Nährstoffe. Die Konkurrenzkraft der einzelnen Arten ist unterschiedlich stark ausgeprägt – konkurrenzschwache Individuen können von konkurrenzstarken vollständig verdrängt werden.

Konkurrenztrieb ➛ Obstbaumteil

Kontaktgift
Giftige Stoffe, die über die Oberfläche in einen Organismus gelangen.

Köpfchen
Blütenstand, bei dem zahlreiche ungestielte Blüten dicht beieinander am Ende eines Sprosses sitzen.

Kopfdüngung ➛ Folgedüngung

Kopfsalat ➛ Blattsalat

Kopfsteckling ➛ Stecklinge

Korbblütler
(COMPOSITAE)
Ordnung von Zweikeimblättrigen mit etwa 19 000 Arten in über 900 Gattungen mit korbförmig erscheinendem Blütenstand aus zahlreichen kleinen, eng beieinander stehenden Einzelblüten. In Europa sind nur krautige Vertreter mit kleinen, dicht auf einem Blütenboden zusammenstehenden, Körbchen bildenden Blüten heimisch, die

von kelchblattähnlichen Hüllblättern umgeben sind. Die Körbchen stehen einzeln oder in Ähren, Trauben oder Rispen. Die Blütenstände bestehen entweder nur aus Röhrenblüten (z.B. Disteln, Rainfarn; ➛ Blütenformen) oder in der Mitte aus Röhrenblüten und am Rand aus Zungenblüten (z.B. ➛ Sonnenblume, Gänseblümchen), manchmal auch nur aus Zungenblüten (z.B. Habichtskraut). Die Früchte sind meistens kleine, einsamige Schließfrüchte (Nüsse), an deren Spitze sich oft ein federartiger Pappus, Schuppen oder Hautsaum befindet. Viele wichtige und attraktive Gartenblumen wie ➛ Aster, ➛ Sonnenhut, Schafgarbe, Margerite und Ringelblume gehören zur Ordnung der Korbblütler.

Körbchen

Blütenstand bei Korbblütlern, bei dem die Blütenköpfe aus zahlreichen ➛ Einzelblüten (Röhrenblüten, Zungenblüten) bestehen, und von einer gemeinsamen Hülle wie von einem Körbchen zusammengehalten werden.

Kordon (Schnurbaum) ➛ Spalierformen

Kork

Totes pflanzliches Schutzgewebe, das die durch das ➛ Dickenwachstum gesprengte ➛ Epidermis ersetzt. Als Hauptbestandteil der Borke wird es durch das Rindenabschälen der Korkeiche gewonnen.

Kotyledonen (Keimblätter) ➛ Blatt

Kragenfäule

Obstbaumkrankheit, die durch den Befall mit dem *Phytophthora*-Pilz hervorgerufen wird – der Baum kann absterben.

Gefährdete Pflanzen: Äpfel, gelegentlich auch Birnen.

Schadbild: an Veredelungsstellen violettbrauner Fäulnisherd, der sich ringförmig um den Stamm ausbreitet; später vermehrt Faulstellen, die schwammig und nass werden; rötlich verfärbte Blätter, die vorzeitig abfallen.

Vorbeugung und Bekämpfung: resistente Unterlagen und widerstandsfähige Sorten bevorzugen; standortgerecht pflanzen; beim Mulchen den Stamm frei lassen, damit das Holz trocken bleibt; Rindenverletzungen vermeiden; Schnittwunden immer mit Wundmittel verschließen; Fallobst regelmäßig entfernen; befallene Stellen großzügig herausschneiden und mit Wundmittel sorgfältig verschließen; stark betroffene Bäume fällen.

Krail ➛ Bodenbearbeitungsgeräte

Krankheiten

Durch Pilze, Bakterien und Viren verursachte Erkrankungen der Kulturpflanzen. Die Erreger dringen meist durch Wunden in die Gewächse ein und stören dort das Wachstum. Anders als die meisten tierischen Schädlinge sind sie nicht als Individuen erkennbar, sondern gewöhnlich nur an einem mehr oder weniger typischen Schadbild, das sie hervorrufen. Viele K. treten gehäuft zu bestimmten Jahreszeiten auf, begünstigt durch eine besondere Witterung wie etwa schwülwarmes Wetter. Andere sind nur zu gewissen Zeiten deutlich zu erkennen, z.B. die ➛ Rotpustelkrankheit an winterlich kahlen Gehölzen. Die meisten K. werden durch *Pilze* verursacht (etwa 3000); stickiges Treibhausklima und weiches Pflanzengewebe, das vor allem durch übermäßige Stickstoffdüngung entsteht, begünstigen den Pilzbefall. *Bakterieninfektionen* können zu Krebswucherungen und Fäulniserscheinungen führen, z.B. Rhizomfäule, Feuerbrand und Tomatenwelke. Gegen Bakterien-K. gibt es keine wirksamen Spritzmittel. *Virusinfektionen* verursachen Missbildungen, Zwergwuchs und Farbveränderungen an den Blättern, z.B. verschiedene Mosaikkrankheiten. Auch gegen Viruserkrankungen gibt es keine wirksamen Spritzmittel. Siehe auch die jeweils einzelnen Krankheit

Kräuselkrankheit
Durch eine Pilzart verursachte Krankheit mit charakteristischen Blattveränderungen.
Gefährdete Pflanzen: Pfirsiche, besonders späte Sorten, gelegentlich auch Aprikosen und Mandelbäumchen.
Schadbild: Blätter ab dem Austrieb gelblich bis rötlich verfärbt, blasig aufgetrieben, gekräuselt und verdreht sowie mit einem weißen Flaum überzogen, sie werden später rotviolett, verdorren und fallen frühzeitig ab; Früchte runzelig, sterben ab; Gummifluss.
Vorbeugung und Bekämpfung: wenig anfällige Sorten wählen; standortgerecht pflanzen; ausgewogene Ernährung; sorgfältige Rindenpflege; Stärkungsmittel wie Ackerschachtelhalmbrühe verabreichen; erkrankte Teile rasch entfernen und vernichten; bei sehr starkem Befall vor dem Austrieb spezielle Fungizide anwenden.

Krauskohl ➛ Grünkohl

Kräuter (krautige Pflanzen)
In der Botanik Bezeichnung für unverholzte oder nur an der Triebbasis leicht verholzende Pflanzen, die als Ganzes oder mit ihren oberirdischen Teilen am Ende der Vegetationsperiode absterben, z.B. ein- und zweijährige Pflanzen sowie Stauden. ➛ Küchenkräuter

Kräuterschnecke ➛ Kräuterspirale

Kräuterspirale (Kräuterschnecke)
Eine besondere Pflanzform zur Kultur verschiedener Gewürzkräuter auf kleinstem Raum. Sie besteht aus einer spiralig verlaufenden Trockenmauer, die nach innen hin ansteigt. Am flachen Auslauf kann zusätzlich ein kleiner Teich oder ein Feuchtbeet angelegt werden. Vom Teich ausgehend errichtet man in Spiralform eine flach ansteigende Trockenmauer aus nach innen geneigten Natursteinen, die in der Mitte der Spirale etwa 80 cm hoch ist. Bis zur halben Mauerhöhe wird die Spirale mit grobem Kies oder Schotter, darüber mit Erde aufgefüllt. Im oberen Bereich verwendet man Gartenerde, die mit reichlich Sand abgemagert wurde, nach unten zu wird der Sandanteil der Erde stärker reduziert. Für den flachen Bereich nimmt man mit etwas Kompost vermischte Erde. Die Kuppe der Spirale mit magerer Erde eignet sich für Kräuter wie Rosmarin, Lavendel, Salbei, Oregano, der abfallende Bereich mit nährstoffreicherem, feuchterem Substrat für Arten wie Estragon, Bohnenkraut, Kerbel und Beifuß, der flache Auslauf mit sehr nährstoffreicher und feuchter Erde für Petersilie, Schnittlauch, Pfefferminze und Zitronenthymian, der kleine Teich z.B. für Brunnenkresse.

Krautige Pflanzen ➛ Kräuter

Kraut- und Braunfäule (Kraut- und Knollenfäule, Krautfäule)

Kräuterspirale

Von einem Schadpilz hervorgerufene Krankheit, die vor allem in feuchten Jahren häufig auftritt.

Gefährdete Pflanzen: Tomaten, Kartoffeln, Kübelpflanzen wie Kamelien und Nachtschattenarten.

Schadbild: graugrüne Flecken auf älteren Blättern, die sich braun oder schwarz verfärben, blattunterseits heller Pilzrasen; Blätter faulen bei feuchter Witterung, verdorren bei trockenem Wetter; Tomatenfrüchte mit eingesunkenen, hellen, später runzeligen, braunen Flecken, Fruchtfleisch darunter hart oder faulig; Kartoffelknollen mit eingesunkenen, grauen Flecken, Fleisch darunter hart oder faulig.

Vorbeugung und Bekämpfung: widerstandsfähige Sorten pflanzen; Kartoffeln und Tomaten nicht nebeneinander anbauen; Blätter beim Gießen nicht benetzen; ausgewogene Ernährung; Stärkungsmittel wie Brennnesselbrühe verabreichen; Pflanzen mit

Knoblauchtee besprühen und/oder Gesteinsmehl bestäuben; Tomaten mit Folienhauben vor Regen schützen; befallen Teile sofort entfernen und vernichten.

Kren
➛ Meerrettich

Kresse
➛ Gartenkresse

Kreuzblütler

(CRUCIFERAE)

Ordnung mit rund 3000 meist krautigen, weltweit verbreiteten Arten mit ➛ wechselständigen Blättern und meist traubig gestellten, ➛ zwittrigen Blüten. Typisch sind die 4 kreuzartig angeordneten ➛ Kronblätter. Viele Kreuzblütler sind ➛ zweijährig: im ersten Lebensjahr speichern sie Nahrung und bilden erst im zweiten Blüten und Samen.

Der oberste Fruchtknoten bildet sich nach der Befruchtung zu einer Samen tragenden Schote oder einem Schötchen – nur wenige Gattungen haben Schließfrüchte oder perlschnurartige Gliederschoten. Die Früchte sind in der Regel sehr ölreich. Wichtige Kulturpflanzen wie ➛ Kohl, ➛ Rettich, Senf, aber auch Zierpflanzen wie Goldlack (*Erysimum cheiri*), Nachtviole (*Hesperis matronalis*), Silberblatt (*Lunaria annua*) und Meerkohl (*Crambe maritima*) gehören zu den Kreuzblütlern.

Kreuzung

Zufällige oder gezielte Vermischung von Erbmaterial verschiedener Eltern, die im Zuge der geschlechtlichen Vermehrung unter kreuzungsfähigen Tierrassen ebenso wie unter Pflanzenarten und -sorten von selbst abläuft bzw. zum Zweck der ➛ Züchtung gezielt vorgenommen wird.

Krokus

(*Crocus*; IRIDACEAE): Schwertliliengewächse

Eine Gattung ➛ Knollen bildender Frühjahrs- und Herbstblüher mit vielfältigem Arten- und Sortenspektrum aus Europa, West- und Zentralasien. Sie haben schmale, grasartige, von einem blassen Mittelstreifen geteiltes Laub und kelchförmige, aus 6 Blütenblättern bestehende Blüten, von denen pro Knolle 4 oder mehr gebildet werden. Oft kontrastieren die inneren Blütenblätter mit den äußeren. In der Regel sind Krokusse voll frosthart und werden am Rand von Beeten und Rabatten, am Saum von Gehölzen, in ➛ Steingärten, Töpfen, Kübeln und zum ➛ Verwildern im Rasen ausgepflanzt. Sie eignen sich auch für die ➛ Treiberei im Zimmer. Am schönsten wirken Krokusse in natürlich aussehenden Gruppen. Damit sie im Rasen möglichst zwanglos verteilt sind, wirft man einfach eine Hand voll Knollen aus und pflanzt sie dort, wo sie hinfallen, ein. Viele Arten bilden mit den Jahren von allein durch Brutknollen dichte Horste, andere wie der Elfenkrokus säen sich flächig aus, wenn man sie ungestört lässt. Sehr ähnlich in Aussehen und Verwendung im Garten sind die Zeitlosen (*Colchicum*) und die gelbe Gewitterblume (*Sternbergia lutea*), Gattungen, die jedoch ausschließlich im Spätsommer bis Herbst blühen. **Kultur:** Im Herbst blühende Krokusse werden im Spätsommer, im Frühjahr blühende im Herbst etwa 8 bis 10 cm tief gepflanzt. Abstand zwischen einzelnen Knollen: etwa 7 cm. Je nach Art besitzen Krokusse – besonders die botanischen Wildarten – unterschiedliche Kulturansprüche. Die handelsüblichen Arten und Sorten für Gärten verlangen jedoch in der Regel alle einen vollsonnigen Standort in leicht körniger, armer bis mäßig fruchtbarer, sandiger, leicht alkali-

scher, gut wasserdurchlässiger Erde. Nach der Blüte darf das Laub nicht abgeschnitten werden, da es die Zwiebel mit Nährstoffen für die nächste Blütezeit versorgt. Bei Erdarbeiten ist stets Vorsicht geboten, damit die keinen Knollen in der Zeit, in der oberirdisch kein Laub sichtbar ist, nicht übersehen und beschädigt werden. **Schädlinge/Krankheiten:** Mäuse und ➛ Wühlmäuse, in manchen Gegenden auch Eichhörnchen fressen die Knollen. Vögel (Amseln) zerpflücken die Blüten, vor allem diejenigen gelb blühender Sorten. An nassen Standorten können die Knollen während der ➛ Ruhezeit verfaulen (➛ Knollenfäule). **Vermehrung:** Samen bei Samenreife kurz vor dem Aufspringen der Kapsel sammeln und sofort in Töpfen oder im ➛ Kalten Kasten aussäen. Sämlinge brauchen 2 Jahre, bis sie ausgepflanzt werden können. Einfacher ist es, ➛ Brutknollen in der Ruhephase abzunehmen.

Arten und Sorten:

Frühjahrsblühende Arten: Ankara-Crocus (*C. ancyrensis*): orangegelbe Blüte, Höhe: 5 cm, Blütezeit: Februar bis März; Goldlack-Krokus (*C. angustifolius*, syn. *C. susianus*): goldfarbene, braun gestreifte Blüte, Höhe: 5–8 cm, Blütezeit: Februar/März; Goldkrokus (*C. flavus*, syn. *C. aureus*): dunkel-orangegelbe Blüte, Höhe: 7–10 cm, Blütezeit: Februar/März; *C. imperati* 'De Jager': bräunlich violette Blüte mit purpurnen Streifen, Höhe: 8–10 cm, Blütezeit: Januar/März; *C. sieberi* 'Bowles White': reinweiße Blüte mit dunkelgelber Mitte, Höhe: 7–10 cm, Blütezeit: Februar/März; Elfenkrokus (*C. tommasinianus*): lavendelblaue Blüte mit weißem Schlund, Höhe: 8–10 cm, Blütezeit: Februar/März, zahlreiche Zuchtsorten, die durch Selbstaussaat leicht verwildern.

Herbstblühende Arten: C. cartwrightianus: lilaweiße Blüte mit purpurner Äderung, gelbe und rote Staubgefäße, Höhe: 5 cm, Blütezeit: Oktober/November; *C. kotschyanus*, syn. *C. zonale*: helllila Blüte, goldgelbe Mitte, Höhe: 10 cm, Blütezeit: September/Oktober, mehrere schöne Sorten im Handel; *C. pulchellus*: lavendelblaue Blüte, orange Mitte, Höhe: 10–12 cm, Blütezeit: September/Oktober; Echter Safrankrokus (*C. sativus*): lilablau mit rotorangen Staubfäden, Höhe: 8 cm, Blützeit: September/Oktober; *C. speciosus*: dunkelblaue Blüte mit oranger Narbe, Höhe: 15 cm, Blütezeit: September/Oktober, mehrere schöne Sorten im Handel.

Neben den eigentlichen Arten und ihren Sorten gibt es – vor allem von frühjahrsblühenden Krokussen – eine große Zahl prächtiger Hybriden im Handel, die unter ihrem Handelsnamen vertrieben werden, z.B. *Crocus* 'Blue Bird', *C.* 'Gipsy Girl', *C.* 'E. A. Bowles', *C.* 'Eyecatcher' u.a.

Bunte Frühlingsgrüße erfreuen nach der kalten Jahreszeit das Auge des Betrachters. Hier der violett blühende Krokus *C. vernus* und sein gelber Verwandter *C. havens*.

Kronblätter ➛ Blüte

Krone ➛ Baum

Eine jede Pflanze hat eine eigene, typische Kronenform: hier eine Rundkrone, Tellerkrone und Pyramidenkrone.

Kronenformen

Oft charakteristische Gestalttypen des Sprossgerüstes bei Gehölzen. Die so genannte Naturkrone entwickelt sich von selbst und bleibt weitgehend vom Menschen unbeeinflusst, während die Kronen von Obstgehölzen durch Schnitt und weitere Pflegemaßnahmen erzogen werden. Die von der natürlichen Wuchsform abweichende K. der Obstgehölze dient vor allem der Steigerung der Ertragsfähigkeit, der Verbesserung der Fruchtqualität und der leichteren Pflegbarkeit des Baums. Man unterschiedet

- *Rundkronen:* Kronen mit rundlicher Gestalt, bei denen mehr als 3 Leitäste kreisförmig um den Stamm angeordnet sind.
- *Längskronen:* Bezeichnung für flächige K., bei denen die Leitäste in nur 2, sich gegenüberliegende Richtungen abgehen.
- *Pyramidenkrone:* pyramidenförmige bis rundliche Krone mit durchgehender Stammverlängerung und 3 bis 4 regelmäßig um den Stamm verteilten Leitästen.
- *Hohlkrone:* pyramidenförmige bis rundliche Krone ohne Stammverlängerung, bei der meist 4 Leitäste gleichsam einen Hohlraum umschließen.
- *Tellerkrone* (Flachkrone): sehr flache Abwandlung der Pyramidenkrone mit kurzer Stammverlängerung, die Leitäste gehen fast waagerecht davon ab.
- *Dreiastkrone (Einfache Palmette):* flächige, schmale Krone aus Stammverlängerung 2 Leitästen, die in einer Ebene seitlich abgehen; oft Längskrone genannt.
- *Zweiastkrone:* Längskrone aus nur 2 Leitästen.
- *Spindelkrone:* kegelige Krone aus einer Stammverlängerung, von der rundum gleichwertige Seitenäste abgehen. Wird sie extrem schlank und klein gehalten, entsteht eine *Schlanke Spindel*; die extremen Formen für Gefäßkulturen bezeichnet man als *Schnurbaum*.

Krume

→ Bodenprofil

Krümelstruktur

→ Bodenstruktur

Kübelpflanzen

Im weitesten Sinne Gewächse, die in großen Gefäßen kultiviert werden. Im engeren Sinne handelt es sich um meist fremdländische, frostempfindliche Arten, die man in Kübeln und anderen Pflanzgefäßen zieht, auf Balkone und Terrassen platziert und sie in frostfreien Räumen überwintert.

Küchenkräuter

Kräuter, die frisch, getrocknet, eingefroren oder in Öl konserviert zum Würzen von Speisen verwendet werden. Typische Küchenkräuter sind ➛ Schnittlauch, ➛ Petersilie, ➛ Dill, ➛ Borretsch und ➛ Majoran; ebenso die mediterranen Arten wie ➛ Thymian, ➛ Salbei, ➛ Oregano, ➛ Lavendel, ➛ Basilikum und ➛ Rosmarin. Zum Trocknen bestimmte Kräuter sollten nur bei trockenem Wetter geerntet, ausgeschüttelt, aber nicht gewaschen und an einem dunklen, trockenen Ort in kleinen Büscheln aufgehängt oder locker ausgebreitet werden. Solche, die ätherische Öle enthalten, pflückt man am besten mittags, da durch die Sonne die Konzentration der Öle am höchsten ist. Zum Einfrieren wäscht man die Kräuter, schüttelt sie ab und verpackt sie entweder in Gefrierbeutel, wieder verschließbare Kunststofftöpfchen oder friert sie im Eiswürfelbehälter ein.

Küchenzwiebel ➛ Zwiebel

Kultivatoren ➛ Bodenbearbeitungsgeräte

Kulturdauer

Die Zeit, die ein Gemüse von der Aussaat bis zur Erntereife benötigt; es gibt schnell reifende und langsam reifende Arten.

Kulturfolge ➛ Anbaufolge

Kunstdünger ➛ mineralische Dünger

Kunststeine

Industriell gefertigtes Baumaterial für Mauern oder Bodenbeläge im Garten, das in Farbe und Oberflächenstruktur durch besondere Techniken Natursteinen täuschend ähnlich nachempfunden wird.

Kürbis

(*Cucurbita*; CUCURBITACEAE) Kürbisgewächse Diese große Familie bringt einjährig kultivierte, rankende oder nicht rankende, stark wuchernde Gemüse- und Zierpflanzen mit großen, behaarten Blättern, weichen Trieben und je nach Sorte sehr unterschiedlich aussehenden Früchten hervor. Die meisten Sorten finden gekocht in der Küche Verwendung, manche auch frisch oder getrocknet als Zierfrucht (Zierkürbisse und Kalebassen). Das Fruchtfleisch ist fest, hat bei den meisten Sorten wenig Eigengeschmack (bei manchen leicht nussig) und eignet sich für Suppen, gedünstet als Gemüse, zum Einlegen und Grillen. Die in der Mitte der Frucht in faserigem Fruchtfleisch geborgenen Kerne sind sehr ölreich und können geschält roh oder geröstet verzehrt werden. Aus Amerika stammt der Brauch, in die im Herbst reifenden Kürbisse ein Gesicht zu schnitzen und sie mit einer Kerze darin als Halloween-Laterne vor das Haus zu stellen. **Kultur:** ➛ Vorkultur in Töpfen unter Glas. In jeden Topf 2 bis 3 Samen legen, nach dem ➛ Auflaufen nur die kräftigste Pflanze stehen lassen. Ab Mitte Mai ins Freiland in einem Abstand von 1 x 1,5 m in humus- und nährstoffreichen Boden pflanzen und gut feucht halten. Man kann Kürbisse auch direkt auf einen halbreifen, ruhenden ➛ Komposthaufen pflanzen. Die Blätter beschatten den Haufen im Sommer, verhindern ein Austrocknen und beschleunigen somit die ➛ Rotte. Manche Sorten bilden lange Ranken, andere bleiben eher buschig. Bessere Erträge erzielt man, wenn mehrere Pflanzen zusammenstehen und sich gegenseitig befruchten. Die Früchte werden geerntet, wenn sie am Stielansatz verholzen. Ausgereifte, unverletzte Früchte sind nach der Ernte lange lagerfähig, ohne an Qualität einzu-

Aus Kürbissen können herbstliche und farbenfrohe Arrangements gebildet werden, die noch bis in den Winter hinein Freude bereiten.

büßen. **Krankheiten/Schädlinge:** Schnecken, Blattläuse, Echter Mehltau. **Vermehrung:** Aussaat im Frühjahr/Frühsommer. **Arten und Sorten:** Riesenkürbis (*C. maxima*): meist besonders große Früchte, oft runde, abgeplattete, gefurchte Form, zahlreiche Sorten, z.B. 'Atlantic Giant', 'Gargantua' (syn. 'Show King'), 'Großer Gelber Zentner', 'Hokkaido', 'Riesenmelonen', 'Roter Zentner' (syn. 'Rouge vif d'Etampes'), 'Türkenturban'; Gartenkürbis (*C. pepo*): 'Baby Bear' (12–15 cm große Früchte), 'Delicata' (Zierkürbis), 'Jack be Little', 'Jack O'Lantern' (Halloween-Kürbis), 'Lady Godiva' (schalenlose Kerne), 'Spaghettikürbis' (essbares, langfädiges Fruchtfleisch), 'Sweet Dumpling' (Zierkürbis), 'Sweet Mama F1', 'White Bush' (Weißer Squash- oder Ufokürbis; abgeplattete Form); Moschuskürbis (*C. moschata*): 'Early Butternut' (erdnussartiges Aroma), 'Muskatkürbis' (Muskataroma), 'Neapolitaner Kürbis' (bis 25 kg, lange lagerfähig).

Kürbisgewächse

(CUCURBITACEA)
Artenreiche Familie mit meist rankenden Kräutern und ➛ Halbsträuchern, die sich durch schnelles Wachstum, Zähigkeit und die Fähigkeit, Wasser zu speichern, auszeichnen. Vor allem in tropischen und subtropischen Regionen beheimatet, in Europa nur durch die giftige Zaunrübe (*Bryonia*) und die aus Nordamerika eingeschleppte Igelgurke (*Echinocystis lobata*) vertreten. Alle zu dieser Familie gehörenden, inzwischen weit verbreiteten Kulturpflanzen sind einjährig, sehr wärmebedürftig (nicht frosthart) und wachsen rasch zur Fruchtreife heran. Die Früchte sind große bis sehr große, fleischige Beeren mit ledriger bis harter Schale. Die zahlreichen Samen sind in das Fruchtfleisch eingebettet. Zu den Kürbisgewächsen zählen neben ➛ Kürbissen auch ➛ Zucchini, ➛ Gurken, Melonen und Zierkürbisse.

Kurztagpflanze

Gewächs, das nur dann zur Blüte kommt, wenn die Dauer der täglichen Lichteinstrahlung eine bestimmte Länge nicht überschreitet, z.B. Schmuckkörbchen, Zinnie und Dahlie. Im Gegensatz dazu benötigt eine *Langtagpflanze*, z.B. Kopfsalat, Rettich, Spinat sowie Ringelblume, Löwenmaul und Sommerphlox, umgekehrt eine gewisse Mindesttageslänge. Pflanzen, die keine derartige Abhängigkeit im Blühverhalten zeigen, bezeichnet man als *tagneutral*, z.B. Pelargonien, Leberbalsam, Fleißiges Lieschen.

Kurztrieb ➛ Obstbaumteile

Kurzzeitdünger

Düngemittel, die ihre Nährstoffe rasch an den Boden bzw. Pflanzen abgeben – sie eignen sich daher zur schnellen Versorgung der Kulturen. In der Regel handelt es sich um mineralische Dünger.

Lambertsnuss ➛ Haselnuss

Langtagpflanze ➛ Kurztagpflanze

Langtrieb ➛ Obstbaumteile

Langzeitdünger ➛ Düngeformen

Lanzettlich ➛ Blattformen

Lärmschutzgehölze
Bäume und Sträucher, die mit ihren Ästen und Blättern Schall dämpfen können. Geeignet sind vor allem Arten mit großflächigem und dicht überlappendem Laub, das immergrün bzw. die meiste Zeit des Jahres vorhanden ist, z. B. Hainbuche, Rhododendron, Schneeballarten.

Lästling
Lebewesen, die weder eindeutig schädlich noch nützlich ist, dessen Anwesenheit im Garten jedoch oft als belästigend empfunden wird wie bei Asseln, Wespen, ➛ Ohrwürmern oder ➛ Maulwurf. Sie sind eigentlich nicht als Feinde zu betrachten.

Laub
Gesamtheit aller Blätter einer Pflanze.

Laub abwerfend ➛ immergrün

Laubblätter ➛ Blatt

Lauberde ➛ Substrate

Laubfall
Welken und Abwerfen der Blätter im Herbst, wenn das Blattgrün abgebaut und alle Reservestoffe der Gehölze in das Speichergewebe im Holz transportiert und dort eingelagert worden sind. Die Blätter verlieren die Verbindung zum Zweig an einer bestimmten Stelle des Blattstiels, weil sich das Gewebe an dieser vorgebildeten Trennungszone allmählich auflöst. Bei Gehölzen wie Rotbuche und Eichen bleiben die welken Blätter noch am Baum hängen, da ihnen dieses Trenngewebe fehlt; sie werden im Frühjahr mit dem Austrieb neuer Blätter abgestoßen.

Laubgehölze ➛ Gehölze

Laubhecke ➛ Hecke

Laubhumus ➛ Humusarten

Laubkompost (Laubhumus) ➛ Humusarten

Laubrechen (Fächerbesen) ➛ Bodenbearbeitungsgeräte

Lauch, Porree
(*Allium porrum*; LILIACEAE) Liliengewächse
Lauch ist eine alte, einjährig kultivierte Gemüsepflanze mit blaugrünem, breit riemenförmigen Laub und kaum verdickter, weißer Zwiebelbasis, die 50 bis 60 cm hoch wird. Die nur gekocht verzehrten, oberirdischen

Lauch gehört zu den wichtigsten Nutzpflanzen mit vielfältiger Verwendbarkeit in der Küche.

Teile des Lauchs haben einen milden, zwiebelähnlichen Geschmack. Frisch geernteter Lauch ist nicht lange lagerfähig (einige Tage im Kühlschrank), da er rasch welkt. Da Spät- und Wintersorten aber leichte Fröste vertragen, können Lauchpflanzen lange auf dem Beet stehen bleiben und nach Bedarf geerntet werden. **Kultur:** Aussaat für die Sommerernte im März/April in Reihen mit 30 cm Abstand; Jungpflanzen später auf 15 cm vereinzeln. Eine ➛ Vorkultur ab Februar unter Glas mit späterem Verpflanzen ist möglich. Bevorzugt mittelsschwere, durchlässige, nährstoffreiche Böden. Während des Wachstums unkrautfrei halten und regelmäßig wässern. Durch Anhäufeln erzielt man lange, weiße Schäfte, die besonders mild schmecken. Im Frühjahr gesäter Lauch ist ab August erntereif. Wintersorten können etwas später (ab April/Mai) ausgesät oder (bei Vorkultur) ab Mai/Juni ausgepflanzt werden und ➛ angehäufelt auf den Beeten überwintern. Bei starken Frösten schützt ein ➛ Vlies. **Schädlinge/Krankheiten:** Zwiebelfliege, Lauchmotte, Zwiebelblasenfuß (Thripse); Falscher Mehltau, Porreerost. **Vermehrung:** Durch Aussaat.
Sorten: für Sommer- und Herbsternte: 'Alma', 'Bavaria', 'Elefant', 'Herbstriesen', 'Hilari', 'Titan'; für Winterernte: 'Blaugrüner Winter', 'Carentan', 'Husky', 'Sankt Viktor', 'Winterriesen Alaska', 'Wintereskimo'.

Lauchmotte

Brauner und hell gefleckter Kleinschmetterling, der weniger als 2 cm groß ist. Die etwa 1 cm großen, gelbweißen bis grünen Raupen mit schwarzen Punkten und hellen Streifen werden im Gemüsebeet schädlich.
Gefährdete Pflanzen: Porree, gelegentlich auch Speisezwiebeln und Schnittlauch.
Schadbild: Schabefraß an Blattspitzen, die anschließend vergilben; später Miniergänge bis zum Blattgrund und im Innern der Blattschäfte.
Vorbeugung und Bekämpfung: in luftiger Lage anbauen; Mischkultur mit Sellerie und Möhren; über Kulturen Schutznetze ausbreiten; stärkende Mittel wie Ackerschachtelhalmbrühe verabreichen; befallene Außenblätter sofort entfernen; Raupen und Eigelege absammeln und vernichten; Pflanzen mehrmals mit Rainfarntee besprühen; bei sehr starkem Befall *Bacillus-thuringiensis*-Präparat anwenden.

Lauchzwiebel ➛ Zwiebel

Laufkäfer

Eine Käferfamilie, zu der u.a. Goldlaufkäfer, Gartenläufer und Puppenräuber gehören. Alle haben lange, kräftige Beinen und feste, dunkle Flügeldecken. Die räuberischen Käfer und ihre Larven zählen im Garten zu den Nützlingen: sie jagen Puppen, Raupen schädlicher Schmetterlinge, Drahtwürmer, Kartoffelkäfer und deren Larven sowie Schnecken, kleinere Arten auch Läuse und Milben.

Lavagrus ➛ Bodenlockerungsmittel

Laufkäfer sind willkommene Nützlinge in jedem naturnahen Garten.

Ein Gruß aus dem mediterranen Garten: Echter Lavendel (links) und Schopflavendel.

Lavendel

(*Lavandula*; LAMIACEAE/LABIATAE)
Lippenblütler

Die Gattung mit etwa 25 Arten aromatisch duftender, immergrüner oder halb-immergrüner ➛ Stauden und immergrüner, halbimmergrüner oder Laub abwerfender ➛ Halbsträucher und ➛ Sträucher wächst bevorzugt im Mittelmeerraum, auf den atlantischen Inseln und in Südwestasien. Die ➛ gegenständig angeordneten, grünen bis graugrünen Blättern können ganzrandig, gezähnt, gefiedert oder doppelt gefiedert sein und haben meist eingerollte Blattränder. Die Blüten, meist lang gestielte Scheinwirtel (Ähren; ➛ Blütenformen) mit einzelnen kleinen Lippenblüten, entstehen in den Achseln der Hochblätter. Sowohl Blätter als auch Blüten sind reich an ätherischen Ölen und duften bei Berührung stark aromatisch. Die Blüten sind für Bienen attraktiv. Lavendel wird als ➛ Solitär im ➛ Stein- und Kiesgarten, als Gruppe zur ➛ Unterpflanzung von ➛ Rosen und als ➛ Einfassung bzw. niedrige ➛ Hecke gepflanzt und kann, vor allem in rauen Lagen, als ➛ Kübelpflanze kultiviert werden. Die Blüten können kurz vor dem Aufblühen für Duftkissen, Potpourris und Essenzen abgeschnitten und getrocknet werden. Als ➛ Heilpflanze besitzt Echter Lavendel (*L. angustifolia*) eine beruhigende und entspannende Wirkung. **Kultur:** An vollsonnigen Standorten in mäßig nährstoffreiche, gut durchlässige, leicht sandige, neutrale bis alkalische Böden pflanzen. Düngen ist nicht nötig und kann sogar schaden. Schnitt: Damit die Büsche nicht so rasch ➛ vergreisen, müssen sie jährlich kräftig ➛ verjüngt werden. Dazu direkt nach der Blüte im Sommer welke Blüten und etwa ein Drittel des alten Busches bis ins halbharte Holz zurückschneiden. In rauen Lagen wartet man mit dem Rückschnitt bis zum zeitigen Frühjahr. Frostharte Arten können, ausgepflanzt und durch Reisig geschützt, in wintermilden Regionen im Freien überwintern. In rauen Lagen müssen sie ebenso wie die nicht frostharten Arten unter kühlen, aber frostfreien, hellen Bedingungen überwintert werden; gelegentliches Gießen im Winterquartier verhindert, dass sie vertrocknen. **Schädlinge/Krankheiten:** Grauschimmel (*Botrytis*), Schaumzikade und Hallimasch, in feuchten Wintern auch Wurzelfäule. **Vermehrung:** Im Frühjahr im ➛ Kalten Kasten säen oder halb verholzte ➛ Stecklinge im Sommer bewurzeln; Hybriden sind nur durch Stecklinge sortenrein zu vermehren.

Arten und Sorten:

Winterharte Arten: Echter Lavendel (*L. angustifolia*): kompakter, buschiger, immergrüner Halbstrauch, bis 1 m hoch und 1,2 m breit, mit langen, schmalen, ganzrandigen, graugrünen Blättern und bis 8 cm langen, blauvioletten bis dunkelblauen, stark duftenden Blütenähren im Hochsommer. Einzige bei uns ausreichend winterharte Art mit zahlreichen schönen Zuchtsorten, u. a. 'Hidcote' (gedrungener Wuchs, silbriges Laub, dunkelpurpurne Blüten); 'Munstead' (noch gedrungener, blaupurpurne Blüten); 'Loddon Pink' (zartrosa Blüten); 'Nana Alba' (sehr kompakt, weiße Blüten).

Nur bedingt winterharte oder frostempfindliche Arten: Zahnlavendel (*L. dentata*): ausladender, buschiger, bis 1 m hoher und 1,5 m breiter Halbstrauch mit länglichen, gezähnten, dunkelgrünen Blättern und bis 5 cm langen Ähren mit purpurblauen Blüten im Hoch- und Spätsommer. Schwach duftend, bei uns nicht winterhart (Kübelpflanze); Parfumlavendel (*L.* x *intermedia*): rundlicher Hybridstrauch, bis zu 50 cm hoch und breit, mit lanzettlichen, graugrünen, ganzrandigen Blättern und bis zu 20 cm langen Ähren mit hellblauen bis violetten Blüten im Hochsommer. Diese stark duftende, bedingt winterharte Art ist nur im Weinbauklima freilandtauglich. Die Sorte 'Grappenhall' erreicht bis zu 1 m Höhe und Breite. Schopflavendel (*L. stoechas*): kompakter, buschiger, bis 60 cm hoher und breiter Strauch mit länglichen, graugrünen Blättern und dichten, eiförmigen, bis 3 cm langen Ähren, von auffälligen Büscheln purpurblauer, rosafarbener oder weißer (auch zweifarbiger), schwach duftender Blüten gekrönt. Nicht winterhart (Kübelpflanze).

Lebensbaum

(*Thuja*; CUPRESSACEAE) Zypressengewächse Gattung mit 6 Arten symmetrisch wachsender, konischer bis säulenförmiger, immer-

Lebensbaum oder auch Thuje verfärbt sich nicht: hier der *T. occidentalis* mit schlankem Schnitt.

grüner, einhäusiger, voll frostharter, meist langsam wachsender Nadelbäume aus Nordamerika und Ostasien. Die Nadeln sind bei Berührung aromatisch duftenden; von der Form her gleichen sie keil- bis rhombenförmigen Schuppen, manchmal auch moosartig weich und sitzen an fächerförmig ausgebreiteten Zweigen. Blüten und Zapfen sind unauffällig. Die flach wurzelnden Gehölze sind einigermaßen widerstandsfähig gegen den Wurzeldruck größerer Bäume. Gepflanzt werden Lebensbäume wegen ihres immergrünen Erscheinungsbildes und ihrer guten Schnittverträglichkeit als ganzjährig blickdichte Hecken und attraktive ➛ Solitärbäume, zwergwüchsige Kulturformen auch in ➛ Steingärten, Kübeln und Balkonkästen. Direkter Kontakt mit den Blättern kann Allergien verursachen. **Kultur:** In tiefgründigen, frisch-feuchten, aber wasserdurchlässigen, nährstoffreichen, sau-

Sortenübersicht Lebensbaum (*Thuja Occidentalis*)			
Sorte	Wuchsform	Größe in m H=Höhe B=Breite	Besonderes
Brabant	kegelförmg, dicht verzweigt	H: 15–20 B: 3–4	ganzjährig grün, wird im Winter nicht braun
Columna	schmal säulenförmig; langsam wachsend	H: 5–8 B: 1–1,5	glänzend dunkelgrün; dauerhaft säulenförmig, fällt im Alter nicht auseinander
Danica	kugelförmiger Zwergstrauch; extrem langsam wachsend	H: 0,4–0,6 B: 0,5–1	frischgrün mit gelben Spitzen; dicht und aufrecht
Europe Gold	kompakte Kugelform; langsam wachsend	H: 2–4 B: 1–1,5	junge Zweige goldgelb, später frischgrün
Frieslandia	breit kegelförmig	H: 3–5 B: 1–2	hellgrün, schwach glänzend; gute Heckenpflanze
Holmstrup	säulenförmig, im Alter kegelförmig; langsam wachsend	H: 3–4 B: 0,8–1,5	wird im Winter nicht braun; sehr robust
Little Champion	kugelig gedrungen; sehr langsam wachsend	H: 0,5–1 B: 0,5–1	locker aufrechte, dunkelgrüne Zweige
Smaragd	gedrungen, dicht und kegelförmig; langsam wachsend	H: 3–5 B: 1–2	glänzend frischgrün, gute Heckensorte
Sunkist	schmal kegelförmig, im Alter breiter; stark wachsend	H: 3–4 B: 0,8–1,5	goldgelb bis zitronengelb, im Winter bronzefarben
Tiny Tim	kugelförmiger Zwergstrauch	H: 0,5–1 B: 0,8–1,5	sehr langsam wachsend; sehr feine, hellgrüne Zweige
Wandsdyke Silver	konischer Zwergstrauch	H: 1,5 B: 0,6	silberweiß gemusterte Nadeln

ren bis leicht alkalischen Boden in voller Sonne bis Halbschatten pflanzen. Je schattiger der Standort, desto blattärmer und durchsichtiger erscheint der Baum. Schnitt: ganzjährig schnittverträglich, Hecken trimmt man im Spätsommer. **Schädlinge/Krankheiten:** Schildläuse, Blattläuse, *Coryneum*-Krebs, Jungpflanzen können dem *Kabatina*-Triebsterben zum Opfer fallen. **Vermehrung:** Aussaat im Spätwinter im ➛ Kalten Kasten oder im Spätsommer halb verholzte ➛ Stecklinge bewurzeln.

Arten und Sorten: Abendländischer Lebensbaum (*T. occidentalis*): rundlich konischer, bis 10 m hoher und 5 m breiter Baum mit gebogenen Ästen und orangebrauner, abschilfernder Borke mit gelblich grünen, unterseits blass- bis graugrünen Nadeln, die nach Äpfeln duften. Zahlreiche Kultivare (Sortenübersicht siehe Tabelle); Orientalischer Lebensbaum (*T. oreintalis*): Konischer, manchmal unregelmäßiger, meist mehrstämmiger, bis 15 m hoher und 6 m breiter Baum mit rotbrauner, faseriger Rinde und senkrecht stehenden Büscheln schuppenförmiger, nicht duftender, gelb- bis mittelgrüner Nadeln, die sich im Winter oft zu Bronze verfärben. Kultivare: *T. or.* 'Aurea' (säulen- bis schmal kegelförmiger, bis 4 m hoher und 2 m breiter Strauch mit goldgelben Schuppen; *T. or.* 'Nana Aurea' wird kaum 0,6 m hoch und breit; *T. or.* 'Elegantissima' (bis 5 m hoher, breit säulenförmiger Strauch mit goldgelben, später vergrünenden Schuppen); *T. or.* 'Semperaurea' (eiförmiger, bis 3 m hoher Strauch mit goldgelbem Jungwuchs); Riesen-Lebensbaum (*T. plicata*): kegelförmiger, mittelgroßer bis großer Baum, bis 20–35 m hoch und 9 m breit, streng aufwärts strebende Äste, rasch wachsend, aromatisch riechende, mittel- bis dunkelgrüne Schuppen. Die folgenden Kultivare werden weniger gewaltig: *T. p.* 'Atrovirens' (dicht, straff, dunkelgrüne Schuppen, bis 15 m hoch und 5 m breit); *T. p.* 'Aurescens' (kegelförmig, gelblichgrüne Schuppen, bis 10 m hoch und 4 m breit); *T. p.* 'Stoneham Gold' (Zwergform, gedrungen buschig, goldener Jungwuchs, später vergrünend, bis 2 m hoch und breit).

Lebensbereiche

Gebiete der Erde mit ähnlichen Standortbedingungen, an denen Pflanzen mit gleichen Ansprüchen Gemeinschaften bilden. Im Garten bedeutet dies, dass die einzelnen Pflanzen nach ihrer Zugehörigkeit zu verschiedenen L. an entsprechenden Plätzen anzusiedeln sind, z.B. unter Gehölzen oder am Gehölzrand, am Wasserrand oder in einem Gewässer, in einer Steinanlage oder einem Blumenbeet.

Lebensdauer

Zeitspanne, während der eine Pflanze existiert und sich entwickelt. Pflanzen unterteilt man entsprechend ihrer unterschiedlichen L. von der Keimung der Samen bis zum Absterben in

- *einjährige Pflanzen (Annuelle, annuelle Pflanzen):* schließen ihren Entwicklungszyklus innerhalb eines Jahres, gewöhnlich in der Vegetationsperiode, ab.

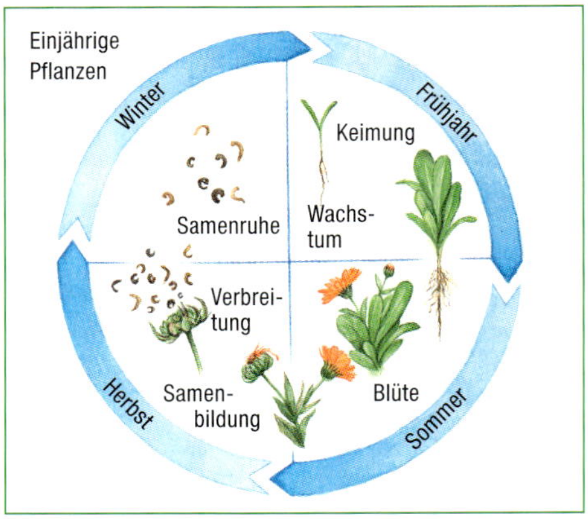

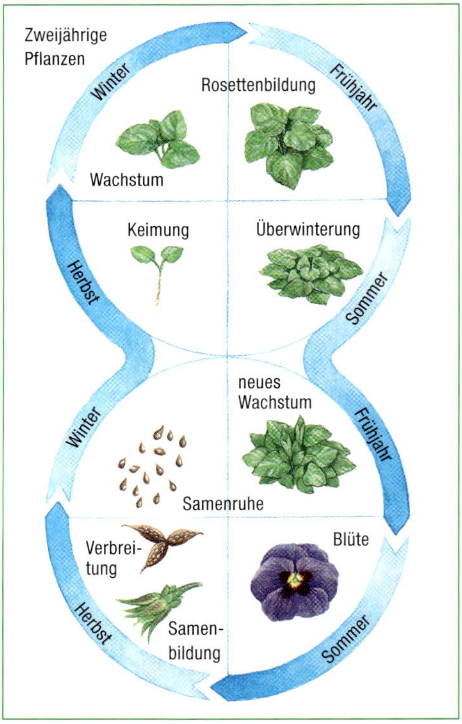

- *zweijährige Pflanzen (Biënne, biënne Pflanzen):* bilden im ersten Jahr meist nur Stängel und Blätter aus, blühen im zweiten Jahr und sterben anschließend ab.
- *mehrjährige Pflanzen (ausdauernde Pflanzen, Perenne, perenne Pflanzen):* Gewächse, die länger als zwei Jahre leben. Ver-

schiedenen Balkonpflanzen und einige Gemüse, insbesondere fremdländische Arten, die in ihrer Heimat mehrjährig sind, werden bei uns oft einjährig kultiviert.

Lecithin-Präparate ➛ Pflanzenschutzmittel

Leguminosen ➛ Hülsenfrüchte

Lehmboden ➛ Bodenart

Leichter Boden ➛ Bodeneigenschaften

Leichtkeimer ➛ Keimung

Leimring

Mit Klebstoff beschichteter Streifen aus Spezialpapier zur Schädlingsbekämpfung. Er wird rund um die Stämme von Gehölzen befestigt, damit Schadinsekten, die den Stamm hinaufkriechen wollen, daran haften bleiben und so in den Kronen keinen Schaden anrichten können.

Leimtafel

Mit Leim bestrichene Tafel zur Schädlingsbekämpfung. Die Schadinsekten werden von der Farbe angelockt und bleiben dann an der klebrigen Oberfläche der Tafel haften. Meist verwendet man *Gelbtafeln*, die z.B. in Obstbaumkronen oder Gewächshäusern angebracht werden. Die kleineren *Gelbsticker* steckt man neben niedrigen Pflanzen in die Erde (auch Topfpflanzen). Auf manche Schadinsekten wirkt Weiß oder Blau anziehender; zur Bekämpfung dieser Arten verwendet man *Weiß-* oder *Blautafeln*.

Mittels Duftstoffen und Farbgebung locken Leimtafeln allerlei Getier an, was sich ansonsten an Blüten, Früchten oder Blättern gütlich tun würde.

Leitaste ➛ Obstbaumteile

Leitbahnen ➛ Gewebe, Gefäße

Leitpflanzen

1. Charakteristische Gewächse innerhalb einer Pflanzengesellschaft.
2. In der Gartengestaltung durch Wuchsform, Höhe, Blütenfülle oder Färbung besonders auffällige, dominant wirkende Pflanzen, die den Charakter eines Pflanzenarrangements prägen, z.B. Leitstauden in einem Beet.

Leittrieb ➛ Obstbaumteile

Lichtkeimer ➛ Keimung

lichtschattig ➛ Lichtverhältnisse

Lichtverhältnisse

Ein sehr wichtiger Standortfaktor, der für das Wachstum einer Pflanze von Bedeutung ist. Man unterschiedet

- *vollsonnig:* ganztägig volle Sonne.
- *sonnig:* überwiegend volle Sonne, auf jeden Fall zur Mittagszeit.
- *absonnig:* überwiegend sonnenbeschienen, jedoch mindestens über die Mittagszeit schattig, sodass der Standort ohne pralle Sonne bleibt und weniger heiß wird.

- *halbschattig:* mindestens die halbe Tageszeit schattig, vor allem über die Mittagszeit.
- *lichtschattig:* überwiegend schattig, aber mit etwas Sonneneinstrahlung, z.B. im Schatten locker belaubter Gehölze.
- *schattig:* ganztägig schattig.

Liebstöckel, Maggikraut

(*Levisticum officinale*; APIACEAE) Doldenblütler

Mehrjährig kultiviertes, bis 2,5 m hohes Würz- und Heilkraut mit aufrechten, hohlen Stängeln, glänzend grünen, einfach oder doppelt gefiederten Blättern und ab Ende Juni gelbgrünen Doldenblüten. Die aromatisch duftenden und schmeckenden Blätter werden in geringer Menge Suppen und anderen Speisen beigegeben und darin mitgekocht. **Kultur:** Aussaat oder Teilung älterer Pflanzen im Frühjahr. Bevorzugt tiefgründige, lockere, nährstoffreiche Böden, die nicht austrocknen, in voller Sonne oder im Halbschatten. Das Herausschneiden der Blütenschäfte im Frühsommer fördert die Blattbildung. Die Stauden können sehr alt werden und ohne weitere Pflege am Standort bleiben. Für den Bedarf eines normalen Haushalts genügt eine Pflanze. **Schädlinge/Krankheiten:** Schnecken, Blattminierer. **Vermehrung:** Aussaat oder Teilung im Frühjahr.

Liebstöckel – das durch Julius Maggi zur Berühmtheit gewordene Küchenkraut ist klassische Zutat für die gute Suppe.

Lilie

(*Lilium*; LILIACEAE) Liliengewächse

Gattung mit etwa 100 Arten ausdauernder Zwiebelstauden der nördlichen Hemisphäre. Sie zeichnen sich durch aufrechte, meist unverzweigte Sprossen mit elliptischen bis lanzettlichen, glänzenden, mittelgrünen, in Spiralen, Wirteln oder zerstreut am Spross angeordneten Blättern aus. Die attraktiven, oft stark duftenden Blüten stehen einzeln oder in Trauben, Rispen oder Dolden, sind aufrecht, seitlich oder nickend und haben Trichter-, Glocken- Trompeten- oder Turbanformen. Manche öffnen sich zu einem breiten Stern. Jede Blüte hat 6 Blütenblätter und ebenso viele Staubblätter (➛ Blütenformen). Den eigentlichen Arten stehen unzählige Garten- und Topfhybriden zur Seite, die sich zunehmender Beliebtheit erfreuen. Lilien gibt es in nahezu allen Farben außer Blau, wobei die Blüten einfarbig, gestreift, gefleckt oder mit Papillen besetzt sein können. Sie eignen sich für Beete und Rabatten, als ➛ Schnittblumen, kleinere Arten auch für ➛ Steingärten und Schattentolerante (wie der Türkenbund) für Waldgärten. Viele moderne Hybriden werden auch in Kübel und Töpfe gepflanzt. Die meisten Gartenlilien sind voll frosthart. Einige Hybriden eignen sich jedoch nur für die Kultur unter Glas oder für die Treiberei. **Kultur:** Winterharte Lilienarten und -hybriden im Herbst (Madonnenlilien schon im August, Goldband- oder Prachtlilien erst im zeitigen Frühjahr) in gut durchlässigen, humus- und nährstoffreichen, neutralen bis leicht sauren Boden in voller Sonne pflanzen, wobei die Basis der Pflanzen schattiert sein sollte. Schwere Böden mit Kies oder Sand durchlässiger machen. Die empfindlichen Zwiebeln müssen sofort nach Erhalt gepflanzt

Als Zeichen der Reinheit hat die Lilie schon im frühen Mittelalter symbolische Bedeutung gewonnen. Hier eine *L. gran Paradiso* (links) und eine *L. candidum*, auch als Madonnenlilie bekannt.

werden, damit sie weder austrocknen noch schimmeln oder faulen. Während des Wachstums reichlich gießen und 14-tägig mit flüssigem Volldünger versorgen. Pflanztiefe: 2- bis 3-mal so tief wie die Zwiebel hoch ist, nur Madonnenlilien nahe der Oberfläche pflanzen. Pflanzabstand: dreifache Zwiebelbreite. Nach der Blüte lässt man die Sprosse in Ruhe einziehen, bevor man die oberirdischen Teile abschneidet. **Schädlinge/Krankheiten:** Lilienhähnchen, Blattläuse, Schnecken, Thripse, Schnakenlarven („Drahtwürmer"), Wühlmäuse, Grauschimmel (*Botrytis*), Virosen. **Vermehrung:** Aussaat nach Samenreife im ➛ Kalten Kasten, ➛ Ableger oder ➛ Tochterzwiebeln von ruhenden Zwiebeln abnehmen und einpflanzen, Sprosszwiebeln im Spätsommer vereinzeln, Vermehrung durch einzelne Blätter der schuppenförmigen Zwiebeln möglich.

Arten und Sorten: Lilien werden international in neun Klassen eingeteilt:

- Klasse 1: Asiatische Hybriden: Abkömmlinge asiatischer Wildarten mit schmal eiförmigen, wechselständigen Blättern und in Trauben oder Dolden stehenden, nicht duftenden Blüten.
- Klasse 2: Hansonii-Hybriden: Abkömmlinge von *L. hansonii* und *L. martagon* mit elliptischen, wirtelig angeordneten Blättern und turbanförmigen, in Trauben stehenden, manchmal duftenden Blüten.
- Klasse 3: Cadidum-Hybriden: Abkömmlinge der Madonnenlilie und anderer europäischer Lilien (nicht *L. martagon*) mit elliptischen, spiralig oder zerstreut angeordneten Blättern und turbanförmigen, einzelnen, in Trauben oder Dolden stehenden, manchmal duftenden Blüten.
- Klasse 4: Amerikanische Hybriden: Abkömmlinge amerikanischer Arten mit in Wirteln stehenden, lanzettlichen Blättern und turban- bis trichterförmigen, manchmal duftenden Blüten.
- Klasse 5: Longiflorum-Hybriden: Abkömmlinge von *L. longiflorum* und *L. formosanum* mit Dolden großer, oft süß duftender, trompeten- oder trichterförmiger Blüten.
- Klasse 6: Trompeten- und Aurelianense-Hybriden: Abkömmlinge asiatischer Arten mit elliptischen bis lanzettlichen, spiralig oder wechselständig angeordneten Blättern und Trauben oder Dolden duftender Blüten; 4 Unterklassen: trompetenförmige, schüsselförmige, flach schüsselförmige und turbanförmige Blüten.
- Klasse 7: Orientalische Hybriden: Abkömmlinge ostasiatischer Arten wie L.

auratum, *L. japonicum* und ihren Hybriden mit *L. henryi,* mit lanzettlichen, wechselständigen Blättern und duftenden, in Trauben oder Rispen stehenden Blüten; 4 Unterklassen: trompetenförmige, schüsselförmige, flach schüsselförmige und turbanförmige Blüten.

- Klasse 8: Andere Hybriden.
- Klasse 9: Botanische Arten.

Übersicht über die botanischen Arten: Goldbandlilie (*L. auratum*): zerstreut angeordnete, lanzettliche Blätter und im Spätsommer bis Frühherbst bis zu 30 süß duftende, schüsselförmige, bis 30 cm breite, weiße, manchmal karminrot getupfte Blüten mit auffälligem goldenen Streifen auf jedem Blütenblatt, 0,6–1,5 m hoch; Feuerlilie (*L. bulbiferum*): zerstreut angeordnete, lanzettliche Blätter und Brutzwiebeln in den Blattachseln, im Hochsommer Dolden nicht duftender, 10–15 cm breiter, leuchtend orangeroter, schüsselförmiger Blüten, bis 1,5 m hoch; Madonnenlilie (*L. candidum*): bis 22 cm lange, lanzettliche Grundblätter und aufrechte Sprosse mit kleinen, lanzettlichen Blättern, im Hochsommer Trauben mit breit trompetenförmigen, duftenden, reinweißen, an der Basis blassgelben Blüten, Grundblätter überdauern den Winter; bis 1,8 m hoch; Goldtürkenbund (*L. hansonii*): Wirtel lanzettlicher bis elliptischer Blätter, im Frühsommer Trauben von kleinen, nickenden, duftenden, turbanförmigen, orangegelben Blüten mit brauner Basis, bis 1,5 m hoch; Mandarin-Türkenbund (*L. henryi*): zerstreut angeordnete, lanzettliche Blätter, im Spätsommer Trauben duftender, mittelgroßer, dunkel-orangefarbener, schwarz gesprenkelter Blüten, 1–3 m hoch; Türkenbund (*L. martagon*): heimische Waldlilie, wirtelig angeordnete, lanzettlich bis elliptische Blätter, im Hochsommer schmale Trauben von bis zu 50 kleinen, hängenden, turbanförmigen, rosa bis purpurnen, leicht stinkenden Blüten mit fleckiger Zeichnung, 0,9–2 m hoch – *L. m.* var. *album* hat weiße Blüten; Pantherlilie (*L. pardalinum*): wirtelförmig angeordnete, elliptische Blätter und Trauben von bis zu 10 nickenden, 9 cm breiten, orangeroten, braun gepunkteten, turbanförmigen Blüten, bis 2,5 m hoch; Korallenlilie (*L. pumilum*): zerstreut angeordnete, lineare Blätter, im Frühsommer Trauben von bis zu 30 nickenden, turbanförmigen, duftenden, scharlachroten, wenig gefleckten Blüten, bis 0,45 cm hoch; Königslilie (*L. regale*): zerstreut angeordnete, lineare Blätter, im Hochsommer Dolden mit bis zu 25 stark duftenden, weit trompetenförmigen, bis 15 cm breiten weißen, außen purpurn bis braun überlaufenen Blüten mit goldenen Staubbeuteln, 0,6–2 m hoch; Prachtlilie (*L. speciosum*): zerstreut angeordnete, kurz gestielte, breit lanzettliche Blätter, im Spätsommer bis Frühherbst Trauben mit bis zu 18 cm großen, turbanförmigen, duftenden, blassrosa bis weißen Blüten mit dunklerem Schlund, Papillen und karminroten Flecken, 1–1,7 m hoch; Tigerlilie (*L. tigrinum*, syn. *L. lancifolium*): zerstreut angeordnete, lanzettliche Blätter mit Brutzwiebeln in den Blattachseln, im Spätsommer und Frühherbst Trauben mit bis zu 40 nickenden, turbanförmigen, 12 cm breiten, orangeroten Blüten mit braunen Flecken oder Papillen, 0,6–1,5 m hoch – die Sorte *L. t.* 'Flavifolium' hat gelbe, rot gepunktete Blüten, die Sorte *L. t.* 'Flore Pleno' gefüllte Blüten.

Liliengewächse

(LILIACEAE)

Weltweit verbreitete, artenreiche Familie ➛ einkeimblättriger Zier- und Nutzpflanzen. Sie bilden keine Blattspreiten und Blattstiele aus – ihre Blätter wachsen vom Blattansatz her mit parallel zur Blattspitze laufenden Blattadern. Liliengewächse zeichnen sich durch verdickte unterirdische ➛ Speicherorgane aus (Zwiebeln, Knollen, Rhizome), von denen manche zu Nahrungszwecken kultiviert werden, z.B. Speise- und Gemüse- ➛ Zwiebeln, ➛ Knoblauch, Bärlauch und ➛ Lauch, aber auch ➛ Spargel. Von Bedeutung sind auch die Zierpflanzen aus dieser Familie: Neben den eigentlichen ➛ Lilien (*Lilium*-Arten) gehören auch ➛ Tulpen, Maiglöckchen, ➛ Hyazinthen und Zierlauch zu den Liliengewächsen.

Lilienhähnchen

Leuchtend scharlachroter Käfer, dessen dicke, orangegelbe Larven ab Mitte Frühling auftreten; Käfer und Larven fressen an Pflanzen.
Gefährdete Pflanzen: Lilien, gelegentlich Maiglöckchen, Kaiserkrone und Gladiolen.
Schadbild: aneinander gereihte, runde Fraßstellen an Blättern und Blütenknospen; Blattunterseiten schleimig vom Kot der Larven.
Vorbeugung und Bekämpfung: Nützlinge fördern, z.B. Reisighaufen für Igel aufschichten; Käfer und Larven sorgfältig absammeln und vernichten; Blattunterseiten abstreifen; Rainfarnbrühe sprühen; nur bei sehr starkem Befall Pyrethrum-Präparat einsetzen.

Der dazupassende Feind: dem Lilienhähnchen rückt man am besten mit Hilfe eines Igels zu Leibe.

Linealisch ➛ Blattform

Linkswinder ➛ Kletterpflanzen

Lippenblüte ➛ Blütenformen

Lippenblütler

(LAMIACEAE/LABIATAE)
Zweikeimblättrige Pflanzenfamilie mit über 300 Arten von Kräutern und ➛ Halbsträuchern und ➛ Sträuchern, aber auch Bäumen, deren Blüten und Blätter ätherisch würzige Öle enthalten. Die Blätter stehen kreuzweise gegenständig an vierkantigen Stängeln; die fünfgliedrigen, meist ➛ zwittrigen Blüten sind symmetrisch. Die Kelchblätter sind verwachsen, die röhrenförmige Blütenkrone hat meist einen zweilippigen Saum mit offenem Schlund. Viele Gewürz- und ➛ Heilpflanzen gehören in diese Familie, wie z.B. ➛ Lavendel, ➛ Thymian, Pfefferminze, ➛ Salbei, ➛ Majoran, ➛ Ysop und ➛ Rosmarin.

Lochfolie ➛ Folien

Lockerer Boden ➛ Bodeneigenschaften

Lockstofffalle

Spezielle mit Duftstoffen und Leim versehene Vorrichtung, um Schädlinge anzulocken und zu fangen. Bei Einsatz von Sexuallockstoffen spricht man von *Pheromonfallen.*

Lostage

Bestimmte Termine, die nach altem Volksglauben für das Wetter entscheidend sind, z.B. die Eisheiligen oder Siebenschläfer. Sie gelten als zeitliche Anhaltspunkte für verschiedene Tätigkeiten im Garten und in der Landwirtschaft.

Luftpolsterfolie (Noppenfolie) ➛ Folien

Magerer Boden (karger Boden) ➛ Bodeneigenschaften

Magerwiese
Bezeichnung für Wiesen, die auf mageren, also nährstoffarmen, flachgründigen, oft steinigen oder sandigen Böden wachsen. Für die Anlage einer M. im Hausgarten muss das normalerweise zu fette Erdreich ausgetauscht oder abgemagert (Erde mit reichlich Sand und feinem Kies vermengen) werden.

Maggikraut ➛ Liebstöckel

Magnesiumdünger
Nährstoffdünger, der nur die Komponente Magnesium enthält und für die gezielte Nachlieferung dieses Nährstoffs geeignet ist. Magnesium ist der zentrale Baustein des Balttfarbstoffs Chlorophyll. ➛ Düngemittel

Magnesiumsulfat ➛ Bittersalz

Magnolie
(*Magnolia*; MAGNOLIACEAE): Magnoliengewächse
Gattung mit etwa 125 Arten Laub abwerfenden, manchmal auch immergrünen Bäumen und Sträuchern aus Ostasien und Amerika. Sie haben eiförmige, einfache, ungestielte Blätter und einzeln stehende, große, ➛ zwittrige Blüten, deren 6 bis 9 becher- kelch-, stern- oder tütenförmige Blütenblätter in den Farben Weiß, Rosa, Purpur, seltener Creme- bis Grünlichgelb meist schon vor dem ersten Laubaustrieb erscheinen – manche Arten duften stark. Den Blüten folgen zapfenartige Früchte. Die in Gärten am häufigsten verwendeten ostasiatischen Arten bilden in der Regel mittelgroße bis große Sträucher, die als ➛ Solitärgehölze oder in Gehölzgruppen gepflanzt werden. Amerikanische Arten wachsen zumeist zu baumförmigen Großsträuchern. Wegen der frühen Blütezeit sind Magnolien in rauen Lagen spätfrostgefährdet. **Kultur:** In feuchten, aber gut durchlässigen, leicht sauren bis neutralen Böden in voller Sonne oder Halbschatten pflanzen. Die Flachwurzler vertragen keine Störungen im Wurzelbereich. Eine ➛ Mulchdecke schützt vor Austrocknen und dem Eindringen von Frösten in den Boden. Schnitt: Pflege- und Erhaltungsschnitt sind in der Regel überflüssig, ebenso ein Verjüngungsschnitt. Wird eine Pflanze zu groß, können Ende Juli, Anfang August ältere Äste vorsichtig herausgenommen werden. Beim Frühjahrsschnitt ➛ bluten die Bäume stark. **Schädlinge/Krankheiten:** Schildläuse, Rotpustelkrankheit, Hallimasch. **Vermehrung:** Im Herbst ➛ stratifizierte Samen im Freiland aussäen. Bei Laub abwerfenden Arten im Frühsommer ➛ Stecklinge mit grünem Holz und halbverholzte Stecklinge im Spätsommer nehmen. Immergrüne Arten im Spätsommer/Frühherbst durch halb verholzte Stecklinge vermehren.
Arten und Sorten: Yulan- oder Lilienmagnolie (*M. denudata*): ausladender, Laub abwerfender Strauch, bis 10 m hoch und breit, im April/Mai becherförmige, bis 15 cm breite, weiße Blüten; Immergrüne Magnolie (*M. grandiflora*): langsam wachsender, dichter, breit konischer, immergrüner Baum, bis 25 m hoch, mit großen, glänzenden, unterseits braun filzigen, dunkelgrünen Blättern und im Sommer bis 30 cm großen, schalenförmigen, rahmweißen, duftenden Blüten, nur im Weinbauklima winterhart; Kobus-Magnolie (*M. kobus*): kegelförmiger, Laub

Magnolien mit ihren zarten, großflächigen Blüten, hier *M.* x *denudata* (links) und *M. liliflora* 'Gracilis', benötigen optimale klimatische Bedingungen.

abwerfender Kleinbaum, bis 12 m hoch und 10 m breit, im April zahlreiche strahlendweiße, weit geöffnete Blütensterne, leicht duftend; Purpurmagnolie (*M. liliiflora*): buschiger, kompakter, Laub abwerfender Strauch, bis 3 m hoch und 4 m breit, im Mai/Juni große, innen hell- und außen purpurrosa Blüten – die Sorte 'Nigra' hat dunklere, größere Blüten und blüht im Juni und später nach; Sommer-Magnolie (*M. sieboldii*): langsam wachsender, ausladender, Laub abwerfender Strauch mit etwas überhängendem Wuchs, 3–4 m hoch und breit, im Juni/Juli nickende, lang gestielte, schalenförmig weiße Blüten mit karminroten Staubgefäßen, exotisch duftend, karminrote Fruchtkolben im Herbst; Tulpen-Magnolie (*M.* x *soulangeana*): Laub abwerfender, erst trichterförmiger, dann ausladend breitwüchsiger Großstrauch, bis 6 m hoch und breit, im April/Mai zahlreiche tulpenähnliche, rosa bis rosaweiße Blüten, am häufigsten gepflanzte Magnolie mit zahlreichen Sorten; Sternmagnolie (*M. stellata*): trichterförmiger bis rundlicher, Laub abwerfender Normalstrauch, sehr langsam wachsend, 1,5–2 m hoch und breit, im April duftende, weit ausgebreitete Blütensterne in Weiß oder Rosa, wegen der frühen Blütezeit sehr spätfrostgefährdet – zahlreiche Sorten, z. B. *M. s.* 'Royal Star' (sehr große, weiße Blüten) oder *M. s.* 'Chrysanthemiflora' (dicht gefüllte, rosaweiße Blüten). Neben den hier vorgestellten Arten sind zahlreiche Hybriden mit zum Teil sehr reizvollen Blüten im Handel.

Mähgeräte

Motor- oder handbetriebene Maschinen und Werkzeuge, die dem Rasenschnitt bzw. der Pflege anderer Grünflächen dienen.

- *Balkenmäher:* Das Mähgut wird mit Hilfe von gegenläufigen Messern, die an einem so genannten Mähbalken angebracht sind, geschnitten; für größere Flächen wie Wiesen empfehlenswert.
- *Sichelmäher:* Die Pflanzen werden durch horizontal rotierende Messer gekappt; üblicher Typ bei benzin- und elektrogetriebenen Geräten.
- *Walzenmäher:* Das Gras wird schonend gekürzt wie mit einer Schere und zwar mit Hilfe von Messern, die an einer rotierenden Walze angebracht sind. Handrasenmäher funktionieren im Allgemeinen nach diesem Prinzip.
- *Sense:* traditionelles Handgerät für den Gräserschnitt, bestehend aus einem etwa armlangen, leicht gebogenen Stahlmesser und langem Stiel. Ihre Handhabung erfordert einige Übung.
- *Sichel:* halbmondförmiges Kleingerät, mit dem das Gras wie bei einer Sense büschelweise mit schwingenden Bewegungen geschnitten wird.

- *Rasentrimmer:* besonders zur Pflege von Rasenkanten geeignetes Gerät; schlägt einzelne Stängel mittels eines sehr schnell rotierenden Nylonfadens.
- *Rasenschere (Rasenkantenschere)*: dient hauptsächlich zum Schneiden von Rasenkanten.

Verschiedene Mähgeräte für unterschiedliche Rasenformen: Sichel (oben), Trimmer (rechts) und ein klassischer Rasen-Sichelmäher.

Mais

(*Zea mays*; POACEAE) Süßgräser

Die einjährig kultivierten, großen Süßgräser aus Mittelamerika gelten als eine der ältesten Kulturpflanzen der Menschheit. Die in Kolben angeordneten Samen mancher Sorten dienen als Futterpflanze, Zuckermais auch als beliebtes Tafelgemüse. Ganz junge Kolben werden geschält konserviert oder sauer eingelegt, ältere Kolben entweder im Ganzen gekocht oder gegrillt verzehrt oder abgeperlt für Salate und anderes verwendet. Ziersorten werden wegen der gefärbten Blätter und der farbigen Kolben angebaut. **Kultur:** Ab Mitte Mai Aussaat in warmen, fruchtbaren Böden an vollsonnigen Standorten. Eine ➛ Vorkultur unter Glas ist möglich. Zuckermais zum Verzehr in Reihen von 60–70 x 20 cm Abstand aussäen. Während des Wachstums reichlich gießen, gelegentlich düngen. Erntereif ist Zuckermais 3 bis 4 Wochen nach dem Schieben der Narben (➛ Blüte), d.h., wenn die herausragenden Haarbüschel braun und trocken sind; dies ist von August bis Oktober der Fall. Aus den Körnern sollte, wenn man sie eindrückt, noch Saft austreten („milchreif"). Geernteter Zuckermais kann nur einige Tage, am besten im Kühlschrank, aufbewahrt werden. **Krankheiten und Schädlinge:** Blattläuse, Brandpilze. **Vermehrung:** Aussaat.

Arten und Sorten: Neben dem Zuckermais (*Z. m.* convar. *saccharata*) mit verschiedenen Sorten (z.B. 'Challenger F1', 'Tasty Gold F1', 'Golden Beauty') gibt es noch den Perl- oder Puffmais (*Z. m.* convar. *microsperma*), aus dem Popcorn bereitet wird sowie verschiedene dekorative Ziermaissorten, die als Ziergräser in Rabatten gepflanzt und deren Kolben zu Dekorationszwecken getrocknet werden (siehe auch ➛ Gräser).

Zuckermais hat den weiten Weg von Amerika zu uns geschafft: Mittlerweile wird er auch hier angebaut.

Majoran, Wurstkraut

(*Majorana hortensis*; LAMIACEAE/LABIATAE) Lippenblütler

Einjährig kultiviertes, aromatisches Würzkraut aus dem südöstlichen Mittelmeerraum und Nordafrika. Die bis zu 50 cm hohen, vierkantigen, stark verästelten Stängel tragen kleine, graufilzige Blättchen und bringen im Juni unauffällige rosaweiße Blüten hervor. Das frostempfindliche Kraut wird frisch oder getrocknet für Salate, Eintöpfe, Suppen und Saucen sowie für Wurstmischungen verwendet. Die im Majoran enthaltenen Gerb- und Bitterstoffe und ätherischen Öle machen viele Speisen bekömmlicher. Man schneidet das Kraut während oder kurz vor der Blüte und trocknet es an einem dunklen, warmen Ort. **Kultur:** Aussaat ab Mitte Mai in leichten, nährstoffreichen Boden an einem sonnigen, geschützten Standort. Eine ➛ Vorkultur unter Glas ab März ist möglich. **Schädlinge/Krankheiten:** Blattläuse. **Vermehrung:** Aussaat im späten Frühjahr.

Majoran ist ein unverzichtbares Gewürz- und Heilkraut.

Sorten: Französischer Stauden- oder Blattmajoran (bildet vor allem Blattmasse), Deutscher oder Knospen-Majoran (entwickelt später Samen).

Makroklima ➛ Klima

Mandelbäumchen ➛ Zierkirsche

Mandel

(*Prunus dulcis*; ROSACEAE) Rosengewächse
Ein Hochstrauch oder kleiner, bis 8 m hoher und breiter, Laub abwerfender Baum aus dem westlichen Mittelasien. Sie haben lanzettliche, fein gesägte, dunkelgrüne Blättern, sehr attraktive rosa oder weiße Blüten und wohlschmeckende Samen in den pelzigen, grünen Steinfrüchten. Bei uns nur an sehr milden Standorten (Weinbauklima) winterhart. **Kultur:** In durchlässige, auch trockene Böden an geschütztem Standort in voller Sonne pflanzen. Spätfröste können die Blüten schädigen. Eine unkrautfreie ➛ Pflanzscheibe und gelegentliche ➛ Kompostgaben genügen als Pflegemaßnahmen. Schnitt: kaum nötig; zur Wuchskorrektur im Spätwinter oder zeitigen Frühjahr verdichtete Kronen auslichten, größere Schnittstellen mit ➛ Wundverschlussmittel verschließen. Die Früchte fallen bei Reife selbst aus den ledrigen Hüllen und müssen noch nachgetrocknet werden, um Schimmel und Fäulnis zu vermeiden. **Schädlinge/Krankheiten:** Blattläuse, Kräuselkrankheit. **Vermehrung:** Aussaat im Herbst, im Frühsommer Stecklinge bewurzeln oder im zeitigen Frühjahr auf Mandel- oder Pfirsichsämlinge bzw. St. Julien-Pflaumen pfropfen (➛ Veredelungsmethoden).

Arten und Sorten: Von der Art sind mehrere Frucht tragende Sorten im Handel: 'Dürkheimer Krach- oder Riesenmandel', 'Buschmandel', 'Geisenheim IV' sowie die 'Perle der Weinstraße' mit besonders schönen rosafarbenen Blüten, aber ohne Früchte.

Mandelbäume mit ihren zarten Blüten stellen einige Ansprüche, bevor sie gut anwachsen.

Mangelerscheinungen ➛ Mangelkrankheiten, ➛ Nährstoffmangel

Mangelkrankheiten
(Mangelerscheinungen)
Störungen der Pflanzengesundheit durch fehlende Hauptnährstoffe und/oder Spurenelemente.

Mangold, Schnittmangold, Stielmangold, Rippenmangold
(*Beta vulgaris*; CHENOPODIACEAE) Gänsefußgewächse
Eine im Hausgarten wichtige Gemüsepflanze aus der Familie der ➛ Gänsefußgewächse. Mangold, mit seinen großen, spinatähnlichen Blättern und/oder verdickten Blattstielen, wird meist einjährig kultiviert. Bei Schnittmangold werden die Pflanzen zur Ernte 3 bis 4 cm über dem Boden abgeschnitten, die Pflanze treibt dann wieder aus. Vom Stielmangold erntet man nach und nach nur die äußeren Blätter, die Pflanzen verjüngen sich dadurch vom Herz her. Anders als Spinat kann Mangold auch über den ganzen Sommer geerntet werden. Man verwendet ihn roh für Salate, gekocht wie Spinat und die verdickten Blattrippen des Stiel- oder Rippenmangolds wie Spargel. Mangold überwintert im Beet, wenn er durch ein ➛ Vlies etwas geschützt wird. Die Ernte kann um ein weiteres Jahr ausgedehnt werden, wenn die sich im zweiten Jahr entwickelnde Blüte entfernt wird. **Kultur:** Aussaat ab April bis Anfang Juli direkt vor Ort in 2 bis 3 cm tiefe Saatrillen mit einem Reihenabstand von 30 cm, alle 10 cm je ein Samenkorn. Wenn die Pflanzen 15 cm hoch sind, erntet man jede zweite Pflanze. Während des Wachstums hacken und feucht halten. Nach etwa 6 Wochen kann gedüngt werden, dann sollte man mit der Ernte aber einige Wochen warten, weil sich ➛ Nitrat in den Blättern anreichern kann. Im Spätherbst schützt ein ➛ Folientunnel die Pflanzen und ermöglicht auch bei Schnee noch eine weitere Ernte. Nach spätestens 2 Jahren lassen die Erträge nach und die Pflanzen werden durch eine neue Aussaat ersetzt. Auf einem Beet, auf dem Mangold kultiviert wurde, sollten die darauf folgenden Jahre keine anderen Gänsefußgewächse (➛ Spinat, ➛ Rote Bete) angebaut werden. **Schädlinge/Krankheiten:** Rübenfliegenlarven, Falscher Mehltau, Blattflecken. **Vermehrung:** Durch Aussaat. **Arten und Sorten:** Schnitt- oder Blattmangold, Beißkohl (*B. vulgaris* var. *vulgaris*): 'Grüner Schnitt'; Stiel- oder Rippenmangold, Römischer Kohl (*B. vulgaris* var. *flavescens*): 'Glatter Silber' (syn. 'White Silver 2'), 'Lukullus', 'Vulkan' (rotstielig), 'Bright Lights' (grünes Laub und bunte Stiele in Weiß, Rot, Gelb, Orange, Rosa).

Männliche Blüte ➛ Geschlecht

Männliche Elter (Vaterpflanze) ➛ Mutterpflanze

Marienkäfer
Der bekannteste unter den nützlichen Käfern im Garten. Zumeist markant rot, gibt es auch gelbe oder anderweitige Färbungen; auch die Zahl und die Größe der dunklen Punkte variiert. Käfer und Larven sind vor allem auf ➛ Blattläuse spezialisiert. Eine Larve kann während ihrer Entwicklungszeit bis zu 1000 Blattläuse vertilgen, das erwachsene Tier etwa 60 pro Tag. Es gibt auch Arten, die sich von Spinnmilben und Schildläusen ernähren. Zum Schutz von M. nicht

Marienkäferlarven sind – wie ihren Eltern auch – Freunde des Gärtners, ernähren sie sich doch gerne von Blattläusen.

mit Gift spritzen, vor allem nicht im Frühling.

Matten

1. Weitgehend baum- und strauchfreie Pflanzengesellschaften, in denen Gräser und polsterartige krautige Pflanzen vorherrschen; vor allem im Hochgebirge zu finden; lassen sich auf kleinen Flächen in Steingärten nachempfinden.
2. Wuchsformtypen, die vor allem bei Gebirgspflanzen verbreitet sind: kleine, aber dicht belaubte und oft kriechend wachsende Arten, die dicht auf dem Boden aufliegen.

Mauer

Konstruktion aus Stein zur Aufteilung oder Abgrenzung von Grundstücken sowie zur Abstützung. Grundsätzlich wird unterschieden zwischen einer *Trockenmauer* (ohne Verbindungsmaterial zwischen den Bauelementen) und einer *vermörtelten Mauer*. Eine *Stützmauer* dient im Garten zur Festigung und Absicherung eines Hangs oder einer Böschung und hat nur eine sichtbare Mauerseite. Am Fuße von M. sind die Böden stets trocken, da Fundamente und Ziegelsteine dem Boden Wasser entziehen und der Regen diese Bereiche oft nicht erreicht – Pflanzen in der Nähe einer M. daher immer gießen.

Mauerpfeffer ➛ Fetthenne

Maulbeere

(*Morus*; MORACEAE) Maulbeergewächse

Eine der ältesten Kulturpflanzen der Menschheit, vor allem in Asien, aber auch in Südeuropa wegen der Blätter, die als Futter für Seidenraupen dienen und wegen ihrer Früchte gepflanzt. Die mittelhohen, Laub abwerfenden Bäume haben ➛ wechselständige, ungelappte oder gelappte Blätter und ein- oder zweihäusigen Blüten in gestielten, hängenden Ähren, aus denen sich im Sommer die essbaren, im Aussehen Brombeeren ähnlichen Früchte entwickeln. Triebe und Blätter sondern bei Verletzung einen Milchsaft ab. **Kultur:** In mäßig fruchtbaren, humosen, lockeren, aber gut durchlässigen Boden an einem vollsonnigen Standort pflanzen. Maulbeerbäume sind bei uns nur im Weinbauklima oder in besonders geschützten Lagen zuverlässig win-

Ein apartes Gewächs – die weiße Maulbeere *Morus alba*.

terhart. Schlecht ausgereiftes Holz kann durch Frost geschädigt werden. Vor kalten, austrocknenden Winden schützen. Ein Schnitt ist kaum nötig und sollte, wenn zur Wuchskorrektur doch erforderlich, im frühen Winter erfolgen, weil die Bäume sonst zu stark ➛ bluten. **Schädlinge/Krankheiten:** Bakterienfäule, Tumore, Rotpustelkrankheit, Echter Mehltau. **Vermehrung:** Aussaat im Herbst in Töpfen oder halb verholzte Stecklinge im Sommer bewurzeln, alternativ im Herbst verholzte Stecklinge in den ➛ Kalten Kasten setzen oder im Frühling okulieren (➛ Veredelungsmethoden).

Arten und Sorten: Weiße Maulbeere (*M. alba*): sparriger, rundlich verzweigter Baum, bis 3 m hoch und 5 m breit, weiße, fade schmeckende Früchte; Schwarze Maulbeere (*M. nigra*): mittelhoher Baum mit rundlicher Krone, bis 12 m hoch und 15 m breit, mit schwarzen, aromatischen Früchten; Rote Maulbeere (*M. rubra*): breit-rundlicher Baum, bis 12 m hoch und 15 m breit, mit roten, später purpurnen, aromatischen Früchten.

Maulwurf

Unterirdisch lebender Insektenfresser mit walzenförmigem Körper, rüsselförmiger Schnauze, winzige im Fell verborgenen Augen und verschließbarem Gehörgang. Er frisst Engerlinge, Insekten, Larven, Puppen, Würmer (auch Regenwürmer) Nacktschnecken und sogar die schädlichen Wühlmäuse. Da M. unterirdisch Wohnkessel mit verzweigenden Röhren graben, werden sie von Gärtnern als störend empfunden (Maulwurfhügel im Garten!), obwohl sie eigentlich zu den Nützlingen zählen. Sie stehen unter Naturschutz.

Mäuse

Sie zählen zusammen mit Ratten zu den wild lebenden Säugetieren, die eher Schaden in den Wintervorräten, z.B. beim eingelagerten Obst und Gemüse, als auf den Beeten anrichten. Dennoch können sie aus dem Boden in ein frisch angelegtes ➛ Hochbeet einwandern. Legt man vor dem Aufschichten der organischen Materialien auf den Boden ein engmaschiges Drahtgeflecht, kann ein Schaden verhindert werden.

Mechanische Abwehrmittel

Einfache Maßnahmen zur Bekämpfung von Schädlingen und Krankheiten:

Drahtgeflechte und Eierschalen versperren Schnecken den Weg zum Gemüsebeet.

- *Fallen* werden vor allem zum Fangen von Wühlmäusen aufgestellt; Bierfallen gegen Schnecken.
- *Netze* werden zum Schutz der Früchte vor Vogelfraß über Obstgehölze gespannt; engmaschige Formen oder Spezialvliese halten Gemüsefliegen von der Ernte ab.
- *Fanggürtel*, 10 bis 20 cm breite Wellpapperinge, die um die Baumstämme gebunden werden, um Insekten wie die Raupe des Frostspanners abzuwehren. Die Schädlinge kriechen von unten in den Ring hinein und bleiben stecken. Sehr wirksam sind auch *Leimringe*, die im Fachhandel erhältlich sind.
- *Zäune* aus feinmaschigem Draht halten Hasen von Gemüsebeeten ab; spezielle Zäune aus Kunststoff oder verzinktem Blech wehren Schnecken ab; kurzzeitigen Schutz vor Schnecken bieten Elektrozäune.

Mechanischer Pflanzenschutz

➛ Pflanzenschutz

Meerrettich, Kren

(*Armoracia rusticana*; CRUCIFERAE) Kreuzblütler

Mehrjährig kultivierte, bis 60 cm hohe Gewürz- und Arzneistaude aus Südosteuropa und Westasien. Sie besitzt große, lange, dunkelgrüne Blätter und eine verdickte Hauptwurzel. Die langen, weißen Wurzelstöcke werden wegen des stechend scharfen, brennenden Geschmacks geerntet und gerieben entweder roh oder in Saucen verkocht verzehrt. Die in der Pflanze enthaltenen Senföle wirken antibiotisch und machen viele Speisen bekömmlicher. **Kultur:** Im März/April 20 bis 30 cm lange Seitenwurzeln („Fechser") vom unteren Ende der Hauptwurzel abnehmen und im Abstand von 40 x 80 cm leicht schräg in tiefgründigen, humosen Boden legen. Im Juni/Juli werden alle Seitentriebe entfernt, damit die Pflanzen eintriebig wachsen. Im Spätherbst oder zeitigen Frühjahr können die Hauptwurzeln geerntet werden. Sie halten sich, in einer ➛ Miete eingeschlagen, über längere Zeit frisch. Meerrettich bleibt im Garten mehrere Jahre am gleichen Standort. Unter günstigen Bedingungen kann er wuchern und zur Plage werden. **Schädlinge/Krankheiten:** Schnecken, Erdflöhe, Meerrettichblattkäfer, Weißer Rost, Merrettichschwärze (Pilzkrankheit), Virosen, Bakterienkrankheiten, Blattflecken. **Vermehrung:** Nur über Seitenwurzeln, da die Samen oft taub sind. **Sorten:** Es werden keine Sorten, sondern Herkünfte unterschieden, etwa 'Hamburger', 'Steirischer' u. a.

Mehlbeere

➛ Eberesche

Mehltau

➛ Echter Mehltau, ➛ Falscher Mehltau

Melisse, Zitronenmelisse, Honigblatt

(*Melissa officinalis*; LABIATAE) Lippenblütler

Die mehrjährig kultivierte, bis 1 m hohe, reich verzweigte Gewürz- und Heilstaude stammt aus dem mediterranen Raum. Es hat grüne, nesselartig behaarte, intensiv nach Zitrone duftende Blätter. Im Juni/Juli folgen zahlreiche weiße Blütchen, die eine gute ➛ Bienenweide darstellen. Man erntet die Blätter vor der Blüte (blühende Pflanzen beginnen unangenehm zu riechen) und verarbeitet sie frisch und roh zu Salaten, Saucen, als Gemüsebeilage und zum Schmuck von Desserts, oder trocknet sie an einem dunklen, warmen Ort. Die getrockneten Blätter können als beruhigender, entspan-

nender Tee genossen werden, verlieren aber recht bald ihr Aroma. **Kultur:** Aussaat im Frühjahr in armen, wasserdurchlässigen Boden in voller Sonne. Im Frühsommer zurückschneiden, um eine frühe Blüte und damit ein Ende der Ernte zu verhindern. Im Winter vor zu viel Feuchtigkeit schützen. Im nächsten Frühjahr abgestorbene Triebe bis zum Boden zurückschneiden. Mit den Jahren bilden sich kräftige Horste. **Schädlinge/Krankheiten:** Keine. **Vermehrung:** Aussaat oder Teilen von älteren Pflanzen im zeitigen Frühjahr oder Herbst.
Sorten: Neben der Urform findet man manchmal Sorten mit gelbbunt ➛ panaschiertem Laub, etwa 'All Gold' oder 'Aurea'.

Mehrjährige Pflanzen ➛ Lebensdauer

Mehrnährstoffdünger ➛ Düngemittel

Meristem ➛ Gewebe

Meristemkultur (Gewebekultur)

Vermehrung von Pflanzen im Labor auf speziellen Nährböden. Dabei werden aus kleinen Mengen von Bildungsgewebe oder Meristem (➛ Gewebe) neue, vollständige Pflanzen herangezogen.

Meterstamm ➛ Gehölzverkaufsform

Miete

1. Erdmiete: spezielle Lagerungsart von Gemüsen; Feldfrüchte werden locker in eine mit Sand ausgelegte Erdgrube geschichtet und mit Stroh oder Laub und der Aushuberde abgedeckt.
2. Kompostmiete: in bestimmter Reihenfolge frei aufgeschichteter Komposthaufen ohne Behältnis oder fester Wandung.

Milben treten in großen Masse auf.

Mikroklima ➛ Klima

Milben

Saugende Pflanzenschädlinge, unter denen die *Weichhaut-*, *Wurzel-* und *Zwiebelschalenmilben* weit verbreitet sind. Die kaum 0,2 mm großen, durchsichtigen Tiere verstecken sich meist gut, bevorzugt in den Blattachseln.
Gefährdete Pflanzen: Sommerblumen, Balkon- und Kübelpflanzen, Zwiebel- und Knollenpflanzen, besonders Knollenbegonien und Narzissen.
Schadbild: gekräuselte, deformierte Blätter; missgebildete Blüten; gestauchter Wuchs; absterbende Zwiebeln.

Mieten sind eine alt hergebrachte und nach wie vor sinnvolle Methode, Gemüse und Früchte einzulagern.

Vorbeugung und Bekämpfung: nur einwandfreies Pflanzgut verwenden; stärkende Kräuterbrühen verabreichen; Schädlinge mit Schmierseife-Spiritus-Lösung abspülen; stark befallene Pflanzen entfernen und vernichten.

Milchglanzkrankheit (Bleiglanzkrankheit, Silberglanzkrankheit)
Befall durch einen Holz zerstörenden Pilz.
Gefährdete Pflanzen: Obstgehölze, gelegentlich auch andere Laubbäume wie Erlen, Buchen oder Pappeln.
Schadbild: silberweiß bis bleigrau verfärbter Laubaustrieb; verkümmerte Blätter und Blüten; im unteren Stammbereich blättrig geschichtete, violette bis braune Fruchtkörper des Schadpilzes.
Vorbeugung und Bekämpfung: fachgerechter Schnitt; sorgfältiger Wundverschluss; befallene Teile entfernen und vernichten; bei sehr starkem Befall Rodung.

Mineraldünger ➛ mineralische Dünger

Minerale (Mineralien)
Natürliche, im Allgemeinen feste Bestandteile der Erdkruste, aus denen sich Gesteine zusammensetzen. Unter M. versteht man auch anorganische Produkte wie Tonminerale, die bei der Bodenbildung entstehen. *Tonminerale* sind meist plättchenförmige, geschichtete Kieselsäuremineralien (Silikate) feinster Körnung, die einen Teil des Feinbodens darstellen. Wichtig für die Bodenfruchtbarkeit, da sie reichlich Wasser und Nährstoffe binden können.

Mineralische Dünger (Kunstdünger, Mineraldünger)
Industriell hergestellte Düngemittel in fester oder flüssiger Form, die die Nährstoffe in Form von Mineralsalzen enthalten. Die Salze sind leicht löslich und somit sind die freigesetzten Nährstoffe rasch für die Pflanzen verfügbar.

Mineralisierung (Mineralisation)
Umwandlung organischer Verbindungen in anorganische, für Pflanzen verfügbare Nährstoffe durch Mikroorganismen.

Miniaturteich ➛ Miniteich

Minierfliegen
Winzige Insekten, die ihre Eier ins Gewebe von Laubblättern legen – die Maden bzw. Raupen fressen dann Gänge durch das Blattinnere.

Fraßgänge der Minierfliege.

Gefährdete Pflanzen: Sommerblumen, Balkon- und Kübelpflanzen, Ziergehölze, besonders Stechpalmen und Thujen, auch Obstbäume, vor allem Äpfel und Kirschen.
Schadbild: helle, gewundene Miniergänge auf den Blättern, darin Larven erkennbar; Blätter mit braunen, vertrockneten Bereichen; bei starkem Fraß vorzeitiger Blattfall.
Vorbeugung und Bekämpfung: Nützlinge fördern; befallene Teile entfernen und vernichten.

Minigewächshaus ➛ Anzuchtgefäße

Miniteiche, wie die beiden Beispiele, sind eine Bereicherung auch für den kleinsten Garten.

Miniteich

Bezeichnung für kleine Wassergärten in Behältern, vor allem für Balkon und Terrasse. Als Gefäße eignen sich alle Arten von Behältern, die sich mit Wasser füllen lassen, mit Ausnahme von Zink-, Kupfer- und Eisenwannen, da herausgelöste Spuren des Metalls für die Lebewesen im Wasser giftig sein könnten. In M. passen vor allem kleine exotische, Wärme liebende Pflanzen.

Mirabelle ➛ Pflaume

Mischkultur

Ökologisch begründeter gleichzeitiger Anbau miteinander verträglicher und sich gegenseitig fördernder Gemüse und Gewürzkräuter auf einem Beet. Vorteile: optimale Nutzung der Nährstoffe im Boden und gleichzeitig Vorbeugung gegen Schädlinge und Krankheiten.

Mispel

(*Mespilus germanica*; ROSACEAE) Rosengewächse

Laub abwerfendes, 3 bis 5 m hohes Zier- und Obstgehölz aus Südosteuropa und Westasien. Mispeln zeichnen sich durch attraktiven, ausladenden Wuchs, einer schöner ➛ Herbstfärbung und bis 5 cm breiten, weißen Blüten aus. Die charakteristischen, etwa 4 cm breiten, harten Früchte sind erst nach leichtem Frost genießbar, werden dann teigig und schmecken säuerlich. **Kultur:** In mäßig nährstoffreichem, gut durchlässigem Boden in voller Sonne oder lichtem Schatten pflanzen. Ein Schnitt ist kaum erforderlich; wenn zur Wuchskorrektur nötig, dann im Winter oder zeitigen Frühjahr schneiden. **Schädlinge/Krankheiten:** Blattläuse, Braunfäule, Raupenfraß und

Mespilus germanica – eine Zierde in jedem Garten.

Echter Mehltau. **Vermehrung:** Aussaat im Herbst oder im Spätsommer okulieren (➛ Veredelungsmethoden).
Arten und Sorten: 'Holländische Große' (sehr große Früchte), 'Nottingham' (mittelgroß), 'Königliche' (mittel bis groß).

Mistbeet ➛ Frühbeet

Mittelachse ➛ Obstbaumteile

Mittelschwerer Boden ➛ Bodeneigenschaften

Mitteltrieb ➛ Obstbaumteile, Trieb

Mittelzehrer ➛ Nährstoffbedarf

Mitwachsende Folie (Schlitzfolie) ➛ Folien

Möhre, Mohrrübe, Karotte, Gelbe Rübe

(*Daucus carota* ssp. *sativus*; APIACEAE)
Doldenblütler
Geschätztes Wurzelgemüse, deren Wildform in ganz Europa und Asien heimisch ist. Das Laub der Pflanzen ist fein gefiedert, mittel- bis dunkelgrün und wird nach der Ernte abgeschnitten. Die spitz-kegelförmigen bis runden Wurzeln werden roh oder gekocht verzehrt. Früher waren die Wurzeln der Möhren dunkel gefärbt. Durch Zucht und Auslese entstanden die orangeroten Möhren, die wir heute kennen. Sie enthalten sehr viel Carotin, einer Vorstufe des Vitamin A, das nur in Verbindung mit Fett vom Körper aufgenommen werden kann. Daher sollte das ballaststoffreiche Gemüse immer mit Öl, Butter oder Sahne genossen werden. **Kultur:** Sobald der Boden offen ist (etwa ab Mitte März), können Möhren etwa 2 cm tief in lockeren, tiefgründigen Boden ins Freiland gesät werden. Der Reihenabstand beträgt 20 bis 30 cm, später wird in der Reihe auf 2 bis 5 cm ausgedünnt. Möhrensämlinge lassen sich nicht verpflanzen, deshalb besser von Anfang an etwas dünner aussäen, damit nicht zu viele Sämlinge verworfen werden müssen. Für eine selektive Aussaat eignet sich besonders ➛ pilliertes Saatgut. Als Markierungssaat für langsam keimende Möhren legt man alle 5 bis 10 cm einen Radieschensamen zwischen die Möhrensamen. Trockenheit verhindert ein gleichmäßiges ➛ Auflaufen der Saat. In den ersten Wochen hilft sorgfältige Unkrautbekämpfung und regelmäßiges Wässern; leichtes ➛ Anhäufeln verhindert, dass die Möhren grünköpfig werden. Nachsaaten für Folgeernten im Abstand von 3 bis 4 Wochen bis Juni. Frühe Sorten zum Frischverzehr werden ab Juni, späte Sorten zur Einlagerung in ➛ Mieten bis September/Oktober geerntet. Eine Zwischenpflanzung (Mischkultur) mit ➛ Lauch, ➛ Zwiebeln oder ➛ Knoblauch verringert den Befall durch die ➛ Möhrenfliege. Nicht geerntete Möhren beginnen im zweiten Jahr zu blühen. **Schädlinge/Krankheiten:** Möhrenfliege, Möhrenblattfloh, Möhrenblattlaus, Wurzelläuse, Nematoden, Pilzerkrankungen (Schwarzfäule der Blätter, Grauschimmel). **Vermehrung:** Aussaat.
Sorten: Eine große Vielfalt an Möhrensorten bietet die Auswahl unter frühen, mittelfrühen und späten Sorten, darunter auch kleine, runde Sorten, die als Karotten bezeichnet werden, bleistiftdünnen für den Frischverzehr und lange haltbare Lagersorten, die sich in einer Erdmiete bis zum Frühjahr halten. Von einzelnen Sorten werden zum Teil Selektionen unter eigenen Namen vertrieben.

Frühe, runde Sorten (frühe Karotten): 'Pariser Markt' und deren Selektionen.
Frühe, längliche Sorten: 'Nantaise' und deren Selektionen.
Späte Sorten (Lagermöhren): 'Juwarot', 'Lange, Rote, Stumpfe ohne Herz', 'Rote Riesen', jeweils mit Selektionen.

Mohn

(*Papaver*; PAPAVERACEAE) Mohngewächse
Eine Gattung mit etwa 70 Arten ➛ Ein- und ➛ Zweijähriger und ➛ Stauden in allen Erdteilen, außer Amerika beheimatet. Die drahtigen, kaum verzweigten, oft behaarten Sprossen geben bei Verletzung einen Milchsaft ab. Meist grundständige, einfache, gesägte oder gefiederte Blätter, die glatt, blau- oder hell- bis dunkelgrün und oft borstig behaart sind. Aus oft hängenden Knospen entwickeln sich kurzlebige, meist einzeln stehende, becher- bis schalenförmige Blüten, vierzählig und leuchtend gefärbt, denen dann attraktive Samenkapseln folgen. Für Stauden- und gemischte Rabatten, kleinere

Zarte, großlappige Blütenblätter auf meist haarigen Stängeln: (von links oben nach rechts unten): Klatschmohn *P. rhoeas*, Türkenmohn, *P. orientale*, Schlafmohn, *P. somniferum* und nochmals ein Klatschmohn, *P. rhoeas*.

Arten für ➛ Stein- und Kiesgärten. **Kultur:** In gut durchlässigen Boden in voller Sonne pflanzen. Ein- und Zweijährige an Ort und Stelle aussäen, da sich Mohn nicht gut verpflanzen lässt. *P. orientale* zieht nach der Blüte ein und bildet erst im Herbst eine Blattrosette, die überwintert. **Schädlinge/Krankheiten:** Blattläuse, pilzbedingte ➛ Welkekrankheiten, an feuchten Standorten Falscher Mehltau. **Vermehrung:** Aussaat im Frühjahr; Stauden im zeitigen Frühjahr teilen oder im Herbst Wurzelschnittlinge (➛ Stecklinge) nehmen.

Arten und Sorten: Alpenmohn (*P. alpinum*): Gruppen bildende, kurzlebige Staude, im Sommer bis 4 cm breite, weiße, gelbe oder orange Blüten, bis 20 cm hoch; Gartenmohn (*P. bracteatum*): borstige Staude, im Frühsommer schüsselförmige, bis 18 cm breite, blutrote Blüten, bis 1,2 m hoch; Islandmohn (*P. croceum*, syn. *P. nudicaule*): zweijährige Pflanze mit einfachen oder gefüllten, bis 8 cm breiten, duftenden Blüten in Gelb, Weiß, Orange oder Blassrosa, bis 30 cm hoch; Türkischer Mohn (*P. orientale*): Gruppen bildende Staude mit bis zu 16 cm breiten, orange- bis scharlachroten Blüten, auch Sorten mit gefüllten, gefransten, weißen oder blass-rosafarbenen Blütenblättern, bis 90 cm hoch und breit; Klatschmohn (*P. rhoeas*): einjährige Pflanze mit bis 8 cm breiten, leuchtend roten Blüten, bis 90 cm hoch; Schlafmohn (*P. somniferum*): einjährige Pflanze mit bis 10 cm breiten, violettrosa bis purpurroten Blüten und attraktiven Samenkapseln, auch gefüllte Sorten im Handel, bis 1,2 m hoch. Ähnlich wie Papaver sehen Scheinmohne (*Meconopsis*-Arten; Blüten je nach Art in Gelb oder leuchtend Blau) und Goldmohn (*Eschscholzia californica*; Blüten in Creme, Gelb, Rosa) aus.

Mohrrübe ➛ Möhre

Monatserdbeere ➛ Erdbeere

Monilia (Monilia-Fruchtfäule, Ringfäule, Schwarzfäule)

Häufige Pilzerkrankung.

Gefährdete Pflanzen: Kern- und Steinobst.

Schadbild: an Früchten zunächst kleine Faulstellen; Schimmelpolster in Form konzentrischer gelbbrauner Ringe, darauf später dicker, gelber bis brauner Belag; rasche Fäulnis der Früchte, die meist als schwarze Fruchtmumien am Baum hängen bleiben.

Vorbeugung und Bekämpfung: standortgerecht pflanzen; ausgewogen ernähren; fachgerechter Schnitt; Fruchtmumien vollständig entfernen; erkrankte Teile sofort bis ins gesunde Holz zurückschneiden und vernichten; bei starkem Befall Anwendung spezieller Mittel (Beratung durch Pflanzenschutzamt).

Monilia-Pilzerkrankung gibt es in zwei Arten: als Fruchtfäule und Spitzendürre. Beide lassen das Obstgehölz wie erfroren aussehen.

Monokotyledoneae ➛ Einkeimblättrige Pflanzen

Monokotylen ➛ Einkeimblättrige Pflanzen

Monokultur

Anbau einer einzigen Gemüseart auf einer großen Fläche. Das kann zur Minderung der Bodenqualität, epidemieartigen Ausbreitung von Schädlingen und Krankheiten, die sich auf diese Pflanzen spezialisiert haben, führen. Erfordert erheblichen Düngereinsatz und stört meist das biologische Gleichgewicht.

Moor

Wasserreiches Gebiet mit bestimmten Pflanzengesellschaften, das vorwiegend in Klimagebieten mit umfangreichen Niederschlägen, hoher Luftfeuchtigkeit und dichtem Pflanzenbewuchs, oft durch Verlandung von Seen entsteht. M. sind vor allem durch extreme Nährstoffarmut, saure Bodenverhältnisse (der ➛ ph-Wert liegt unter 5) und starken Schwankungen von Wasserstand und Temperatur geprägt, bilden aber ein Biotop für seltene Sumpf- und Moorpflanzen und Tiere, die hier Schutz und Nahrung finden. Erhaltung solcher Standorte im Garten erfordern einen hohen Pflegeaufwand.

Moorbeet

Kulturfläche im Garten mit kalkfreiem Substrat für Pflanzen, die sauren Boden (➛ pH-Wert) bevorzugen. Für *Moorbeetpflanzen* – das sind hochspezialisierte Arten, die in Moorgebieten heimisch sind und nur unter speziellen Bedingungen im Garten wachsen – geeignet.

Moorboden ➛ Bodentyp

Mulchen ist das A und O der Gartenpflege: hier wurde die Pflanz- oder Baumscheibe mit Rindenmulch bedeckt.

Moose (Bryophyta)

Abteilung blütenloser, Sporen tragender, meist grüner Pflanzen mit ausgeprägtem ➛ Generationswechsel, die an das Landleben angepasst sind. Ohne echte Wurzeln und Gefäße ausgestattet können sie ihren Wasserhaushalt nicht aktiv regulieren und sind auf eine feuchte Umgebung angewiesen.

Mosaikkrankheiten ➛ Virosen

Mulchen

Abdecken des Bodens mit organischem Material wie angewelkter Rasenschnitt, Stroh, Gehölzhäcksel, welkes Laub, halbfertiger Kompost oder aber mit speziellen Mulchfolien aus Kunststoff (➛ Folien). M. wird verwendet, um Mikroorganismen und damit die Bodengare zu fördern, Unkrautwuchs zu unterdrücken, Austrocknung durch Wind und Sonne sowie Verschlämmung durch Regen zu verhindern.

Mulchfolie ➛ Folien

Mulchmaterial ➛ Mulchen

Multitopfplatte ➛ Anzuchtgefäße

Mutation
Zufällige Änderung des Erbguts, die durch Umwelteinflüsse ausgelöst oder spontan auftreten kann. Den Nachkommen einer gezüchteten Kulturpflanze, der sich durch eine plötzlich auftretende Abweichung im Erbgut von der Mutterpflanze unterscheidet, bezeichnet man als *Sport (Spielart)* – so etwas tritt hauptsächlich bei Rosen auf. Zeigen durch M. veränderte Pflanzen besondere Eigenschaften wie eine besondere Blütenfarbe oder ➛ Panaschierung, werden sie eigens kultiviert und vermehrt. Die neue Eigenschaft kann sich jedoch unvermittelt wieder verlieren, die Pflanze wieder ihre ursprüngliche Form zeigen. Dieses Phänomen nennt man *Zurückschlagen (Reversion)*.

Mutterboden ➛ Bodenprofil

Mutterpflanze (weiblicher Elter)
1. Im Allgemeinen ein Gewächs, von dem Nachkommen abstammen.
2. Im Speziellen der Elternteil, der bei der geschlechtlichen Vermehrung die Samen bildet, aus denen wiederum die Abkömmlinge hervorgehen; die *Vaterpflanze (männlicher Elter)* liefert den Pollen zur Befruchtung der Samenanlage.
3. Gewächs, von dem Pflanzenteile für eine ungeschlechtliche ➛ Vermehrung gewonnen werden.

Mykorrhiza
Symbiose zwischen verschiedenen Pilzen und den Wurzeln von Pflanzen. Die Pflanze bezieht vom Pilz mineralische Nährstoffe, vorwiegend Phosphat und Spurenelemente, der Pilz erhält dafür vor allem Kohlenhydrate. Viele Kulturpflanzen und Waldbäume sind auf M. angewiesen – das Fehlen des Pilzes kann zum Kümmerwuchs der Pflanze führen. Andererseits können Waldpilze wie Röhrlinge, Täublinge oder Milchlinge ohne Baumwurzeln kaum existieren und bilden nur in Verbindung mit diesen Fruchtkörper aus.

Mykosen ➛ Pilzkrankheiten

Myzel ➛ Pilze

Nachbarrecht ➛ Rechtsvorschriften

Nachdüngung ➛ Folgedüngung

Nachfrucht ➛ Nachkultur

Nachkultur
Anbau einer schnellwüchsigen Gemüseart, die innerhalb einer Vegetationsperiode im Anschluss an die Hauptkultur auf einem Beet gezogen wird. So nutzt man die im Boden noch vorhandenen Nährstoffreserven und die Fläche im Rahmen einer Anbaufolge wie die ➛ Vorkultur.

Nachreife
Vorgang, der bei frühzeitig geerntetem und eingelagertem Obst zur Genussreife führt – die Früchte entwickeln ihr volles Aroma erst nach der Ernte.

Nachtschattengewächse
(SOLANACEAE)
Familien der Röhrenblütler, vor allem im tropischen und subtropischen Amerika beheimatet, mit meist trichterförmigen, fünfblättrigen Blüten und Beeren- oder Kapselfrüchten. Manche werden als wertvolle Nahrungspflanzen kultiviert, andere als Zierpflanzen. Fast alle Pflanzenteile (bis auf Nahrungsfrüchte) sind stark giftig. Typische Vertreter: ➛ Kartoffel, ➛ Paprika, ➛ Tomate, Tabak, Tollkirsche, Stechapfel, Enzianstrauch.

Nacktsamer ➛ Blütenpflanzen

Nacktschnecken ➛ Schnecken

Nadelblätter ➛ Blattform

Nadelgehölze ➛ Gehölze

Nadelhecke ➛ Hecke

Nagetiere
Im Garten werden vor allem ➛ *Wühlmäuse* lästig. Sie fressen Wurzeln ab und können erheblichen Schaden anrichten. *Kaninchen* und *Hasen* dringen hauptsächlich in ländliche Gärten, wo sie die Rinde junger Bäume abnagen. Schutz bietet Maschendraht, der locker um den Stamm gewickelt wird; auch spezielle Mittel zum Einstreichen der Stämme, die Kaninchen vertreiben, sind erhältlich.

Nährstoffbedarf
Die Menge an Nährstoffen, die von Pflanzen zum Wachstum benötigt wird. Sie ist in der Regel abhängig von der Pflanzenart und ihrem jeweiligen Entwicklungsstadium. Nach ihrem N. unterscheidet man *Starkzehrer* (entziehen dem Boden im Laufe ihres Wachstums viele Nährstoffe), *Schwachzehrer* (relativ geringer N.) und die dazwischen liegenden *Mittelzehrer*. Im Gemüsegarten ist der unterschiedlicher N. der einzelnen Gemüse wichtig bei der ➛ Fruchtfolge.

Nährstoffe
Im Bodenwasser gelöste Salze, die von den Pflanzenwurzeln aufgenommen werden und die Nahrungsgrundlage der Gewächse bilden. *Hauptnährstoffe* sind Stickstoff, Phosphor, Kalium, Schwefel, Magnesium und Kalzium. Wichtige Nährelemente sind auch die so genannten *Spurenelemente*, z. B. Kupfer oder Zink, die nur in geringsten Mengen benötigt werden.

Nährstoffmangel
Mangelnde Verfügbarkeit eines oder mehrere Nährstoffe; dabei treten Symptome wie

Nährstoffmangel kann sich in zahlreichen Erkrankungen der betroffenen Pflanze festmachen: hier leidet ein Rhododendron an Chlorose, wie man eine bestimmte Art von Nährstoffmangel bezeichnet.

Kümmerwuchs, geringe Blütenbildung oder ➛ Chlorosen auf, die man als Mangelerscheinungen bezeichnet.

Nahrungskette

Aufeinanderfolge von Organismen, die in ihrer Ernährung voneinander abhängig sind. Das erste Glied in der N. höherer Lebewesen bilden grüne Pflanzen, da sie aus anorganischen Substanzen mit Hilfe der Sonnenenergie bei der Fotosynthese organische Stoffe aufbauen (➛ Assimilation) und letztlich für die Ernährung der Tiere und Menschen von größter Wichtigkeit sind. In den meisten Lebensgemeinschaften bildet die N. komplexe *Nahrungsnetze*.

Narzisse

(*Narcissus*; AMARYLLIDACEAE) Amaryllisgewächse

Gattung mit etwa 50 Arten ausdauernder Zwiebelpflanzen, in Europa und Nordafrika heimisch. Sie zeichnen sich durch grundständiges, riemenförmiges Laub aus und haben im Frühjahr eine oder mehrere Blüten pro Stängel. Die Blüte besteht aus 6 ausgebreiteten Blütenblättern und einer zentralen Nebenkrone (➛ Blütenformen), zumeist in Gelb-, Creme- oder Orangetönen. Blütenblätter und Nebenkrone können bei manchen Sorten verschiedenfarbig sein. Es existieren zahlreiche Zuchtsorten, darunter ein- und zweifarbige und gefüllte Sorten, die meisten davon sind voll frosthart. Beliebte Gartenblume für Gehölzränder, Beete und Rabatten sowie zum ➛ Verwildern im Rasen. **Kultur:** Pflanzung der Zwiebeln im Herbst (September/Oktober) in durchlässige, nicht ➛ staunasse, neutrale bis leicht saure Böden in voller Sonne bis Halbschatten, etwa 3-mal so tief wie die Zwiebeln hoch sind. Verwelkte Blüten auskneifen. Das Laub muss nach der Blüte so lange stehen bleiben, bis es von selbst welkt, damit die Zwiebeln Nährstoffe für die nächste Saison speichern können. Düngen mit ➛ organischem Dünger entweder vor dem Austrieb oder nach der Blüte. Nach dem ➛ Einziehen ruhen die Zwiebeln bis zum nächsten Frühjahr im Boden. Ältere, blühfaule Horste in der ➛ Ruhezeit ➛ aufnehmen und ➛ teilen. Tazetten (oder Straußnarzissen) werden im Herbst/Winter in Töpfen im Zimmer angetrieben (➛ Vortreiben) und nach der Blüte ausgepflanzt oder, falls die Zwiebeln erschöpft sind, weggeworfen. **Schädlinge/Krankheiten:** Große Narzissenfliege, Zwiebelälchen, Schnecken, Zwiebelfäule, Pilzinfektionen, Viren. **Vermehrung:** Wildarten versamen sich, wenn man die Samenstände ausreifen lässt. Sämlinge brauchen 3 bis 7 Jahre bis zur Blüte. Kulturformen werden durch ➛ Tochterzwiebeln vermehrt, die man im Frühsommer abnimmt und neu pflanzt.

Arten und Sorten: Zur besseren Unterscheidung wurden Narzissen in 12 Klassen mit eindeutigen Merkmalen eingeteilt:

- Trompetenförmige Narzissen: Einzelne Blüten mit einer Krone, die genauso lang oder länger als die Kronblätter sind. Im Anschluss an die Beschreibung werden jeweils einige beliebte Handelssorten genannt.
- Trompeten-Narzissen: Einzelne Blüten mit einer Nebenkrone, die ebenso lang oder länger als die Kronblätter ist. Bei-

spiele: 'Dutch Master', 'Mount Hood', 'Marieke'.

- Großkronige Narzissen: Einzelne Blüten mit einer Nebenkrone, die mindestens ein Drittel, aber nie so lang wie die Kronblätter ist. Beispiele: 'Ice Follies', 'Salome', 'Scarlet Royal', 'Yellow Sun'.
- Kleinkronige Narzissen: Einzelne Blüten mit einer Nebenkrone, die höchstens ein Drittel der Länge der Kronblätter hat. Beispiele: 'Amor', 'Barret Browning', 'Birma', 'Edna Earl'.
- Gefüllte Narzissen: Einzelne oder mehrere Blüten mit vermehrten Kronblätter und/oder vermehrter Nebenkrone. Manche duftend. Beispiele: 'Bridal Crown', 'Ice King', 'Petit Four', 'Tahiti'.
- Triandrus-Narzissen: Pro Trieb 2 bis 6 nickende Blüten mit meist zurückgeschlagenen Blütenblättern und kurzer Nebenkrone. Manche duftend. Beispiele: 'Hawera', 'Ice Wings', 'Thalia', 'Tresamble'.
- Cyclamineus-Narzissen: Einzelne Blüten, spitzwinklig zum Trieb stehend mit meist zurückgeschlagenen Blütenblättern und oft langer Nebenkrone. Beispiele: 'February Gold', 'February Silver', 'Jetfire', 'Peeping Tom', 'Tête-à-tête'.
- Jonquilla-Narzissen: Pro Trieb 1 bis 5 meist duftende Blüten mit ausgebreiteten Blütenblättern und kleiner, flacher Nebenkrone. Beispiele: 'Bell Song', 'Dicksissel', 'Martinette', 'Sun Disc'.
- Tazetta-Narzissen: Kleinblütige Sorten mit bis zu 20 Blüten pro Trieb, großblütige Sorten mit 3 bis 4 Blüten pro Trieb, mit breiten Blütenblättern und kleiner Nebenkrone. Meist duftend, aber nur begrenzt frosthart. Für Gewächshauskultur und Treiberei. Beispiele: 'Cragford', 'Erli-

Narzissen – Sinnbild des Frühlings und Brautstandes – sind Symbole der Liebe: Hier die berühmte Dichternarzisse (von links oben), die Tazetta-Narzisse 'Geranium', die Cyclamineus-Narzisse 'Jetfire' und die reinweiße Kronennarzisse 'Petrel'.

cheer', 'Geranium', 'Paperwhite Grandiflora' (Totus albus).

- Poeticus-Narzissen: Dichternarzissen. Sind meist einzelne, duftende Blüten mit rein weißen Blütenblättern und kleinen, offenen, am Rand roten Nebenkronen. Beispiele: 'Actaea', 'Plenus' (*Albus plenus odoratus*), *N. poeticus* var. *recurvus*.
- Botanische Narzissen: Alle wild in der Natur vorkommenden, nicht züchterisch veränderten Arten und deren Hybriden. Beispiele: Zwergnarzisse (*N. asturiensis*), Reifrocknarzissen (*N. bulbocodium*), Osterglocke (*N. pseudonarcissus*, syn. *N. lobularis*), Tenby-Narzisse (*N. obvallarius*).
- Split Corona (Spaltkronen)-Narzissen: Meist einzelne Blüten mit geschlitzter Nebenkrone. Unterteilt in Kragenförmige und Schmetterlings-Narzissen. Beispiele: 'Cassata', 'Marie Jose', 'Orangery', 'Tricolet'.
- Gemischte Klasse: Alle anderen, nicht den obigen Klassen zugeordneten Arten und Sorten.

Narzissenfliege

Hummelähnliche, jedoch nur zweiflügelige Fliege, die ab dem Frühsommer auftaucht. Ihre braunen Puppen findet man ab dem Vorfrühling in Pflanzennähe.

Gefährdete Pflanzen: Narzissen, seltener Schneeglöckchen, Knotenblume, Lilien und Tulpen.

Schadbild: verkümmerter und deformierter oder ausbleibender Blattaustrieb, Knospen öffnen sich nicht; faulig Zwiebeln, Inneres von schmutzigweißer, dicker Made zerfressen.

Vorbeugung und Bekämpfung: nur gesunde, pralle Zwiebeln verwenden; Narzissen dicht zwischen andere pflanzen, um die Eiablage zu erschweren; befallene Zwiebeln umgehend entfernen und vernichten.

Naschbäumchen

Obstgehölz, bei dem 2 (Duobäumchen) oder 3 verschiedene Edelsorten auf ein und dieselbe Unterlage veredelt wurden; Baumform wie Busch oder Niederstamm. ➛ Gehölzverkaufsformen

Nasser Boden ➛ Bodeneigenschaften

Nassfäule ➛ Bakterienfäule

Naturgare ➛ Bodengare

Naturgarten

Nutz- und/oder Ziergarten, der nach dem Vorbild der freien Natur gestaltet wurde. Unter Berücksichtigung natürlicher Wechselbeziehungen zwischen Pflanzengemeinschaften und Tieren, sollte er verschiedene Lebensbereiche (z.B. unterschiedliche Lichtverhältnisse oder Bodenbeschaffenheiten) enthalten, standortgerecht bepflanzt sein und möglichst vielen Pflanzen- und Tierarten Lebensraum bieten. Im N. wird auf Verwendung mineralischer Dünger generell verzichtet.

Naturgarten – ein Widerspruch in sich? Muss nicht sein, wenn man einiges bei der Anpflanzung beachtet.

Naturschutz
Maßnahmen zum Schutz und zur Erhaltung frei lebender Pflanzen und Tiere sowie ihrer Lebensräume; auch Naturdenkmäler und natürliche oder naturnahe Landschaften gehören dazu. Wichtiger Bestandteil des N. ist der *Artenschutz*, der gefährdeten Pflanzen- und Tierarten je nach Grad ihrer Gefährdung vollkommen oder teilweise unter Schutz stellt. Die einzelnen Arten und deren Gefährdungsgrad sind in den so genannten *Roten Listen* aufgeführt. Geschützte Pflanzen dürfen der Natur nicht entnommen werden, um sie in den Garten zu integrieren.

Nebenblätter ➛ Blatt

Nebenknospe ➛ Knospe

Nebenleittrieb (Konkurrenztrieb) ➛ Obstbaumteile

Nebenziebel (Brutzwiebel, Tochterzwiebel) ➛ Brutorgane

Nekrose
Allmähliches Absterben von Teilen des Pflanzengewebes, dem gewöhnlich eine Verfärbung des betroffenen Pflanzenteils vorausgeht. Mögliche Ursachen: Stoffwechselstörungen aufgrund von Nährstoffmangel; Einwirkung schädlicher Giftstoffer; Befall mit Krankheitserregern oder Schädlingen.

Nekrotische Ringfleckenkrankheit ➛ Mosaikkrankheiten

Nektar
Flüssige, zuckerhaltige Ausscheidungen von Pflanzen, die vorwiegend in Blüten enthalten sind und in Drüsen (Nektarien) gebildet werden. Er lockt bestäubende Insekten an und dient ihnen als Nahrung.

Nektarine
(*Prunus persica* var. *nectarina*; ROSACEAE) Rosengewächse
Baum- bis strauchartiges, Laub abwerfendes Gehölz, das bis zu 3 m hoch werden kann. Sie haben schmal lanzettliche Blätter und rosa Blüten, aus denen saftreiche, große Steinobstfrüchte, ähnlich Pfirsichen, jedoch mit glatter Haut, hervorgehen. **Kultur:** In geschützten Lagen (Weinbauklima, in nördlichen Regionen windgeschützt an Südwänden) im Frühjahr in lockeren, humosen, nicht zu trockenen, neutralen bis leicht sauren Gartenboden in voller Sonne pflanzen. Schnitt: Erziehung zur Hohlkrone (➛ Kronenformen) durch regelmäßiges Auslichten im zeitigen Frühjahr. **Schädlinge/Krankheiten:** Blattläuse, Scharkakrankheit, *Verticilium*-Welke, Kräuselkrankheit, Monilia. **Vermehrung:** Veredelung durch Okulieren (➛ Veredelungsmethoden) auf Pfirsich- oder Mandelsämlingen im Hochsommer.
Arten und Sorten: 'Nectarose'; 'Goldfleisch-Edel-Nektarine'; alle Sorten sind selbstfruchtbar und brauchen keine zweite Bestäubersorte als Pollenspender (➛ Bestäubung).

Eine Kreuzung aus Pfirsich und Pflaume hat die saftigen, aromatischen Nektarinen hervorgebracht.

Besonders in Steingärten beliebt (von oben links nach unten rechts): die Federnelke *D. plumaris*, die Bartnelke *D. barbatus*, die Hybride 'London delight', als ausgewiesene Gartennelke, und die Karthäusernelke *D. carthusianorm.*

Nelke

(*Dianthus*; CARIOPHYLLACEAE) Nelkengewächse

Gattung mit über 300 Arten, die als ➛ Stauden, ➛ Halbsträucher sowie ➛ Ein- und ➛ Zweijährige vor allem in der nördlichen Hemisphäre vorkommen. Sie haben schmale, zugespitzte, graublaue oder grüne Blätter und bilden mehr oder weniger dichte Polster oder Rasen. Die zumeist duftenden, einzeln oder in lockeren Dolden stehenden Blüten kommen in den Farben Weiß, Rosa- und Rottönen, manchmal auch in Gelb bis Grüngelb vor. Jede Blüte hat eine basale Röhre und 5 gefüllte Kultivare mit bis zu 60 abgespreizten Kronblättern. Niedrige Nelkenarten und Wildformen eignen sich für ➛ Stein- und Kiesgärten, höhere für Rabatten, ➛ Einfassungen und Beete. **Kultur:** In voller Sonne in gut durchlässigen, neutralen bis alkalischen Boden pflanzen, mäßig wässern und düngen; verblühte Köpfchen entfernen, um eine Nachblüte anzuregen. **Schädlinge/Krankheiten:** Blattläuse, Schnecken, Thripse, Spinnmilben, Rostpilze, Virosen, *Fusarium*-Welke. **Vermehrung:** Aussaat von Einjährigen im zeitigen Frühjahr unter Glas, von Zweijährigen im Sommer; ausdauernde Arten im Sommer durch ➛ Stecklinge oder ➛ Absenker vermehren. **Arten und Sorten:** Für die Gewächshauskultur bestimmte Arten und Sorten (Schnittblumenproduktion) sind nicht für den Garten geeignet. Für den Einsatz im Freiland stehen Wildnelken und deren Abkömmlinge, ausdauernde Gartennelken sowie Ein- und Zweijährige zur Verfügung: Bartnelke (*D. barbatus*): Zweijährige mit breit lanzettlichen Blättern und je nach Sorte niedrigen, mittelhohen oder hohen, am Ende verzweigten ➛ Sprossen mit dichten Büscheln mehrfarbiger, auch gefüllter Blüten – bekannte Bauerngartenpflanze, gute Schnittblume; Garten- oder Landnelke (*D. caryophyllus*): locker büschelige, verholzte Staude mit in Büscheln stehenden, duftenden Blüten; Kartäusernelke (*D. carthusianorum*): Staude mit blassgrünen Blättern mit etwa 2 cm breiten, rosaroten (auch weißen) Blüten, bis 40 cm hoch; Heidenelke (*D. deltoides*): Staude mit kurzen, schmalen Blättern und kleinen, mittelroten Blüten, 15 cm hoch. Es gibt auch Sorten mit kräftig roten oder dunkelroten oder weißen Blüten; Pfingstnelke (*D. gratianopolitanus,* syn. *D. caesius*): Staude, bildet dichte, rasenartige Polster blaugrüner Blätter, duftende, ungefüllte, halbgefüllte oder gefüllte Blüten in Rosarot oder Rot, bis 15 cm hoch; Federnelke (*D. plumarius*): polsterförmige Staude mit blaugrünen Blättern und duftenden, weißen, rosaroten oder roten Blüten mit geschlitzten Blütenblättern, bis 30 cm hoch; Prachtnelke (*D. superbus*): lockere, büschelige Staude mit großen, duftenden Blüten in Rosa, Rot oder Weiß, bis 40 cm hoch.

Nematoden

(➛ Älchen, Fadenwürmer)
Fadendünne, winzig kleine Würmer, die massenhaft in jedem Boden vorkommen. Sie schmarotzen an Gewächsen und befallen je nach Art verschiedene Organe ihrer Wirtspflanzen. Räuberische Arten hingegen bekämpfen Schädlinge.
Gefährdete Pflanzen: Sommerblumen, Balkon- und Kübelpflanzen, Stauden, Zwiebel- und Knollenpflanzen, Rosen, Erdbeeren, Gemüse.
Schadbild: bei *Blattälchen* Blätter mit braunen, später schwarzen Flecken, die bald ab sterben; bei *Stängelälchen* stockender oder verkrüppelter Wuchs, Stängel und Blätter sterben ab; bei *Wurzelälchen* kümmernder Wuchs, missgebildete Wurzeln, gelegentlich gallenartige Wucherungen oder dichte Wurzelbärte, oft Fäulnis.
Vorbeugung und Bekämpfung: widerstandsfähige Sorten verwenden; sorgfältige Bodenpflege; ausgewogene Ernährung; Anbau in Mischkultur; Fruchtwechsel; befallene Pflanzen sofort entfernen und vernichten; bei sehr starkem Befall den Boden austauschen.

Nematoden, können als Schädlinge, aber auch als Nützlinge auftreten.

Nematoden-Präparate ➛ Pflanzenschutz, Nützlingseinsatz

Netzmittel

Stoffe wie Spiritus oder Spülmittel, die man Pflanzenschutzmitteln beimischt, um deren Oberflächenspannung herabzusetzen und so die Benetzung von Pflanzenteilen zu erleichtern.

Neuaustrieb ➛ Austrieb

Neutral ➛ pH-Wert

Niederstamm ➛ Gehölzverkaufsformen

Nierenförmig ➛ Blattformen

Nitrat

Salz der Salpetersäure, das ein wichtiger Bestandteil von Düngemitteln ist, da die Pflanzen Stickstoff nur in einer Nitrat-Stickstoff-Verbindung aufnehmen können.
Bei Überdüngung gelangen N. ins Grundwasser und werden besonders von den Gemüsen in unterschiedlicher Menge in Blättern, Blattrippen und Blattachseln angereichert. Der menschliche Körper wiederum wandelt zu nitratreiche Kost beim Verzehr

in das gesundheitsschädliche Nitrit um. Blattgemüse wie Spinat, Kopf- und Feldsalat und Mangold sowie Wurzelgemüse wie Radieschen, Rettiche, Rote Beete und Kohlrabi zählen zu den nitratreichen Gemüsen. Fruchtgemüse dagegen wie Tomaten, Paprika, Auberginen sowie Kartoffeln, Rotkohl, Lauch und Zwiebeln sind nitratarm.

Nitrit-Nitrat-Gehalt

Wichtiger Faktor für ein stabiles Gleichgewicht in Gewässern. Bei der Zersetzung organischer Substanzen, z.B. abgestorbener Pflanzenteile, entsteht Ammoniak (bei höheren pH-Werten) oder Ammonium (bei niedrigeren pH-Werten), die von den Bakterien rasch in die sehr giftigen Nitrite umgesetzt werden. Nitrite jedoch werden ihrerseits durch Mikroorganismen zu Nitraten umgewandelt. Nitrate sind eine wichtige Nahrungsquelle für Algen und andere Pflanzen, in zu hohen Konzentrationen fördern sie allerdings extremes Algenwachstum und stören das ökologische Gleichgewicht. Eine zu hohe Nitritkonzentration (mehr als 0,25 mg/l) weist auf einen Sauerstoffmangel hin; eine zu hohe Nitratmenge (mehr als 25 mg/l) ist ein Zeichen für Nährstoffüberangebot und damit ein Vorbote für eine Algenplage. Daher sind regelmäßige Kontrollen ratsam; Test-Sets sind im Fachhandel erhältlich.

Nodi (Knoten) ➛ Pflanzenorgane, Stängel

Noppenfolie ➛ Folien

Normalsaatgut ➛ Saatgut

NPK-Verhältnis

Es gibt das Mengenverhältnis der Hauptnährstoffe Stickstoff (chemisches Zeichen N), Phosphor (chemisches Zeichen P) und Kalium (chemisches Zeichen K) in einem mineralischen Mehrstoffdünger an. Dieses Verhältnis kann für verschiedene Pflanzen und Zwecke unterschiedlich sein.

Nullerde ➛ Substrate

Nuss ➛ Fruchtformen

Nüsslisalat ➛ Feldsalat

Nutzgarten

Gartenanlage, in der Nutzpflanzen wie Gemüse, Kräuter und Obst angebaut werden.

Nützlinge

Wild lebende Tiere, die bei der Kultivierung von Pflanzen im Garten von Nutzen sind, da sie Schädlinge jagen. Zu N. gehören Igel, Spitzmäuse, viele Insekten fressende Vögel sowie Marienkäfer, Schlupfwespen, Raubmilben, Florfliegen oder Spinnen. Regenwürmer, die zur Verbesserung der Bodenstruktur beitragen, zählen ebenfalls zu den Nützlingen.

Nützlingseinsatz

Nützlinge, die als Gegenspieler von Schädlingen gezüchtet, im Fachhandel verkauft und gezielt bei der Bekämpfung bestimmter Schädlinge eingesetzt werden:

- *Räuberische Gallmücken (Aphidoletes aphidimyza):* Larven (orangerot) werden gegen Blattläuse eingesetzt; vor allem im Gewächshaus und Wintergarten nützlich; Versand im Puppenstadium.
- *Schlupfwespen:* bei Blattlausbefall wird die Gattung *Aphidus* eingesetzt; Versand von erwachsenen Tieren, die ihre Eier in die Blattläuse legen; Larven ernähren sich vom Wirt, der dabei stirbt. Gegen Weiße

Zufriedene Nützlinge im Garten: Der Marienkäfer wird nach dieser ausgiebigen Blattlaus-Mahlzeit sicher satt sein, ebenso der Igel.

Fliegen Einsatz von *Encarsia formosa*. Versand im Larven- oder Puppenstadium. Gegen Apfel- und Pflaumenwickler im Obstgarten Einsatz von *Trichogamma*; die Eier der Schadfalter werden parasitiert.

- *Florfliegen (Chrysopa carnea):* Einsatz gegen Blattläuse, im Gewächshaus und im Freien; Versand im Larvenstadium.
- *Schwebfliegen (Episyrphus balteatus):* Einsatz gegen Blattläuse; Versand im Larvenstadium.
- *Raubmilben (Phytoseiulus persimilis):* Einsatz gegen Spinnmilben; Versand von erwachsenen Tieren, die Spinnmilben, ihre Eier und Larven aussaugen.
- *Räuberische Nematoden (Heterorhabditis):* zur Bekämpfung der Larven und Puppen des Gefurchten Dickmaulrüsslers; Versand auf einem Trägermaterial, das Konzentrat mit Wasser wird im Wurzelbereich der befallenen Pflanzen ausgebracht; Fadenwürmer töten Larven und Puppen schnell ab.

Nützliche Tiere im Garten

Nützling	Art der Nützlichkeit	Förderungsmöglichkeiten
Fledermaus	frisst Insekten	Unterschlupfmöglichkeiten auf Dachstühlen schaffen, Fledermausnistkästen aufhängen
Florfliege	Larven saugen Blattläuse und andere Blattsauger aus	Blütenpflanzen als Nahrungsquelle
Gallmücke	Larven saugen Blattläuse aus	Blütenpflanzen als Nahrungsquelle für erwachsene Tiere
Igel	frisst Schnecken, Engerlinge, Käfer und Erdraupen	Reisighaufen, Laubhaufen als Verstecke und Winterquartier
Laufkäfer	frisst Raupen, Schnecken u. a.	Hecken, Sträucher und Wiesenflächen erhalten
Marienkäfer	Larven und erwachsene Tiere ernähren sich je nach Art von Blattläusen, Spinnmilben und Schildläusen	Laubhaufen, Grasbüschel und Ähnliches als Winterquartier
Maulwurf	frisst Engerlinge, Drahtwürmer, Erdraupen	Erdhaufen tolerieren
Ohrwurm	frisst Blattläuse, Spinnmilben, Eigelege von Schadschmetterlingen	im Frühjahr und Sommer Versteckmöglichkeiten schaffen, z. B. mit Stroh gefüllte Blumentöpfe
Raubwanze	frisst verschiedene Blattsauger, auch Raupen von Schadschmetterlingen	Gartenbereiche mit Stauden, Gräsern und Büschen schaffen
Schwebfliegen	Larven saugen Blattläuse aus	Wiesen mit blühenden Kräutern als Nektarquelle für erwachsene Tiere
Spinnen	fressen geflügelte Blattläuse, Fliegen, Mücken	ungestörte Bereiche im Garten schaffen
Spitzmaus	frisst Engerlinge, Drahtwürmer	Hecken und Komposthaufen als Versteck erhalten
Vögel	fressen Raupen, Insekten	Vogelschutzhecken pflanzen, Nistkästen aufhängen

Oberboden ➝ Bodenprofil

Obst

Bezeichnung für essbare Früchte oder Samen, die von mehrjährigen Pflanzen (meist Gehölzen) stammen. Man unterscheidet grob zwischen Baumobst und Strauchobst. Stauden (z.B. ➝ Erdbeeren) oder Kletterpflanzen (z.B. ➝ Weinreben oder ➝ Kiwis) gelten als Besonderheiten unter den Obstarten. Nach botanischen Kriterien wird untergliedert in:

- *Kernobst:* Gehölze aus der Familie der Rosengewächse (*Rosaceae*), deren Früchte ein Kerngehäuse mit fünf Kammern enthalten; jede dieser Kammern enthält zwei Samen, die Kerne. Das Fruchtfleisch bildet sich nach erfolgreicher ➝ Befruchtung aus dem Blütenboden, der anschwillt und das Kernhaus umwächst. Zum Kernobst gehören die wichtigsten europäischen Obstarten, nämlich ➝ Äpfel, ➝ Birnen und ➝ Quitten, aber auch ➝ Ebereschenfrüchte.
- *Steinobst:* Gehölze vor allem aus der Familie der Rosengewächse (*Rosaceae*), deren Früchte sich aus fünfzähligen Blüten entwickeln. Der Samen steckt in einer holzigen Hülle, die von einem fleischigen, saftigen, essbaren Fruchtmantel umgeben ist. Zum Steinobst zählen ➝ Pflaumen und ihre Verwandte (Mirabellen, Reneklođen ➝ Pflaumen), ➝ Pfirsiche, ➝ Nektarinen, ➝ Aprikosen, Süß- und Sauer- ➝ Kirschen, aber auch die nicht zu den ➝ Rosengewächsen zählende Kornelkirsche (➝ Hartriegel), Sanddorn und Schwarzer ➝ Holunder. Ungeachtet ihrer botanischen Zuordnung werden die letzten drei in der Regel als Beerenobst angesehen.
- *Schalenobst:* Alle Obstarten, deren essbarer Samenkern von einer ungenießbaren oder sogar giftigen Schale umgeben ist. Wichtige Schalenobstsorten sind ➝ Wal- und ➝ Haselnüsse sowie ➝ Mandeln.
- *Beerenobst:* Echte Beeren sind Schließfrüchte, deren äußere Schichten während der Reife anschwellen und fleischig werden. Die Samen in ihrem Inneren werden dabei eingeschlossen. Im botanischen Sinne gehören zu den echten Beeren ➝ Heidelbeeren, ➝ Weinbeeren, ➝ Johannisbeeren und ➝ Stachelbeeren, aber auch ➝ Kürbisse und ➝ Tomaten. Landläufig werden als Beeren aber alle kleinen, weichen Früchte bezeichnet, die als Ganzes verzehrt werden können, wie etwa ➝ Himbeeren und ➝ Brombeeren, die eigentlich Sammelsteinfrüchte sind, und ➝ Erdbeeren, Hagebutten (➝ Rosen) und ➝ Mispeln, die botanisch als Sammelnussfrüchte gelten.

Beim Obstanbau werden Kulturformen, nur selten Wildformen, die auch gesammelt werden können (Heidelbeeren, Himbeeren, Brombeeren), verwendet. Die sortenechte ➝ Vermehrung von Obstgehölzen erfolgt vor allem durch Pfropfung (➝ Veredelungsmethoden). ➝ Sämlinge schlagen meist in die Wildform zurück und enttäuschen hinsichtlich Ertrag und Fruchtqualität. Alle Obstarten können im Prinzip ohne Verarbeitung verzehrt, aber auch weiter zu Marmeladen, Säften, Weinen und Kompott verarbeitet und konserviert werden. Manche Obstsorten kann man auch trocknen und dadurch haltbar machen.

Obstbaumkrebs

Gefährliche Baumkrankheit, die auf eine Pilzinfektion zurückzuführen ist.

Gefährdete Pflanzen: Äpfel, Birnen, selten auch Steinobst und Zieräpfel.
Schadbild: eingesunkene, vertrocknete und aufgerissene Rinde und runde Wunden mit roten Pünktchen an jüngeren Trieben; absterbende Triebspitzen; krebsartige Wucherungen an älteren Ästen und am Stamm.
Vorbeugung und Bekämpfung: widerstandsfähige Sorten pflanzen; ausgewogene Ernährung; Rindenverletzungen vermeiden; Schnittwunden mit Wundmittel gut verschließen; Werkzeuge desinfizieren; Fallobst regelmäßig absammeln; befallene Teile großzügig ausschneiden und vernichten, Wunden gut verschließen.

Obstbaumkrebs ist ein Geschwür im Stamm, das einer Behandlung bedarf.

Obstbaumteile

Die verschiedenen Teile eines Obstbaums, die in der gärtnerischen Fachsprache exakt benannt sind. Viele der Bezeichnungen gelten ebenso für andere Gehölze, werden aber dafür seltener angewandt.

- *Stamm* [**1**] ergibt zusammen mit der Stammverlängerung die Hauptachse (Mittelachse) im Sprossgerüst eines Obstbaums.
- *Stammverlängerung (Haupttrieb)* [**2**] die Fortsetzung des Stamms, bildet zusammen mit diesem die Hauptachse, von der am Kronenansatz die Leitäste entspringen.
- *Veredelungsstelle* [**3**] Verbindungsstelle von Unterlage und Edelsorte.
- *Leitast (Leittrieb)* [**4**] nach Alter, Rangstufe und Entwicklungszustand deutlich hervortretender Ast, der zusammen mit weiteren gleichwertigen Ästen das Grundgerüst der Krone bildet.
- *Kronenaufsatz* [**5**]
- *Seitenast* [**6**] ein von einem Leitast abzweigender Ast, an dem die Früchte gebildet werden. Je nach Ausprägung des Seitentriebs spricht man von Lang- und Kurztrieb.
- *Langtrieb* [**7**]
- *Kurztrieb* [**8**]
- *Konkurrenztrieb* [**9**] zur Stammverlängerung oder zu einem Leitast parallel wachsender Trieb; beeinflusst deren Wachstum negativ und ist gewöhnlich zu entfernen.
- *Peitschentrieb* [**10**] Seitenzweig, der nur wenige Knospen trägt, stark gekrümmt nach unten und bogenförmig wächst; besonders bei Steinobst. Diese unproduktiven Triebe werden entfernt.
- *Wasserschosse (Wasserreiser)* [**11**] meist aus einer schlafenden Knospe unter Lichtmangel heranwachsende, senkrecht aufragende, dünne, weiche, spärlich beblätterte Zweige; frühzeitig abreißen, da sie sonst unnötig Nährstoffe verbrauchen und die Fruchtqualität beeinträchtigen.
- *Gipfelknospe* [**12**] am Ende eines Haupttriebs sitzende Knospe.

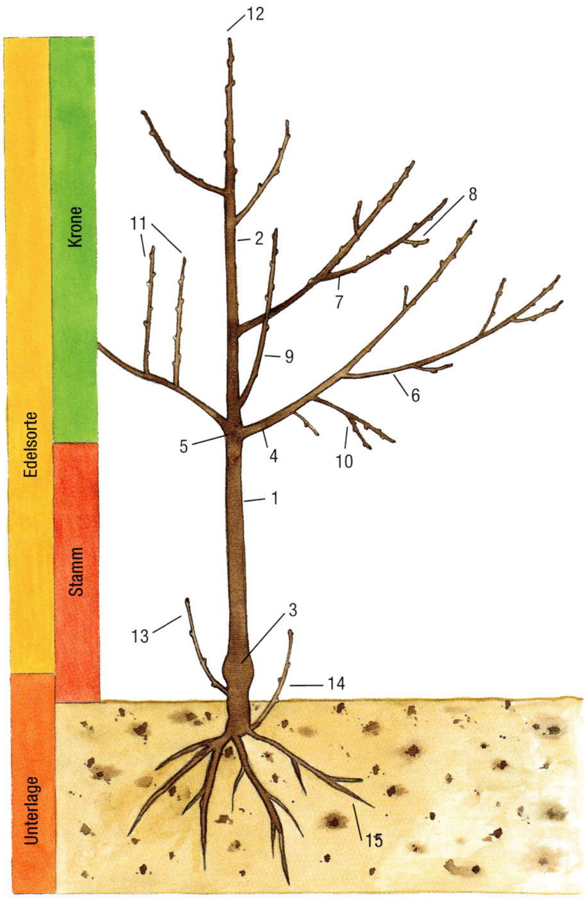

- *Trieb-* [**13**] *und Wurzelausschlag* [**14**] Triebe aus der Stammbasis bzw. Wurzeln der Unterlage; entfernen, da sie sonst die Edelsorte verdrängen.
- *Wurzelsystem* [**15**] die Gesamtheit der Wurzeln des Obstbaums.

Ohrwürmer

5 bis 40 mm lange, schlanke Insekten mit oder ohne Flügeln. Obwohl als störend empfunden, sind sie streng genommen nicht als Schädlinge zu betrachten, denn als nächtliche Räuber vertilgen sie vor allem Blattläuse, Spinnmilben, Pilzgeflechte und Eier von schädlichen Schmetterlingen. Fehlt ihnen jedoch diese Nahrung, fressen sie auch gelegentlich Obst, Knospen und junge Triebe von Zierpflanzen wie Dahlien an – gerade diese zeigen oft zerfressene Röhrenblüten. O. sollten nicht bekämpft werden, denn in einem naturnahen Garten finden sie genügend Ausweichkost. Im Biogarten werden O. vor allem gezielt auf Obstbaumschädlinge angesetzt. Dazu hängt man Blumentöpfe, die mit Holzwolle oder Heu locker vollgestopft werden, kopfunter in die Bäume; darin verstecken O. sich tagsüber, um dann nachts auf Jagd zu gehen.

Ökologie

Lehre von den Beziehungen der Lebewesen zueinander und zu ihrer Umwelt.

Ökologisches Gleichgewicht

(biologisches Gleichgewicht)
Dynamische Balance zwischen den Mitgliedern einer Lebensgemeinschaft aufgrund ihrer vielfältigen Wechselbeziehungen untereinander und der Abhängigkeit von ihrer Umwelt. Je komplexer dieses Zusammenwirken, desto stabiler ist das ökologische Gleichgewicht.

Ökosystem

Das Zusammenwirken der Organismen eines Lebensraums mit deren Umwelt. Ein Ö. befindet mehr oder weniger im ökologischen Gleichgewicht und ist in der Regel sehr komplex. Als Ö. können Seen und Wälder, Fluren oder das Meer sowie kleinere Lebensräume wie Tümpel oder Hecken betrachtet werden.

Okulation, Okulieren ➛ Veredelungsmethoden

Okuliermesser ➛ Schnittwerkzeuge

Oregano, Wilder Majoran, Dost

(*Origanum vulgare*; LAMIACEAE/LABIATAE) Lippenblütler
Aus der Gattung Origanum wird vor allem der bei uns wild vorkommende, winterharte Dost kultiviert. Die buschige ➛ Staude mit rötlich überlaufenen Stängeln und unterschiedlich großen, eiförmigen, gegenständig angeordneten Blättern blüht im Hoch- und Spätsommer in Purpurrosa oder Weiß und wird wegen ihres Gehaltes an ätherischen Ölen, Gerb- und Bitterstoffen sowohl zum Würzen, als auch als ➛ Heilpflanze verwendet. Geerntet wird das Kraut zur Blütezeit in den Vormittagsstunden. Das Aroma bleibt auch nach dem Trocknen erhalten. **Kultur:** In nährstoffarmen, mäßig feuchten, sehr gut durchlässigen, neutralen bis alkalischen Boden in voller Sonne pflanzen. Im Frühjahr alte, abgeblühte ➛ Sprosse ausschneiden. Zu viel Feuchtigkeit im Winter kann den Pflanzen schaden. **Krankheiten und Schädlinge:** Gern bauen ➛ Ameisen ihre Nester in dem reich verzweigten Wurzelgeflecht der Pflanzen. **Vermehrung:** Aussaat im Herbst in Töpfen oder im ➛ Kalten Kasten oder im Frühjahr ➛ teilen; im späten Frühjahr grundständige ➛ Stecklinge nehmen. **Arten und Sorten:** Neben der eigentlichen Art mit ihren Sorten werden noch einige Arten und Hybriden kultiviert, interessant sind aber vor allem die Sorten von *Origanum vulgare* (alle 30 bis 40 cm hoch und breit): 'Aureum' hat goldene Blätter, rosa Blüten und breitet sich stärker aus als die Art; 'Aureum Crispum' hat gedrehte, goldene Blätter; bei 'Gold Tip' sind nur die Blattspitzen goldgelb; 'Heiderose' ist aufrecht, buschig und hat rosa Blüten.

Oregano, hier eine wild wachsende Form, ist ein beliebtes Kraut der mediterranen Küche.

Organischer Dünger

Aus pflanzlichen oder tierischen Substanzen bestehende Düngemittel, z. B. Kompost, Mist, Horn- oder Knochenmehl. Sie ernähren meist die Bodenlebewesen, die die Ausgangsstoffe zersetzen und dabei nach und nach Nährstoffe freigeben, die von den Pflanzen über die Wurzeln aufgenommen werden.

Organisch-mineralischer Dünger (Mischdünger) ➛ Düngemittel

Origanum ➛ Oregano

Osterglocke ➛ Narzisse

P

Paarig gefiedert

Zusammengesetztes Blatt, dessen Teilblättchen entlang der Rippe angeordnet sind; das Endblättchen fehlt.

Panaschierung (Buntblättrigkeit)

Phänomen, das an Pflanzenblättern auftritt. Es zeigt sich in Form von weißen, gelben oder andersfarbigen Flecken, Streifen oder weiteren Mustern. Hervorgerufen wird dieses Farbspiel durch stellenweises Fehlen von Blattgrün (Chlorophyll). Ein P. gilt als besonders zierend und ist häufig bei Zuchtsorten zu finden; steht die Pflanze an einem ungünstigen Standort, kann sie verloren gehen (➛ Vergrünen).

Panaschierung an einem *Hibanobambus shiroshima.*

Paperpot ➛ Anzuchtgefäße

Paprika

(*Capsicum annuum*; SOLANACEAE)
Nachtschattengewächse

Herzhaftes, sehr wärmebedürftiges Gemüse aus Süd- und Mittelamerika. Bei uns gedeiht Paprika nur in sehr milden Regionen oder im Glashaus. Die Paprikaschoten (botanisch eigentlich Beeren ➛ Fruchtformen) werden geerntet, wenn sie sich verfärben und können dann roh oder gekocht verzehrt werden. Alle Paprikasorten haben im reifen Zustand rote oder gelbe Früchte, grüne sind unreif und schmecken bitterer als reife. Allen gemein ist der ausnehmend hohe Vitamin-C-Gehalt. Viele Paprikasorten wurde durch Zucht die natürliche Schärfe genommen, einige sind jedoch immer noch nur mit Vorsicht zu genießen. Schärfer als der Gemüsepaprika sind die Sorten des Chilis oder Cayennepfeffers (*Capsicum frutescens*), die ähnliche Kulturansprüche wie der Paprika haben und auch als attraktive Zimmerpflanze gedeihen. **Kultur:** Aussaat in ➛ Vorkultur unter Glas ab Mitte/Ende März, später vereinzeln und bis zum Auspflanzen (frühestens Mitte Mai) gleichmäßig feucht halten, aber ➛ Staunässe vermeiden. Hohe Sorten werden im Abstand von 60 x 45 cm, niedrige im Abstand von 30 x 30 cm in tiefgründigen, nährstoffreichen Boden in voller Sonne, in klimatisch weniger begünstigten Lagen am besten im Glashaus oder ➛ Folientunnel ausgepflanzt. Triebspitzen der jungen Pflanzen mehrmals auskneifen, um eine reiche Verzweigung zu fördern. Wenn sich Fruchtansätze zeigen, wird alle 14 Tage gedüngt. Bei hohem Fruchtbesatz müssen die Pflanzen gestützt werden. **Schädlinge/Krankheiten:** Rote Spinnmilbe, Pilzwelke, Echter Mehltau, Viruserkrankungen. **Vermehrung:** Aussaat. **Arten und Sorten:** Paprika werden in 5 Gruppen eingeteilt: Cerasiforme (Kirschpaprika), Conioides (Zapfenpaprika), Fasciculatum (Rote Zapfenpaprika), Grossum (Glockenpaprika) und Longum (scharfe Chi-

Die kleine rote Chilischote ist eine Verwandte der Paprika, die wir in den Farben grün, rot und gelb kennen. Daneben eine zapfenförmige gelbe Paprika.

li, Pepperoni). Im Handel findet man Sorten aller Gruppen, z. B. 'Atris F1' (rote Zapfenform, große Früchte); 'Cheyenne Long Slim' (Longum, sehr scharf); 'Luteus F1' (Glockenform, gelb); 'Merit' (Glockenform, rot); 'Pinokkio' (Zapfenform, gelborange); 'Polara F1' (Zapfenform, gelb und rot); 'Pritavit F1' (Tomatenpaprika, rot, sehr dickwandig); 'Szegediner' (Glockenform, auch im grünen Zustand mild), 'Top Girl' (Tomatenpaprika mit sehr dickwandigen, roten Früchten).

Parasit (Schmarotzer)
Bezeichnung für einen Organismus, der aus einem anderen Lebewesen seine Nahrung bezieht, in der Regel ohne dieses zu töten. *Vollparasiten* sind in ihrer Nahrungsbeschaffung ganz auf den Wirt angewiesen, z. B. Sommerwurz; *Halbparasiten* gewinnen einen Teil der Nahrung selbst, beziehen jedoch das Wasser und anorganische Nährstoffe aus dem Holzteil ihres Wirtes, z. B. Mistel.

Parthenokarpie ➛ Jungfernfrüchtigkeit

Pastinake
(*Pastinaca sativa*; APIACEAE) Doldenblütler
Anspruchsloses, robustes Wurzelgemüse, das ein- und zweijährig kultiviert wird und auch wild vorkommt. Im 2. Jahr bildet die bis 1 m hohe Pflanze Blüten aus. Geerntet und gekocht verzehrt werden die dicken, weißen, möhrenförmigen Rüben, die würzig schmecken und mehr Nährwert als ➛ Möhren haben, vom Spätsommer bis in den Winter hinein. Die Wurzeln sind frosthart und können im Boden überwintern. **Kultur:** Aussaat für die Herbsternte ab Februar/März, sobald der Boden die Bearbeitung zulässt oder, für die Winterernte, im Mai/Juni in Reihen mit 30 bis 40 cm Abstand in tiefgründigen, humosen, nicht zu trockenen Boden in 3 cm Tiefe. Zur Reihenmarkierung kann alle 10 cm ein Radieschensamen eingesetzt werden. Nach dem ➛ Auflaufen die Pflanzenschösslinge auf 10 bis 15 cm vereinzeln (➛ Aus-

Wieder aus Großmutters Gemüsekorb entdeckt: die Pastinake.

dünnen). Während der Wachstumszeit Unkraut jäten und die Pflanzen nicht austrocknen lassen. Ernte ab Oktober. **Schädlinge/Krankheiten:** Möhrenfliege, Sellerieschorf. **Vermehrung:** Aussaat.
Sorten: Pastinaken werden in Deutschland nur noch selten kultiviert, daher ist die Sortenvielfalt auch gering. 'Halblange Weiße' ist eine der häufigsten Sorten.

Peitschentrieb ➛ Obstbaumteile

Pelargonie

(*Pelargonium*; GERANIACEAE) Storchschnabelgewächse
Gattung mit etwa 250 meist immergrüner ➛ Staudenarten vor allem aus Südafrika stammend. Umgangssprachlich als „Geranien" bezeichnet, gedeihen Pelargonien in unserem Klima als Einjährige oder werden frostfrei als Mehrjährige überwintert. Sie gelten als die beliebtesten ➛ Balkon- und Zimmerpflanzen aus der Familie der Storchschnabelgewächse. Die Blätter sind vielgestaltig, meist aber wechselständig, fingerförmig oder gelappt, lang gestielt und oft aromatisch duftend. Die Blüten stehen in endständigen Trugdolden und sind schalen-, trompeten- oder trichterförmig. **Kultur:** In fruchtbaren, neutralen bis alkalischen, durchlässigen Boden in voller Sonne pflanzen, Balkonpflanzen regelmäßig gießen und 14-tägig düngen, welke Blütentriebe am Stielansatz ausbrechen; Beetpflanzen im Herbst vor dem ersten Frost aufnehmen und topfen, Balkonpflanzen kräftig zurückschneiden, jeweils frostfrei, hell und kühl im Haus überwintern, dabei die Erde leicht feucht halten. Im Frühjahr vor dem Auspflanzen um ein Drittel zurückschneiden. **Schädlinge/Krankheiten:** Gefurchter Dickmaulrüssler, Wurzel-Schmierläuse, Blattläuse, Trauermücken, Weiße Fliege, Grauſäule (*Botrytis*), Schwarzbeinigkeit, Virosen, Rostpilze. **Vermehrung:** Aussaat von F1-Hybriden und Zonalpelargonien im Spätwinter unter Glas bei 13 bis 18 °C, von Spätfrühjahr bis Frühherbst Grünstecklinge bewurzeln.
Arten und Sorten: Je nach Wuchseigenschaften werden Pelargonien in verschiedene Gruppen eingeteilt. Neben den Liebhaber- und Gewächshausarten sind vor allem folgende (nicht frostharte) Arten für Balkon und Garten interessant:
Zonalpelargonien (*Pelargonium* Zonale-Hybriden): Sie gelten als die wichtigsten Vertreter für Balkon- und Rabattenbepflanzung mit den meisten Sorten. Aufrechte, immergrüne, reich blühende Balkon-, Beet- und Gruppenpflanzen mit ➛ sukkulenten Sprossen. Die Blätter sind rundlich, bis 14 cm breit, hell- bis dunkelgrün, oft zweifarbig mit Bereichen in Bronzegrün bis Braun; die Blüten sind einfach, halbgefüllt oder gefüllt

in den Farben Weiß, Rosa, in Rottönen oder Orange, selten mit Gelb. Normale Sorten werden bis 60 cm hoch, Zwergsorten nur bis 20 cm. F1-Hybriden werden meist aus Saatgut, großblütige Kultivare nur aus Stecklingen angezogen. Sortenbeispiele: 'Americana® Red' (leuchtend rote Blüten); 'Americana®White Splash' (wetterfest, weiß bis zartrosa mit dunklerer Zeichnung); 'Avanti'-Serie (früh blühende, aus Samen gezogene Sorte mit einfachen weiß, rosa, lachsrot oder rot getönten Blüten); 'Irene' (halbgefüllt, hell-kirschrote Blüten); 'Maverick' F1-Serie (früh und dauerhaft blühende, aus Samen gezogene Sorte mit Blüten in Weiß, Rot, Korallenrot, Pink und Rosa mit dunklem Auge) 'Sensation'-Serie (früh und lang blühende, wetterfeste Sorte mit einfachen rosa, orange oder rot getönten Blüten); 'Schöne Helena' (halbgefüllt, lachsrosa); 'Signal' (tiefrote Blüten).

Efeu- oder Hängepelargonien (*Pelargonium* Peltatum-Hybriden): Den Zonalpelargonien ähnlich, doch niederliegender im Wuchs. Niederliegende oder hängende, reich blühende, immergrüne Balkon- und Ampelpflanzen. Ihre Blätter sind gelappt und efeuähnlich, die Blüten einfach oder gefüllt, in Rot, Rosa- bis Malvenfarben, Purpurn oder Weiß. Moderne Sorten putzen sich selbst,

Die bei uns als Geranien geläufigen Pelargonien sind beliebte Balkonpflanzen. Manche, wie die rosafarbene Duftgeranie, betören auch durch diese Sinnesreize.

Verblühtes muss nicht ausgebrochen werden. F1-Hybriden werden inzwischen vor allem durch Aussaat vermehrt. Sortenbeispiele: 'Amethyst' (halbgefüllte, purpurfarbene Blüten mit weißer Zeichnung); 'Lachskönigin' (kurzgliedrige Sorte mit halbgefüllten, lachsrosa Blüten); 'Mexikanerin' (wetterfest, weiße Blüten mit purpurrosa Rand); 'Tornado'-Serie (gedrungene, aus Samen gezogene Sorte mit einfachen fliederfarbenen, violetten oder weißen Blüten); 'Ville de Dresden' und 'Ville de Paris' (einfache rosa oder rote Blüten).

Duftpelargonien: Wegen des aromatischen Duftes ihrer Blätter gezogene Pelargonie (aus diesen übrigens auch „Geranienöl" gewonnen wird). Strauchige, immergrüne ➛ Staude mit dekorativen Blättern, die gekräuselt, gewellt, gelappt oder gefiedert, silbrig, golden oder gemustert sein können und bei Berührung, je nach Sorte, einen individuellen, intensiven Duft verströmen. Sie sind allerdings weniger blühfreudig als andere Arten, und ihre spärlichen Blüten sind in Weiß, Purpur- und Rosatönungen anzuschauen. Vermehrt werden sie durch Aussaat und/oder Stecklinge. Aus folgenden Arten wurden zahlreiche Hybriden gezüchtet:

P. capitatum: hell- bis dunkelrosa Blüten, Blätter duften nach Rosen; *P. crispum*: kleine, kurz gestielte Blätter, violette Blüten, duftet nach Zitrone; *P. exstipulatum*: weiße Blüten, Blätter behaart, duften nach Minze; Rosenpelargonie (*P. graveolens*): rosa bis purpurne Blüten, balsamischer, rosenartiger Duft; Zitronengeranium (*P. odoratissimum*): weiße bis rosa Blütenb, stark nach Zitrone duftend; *P. tomentosum*: weißliche Blüten, duftet nach Pfefferminz.

Perenne Pflanzen (mehrjährige Pflanzen)

➛ Lebensdauer

Pergola

Gerüst zur Abgrenzung und/oder Beschattung von Terrassen und Innenhöfen, das mit Hilfe von Kletterpflanzen begrünt wird.

Perigonblätter ➛ Blüte

Perlite

Zerkleinertes, aufbereitetes, poröses Vulkangestein, das zur Lockerung und Verbesserung der Bodenstruktur verwendet wird.

Pestizide ➛ Pflanzenschutzmittel

Petalen (Kronblätter) ➛ Blüte

Petersilie

(*Petroselinum crispum*; APIACEAE) Doldenblütler

Eine der bekanntesten ein- oder zweijährig kultivierten Gewürzpflanze aus dem Mittelmeerraum, deren Wurzeln (Wurzelpetersilie) oder Laub (Blattpetersilie) verzehrt werden. Bei der Blattpetersilie werden die grünen, je nach Sorte krausen oder glatten, gefiederten Blätter nach Bedarf geerntet und

Das Küchenkraut Nummer 1 – Petersilie gibt's glatt oder gekraust.

frisch zu Salaten, Saucen, Suppen oder zur Dekoration verwendet. Sie eignet sich auch zum Tiefgefrieren oder Trocknen – im gegarten Zustand verliert die Vitamin-C-reiche Petersilie jedoch sämtliche Inhaltstoffe. Die fleischige Rübe der Wurzelpetersilie wird ab Oktober geerntet und als würziger Zusatz zu Suppen und Fleischeintöpfen verwendet. **Kultur:** Aussaat ab März/April an Ort und Stelle in humosen, tiefgründigen Boden in Reihen mit 20 bis 30 cm Abstand. Petersilie keimt sehr langsam und muss nach der Aussaat immer feucht gehalten werden. Wurzelpetersilie wird nach dem ➛ Auflaufen auf 5 bis 7 cm vereinzelt. Blattpetersilie kann für Folgeernten später erneut ausgesät werden. Wegen der Selbstunverträglichkeit sollte nach einer Petersilienkultur auf demselben Beet mindestens 4 Jahre keine Petersilie und kein anderer ➛ Doldenblütler angebaut werden. **Schädlinge/Krankheiten:** Möhrenfliege, Blattläuse, Selleriefliege, Septoria-Blattfleckenkrankheit. **Vermehrung:** Aussaat.
Sorten: Blattpetersilie (*P. crispum* var. *crispum*): 'Hamburger Schnitt' 'Einfache

Schnitt' 'Gigante d'Italia' (alle glattblättrig); 'Clivi', 'Grüne Perle', 'Mooskrause', (alle gekraust); Wurzelpetersilie (*P. crispum* var. *tuberosum*): 'Lange Glatte', 'Halblange Glatte', 'Kurze Dicke Fakir'.

Petunie

(*Petunia*; SOLANACEAE) Nachtschattengewächse

Gattung mit etwa 40 Arten aufrechter und niederliegender (oder hängender), klebrig behaarter ➛ Einjähriger und ➛ Stauden aus der Familie der ➛ Nachtschattengewächse mit Heimat Südamerika. Die meisten modernen Züchtungen kommen heute jedoch aus Japan. Bei uns beliebte, als Einjährige kultivierte ➛ Balkonpflanze mit zahlreichen Sorten, die von Juni/Juli bis zum Herbst ausdauernd blüht. Die Blätter sind ➛ wechselständig, eiförmig bis lanzettlich und mittelgrün, die Blüten trichterförmig, einzeln in den oberen Blattachseln stehenden und erstrahlen in einem breiten Farbspektrum von Weiß und Blassgelb über Rosa, Rot und Veilchenblau bis hin zu zweifarbigen Sorten. Auch gefüllte Sorten und solche mit gekräuselten oder gefransten Blütenblättern sind erhältlich. **Kultur:** Im Freiland in leichten, durchlässigen Boden, in Balkonkästen in Balkonblumenerde mit niedrigem ➛ pH-Wert (leicht sauer) in voller Sonne pflanzen, vor Wind schützen, regelmäßig gießen, ohne die Blätter zu benetzen und 14-tägig düngen. Wird Verblühtes ausgekniffen, regt dies zur Neubildung von Blüten an. Moderne Sorten putzen sich selbst. **Schädlinge/Krankheiten:** Blattläuse, Schnecken, Grundfäule, Virosen (u.a. Tabak-Mosaikvirus), Bronzeflecken. Bei kalkhaltigem Gießwasser können ➛ Chlorosen auftreten, die mit einem speziellen Eisendünger behoben werden können. **Vermehrung:** Aussaat in ➛ Vorkultur ab Mitte Februar unter Glas bei 20 °C, ab Anfang Mai bis zum Auspflanzen vorsichtig abhärten; Grünstecklinge im Sommer bewurzeln und frostfrei überwintern.

Arten und Sorten: Aufgrund der Vielzahl der Sorten wird zur besseren Unterscheidung im Wesentlichen in zwei Gruppen mit jeweils mehreren Untergruppen unterteilt: Petunien der *Grandiflora-Gruppe* haben sehr große, bis 10 cm breite Blüten und sind sehr regenempfindlich. Sie eignen sich für Kübel

Zumeist wird sie mit Geranien in Blumentöpfen kombiniert: Die Petunien 'Surfina purple' und 'Carpet serie' machen dabei eine gute Figur.

und Ampeln. *Multiflora-Petunien* wachsen buschiger und bilden größere Mengen kleiner, bis 5 cm breiter Blüten. Sie sind regenfester und damit auch für Rabatten geeignet. Jedes Jahr kommen zahlreiche neue, oft verbesserte und damit regenfestere Sorten auf den Markt. Hängepetunien wachsen überhängend, zum Teil über 1 m lang. Dazu gehören auch die Wave-Serie mit veilchenblauen, magentaroten, rosa- oder lachsfarbenen Blüten und die Surfinia®-Petunien, eine Grandiflora-Sorte. Sie sind wüchsiger und verzweigter als andere Sorten, blühen sehr reich in weißen, purpurnen, lavendelblauen, rosa oder blau schattierten Tönen und sind deutlich regenfester als andere Petunien. Sie sind nur als Jungpflanzen, nicht als Saatgut erhältlich. Die etwas regenempfindlichen Carillon®-Zauberglöckchen haben wesentlich kleinere, etwas gestrecktere Blüten in einem Farbspektrum von Weiß über Pink, Violett und Kirschrot bis hin zu Orange- und Terrakottatönen.

Pfaffenhütchen, Spindelstrauch

(*Euonymus*; CELASTRACEAE): Spindelbaumgewächse

Gattung mit etwa 170 Laub abwerfenden oder immergrünen Strauch-, Baum- und ➛ Kletterpflanzenarten vor allem aus Asien. Die Blätter sind meist ➛ gegenständige, ungeteilte und variabel geformte, die Blüten klein und weißen, seltener rot. Sommergrüne Arten werden wegen des schönen Fruchtschmucks und der attraktiven ➛ Herbstfärbung geschätzt. Immergrüne Arten (vor allem *E. fortunei*) haben zum Teil reizvoll ➛ panaschierte Blätter. Als ➛ Solitär- und Heckenpflanzen oder für Strauchrabatten geeignet, da die meisten Arten niederliegend oder kriechend sind **Kultur:** In gut durchlässigem Boden in voller Sonne bis lichtem Schatten pflanzen. Am markantesten bildet sich die Blattfärbung an sonnigen Standorten aus. Die frostharten Pflanzen sind empfindlich gegen Hitze und Trockenheit. Schnitt: Kaum nötig, da die meisten Pfaffenhütchen sehr langsam wachsen. Laub abwerfende Arten wenn nötig im Spätwinter zurückschneiden, immergrüne Arten nach der Blüte. **Schädlinge/Krankheiten:** Gefurchter Dickmaulrüssler, Echter Mehltau, Blattflecken, immergrüne Arten auch Schildläuse. **Vermehrung:** Aussaat der Samen bei Reife in Töpfen oder im ➛ Kalten Kasten oder im Sommer Stecklinge vom grünen Holz bei Laub abwerfenden und halb ver-

Der etwas spöttische Name wird diesem wunderschönen Strauch nicht so ganz gerecht (von links): *E. europeus*, *E. fortunei* und *E. fortunei* 'Sunspot' bezaubern durch Laub und Früchte.

holzte Stecklinge bei immergrünen Arten bewurzeln.

Arten und Sorten: Flügel-Spindelstrauch (*E. alatus*): bizarr wachsender, Laub abwerfender, buschiger, 2 bis 3 m hoher Strauch mit elliptischen, dunkelgrünen, gezähnten Blättern und kugeligen, rotpurpurnen, giftigen Früchten („Pfaffenkäppchen"). Die Triebe sind vierkantig und mit breiten Korkleisten besetzt; Gewöhnliches Pfaffenhütchen (*E. europaeus*): Laub abwerfender, bis 6 m hoher und 4 m breiter Großstrauch, mittelstark wachsend, ab August prächtige, giftige, karminrosa Samenkapseln („Pfaffenkäppchen"), schöne Herbstfärbung – die Sorte 'Red Cascade' hat etwas hängende Triebe und besonders attraktiven Fruchtbehang; Kriechspindel (*E. fortunei*): immergrüner, mit Haftwurzeln (➛ Kletterorgane) kletternder oder mattenförmiger, langsam wachsender Strauch, erst im Alter blühend, mit elliptischen, dunkelgrünen, bei vielen Sorten ➛ panaschierten Blättern, die allerdings etwas empfindlicher als grüne Sorten sind (siehe Tabelle); Japanische Hülse, Japanisches Pfaffenhütchen (*E. japonicus*):

Sortenübersicht Kriechspindel

Sorte	Blattfarbe Sommer (S) Blattfarbe Winter (W)	Wuchsform	Größe in m H: Höhe B: Breite K: Kletterhöhe
'Coloratus'	S: dunkelgrün W: purpurrot	niederliegend; gelegentlich kletternd	H: 0,3–0,4 B: 0,8–1,5 K: 3–5
'Dart's Blanket'	S: dunkelgrün W: oberseits bronze, unterseits rot	niederliegend; dicht, aufrechte Zweige; stark wachsend	H: 0,5–0,7 B: 1–2
'Emerald Gaiety'	S: leuchtend grün, weiß gerandet W: weiß mit purpurrosa	dicht verzweigt; buschig bis aufrecht; gelegentlich kletternd	H: 0,3–0,4 B: 0,3–0,8 K: 2–3
'Emerald'n Gold'	S: leuchtend grün, gelb gerandet W: rosa überlaufenes Gelb	flach bis aufgerichtet; dicht buschig; gelegentlich kletternd	H: 0,3–0,7 B: 0,5–1 K: 3–4
'Minimus'	S: dunkelgrün W: fast schwarzgrün	mattenförmig, dicht; gelegentlich kletternd	H: 0,05–0,2 B: 0,5–1 K: 1,5–2
var. *radicans*	S: dunkelgrün W: fast schwarzgrün	dichter, flach ausgebreiteter Bodendecker; gut kletternd	H: 0,5–0,8 B: 0,8–1,2 K: 4–6
'Sunspot'	S: glänzend dunkelgrün mit gelber Mitte W: ebenso	rundlich; niederliegend bis locker strauchförmig	H: 0,6–1,2 B: 0,2–0,3
'Variegatus' (= 'Gracillis')	S: mittelgrün, weiß gerandet W: weiß mit rosa, auch grün belaubte Triebe	niederliegend bis buschig aufrecht; gelegentlich kletternd	H: 0,3–0,8 B: 1–1,5 K: 1,5–2,5
'Vegetus'	ganzjährig glänzend hellgrün	strauchförmig; locker aufrecht; gelegentlich kletternd	H: 0,8–1 B: 1–4 K: 4–6

Der Pfeifenstrauch, der auch als falscher Jasmin bezeichnet wird, duftet süß.

immergrüner, mittelgroßer, bis 4 m hoher und 2 m breiter Strauch mit ovalen, gezähnten, ledrigen, glänzenden Blättern und (selten) rosa überhauchten, weißen Kapselfrüchten. Einige Sorten haben schöne Panaschierungen (z.B. 'Aureomarginatus', 'Aureopictus', 'Albomarginatus').

Pfählen

Stabilisierung von frisch gepflanzten Gehölzen mit Hilfe eines Stützpfahls. Das ist erforderlich, solange die Wurzeln noch nicht ausreichend im Boden verankert sind.

Pfahlwurzel ➛ Wurzel

Pfahlwurzler (Herzwurzler) ➛ Wurzelsystem.

Pfeifenstrauch, Falscher Jasmin

(*Philadelphus*; HYDRANGEACEAE) Steinbrechgewächse

Gattung mit etwa 70 Arten Laub abwerfender Sträucher der nördlichen Hemisphäre. Die Blätter sind gegenständig, spitz eiförmig, gesägt und mittelgrünen, die Blüten weiß und meist duftend – sie ähneln im Geruch entfernt dem orientalischen Jasmin (Echter Jasmin). Als ➛ Solitär oder in Strauchrabatten gepflanzt, aber auch als Heckenpflanze geeignet. Die meisten im Handel befindlichen Sorten sind Hybriden und voll frosthart. Tipp: Um sicherzugehen, eine duftende Sorte zu pflanzen, sollte man blühende Exemplare kaufen. **Kultur:** In mäßig fruchtbaren, durchlässigen Boden in voller Sonne oder Halbschatten pflanzen und nicht austrocknen lassen. Schnitt: Jährlich nach der Blüte im Frühsommer abgeblühte Triebe auf kräftige Knospen oder Jungtriebe zurückschneiden. Bei älteren

Pflanzen ein Viertel bis ein Fünftel der alten Triebe kappen, um Jungwuchs anzuregen. **Schädlinge/Krankheiten:** Blattläuse, Echter Mehltau. **Vermehrung:** Grünstecklinge im Sommer oder Steckreiser im Herbst oder Winter bewurzeln.

Arten und Sorten: Europäischer Pfeifenstrauch (*P. coronarius*): straff aufrechter, stark wachsender Normalstrauch, bis 4 m hoch und 3 m breit, mit einfachen, stark duftenden, rahmweißen Blüten im Mai/Juni; Großblütiger Pfeifenstrauch (*P. inodorus grandiflorus*): breit aufrechter bis übergeneigter, stark wachsender, robuster Großstrauch, bis 5 m hoch und 3 m breit, weiße, nicht duftende Blüten im Mai/Juni; *Philadelphus*-Hybriden: 'Belle Etoile' hat einfache, milchweiße, am Grund karminrot gefleckte, duftende Blüten und wird bis 1,5 m hoch und breit; 'Belle Etoile' hat reinweiße, halbgefüllte, stark duftende Blüten und wird bis 1,5 m hoch und breit; 'Schneesturm' hat reinweiße, gefüllte, fruchtig riechende Blüten und wird bis 3 m hoch und 2 m breit; 'Virginal' hat reinweiße, gefüllte, instensiv duftende Blüten und wird bis 4 m hoch und breit.

Pfingstrose

(*Paeonia*; PAEONIACEAE): Pfingstrosengewächse

Sie gehören zu den ältesten Kulturpflanzen und wurden schon vor über 1000 Jahren in China gezüchtet – heute sind sie in Europa, Nordwestamerika und Asien beheimatet. Die Gattung wird unterteilt in etwa 30 Arten Gruppen bildender ➛ Stauden, Laub abwerfender ➛ Sträucher und ➛ Halbsträucher mit besonders attraktiven Blüten im Spätfrühjahr/Frühsommer. Die Mehrzahl der kultivierten Arten und Sorten sind krautige Stauden mit knolligem Wurzelstock (➛ Speicherorgane) und stammen von *P. lactiflora* ab, mit einer Wuchshöhe bis zu 1,5 m hoch. Strauch- oder Baumpäonien (*P. suffruticosa*), die bis zu 2 m hoch werden können, haben verholzende, locker verzweigte Triebe. Pfingstrosen besitzen mittel- bis dunkelgrüne, manchmal silbern, bläulich oder graugrün bereifte, langgestielte Blätter, die doppelt dreifingrig oder – bei wenigen Arten – gefiedert sind. Die Blüten stehen einzeln und meist aufrecht, sind einfach oder gefüllt, schalen-, becher- oder schüsselförmig und können sehr groß sein. Das Farbspektrum reicht von Weiß über Rosa- und Rottöne bis zu Purpurviolett. Manche Sorten duften. Vereinzelt gibt es auch gelbe und rostbraun überlaufene Sorten. Pfingstrosen sind beliebte ➛ Solitär- und Rabattenpflanzen, die ausgesprochen langlebig sind. **Kultur:** In fruchtbaren, feuchten, aber gut durchlässigen Boden in voller

Pfingstrosen oder Paeonien begeistern durch ihre volle Blütenpracht. Hier farbenfrohe Vertreterinnen ihrer Art (von oben links nach unten rechts): *P. officinalis*, *P. suffruticosa*, die Edelpfingstrose 'Noemie Demay' und 'Souvenir de Maxime Cornu'.

Sonne oder Halbschatten pflanzen. Beste Pflanzzeit ist der Herbst. Die „Augen“ (Triebspitzen; ➛ Knospen) der Staudenpäonien sollten nicht tiefer als 3 cm unter der Erdoberfläche liegen. Nach dem (Ver-) Pflanzen kann es bis zu 3 Jahre dauern, bis die Pfingstrosen wieder blühen. Großblütige Arten müssen während der Blüte eventuell gestützt werden. Das Laub der Staudenpfingstrosen wird im Herbst bodeneben abgeschnitten, Strauchpäonien schneidet man, wenn nötig, im Spätwinter. **Schädlinge/Krankheiten:** Viren, Älchen, Wurzelbohrerlarven, Rost; Päonien-Grauschimmelfeuer (Päonienwelke ➛ Pilzkrankheiten) tritt in feuchten Sommern auf. **Vermehrung:** Im Herbst Aussaat im ➛ Kalten Kasten oder in Töpfen (Keimung kann bis zu 3 Jahre dauern); Staudenpfingstrosen im Herbst teilen oder im Winter Wurzelschnittlinge (➛ Stecklinge) nehmen. Baumpäonien im Sommer durch halb verholzte Stecklinge vermehren oder im Winter pfropfen (➛ Veredelungsmethoden).

Arten und Sorten: Wildformen: Europäische Pfingstrose (*P. peregrina*): Staude mit einfachen, schüsselförmigen, glänzend dunkelroten Blüten mit gelben Staubgefäßen, bis zu 60 cm hoch und breit; Bauernpfingstrose (*P. officinalis*): Staude mit leuchtend dunkelroten oder rosaroten, einfachen Blüten mit gelben Staubgefäßen, bis 70 cm hoch und breit – Kultivare auch gefüllt blühend ('Rosea Plena' und 'Rubra Plena') und weiß ('Alba Plena'); Gelbe Pfingsrose (*P. mlokosewitschii*): einfache, blassgelbe Blüten, bis 90 cm hoch und breit; von der Staudenpfingstrose (*P. lactiflora*) gibt es unzählige wertvolle Sorten, zu den schönsten und populärsten gehören 'Auguste Dessert' (halbgefüllte, karminrote, lachsfarben überhauchte Blüten); 'Festiva Maxima' (weiße, gefüllte, duftende Blüten, an der Basis ein karminrotes Mal); 'Sarah Bernhardt' (gefüllte, duftende, rosarote Blüten); 'Souvenir de Maxime Cornu' (*P.* x *lemoinei*-Hybride mit gelborangen, rostfarben überhauchten, gefüllten Blüten); von den Strauchpfingstrosen (*P. suffruticosa*) gibt es im Handel einige benannte und zahlreiche unbenannte Sorten, was daran liegt, dass die Kultivare oft direkt aus Asien importiert werden.

Pfirsich

(*Prunus persica*; ROSACEAE) Rosengewächse
Ein beliebter Obstbaum, der bereits vor über 2000 Jahren in China kultiviert wurde. Der Hauptanbau erfolgt in warmen Ländern, wie Italien, Spanien, Portugal, Rumänien oder Kalifornien. Baum- bis strauchartiges, Laub abwerfendes Gehölz, bis 3 m hoch, mit schmal lanzettlichen Blättern und rosa Blüten. Die großen Steinobstfrüchte

Pfirsiche sind saftige Früchte mit samtiger Haut.

sind süß, aromatisch, saftreiche und haben eine pelzige Haut. **Kultur:** Im Frühjahr in geschützten Lagen (Weinbauklima, im Norden windgeschützt an Südwänden) in lockeren, humosen, nicht zu trockenen, neutralen bis leicht sauren Gartenboden in voller Sonne pflanzen. Eine ➛ Mulchschicht auf der ➛ Pflanzscheibe wirkt sich positiv aus. Schnitt: Erziehung zur ➛ Hohlkrone (➛ Wuchsformen) durch regelmäßiges ➛ Auslichten im zeitigen Frühjahr. Im Herbst nach der Ernte einen Auslichtungsschnitt vornehmen, bei dem die abgetragenen, vorjährigen Fruchttriebe ganz entfernt und zu eng stehende Zweige ausgedünnt werden. **Schädlinge/Krankheiten:** Blattläuse, Wicklerraupen, Scharkakrankheit, *Verticilium*-Welke, Kräuselkrankheit, Monilia. Die sehr früh blühenden Bäume sind anfällig für Spätfrostschäden. **Vermehrung:** Veredelung durch Okulieren (➛ Veredelungsmethoden) auf Pflaumen- oder Mandel- ➛ Sämlingen im Hochsommer.
Arten und Sorten: 'Dixired' (gelborange, teilweise rot gefärbte, gelbfleischige Früchte), 'Früher Roter Ingelheimer' (gelblich, sonnenseits rötlich gefärbte, weißfleischige Früchte), 'Redhaven' (gelbe, rot überlaufene, orangegelb-fleischige, große Früchte), 'Revita®' (dunkelrotbackige Früchte). Alle genannten Sorten sind selbstfruchtbar und brauchen keine zweite Bestäubersorte als Pollenspender.

Pflanzabstand
Die erforderliche Distanz zwischen einzelnen Pflanzen. Besonders wichtig beim Setzen von Gewächsen, da er die spätere Entwicklung entscheidend beeinflusst.

Pflanzenfamilie ➛ botanische Namen

Pflanzengesellschaft
Bezeichnung für einen bestimmten Typus von Pflanzenbeständen, die sich in der Zusammensetzung der Arten, den Wechselbeziehungen und in Aussehen gleichen, z. B. Wälder. P. wird vor allem in naturnahem Gärten weitgehend nachempfunden. Im Garten können auch künstliche P. gebildet werden, die nach völlig anderen Kriterien gestaltet sein können, wie z. B. Staudenbeete mit Arten verschiedener Herkunft.

Pflanzenhormone ➛ Phytohormone

Pflanzenkragen dienen als Schutz vor Schädlingen.

Pflanzenkragen
Schutzvorrichtung in runder Scheibenform. Er wird unterhalb der Pflanzenblätter angebracht und verhindert ein Vordringen von Schädlingen und Krankheitserregern aus dem Boden in höher gelegene Sprossteile sowie das Verschmutzen des Ernteguts; je nach Kultur als Kohlkragen oder Erdbeerkragen bezeichnet.

Pflanzenorgane
Einheitlich aufgebaute Teile einer Pflanze, die bestimmte Aufgaben im Organismus erfüllen. Im Wesentlichen besteht eine Pflanze aus 3 Hauptorganen, der *Wurzel*, dem

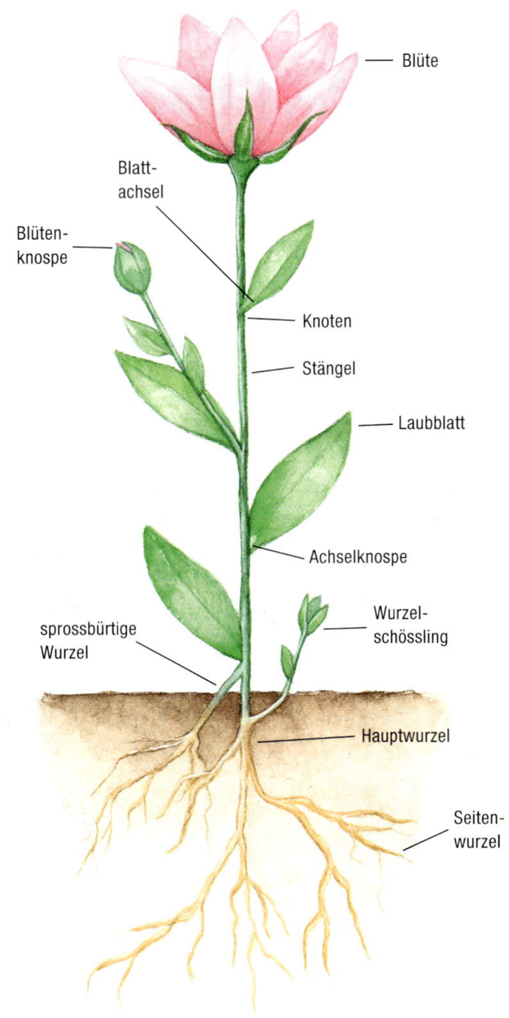

Pflanzenorgane

Stängel und dem *Blatt*, die sich in unterschiedlichster Ausprägung zeigen können. Bei allen übrigen Pflanzenteilen wie *Blüte*, *Frucht* oder *Speicherorgane* handelt es sich nur um Umbildungen der Hauptorgane. Die Übergangsstelle zwischen Stängel und Wurzel ist der *Wurzelhals*. Man unterscheidet *Haupt-* und *Seitenwurzeln*. Der Stängel trägt Blätter und wird durch *Knoten (Nodi)* in mehrere Abschnitte gegliedert. Die *Blütenknospe* enthält die Blütenanlagen.

Pflanzenpflege

Maßnahmen im Garten, die für die gesunde Entwicklung der Pflanzen unerlässlich und für deren gutes Aussehen und reiche Blüte entscheidend sind. Die P. umfasst – neben Boden pflegenden Maßnahmen – Arbeiten wie Aufbinden und Stützen der Gewächse, Bewässern, Düngen, Entfernen verwelkter Blüten und von Unkraut, Zurückschneiden von Stauden und Gehölzen, Rasenschnitt sowie Vorbereitung auf den Winter, etwa Umzug frostempfindlicher Wasserpflanzen ins Winterquartier, das Abräumen der Beete – das schließt auch Lagerung von Zwiebeln und Knollen mit ein – sowie Anbringen von Winterschutz.

Pflanzenpflegemittel

Substanzen zur Kräftigung von Pflanzen, die diese widerstandsfähiger gegenüber Krankheitserregern machen. Man unterscheidet:

- *Pflanzliche P.*, die aus bestimmten Gewächsen hergestellt werden (➛ Pflanzenzubereitungen).
- *Mineralische P.* anorganischer Herkunft, z. B. aus Ton- oder Gesteinsmehl.

Pflanzenringe ➛ Bindematerialien

Pflanzenschutz

Maßnahmen, um Krankheiten und Schädlinge von Gewächsen abzuwehren:

- *Vorbeugender P.* besteht darin, Maßnahmen zu treffen, die indirekt das Risiko eines Befalls der Pflanzen durch Schädlinge oder Krankheiten vermindern, etwa der Anbau in Mischkulturen oder der Einsatz von Abwehrpflanzen.

- *Chemischer P.* beruht auf der Bekämpfung von Schädlingen und Krankheiten mit synthetischen Mitteln, so genannten Pestiziden.
- *Biologischer P.* wird mit Hilfe natürlicher Mechanismen und Mitteln durchgeführt, etwa Förderung von Nützlingen oder der Einsatz biologischer Präparate.
- *Mechanischer P.* erfolgt per Hand oder Werkzeug, z.B. durch Hacken von Unkraut, Absammeln von Schädlingen oder Aufstellen von Fallen (➛ mechanische Abwehrmittel).
- *Biotechnischer P.* bedeutet den Einsatz spezieller Zuchtformen von Pflanzen sowie Verwendung künstlich hergestellter biologischer Substanzen, z.B. Sexuallockstoffe, oder gezielt vermehrte und ausgesetzter Nützlinge zur Schädlingsabwehr.
- *Integrierter P.*, Kombination sämtlicher verschiedener Pflanzenschutzmethoden; Vorgehen nach so genannten Schadschwellen, d.h., die ersten bzw. folgenden Maßnahmen werden entsprechend dem Krankheits- oder Schädlingsdruck durchgeführt.

Pflanzenschutzmittel

Substanzen oder Vorrichtungen zur Abwehr von Schädlingen und Krankheiten an Pflanzen. Man unterscheidet:

Biologische P.: zusammenfassende Bezeichnung für mehr oder weniger umweltfreundliche P. mit meist pflanzlicher oder mineralischer Herkunft.

- *Pyrethrum-Präparate:* ihre wirksamen Substanzen, die Pyrethrine, werden aus bestimmten Chrysantehemen-Arten gewonnen. Sie wirken gesprüht oder als Granulat angebracht sofort tödlich. Ihr Einsatz erfolgt gegen saugende Insekten wie Blattläuse oder Thripse; allerdings verschonen sie auch Nützlinge nicht.
- *Ölpräparate:* werden auf der Basis von gereinigten Mineralölen (Parraffinöl) oder Rapsölen gewonnen. Sie werden in erster Linie gegen Schild- und Wollläuse sowie Spinnmilben, Blattläuse und Weiße Fliegen eingesetzt.
- *Lecithin-Präparate:* werden aus Sojabohnen gewonnen und sind ungiftig; sie wirken Echtem Mehltau entgegen.
- *Quassia-Brühe:* ein Bitterholz-Spritzmittel aus dem tropischen Quassia-Holz. Es tötet sofort viele Schädlinge wie Blattläuse, aber auch nützliche Insekten. Man sollte es nur in äußersten Notfällen und begrenzt anwenden.
- *Schmierseife- Spiritus-Lösung:* Lösung aus Schmierseife und heißem Wasser mit etwas Brennspiritus angereichert. Sie hilft gegen Blatt-, Woll-, Schild- und Blutläuse.
- *Schwefelleber-Lösung:* ein mildes Mittel gegen Schorf und Echten Mehltau. Schwefelleber ist eine Mischung aus Schwefel und Kaliumkarbonat (Pottasche), die nach faulen Eiern riecht.

Chemische Mittel: synthetisch hergestellte Präparate zur Bekämpfung von Schädlingen und Pflanzenkrankheiten. Obwohl sehr wirksam sollten diese Mittel nur im äußersten Notfall angewandt werden, da sie ökologisch und hinsichtlich der Gesundheit des Menschen nicht unbedenklich sind. Je nach Art der zu bekämpfenden Schädlinge oder Krankheitserreger werden sie eingeteilt in:

- *Akarizide:* Mittel zur Milbenbekämpfung
- *Algizide:* Mittel gegen Algen
- *Bakterizide:* Bakterien abtötende Mittel
- *Fungizide:* Mittel, die gegen Pilze wirken

- *Herbizide:* Präparate zur Unkrautbekämpfung
- *Insektizide:* Mittel gegen Insekten
- *Molluskizide:* Mittel zur Schneckenbekämpfung
- *Nematizide:* Mittel gegen Nematoden (Älchen, Fadenwürmer)
- *Pestizide:* übergeordneter Begriff für Mittel gegen tierische Schädlinge
- *Rodentizide:* Mittel zur Bekämpfung von Nagetieren, vor allem von Mäusen und Ratten

Systemische Mittel sind Präparate, die über Stängel, Blätter und Wurzeln aufgenommen werden und für die Pflanze selbst im Allgemeinen ungefährlich sind. Sie wirken von innen heraus hauptsächlich gegen saugende und beißende Schädlinge sowie gegen Pilze und manche Bakterien.

Pflanzenzubereitungen

Darunter sind selbst herzustellende Gieß- oder Spritzmittel zu verstehen, die aus bestimmten Pflanzen, deren Inhaltsstoffe andere Gewächse stärken oder vor Schädlingen und Krankheiten schützen, gewonnen werden. Die wirksamen Stoffe werden auf unterschiedliche Art aus den zerkleinerten Pflanzen extrahiert. Je nach Vorgehensweise unterschiedet man

- *Jauche:* entsteht aus einer 1- bis 2-wöchigen Vergärung von in Wasser abgedeckten Pflanzen.
- *Brühe:* wird durch Einweichen der Pflanzenteile im Wasser und anschließendem Kochen gewonnen.
- *Tee:* frische oder getrocknete Pflanzen werden mit kochendem Wasser überbrüht.

Zubereitung von Pflanzenmitteln

Pflanze	Menge (für 10 l Wasser)	Art der Zubereitung	Verwendung
Ackerschachtelhalm ganze Pflanze	1 kg frisch oder 150 g getrocknet	Brühe; Tee	Pilzkrankheiten, Spinnmilben, Blattkäfer, Pilzkrankheiten
Brennnessel ganze Pflanze, keine Samen	1 kg frisch oder 100–200 g getrocknet	Kaltwasserauszug (unverdünnt); Jauche (1:50 verdünnt)	Pilzkrankheiten, Blattläuse, Spinnmilben
Farnkraut (Adlerfarn, Wurmfarn) Blattwedel	1 kg frisch oder 100 g getrocknet	Jauche (1:10 verdünnt); Brühe (unverdünnt)	Schild-, Schmier- und Blutläuse, Rostbefall
Knoblauch gehackte Zehen	75 g frisch oder 500 g getrocknet	Tee (unverdünnt); Jauche (1:10 verdünnt)	Pilzkrankheiten, Spinnmilben
Rainfarn blühende Pflanze	300–500 g frisch oder 30 g getrocknet	Tee (unverdünnt); Brühe (1:2 verdünnt)	Blattläuse, Erdbeer-, Brombeermilben, Himbeerkäfer, Blattwespen, Rost, Mehltau
Rhabarber Blätter	1 kg frisch	Brühe (unverdünnt); Jauche (1:5 verdünnt)	Blattläuse
Wermut blühende Triebspitzen	300 g frisch oder 30 g getrocknet	Tee (1:3 verdünnt); Brühe (unverdünnt); Jauche (unverdünnt)	Blattläuse, Apfelwickler, Kohlweißling, Blattläuse, Säulenrost an Johannisbeeren, Raupen, Ameisen
Zwiebel Schalen	200–500 g	Jauche (unverdünnt)	Milben, Tomaten- und Kartoffelfäule

- *Kaltwasserauszug:* frische oder getrocknete Pflanzen lässt man in kaltem Wasser etwa 24 Stunden ziehen.

Alle Mittel werden abgekühlt verwendet, viele müssen verdünnt werden.

Pflanzer (Pflanzholz) ➛ Pflanzgeräte

Pflanzerde ➛ Substrate

Pflanzfläche

Bodenfläche, die für eine bestimmte Anzahl von Pflanzen zur Verfügung steht.

Pflanzgefäße

Behälter zur Bepflanzung, vor allem zur Kultivierung von Gewächsen für Terrassen, Balkone und Zimmerpflanzen. Sie sind meist aus Ton oder Kunststoff, seltener auch aus anderen Materialien gefertigt.

- *Töpfe:* meist in runder, auch in vier- oder sechseckiger Form und vielerlei Größen erhältlich.
- *Schalen:* Gefäße, deren Wandung im Vergleich zu herkömmlichen Töpfen sehr niedrig ist.
- *Gittertöpfe* und *-schalen:* Gefäße mit durchbrochener Wandung; hauptsächlich für Wasserpflanzen gedacht, auch zur Gruppenpflanzung von Knollen- und Zwiebelgewächsen geeignet.
- *Kübel:* Behälter in verschiedenen Formen, etwa rundbauchig, kegelig, vasenförmig oder eckig.
- *Kästen:* schmale, aber lange Gefäße aus unterschiedlichem Material; in erster Linie an Fenstersimsen und Balkonbrüstungen verwendet.
- *Ampeln:* schalenförmige Gefäße, die an der Decke zu befestigen sind; besonders gut geeignet für Hängepflanzen. Ein spezieller Typ, der *Hängekorb (hanging basket)* besteht aus Kunststoff- oder Drahtgeflecht in Schalenform und wird mit Torfmoos ausgekleidet; kann ringsum und unten bepflanzt werden.

Die Größe der Pflanzgefäße sollte dem Wurzelwerk der Pflanze entsprechen: also nicht zu groß, und auf keinen Fall zu klein.

Traditionelle Pflanzgefäße, die teilweise zu besonderen Zwecken dienen, sind u. a.

- *Trog:* ein großes, rechteckiges Gefäß, das vorwiegend aus Stein oder Holz besteht.
- *Jardinière:* ein korbähnliches oder längliches Behältnis mit reicher Verzierung; wird direkt bepflanzt oder als Übertopf genutzt.
- *Caisse de Versailles (Stollenkübel, Versaille-Kübel):* ein würfelförmiges Pflanzgefäß nach barockem Vorbild, das von Metallbändern umspannt und mit Winkeleisen stabilisiert wird.

Pflanzgeräte

Hilfsmittel bei Aussaat und Pflanzung:

- *Pflanzschaufel (Pflanzkelle):* zum Ausheben von Pflanzlöchern; besonders beim Umtopfen von Nutzen.

- *Pflanzer (Pflanzstock):* ein schlank-kegelförmiges Holz- oder Metallgerät zum Vorbohren von Pflanzlöchern.
- *Pikierholz (Pikierstab):* zum vorsichtigen Herausheben empfindlicher Sämlinge aus der Erde (➛ Pikieren), zum Vorstechen von Vertiefungen im neuen Pflanzgefäß und zum behutsamen Einsetzen.
- *Zwiebelpflanzer (Hohlpflanzer):* Hohlzylinder aus Metall zur Erleichterung des Pflanzvorgangs von Zwiebeln und Knollen.
- *Pflanzschnur:* zwischen Pflöcken gespannte Schnur zur Markierung exakter Saatrillen und zur Abgrenzung von Beetteilen.

Pflanzgraben
Graben bei der Heckenpflanzung, der anstelle vieler einzelner Löcher ausgehoben wird.

Pflanzgrube (Pflanzloch)
Eine Vertiefung in geeigneter Größe und Tiefe zur Pflanzung von Gehölzen. Sie muss so geräumig sein, dass die ausgebreiteten Wurzeln bzw. der Ballen hineinpassen, ohne das diese an den Wänden anstoßen.

Pflanzgut ➛ Pflanzware

Pflanzholz ➛ Pflanzgeräte

Pflanzkelle ➛ Pflanzgräte

Pflanzkorb ➛ Pflanzgefäße

Pflanzloch ➛ Pflanzgrube

Pflanzschaufel ➛ Pflanzgeräte

Pflanzscheibe (Baumscheibe)
Kreisförmige Fläche unbewachsenen Bodens, die um die Stämme frisch gepflanzter Bäume und Sträucher angelegt wird. Sie dient einer effektiven Bewässerung (Gießrand) und verhindert Nährstoffentzug durch konkurrierende Gräser oder Unkraut.

Pflanzschnitt
1. Einkürzen von Wurzeln und Trieben bei ballenlosem Gehölz vor der Pflanzung.
2. Erster Rückschnitt der Krone von frisch gepflanzten Obstbäumen – ist auch der erste ➛ Erziehungsschnitt.

Pflanzschnur ➛ Pflanzgeräte

Pflanztermin
Bestimmte Pflanzzeit für Gewächse, außer bei Containerware, die sich das ganze Jahr über einsetzen lässt. Die beiden Haupttermine sind das Frühjahr und der Herbst, entsprechend für spät blühende Stauden und früh blühende Zwiebel und Knollen.

Pflanztiefe
Die richtige Tiefe eines Pflanzlochs, was wichtig für die Entwicklung der Gewächse ist. So wird z. B. Containerware so tief in die Erde gesetzt wie sie vorher im Behälter gestanden ist. Bei Rosen hingegen muss die Veredelungsstelle ca. 5 cm unter der Erdoberfläche liegen. Wasserpflanzen müsssen artgerecht die entsprechende Wassertiefe bieten. Für das Setzen von Zwiebel- und Knollenpflanzen gilt die Faustregel, dass die Zwiebel oder Knolle etwa doppelt so tief in den Boden kommen sollte wie sie selbst hoch ist.

Pflanzware (Pflanzgut)
In verschiedener Weise gezogene und für den Kauf vorbereitete Gewächse. Man unterscheidet:

- *Ballenlose Pflanzen:* Gehölze, deren Wurzelwerk nicht von Erde umgeben, also „nackt“, ist.
- *Ballenpflanzen (ballierte Pflanzware):* Gehölze, deren Wurzelwerk von Erde umgeben und von einem Leinen- oder Kunststofftuch umhüllt ist.
- *Containerpflanzen:* Gewächse, die in Behältern herangezogen und verkauft werden.
- *Halbfertige Pflanzware:* Obstbäume, die schon 1 Jahr nach der Veredelung in den Verkauf kommen und zu günstigen Preisen erhältlich sind.
- *Virusgetestete Pflanzware:* Gewächse, für die der Anbieter garantiert, dass sie von sämtlichen für Kulturpflanzen gefährlichen Viren frei sind.

Pflanzzeit ➛ Pflanztermin

Pflaume, Zwetsche, Mirabelle, Reneklode

(*Prunus domestica*; ROSACEAE) Rosengewächse

Eine nahe Verwandte des ➛ Pfirsich, der ➛ Kirsche, ➛ Aprikose, ➛ Mandel und ➛ Nektarine. Frucht tragende, Laub abwerfende Sträucher und Kleinbäume mit breit rundlicher bis pyramidenförmiger Krone, die zwischen 4 bis 8 m hoch werden – Mirabellen erreichen eine Höhe zwischen 3 bis 5 m. Die Blätter sind breit eiförmig, zugespitzt und gesägt, die Blüten weiß. Nicht alle Sorten sind selbstfruchtbar. Die Steinfrüchte haben ein saftiges Fruchtfleisch, das frisch, als Kompott oder Marmelade genossen wird. **Kultur:** An vollsonnigen, vor Spätfrösten und kalten Winden sicheren Standorten in frischen bis feuchten, tiefgründigen, humosen, nährstoffreichen, leicht alkalischen, durchlässigen Böden pflanzen. Die ➛ Pflanzscheibe nach der Blüte ➛ mulchen, um die Feuchtigkeit im Boden zu halten. Für optimale Ernteerträge jährlich mit ➛ Langzeitdünger versorgen. Abgefallene und am Baum vertrocknete Früchte absammeln und entfernen, um Schädlinge und Krankheiten vorzubeugen. Schnitt: ➛ Langtriebe sind bei Pflaumen meist ➛ Holztriebe, die keine Früchte bringen. Das ➛ Fruchtholz ist kurztriebig an zwei- und mehrjährigen Ästen. Die Langtriebe werden daher kräftig zurückgeschnitten, um die Bildung von Kurztrieben anzuregen. Geschnitten wird entweder gleich nach der Ernte oder an trockenen, frostfreien Tagen im Februar/März. **Schädlinge/Krankheiten:** Pflau-mensägewespe, Blattläuse, Mehlige Pflaumenblattlaus, Pflaumenwickler („Maden“), Frostspannerraupen, Beutelgallmilben, Spinnmilben, Schildläuse, Scharkakrankheit, Bakterienbrand, Virosen, *Verticilium*-Welke, Monilia-Fruchtfäule, Taschenkrankheit. **Vermehrung:** ➛ Veredelung auf ➛ Sämlinge der Kirschpflaume (*P. cerasifera*) und St. Julien-Formen (für mittelstark wachsende Sorten).

Arten und Sorten: (Arten und Sorten der Zierpflaumen ➛ Zierkirsche)

Pflaumen haben eine rundliche Eiform, sind blauviolett, rötlich, manchmal auch gelblich, sehr saftig und reifen früh, manche Sorten schon im Juli. Gute Sorten: ‘Ruth Gerstätter’ (früheste Pflaumensorte, selbstfruchtbar, braunviolette, bläulich bereifte, mittelgroße bis große Früchte); ‘Königin Viktoria’ (mittelspät, selbstfruchtbar, mittelgroße, leuchtend gelborange Früchte); ‘Ontariopflaume’ (mittelspät, selbstfruchtbar, große bis sehr große, gelbe Früchte).

Zwetschen sind oval- bis eiförmig und am Ende zugespitzt, blau bis violett gefärbt und bereift und haben ein festes Fruchtfleisch. Sie reifen nach den Pflaumen, je nach Sorte zwischen August und Anfang Oktober. Gute Sorten: 'Bühler Frühzwetsche' (früh reifend, selbstfruchtbar, mittelgroße, intensiv blaue, bereifte Früchte); 'Ensinger Frühzwetsche' (sehr früh reifend, nur bedingt selbstfruchtbar, große, rotviolette Früchte); 'Hauszwetsche' (mittelspät reifend, selbstfruchtbar, mittelgroße, tiefblaue, bereifte Früchte); 'Hanita®' (Neuzüchtung, früh reifend, selbstfruchtbar, sehr große, dunkelblaue, bereifte Früchte); 'Italienische Zwetsche' (mittel bis spät reifend, nur bedingt selbstfruchtbar, große, violette bis dunkelblaue Früchte).

Renekloden haben eine fast kugelrunde Form, grünlich weißes Fruchtfleisch, eine grüngelbe, gelbe, manchmal rötliche, weiß bereifte Haut und sind sehr saftig. Die Früchte reifen im August/September. Gute Sorten: 'Graf Althans Reneklode' (selbstunfruchtbar, große, erst grüngelbe, dann rotviolette Früchte mit gelbem Fruchtfleisch); 'Große Grüne Reneklode' (selbstunfruchtbar, mittelgroße, grüne bis grünlich gelbe Früchte mit grüngelbem Fruchtfleisch); 'Oullins Reneklode' (selbstfruchtbar, sehr große, leicht gestreckte, grüngelbe Früchte mit gelblichem bis rötlichem Fruchtfleisch).

Mirabellen sind kleiner als Pflaumen und Renekloden, kugelrund und gelb, oft rötlich überhaucht oder gesprenkelt. Sie sind süßer und saftreicher als Pflaumen, eignen sich vor allem zum Frischverzehr. Die Früchte reifen im August/September. Gute Sorten: 'Mirabelle von Nancy' (selbstfruchtbar, mittelfrüh reifend, kleine, sonnengelbe, rötlich überhauchte Früchte).

Pflaumenwickler

Bis 1,5 cm großer, graubrauner, dunkelgrau gezeichneter Falter, der seine Eier einzeln auf die jungen Früchte von verschiedenen Steinobstarten legt – die Raupen fressen am Fruchtfleisch.

Gefährdete Pflanzen: Pflaumen, Zwetschgen, Mirabellen.

Schadbild: Früchte mit Bohrloch, im Innern kleine rötliche Raupen; Früchte fallen meist vorzeitig ab.

Vorbeugung und Bekämpfung: abgefallene Früchte sofort auflesen und vernichten; nur bei sehr starkem Befall Pyrethrum-Präparate einsetzen. ➛ Pflanzenschutzmittel

Pflegeschnitt ➛ Erhaltungsschnitt

Pflücksalat ➛ Blattsalat

Pfropfen ➛ Veredelungsmethoden

Pfropfung ➛ Veredelungsmethoden

Phänologie

Lehre von jahreszeitlich gebundenen Lebensvorgängen in der Pflanzen- und Tierwelt, z.B. Blüte, Reife, Laubfall, Paarung oder Vogelzug.

Phänologische Jahreszeiten

Einteilung der Jahres nicht in astronomisch festgelegte Quartale nach dem geschriebenen Kalender, sondern in 10 Jahreszeiten, die von der geographischen Lage abhängig sind: Vorfrühling, Erstfrühling, Vollfrühling, Frühsommer, Hochsommer, Spätsommer, Frühherbst, Vollherbst, Spätherbst und Winter.

Pheromonfalle ➛ Lockstofffalle

Phlox, Flammenblume

(*Phlox*; POLEMONIACEAE) Sperrkrautgewächse

Gattung mit etwa 65 Arten immergrüner oder Laub abwerfender, niedrig wachsender, Polster bildender oder aufrechter ➛ Stauden, ➛ Einjähriger und ➛ Sträucher vor allem Nordamerikas. Im Garten werden vor allem Staudenarten wegen der hübschen, duftenden Blüten kultiviert, die in endständigen Schirmrispen oder einzeln stehend erscheinen. Die Einzelblüten sind stieltellerförmig mit 5 sternförmig angeordneten Blütenblättern. Matten und Polster bildende Arten blühen im Frühjahr, aufrechte Arten im Sommer in einem Farbspektrum von Weiß über Rosa und Rot bis zu Purpurviolett. Die Blätter sind einfach, ganzrandig und linear bis eiförmig. Während niedrige Arten sich für den ➛ Steingarten und als ➛ Bodendecker eignen, sind hohe Phloxarten auch begehrte ➛ Schnittblumen. **Kultur:** Beetstauden und ➛ Einjährige in nährstoffreiche, feuchte Böden in voller Sonne oder Halbschatten pflanzen. Verblühtes regelmäßig auskneifen, um zu erneuter Blütenbildung anzuregen, hohe Sorten eventuell stützen. Polsterstauden in durchlässigen, fruchtbaren Boden in voller Sonne pflanzen. Wegen ihrer Anspruchslosigkeit eignen sie sich auch für Dachbegrünungen (➛ Hausbegrünung), Kiesgärten und die Bepflanzung von Steinfugen, z.B. auf Wegen mit Natursteinplatten. **Schädlinge/Krankheiten:** Vor allem Beetstauden sind anfällig für Echten Mehltau und Blattflecken. **Vermehrung:** Einjährige im zeitigen Frühjahr unter Glas aussäen und im Mai auspflanzen. Beetstauden wie *P. maculata* und *P. paniculata* im Frühjahr oder Herbst teilen oder im Winter Wurzelschnittlinge (Stecklinge) nehmen. Polster bildende Stauden im Frühling durch Grünstecklinge nicht blühender Triebe vermehren oder bewurzelte Sprossstücke im Frühjahr oder Herbst vereinzeln.

Phlox ist ein klassischer Bewohner von Bauerngärten. Mit seiner Farbenpracht bringt er aber auch in andere Gärten Leben.

Arten und Sorten: Frühlingsphlox (*P. divaricata*): bis 35 cm hohe Staude mit Sorten, die meist blauviolette Blüten haben; Einjahrsphlox (*P. drummondii*): aufrechte, buschige Einjährige, bis 45 cm hoch, mit Sorten weißer, roter, rosa, purpurvioletter oder lavendelblauer Blüten, die innen häufig verblassen; Wiesenphlox (*P. maculata*): aufrechte Staude, bis 90 cm hoch, im Hochsommer mit Cymen duftender Blüten, Sorten und Hybriden in Violett, Rosa oder Weiß; Hoher Sommerphlox (*P. paniculata*): aufrechte, bis 1,2 m hohe Staude im Hochsommer bis Herbst mit Cymen duftender Blüten, Sorten und Hybriden in Weiß, Rosa, Lachs, Rot, Violett oder Lavendelblau; Teppich- oder Moosphlox (*P. subulata*): immergrüne Staude mit kleinen, nadelartigen

Blättern, die Polster oder Matten bildet und im Frühjahr überreich von violettpurpurnen, fliederfarbenen, rosa oder weißen Blüten übersät ist.

Phospordünger

Einnährstoffdünger, der nur die Komponente Phosphor enthält und für die gezielte Nachlieferung dieses Nährstoffs geeignet ist. Phosphor dient der Wurzelbildung und dem Blüten- und Fruchtwachstum. ➛ Düngemittel

pH-Test

Bestimmung des *Säuregrads* bzw. des *Basengehalts* einer Lösung, z. B. der Bodenlösung, mit Hilfe chemischer Farbreaktionen. Bei Kontakt mit einer angefeuchteten Bodenprobe nehmen z. B. Teststreifen oder -stäbchen eine bestimmte Färbung an, an der sich der pH-Wert anhand einer Vergleichstabelle ablesen lässt. Genauere Messungen erfolgen mit einem elektrischen Messgerät.

Der PH-Wert gibt Aufschluss über die Bodenbeschaffenheit. Optimal ist er, wenn er etwas unter 7 liegt, also im leicht sauren Bereich.

pH-Wert

Maß für *Säuregrad (Acidität)* bzw. den *Basengehalt (Alkalität)* einer Lösung, z. B. der Bodenlösung. Auf der in 14 Grade eingeteilten Bewertungsskala ist der Bereich von 0 bis 7 sauer, der von 7 bis 14 basisch. Bei einem pH-Wert von 7 verhält sich das Medium neutral, d.h. Säuren und Basen heben sich in ihrer Wirkung gegenseitig auf. Eine wichtige Information über die Struktur des Bodens und die Verfügbarkeit der Nährstoffe für die Pflanzen.

Phytohormone (Pflanzenhormone)

Chemische Botenstoffe, die bereits in sehr geringen Konzentrationen wirksam werden. Sie üben vielfachen Einfluss auf verschiedene Vorgänge aus, beschleunigen oder verzögern z. B. Wachstum, Blattfall, Fruchtbildung, Reife und vieles mehr.

Phytophora-Fäule

Krankheit, die von *Phytophora*-Pilzen hervorgerufen wird, die vor allem auftritt, wenn die Blätter mit dem Gießwasser benetzt werden.

Gefährdete Pflanzen: Balkon- und Kübelpflanzen, besonders Nachtschattengewächse und Kamelie, aber auch Gemüse, vor allem Kartoffeln und Tomaten (➛ Kraut- und Braunfäule).

Schadbild: braune bis schwarze Flecken auf den älteren, später auch auf den jungen Blättern; befallene Blätter sterben ab; bei Tomaten und Kartoffeln sind auch Früchte betroffen.

Vorbeugung und Bekämpfung: beim Gießen die Blätter nicht benetzen; Stärkungsmittel wie Brennnesseljauche oder Ackerschachtelhalmbrühe verabreichen; befallene Teile sofort entfernen und vernichten.

Pigmente (Farbstoffe)
Verschiedene farbgebende Bestandteile in Zellen, bei Pflanzen z. B. *Chlorophyll (Blattgrün)* oder *Carotinoide*. Einige bewirken nicht nur die Färbung der Pflanzenteile, sondern spielen auch bei der Fotosynthese (➝ Assimilation) eine Rolle.

Pikieren
Verpflanzen von Junggewächsen während der Anzucht, um diesen die erforderlichen Wachstumsbedingungen, die ihrem Entwicklungsstadium entsprechen, zu verschaffen. P. wird vor allem bei Sämlingen vorgenommen; zumeist erfolgt gleichzeitig ein Ausdünnen der Jungpflanzen.

Pikiererde ➝ Substrate

Pikierholz ➝ Pflanzgeräte

Pillensaat ➝ Saatgut

Pilliertes Saatgut ➝ Saatgut

Pilzbrut
Pilzkultur, mit der man ein geeignetes Substrat, z. B. aus Stroh oder Sägemehl, beimpft; zur Kultur von Pilzen wie Austernseitlingen, Braunkappen oder Shiitake.

Pilze (Fungi)
Früher zum Pflanzenreich gezählte, neuerdings aber als eigenständige, gleichrangige Gruppe aufgefasste Organismen, die kein Blattgrün besitzen und deshalb auch nicht zur Fotosynthese (➝ Assimilation) befähigt sind. Ihre Vermehrung erfolgt über *Sporen*. Bei der Mehrzahl der P. sind die Zellen zu fädigen Gebilde, den *Hyphen*, zusammengeschlossen. Die oft verzweigten Hyphen bilden in ihrer Gesamtheit ein Pilzgeflecht, das *Myzel*. An ihm entstehen die Geschlechtsorgane wie auch die Sporen. Bei höheren Pilzarten werden zur Sporenbildung besondere *Fruchtkörper* entwickelt, die als knollen-, becher, scheiben- oder hutförmige Gebilde zutage treten – das, was umgangssprachlich als „Pilz" bezeichnet wird. In ökologischer Hinsicht von großer Bedeutung sind Boden bewohnende P., als Teil der Bodenflora und in Symbiose mit Waldbäumen. Im Garten können P. neben den Insekten die bedeutendsten Schaderreger sein. Zuchtpilze, z. B. Austernseitlinge und Braunkappen, können allerdings gezielt kultiviert werden.

Pilzkrankheiten
Durch Pilze verursachte Krankheiten an Kulturpflanzen. Diese Krankheitserreger sind in der Regel mikroskopisch klein, ihre Fruchtkörper mit dem bloßen Auge nicht erkennbar. Viele Pilze sind so genannte

Mit Pilzkrankheiten wie z.B. Mehltau (links) oder Sternrußtau ist nicht zu spaßen; sie können das Pflanzenleben ernsthaft beeinträchtigen.

Schwächeparasiten, d.h. sie befallen nur geschwächte Gewächse und entziehen ihnen vor allem Nährstoffe. Die Übertragung und Verbreitung der Pilzsporen erfolgt hauptsächlich mit dem Wind, aber auch durch Wasserspritzen bei Regen oder beim Gießen. Wurzelpilze können sich im Boden verbreiten. Pilze können nicht nur durch Verletzung oder natürliche Öffnungen (Spaltöffnungen), sondern auch durch gesundes Gewebe eindringen. Pflegemaßnahmen, die eine unzureichende Stärkung des Pflanzengewebes zur Folge haben, z.B. durch falsche Düngung, erleichtern den Angriff der Pilze. *Befallssymptome* sind häufig Blattflecken oder -verfärbungen, Veränderungen der Blattform, Überzüge auf den Blättern, auch Fäulnis oder absterbende Triebe.

Pinzieren ➛ Entspitzen

Pistill ➛ Blüte

Plankton
Sammelbezeichnung für im Wasser schwebende, winzige Lebewesen. Man unterscheidet Phyto- (Pflanzen), Zoo- (Tiere) oder Bakterienplankton. P. ist ein wichtiger Bestandteil der Nahrungskette und bildet die Ernährungsgrundlage für viele Fische.

Pollen ➛ Blüte

Pollenschlauch ➛ Blüte

Pollenspender ➛ Befruchtung

Polsterpflanzen
Meist mehrjährige (staudige) Gewächse, vorwiegend für vollsonnige Standorte, die durch unter- und oberirdische ➛ Ausläufer flächig wachsen und niedrig bleiben (➛ Wuchsformen). Viele überraschen durch ihre Blütenfülle. Sie eignen sich für ➛ Stein- und Kiesgärten, in Steinfugen und auf ➛ Trockenmauern, wo sie lange, herab-

Polsterpflanzen sehen besonders in Steingärten oder über Mauern dekorativ aus.

Auswahl staudiger Polsterpflanzen		
Name	Blütenfarbe	Höhe in cm
Steinkraut (*Aurinia saxatilis*)	gelb	25
Mannsschild (*Androsace*-Arten)	rosa	5–15
Gänsekresse (*Arabis*-Arten)	weiß	15–20
Grasnelke (*Armeria maritima*)	rosa oder weiß	20–25
Blaukissen (*Aubrieta*-Hybriden)	blau, rosa, weiß	10
Polsterglockenblume (niedrige *Campanula*-Arten)	blau oder weiß	15
Hornkraut (*Cerastium tomentosum*)	weiß	15
Pfingstnelke (*Dianthus gratianopolitanus*)	rosa, weiß	15–20
Kriechendes Schleierkraut (*Gypsophila repens*)	weiß	10
Schleifenblume (*Iberis sempervirens*)	weiß	25
Polsterphlox (*Phlox subulata*)	rosa, violett	10
Teppichseifenkraut (*Saponaria ocymoides*)	rosa	20
Mauerpfeffer-Arten (*Sedum acre, S. album, S. florferum, S. sexangulare* u. a.)	weiß, rosa, gelb	15–20
Teppichfetthenne (*Sedum spurium*)	hellpurpurn	20
Thymian (*Thymus*-Arten)	weißliches Rosa, rot	5–15
Kriechendes Ehrenpreis (*Veronica prostrata*)	blau	10

hängende Triebe bilden. Um der besseren Wirkung willen sollten Polsterpflanzen nicht allein stehen, sondern in gemischten Gruppen, bei denen Blatt- und Blütenfarben kontrastierend oder harmonisch aufeinander abgestimmt sind. Durch Ineinanderwachsen entstehen fließende Übergänge. Man pflanzt Polsterpflanzen nicht zu dicht, damit sie sich gut ausbreiten können und nicht gegenseitig bedrängen. In der Regel genügen 8 Stück pro Quadratmeter.

Polyantharosen ➛ Rosen

Porree ➛ Lauch

Prachspiere, Astilbe

(*Astilbe*; SAXIFRAGACEAE) Steinbrechgewächse
Gattung Gruppen bildender ➛ Staudenarten mit rhizomartigen Wurzeln (➛ Speicherorgane) aus Südostasien und Nordamerika. Die Blätter sind feingliedrig und gefingert, die fedrigen Blütenrispen erstrahlen in leuchtenden Farben, vor allem für schattige, feuchte Standorte geeignet. Auch als ➛ Schnittblume begehrt. Die verblühten Rispen nehmen dekorative Brauntöne an und beleben im Winter den Garten, sofern man sie nicht abschneidet. **Kultur:** In feuchter, humoser, neutraler bis leicht saurer Erde oder an sumpfigen Stellen (Uferbereiche); Astilben vertragen Sonne, bevorzugen aber eher halbschattige Standorte. Zur ➛ Verjüngung alle 3 bis 4 Jahre ➛ aufnehmen, teilen und neu pflanzen. **Schädlinge/Krankheiten:** Echter Mehltau, Blattflecken. **Vermehrung:** Im Winter oder zeitigen Frühjahr teilen.

Arten und Sorten: Zwergastilbe (*A. chinensis*): kriechender Wuchs, blüht im Spätsommer, im Handel ist vor allem die Varietät *pumila* mit lila Blüten erhältlich. Neben den Arten spielen vor allem die Hybriden eine

Astilbe arendsii 'Glut' (links) und 'Irrlicht' können sich sehen lassen.

große Rolle als Gartenpflanzen: *A. Arendsii*-Hybriden: je nach Sorte 40 bis 80 cm hoch mit rosa, weißen, roten oder purpurnen Blütenrispen – nach der Blütezeit in 3 Gruppen aufgegliedert (frühe Blüte im Juni/Juli, mittelfrühe Blüte im Juli/August und späte Blüte im August/September), z. B. 'Brautschleier' (weiß, überhängend, 70 cm hoch), 'Federsee' (karminrosa, 60 cm hoch), 'Glut' (leuchtend rot, dunkles Laub, 80 cm hoch), 'Hyazinth' (lilarosa, 100 cm hoch), 'Irrlicht' (weiß, 50 cm hoch); *A. japonica*-Hybriden: je nach Sorte 30 bis 40 cm hoch, früh blühend (Juni/Juli), z. B. 'Deutschland' (weiß, 50 cm hoch), 'Mainz' (lilarosa, 50 cm hoch), 'Red Sentinel' (rot, 60 cm hoch); *A. Simplicifolia*-Hybriden: größeres Laub als andere Arten, 30 bis 40 cm hoch, blühen im Juli, z. B. 'Aphrodite' (lachsrot, 35 cm hoch), 'Atrorosea' (überhängende rosa Rispen, 40 cm hoch), 'Sprite' (lachsrosa, bronzenes Laub, 30 cm hoch); *A. Thunbergii*-Hybriden: je nach Sorte 90 bis 120 cm hoch, elegant überhängende weiße oder rosafarbene Rispen, blühen im Juli/August, z. B. 'Moerheimii' (weiß, 120 cm hoch), 'Straußenfeder' (lachsrosa, 100 cm hoch), 'Prof. van der Wielen' (weiß, 120 cm hoch).

Prachtsstauden ➛ Stauden

Preiselbeere, Kronbeere

(*Vaccinium vitis-idaea*; ERICACEAE) Erikagewächs

In ganz Europa (mit Ausnahme der mediterranen Regionen und der südlichen iberischen Halbinsel), in Nordasien, Alaska und Kanada heimischer, immergrüner, kriechender Zwergstrauch, der sich mit unterirdischen Rhizomen (➛ Speicherorgane) ausbreitet. Die Blätter sind klein, eiförmig, dunkelgrün und glänzende, die Blüten weiß bis dunkelrosa, gefolgt von im Spätsommer und Herbst bis zu 8 mm breite, hell bis leuchtend rote, essbare Beeren. Das aus den Beeren gekochte Kompott ist eine geschätzte Spezialität. **Kultur:** In voller Sonne bis Halbschatten in torfiger oder sandiger, feuchter, aber wasserdurchlässiger Erde mit niedrigem ➛ pH-Wert (3,0–4,5) pflanzen. Vorsichtig mit ➛ organischem Dünger versorgen. Eine Beschneidung ist kaum erforderlich und sollte, wenn nötig, im Frühjahr (März) mit der Heckenschere erfolgen. **Schädlinge/Krankheiten:** Frostspanner, pilzbedingte Wurzelhalsfäule. **Vermehrung:** Im Frühsommer Grünstecklinge bewurzeln. Vermehrung durch unterirdische Kriechtriebe führt zu ertragsarmen Polstern.

Sorten: Von nur einer Art gibt es mehrere ertragreiche, aromatische Zuchtsorten: 'Ammerland' (hellrot), 'Erntekrone' (dunkelrot), 'Erntesegen' (hellrot), 'Koralle' (hellrot), 'Red Pearl' (leuchtend rot).

Primel, Schlüsselblume

(*Primula*; PRIMULACEAE) Schlüsselblumengewächse

Gattung mit etwa 400 Arten meist krautiger ➛ Stauden der nördlichen Hemisphäre – nur 3 Arten sind auf der Südhalbkugel heimisch.

Einige Primelarten sind immergrün, mit breit eiförmigen, blass- bis dunkelgrünen Blättern, die in grundständigen Rosetten wachsen. Die Blüten sind häufig stieltellerförmig, seltener röhrig, glockig oder trichterförmig mit abstehenden Kronblättern (➛ Blütenformen). Die im Frühjahr erscheinenden Einzelblüten stehen entweder in Büscheln zwischen den Blättern oder in Dolden, Wirteln oder Trauben zusammengefasst an aufrechten, schlanken Blütenstängeln. Bei manchen Primelarten, etwa den Aurikeln, sind Blätter und Blüten mit einem weißen oder gelben, wachsigen Mehl bedeckt.

Kultur: Je nach Art recht unterschiedliche Kulturansprüche. Die am häufigsten in Gärten gepflanzten Primeln (Kissen-, Etagen- bzw. Kandelaber-, Kugel- und Rosenprimel sowie Schlüsselblumen) mögen feuchte, aber durchlässige, humose, neutrale bis leicht saure Böden im Halbschatten. Aurikel dagegen schätzen sonnige Standorte und neutrale bis leicht alkalische Böden. **Schädlinge/Krankheiten:** Blattläuse, Spinnmilben, Gefurchter Dickmaulrüssler, Schnecken, Viren, Wurzelhalsfäule, Grauschimmel (*Botrytis*). **Vermehrung:** Aussaat nach der Samenreife im Freien oder im Spätwinter oder zeitigen Frühjahr in Töpfen, in der Ruhezeit (Winter) teilen oder Wurzelschnittlinge (➛ Stecklinge) nehmen.

Arten und Sorten: Alpenaurikel (*P. auricula*): gelbe Blüten, fleischige, mehlig bestäubte Blätter, 10 bis 20 cm hoch. Von den Aurikeln abstammende Kultursorten haben sehr variable, prächtig gefärbte Blüten und werden von Liebhabern im Alpinhaus (➛ Alpinum) kultiviert; Etagen- oder Kandelaberprimel (*P. beesiana*): weiß bemehlte, aufrechte Blütentriebe mit 2 bis 8 Wirteln mit rötlich rosa Blüten, die ein gelbes Zentrum

Preiselbeeren sind herbe Früchte, die als Marmelade eingekocht, hervorragend zu Wildgerichten passen.

Primel oder Schlüsselblumen sind Frühlingsboten. Die aus dem Kaukasus stammende *Primula julia* (links) ist mittlerweile eine beliebte Gartenpflanze.

haben, bis 60 cm hoch; *P. bulleyana*: ähnlich wie *P. beesiana*, aber mit roten Blüten, die orangegelb verblassen; Kugelprimel (*P. denticulata*): kräftige, aufrechte Blütentriebe mit röhren- bis glockenförmigen Einzelblüten, die in dichten, kugeligen Dolden zusammenstehen – var. *alba* hat weiße, 'Rubra' rote Blüten, bis 45 cm hoch; Rasenbildende Kissenprimel (*P. juliae*): zahlreiche, zwischen den Blättern gedrängt sitzende rosa Blüten mit gelbem Zentrum, bis 8 cm hoch; *P.* Polyantha-Gruppe: Stauden gärtnerischer Herkunft mit leuchtend bunten Blüten in allen Farben, stets mit gelbem Zentrum, die im Frühjahr überall im Handel als Kissenprimeln für Beete, Töpfe und Schalen angeboten werden; Rosenprimel (*P. rosea*): Dolden an aufrechten Stängeln mit rosaroten, im Zentrum gelben Blüten, bis 20 cm hoch; Wiesen-Schlüsselblume (*P. veris*): Dolden an niedrigen, aufrechten Stängeln mit bis zu 16 nickenden, dunkelgelben Blüten, bis 25 cm hoch; Kissenprimel (*P. vulgaris*): zwischen den Blättern gedrängte, gewöhnlich blassgelbe Blütenbüschel. Zahlreiche Zuchtsorten in diversen Farben, darunter auch gefüllte.

Prolifikation

Ungewöhnliches Wuchsverhalten mancher Pflanzen. So hört das Wachstum einer Triebspitze nicht mit der Blüte auf, sondern aus der Blüte entwickelt sich eine weitere oder aber ein Laubtrieb; tritt z. B. bei Rosen auf.

Pseudobulbe (Scheinbulbe)

Ungewöhnliche Form von Sprossknollen bei manchen Erdorchideen. P. wachsen nicht wie die Speicherorgane anderer Pflanzen unter der Erde, sondern ragen zumindest teilweise aus dem Boden heraus.

Puffbohne ➛ Bohnen

Pufferung

Konstanthaltung des pH-Wertes einer Lösung, trotz Zufuhr von sauer oder basisch wirkenden Stoffen. Im Boden verschaffen vor allem Humusstoffe und Bodenpartikel des Feinbodens eine gute Pufferwirkung.

Pyramidenkrone ➛ Kronenformen

Pyrethrum-Präparate ➛ Pflanzenschutz

Quassia-Brühe ➛ Pflanzenschutzmittel

Quassia-Holz ➛ Pflanzenschutzmittel

Quellstein
Speziell präparierte Steine, aus denen Wasser sprudelt; zur Gestaltung eines Bachanfangs oder Wasserspiels.

Quickstick ➛ Saatgut

Quirl (Wirtel)
Bezeichnung für die Stellung von mehr als 2 gleichartigen Pflanzenorganen, die auf gleicher Stängelhöhe in einem Punkt entspringen; vor allem bei einer Blattstellung, bei der mehrere Blätter von ein und demselben Stängelknoten ausgehen.

Quirlständig ➛ Blattstellung

Quitte
(*Cydonia oblonga*; ROSACEAE) Rosengewächse
Dieser alten und wertvollen Kulturpflanze schrieb man im Altertum und Mittelalter bedeutende Heilkräfte zu. Aus Südwestasien und dem Kaukasus stammend, wird die Quitte wegen ihrer aromatischen Früchte kultiviert – allerdings hat sie in Deutschland eher nur Liebhaberwert. Der Laub abwerfende ➛ Strauch oder Baum hat elliptische, ➛ wechselständige, graugrüne, ledrige, unterseits filzige Blätter und etwa 5 cm große, rosaweiße Blüten, auf die grünlich gelbe, apfelähnliche, essbare Steinfrüchte mit feinem Haarfilz folgen. Das Fruchtfleisch der Quitten ist hart, grobkörnig und roh kaum genießbar. Als Kompott, Gelee oder Marmelade und zu Konfekt verarbeitet sind Quitten jedoch sehr geschätzt. **Kultur:**

Quitten galten in arabischen Ländern als Früchte des Paradies.

In fruchtbaren, gut durch durchlässigen, neutralen bis leicht sauren Boden an geschütztem Standort in voller Sonne pflanzen. Kommt auch mit kargen, steinigen und zeitweilig trockenen Böden gut zurecht. Schnitt: Bei jungen Bäumen ➛ Erziehungsschnitt im zeitigen Frühjahr, um eine luftige Krone zu erhalten. Später beschränken sich Schnittmaßnahmen auf das ➛ Auslichten von überaltertem ➛ Fruchtholz. **Schädlinge/Krankheiten:** Sehr robust, aber gelegentlich können Frostspanner, Apfelwickler, Quittenblattbrand, Braunfäule, Feuerbrand und Mehltau auftreten. **Vermehrung:** Aussaat im Herbst ins Freiland oder ➛ Stecklinge mit grünem Holz im Hoch- und Spätsommer bewurzeln, im Herbst oder Winter durch Steckreiser vermehren. Kultivare im Sommer okulieren oder im Spätwinter auf Quittensämlinge aufpfropfen (➛ Veredelungsmethoden).
Arten und Sorten: Man unterscheidet nach der Form der Früchte zwischen Apfelquitten mit härterem, und Birnenquitten mit weicherem Fruchtfleisch. 'Bereczki Birnenquitte': selbstfruchtbar, große, birnenförmige Früchte, die im September/Oktober reifen; 'Champion': selbstfruchtbar, meist birnenförmige, zitronengelbe, graufilzige

Früchte, die im Oktober reifen, nur für geschützte Lagen; 'Portugiesische Birnenquitte': selbstfruchtbar, große, birnenförmige, grünlich goldgelbe Früchte, die im Oktober reifen; 'Riesenquitte von Leskovac': selbstunfruchtbar, große, apfelförmige, goldgelbe, wenig filzige Früchte, die im Oktober reifen; 'Vranja': selbstfruchtbar, große, kantige, birnenförmige, goldgelbe, filzige Früchte, die im Oktober reifen. Bei allen Sorten, auch den selbstfruchtbaren, fördert eine ➛ Befruchtung mit sortenfremdem Pollen die Fruchtbildung.

Rabatte

Schmaler, meist mit Blumen und anderen Ziergewächsen bepflanzter Beetstreifen zur Einfassung von Wegen, Plätzen und Hausmauern. Die Definitionsgrenzen zwischen Rabatte und Beet sind fließend – so wird eine breite R. zuweilen auch als Beet bezeichnet. R. können nur mit einer einzigen Pflanzengruppe wie Sträuchern bzw. Stauden bepflanzt werden oder man setzt verschiedene Pflanzengruppen (z.B. Blütenstauden und Zwiebelpflanzen zwischen Sträucher) zusammen hinein. Bei der Pflanzung ist darauf zu achten, dass die verschiedenen Gewächse ähnliche Ansprüche an den Boden stellen und sowohl farblich, als auch in der Wuchsform miteinander harmonieren.

Blumenrabatten strukturieren die Gartenflächen, hier mit Rasenbereich und Weg.

Rachenblütler, Braunwurzgewächse

(SCROPHULARIACEAE)

Familie von zweikeimblättrigen Kräutern und ➛ Sträuchern mit weltweit insgesamt über 3000 Arten mit ➛ gegen- oder quirlständigen Blättern und fünfgliedrigen, zum Teil gespornten Blüten. Die Blumenkrone ist meist zweilippig (➛ Blütenformen), die Früchte in der Regel kapselförmig. Zu dieser Familie gehören zahlreiche beliebte Zierpflanzen wie Königskerze (*Verbascum*), Löwenmaul (*Antirrhinum*), Fingerhut (*Digitalis*) und Ehrenpreis (*Veronica*).

Radiäre Blüte

Strahlige, d.h. sternförmig-symmetrische Blütenform, z.B. Gartennelke.

Radicchio

(*Cichorium intybus* var. *foliosum*; COMPOSITAE) Korbblütler

Mit dem ➛ Chicoree verwandte einheimische Gemüsesorte, die vor allem roh als leicht bitterer Salat, aber auch gekocht genossen wird. Sie gilt speziell für die Wintermonate als wertvolle Salatpflanze, die eine leicht bittere, aber sehr schmackhafte Note aufweist. **Kultur:** Breitwürfige Aussaat ins Freiland, für Herbsternte im Juni, für Frühjahrsernte im August in humosen, mittelschweren Boden in voller Sonne, später auf 30 x 20 cm vereinzeln. Die Pflanzen bilden je nach Typ geschlossene oder offene Köpfe mit weinroten Blättern, die weiß gerippt sind. Wird im August gesät, überwintern die Pflanzen draußen und müssen bei Kahlfrösten mit Reisig oder einem ➛ Vlies abgedeckt werden.

Sorten: 'Cesare', 'Marina', 'Palla Rossa' (alle für die Herbsternte), 'Roter Veroneser', 'Roter von Treviso' (für die Frühjahrsernte).

(siehe auch ➛ Chicoree und ➛ Zuckerhutsalat)

Auch Radicchio besticht, wie sein verwandter Chicorée, durch einen wohlschmeckenden, leicht bitteren Ton.

Radieschen

(*Raphanus sativus* var. *sativus*; CRUCIFERAE)
Kreuzblütler

Einjährige, fast ganzjährig kultivierte Nutzpflanze mit unbekannter Herkunft. Erwähnt wurde sie aber bereits im 16. Jahrhundert. Sie besitzt essbare rote oder weiße, runde bis längliche Wurzeln, die roh verzehrt werden. Die anspruchslosen Pflanzen aus der Familie der ➛ Kreuzblütler wachsen sehr schnell, sodass bereits etwa 30 Tage nach Aussaat geerntet werden kann. Man erntet, wenn die Wurzeln ausreichend groß sind. Ältere Pflanzen haben holzige Wurzeln und beginnen zu blühen. Radieschensamen dient wegen der raschen Keimung auch als Markierungssaat für langsam keimende Gemüsesamen wie ➛ Möhren oder ➛ Pastinaken. **Kultur:** Aussaat nicht tiefer als 1 cm direkt an Ort und Stelle im Freiland, ab März mit Folgesaaten bis August in lockerer, fruchtbarer Erde in Sonne, im Sommer auch im Halbschatten in Reihen mit einem Abstand von 10 bis 20 cm. Nach dem ➛ Auflaufen die Pflanzen auf 2 bis 3 cm vereinzeln. Im Gewächshaus Aussaat ab Dezember mit Folgeaussaaten. Auf Beeten, auf denen Radieschen kultiviert wurden, sollten in den nächsten 3 bis 4 Jahren keine anderen Kreuzblütler (z.B. ➛ Kohl) angebaut werden. Während des Wachstums die Erde feucht halten. Im Sommer geht die Pflanze an vollsonnigen, sehr warmen Standorten rasch in Blüte. Optimal ist der Anbau in ➛ Mischkulturen. Zur Ernte werden die Pflanzen vorsichtig einzeln aus der Erde gezogen und das Laub abgedreht. Geerntete Radieschen halten sich nur sehr kurz, am besten erntet man immer frisch nach Bedarf. **Schädlinge/Krankheiten:** Schnecken, Erdflöhe, Mehlige Kohlblattlaus, Kohlfliege, Kohlgallenrüssler, Kohlhernie, Rettichschwärze, Falscher Mehltau. **Vermehrung:** Aussaat.

Radieschen dürfen bei einer zünftigen bayerischen Brotzeit nicht fehlen.

Sorten: Es gibt Sorten speziell für den Anbau im Frühjahr, Sommer, Herbst und solche für Gewächshauskultur. Für den ganzjährigen Anbau (im Winter unter Glas) eignet sich u.a. 'Riesenbutter' und 'Parat'. Weiße, längliche Wurzeln hat die Sorte 'Eiszapfen', die vom Frühjahr bis zum Herbst angebaut werden kann.

Rainfarnbrühe, Rainfarntee ➛ Pflanzenzubereitungen

Ramblerrosen ➛ Rosen

Rande ➛ Rote Bete

Randzonenpflanzen ➛ Wasserpflanzen

Ranke ➛ Kletterorgane

Rasen

Grasfläche, die im Garten vor allem für Ziereffekt, Sport und Erholung angelegt wird. Informationen zur Anlage: Zuerst die *Standortgegebenheiten*, also Bodenbeschaffenheit, Geländeverlauf und Lichtverhältnisse, untersuchen und, wenn erforderlich, die Bedingungen verbessern.

Bodenvorbereitung: Bei Neuanlage die alte Pflanzendecke samt Wurzeln entfernen und den Boden bis in tiefere Erdschichten hinein lockern. Flächen bis 100 m² mit Spaten oder Grabegabel, größere Flächen mit Motorfräse bearbeiten.

Bodenverbesserung: Rasengräser gedeihen am besten auf einem humosen, sandigen Lehmboden mit einem ➛ pH-Wert zwischen 5,5 und 7. Bei Abweichungen entsprechend regulieren: in leichte Sandböden gut verrottetes organisches Material wie Kompost oder Tonminerale (Bentonit) einarbeiten, damit Wasser und Nährstoffe besser gehalten werden können. Bei schweren Böden erhöht man die Durchlässigkeit und Durchlüftung mittels scharfem Sand und Humuserde, die man gründlich untermischt. Den pH-Wert durch Gaben von Gesteinsmehl oder Kalk erhöhen bzw. mit Hilfe von Nadelkompost oder Rindenhumus herabsetzen.

Grob- und Feinplanierung: Da R. eine absolut ebene Fläche erfordert, folgt nach der Bodenverbesserung das Einebnen der Fläche; dazu benötigt werden Hilfsmittel wie Wasserwaage, Markierungspflöcke, eine lange Holzlatte und Richtschnur. Als Anhaltspunkt dient die höchste Niveaulinie an Haus oder Terrasse, von dem aus in immer gleichen Abständen von 1 bis 2 m mit Hilfe eingeschlagener Pflöcke ein Raster über die gesamte künftige Rasenfläche gelegt wird. Jeder Pflock erhält mittels Richtlatte und Wasserwaage eine Höhenmarkierung. Dann spannt man zwischen den Pflöcken auf Höhe der Markierungen Richtschnüre, die das angestrebte Bodenniveau anzeigen, verteilt die Erde entsprechend und lässt den Boden 2 bis 3 Wochen sich setzen. Vor der Aussaat wird der Boden etwas verdichtet, damit er beim ersten Regenguss nicht fortgeschwemmt wird: dazu die Erde leicht walzen oder mit untergeschnallten Trittbrettern betreten (nicht bei Regenwetter!). Zuletzt den Boden feinkrümelig rechen.

Anlage des Rasens: erfolgt durch herkömmliche Rasensaat oder vorgezogenen ➛ Rollrasen.

- *Saatgut:* Die Wahl des richtigen Saatguts richtet sich nach den Bedürfnissen des Benutzers: Zierrasen, Gebrauchs- oder Spielrasen oder Strapazierrasen. Der Fachhandel bietet mehrere Saatgutmischungen (➛ Rasengräser), die den häufigsten Anforderungen gemäß zusammengestellt wurden.
- *Aussaat:* Die besten Aussaattermine für Rasengräser sind die Monate Mai und April und September, da Temperatur und Feuchtigkeit des Bodens den optimalen Keimungsbedingungen der Rasengräser entsprechen. Abhängig von der jeweiligen Grasmischung dienen 20 bis 50 g Grassamen pro m^2 als Richtwert. Beim Ausbringen der Saat von Hand die feinkörnigen Samen mit Sand vermischen, um ein gleichmäßiges Ausstreuen zu erleichtern. Einfacher geht es mit einem Streuwagen (kann im Fachhandel ausgeliehen werden). Nach dem Verteilen, Samen mit einer Harke vorsichtig in den Boden einarbeiten: dabei drückt man die Zinken in kurzen Abständen hintereinander leicht in die Erde, sodass die Samenkörner 0,5 bis 1 cm tief in das Substrat gelangen. Den Boden anschließend mit einer leichten Walze oder mit Trittbrettern festigen.
- *Durchfeuchtung des Boden:* Sie ist wichtig für die Keimung. Bei nicht ausreichendem Niederschlag muss die Kultur gewässert werden, am besten mit Hilfe eines Rasensprengers, damit das Saatgut nicht fortgeschwemmt wird. Die Keimung erfolgt je nach Witterungsbedingungen nach wenigen Tagen bis einigen Wochen.
- *Erstschnitt:* Dieser erfolgt, wenn die Halme etwa 8 cm hoch sind, um die Bildung weiterer Blätter anzuregen; mit der Sense oder einem handbetrieben Walzenmäher wird das Gras auf 3 bis 4 cm eingekürzt. Anschließend regelmäßig wässern, damit der Rasen rasch heranwächst. Den jungen Rasen nach Möglichkeit erst nach einigen Monaten betreten.
- *Pflege:* umfasst Arbeiten wie Mähen, Düngen, Bewässern, Belüften und Ausbessern schadhafter Stellen
- *Mähen:* muss während der Vegetationsperiode regelmäßig erfolgen, da der Schnitt von hohem Rasen schwieriger wird. Zierrasen auf 2 bis 3 cm, Spiel- und Strapazierrasen auf 3 bis 5 cm Wuchshöhe einkürzen. Die Schnitthäufigkeit sollte sich an der Wachstumsgeschwindigkeit der Gräser orientieren. Der erste Schnitt im Jahr wird in der Regel im März erforderlich, der letzte etwa im Oktober. Am besten an niederschlagsfreien Tagen, am Vormittag oder in den frühen Abendstunden mähen (regennasse Rasengräser lassen sich nicht sauber abschneiden). Das Mähgut einige Stunden auf der Rasenfläche anwelken lassen (nicht verrotten lassen, da Pilzkrankheiten sich ausbreiten können) und zum Mulchen oder, in kleineren Mengen, auch zum Kompostieren verwenden. Der Schnitt von *Mähkanten* erfolgt mit einem handbetriebenen oder

Auch wenn man meist nur auf ihn tritt, braucht der Rasen fast mehr Pflege als so manches Blumenbeet.

elektrischen Kantenschneider, z.B. einem Halbmondtrimmer, einer Rasenschere oder einem Trimmer mit Nylonfaden.

- *Düngung:* Nährstoffgaben in Form von mineralischem oder organischem Langzeitdünger erfolgen 2- bis 3-mal im Jahr; erste Düngung im Frühjahr vor dem Neuaustrieb, weitere Düngung bei Bedarf im Sommer und Herbstanfang. Nach dem Düngen muss man den Rasen etwa 1 Stunde lang beregnen.
- *Bewässerung:* Feste Regeln zur Bewässerung gibt es nicht. Wie oft und wie lange man den Rasen bewässert hängt von den jeweiligen Bodeneigenschaften und den verwendeten Grasarten ab. Bei Trockenheit sind zur Wasserversorgung des Rasens pro Woche mindestens 25 l/m^2 erforderlich. Am besten eignen sich automatische Beregner, die eine feine Verteilung des Wassers garantieren.
- *Belüftung:* Pflegemaßnahme zur Lockerung und Durchlüftung verdichteter Böden, wenn der Rasen im Laufe der Jahre verfilzt. Beim *Aerifizieren* werden mit der Grabegabel auf der gesamten Rasenfläche in Abständen von 10 bis 15 cm Löcher durch die Grasnarbe in den Boden getrieben – alle 2 bis 3 Jahre am besten im Herbst, nachdem das Gras möglichst kurz gemäht wurde, durchführen; stark strapazierten Rasen jährlich aerifizieren. Dabei entstehen Luftkanäle, die anschließend mit Sand gefüllt werden, um deren belüftende Wirkung länger zu erhalten. Dazu streut man etwa 1 cm hoch feinen Sand und brüstet ihn mit einem Straßen- oder Fächerbesen in die Löcher. Es gibt auch Aerifizierungsgeräte, die man sich im Fachhandel ausleihen kann. Bei schädlichen Filzdecken von mehr als 2 cm hilft das *Vertikutieren*. Vor der Behandlung schneidet man den Rasen kurz und schiebt den Vertikutierer (➛ Bodenbearbeitungsgeräte) über den Rasen, damit seine scharfen Messer den dichten Rasenfilz in kurzen Abständen durchschneiden. Der klein gehackte Filz kann abgeharkt und kompostiert werden. Man kann die Schlitze mit Sand auffüllen, um die belüftende Wirkung zu verstärken.
- *Ausbessern von Schadstellen:* Durch Krankheiten, extreme Trockenheit oder Überbelastung des Rasens können *Kahlstellen* entstehen. Abhilfe schafft man durch Neuaussaat oder Flicken mit bereits fertigen, im Handel erhältlichen Rasensoden. Langwieriger, aber preiswerter ist die *Neuaussaat*: abgestorbene Pflanzenreste vollständig entfernen, den Boden leicht umgraben, auf das Niveau des umgebenden Rasens bringen, die Oberfläche mit einem Brettchen fest klopfen und mit dem gleichen Saatgut bestreuen. Die neu ausgesäten Samen mit etwas Stroh abdecken, um die Feuchtigkeit im Boden zu halten, die Stelle regelmäßig kontrollieren und wässern, bis sich die Gräser gut entwickelt haben. *Rasensoden*: entweder an einer anderen Stelle im Garten entbehrliche Rasenstücke abstechen oder Rasenplatten im Handel kaufen und die schadhaften Stellen im Rasen damit bedecken. *Buckel* und *Senken* im Rasen gleicht man aus, indem man die Rasennarbe mit einem scharfen Spaten oder

Kantenstecher kreuzweise zerschneidet. Danach löst man die Grasnarbe vorsichtig vom Boden und schlägt die Ecken zurück. Die überschüssige Erde wird bis zum gewünschten Niveau entfernt bzw. fehlende ersetzt. Dann klappt man die Grasnarbe wieder zurück, drückt sie sorgfältig an oder tritt sie fest.

Probleme: Im Rasen entstehen durch unerwünschte Pflanzen, Schädlinge und Krankheiten sowie abiotische Schäden.

- *Unkräuter und Moos:* unerwünschte Wildkräuter (z.B. Löwenzahn, Gänseblümchen, Klee-Arten) möglichst bald und vollständig entfernen, damit sie sich nicht ausbreiten. Dazu eignen sich Unkrautstecher oder lange, zweizinkige Gabeln – auf chemische Unkrautvernichtungsmittel sollte weitgehend verzichtet werden. Tritt gehäuft Moos auf, ist das ein Zeichen für zu viel Feuchtigkeit, denn Moos liebt Nässe. Die Ursache für Moosbildung ist ein vedichteter, schlecht durchlüfteter Boden; Maßnahme: Belüftung verbessern.
- *Schädlinge:* ➛ *Wühlmäuse* und *Maulwürfe* können Schäden verursachen. Der Maulwurf beeinträchtigt den Rasen nur optisch, während das im Wurzelbereich der Gräser verlaufende Gangsystem der Wühlmäuse sogar zum Absterben der Pflanzen führen kann. Gegen Wühlmäuse Fallen (im Handel erhältlich) aufstellen; der Maulwurf steht unter Naturschutz, darf daher nur vertrieben werden (Maulwurfschreck im Handel erhältlich). Die graubraunen, wurmartigen *Larven* der *Wiesenschnaken* nagen an den Gräsern, der Rasen wird stellenweise gelb- oder braunfleckig. Ähnlichen Schaden richten ➛ *Erdraupen*, die Raupen verschiedener Eulenfalterarten, sowie die so genannten ➛ *Drahtwürmer*, die Larven der Schnellkäfer, an. Den Rasen vorbeugend vom Frühsommer bis Frühherbst in kurzen Abständen sehr niedrig mähen, um die erwachsenen Insekten bei der Eiablage zu stören; bei starkem Befall gründlich wässern und anschließend einen Tag lang mit einer Folie abdecken – die an die Oberfläche wandernden Larven absammeln und vernichten.
- *Krankheiten:* Gefürchtet sind Pilzerkrankungen, die meist aufgrund ungünstiger Wuchsbedingungen für Gräser hervorgerufen werden. Maßnahmen: Belüftung verbessern und ausgewogen düngen. Um den Pilzbefall wirksam einzudämmen, das Mähgut sorgfältig abharken und unbedingt vernichten. Häufige Pilzkrankheiten im Rasen sind ➛ *Hexenringe*. *Schneeschimmel* ist ein weißlicher, wattiger Schimmelbelag auf dem Gras, der durch verschiedene Fusarium-Pilze verursacht wird. Er tritt vor allem in milden Wintern und im zeitigen Frühjahr an Stellen, wo lange Schnee lag, vor. Abhilfe nur durch Abtrag und Neuanlage möglich; Vorbeugung durch ausgewogene Düngung (ab dem Hochsommer nur noch stickstoffarm düngen). *Rost*: gelbe, rötliche oder braune Flecken und Pusteln auf den Grashalmen und -blättern; Befall be-

Wichtige Rasengräser		
Pflanzenart	Belastbarkeit	Rasentyp
Ausläufer treibender Rotschwingel *(Festuca rubra)*	gering	Zierrasen, Spielrasen
Deutsches Weidelgras *(Lolium perenne)*	sehr hoch	Spielrasen, Strapazierrasen
Horstrotschwingel *(Festuca nigrescens)*	mittel	alle Rasentypen
Hundsstraußgras *(Agrostis canina)*	gering	Zierrasen, Spielrasen
Kammgras *(Cynosurus cristatus)*	hoch	Strapazierrasen
Rotes Straußgras *(Agrostis capillaris)*	gering	Zierrasen, Spielrasen
Schafschwingel *(Festuca ovina)*	gering	Spielrasen
Weißes Straußgras *(Agrostis stolonifera)*	gering	Zierrasen, Spielrasen
Wiesenrispengras *(Poa pratensis)*	hoch	Spielrasen, Strapazierrasen

vorzugt im Sommer und Herbst. Die Bekämpfung ist schwierig, daher den Rasen sorgfältig pflegen. Gelegentlich treten auch andere Pilzkrankheiten auf, z.B. *Herbstrot* – Gräser weisen rosafarbene bis rote Verfärbungen auf –, oder *Talerfleckenkrankheit* – 1 bis 2 cm große runde, gelbbraune Flecken. Maßnahmen: Sorgfältige Rasenpflege.

- *Abiotische Schäden:* Ungünstige Standortbedingungen oder eine Überalterung können das Kümmern des Rasens bewirken; Abhilfe nur durch Neuanlage. Auch Düngefehler können erhebliche Schäden, z.B. durch ungleichmäßiges Verteilen des Düngemittels auf dem Rasen, verursachen. Dadurch gedeihen die Gräser unterschiedlich gut. Bei einer Überdüngung kann es auch zu *Verbrennungen* kommen, besonders bei intensiver Sonneneinstrahlung verbunden mit extremer Trockenheit. Solche Stellen müssen neu mit Rasen belegt werden, den überdüngten Boden vorher unbedingt abtragen und ersetzen.

Rasenerde (Erdkompost)
Substrat, das sich aus abgestochenen Rasensoden herstellen lässt. Dazu werden auf Gehölzschnitt abwechselnd Frischkompost und Rasensoden aufgeschichtet und mit Rindenmulch abgedeckt. Die Rotte setzt von allein ein – je nach Witterung dauert es etwa 1 Jahr, bis die R. fertig ist. Das lockere, feinkrümelige Substrat eignet sich als Ausgangsmaterial für Steingartenerde, ist relativ nährstoffarm, aber reich an Mineralstoffen.

Rasengräser
Grasarten, die sich zur Anlage einer Rasenfläche im Garten eignen. Je nach Gartensituation und Funktion, die eine Rasen erfüllen soll, muss eine passende Gräserauswahl getroffen werden.

Rasenkantenschere ➛ Mähgeräte

Rasenkrankheiten ➛ Rasen

Rasenmäher ➛ Mähgeräte

Rasenpflege ➛ Rasen

Rasenreparaturen ➛ Rasen

Rasenschädlinge ➛ Rasen

Rasensaat ➛ Rasen

Rasenschere ➛ Mähgeräte

Rasenschnitt ➛ Rasen

Rasensode
Abgestochene Grasnarbe mit Erdreich und Wurzeln. Sie dient zum Ausbessern von Schadstellen im Rasen oder zum Verlegen eines neuen Rasens; im Handel als Fertigrasen (➛ Rollrasen) erhältlich.

Rasentrimmer ➛ Mähgeräte

Rasenunkräuter ➛ Rasen

Raubmilben ➛ Nützlingseinsatz

Rauchhärte (Industriefestigkeit)
Empfindlichkeitsgrad bei Gehölzen gegenüber Luftverschmutzung in Städten und in der Umgebung von Industrieanlagen – je nach Gehölzart unterschiedlich. Sommergrüne Laubgehölze (besonders solche mit derben, glatten Blättern) sind weniger empfindlich als immergrüne Nadelhölzer, da sie jedes Jahr ihr Laub erneuern und mit dem Laubabwurf zugleich in den Blättern angesammelte Giftstoffe abstoßen können. Nadelgehölze dagegen nehmen ganzjährig Schadstoffe auf, die sich in den Blätter immer mehr anhäufen.

Rauke ➛ Salatrauke

Raupen
Larven von Schmetterlingen (Fressstadium), die bei Zier- und Nutzpflanzen im Garten oft große Schäden anrichten.
Gefährdete Pflanzen: Sommerblumen, Balkon- und Kübelpflanzen, Stauden, Zier- und Obstgehölze.

Kohlweißlingsraupen, die sich gerade Kapuzinerkresse schmecken lassen.

Schadbild: Knospen-, Blüten-, Blatt- oder Rindenfraß; teilweise Blätter zum Verstecken zusammengesponnen.
Vorbeugung und Bekämpfung: Nützlinge fördern (z. B. Vogelnistkästen aufhängen); Raupen absammeln und vernichten; bei starkem Befall *Bacillus-thuringiensis*-Präparate anwenden; ➛ Schmetterlinge, ➛ Wicklerraupen.

Rebschere ➛ Schnittwerkzeuge

Rechen ➛ Bodenbearbeitungsgeräte

Rechtsvorschriften
Verbindliche Statuten, die in Paragraphen festgelegt sind und das soziale Miteinander in der Gesellschaft regeln. Für Haus- und Gartenbesitzer sind wichtig

- *Baugenehmigung:* behördlich erteilte Erlaubnis zum Errichten von Gebäuden und Gebäudeteilen; bei der Baubehörde zu beantragen.
- *Baumschutzverordnung:* amtlicher Vorschriftenkatalog zum Schutz von Gehölzen, z. B. welche Baumarten bis zu welcher Größe gefällt werden dürfen; von den Gemeinden unterschiedlich gehandhabt.

- *Bebauungsplan:* von der Baubehörde erstellter Plan zur Erschließung eines Grundstücks; mit detaillierten Angaben über Art und Nutzung der vorgesehenen Anlagen, auch Anweisungen zur Pflanzung von Gehölzen; kann bei der Gemeindeverwaltung oder dem zuständigen Bauamt eingesehen werden.
- *Brunnenbohrung, Wassernutzung und Anlage von großen Gewässern:* oft genehmigungspflichtig; Anfrage beim Wasserwirtschaftsamt.
- *Gestaltungsvorschriften:* Richtlinien, die von Behörden vorgegeben sind und an die man sich bei der Errichtung von Gebäuden und der Gestaltung von Grundstücken zu halten hat; orientieren sich an dem kultur- und landschaftstypischen Stil der jeweiligen Region.
- *Grenzabstand:* Mindestabstand von Pflanzen oder Garteneinrichtungen zum Nachbargrundstück; ist im Nachbarrecht geregelt; je nach Bundesland unterschiedlich.
- *Lärm- und Geruchsbelästigung:* Störung, die von einem Gebäude oder Grundstück ausgeht; Vorschriften sind im Nachbarrecht geregelt, z.B. Mindestabstand eines Komposthaufens zum Nachbargrundstück.
- *Nachbarrecht:* gesetzliche Vereinbarungen zur Regelung von Streitigkeiten zwischen Grundstücks- und Hausbesitzern; je nach Bundesland unterschiedlich.
- *Überhang:* über die Gartenabgrenzung hinausragende Zweige und Äste eines Gehölzes; Gehölzteile und daran befindliche Früchte gehören grundsätzlich demjenigen, auf dessen Grund der Baum oder Strauch wurzelt.
- *Überfall:* Früchte, Blätter und Zweige, die von überhängenden Ästen auf das Nachbargrundstück herunter fallen; gehören grundsätzlich demjenigen, auf dessen Grund sie liegen.
- *Sortenschutz:* rechtliche Absicherung von Pflanzenzüchtern, um wirtschaftlichen Missbrauch der von ihnen gezüchteten oder entdeckten neuen Sorten zu verhindern; kann beim Bundessortenamt beantragt werden.

Rechtswinder ➛ Kletterpflanzen

Recycling

In der Ökologie die Aufrechterhaltung eines Stoffkreislaufs in einem ökologischen System. So wird z.B. abgestorbenes Herbstlaub am Boden zu Humus abgebaut und kehrt damit an den Anfang des Kreislaufs zurück. Im Garten kann man diesen Vorgang nach dem Vorbild der Natur nutzbringend anwenden. ➛ Kompost

Regeneration

In der Biologie die Neubildung zerstörter oder verlorener Zellen, Gewebe und Körperteile vor allem bei Pflanzen, aber auch bei Tieren. So entwickeln sich ruhende Knospen nach Blatt- oder Triebverlusten. In der Pflanzenzucht macht man sich das Regenerationsvermögen bei der ungeschlechtlichen Vermehrung zunutze; bei Blattstecklingen z.B. geht aus einer Zelle der Epidermis, des einschichtigen Abschlussgewebes, eine ganze Pflanze hervor.

Regen

Natürlicher Niederschlag in flüssiger Form. *Künstlicher R.* wird zum Bewässern von Ziergärten (Rasensprenger), Feldern und Plantagen (Beregnungsanlagen) verwendet. Regenwasser ist von den zunehmenden Umweltbelastungen stark betroffen: Mit den Niederschlägen werden Schadstoffe aus der Luft ausgewaschen und gelangen so in konzentrierter Form in den Boden. Dennoch stellt es immer noch die beste und kostengünstigste Form von Gießwasser für den Garten.

Regentonne ➛ Regenwassernutzung

Regenwassernutzung
Die Einleitung von Regenwasser in spezielle Sammelbehälter, meist Regentonnen, die vor allem zur Gartenbewässerung genutzt werden. Wird Regenwasser vom Dachablauf gesammelt, den Zulauf von der Regenrinne erst nach einer Weile öffnen, damit die meisten Schadstoffe, die sich als Staub auf dem Dach angesammelt haben, weggespült sind. Regentonnen mit einem Deckel oder Maschendraht versehen, damit Kleintiere sowie Blätter nicht hineinfallen.

Regenwürmer
Familie der Ringelwürmer, die, weil zwittrig, sich wechselseitig befruchten. Diese wichtigen Bodenbewohner (➛ Bodenleben) fressen ➛ Humus und Pflanzenstoffe und sind zum Umarbeiten und Düngen des Bodens nützlich. Besonders wertvoll für den Boden ist der Kot der Tiere, denn in ihrem Darm verwandeln sie das Ausgangsmaterial zusammen mit mineralischen Substanzen, die an den Pflanzenresten kleben, in Ton-Humus-Verbindungen um. Es gibt etwa 30 heimische Arten, die in unterschiedlichen Bodenschichten tätig sind. Am häufigsten sind die 6 bis 7 cm langen Kompostwürmer *(Eisenia foetida)*; weit verbreitet auch der etwa 15 cm lange Rotwurm *(Lumbricus rubellus)*. Beide Arten leben vorwiegend in den oberen Bodenschichten. Mehrere Meter in den Boden dringt der bis zu 30 cm lange Tauwurm *(Lumbricus terrestris)* ein und lockert dort den Boden.

Regenwurmhumus ➛ Humusarten

Regner ➛ Beregnung

Reife
Entwicklungszustand einer Frucht bzw. eines Samens, der die Keimfähigkeit erlangt. Bei Obst werden verschiedene Reifegrade unterschieden:

- *Erntereife (Baumreife):* gut gefärbte Früchte, leicht vom Zweig zu lösen.
- *Genussreife (Verbrauchsreife):* Früchte haben ihre vollreife Konsistenz und ihr volles Aroma.

Reifegas ➛ Äthylen

Reifekompost ➛ Kompost

Reihensaat ➛ Aussaat

Reinkultur
Anbau einer einzigen Pflanzenart bzw. -sorte auf einer bestimmten Fläche; anders als bei ➛ Monokulturen ist die R. nur auf eine Wachstumsperiode beschränkt, da anschließend ein Fruchtwechsel erfolgt.

Reiter
Seitenzweig am Scheitelpunkt eines nach unten gebogenen Astes, der steil nach oben wächst.

Remontieren
Fähigkeit einer Pflanze nach der Hauptblüte im selben Jahr weitere Blüten hervorzubrin-

Rettich besitzt eine brennende Schärfe, die mit Hilfe von Einsalzen gemildert werden kann.

gen, entweder von sich aus oder durch einen Rückschnitt nach der ersten Blühphase dazu angeregt. Bei solchen *Remontanten* sind 2 oder mehrere Schübe in der Blütenbildung zu verzeichnen, wobei der 1. gewöhnlich am üppigsten ausfällt, alle weiteren dagegen nur geringere Anzahl von Blüten hervorbringen.

Rendekloden ➛ Pflaumen

Repellent

Natürliches oder synthetisches Abschreckungsmittel, das aufgrund seines Dufts mögliche Schädlinge abwehrt und z.B. von Gartenpflanzen fernhält.

Reserveknospe ➛ Knospe

Resistenz

Genetisch festgelegte und deshalb vererbbare Widerstandsfähigkeit eines Lebewesens gegenüber Krankheiten, Schädlingen und anderen negativen Einflüssen, die sein Leben beeinträchtigen. Bei Pflanzen und Tieren werden neue Sorten bzw. Rassen auf Widerstandsfähigkeit gegen Krankheiten und Schädlinge gezüchtet.

Rettich, Bierwurz

(*Raphanus sativus* var. *niger*; CRUCIFERAE)
Kreuzblütler
Einjährige, bevorzugt im Frühjahr und Herbst kultivierte Nutzpflanze, die vermutlich aus Vorderasien stammt. Ihre essbaren, langen oder rübenartigen, runden Wurzeln werden roh verzehrt. Rettich ist eine ➛ Kurztagpflanze und wächst besser bei niedrigen Temperaturen. Im Sommer neigt Rettich zum frühzeitigen Blühen. Geerntet werden die je nach Sorte weißen, roten, vio-

letten oder schwarzen Wurzeln nach etwa 3 Monaten mit der Grabegabel. Ältere Pflanzen haben holziges Fleisch und beginnen zu blühen. **Kultur:** Aussaat ab Anfang März unter ➛ Folie, ab April bis Anfang August im Freiland direkt vor Ort 2 cm tief in Reihen mit 25 bis 30 cm Abstand. Nach dem ➛ Auflaufen auf 15 bis 20 cm vereinzeln. Ideal ist eine Pflanzung in ➛ Mischkulturen. Während des Wachstums ausreichend feucht halten. **Schädlinge/Krankheiten:** Schnecken, Erdflöhe, Mehlige Kohlblattlaus, Kohlfliege, Kohlgallenrüssler, Kohlhernie, Rettichschwärze, Falscher Mehltau. **Vermehrung:** Aussaat. **Sorten:** Es gibt jeweils spezielle Sorten für den Frühjahrs-, Sommer- und Herbstanbau. Eine beliebte weiße Herbst-/Wintersorte ist 'Münchner Bier', die wie viele runde, schwarzschalige Wintersorten in ➛ Mieten eingeschlagen werden kann. Fast ganzjährig kultiviert wird die Sorte 'Rex'.

Rhabarber

(*Rheum rhabarbarum*; POLYGONACEAE)
Knöterichgewächse
Ausdauernde Staude mit riesigen, herzförmigen Blättern. Die aus Asien stammende Pflanze wurde im Mittelalter als Heilpflanze verwendet (Wurzeln), ab dem 19. Jahhundert auch als Gemüsepflanze angebaut. Ihre verdickten Blattstiele werden als Kompott,

Marmelade oder Kuchenbelag verzehrt. Bei Rohverzehr größerer Mengen können Vergiftungen auftreten: Die Pflanze ist reich an Säuren, vor allem Oxalsäure, und sollte von empfindlichen, besonders von nierenkranken Personen nicht verzehrt werden. **Kultur:** Aussaat ab April bis Juni mit späterem Vereinzeln und im folgenden Jahr Verpflanzen der ➛ Sämlinge mit ausreichend Abstand (pro Pflanze rechnet man einen Platzbedarf von 1 bis 1,5 m^2). Eine Ernte erfolgt bei Pflanzen aus Sämlingen frühestens im dritten Jahr. Schneller erntet man, wenn man vorgezogene, junge Stauden kauft und im Frühjahr pflanzt. Rhabarber braucht viel Wasser und Dünger und gedeiht am besten auf sandigen Lehmböden. Geerntet wird im Frühjahr. Der Austrieb kann verfrüht werden, indem man einen Eimer über die Triebknospe stülpt, sobald sie sich zeigt. Die Blätter mit den Stielen werden nicht abgeschnitten, sondern vorsichtig abgedreht, damit kein Stielansatz an der Vegetationsknospe bleibt, der faulen könnte. Man erntet immer nur die dicksten Blattstiele und lässt die Pflanze ab Mitte Juni in Ruhe, damit sie Kraft für das nächste Jahr sammeln kann. **Schädlinge/Krankheiten:** Schnecken, Wurzelhalsfäule, Viren. **Vermehrung:** Aussaat im Frühjahr oder Teilung älterer Wurzelstöcke (➛ Speicherorgane) im Frühjahr oder Herbst.

Rhabarber ist ein leckeres Gemüse, das zudem noch viel Vitamin C beinhaltet.

Arten und Sorten: Ältere Züchtungen mussten vor dem Verzehr geschält werden, was bei neueren Züchtungen kaum noch nötig ist. Es gibt grün- und rotstielige Varianten, z. B. die rote 'Vierländer Blut' mit milder Säure. Verwand, aber nicht essbar ist der Zier- oder Medizinrhabarber, *Rheum palmatum* mit seinen Sorten, der hübsch in Staudenrabatten und an Teichrändern aussieht.

Rhizom (Erdspross, Wurzelstock) ➛ Speicherorgane

Rhizomfäule ➛ Bakterienfäule

Rhizomsperre ➛ Wurzelsperre

Rhododendron, Alpenrose, Azalee

(*Rhododendron*; ERICACEAE) Heidekrautgewächs

Eine spektakuläre Gattung, die in der nördlichen Hemisphäre, besonders in Südostasien, beheimatet ist und mit etwa 900 Arten und fast 15 000 registrierten ➛ Hybriden immergrüner oder Laub abwerfender Bäume und ➛ Sträucher die verschiedensten Wuchsformen erzielt. Die immergrünen, großblättrigen Arten werden landläufig als Rhododendren bezeichnet, während man die Laub abwerfenden Arten Azaleen nennt. Die in Deutschland handelsüblichen Sorten sind meist frosthart, einige auch empfindlich. Die Blätter sind meist lanzettlich, mittel- bis dunkelgrün und oft ledrig glänzend. Bei manchen Arten besitzen die jungen Sprosse einen wolligen Haarfilz. Als

Gartengehölze vor allem wegen der spektakulären, bei manchen Arten duftenden Blüten kultiviert, die in endständigen Trauben sitzen. Die Blütenkronen sind meist glocken- oder trichterförmig, bei einigen Arten auch röhren-, becher- oder radförmig. Fast immer haben sie einen fünflappigen Saum. Das Farbenspektrum umfasst Weiß, Rosa, Rot bis Blauviolett, seltener Orange, Gelb und Lachs; auch zweifarbige Blüten „mit Auge" gibt es. Im Garten werden sie einzeln oder als Gruppe vielseitig eingesetzt: zwergige Wildarten für ➛ Steingärten, größere Wildarten für schattige Bereiche und robuste Hybriden für exponierte Standorte und ➛ Hecken; moderne kleine Sorten eignen sich auch für Schalen, Kübel und Tröge. Rhododendren sind ausgesprochene Flachwurzler, die saure bis schwach saure, feuchte Substrate im Halbschatten bevorzugen. Auf alkalischen Böden vergilben die Blätter (➛ Chlorose) und die Pflanzen kümmern. **Kultur:** Im Frühjahr oder Herbst in feuchten, aber gut durchlässigen, laubreichen, humosen, sauren (➛ pH-Wert 4,5–5,5) Boden pflanzen. Wo die Bodenverhältnisse nicht entsprechend sind (z. B. schwere, alkalische Lehmböden), kann eine Pflanzgrube mit spezieller Rhododendron-Erde aus dem Fachhandel gefüllt werden, in die man die Pflanzen einsetzt. Nicht zu tief pflanzen (Flachwurzler!). Die meisten großblättrigen Hybriden bevorzugen halbschattige Standorte unter schützenden Gehölzen, andere Gruppen gedeihen in lichtem Schatten oder an windgeschützten, offenen Standorten. Bei großblütigen Hybriden nach der Blütezeit die welken Blüten auskneifen, ohne dabei den jungen Trieb zu beschädigen. Bei Azaleen, Wildarten und kleinblumigen Hybriden ist diese Maßnahme nicht erforderlich. Eine ➛ Mulchschicht hält die Feuchtigkeit im Boden und verhindert, besonders im Sommer, ein zu rasches Austrocknen der oberen Bodenschicht. Bei Trockenheit (bei immergrünen Arten auch und gerade im Winter!) mit kalkfreiem Wasser (Regenwasser) gießen. Gedüngt wird mit Spezial-Rhododendron-Volldünger oder ➛ organischem Dünger (verrotteter Rinderdung) in der Vegetationsperiode von April bis Ende Juni. Nach dem Düngen immer gut wässern, da-

Rhododendron sind ein Muss in englischen Gärten. Hier (von links) Rhododendron 'Cunninghams White', die Azalee 'Golden Flame', die Hybride 'Nova Zembla' und 'Cataractus'.

mit die Wurzeln nicht verbrennen! Schnitt: In der Regel brauchen Rhododenren keine Schnittmaßnahmen. Eventuell nach der Blüte im Frühsommer totes und beschädigtes Holz entfernen. Zur ➛ Verjüngung oder bei zu groß gewordenen oder von unten verkahlten Pflanzen kann im März ein kräftiger Rückschnitt erfolgen, da Rhododendren gut aus dem alten Holz austreiben. Davon ausgenommen sind veredelte Sorten. Hier könnte die ➛ Unterlage stärker austreiben als die Edelsorte und letztere dadurch überwachsen. **Schädlinge/Krankheiten:** Gefurchter Dickmaulrüssler, Rhododendronzikade, Rhododendronwanzen, Azaleenmotten-Schildlaus, Raupen, Blattläuse, Echter Mehltau, Rhododendron-Knospensterben, Alpenrosenrost, Bleiglanz, *Phytophthora*-Wurzelfäule, auf nicht ausreichend sauren Böden Kalkchlorose. **Vermehrung:** Aussaat selbst gesammelter Samen führt meistens zu nicht sortenreinen Hybriden, zuverlässiger und erfolgreicher vermehrt man durch halbverholzte ➛ Stecklinge im Spätsommer und im Herbst durch ➛ Absenker. Im Spätwinter und Spätsommer kann durch Pfropfen veredelt werden (➛ Veredelungsmethoden).

Arten und Sorten: Wegen der Vielzahl von Arten und Sorten werden Rhododendren und Azaleen in drei Hauptgruppen mit Untergruppen eingeteilt:

1: Immergrüne Rhododendren

- *Großblumige Hybriden:* Blüte ab Ende April bis Ende Juni, zwischen 1 und 5 m hoch. Immergrüne Sträucher mit dunkelgrünen, schmalen Blättern. Schnittverträglich. Sortenauswahl: 'Album Novum' (weiß), 'Blue Peter' (blau), 'Catawbiense Boursault' (lila), 'Catawbiense Grandiflorum' (lila), 'Cunningham's White' (weiß), 'Ehrengold' (gelb), 'Goldkrone®' (gelb), 'Hachmann's Feuerschein®' (rot), 'Nova Zembla' (rot).
- *Williamsianum-Hybriden:* Blüte Ende April bis Ende Mai; rote Blütenknospen. Bis maximal 2 m hoch, sehr langsam wachsend. Aufgrund des kompakten, dichtlaubigen Wuchses und runder Blattform leicht zu erkennen. Blattaustrieb häufig rot bis kupferbraun. Immergrün. Standort halbschattig, in kühl-feuchten Lagen sogar sonnig. Sortenauswahl: 'Gartendirektor Glocker' (rosa),

'Gartendirektor Rieger' (weiß), 'Irmelies' (rosarot), 'Rodrigo' (rosa).

- *Repens-Hybriden:* Lockere, rote, überhängende Blütendolden Mitte bis Ende Mai, vorherrschend rot. Zwischen 0,75 und 1,2 m hoch und 2 m breit, kissenförmig; immergrün. Auch an sonnigen bis halbschattigen, geschützten Standorten. Sortenauswahl: 'Baden Baden' (rot), 'Dr. Ernst Schäle' (rot), 'Rotkäppchen' (rot), 'Scarlet Wonder' (rot).
- *Yakushimanum-Hybriden:* Blüte Mitte Mai bis Mitte Juni, bis 1,5 m hoch, schwachwüchsig. Der Blattaustrieb ist filzig behaart, später dick-ledrig, länglich und mattgrün. Auch in sonnigen bis halbschattigen Lagen. Reagiert weniger empfindlich auf Kalk im Boden. Sortenauswahl: 'Anuschka' (rosa), 'Fantastica' (rot), 'Flava' (gelb), 'Kalinka' (rosarot), 'Marrakesch' (lila), 'Polaris' (rosarot), 'Silberwolke' (weiß).
- *Kleinblumige Hybriden:* Heterogene Gruppe mit kleinblütigen und kleinblättrigen Rhododendronsorten mit den dazugehörigen Wildarten. Blütezeit vom Vorfrühling bis zum Frühsommer; schwachwüchsig, bis 1 m hoch. Sortenauswahl: 'Dora Amateis' (weiß), 'Gristede' (blauviolett), 'Moerheim' (violett), 'Praecox' (rosa).
- *Rhododendron-Wildarten:* Züchterisch kaum veränderte Wildarten sind häufig Zwergformen mit relativ kleinen Blüten. Je nach Art und Sorte Blüte über das ganze Frühjahr bis Juli; meistens kaum über 1 m hoch, zwergwüchsige Arten erreichen gerade 0,5 m. Immergrün, winterhart. *R. ferrugineum* und *R. keleticum* bevorzugen mit Geröll durchsetzten Humusboden, *R. hirsutum* verlangt sogar eine Unterlage aus Kalkgestein. Manche Arten auch für sonnige Standorte.

2: Sommergrüne Azaleen

- *Knap Hill-Azaleen; Mollis-Hybriden; Genter Hybriden; Pontica-Hybriden; Rustica-Hybriden; Occidentalis-Hybriden; Azaleen-Wildarten:* Blüte meist kurz vor dem Laubaustrieb Mitte Mai bis Mitte Juni, Genter und Pontica-Hybriden früher; große Einzelblüten, zum Teil duftend; bis 2 m hoch, Laub abwerfend, winterhart. Viele Sorten zeigen eine schöne Herbstfärbung. Standort sonnig bis halbschattig; zu viel Schatten führt zu spärlicher Blüte. Sortenauswahl: 'Cecile' (Knap Hill, rosa), 'Fireball' (Knap Hill, orange), 'Klondyke' (Knap Hill, gelb), 'Persil' (Knap Hill, weiß), 'Daviesii' (Genter, weiß), 'Freya' (Rustica, gelb), 'Exquisita' (Occidentalis, weiß), Pontische Azalee (Wildart; *R. luteum*; gelb).

3: Wintergrüne (halb-immergrüne) Azaleen

- *Japanische Azaleen, R. obtusum-Hybriden:* Blüte Anfang Mai bis Mitte Juni, relativ klein, aber sehr zahlreich. Kaum über 1 m hoch, eher in die Breite wachsend. Kleine Blättchen, von denen sie einen Teil im Winter abwerfen. Die Pflanzen putzen sich selbst. Kleine Exemplare sogar für Balkonkästen; auch als ➛ Formschnittgehölz. Sortenauswahl: 'Diamant®' (Sorten in verschiedenen Farben), 'Hatsugiri' (violett), 'Kermesina Rosé' (rosa), 'Kermesina Alba' (weiß), 'Schneeglanz' (weiß).

Neben den klassischen Arten und Sorten gibt es eine Gruppe veredelter Rhododendren, die auch auf neutralen bis leicht alkalischen Böden wachsen. Das Sortiment dieser kalktoleranten Inkarho®-Hybriden ist noch relativ klein, wird aber ständig erweitert. Schöne Sorten sind u. a. 'Brasilia' (Orange-Gelb), 'Cunningham's White' (weiß), 'Hachmann's Feuerschein®' (rot), 'Hachmann's Charmant®' (weiß mit rosaviolett), 'Nova Zembla' (dunkelrot).

Rieseln (Verrieseln)
Bezeichnung für das Abwerfen noch kleiner Fruchtansätze bei Obstbäumen; indirekt durch Spätfröste oder ungünstige Witterungsverhältnisse, direkt meist durch ungenügende Bestäubung und Befruchtung verursacht.

Rillensaat ➛ Aussaat

Rinde
Zwischen ➛ Epidermis und Leitgewebe (➛ Gewebe) gelegener Teil der Sprosse und Wurzeln höherer Pflanzen, die vor Verletzungen und Austrocknung schützt. Die äußeren R.-Schichten sind meist aus chlorophyllhaltigem Assimilations-, die inneren aus farblosem Speichergewebe ausgebildet. Bei Gehölzen platzt mit zunehmendem ➛ Dickenwachstum die primäre Rinde auf und wird von darunter liegendem Bast (➛ Holz) ersetzt – sie wird als sekundäre R. bezeichnet. In den äußeren R.-Schichten entsteht neues Bildungsgewebe, das nach außen ➛ Kork abscheidet; Gewebe außerhalb des Korkgewebes stirbt ab, wird zur Borke (➛ Holz). Oft charakteristisch für eine Gehölzart.

Rindenbrand (Gloeosporium-Rindenbrand)
Durch einen Pilzerreger hervorgerufene gefährliche Obstkrankheit.
Gefährdete Pflanzen: Kernobst.
Schadbild: längliche, einsinkende Risse in der Rinde, dort krebstartige Wucherungen; bei starkem Befall können junge Triebe absterben; gelagerte Früchte zeigen braune Faulstellen; Fruchtfleisch wird bitter (➛ Bitterfäule).
Vorbeugung und Bekämpfung: widerstandsfähige Sorten wählen; standortgerecht pflanzen; ausgewogen düngen; Rindenverletzungen vermeiden, Schnittwunden immer mit Wundmittel verschließen; Werkzeuge desinfizieren; Fallobst regelmäßig absammeln; im Winter Ackerschachtelhalmbrühe sprühen; befallene Teile großzügig ausschneiden und vernichten; Wunden gut verschließen.

Rindenfleckenkrankheit (Brandfleckenkrankheit)
Eine Pilzkrankheit, die vor allem nach milden Wintern auftritt.
Gefährdete Pflanzen: Rosen.
Schadbild: bräunlich rote, meist etwas eingesunkene Flecken auf den Trieben des Vorjahres.
Vorbeugung und Bekämpfung: standortgerecht pflanzen; Staunässe vermeiden; ausgewogen düngen; befallene Triebe bis ins gesunde Holz hinein herausschneiden und vernichten.

Rindenhumus ➛ Humusarten

Rindenkompost ➛ Humusarten

Rindenmulch
Schwer verrottende Rindenabfälle; im Handel erhältlich.

Rindenpropfung ➛ Veredelungsmethoden

Rindensubstrat ➛ Substrate

Ringeln
Einschneiden der Rinde durch Verletzungen rund um den Stamm bis unter den Bast. Das führt zum Absterben des Baums, da der Wasser- und Nährstofftransport unterbrochen wird.

Ringfäule ➛ Monilia

Rippenmangold ➛ Mangold

Rispe

Ein Blütenstand, dessen Achse mehrfach verzweigt ist und die jedem Ende eine gestielte Blüte trägt; z. B. Astilbe, Flieder oder zahlreiche Wiesengräser.

Rittersporn

(*Delphinium*; RANUNCULACEAE) Hahnenfußgewächse
Gattung mit weltweit etwa 250 Arten Ein- oder Zweijähriger, die wegen der attraktiven, ähren- oder traubenförmig angeordneten Blüten kultiviert werden. Sie ist in nahezu allen gemäßigten Breiten der nördlichen Hemisphäre beheimatet. Die grundständigen Blätter sind gezähnt, tief oder flach gelappt und etwa 20 cm lang. Sie finden einzeln oder in Gruppen Verwendung als Rabatten- und Beetpflanze, zwergige Arten auch im ➛ Steingarten. Alle Pflanzenteile sind schwach giftig. **Kultur:** In fruchtbare, gut wasserdurchlässige, nicht zu trockene Erde windgeschützt in voller Sonne pflanzen. Niedrige Sorten mit Reisig stützen, höhere und ganz hohe Sorten rechtzeitig mit kräftigen Bambusrohren, um ➛ Windbruch zu vermeiden. Während des Wachstums gelegentlich mit Flüssigdünger versorgen, Abgeblühtes entfernen und bei staudigen Arten nach der Hauptblüte im Frühsommer die Pflanzen bis auf eine Handbreit über dem Boden zurückschneiden, um eine Nachblüte anzuregen. Nach dem Abwelken im Herbst bodeneben zurückschneiden. **Schädlinge/Krankheiten:** Schnecken, Blattminierer, Blattflecken, Ech-

Rittersporn gilt als schöne Staudenpflanze in gemischten Rabatten: die weiße 'Galahad' und blaue 'Belladonna'-Hybride.

Bewährte *D.* Belladonna-Hybriden		
Sorte	Blütenfarbe	Höhe in cm
'Atlantis'	rein-dunkelblau	100
'Bellamosum'	tiefblau	120
'Capri'	azurblau, weißes Auge	80
'Casa Blanca'	schneeweiß	100
'Moerheimii'	reinweiß	100
'Piccolo'	enzianblau	70
'Völkerfrieden'	enzianblau, weißes Auge	100

Bewährte *D.* Elatum-Hybriden		
Sorte	Blütenfarbe	Höhe in cm
'Abendleuchten'	leuchtend lila, braunes Auge	150
'Abgesang'	violettblau, weißes Auge	160
'Berghimmel'	himmelblau, weißes Auge	170
'Faust'	dunkelblau mit schwarzem Auge	120
'Fernzünder'	mittelblau mit weißem Auge	140
'Finsteraarhorn'	tief-enzianblau mit schwarzem Auge	170
'Jubelruf'	leuchtend mittelblau, weißes Auge, halbgefüllt	180
'Lanzenträger'	enzianblau, weißes Auge	200
'Morgentau'	großblumig, hellblau, leicht rosa getönt, dunkles Auge	180
'Ouvertüre'	mittelblau mit rosa Tönen, schwarzes Auge	160
'Perlmutterbaum'	hellblau, rosa getönt mit schwarzem Auge	180
'Polarfuchs'	reinweiß	100
'Polarnacht'	tief-enzianblau, weißes Auge	150
'Tempelgong'	dunkel-violettblau mit dunklem Auge, teilweise gefüllt blühend	170
'Zauberflöte'	blau mit rosa, mit weißem Auge	180

Bewährte *D.* Pacific-Hybriden		
Sorte	Blütenfarbe	Höhe in cm
'Astolat'	lilarosa Töne	180
'Black Knight'	dunkelviolett mit schwarzem Auge	180
'Galahad'	reinweiß	180
'Guinevere'	rosalavendel mit weißem Auge	180
'King Arthur'	dunkelviolett mit weißem Auge	180
'Lancelot'	purpurrosa	180
'Magic Fountains Dunkelblau'	dunkelblau mit weißem Auge	80
'Magic Fountains Reinweiß'	reinweiß	80
'Magic Fountains Rosa Töne'	rosa	80
'Summer Skies'	himmelblau mit weißem Auge	180

ter Mehltau, Wurzelhals-Kragenfäule, Rittersporn-Mosaikvirus. **Vermehrung:** Aussaat einjähriger Arten im Frühjahr an Ort und Stelle oder mit ➛ Vorkultur unter Glas. Staudige Arten werden im Frühsommer durch bleistiftdicke, grundständige, 7 bis 10 cm lange ➛ Stecklinge vermehrt oder ältere Stöcke im Herbst oder Frühjahr geteilt.

Arten und Sorten:

Einjähriger Rittersporn: Acker-Rittersporn (*Consolida ajacis*, syn. *D. consolida*): Reizvolle Wildpflanze, locker verzweigt, azurblaue Blüten, bis 40 cm hoch. Zuchtformen (Garten- oder Sommerrittersporn) mit fein zerteilten, fast farnartigen Blättern und aufrechten, einfachen oder verzweigten, dicht besetzten oder offenen Ähren mit einfachen oder gefüllten, bis 4 cm breiten Blüten in Rosa-, Weiß-, und Violetttönen; je nach Sorte 30 bis 120 cm hoch und bis 30 cm breit.

Staudenrittersporn: Man unterteilt in Belladonna-Hybriden (niedrige Sorten, locker verzweigte Blütenrispen), Elatum-Hybriden (straffe, kerzenartige Blütenstände, auffallende, oft hohe Leitstauden) und Pacific-Hybriden (großblütig, dichte Blütenrispen auf kräftigen, meist sehr hohen Stielen). Pacific-Hybriden sind nicht sehr langlebig, lassen sich aber aus Samen bedingt sortenrein nachziehen.

Roden

Entfernen einer Pflanze samt Wurzelwerk.

Rodentizide ➛ Pflanzenschutzmittel

Rohkompost ➛ Kompost

Röhrenblüte

Einzelblüte bei Korbblütlern. Die 5 Blütenblätter bilden im unteren Teil eine Röhre und enden in 5 sternförmig angeordneten Kronzipfeln. R. sitzen in der Mitte der Scheibe, z.B. bei Arnika und Margeriten, und werden von einem Kranz aus ➛ Zungenblüten umgeben, bei anderen Röhrenblütlern, z.B. Rainfarn, fehlt der Kranz aus Zungenblüten. ➛ Blütenformen

Rollrasen

Fertigrasen, der in Stücken von einer Länge bis zu 2,4 m und einer Breite von etwa

Wer sich das Aussäen sparen möchte, kauft sich einen Rollrasen, der dafür einiges in der Anschaffung kostet.

40 cm im Fachhandel erhältlich ist. Er wird 12 bis 15 Monate lang in Rasenschulen angezogen, bevor er in den Verkauf kommt. Seine Vorteile sind, dass man schnell eine komplette Grünflächen hat und er leicht zu verlegen ist; allerdings ist R. teuer in der Anschaffung. ➛ Rasen

Römischer Kohl ➛ Mangold

Rose

(*Rosa*; ROSACEAE) Rosengewächs

Rosen gehören seit Jahrhunderten zu den beliebtesten und am weitesten verbreiteten Gartenpflanzen. Sie werden vor allem ihrer oft stark duftenden Blüten wegen kultiviert. Die „Königin der Blumen", die eigentlich ein Gehölz und keine „Blume" ist, zeigt eine große Vielfalt im Habitus und in der Form und Farbe der Blüten (siehe Arten und Sorten). Die Gattung aus der Familie der Rosengewächse mit etwa 150 Arten halb-immergrüner oder Laub abwerfender ➛ Sträucher oder ➛ Kletterpflanzen und dorniger oder stacheliger Trieben kommt die in den temperierten und subtropischen Zonen der nördlichen Hemisphäre in den verschiedensten Lebensräumen vor, in den Tropen jedoch nur in Bergregionen. Rosen haben ➛ wechselständige Blättern mit 5 bis 9 gesägten Fiedern.

Die meisten alten Gartenrosen blühen nur einmal jährlich, meist im Frühsommer, manche Sorten auch im Sommer. Viele moderne Sorten sind jedoch öfter blühend und bringen nach der Hauptblüte im Frühsommer bis zum Herbst immer wieder einzelne neue Blüten hervor. Die Blüten erscheinen einzeln oder in Doldenrispen an den Enden kurzer Seitenzweige. Das Spektrum reicht von ungefüllten Blüten mit 5 Blütenblättern bis zu solchen mit dicht gepackten, gefüllten Blüten. In den krugförmigen Knospenbecher sind zahlreiche Fruchtblätter eingesenkt (➛ Blütenformen). Die in der Regel rote, seltener schwarze Sammelfrucht (Hagebutte) wird aus dem Blütenbecher gebildet. Ein fleischiger Fruchtmantel umschließt zahlreiche kleine, nussartige Samen. Die meisten Arten und Sorten sind ziemlich frosthart, in rauen Regionen sollte man jedoch nicht auf einen ➛ Winterschutz verzichten.

Je nach Wuchsform finden Rosen im Garten Verwendung als Beet- und Rabattenpflanze, als ➛ Bodendecker oder ➛ Hecke, in Töpfen und Kübeln sowie als Kletterpflanze an ➛ Pergolen, ➛ Spalieren und Rankgittern sowie als Hochstämmchen. Man pflanzt sie in sortenreine oder gemischte Gruppen, aber auch einzeln oder zusammen mit anderen Pflanzen, etwa verschiedenen Blütengehölzen, ➛ Stauden oder ➛ Einjährigen. Sie sind beliebte ➛ Schnittblumen, ihre Blütenblätter finden Verwendung in der Parfum- und Kosmetikindustrie und die Hage-

Rosen mit Katzenminze kombiniert helfen einander gegen Schädlingsbefall.

butten werden zu Konfitüre und Tee verarbeitet. **Kultur:** In freier, sonniger, luftiger Lage in mäßig fruchtbare, lehmige, humusreiche, feuchte, aber gut durchlässige Böden mit einem ➛ pH-Wert von 5,5 bis 6,5 pflanzen. Böden, auf denen zuvor schon Rosen gestanden haben, müssen durch neue Erde ersetzt werden, da Rosen selbstunverträglich sind. Beste Pflanzzeit sind frostfreie Perioden im Winter oder das zeitige Frühjahr. Zur Bodenvorbereitung wird gründlich umgegraben und verrotteter Stallmist oder Kompost, ersatzweise ein ➛ Vorratsdünger eingearbeitet. Vor dem Pflanzen wird die wurzelnackte Ware aus dem Kühlhaus einige Stunden in Wasser gestellt. ➛ Veredelte Rosen (darum handelt es sich bei den meisten Kultivaren) werden so tief gesetzt, dass die ➛ Okulierstelle mindestens 5 cm unter der Bodenoberfläche liegt. Andernfalls beginnen aus der ➛ Unterlage, meist einer Wildrose, wilde Triebe zu sprießen. Treten sie dennoch auf, müssen sie entfernt werden. Im Winter gepflanzte Rosen häufelt man zum Schutz gegen den Frost an oder bedeckt den Boden um die Pflanzen mit einer ➛ Mulchschicht und schützt die oberirdischen Teile durch Hauben aus Tannenreisig. Schnitt: Im Frühjahr werden die Triebe der frisch gepflanzten Rosen auf 3 bis 6 Augen (➛ Knospen), bei stärker wachsenden auf 8 bis 10 Augen zurückgeschnitten. Später werden nur Beetrosen im Frühjahr nach dem Abhäufeln derart stark zurückgeschnitten. Einmal blühende Strauchrosen werden in den ersten 2 Jahren überhaupt nicht beschnitten, danach entfernt man alte, schwache und abgestorbene Teile und kürzt gute Triebe um ein Drittel ein. Öfter blühende Strauchrosen und Englische Rosen werden im ersten Jahr überhaupt nicht geschnitten. Ab dem zweiten Jahr nimmt man die Triebe um die Hälfte bis ein Drittel ihrer Länge zurück. Altes, schwaches und abgestorbenes Holz wird im Lauf der Jahre entfernt. Kletterrosen brauchen in den ersten 2 Jahren keinen Schnitt. Wenn die Pflanzen voll entwickelt sind, werden altes, krankes und überflüssiges Holz und alle kranken oder schwachen Triebe entfernt. Die Seitentriebe, die in der vergangenen Saison geblüht haben, werden auf etwa 8 cm zurückgeschnitten. Völlig pflegeleicht sind Ramblerrosen, die ohne Schnittmaßnahmen wachsen dürfen. Nur altes, krankes Holz muss ausgeschnitten werden und zur Wuchskorrektur können sie zurückgeschnitten werden. Bei Edelrosen (öfter blühende Beetrosen, Englische und Strauchrosen) schneidet man Verblühtes während der Saison regelmäßig aus. Dazu den Trieb bis zu einem kräftigen Auge (meist 2 bis 3 Blattachseln unterhalb der Blüte) zurückschneiden, um die Bildung neuer Blütentriebe anzuregen. Gedüngt wird im Frühjahr kurz vor dem ➛ Austrieb (März) mit einer Lage verrottetem Stallmist oder ➛ Kompost um die Pflanzen und nach der ersten Blüte mit einem Spezial-Rosendünger. Letzte Düngergaben im Juli. Zu viel Dünger macht die Rosen anfällig für Krankheiten und Schädlinge, besonders reiche Stickstoffgaben fördern die Laubentwicklung auf Kosten der Blütenbildung. Treten ➛ Pilzerkrankungen oder starker ➛ Blattlausbefall auf, müssen Gegenmaßnahmen ergriffen werden (Spritzungen mit nützlingsschonenden Präparaten, bei Pilzen Entfernen befallener Pflanzenteile). Im Spätherbst werden die Rosen zum Schutz gegen Frost wieder leicht angehäufelt. Bei Hochstammrosen mit flexiblem Stamm biegt man die Krone

Alba-Rose 'Königin von Dänemark'

Bourbon-Rose 'Pr. Napoleon'

Damaszener-Rose 'Celsiana'

Gallica-Rose 'Ambroise Pare'

bis zur Erde hinunter und hakt sie dort fest. Dann deckt man die Krone mit der Veredelungsstelle mit gewöhnlicher Gartenerde ab, der Stamm wird mit Deckreisig geschützt. **Schädlinge/Krankheiten:** Blattläuse, Zwergzikaden, Rote Spinnmilbe, Schildläuse, Raupen, Blattrollwespen, Erdbeerblütenstecher, Thripse, Rosenrost, Sternrußtau, Echter und Falscher Mehltau, Grauschimmel, Viren. **Vermehrung:** Aussaat der Samen bringt Wildlinge hervor. Im Herbst Steckreiser bewurzeln, Okulation im Sommer.

Arten und Sorten: Rosenarten werden in Alte Rosen und Moderne Rosen, jeweils mit ihren Untergruppen, sowie in Wildrosen und deren Abkömmlinge eingeteilt. Mehrere 1000 benannte Kultivare bieten eine unerschöpfliche und äußerst vielseitige Auswahl. Kataloge namhafter Züchter, häufig aufwändig bebildert, geben einen Überblick und helfen bei der Entscheidung für die richtige Sorte. Nachfolgend ein Überblick über die Systematik mit jeweils einigen populären Beispielen:

1. Alte Rosen: Als Alte oder Historische Rosen bezeichnet man alle Rosen, die vor etwa 1850 gezüchtet wurden. Sie blühen nur einmal im Frühsommer, dann aber in üppiger Pracht. Alle Arten bilden mehr oder weniger ausladende Sträucher von 1 bis 1,5 m Höhe, müssen kaum beschnitten werden (nur altes und krankes Holz wird entfernt) und sind meist sehr robust. Sie blühen ausschließlich in Weiß und in Rosa- und Rottönen, da gelbe Blüten erst vereinzelt mit dem Einkreuzen von chinesischen Rosen im 18. Jahrhundert auftraten. Sie verströmen einen betörenden Duft. Moderne Züchtungen wie die berühmten Englischen Rosen des Züchters David Austin knüpfen an die Tradition der Alten Rosen an und verbinden deren Charme mit den Eigenschaften moderner Sorten.

- *Alba Rosen:* Große, reich verzweigte Strauchrosen mit wenig Stacheln und graugrünem Laub, die schon im Mittelalter bekannt waren. Blüten in Weiß und verschiedenen zarten Rosatönen. Vertragen Halbschatten besser als die meisten anderen Arten. Als ➛Solitärpflanzen oder in Rabatten und Hecken verwenden. Beispiele: 'Alba Maxima' (weiß, sehr starker Duft, 180 x 150 cm); 'Félicité Parmentier' (im Aufblühen rosa, später fast weiß, duftend, 120 x 120 cm); 'Queen of Denmark' (silberrosa mit dunkler Mitte, sehr starker Duft, 150 x 120 cm).
- *Bourbon-Rosen:* Kreuzung aus remontierenden China- und Portland-Rosen mit anderen Alten Rosen. Große, offene, ➛remontierende (erneut blühende) Sträucher, oft stachellos, mit glänzendem Laub und Gruppen gefüllter, schwerer Blüten. Für Rabatten, vor Wänden, an Zäunen und Säulen pflanzen. Beispiele: 'Boule de Neige' (reinweiß, leichter Duft, Blüten in kleinen Gruppen, 150 x 90 cm); 'Louise Odier' (rosa, gefüllt, sehr starker Duft, ausdauernd blühend, starker, buschiger Wuchs, 150 x 120 cm); 'Souvenir de la Malmaison' (zartrosa, später verblassend, starker Duft, kurzer, breiter Wuchs, 90 x 90 cm).
- *China-Rosen:* kleine bis mittelgroße, remontierende Strauchrosen, Blätter mit kleinen, lanzettlichen Fiedern, Gruppen von gefüllten oder ungefüllten, duftenden Blüten; sehr sonnenhungrig und etwas empfindlich, daher an geschützten Standorten in Rabatten oder vor Wänden pflanzen. Beispiele: 'Hermosa' (kugelige, duftende, rosa Blüten, 120 x 60 cm); 'Old Blush China' (auch 'Monatsrose' genannt; locker gefüllte, blassrosa, stark duftende Blüten, öfter blühend, zierlicher Wuchs, 120 x 90 cm.
- *Damaszener-Rosen:* Offene, stark bestachelte Strauchrosen mit filzig behaarten Blättern, halbgefüllte bis gefüllte, duftende Blüten in offenen Büscheln. Kam vermutlich mit den Kreuzrittern nach Europa, daher der Name. In Rabatten oder an einer Stütze pflanzen. Beispiele: 'Celsiana' (kleine Büschel großer, halbgefüllter, zartrosa, stark duftender Blüten, graugrünes Laub, 180 x 150 cm); 'Isphahan' (halboffene, rosa Blüten, sehr starker Duft, breiter, überhängender Wuchs, 150 x 120 cm); 'Mme. Hardy' (weiß mit grünem Punkt, leicht zitroniger Duft, kräftiger Wuchs, 150 x 120 cm).
- *Gallica-Rosen:* Wahrscheinlich die ältesten Gartenrosen überhaupt. Strauchrosen mit dichtem, kompakten, reich verzweigten Wuchs und stacheligen Sprossen, Blätter meist stumpf dunkelgrün, Blüten häufig in Dreiergruppen, einfach oder gefüllt, oft in Karmesin-, Purpur- und Hellvioletttönen. In Beeten und Rabatten, als Hecken, besonders für kleinere Gärten geeignet. Beispiele: 'Charles de Mills' (besonders große, gefüllte, flache Blüten in dunklem Purpur bis Violett, schwacher Duft, 150 x 120 cm); 'Officinalis' („Apothekerrose", große, halbgefüllte, karminrote Blüten mit gelben Staubgefäßen, 120 x 120 cm); 'Rosa Mundi' ('Versicolor'; wie 'Officinalis', aber die Blüten sind karminrot mit weißen Streifen); 'Tuscany' (flache, halbgefüllte, samtig dunkelrote Blüten mit gelben Staubgefäßen, schwacher Duft, 120 x 90 cm).
- *Moosrosen:* Locker wachsende Strauchrosen, die auf den Kelchblättern ihrer Blüten

Moosrose 'Nuitsche Young'

Portland-Rose 'Rose de Rescht'

Schottische Rose 'Bibernellrose'

Zentifolia-Rose 'Fantin Latour'

einen moosartigen Belag haben. Die halbgefüllten oder gefüllten, meist duftenden Blüten stehen im Gruppen zusammen. In Beete und Rabatten pflanzen. Beispiele: 'Gloire des Mousseux' (sehr große, intensivrosa Blüten, kräftiger Wuchs, 150 x 90 cm; 'Mousseline' (öfter blühende Moosrose, große, schalenförmige, zartrosa Blüten, 150 x 120 cm); 'Nuits de Young' (schlanker Strauch mit wenig Laub, dunkelviolette bis schwarzrote, duftende Blüten, 90 x 90 cm).

- *Noisetterosen:* Remontierende Kletterrosen mit glatten Sprossen und meist glänzenden Blättern und großen Gruppen gewürzartig duftender, oft gefüllter Blüten. Etwas empfindlich, daher im Schutz einer Wand pflanzen und im Winter besonders schützen. Beispiele: 'Blush Noisette' (zart-lilarosa, locker gefüllt, öfter blühend, 15 x 150 cm); 'Aimée Vibert' (syn. 'Bouquet de la Mariée'; weiß mit rosa Schimmer, gefüllt, sehr empfindlich).
- *Remontant-Rosen:* Aus Kreuzungen von Hybriden einer Chinarose mit Portland-, Noisette- und Bourbonrosen. Ausgesprochene Liebhaberrosen, meist stark duftend, manchmal etwas wuchtig in Wuchs und Blüte. Beispiele: 'American Beauty' (kirschrot, gefüllt, überhängender Wuchs, schwach nachblühend, 150 x 120 cm); 'Baroness Rothschild' (zartrosa, gefüllt, herb duftend, aufrechter, kompakter Wuchs, schwach nachblühend, 120 x 90 cm); 'Ferdinand Pichard' (scharlachrot mit weißen Streifen, gefüllt, duftend, öfter blühend, 120 x 120 cm).
- *Portland-Rosen:* Aufrechte, gedrungene, remontierende Strauchrosen mit stacheligen Sprossen, dunkelgrünen Blättern und einzelnen oder in Gruppen stehenden, duftenden, halbgefüllten oder gefüllten Blüten.

In Beete oder Rabatten pflanzen. Beispiele: 'Rose de Rescht' (buschige Pflanze mit vollen Blüten in Purpur, duftend, öfter blühend, 90 x 75 cm); 'The Portland Rose' (kleiner, buschiger Strauch, halbgefüllte, hellkarminrote Blüten mit gelben Staubgefäßen, 120 x 90 cm).

- *Schottische Rosen:* Schösslinge bildende Sorten oder Hybriden von *Rosa pimpinellifolia.* Sie bilden dichte, aufrechte Sträucher, besetzt mit zahlreichen, kleinen Blüten. Sehr robust, gedeihen selbst auf armen Böden. Für Beete und Rabatten, auch als Bodendecker. Beispiele: Schottische Rose, Bibernell- oder Dünenrose (*R. pimpinellifolia*; niedriger, sprossender Strauch, weiße Blüten im Frühsommer, 90 cm hoch); 'Dunwich Rose' (rundlicher Wuchs, kleine, hellzitronenfarbige Blüten, farnartiges Laub, 60 x 90 cm); 'Stanwell Perpetual' (kleine, blassrosa, locker gefüllte Blüten, die an alte Rosen erinnern, duftend, öfter blühend, 150 x 150 cm).
- *Zentifolien („Provence-Rosen"):* Lockere, offene Sträucher mit vielen Stacheln und ziemlich rauen Blättern mit meist kugeligen, großen, stark duftenden Blüten, einzeln oder in Dreiergruppen. Beispiele: 'Centifolia' („Kohlrose", silberrosa, stark gefüllt, duftend, überhängender Wuchs, 120 x 150 cm); 'Fantin Latour' (dicht gefüllt, zartrosa mit dunkler Mitte, duftend, 180 x 150 cm); 'Tour de Malakoff' (dunkelrosa bis lilarosa, gefüllt, duftend, großer, lockerer Strauch, 180 x 150 cm).

2. Moderne Gartenrosen:

Zu den Modernen Gartenrosen zählen alle nach 1850 gezüchteten Rosen, sowohl Beet- wie auch Strauch- und Kletterrosen. Viele Moderne Gartenrosen sind eher unter ihrem Handelsnamen (der in verschiedenen Ländern unterschiedlich lauten kann) als unter dem eingetragenen Sortennamen (Codenamen) bekannt. Letzterer leitet sich in der Regel aus den ersten drei Buchstaben des Namens des Züchters ab und lässt eine zweifelsfreie Identifizierung zu. In Züchterkatalogen wird dieser Namen meist in Klammern hinter dem Handelsnamen aufgeführt.

- *Bodendeckende Rosen:* Ausladend und kriechend wachsende Rosen, meist stachelige Sprosse und glänzende Blätter mit kleinen, lanzettlichen Fiedern, manchmal duftende, einfache oder gefüllte Blüten in Büscheln, einmal blühende und ➛ remontierende Sorten. Für Beetränder, Böschungen, Töpfe und zum Überwachsen von Mauern. Beispiele: 'Heidetraum' (kräftig pinkrosa, halbgefüllte Blüte, dauerblühend, niedriger, kompakter Strauch, selbstreinigend, bis 60 cm hoch); 'Mainaufeuer' (blutrote, mittelgroße, gefüllte Blüten, breitwüchsig, niederliegend, öfter blühend, bis 50 cm hoch); 'The Fairy' (kleine, hell-rosarote, rosettenförmig gefüllte Blüten in Büscheln, spät, aber dauerblühend, zierliches Laub, bis 60 cm hoch).
- *Englische Rosen:* Verhältnismäßig junge Rosengruppe, eingeführt durch den englischen Züchter David Austin. Sie entstammen Kreuzungen zwischen alten Rosensorten und neuen Teehybriden und Floribunda-Rosen. Sie kombinieren feinen Charme und Duft Alter Rosen mit dem breiten Farbspektrum und der langen Blühdauer moderner Gartenrosen. Die Blüten sind schalen- bis rosettenförmig, duften stark und erscheinen nach der Hauptblüte im Juni immer wieder bis zum Herbst. Die Sträucher bilden mittelhohe, lockere Sträucher, einige sind auch als Kletterrosen geeignet. Beipiele: 'Heritage' (zartrosa, 120 x 120 cm); 'Constance Spry' (einmal blühend, große, leuchtend rosa Blü-

Bodendeckende Rose 'The Fairy'

Englische Rose 'Graham Thomas'

Floribunda-Rose 'Schneewittchen'

Kletterrose 'R. Vetersen'

ten, als Kletterrose möglich, 300 x 300 cm); 'Mary Rose' (rosarot, locker gefüllt, 120 x 120 cm), 'Abraham Darby' (apricot, 150 x 150 cm); 'Graham Thomas' (gelb, 120 x 120 cm); 'Winchester Cathedral' (weiß, 120 x 120 cm); 'William Shakespeare 2000' (purpur-karminrot, 105 x 75 cm).

- *Floribunda-Rosen:* Büschelblütige Beetrosen, die lange und ausdauernd blühen, ➛ remontieren, robust, winterhart und krankheitsresistent sind, aber kaum duften. Aufrechter Wuchs, dunkelgrünes, glänzendes Laub und einfache bis gefüllte Blüten in einem breiten Farbspektrum. Für Beete. Beispiele: 'Amber Queen' (syn. 'Prinz Eugen von Savoyen', bersteinfarbene, locker gefüllte Blüten, 75 cm hoch); 'Schneewittchen' (syn. 'Iceberg', weiß, 80 cm hoch); 'The Times Rose' (karminrot, flach gefüllt, duftend, 90 cm hoch).
- *Kletterrosen („Climber"):* Oft stark wachsende Sträucher mit langen, steifen, dornigen Trieben und einzelnen oder in Büscheln angeordneten, manchmal duftenden, einfachen oder gefüllten Blüten, neben einmal blühenden auch viele ➛ remontierende Sorten. Für ➛ Pergolen, ➛ Spaliere, Zäune oder frei in andere Sträucher wachsend. Für einen kontrollierten Wuchs müssen die Triebe gelenkt und angebunden werden. Beispiele: 'Gloire de Dijon' (kletternde Noisette-Rose, öfter blühend, cremegelbe, gefüllte Blüten, bis 4,5 m hoch und breit); 'New Dawn' (zartrosa, schwach duftend, Blüten in Büscheln, bis 3 m hoch und breit), 'Sympathie' (leuchtend dunkelrote, duftende, in Büscheln angeordnete Blüten, bis 3 m hoch und breit).
- *Moschata-Hybriden:* Kreuzungen aus *R. moschata* und verschiedenen modernen Strauchrosen mit Blüten in großen Rispen,

ähnlich den Floribunda-Rosen, aber eleganter. Langer, graziöser Wuchs, zarte Blütenfarben, moschusartiger Duft. Sie blühen im Frühsommer und ➛ remontieren gut. Für Rabatten, niedrige Sorten auch für Beete. Beispiele: ‘Buff Beauty’ (große Büschel gefüllter, apricotgelber, duftender Blüten, 150 x 150 cm); ‘Penelope’ (lachsrosa, gelblicher Schimmer, halbgefüllt, duftend, 180 x 180 cm); ‘Prosperity’ (elfenbeinweiß, gefüllt, leichter Duft, überhängender Wuchs, 180 x 120 cm).

- *Patio-Rosen:* Zwischen Miniatur- und Floribunda-Rose angesiedelt, größer als Miniatur-Rosen, mit buschigem Wuchs, winterhart und gut remontierend. Für Rabatten und Beete. Beispiele: ‘Blanco’ (weiß, pomponförmig, 45 cm hoch); ‘Marlena’ (scharlachrote, locker gefüllte Blüten, 35 cm); ‘Queen Mother’ (halbgefüllte, hellrosa Blüten, ➛ remontierend, 45 cm hoch).
- *Polyantha-Rosen:* ➛ Remontierende, gedrungen wachsende Strauchrosen mit kaum dornigen Trieben und glänzendem Laub. Im Sommer in mehreren Schüben Gruppen kleiner, einfacher oder gefüllter, selten duftender Blüten. Für Beete und Rabatten, auch als Topfpflanze. Beispiele: ‘Betty Prior’ (karminrosa mit heller Mitte, einfache, schalenförmige Blüten, 80 bis 150 cm hoch); ‘Sarabande’ (leuchtend geranienrot, gedrungen buschig wachsend, bis 50 cm hoch); ‘Schweizergruß’ (samtig dunkelrot, halbgefüllt, bis 60 cm hoch).
- *Rambler-Rosen:* Sehr wüchsige, kletternde Rosen mit langen, steifen, stacheligen Trieben und dichtem Laub, manchmal duftende, einfache bis gefüllte Blüten, die meist zahlreich in großen Büscheln zusammenstehen. In der Regel einmal im Frühsommer blühend. Können in alte Bäume gelenkt werden, über Dächer wachsen und unansehnliche Gebäude kaschieren. Beispiele: ‘Bobbie James’ (Büschel weißer, duftender Blüten, sehr wüchsig, bis 900 cm hoch); ‘Goldfinch’ (Büschel dottergelber, milchweiß verblassender, duftender Blüten, bis 300 cm hoch); ‘Paul’s Himalayan Musk’ (offene Rispen rosaweißer, duftender Blüten, bis 900 cm hoch); ‘Rambling Rector’ (syn. ‘Seagull’, weiße, halbgefüllte, duftende Blüten, bis 600 cm hoch).
- *Rugosa-Rosen:* Robuste, meist ziemlich große Strauchrosen mit rauen, runzligen, hellgrünen Blättern, oft stark stacheligen Trieben und einfachen oder halbgefüllten, duftenden Blüten, häufig in Gruppen stehend. Gut ➛ remontierend, im Herbst dicke, runde, rote Hagebutten. In Hecken, Beete, Rabatten und als Solitärgehölze pflanzen. Beispiele: ‘Fru Dagmar Hastrup’ (becherförmige, ungefüllte, duftende, hellrosa Blüten, 100 x 120 cm); Kartoffelrose (*R. rugosa*, purpurrosa, ungefüllte, duftende Blüten, ausladender Wuchs, oft als Hecke gepflanzt, 210 x 210 cm), ‘Sarah van Fleet’ (malvenrosa, halbgefüllte Blüten, remontierend, 210 x 150 cm).

ADR-Rosen:
Die Abkürzung „ADR“ bedeutet „Allgemeine Deutsche Rosenneuheitenprüfung“ und bezieht sich darauf, dass Rosenneuheiten an elf verschiedenen Standorten in Deutschland gepflanzt werden. Man beobachtet sie über einen längeren Zeitraum und prüft Gesundheit, Frosthärte, Duft, Blüte, Laub und Wuchsform. Während dieser Prüfphase wird auf Pflanzenschutzmittel verzichtet, um die Widerstandsfähigkeit der Sorten zu testen. Am Ende erhalten nur die besten Sorten, die robust und mit wenig Aufwand zu kultivieren sind, das Prädikat ADR-Rose. In Katalogen weist dieses Prädikat auch Laien den Weg zu Rosensorten, die wenig Probleme, aber viel Freude bereiten.

Rambler 'Alba Bobby James'

Rugosa 'Pierette'

Strauchrose 'Ballerina'

Teehybride 'Graf Lennard'

■ *Moderne Strauchrosen:* Diese Gruppe umfasst eine breite Palette von Sorten verschiedenster Abstammung, meist Kreuzungen aus modernen Buschrosen und anderen stärkeren Arten oder Kletterrosen. Meist stark, robust und reich blühend, in der Regel ➛ remontierend. Beispiele: 'Ballerina' (Büschel kleiner, ungefüllter, rosafarbener Blüten mit heller Mitte, Dauerblüher, 120 x 120 cm); 'Bonica 82' (Büschel rosaroter, gefüllter Blüten, 120 x 150 cm); 'Marguerite Hilling' (große, dunkelrosa, ungefüllte Blüten, einmal blühend, 210 x 210 cm).

■ *Teehybriden:* ➛ Remontierende, reich verzweigte Sträucher mit aufrechtem oder buschigem Wuchs, meist stacheligen Trieben und glänzenden, dunkelgrünen Blättern. Vom Frühsommer bis zum Herbst große, gefüllte, einzelne oder in kleinen Gruppen angeordnete, oft duftende Blüten. Für reine Rosenbeete, formale Rosengärten und als ➛ Schnittblumen. Beispiele: 'Fréderic Mistral' (große, hellrosa Blüten, starker Duft, kräftig und stark wachsend, 80 cm hoch); 'Gloria Dei' (kugelige, gefüllte, rosa überhauchte, gelbe, duftende Blüten, 120 cm hoch); 'Ingrid Bergman' (tiefrot, duftend, stark wachsend, ➛ Ausläufer bildend, 90 cm hoch); 'Papa Meilland' (samtig dunkelrot, starker Duft, 70 cm hoch).

■ *Zwergrosen (Miniaturrosen):* Kleinwüchsige, oft nur 30 cm hohe, häufig miniaturblütige Rosenzüchtungen, die wie Teehybriden gepflegt werden. Für Rabattenränder, ➛ Steingärten, ➛ Einfassungen, aber auch Kübel und Kästen. Diese müssen jedoch mindestens 40 cm tief sein. Beispiele: 'Alberich' (johannisbeerrot, gefüllt, in ganzen Dolden blühend, 20 bis 30 cm hoch);

Hagebutten einer *Rosa rugosa*.

'Golden Medillandina' (goldgelb, kleines, festes, glänzendes Laub, 30 bis 40 cm hoch); 'White Gem' (reinweiß, gefüllt, 30 bis 40 cm hoch).

3. Wildrosen:

Unter Wildrosen versteht man aus Samen gezogene Pflanzen, während alle anderen Rosen vegetativ durch Steckreiser oder Okulation (➛ Veredelungsmethoden) vermehrt werden. Aus der Vielzahl von Sorten nachfolgend eine kleine Auswahl der beliebtesten Arten:

- *Kriechrose (R. arvensis):* bogig überhängende oder kriechende Triebe, bis 1 m hoch oder mehrere Meter kriechend; kleine, weiße, ungefüllte Blüten im Juni.
- *Mandarinrose (R. moyesii):* offener Strauch mit langen, ausladenden Trieben, bis 3 m hoch und 2,5 m breit; mittelgroße, ungefüllte, kräftig blutrote Blüten mit gelben Staubgefäßen; große, dunkelrote, flaschenförmige Hagebutten.
- *Vielblütige Rose (R. multiflora):* stark wachsender, bis 3 m hoher und breiter Strauch mit erst aufrechten, später übergeneigten Trieben und Büscheln kleiner, weißer, ungefüllter Blüten; im Herbst kleine, rote Hagebutten.
- *Weinrose (R. rubiginosa):* stark wachsender, bis 3 m hoher und breiter, erst aufrechter, später übergeneigter Strauch mit mittelgroßen, rosaroten, ungefüllten Blüten.

Rosenblattrollwespe

Kleine schwarze Wespe, deren Larven sich im Innern der Blattröhren verstecken und daran fressen.

Gefährdete Pflanzen: Rosen.

Schadbild: Blätter in Längsrichtung zu dünnen Röhren eingerollt, sie hängen dann und vergilben.

Vorbeugung und Bekämpfung: Nützlinge fördern; befallene Blätter frühzeitig absammeln und vernichten.

Rosengewächse

(ROSACEAE)

Artenreiche Familie von Kräutern, ➛ Sträuchern und Bäumen mit ➛ wechselständigen, oft gefiederten Blättern und Blüten mit getrennten Kronblättern, meist mit deutlichem Kelchbecher (➛ Blütenformen). Die Früchte sind oft fleischig. Neben den als Zierpflanzen geschätzten ➛ Rosen gehören die wichtigsten europäischen Obstarten wie ➛ Apfel, ➛ Birne, ➛ Pflaume, ➛ Aprikose, ➛ Pfirsich, ➛ Mandel, ➛ Kirsche, ➛ Erdbeeren, ➛ Himbeeren und ➛ Brombeeren dazu.

Rosenkohl

(*Brassica oleracea* convar. *oleracea* var. *gemmifera*; CRUCIFERAE) Kreuzblütler

Einjährig kultiviertes Wintergemüse. An dem beblätterten Haupttrieb sitzen zahlreiche kleine, feste Röschen, die abgepflückt und gekocht verzehrt werden. **Kultur:** Aussaat im März/April als ➛ Vorkul-

tur; ins Freiland ausgepflanzt wird spätestens Mitte Juni in Abständen von etwa 60 x 60 cm in gleichmäßig feuchten, nicht zu leichten Boden. Feste Röschen bilden sich nur bei ausreichender Nährstoff- und Wasserversorgung. Die Röschenbildung wird durch Ausbrechen der Sprossspitze im September angeregt. Geerntet wird ab Ende September bis in den Winter hinein; man kann mehrmals jeweils die größten Röschen ausbrechen. Der Kohl verträgt kurzfristig Temperaturen bis -10 °C. Nach einer Kultur mit Rosenkohl sollten auf dem Beet für 3 bis 4 Jahre keine Kohlarten und auch keine anderen ➛ Kreuzblütler angebaut werden. **Schädlinge/Krankheiten:** Kohlweißlingsraupen, Kohlfliege, Kohleule, Kohlschnake, mehlige Kohlblattlaus, Kohlgallenrüssler, Erdflöhe, Kohlhernie. **Vermehrung:** Aussaat.
Sorten: ‘Abunda’, ‘Cavalier F1’, ‘Cyrus F1’, ‘Harola’, ‘Hilds Ideal’, ‘Hossa F1’, ‘Lunet F1’, ‘Wilhelmsburger’.

Seine Zeit kommt im Spätherbst und Winter: Rosenkohl ist dann am besten, wenn er ordentlich Kälte abbekommen hat.

Rosenkugel

Glaskugeln in unterschiedlichen Größen und Farben, die man ursprünglich zur Abwehr böser Geister aufstellte; heute wird sie als Dekoration in Rosengruppen und Stauden eingesetzt.

Rosenschere ➛ Schnittwerkzeuge

Rosentriebbohrer (Triebbohrer)

Weißliche, raupenähnliche Larve einer Blattwespenart; wird auch oft Röhrenwurm genannt, weil er die Triebe der Länge nach aushöhlen.
Gefährdete Pflanzen: Rosen.
Schadbild: welkende Triebe, kleine Bohrlöcher an den Trieben.
Vorbeugung und Bekämpfung: Nützlinge fördern; angebohrte Triebe abschneiden und vernichten.

Rosenwickler (Heckenwickler)

Braungrauer Falter mit orangegelben Flügelspitzen; die Raupen schlüpfen im Frühjahr.
Gefährdete Pflanzen: Rosen, Obstgehölze.
Schadbild: Knospen, Blätter und junge Triebe sind angefressen; aufgerollte und zusammengesponnene Blätter, in den hellgrüne Raupen sitzen.
Vorbeugung und Bekämpfung: Nützlinge fördern; beim Austrieb Boden und Pflanzen

mit Rainfarntee besprühen; befallene Blätter entfernen; Raupen absammeln.

Rosettenpflanzen ➛ Wuchsformen

Rosmarin

(*Rosmarinus officinalis*; LAMIACEAE/LABIATAE) Lippenblütler
Immergrünes, im Alter verholzendes, aromatisch duftendes Heil- und Würzkraut aus der Familie der ➛ Lippenblütler, das im Mittelmeerraum heimisch ist und in milden Regionen im Freiland, sonst im Kübel kultiviert wird. Unbeschnitten erreicht die Pflanze eine Höhe und Breite von 1,5 m. Die ➛ gegenständig angeordneten Blätter sind schmal lineal, fast nadelartig, die vom Frühjahr bis zum Frühsommer erscheinenden, hellvioletten Blüten sind röhrenförmig und stehen in kurzen, armblütigen, wirteligen Blütenständen. Die Blätter können zum Würzen und als Teekraut ganzjährig geerntet werden. Sie besitzen eine anregende Wirkung. **Kultur:** In sehr gut durchlässigen, armen bis mäßig fruchtbaren Böden in voller Sonne pflanzen; im Freiland vor starken Frösten durch Reisigabdeckung schützen. **Schädlinge/Krankheiten:** Blasenfüße (Thripse). **Vermehrung:** Eine Aussaat ist sehr langwierig, da der Samen schwer keimt. Einfacher ist die Vermehrung durch halb-verholzte ➛ Stecklinge im Sommer.
Sorten: 'Aureus' hat gemustertes Laub, 'Prostratus' wächst niederliegend, 'Roseus' hat rosa Blüten, 'Seven Seas' wächst ausladend, leicht überhängend und hat leuchtend blaue Blüten.

Rostkrankheit

Durch verschiedene, oft auf bestimmte Pflanzen spezialisierte Pilze verursachte Krankheit.
Gefährdete Pflanzen: Sommerblumen, Balkon- und Kübelpflanzen, vor allem Löwenmaul, Stockrose, Fuchsien und Pelargonien, Stauden, insbesondere Glockenblumen und Iris, auch Ziergehölze, Rosen sowie Gemüse, vor allem Lauch und Bohnen.
Schadbild: auf Blattunterseiten kleine gelbe, rötliche, braune oder schwarze Flecken oder Pusteln, die bei Trockenheit Sporenstaub entlassen; verfärbte Blattoberseiten; vorzeitiger Blattfall.
Vorbeugung und Bekämpfung: widerstandsfähige Sorten verwenden; standortgerecht pflanzen; weite Pflanzabstände wahren; ausgewogen düngen; beim Gießen Blätter nicht benetzen; Stärkungsmittel, z. B. Ackerschachtelhalmbrühe, verabreichen; Gesteinsmehl verstreuen; befallene Teile entfernen und vernichten.

Rote Bete, Rote Rübe

(*Beta vulgaris* var. *conditiva*; CHENOPODIACEAE) Gänsefußgewächse
Einjährig kultiviertes Wurzelgemüse mit verdickten, tiefroten Wurzeln, roten Blattstängeln und grünem Laub. Wie so viele Gemüse stammt es ursprünglich aus dem

Der Befall mit Birnengitterrost kann jährlichen Schwankungen unterliegen.

Auch Rote Bete gehört zu den klassischen Gemüsen, die wieder den Weg in die Küchen gefunden haben.

Mittelmeerraum. Die rübenartigen Wurzeln werden roh oder gekocht verzehrt und eignen sich zur Konservierung in Essig. Geerntete Pflanzen können ohne Laub in ➛ Erdmieten eingelagert werden. **Kultur:** Im April mit Folgeaussaaten bis Juni 2 bis 3 cm tief in nährstoffreiche, schwere Böden in voller Sonne in Reihen mit einem Abstand von 30 cm aussäen, später auf 15 cm vereinzeln. Während des Wachstums vorsichtig hacken, um Unkraut zu entfernen. Geerntet wird ab Juli bis zum Oktober. Nach einer Kultur mit Roten Rüben sollte einige Jahre auf den Anbau anderer Gänsefußgewächse (➛ Spinat, ➛ Mangold) auf dem Beet verzichtet werden. **Schädlinge/Krankheiten:** Schnecken, Falscher Mehltau, Bakterien, Viren; Mangelerscheinungen (Bor, Mangan) rufen Wuchsdeformationen hervor. **Vermehrung:** Aussaat. **Sorten:** Man unterscheidet zwischen runden, plattrunden und walzenförmigen, bis 30 cm langen Sorten. Runde Sorten: 'Moulin Rouge', 'Rote Kugel', 'Rubidus'; plattrunde Sorten: 'Ägyptische Plattrunde'; walzenförmige Sorten: 'Forono', 'Cylindra'. Gelbes Fleisch hat die Sorte 'Burpees Golden'.

Rote Listen ➛ Naturschutz

Rote Spinne ➛ Spinnmilben

Rote Wegschnecke ➛ Schnecken

Rotkohl, Rotkraut ➛ Kohl

Rotpustelkrankheit

Durch den Pilz *Nectaria* verursachte Gehölzkrankheit.

Gefährdete Pflanzen: Laubgehölze, darunter vor allem Ahorn.

Schadbild: kleine rote bis orangefarbene Pusteln an den Trieben; Zweige und ganze Äste sterben ab.

Vorbeugung und Bekämpfung: standortgerecht pflanzen; ausgewogen düngen; fachgerechter Auslichtungsschnitt; stärkende Mittel wie Ackerschachtelhalmbrühe verabreichen; befallene Teile herausschneiden und vernichten.

Bevorzugt an Ahornbäumen breitet sich die Rotpustelkrankheit aus.

Rußtau, hier an einem Rhododendron, geht mit dem Befall von Blattläusen einher.

Rotte, Rotteförderer ➛ Kompostierung

Rübe ➛ Möhre, Kohlrübe, Rote Bete

Ruheknospe ➛ Knospe

Ruhendes Auge ➛ Knospe

Ruhezeit ➛ Vegetationsruhe

Rukola ➛ Salatrauke

Rundkronen ➛ Kronenformen

Rundlich ➛ Blattformen

Rüsselkäfer ➛ Käfer

Rußtau

Der Befall mit einem Rußtaupilz, was im eigentlichen Sinn keine Krankheit darstellt. Die schwärzlichen Pilzsporen werden auf den klebrigen Ausscheidungen von saugenden Insekten verteilt und bilden einen Blattbelag, der die Energie liefernde und lichtabhängige Fotosynthese behindert.

Gefährdete Pflanzen: Sommerblumen, Balkon- und Kübelpflanzen, Stauden, Zwiebel- und Knollenpflanzen, Ziergehölze, Rosen, Obst- und Gemüse.

Schadbild: rußig schwarzer Belag auf den zuckerhaltigen Ausscheidungen saugender Insekten, vor allem von Blattläusen.

Vorbeugung und Bekämpfung: Blattläuse, Schildläuse und Blattsauger bekämpfen; Belag mit Wasser abwaschen.

Rute

Langer, dünner, biegsamer Trieb von Gehölzen, besonders bei Himbeeren und Brombeeren.

Rutenkrankheit

Durch verschiedene Pilze hervorgerufene Krankheit.

Gefährdete Pflanzen: Himbeeren.

Schadbild: bräunliche oder violette Flecken an den Trieben; verformte oder dürre Triebe; geringer Blütenansatz; Ruten sterben häufig im Folgejahr ab.

Vorbeugung und Bekämpfung: auf gute Pflege achten; abgetragene Ruten rasch entfernen; befallene Triebe sofort herausschneiden und vernichten.

Saat → Aussaat

Saatband → Saatgut

Saatbeet
Ausschließlich für die Anzucht von Gartenpflanzen aus Samen angelegtes Beet mit spezieller Anzuchterde.

Saatgefäße → Anzuchtgefäße

Saatgut
Selbst gesammelte oder im Fachhandel erhältliche Pflanzensamen zur gezielten Aussaat.
Im Handel werden verschiedene Qualitäten angeboten:

- *Normalsaatgut:* unbehandelte, aber gereinigte Samen definierter Herkunft.
- *Standardsaatgut:* ausschließlich von einer bestimmten Sorte stammende Samen; entsprechen dem Gebot der Sortenreinheit.
- *zertifiziertes Saatgut:* geprüftes Samenmaterial, direkt von Pflanzen gewonnen, die nur zur Erzeugung dienen.
- *kalibriertes Saatgut:* nach Größe sortierte Samen ab einer Mindestgröße.

Zudem werden unterschiedliche Formen angeboten:

- *granuliertes Saatgut:* eine Anzahl der Samen ist mit einer Hüllmasse umgeben, wodurch die Handhabung bei sehr feinen Samen erleichtert wird.
- *inkrustiertes Saatgut:* zum Schutz vor Schädlingen und Krankheit vorbehandelte Samen.
- *pilliertes Samengut:* durch Umhüllung mit einer speziellen Masse vergrößerte Samen, vor allem von Sorten mit extrem feinen Samen.
- *Saatband:* Samen, die bereits im richtigen Abstand zueinander zwischen 2 Streifen Spezialpapier eingeschlossen sind; das Papier löst sich allmählich auf.
- *Saatvlies:* Samen, die zwischen 2 Lagen Vlies eingebettet sind.
- *Saatteppich:* in 2 Lagen Spezialpapier eingeschlossene, gleichmäßig über die gesamte Fläche verteile Samenkörner.
- *Saatstick (Saatstäbchen, Quickstick):* einzelnes, an einem Pappstreifen angebrachtes Samenkorn; wird bis zur vorgegebenen Markierung in die Erde gesteckt.

Saatgutbeize (Samenbeize), Vorbehandlung der Saatkörner mit chemischen oder biologischen Mitteln, um Krankheits- und Schädlingsbefall während der Keimung vorzubeugen.

Saatrillen → Aussaat

Saatschale → Anzuchtgefäße

Saatstäbchen, Saatstick, Saatteppich
→ Saatgut

Saattiefe → Aussaat

Sackkultur → Foliensackkultur

Sägen → Schnittwerkzeuge

Sägewespen
Winzige, nur bis 6 mm große Blattwespen, deren bis zu 1 cm lange weißliche Larven in den Früchten oder an Blättern fressen.
Gefährdete Pflanzen: Kernobst, Steinobst.
Schadbild: Kelchblätter der Blüten mit Bohrloch; Früchte mit Bohrloch, innen zerfressen und faulig; vorzeitiger Fruchtfall.

Vorbeugung und Bekämpfung: Nützlinge fördern, z.B. Vogelnistkästen aufhängen; Fallobst regelmäßig aufsammeln; frühmorgens die noch kältestarren Wespen von den Zweigen abklopfen und vernichten; nur bei sehr starkem Befall Pyrethrum-Präparate ➛ Pflanzenschutzmittel anwenden.

Salat ➛ Blattsalat, Endivie, Radicchio, Zuckerhut

Salatrauke, Ölrauke, Rauke

(*Eruca vesicaria* ssp. *sativa*; CRUCIFERA) Kreuzblütler

Ein- bis zweijährige Gemüse- und Salatpflanze aus dem Mittelmeerraum mit aufrechtem, kantigem, am oberen Ende verzweigt Stängel und eiförmigen fiederspaltigen Blättern mit gezähnten, spitzen Abschnitten. Die Blüten sind endständig, erst gelblich, dann weiß bis blassviolett gefärbt. Die jungen, zarten Blätter der schnell wachsenden Rauke schmecken erdnussartig pikant und werden zum Würzen und für Salate verwendet. **Kultur:** Aussaat im Frühjahr ab April mit Folgeaussaaten bis in den Hochsommer in fruchtbaren, lockeren Böden in voller Sonne in Reihen mit einem Abstand von 15 bis 25 cm; nach der Aussaat nicht austrocknen lassen. Ernte der jungen Blätter vor der Blüte. Nach dem Abschneiden der Blätter bis auf eine Höhe von 2 bis 3 cm treibt die Pflanze meist nochmals. **Schädlinge/Krankheiten:** Erdflöhe, Kohlhernie und andere kohlspezifische Krankheiten (➛ Kohl) können auftreten. **Vermehrung:** Aussaat. Die Pflanze sät sich willig selbst aus.

Arten und Sorten: Die Wilde Rauke (*Diplotaxis tenuifolia*) ist mehrjährig und schmeckt deutlich würziger als die Salatrauke. Sie kann nach der Aussaat vereinzelt werden und bildet mit der Zeit große, verzweigte Pflanzen.

Mit ihrem leicht pfeffrigen Geschmack ist die Salatrauke in den letzten Jahren sehr populär geworden, allerdings unter ihrem italienischen Namen Rucola.

Salbei

(*Salvia*; LAMIACEAE/LABIATAE) Lippenblütler

Salbei wächst, mit Ausnahme tropischer Regenwaldgebiete und sehr kalter Regionen, fast überall. Die Gattung umfasst weltweit etwa 900 Arten ➛ Einjähriger, ➛ Zweijähriger, ➛ Stauden und ➛ Sträucher, von denen viele als Zierpflanzen, der Echte Salbei oder Gartensalbei (*S. officinalis*) auch als ➛ Heil- und Würzpflanze, kultiviert werden. Die Pflanzen sind häufig wollig oder silbrig behaart, haben kantige ➛ Sprossen und gegenständig angeordnete Blätter. Die Blüten haben oft laubblattartige, farbige Tragblätter und sind in Rispen oder achselständigen Wirteln angeordnet. Einjähriger und staudiger Ziersalbei wird in Beete und Rabatten, aber auch in Töpfe und Kästen gepflanzt. Gartensalbei gehört als Würz- und Teekraut in jeden Küchengarten, sieht aber auch als Zierpflanze hübsch aus. **Kultur:** In nährstoffreiche, durchlässige, alkalische Böden in voller Sonne pflanzen. Einjährige Ar-

Nicht nur als Küchen- und Heilpflanze gefragt, Salbei bereichtert auch jeden Garten in optischer Weise: Echter Salbei, Ziersalbei, Schopfsalbei und Mehlsalbei (von oben links nach unten rechts).

ten im März/April bei 16 bis 18 °C in Töpfen aussäen, später auspflanzen oder ab Mitte Mai direkt an Ort und Stelle säen. Staudenarten im Herbst oder Frühjahr pflanzen. Abgeblühtes wird laufend ausgeschnitten. Gartensalbei verträgt im Frühjahr einen kräftigen Rückschnitt bis ins alte Holz, damit er nicht frühzeitig vergreist. Bei strengem Frost schützt ihn eine Reisigabdeckung. **Schädlinge/Krankheiten:** Schnecken, Blattläuse, Spinnmilben, Blasenfüße (Thripse), Echter Mehltau, Wurzelfäule. **Vermehrung:** Aussaat, bei staudigen Arten auch Teilung älterer Horste im Frühjahr oder Herbst.

Arten und Sorten: Silberblattsalbei (*S. argentea*): Rosetten bildende Zweijährige mit silbrig behaarten Blättern und 70 bis 90 cm hohen Rispen mit weißen Blüten; Spätherbstsalbei (*S. azurea*): bis 1,5 m hohe, bis 90 cm breite Staude mit dunkelblauen Blüten von Oktober bis November; Scharlachsalbei (*S. coccinea*): buschige, bis 60 cm hohe Einjährige, im Sommer mit roten (auch weißen) Blüten, u. a. 'Lady in Red', 'White Lady'; Mehlsalbei (*S. farinacea*): einjährig kultivierte, nicht frostharte, bis 60 cm hohe, bis 30 cm breite Staude mit endständigen Ähren lavendelblauer Blüten, u. a. 'Rhea', 'Strata', 'Victoria'; Wald- oder Steppensalbei (*S. nemorosa*): bis 1 m hohe, bis 60 cm breite, reich verzweigte Staude, im Sommer dichte, endständige Trauben violetter, weißer oder rosa Blüten, u. a. 'Blauhügel' (40 cm hoch, rein blau), 'Mainacht' (40 cm hoch, nachtblau), 'Ostfriesland' (50 cm hoch, violettblau), 'Rosakönigin' (40 cm hoch, rosa), 'Schneehügel' (syn. 'Adrian'; 50 cm hoch, reinweiß); Gartensalbei (*S. officinalis*): bis 80 cm hohe und breite, verholzende, halbimmergrüne, halb-strauchige Staude mit wollig behaarten, aromatischen Blättern, die als Würz- und Teekraut laufend geerntet werden können, u. a. Sorten mit buntem Laub wie 'Tricolor', 'Icterina' und 'Purpurascens'; Wiesensalbei (*S. pratensis*): bis 90 cm hohe Staude mit blauen Blüten an langen Rispen; Muskatellersalbei (*S. sclarea*): bis 1 m hohe, bis 30 cm breite Staude oder Zweijährige mit großem, verzweigtem Blütenstand und rosa Blüten, duftet aromatisch nach Muskat; Pracht- oder Feuersalbei (*S. splendens*): buschige, bis 40 cm hohe, nicht frostfeste Staude, die einjährig kultiviert wird mit roten, weißen, lachs- oder fliederfarbenen Blüten, u. a. 'Cleopatra-Serie' (mittelhohe Mischung), 'Phoenix-Serie' (niedrige Mischung), 'Scarlet King' (scharlachrot), 'Johannisfeuer' (zinnoberrot); Hybridsalbei (*S.* x *superba*): bis 90 cm hohe Staude mit dichten, endständigen Blütentrauben, u. a. 'Blaukönigin' (40 cm hoch); Schopfsalbei (*S. viridis*, syn. *S. hormium*): bis 50 cm hohe Einjährige mit auffälligen, bunten Tragblättern, u. a. 'Claryssa', 'Bouquet', 'White Swan'.

Samen

Der Verbreitung dienendes Produkt der Blütenpflanzen. Ein S. besteht aus einem ruhenden, von einer Schale umschlossenen, meist in Nährgewebe eingebetteten Keimling, aus dem die neue Pflanze hervorgeht. Bei höheren Pflanzen entwickelt sich der S. meist in einer Frucht. Die Ausbreitung erfolgt durch Wind, Wasser, Vögel und andere Tiere; einige Pflanzen können ihre S. selbst verstreuen, z. B. Akelei und Lupine.

Samenanlagen

➛ Blüte

Samenbeize

➛ Saatgut

Samen- und Schotengemüse

Alle keimfähigen Samen wie Leguminosen (➛ Schmetterlingsblütler), z. B. ➛ Erbsen, ➛ Bohnen, Linsen und die Samen vieler Kräuter, vor allem aber Getreide wie Weizen, Hafer, Gerste, Roggen und Hirse zählen zu den Samen- und Schotengemüsen. Auch Buchweizen, Amaranth und ➛ Mais sind Samengemüse. Die in den Samen gespeicherte Energie soll den Keim der Jungpflanzen versorgen und macht Samengemüse sehr reich an Proteinen und Kohlenhydraten. Die Samen vieler Kräuter werden als Gewürz verwendet, so etwa Kümmel, Senf, Anis, Koriander.

Samenvielfalt auf einem marokkanischem Markt.

Samenpflanzen ➛ Blütenpflanzen

Samenruhe ➛ Keimung

Samenunkräuter ➛ Unkräuter

Sämling

1. Allgemein in der Züchtung die Bezeichnung für eine aus einem Samen gezogene Jungpflanze.
2. Bei Gehölzen die Bezeichnung für einen bis zu 3 Jahre alten, aus einem Samen gezogenen Baum oder Strauch, der noch nicht verpflanzt ist.

Sammelfrüchte ➛ Fruchtformen

Sand

Mineralkörnchen einer bestimmten Größe, deren Mineralzusammensetzung je nach Ausgangsgestein verschieden ist. Die meisten Sandkörner haben einen hohen Anteil an Quarz (Quarzsand). Im Boden bewirkt S. gute Durchlüftung und Wasserdurchlässigkeit; daher wird er schweren Böden zur Bodenverbesserung und -lockerung beigemengt. Für diese Zwecke eignet sich hauptsächlich *Quarzsand*, im gärtnerischen Sprachgebrauch auch scharfer Sand oder Flusssand genannt; *Bausand* ist generell ungeeignet.

Sandboden ➛ Bodenart

Saubohne ➛ Bohnen

Sauerkirsche ➛ Kirsche

Saugwurzeln ➛ Wurzeln

Säulenrost

Durch einen Rostpilz verursachte Krankheit.
Gefährdete Pflanzen: Schwarze Johannisbeeren, selten Stachelbeeren, fünfnadelige Kiefernarten wie Weymouth- und Zirbelkiefer.
Schadbild: im Hochsommer an Johannisbeerblättern unterseits gelbe bis rötliche

Flecken mit winzigen Pusteln, Blätter fallen vorzeitig ab; an Kiefern aufgeraute Rinde, angeschwollene Äste, im Frühsommer gelbe bis orangefarbene Blasen an den Trieben.
Vorbeugung und Bekämpfung: Johannisbeeren nicht in die Nähe von fünfnadeligen Kiefern setzen und umgekehrt; Beerensträucher ab Blühbeginn öfter mit Wermutbrühe übersprühen; Stärkungsmittel wie Ackerschachtelhalmbrühe verabreichen; befallene Teile entfernen und vernichten; bei sehr starkem Befall kupferhaltige Präparate anwenden.

Saum
Übergangszone zwischen zwei verschiedenen Lebensbereichen. Der Gehölzsaum kennzeichnet z.B. den Übergang zwischen Wald und Wiese bzw. zwischen einer Gehölzgruppe und Rasen im Garten.

Säuregehalt ➛ pH-Wert

Säuregrad ➛ pH-Wert

Saurer Regen
Bezeichnung für Niederschläge, die durch gasförmige Verunreinigungen wie Schwefeldioxid, Stickoxide, gasförmige Fluor- und Chlorverbindungen so sauer (➛ pH-Wert) werden, dass sie für Schäden in der Natur, etwa das Waldsterben, mitverantwortlich gemacht werden.

Sauzahn ➛ Bodenbearbeitungsgeräte

Schädlingsbekämpfung
Abwehrmaßnahmen gegen Lebewesen, die Menschen direkt oder indirekt, z.B. durch Vernichtung von Nahrungs- und Zierpflanzen, schädigen. ➛ Pflanzenschutz, ➛ Pflanzenschutzmittel

Schädlinge
Verschiedene Tierarten, meist Insekten, die sowohl Zier- als auch Nutzpflanzen schädigen. Man sollte jedoch nicht S. im Garten gänzlich ausrotten, sondern sie lediglich in Grenzen zu halten, damit sie keinen wirklichen Schaden anrichten können. Wichtig sind die Zusammenhänge: Wo Läuse, Raupen oder Milben völlig vertrieben werden, fällt ein Glied in der ➛ Nahrungskette der vielen anderen Lebewesen aus. Vögel, Igel, Marienkäfer und Raubmilben, die natürlichen Feinde der S., leiden Hunger und können nicht genügend Nachkommen ernähren. Die Folge ist, dass die S. überhand nehmen und viele Gärtner zu chemischen Pflanzenschutzmitteln greifen müssen. Siehe auch einzelne Schädlinge.

Schafkälte ➛ Singularitäten

Schäften ➛ Veredelungsmethoden

Schalen ➛ Pflanzgefäße

Schalenobst ➛ Obst

Schalotte
(Allium ascalonicum; LILIACEAE*) Liliengewächse*
Dieses Zwiebelgemüse ähnelt vom Aussehen und Geschmack her der Speise- ➛ Zwiebel (*A. cepa*), ist aber insgesamt zierlicher und milder im Geschmack, weshalb auch die grünen Blätter wie ➛ Schnittlauch verzehrt werden können. Neben der Hauptzwiebel wachsen mehrere große Nebenbulben.
Kultur: ➛ Brutzwiebeln werden im Früh-

jahr (ab Mitte März), in sehr milden Regionen auch im Herbst, im Abstand von 15 cm in Reihen mit einem Abstand von 20 cm in tiefgründige, nährstoffreiche Böden in voller Sonne gerade so tief gesteckt, dass der Zwiebelhals noch sichtbar ist. Während des Wachstums Unkraut jäten und bei Trockenheit gießen. Im Frühjahr gesteckte Zwiebeln sind bereits im Juni als Lauchschalotten essbar, im Juli sind die Zwiebeln erntereif. Nach der Ernte lässt man die Zwiebeln abtrocknen, säubert sie und lagert sie trocken und dunkel wie Speisezwiebeln. **Schädlinge/Krankheiten:** Zwiebelfliege, Lauchmotte, Zwiebelblasenfuß (Thripse), Falscher Mehltau, Porreerost, **Vermehrung:** Durch Brutzwiebeln.
Sorten: 'Golden Gourmet' (gelbe Sorte), 'Red Sun' (rote Sorte)

scharfer Sand ➛ Sand

scharfer Schnitt ➛ Schnittstärke

Scharkakrankheit (Pockenkrankheit)
Gefährliche Viruserkrankung, die meist zum Verlust der betroffenen Bäume führt.
Gefährdete Pflanzen: Pflaumen, Pfirsiche, Aprikosen, gelegentlich Mandeln sowie Schlehen.
Schadbild: verwaschene, olivgrüne, rötlich umrandete, auch violette Flecken, Ringe oder Bänder auf den Blättern; Früchte mit hellen Ringen oder Flecken, runzelig mit Pocken, Rissen oder Furchen; Fruchtfleisch braun oder zäh wie Gummi; vorzeitiger Fruchtfall.
Vorbeugung und Bekämpfung: nur virusgetestetes Pflanzgut verwenden; standortgerecht pflanzen; fachgerechte Pflege; Blattläuse bekämpfen; Auftreten der Krankheit umgehend einem Pflanzenschutzamt mitteilen (Meldepflicht!); erkrankte Bäume roden und vernichten.

Die Scharkakrankheit ist für den betroffenen Baum meist tödlich.

Schattenfrüchte (Hungerfrüchte)
Früchte von Obstgewächsen, die aufgrund mangelnder Belichtung und Nährstoffversorgung kleiner als gewöhnlich bleiben, nicht die richtige Farbe und den vollen Geschmack entfalten. Sie entstehen auch, wenn der Fruchtbehang eines Astes zu dicht ist.

Schattengare ➛ Bodengare

Schattieren
Künstliches Beschatten von Pflanzen, die sonst durch starke Sonneneinstrahlung Schaden erleiden würden. Sch. erfolgt meist im Frühbeet und Gewächshaus, z. B. durch Strohmatten, dunkle Folien oder Schattierfarbe (die Glasabdeckung wird mit einer speziellen, abwaschbaren Farbe gestrichen).

Schattig ➛ Lichtverhältnisse

Schaufel ➛ Bodenbearbeitungsgeräte

Die Schaumzikade wird im Volksmund auch Hexenspucke oder Kuckucksspeichel genannt.

Schaumzikade

Kleines blassgelbes bis gelbgrünes Insekt mit dachförmig zusammengelegten Flügeldecken; es fliegt bei Störung sofort auf. Die kleinen weißlichen bis dunklen Larven schützen sich durch eine Schaumhülle.

Gefährdete Pflanzen: Sommerblumen, Stauden, Zwiebel- und Knollenpflanzen, Ziergräser, Wiesengräser und -blumen, Rosen, selten auch Ziergehölze.

Schadbild: schaumige Klümpchen („Kuckucksspeichel") an Stängeln oder in Blattachseln, darin die Larven; feine, gelbliche bis weiße Sprenkel am Laub, Blätter vergilben und fallen vorzeitig ab.

Vorbeugung und Bekämpfung: Nützlinge fördern; die Tiere abspülen oder mit Brennnesselkaltwasserauszug von der Pflanze herunterwaschen.

Scheinähre

Rispenblütenstand, dessen Blüten so kurz gestielt sind, dass er als Ähre erscheint, z. B. die Ährenrispe vieler Gräser.

Scheinbulbe ➛ Pseudobulbe

Scheindolde (Trugdolde)

Doldenähnlicher Blütenstand, dessen Blütenstiele an verschiedenen Stellen der Sprossachse entspringen - nicht wie bei der ➛ Dolde nur an einer Stelle, z. B. Bergenie, Verbene.

Scheinzypresse

(*Chamaecyparis*; CUPRESSACEAE) Zypressengewächse

Aus der Familie der Zypressengewächse, bringt diese Gattung 7 immergrüne, einhäusige Nadelbaumarten aus Japan, Taiwan und Nordamerika hervor. Statt Nadeln besitzen sie flache Büschel schuppenartiger, sich überlappender, bis 5 mm lange Altersblätter und etwas größere, eiförmige bis lineale Jugendblätter. Das Laub riecht stark aromatisch. Je nach Sorte reicht das Farbspektrum der Blätter von dunkelgrün über blaugrün bis gelb. Der Wuchs ist sortenabhängig rundlich kompakt bis säulenförmig

Für die Gartengestaltung eine Bereicherung: die Scheinzypresse

Sorten der Lawson-Scheinzypresse				
Sorte	Wuchsform J: Jugendform A: Altersform	Größe in m H: Höhe B: Breite	Blattfarbe	Besonderes
'Alumigold'	dicht, breit säulenförmig	H: 6–8 B: 2–3	gelbgrün mit gelben Spitzen	nur in voller Sonne gute Gelbfärbung
'Alumii'	J: kompakt, säulenförmig A: schmal, konisch	H: 6–15 B: 2–4	blaugrau	nur in voller Sonne intensiv gefärbt
'Blue Surprise'	J: kompakt säulenförmig A: dicht kegelförmig	H: 3–5 B: 1–1,5	blaugrün	für Hecken geeignet
'Columnaris'	J: straff säulenförmig A: schmal konisch	H: 5–10 B: 1–2	blaugrau	für Hecken geeignet
'Elwoodii'	dicht konisch mit aufrecht stehenden Zweigen	H: 2–3 B: 1–1,5	graublau	weiche, dichte, im Herbst stahlblaue Nadeln
'Golden Wonder'	J: schmal, locker konisch A: breit konisch	H: 4–7 B: 1,5–3	tief-goldgelb	im Halbschatten gelbgrün, behält auch im Winter ihre Farbe
'Green Pillar'	schmal säulenförmig	H: 4–8 B: 1–1,5	leuchtend grün	für niedrige Hecken geeignet
'Kelleriis Gold'	J: schlank säulenförmig A: konisch	H: 6–8 B: 2–3	matt-grüngelb	frosthärteste der gelblaubigen Sorten
'Lane', syn. 'Lanei'	J: dicht kegelförmig A: gedrungener und breiter	H: 4–7 B: 2–3	goldgelb	im Halbschatten gelbgrün
'Minima Glauca'	kugelförmig	H: 1–2 B: 1–2	blaugrün, weiß gezeichnet	muschelartig verdrehte Zweige
'Stewartii'	konisch, locker überhängend	H: 6–10 B: 3–4	Spitzen goldgelb, zur Basis hin gelbgrün	im Winter eher gelbgrün gefärbt
'White Spot'	Säulenform mit abstehenden Zweigen	H: 5 B: 1,5–2	ein Teil der Blätter ist weiß oder weiß marmoriert	im Sommer vergrünen die Spitzen
'Wisselii'	schmal konisch	H: 8–10 B: 3–4	blaugrün	nach allen Seiten abstehende Zweiglein, die hahnenkammförmig gedreht sind

– in ihrer Heimat können die Pflanzen bis zu 20 m hohe Bäume wachsen, die bei uns erhältlichen Kulturformen werden oft strauchartig. Die Blüten und Samen (➛ Zapfen) sind unauffällig. Alle im Handel erhältlichen Arten und Sorten sind bei uns voll frosthart. Ideale Heckenpflanze, aber auch als ➛ Solitärbaum oder für gemischte Gehölzrabatten, zwergige Formen auch für Kübel und als Grabbepflanzung. Der Kontakt mit den Blättern kann zu Hautreizungen führen. Das Holz ist weich, feinfaserig und riecht angenehm. **Kultur:** In feuchter, aber gut durchlässiger, neutraler bis leicht saurer Erde in voller Sonne pflanzen. Leicht alkalische Böden werden toleriert. Die Pflanzen brauchen keinen Schnitt, vertragen ihn aber problemlos und sind sehr pflegeleicht. Bei Trockenheit ausreichend wässern (auch im Winter). ➛ Hecken können vom Spätfrühjahr bis zum Frühherbst getrimmt werden, aus Vogelschutzgründen empfiehlt

Sorten der Sawara-Scheinzypresse				
Sorte	Wuchsform J: Jugendform A: Altersform	Größe in m H: Höhe B: Breite	Blattfarbe	Besonderes
'Boulevard'	J: kompakt A: locker konisch	H: 2–4 B: 1–2	silbrig blaugrau	im Sommer silbriger, im Winter blaugrauer gefärbt
'Filifera Aurea'	J: gedrungen, flach A: dicht, breit konisch	H: 3–5 B: 1–1,5	goldgelb	fadenförmig hängende Zweiglein
'Filifera Aurea Nana'	J: kissenförmig A: breit konisch	H: 0,8–1,5 B: 1–2	grüngelb	fadenförmig überhängende Zweiglein
'Filifera Nana'	J: kissenförmig A: kugelförmig bis konisch	H: 0,8–1,5 B: 1–3	frischgrün	fadenförmige Zweiglein; schwach wachsende Zwergform
'Nana'	J: kissenförmig A: flach kugelig	H: 0,6 B: 1,5	oberseits tiefgrün, unterseits blaugrün	sehr schwach wachsend; die fächerförmigen Zweiglein haben krause Spitzen
'Plumosa Aurea'	J: kompakt konisch A: breit kegelförmig	H: 5–8 B: 3–4	goldgelb bis gelbgrün	federartige, büschelige Blätter
'Squarrosa'	J: dicht, konisch A: locker, konisch	H: 10–20 B: 5–8	silbergrau	moosartig krause Zweige; braucht feuchten Boden
'Sungold'	J: kissenförmig A: flach konisch	H: 0,8–1,2 B: 1–1,5	gelbgrün	fadenförmige Zweiglein, sonnenbeständiger als 'Filifera Aurea'

sich ein Schnitt im Hochsommer oder Frühherbst. **Schädlinge/Krankheiten:** Blattläuse, *Phytophthora*-Wurzelfäule, *Coryneum*-Baumkrebs. **Vermehrung:** Aussaat im Frühjahr im Aussaatbeet oder halb verholzte ➛ Stecklinge im Spätsommer bewurzeln. Einige Zwergsorten, etwa von *C. obtusa*, können im Spätwinter oder Frühjahr abgesenkt (➛ Absenker) werden.
Arten und Sorten: Lawson-Scheinzypresse (*C. lawsoniana*): Sortenübersicht siehe Tabelle; Nutka-Scheinzypresse (*Chamaecyparis nootkatensis*): konischer oder säulenförmiger Baum mit abschilfernder Rinde, Laub in langen, hängenden Büscheln, bis 30 m hoch und 8 m breit. 'Aurea' hat gelbe Blätter, 'Pendula' senkrecht nach unten hängende Blätter; Hinoki-Scheinzypresse (*C. obtusa*): breit konischer Baum, bis 20 m hoch und 6 m breit; Muschel-Scheinzypresse (*C. obtusa* 'Nana Gracilis'): bis 2 m hoch und breit, gedrungen wachsend, dunkelgrüne Nadeln, Triebe muschel- oder tütenförmig gedreht; Sawara-Scheinzypresse (*C. pisifera*): Sortenübersicht siehe Tabelle.

Schießen ➛ Schossen

Schikoree ➛ Chicoree

Schildförmig ➛ Blattformen

Schildlaus

Festsitzende, gelbe, braune bis schwarze, unter schild-, napf- oder kommaförmigen Schutzdeckeln verborgene Laus. Sie saugt wie auch ihre noch beweglichen, bräunlichen bis grünlichen Larven Pflanzensäfte.
Gefährdete Pflanzen: Kübelpflanzen, Ziergehölze, Rosen und Obstgehölze.
Schadbild: deutlich braune Pusteln (die Schilde der Läuse), vor allem in Triebach-

Schildläusen rückt man wie auch Blattläusen mit Marienkäfern zu Leibe.

seln, an Trieben und Blattstielen; Larven im Früh- und Hochsommer erkennbar.
Vorbeugung und Bekämpfung: sorgfältige Rindenpflege; Nützlinge fördern, z.B. Marienkäfern Überwinterungsquartiere wie Steinhaufen bieten; Läuse abkratzen; stark befallene Triebe abschneiden und vernichten; im Winter Rapsöl- oder Paraffinpräparate anwenden.

Schlafende Knospe, Schlafendes Auge
(Reserveknospe) ➛ Knospe

Schlaghacke ➛ Bodenbearbeitungsgeräte

Schlanke Spindel ➛ Kronenformen

Schließfrüchte ➛ Fruchtformen, ➛ Einzelfrüchte

Schlinger ➛ Kletterpflanzen

Schlitzfolie ➛ Folien

Schluffboden ➛ Bodenart

Schmarotzer ➛ Parasit

Schmetterlinge
Insektenordnung, deren Vertreter einen Saugrüssel tragen, um an den Nektar der Blüten heranzukommen. Im Garten als Bestäuber von Bedeutung. Unter den S. finden sich jedoch zahlreiche Schädlinge, wobei nicht die erwachsenen Tiere, sondern deren Raupen den Pflanzen gefährlich werden; diese ernähren sich von verschiedenen Pflanzenteilen, fressen etwa an den Blättern, Früchten oder Trieben. Besonders häufig treten Schadschmetterlinge an Obstgewächsen auf wie z.B. verschiedene Wicklerarten, Spanner oder Motten.

Schmetterlingsblüte
➛ Blütenform einer zweiseitig-symmetrische Blüte mit 5 verschieden geformten Kronblättern, oben der „Fahne“, an den Seiten die beiden „Flügel“, unten 2 meist miteinander verwachsene Blätter („Schiffchen“); z.B. Lupine, Ginster, Klee oder Glyzine.

Schmetterlingsblütler
(FABACEAE/PAPILIONACEAE)
Artenreiche Familie der Hülsenfrüchter. Sie umfasst Kräuter, ➛ Sträucher und Bäume mit meist in traubenförmigen Blütenständen angeordneten „Schmetterlingsblüten“ mit charakteristischem Aufbau: Von 5 Kronblättern bildet 1 größeres eine aufgerichtete „Fahne“ (*Vexilium*), 2 schmale seitliche „Flügel“ (*Alae*) und 2 untere ein „Schiffchen“ oder den Kiel (*Carina*; ➛ Blüte). Der Fruchtstand ist meist eine längliche Hülse. Zu den Schmetterlingsblütlern gehören wichtige Futterpflanzen, die mit Hilfe von ➛ symbiotisch mit ihnen lebenden ➛ Knöllchenbak-

terien Luftstickstoff binden und speichern können, etwa Klee, Luzerne, Esparsette, Ackerlupine u.a., sowie wertvolle, eiweißreiche Nahrungspflanzen wie ➛ Bohne, ➛ Erbse, Linse, Sojabohne und Erdnuss. Unter den Gehölzen sind Robinie oder Scheinakazie (*Robinia pseudoacacia*), ➛ Ginster (*Cytisus* und *Genista*) und ➛ Goldregen (*Laburnum*-Arten) die bekanntesten Vertreter der Familie.

Schmetterlingsstrauch ➛ Sommerflieder

Schmierseifenlösung ➛ Pflanzenschutzmittel

Schmierseife-Spiritus-Lösung
➛ Pflanzenschutz

Schnecken

Klasse der Weichtiere. Unter den Landschnecken findet man neben den Gehäuse- auch die braunen, grauen oder rötlichen Nacktschnecken, die als hauptsächliche Schadschnecken im Garten gelten. Den meisten Schaden richten die *Große Wegschnecke*, die *Gartenwegschnecke*, die *Genetzte Ackerschnecke* und die *Spanische Wegschnecke* an. Sie kommen hauptsächlich nachts und bei feuchter Witterung aus ihrem Unterschlupf.

Gefährdete Pflanzen: Sommerblumen, Stauden, Zwiebel- und Knollengewächse, Gemüse, Erdbeeren, aber auch andere Pflanzen.

Schadbild: Schabe- und Lochfraß an Blättern, Blüten, Trieben, Knollen, Zwiebeln und Früchten bis hin zu Kahlfraß; glänzende Schleimspuren; Gelege aus weißen, kugeligen Eiern dicht unter der Erdoberfläche.

Vorbeugung Bekämpfung: Beete im Herbst sorgfältig abräumen, Pflanzenreste entfernen, Boden mit dem Rechen glatt ziehen; zum Mulchen trockenes, sprödes Material wie Stroh, Holz oder Schilfhäcksel verwenden, feucht gewordene Mulchdecken durch Wenden trocknen; beim Gießen Wasser punktförmig an die Pflanzen bringen und nicht die gesamte Beetfläche überbrausen; Kulturen mit speziellen *Schneckenzäunen* umgeben; stark riechende *Abwehrpflanzen*, etwa Salbei oder Thymian zwischen die Kulturen setzen; Pflanzen mit trockenen Fichtennadeln oder scharfem Sand umgeben; *Bierfallen* einsetzen (allerdings können auch viele Nützlinge darin ertrinken); konsequent absammeln, vor allem spätabends und bei feuchter Witterung; Tiere durch Auslegen von *Ködern* wie Kartoffelschalen, angefaulten Tomaten oder von Brettern oder Rhabarberblättern als Unterschlupf fernab der Beete anlocken und dort regelmäßig absammeln; *Schneckenkorn* nur im Notfall bei äußerst starkem Befall anwenden.

Nacktschnecken, die im Garten großen Schaden anrichten können, hinterlassen eine untrügliche Spur.

Schneckenfalle (Bierfalle) ➛ Pflanzenschutzmittel

Schneckenkorn

Granuliertes, giftiges Ködermittel unterschiedlicher chemischer Zusammensetzung.

Es wirkt als Fraßgift, wobei die Schnecken entwässert werden und eingehen; kann bei flächendeckendem Streuen vor allem Igeln zum Verhängnis werden.

Schneckenzaun ➛ mechanische Abwehrmittel

Schneeball

(*Viburnum*; CAPRIFOLIACEAE) Geißblattgewächse

Vielgestaltige Gattung mit etwa 150 Arten Laub abwerfender und immergrüner, meist voll frostharter ➛ Sträucher, die vor allem in der nördlichen Hemisphäre, aber auch in Südostasien und Südamerika heimisch sind. Sie werden wegen ihres Laubes, der attraktiven Blüten und Früchte kultiviert. Die lanzettlich bis runden Blätter stehen paarig oder in dreizähligen Wirteln, haben häufig eine raue Oberfläche und eine markante Äderung. Laub abwerfende Arten weisen in der Regel eine schöne ➛ Herbstfärbung auf. Die meisten entwickeln auffällige, weiße, manchmal rosafarbene Blüten, die in endständigen oder achselständigen Rispen, Schirmrispen oder Cymen stehen und bei manchen Arten angenehm duften. Bei einigen Arten sind die kleinen, fruchtbaren Blüten von einem Kranz größerer, flacher, steriler Blüten umgeben. Die nicht essbaren Früchte sind kugelig bis eiförmig und je nach Art rot, blau oder schwarz. Bei Verzehr rufen sie leichte Übelkeit hervor. Für einen optimalen Fruchtansatz müssen mehrere Exemplare einer Art zusammen gepflanzt werden. Im Garten finden die in der Regel zwischen 1 und 4 m hohen Schneeballarten sowohl in Strauchrabatten wie auch als ➛ Solitärgehölze Verwendung. Manche Arten eignen sich auch als bedingt frostharte ➛ Kübelpflanzen. **Kultur:** In jedem mäßig fruchtbaren, feuchten, aber gut durchlässigen Boden in voller Sonne oder Halbschatten pflanzen. Immergrüne Arten auch im Winter feucht halten und bei Frost gegen austrocknende Winde schützen. Schnitt: Die meisten Schneeballarten vertragen einen kräftigen Rückschnitt. Bei Laub abwerfenden Arten sollten kontinuierlich alte Triebe nach der Blüte ausgelichtet werden, da sie sonst nur noch spärlich blühen. Immergrüne Arten müssen selten geschnitten werden. Ist es aus Gründen der Wuchskorrektur dennoch nötig, sollte es im Spätfrühjahr geschehen. **Krankheiten und Schädlinge:** Blattläuse (besonders *V. opulus* wird von der schwarzen Bohnenblattlaus heimgesucht), Schneeball-Blattkäfer, Weiße Fliege (bei *V. tinus*), Blattflecken. **Vermehrung:** Aussaat im Herbst in Töpfen oder im ➛ Kalten Kasten oder im Sommer Grünstecklinge von Laub abwerfenden Arten, halb verholzte ➛ Stecklinge von immergrünen Arten bewurzeln.

Arten und Sorten: Duftender Winter-Schneeball, Bodnant-Schneeball (*V. bodnantense* 'Dawn'): Laub abwerfender Normalstrauch, 2 bis 3 m hoch und breit, locker aufrecht, sparrig, wenig verzweigt, duftend rosaweiße Blüten am kahlen Holz vom Spätherbst bis zum Frühjahr; Wintergrüner Duft-Schneeball (*V. burkwoodii*): wintergrüner Normalstrauch, 2 bis 3 m hoch und breit, Zweige weit ausgreifend, langsam wachsend, duftend rosaweiße Blüten von März bis Mai; Großblumiger Duft-Schneeball (*V. carlcephalum*): Laub abwerfender Normalstrauch, 2 bis 3 m hoch und breit, offen und locker aufgebaut, langsam wachsend, im April/Mai prächtige, duftend rosaweiße Trugdolden; Koreanischer Duft-Schneeball (*V. carlesii*): Laub abwerfender

Der Schneeball begeistert durch meist duftende Blüten und farbenfrohe Früchte – hier der gemeine (links) und der runzelblättrige Schneeball.

Kleinstrauch, 1,2 bis 1,5 m hoch und breit, sehr langsam wachsend, im April/Mai halbkugelförmige, duftend rosaweiße Trugdolden; Immergrüner Kissen-Schneeball (*V. davidii*): immergrüner, dicht buschiger Zwergstrauch, 0,3 bis 0,5 m hoch und 1,5 m breit, langsam wachsend, im Juni flache, weißlich rosa Trugdolden; Winter-Duftschneeball (*V. farreri*): Laub abwerfender Normalstrauch, 2 bis 3 m hoch und 2 m breit, starke Schösslingsbildung, langsam wachsend, ab November bis April mit Unterbrechungen zahllose kleine, duftend rosaweiße Blüten; Wolliger Schneeball (*V. lantana*): Laub abwerfender, aufrechter bis trichterförmiger Großstrauch, 2 bis 4 m hoch und breit, langsam wachsend, im April/Mai halbrunde, streng riechende cremeweiße Trugdolden, im August schimmernde rote, später schwarze Steinfrüchte, im Austrieb wollig graues, später mattgrünes Laub; Gewöhnlicher Schneeball (*V. opulus*): Laub abwerfender, breit aufrechter Großstrauch, 2 bis 4 m hoch und breit, mittel bis stark wachsend, im Mai/Juni tellerförmige, weiße Trugdolden, bei denen die kleinen, fruchtbaren Blüten von einem Kranz großer steriler Blüten umgeben ist, ab September durchscheinende, rote, glänzende Steinbeeren; Gefüllter Schneeball (*V. opulus* 'Roseum'): Wuchs wie *V. opulus*, aber im Mai/Juni ballförmige Trugdolden in grünlich weiß, die dann reinweiß werden und rosaweiß verblühen und nicht fruchten; Gefüllter Japanischer Schneeball (*V. plicatum*): Laub abwerfender, breit gedrungener Normalstrauch, 1,5 bis 3 m hoch und breit, langsam wachsend, im Mai/Juni ballförmige, weiße Trugdolden; Etagen-Schneeball (*V. plicatum* 'Mariesii'): Laub abwerfender, breit ausladender Normalstrauch, 1,5 bis 2 m hoch und 2 bis 3 m breit, Zweige etagenweise horizontal übereinander stehend, im Mai/Juni große, tellerförmige Trugdolden mit auffällig weißen Randblüten; Japanischer Schneeball (*V. plicatum* f. *tomentosum*): Laub abwerfender, locker breitwüchsiger Normalstrauch, 2 bis 3 m hoch und breit, im Mai/Juni große, flache, weiße bis rosafarbene Trugdolden; Prager Schneeball (*V.* x *pragense*): immergrüner, locker wachsender Normalstrauch, 2 bis 3 m hoch und breit, im Mai schwach halbrunde, duftend cremeweiße Trugdolden; Runzelblättriger Schneeball (*V. rhytidophyllum*): Immergrüner, stark wachsender Großstrauch, 3 bis 5 m hoch und 4 m breit, vielstämmig, straff aufrecht, im Mai/Juni flache, streng riechende cremeweiße Trugdolden, ab August erst rote, später schwarze Steinfrüchte, große, lanzettliche, stark runzlige Blätter; Lorbeer-Schneeball, Laurustinus (*V. tinus*): Immergrüner, nur im Weinbaugebiet frostharter Kleinstrauch, 1 bis 1,5 m hoch und breit, buschig aufrecht, von November bis April duftende rosaweiße Trugdolden, gefolgt von violettschwarzen Beeren, sehr gut schnittverträglich, daher auch als Formschnitt- und Kübelpflanze geeignet.

Schneeglöckchen

(*Galanthus*; AMARYLLIDACEAE) Amaryllisgewächse

Gattung mit etwa 19 Zwiebelpflanzenarten von Europa bis Westasien beheimatet. Ihr Kennzeichen ist das zeitige Erblühen bereits im Spätwinter und zeitigen Frühjahr. Jede Zwiebel bildet 2 bis 3 aufrechte, schmale, riemenförmige Blätter und eine einzige, nickende bis hängende weiße oder grünweiße Blüte an einem aufrechten Stiel. Manche Arten haben duftende Blüten. Die anspruchslosen, je nach Art und Sorte 8 bis 15 cm hohen Pflanzen eignen sich für die ➛ Unterpflanzung lichter Strauchrabatten, zum ➛ Verwildern und für Töpfe. Alle Pflanzenteile sind giftig. **Kultur:** In humoser, feuchter, aber gut durchlässiger Erde, die auch im Sommer nicht ganz austrocknet, im Halbschatten pflanzen. Nach der Blüte schneidet man das Laub erst dann ab, wenn es gelb verfärbt ist. **Schädlinge/Krankheiten:** Narzissenfliege, Grauschimmel (*Botrytis*). **Vermehrung:** Größere Bestände in der ➛ Ruhephase nach dem Welken der Blätter ➛ aufnehmen und teilen. *Galanthus*-Arten hybridisieren leicht, daher ist eine Aussaat nicht unproblematisch. Oft säen sie sich aber auch selbst aus. **Arten und Sorten:** Kaukasus-Schneeglöckchen (*G. caucasicus*): besonders früh blühend, 10 cm hoch; Türkisches Schneeglöckchen, Riesenschneeglöckchen (*G. elwesii*): weiß, duftend, großblumig, bis 22 cm hoch; Schneeglöckchen (*G. nivalis*): reinweiße, ovale Blüten, bis 10 cm hoch; von *G. nivalis* gibt es zahlreiche Sorten, die bekannteste ist wohl das Gefüllte Schneeglöckchen (*G. nivalis* 'Flore Pleno'): unregelmäßig gefüllte Blüten, sterile Form, vermehrt sich durch Ableger. Außer den Arten gibt es auch noch zahlreiche Hybriden.

Schneeschimmel

Hartnäckige Pilzerkrankung des ➛ Rasens.
Gefährdete Pflanzen: Rasengräser, besonders Einjähriges Rispengras.
Schadbild: nach der Schneeschmelze gelbbraune, absterbende Flecken im Rasen; später nach feuchtwarmem Wetter weißes, wattiges Pilzgeflecht zwischen den Grashalmen.
Vorbeugung und Bekämpfung: bei der Anlage des Rasens für gute Drainage sorgen; Rasen regelmäßig belüften, ausgewogen düngen; schneebedeckten Rasen nicht betreten; betroffene Stellen abtragen und neuen Rasen aussäen.

Schnitt

Maßnahme, um in erster Linie Gehölze im Garten jung und blühfreudig zu erhalten sowie ihre art- oder sortentypische Erscheinung bestmöglich zur Geltung zu bringen. Der ➛ *Pflanzschnitt* soll dem Gewächs die Eingewöhnung am neuen Standplatz erleichtern. Mit einem ➛ *Erziehungsschnitt* werden junge Pflanzen in die gewünschte Form gebracht. Der ➛ *Erhaltungsschnitt* soll das langfristige Gedeihen und die Beibehaltung des Wuchses sichern. Hecken werden durch einen ➛ *Formschnitt* regelmäßig getrimmt. Außerdem müssen kranke Teile herausgeschnitten werden, um eine weitere Ausbreitung des Erregers zu verhindern.

Schnittblumen

➛ Sommerblumen und ➛ Stauden, die sich dazu eignen, nach dem Schneiden der erblühten Triebe in die Vase gestellt zu werden. Voraussetzung ist eine gewisse Fülle, Standfestigkeit und Haltbarkeit der Blüten. Nicht alle Schnittblumen sind gleich haltbar. Während ➛ Rosen, ➛ Tulpen und viele ➛ Korbblütler viele Tage Freude schenken, welken ➛ Mohn, ➛ Taglilien und viele Wildrosen oft schon nach einem Tag. Sobald ein Pflanzenteil von der Pflanze abgetrennt wird, ist die Wasserzulieferung von der Wurzel unterbunden. Die Verdunstung über die Blätter geht jedoch weiter, sodass die abgeschnittenen Pflanzenteile mehr oder weniger rasch welken. Die Blätter brauchen mehr Wasser als die Blüten, daher reduziert man nach dem Schnitt die Blattmasse auf ein Minimum. Hohe Temperaturen beschleunigen den Welkprozess, daher hält man Schnittblumen möglichst kühl. Geschnitten werden die Blüten in unterschiedlichem Reifezustand: Korbblütler (z.B. ➛ Astern, Chrysanthemen, ➛ Sonnenhut, Zinnien) schneidet man nur im voll entwickelten, fast ganz aufgeblühtem Zustand. Andere wie ➛ Anemonen, Löwenmäulchen, Wicken, Rosen und ➛ Pfingstrosen sind schon in halbreifem Zustand schnittfähig. Knospig (sobald sich die Farbe der Blütenblätter zeigt) werden Freesien, Tulpen, ➛ Gladiolen, ➛ Iris und ➛ Narzissen geerntet. Die beste Tageszeit für den Schnitt ist der frühe Morgen, wenn die Zellen noch prall mit Wasser gefüllt sind. Die Stiele dürfen dabei nicht gequetscht werden – ein scharfes Messer oder eine scharfe Schere verhindern dies. Verholzte Stielenden nehmen nur schlecht Wasser auf und werden abgeschnitten. Pflanzen, die Milchsaft absondern, taucht man nach dem Schnitt kurz in warmes oder heißes Wasser. Mikroorganismen im Blumenwasser beschleunigen Fäulnisprozesse und verringern die Lebensdauer von Schnittblumen. Ein kühler Standort (eventuell auch über Nacht), täglich frisches Wasser und Blumenfrischhaltemittel sorgen für eine möglichst lange Lebensdauer der Schnittblumen in der Vase. Lassen frische Schnittblumen doch einmal die Köpfe hängen, schneidet man die Stiele neu an, legt die ganze Blume für kurze Zeit in kaltes Wasser oder wickelt sie in Papier ein – das stützt die Stängel – und stellt sie für einige Stunden an einem kühlen Ort in lauwarmes Wasser.

Schnitthecke ➛ Hecke

Schnittlauch

(*Allium schoenoprasum*; LILIACEAE) Liliengewächse

Ausdauernde, im Winter einziehende Zwiebelpflanze mit kurzen Rhizomen (➛ Speicherorgane), bis 40 cm langem, röhrenartigen, grünen Laub und dichten, 2,5 cm breiten Blütendolden in Weiß, Rosa oder Purpur. Mehrere einzelne Zwiebelchen bilden eine horstige Gruppe. Hauptsächlich wegen der aromatischen Blätter kultiviert, die frisch als Gewürz verwendet werden. Zum Konservie-

Schnittlauch ist ein zierliches Zwiebelgewächs, dessen Stängel vor der Blüte geerntet werden sollen.

ren kann man die Blätter auch einfrieren, sie büßen dann aber viel Aroma ein. Ziersorten des Schnittlauchs werden auch in ➛ Steingärten und am Rabattenrand gepflanzt. **Kultur:** Aussaat unter Glas ab Februar, direkt vor Ort im Freiland ab Ende April in allen nicht zu trockenen Böden. Später auf etwa 20 x 20 cm vereinzeln (kleine Gruppen von ➛ Sämlingen verpflanzen). Besonders die Jungpflanzen vor Schnecken schützen und nicht austrocknen lassen. Im Herbst stirbt das Laub ab. Die Zwiebeln treiben erst im nächsten Frühjahr wieder aus. Nach einer längeren Frostperiode kann man sie aber auch ➛ aufnehmen und im warmen Zimmer antreiben (➛ Vortreiben). **Schädlinge/ Krankheiten:** Zwiebelfliegen, Schnecken, Falscher Mehltau. **Vermehrung:** Aussaat oder Teilen älterer Horste im Frühjahr.
Sorten: Neben verschiedenen schmal- bis breitblättrigen Selektionen gibt es noch (ebenfalls essbare) Ziersorten mit besonders attraktiven Blüten: 'Album' (weiß); 'Forescate' (lilarot); 'Forescate Purple' (dunkelviolett, große Blütenkugeln).

Schnittmangold ➛ Mangold

Schnittsalat ➛ Blattsalat

Schnittstärke

Umfang der Schnittmaßnahme:

- *Scharfer Schnitt:* kräftige Zurücknahme des Gewächses, wobei die Triebe um mehr als die Hälfte eingekürzt bzw. nur wenige Seitenknospen je Trieb verbleiben; fördert einen starken Neuaustrieb.
- *Schwacher Schnitt:* die Triebe werden nur um etwa ein Drittel ihrer Länge gestutzt bzw. die Mehrzahl der Knospen bleibt erhalten; fördert die Blütenbildung.

So unterschiedlich Schnittwerkzeuge auch sein mögen: Achten Sie auf eine gute Schärfe für glatte Schnittkanten.

Schnittwerkzeuge

Geräte mit verschiedenen Schneidklingen zum Einkürzen von Pflanzentrieben, zur Pflanzenpflege sowie zur Gewinnung von Vermehrungsmaterial wie Stecklinge. Für jeden Zweck gibt es spezielle Werkzeuge.
Zum Zurückschneiden und Entfernen von Pflanzen oder Pflanzenteilen finden Anwendung:

- *Beil* und *Axt:* zum Fällen von Bäumen und Zerkleinern von dicken Ästen sowie zum Roden.
- *Baumsäge:* zur Entfernung starker Äste; verschiedene Ausführungen.
- *Astschere:* mit papageienschnabelähnlicher Klinge zum Kürzen von dickeren Zweigen; ausgestattet mit langer Stange und Seilzug zum Schneiden hoher Äste.
- *Gartenschere:* Universalschneidegerät mit geraden (Ambossschere) oder mit gebogenen (Schwalbenschwanzschere) Klingen; besonders stabile Ausführungen werden *Baumschere* genannt (zum Schneiden von dünneren Gehölzteilen); auch Scheren für spezielle Zwecke, z.B. *Rosen-* oder *Rebschere*, sind erhältlich.
- *Heckenschere:* zum Zurückschneiden von Hecken; per Hand oder elektrisch betrieben.

Bei der Veredelung verwendet man:

- *Kopuliermesser:* besitzt eine sehr scharfe Klinge mit einseitigem Schliff. *Kopulierhippe* mit einer gebogenen Klinge für exaktere Schnitte; beide Geräte dienen zur Kopulation.
- *Okuliermesser:* mit einer scharfen, einseitigen Klinge und einer Kerbe am Ende des Schneidblatts; wird bei der Okulation eingesetzt.

Weitere Schnittwerkzeuge im Garten sind:

- *Hippe (Baummesser):* ein kleines, sehr stabiles Messer mit kurzer, sichelförmiger Klinge; zum Glätten der Ränder von Gehölzwunden; auch anderweitig einsetzbar.
- *Kantenstecher:* ein spezielles Gerät mit halbmondförmiger Klinge und langem Stiel; zum Begradigen von Rasenkanten oder Abstechen von Rasensoden geeignet.

Schnurbaum ➛ Spalierformen

Schorf

Eine der häufigsten Obstkrankheiten, die durch spezielle Pilzarten verursacht wird, die wiederum durch feuchtwarme Witterung gefördert werden.

Im Anfangsstadium tritt Schorf nur an den Blätter auf, um sich dann der Früchte zu bemächtigen.

Gefährdete Pflanzen: Äpfel, Birnen, Zieräpfel, seltener Kirschen und Pflaumen.
Schadbild: olivbraune, samtige Flecken auf den Blättern, die sich vergrößern und dunkelbraun oder schwarz werden; vorzeitiger Blattfall; ab dem Hochsommer braune, dunkel umrandete Flecken auf den Früchten mit rauer, rissiger Schale; zum Teil höckerartig deformierte Früchte; vorzeitiger Fruchtfall; bei Birnen auch Triebe mit Pusteln und aufgewölbter und rissiger Rinde.
Vorbeugung und Bekämpfung: resistente Sorten bevorzugen; standortgerechte Pflanzung; nicht zu stickstoffreich düngen; fachgerechter Auslichtungsschnitt; große ➛ Pflanzscheiben anlegen, diese ganzjährig mulchen; nicht verrottetes Falllaub entfernen; Stärkungsmittel wie Ackerschachtelhalm verabreichen; erkrankte Teile sofort entfernen und vernichten; bei sehr starkem Befall Pflanzenextrakte, z. B. aus Efeublättern, anwenden oder mit speziellen organischen Fungiziden behandeln.

Schossen (umgangssprachlich Schießen)

Übermäßige und rasche Entwicklung von Trieben oder Blättern einer Pflanze bzw. vorzeitige Blütenbildung bei Gemüse; wird durch äußere Faktoren ausgelöst.

Schote ➛ Fruchtformen

Schredder ➛ Häcksler

Schrotschusskrankheit

Durch Pilze verursachte Obstbaumkrankheit.
Gefährdete Pflanzen: Steinobst.
Schadbild: an jungen Blättern kleine rotbraune Flecken, die eintrocknen; dürr ge-

wordende Gewebeteile fallen schließlich heraus, Blätter sehen dann wie von Schrot durchschossen aus; Welke und vorzeitiger Blattfall; auch Gummifluss an Früchten und Trieben.
Vorbeugung und Bekämpfung: standortgerecht pflanzen; luftiger Stand; Stärkungsmittel, z.B. Ackerschachtelhalmbrühe, verabreichen; erkrankte Pflanzenteile sofort entfernen und vernichten; bei sehr starkem Befall kupferhaltige Mittel einsetzen.

Schuffel ➛ Bodenbearbeitungsgeräte

Schuppenblätter ➛ Blattformen

Schutzpflanzung
Gegen unerwünschte Einflüsse oder Einblicke gepflanzte Gewächse auf privaten Grundstücken oder an Straßen und Plätzen:

- *Lärmschutzpflanzung:* dichte Hecke oder ein Streifen aus speziellen ➛ Lärmschutzgehölzen, die zum Schutz vor lauten Schallquellen eingesetzt werden; am wirksamsten in Verbindung mit einer Mauer oder einem Lärmschutzwall.
- *Sichtschutzpflanzung:* Hecke oder an einer geeigneten Kletterhilfe hochgezogene ➛ Kletterpflanzen, die zur Wahrung der Privatsphäre als Barriere angepflanzt werden.
- *Windschutzpflanzung:* dichte, hohe Gewächse, die gegen die vorherrschende Windrichtung gepflanzt werden, um heftige Luftbewegungen zu vermindern; dadurch wird ein wärmeres Kleinklima begünstigt.

schwacher Schnitt ➛ Schnittstärke

Schwachzehrer ➛ Nährstoffbedarf

Schrotschusskrankheit: Das aufgrund des Pilzverursachers abgestorbene Fleckengewebe fällt aus dem Blatt heraus und hinterlässt kleine Löcher, die den Eindurck entstehen lassen, jemand habe den Baum mit einer Schrotflinte beschossen.

Schwarzbeinigkeit ➛ Keimlingskrankheit

Schwarzwurzel
(*Scorzonera hispanica*; COMPOSITAE)
Korbblütler
Geschätztes, einjährig kultiviertes Wurzelgemüse aus Südosteuropa. Die bis zu 30 cm langen, von einer schwarzen Korkschicht umgebenen Wurzeln sondern bei Verletzung einen weißen Milchsaft ab. Normalerweise blüht die Pflanze erst im zweiten Jahr, bei sehr niedrigen Frühjahrstemperaturen aber auch schon im ersten Jahr. Verzehrt werden die geschälten, gekochten Wurzeln, die vom Oktober den ganzen Winter über bis zum nächsten Frühjahr geerntet werden können. Geerntete Schwarzwurzeln trocknen schnell aus und sollten rasch verbraucht oder in feuchtem Sand gelagert werden. **Kultur:** Aussaat an Ort und Stelle im Freiland ab Mitte März bis Mitte April, 2 bis 3 cm tief in Reihen mit einem Abstand

Schwarzwurzeln, auch als Winterspargel bezeichnet, haben einen milden, leicht würzig säuerlichen Geschmack.

von 25 bis 30 cm in tiefgründige, lockere, alkalische Erde. ➛ Sämlinge später auf 6 bis 8 cm vereinzeln. Während der Wachstumszeit mehrmals vorsichtig hacken und den Boden lockern, bei Trockenheit gießen. **Schädlinge und Krankheiten:** Keine. **Vermehrung:** Aussaat im Frühjahr. **Sorten:** 'Einjährige Riesen', 'Hoffmanns Schwarzer Pfahl' und deren Selektionen.

Schwebfliegen ➛ Nützlinge

schwerer Boden ➛ Bodeneigenschaften

Schwerkeimer ➛ Keimung

Schwertlilie

(*Iris*; IRIDACEAE) Schwertliliengewächse Gattung mit etwa 300 Arten und unzähligen Sorten Rhizome, Zwiebeln oder fleischige Wurzeln (➛ Speicherorgane) bildender ➛ Stauden aus einer Vielzahl von trockenen wie auch feuchten bis sumpfigen Lebensräumen der nördlichen Hemisphäre. Einige Arten sind immergrün, die meisten aber Laub abwerfend; manche haben im Sommer eine ➛ Ruhezeit. Die riemenförmigen Blätter sind oft fächerförmig, bei manchen Arten auch horstig angeordnet. Man kultiviert sie vor allem wegen der sehr attraktiven, farbenfrohen Blüten. Allen gemeinsam ist die typische Iris-Blüte mit 3 Domblättern, 3 Hängeblättern und 3 Narbenlappen. Bartiris-Arten tragen auf den Hängeblättern auffällige „Bärte" oder Kämme, meist in einer anderen Farbe als die Blüte. Größere Schwertlilien finden Verwendung in gemischten Beeten und Staudenrabatten, kleinere Arten in ➛ Steingärten, Trögen oder eignen sich auch zum ➛ Verwildern. Die meisten Arten sind voll frosthart, einige wenige sind frostempfindlich und müssen frostfrei überwintert werden. Nähere Informationen können Sie bei der Deutschen Iris- und Liliengesellschaft erfahren. **Kultur:** Man teilt die Schwertlilien je nach Standortansprüchen in mehrere Gruppen ein: Sumpfschwertlilien (*I. laevigata, I. pseudacorus*) brauchen einen sonnigen Standort in ständig feuchter, neutraler bis leicht saurer Erde; Schwertlilien für frische, feuchte Freiflächen (*I. sibirica, I. ensata*, syn. *I. kaempferi* u. a.) bevorzugen lehmige, frische bis leicht feuchte Böden an sonnigen bis halbschattigen Standorten; Rhizome (➛ Speicherorgane) bildende Bartiris (*Iris barbata*), die am häufigsten kultivierten Iris-Arten, brauchen einen vollsonnigen Standort in gut durchlässiger, neutraler bis alkalischer, trockener Erde. Die Rhizome sollten nur schwach von Erde bedeckt sein oder dürfen offen liegen, damit sie nicht zu faulen beginnen. Wenn überhaupt gedüngt wird, dann mit einem stickstoffarmen Dünger. Nach 4 bis 5 Jahren nimmt man die Rhizome auf und teilt sie, da ansonsten die

Für Teich- und Bachbegrünung ein Muss: einige schöne Sumpfschwertlilien.

Blühfreude nachlassen würde; bartlose Iris (Pazifikküsten-, Spuria-, Laevigata-, Louisiana- und Unguicularis-Iris) mit unterirdisch wachsenden Rhizomen können im Frühjahr ➛ gemulcht werden, sonst entspricht die Kultur derjenigen der Bartiris; Zwiebeliris (Reticulata-, Juno- und Xiphium-Iris) werden doppelt so tief gepflanzt, wie die Zwiebel hoch ist. Sie schätzen lockere, gut durchlässige, neutrale bis leicht alkalische Böden in voller Sonne. Gepflanzt werden alle Irisarten bevorzugt im Herbst. **Schädlinge/Krankheiten:** Schnecken, Thripse, Blattwespenlarven, bakterielle Rhizomfäule, Grauschimmel (*Botrytis*). **Vermehrung:** Selten durch Aussaat, die im Herbst oder Frühjahr im ➛ Kalten Kasten oder in Töpfen erfolgen sollte. Üblich ist die ➛ Teilung der Rhizome im Frühherbst und bei Zwiebeliris das Abnehmen von ➛ Tochterzwiebeln im Herbst.

Arten und Sorten: Aufgeführt wird eine Auswahl der beliebtesten Schwertlilien-Arten und -Sorten, zusammengefasst nach ihrer Verwendung im Garten:

1. Sumpfschwertlilien (Schwertlilien für den Gewässerrand):

- Japanische Sumpfschwertlilie (*I. laevigata*): bis 80 cm hoch; im Juni/Juli blaue Blüten, auch weiße (*I. l.* f. *alba*), rosa (*I. l.* 'Rosea') oder blassblau gepunktete Blüten (*I. l.* 'Mottled Beauty'), *I. l.* 'Variegata' hat weißbuntes Laub.
- Gelbe Sumpfschwertlilie (*I. pseudacorus*): bis 90 cm hoch; im Juni/Juli gelbe, auch weiße (*I. p.* 'Alba') Blüten, *I. p.* 'Variegata' hat weißbuntes Laub.

2. Schwertlilien für frische, feuchte Freiflächen und Rabatten:

- Japanische Schwertlilie (*I. ensata*, syn. *I. kaempferi*): 60 bis 80 cm hoch; im Juni/Juli flache, weit geöffnete Blüten mit kurzen oder waagerecht stehenden Domblättern; Farben je nach Sorte, meist Blau- und Weißtöne, z.B. 'Caprician Butterfly' (weiß, violettblau geädert), 'Dace' (weiß, halbgefüllt), 'Electric Rays' (blau, weiß geädert), 'Tsumabeni' (weiß, zierlich).
- Holländische Iris (*I. hollandica*-Hybriden): 50 bis 60 cm hoch; Blüten in fast allen

Vertreterinnen aus dem umfangreichen Bartiris-Spektrum der Media- und Elator-Hybriden.

Farben außer reinem Rot; gute Schnittblumen und als Treibiris; schöne Sorten (Auswahl): 'Blue Diamond' (violett mit zitronengelbem Fleck), 'Golden Harvest' (goldgelb mit orangem Hauch), 'Madonna' (weiß mit gelber Lippe und hellvioletten Federn), 'White Excelsior' (reinweiß), 'Rusty Beauty' (braunbronze mit gelber Lippe).

- Wiesenschwertlilie (*I. sibirica*): 60 bis 120 cm hoch; im Mai/Juni zahlreiche zierliche Blüten an schlanken Stielen, je nach Sorte weiß, blau, violett oder gelb; auch zweifarbige Sorten. Schöne Hybriden (Auswahl): 'Crème Chantilly' (rahmweiß, 90 cm), 'Mountain Lake' (mittelblau, 60 cm), 'My Love' (hellblau mit Zeichnung, 100 cm), 'Ruffled Velvet' (violett mit Tigerzeichnung am Schlund, 60 cm).
- Steppeniris (*I. spuria*-Hybriden): 90 bis 120 cm hoch; im Mai/Juni blaue, gelbe, bronzefarbene oder weiße Blüten; viele Sorten.
- *I. versicolor*: 70 cm hoch; im Juni rötlich violette Blüten in verschiedenen Schattierungen, hübsche Schlundzeichnung.

3. Bartiris (Iris barbata) für Rabatten und reine Schwertlilien-Beete: Aus der bis 70 cm hohen, hellblauen Deutschen Schwertlilie (*I. germanica*) entstandene Form mit mehreren 1000 Zucht-Hybriden; eine sehr große Gruppe, die nach Wuchshöhe und Blütezeit in 3 Gruppen unterteilt wird. Blüten in allen Regenbogenfarben bis auf reines Rot, auch zwei- oder mehrfarbige Hybriden sind im Handel. Auf Schwertlilien spezialisierte Züchter geben Kataloge mit vielen attraktiven Sorten heraus.

- Niedrige, früh blühende Bartiris (*I. barbata*-Nana-Hybriden): Blütezeit: April/Mai; Höhe: 15 bis 35 cm.
- Mittelhohe, mittelfrüh blühende Bartiris (*I. barbata*-Media-Hybriden): Blütezeit: Mai; Höhe: 50 bis 65 cm.
- Hohe Bartiris (*I. barbata*-Elatior-Hybriden): Blütezeit: Mai/Juni; Höhe: 60 bis 115 cm.

4. Schwertlilien für Steingärten und zum Verwildern:

- Geweihiris (*I. bucharica*): Zwiebeliris; bis

40 cm hoch; im März/April gelbweiße Blüten; breite, hellgrüne Blätter.

- Zwiebeliris (*I. danfordiae*): 10 bis 15 cm hoch; im Februar/März hellgelbe Blüten.
- Stinkende Schwertlilie (*I. foetidissima*): 30 bis 60 cm hoch; immergrün; im Juni dunkelpurpurne Blüten, im Herbst gefolgt von attraktiven Samenkapseln mit orangeroten Früchten, die sich lange halten.
- Pflaumeniris (*I. graminea*): bis 40 cm hoch; violette, stark geäderte, nach Pflaumen duftende Blüten im Laub.
- Zwiebeliris (*I. histrioides*): 10 bis 15 cm hoch; im Februar/März kräftige mittel- bis dunkelblaue Blüten; auch andersfarbige Sorten.
- Netziris (*I. reticulata*): 15 bis 20 cm hoch; im Februar/März blauviolette Blüten, auch andersfarbige Sorten, z.B. 'Cantab' (hellblau), 'Harmony' (himmelblau mit gelben Streifen), 'Joyce' (himmelblau, gelb gefleckt, graubraun getigert, orangefarbener Kamm), 'Natascha' (reinweiß), 'Pauline' (purpurviolett mit großem weißem Punkt), 'Violet Beauty' (dunkelviolett mit orangefarbenem Fleck).

Schwimmblattpflanzen, Schwimmpflanzen ➛ Wasserpflanzen

Schwingel ➛ Gräser

Seerose ➛ Wasserpflanzen

Seggen ➛ Gräser

Seitenachse ➛ Obstbaumteile

Seitenast ➛ Obstbaumteile

Seitenknospe ➛ Knospe

Seitenspross ➛ Spross

Seitentrieb ➛ Trieb

Seitenwurzeln ➛ Wurzel

Selbstaussaat ➛ Aussaat

Ein Stück Knollensellerie in einem Kohlgericht mildert dessen manchmal aufdringlichen Geschmack.

Selbstbefruchtung, Selbstfruchtbarkeit, Selbstunfruchtbarkeit ➛ Befruchtung

Selbstreinigung ➛ Blühverhalten

Sellerie

(*Apium graveolens*; APIACEAE) Doldenblütler Einjährig kultivierte Gemüsepflanze mit verschiedenen Formen (Schnitt-, Knollen- und Bleichsellerie). Die im Mittelmeerraum und an der Atlantikküste heimische Gemüsepflanze wurde im Altertum auch zu medizinischen und kultischen Zwecken sehr geschätzt. Ab dem Spätmittelalter wurde sie dann in Klostergärten kultiviert. Verzehrt wird roh oder gekocht die sehr würzige, gut lagerfähige Knolle (Knollensellerie), die etwas milderen gebleichten Stängel (Bleichsellerie) und, als Gewürz, das Laub (Schnittsellerie). Die Pflanze ist zweijährig und entwickelt im zweiten Jahr Blütenstände. **Kultur:** Sellerie schätzt mäßig warme, feuchte Lagen in mittelschweren, humosen Böden in voller Sonne. Aussaat ab März in ➛ Vorkultur (Lichtkeimer, Saat nur dünn bedecken! ➛ Keimung), Auspflanzen ab Mitte Mai bis Juni. Schnittsellerei ab Mitte Mai direkt an Ort und Stelle im Freiland in Reihen mit einem Abstand von 12 bis 15 cm säen. Knollensellerie im Abstand von 40 x 40 cm nicht tiefer als im Saatbeet auspflanzen, sonst bleiben die Knollen klein; von Juli bis Mitte September ausreichend wässern und düngen. Ernte ab Oktober. Die Knollen ohne Laub können in ➛ Erdmieten gelagert werden. Bleichsellerie im Abstand von 30 bis 40 cm in Reihen mit einem Abstand von 25 bis 35 cm pflanzen. Ältere Züchtungen müssen zum ➛ Bleichen mit Erde oder Stroh angehäufelt werden, moderne, selbstbleichende Sorten werden mit etwas geringerem

Abstand gepflanzt. **Krankheiten/Schädlinge:** Möhrenfliege, *Septoria*-Blattfleckenkrankheit, Sellerie-Schorf, *Sclerotinia*-Pilzbefall, Bormangel (braune, morsche Gewebepartien, hohle Knollen). **Vermehrung:** Aussaat. **Arten und Sorten:** Schnittsellerie (*A. graveolens* var. *secalinum*): 'Dunkelgrüner Schnittsellerie', 'Amsterdamer Dunkelgrüner', 'Aromatischer Typ Krausblättriger'; Knollensellerie (*A. graveolens* var. *rapaceum*): 'Bergers weiße Kugel', 'Monarch', 'Dolvi'; Bleichsellerie (*A. graveolens* var. *dulce;* selbstbleichende Sorten): 'Golden Spartan', 'Weißer Englischer', 'Goldener Schuss'.

Senkgarten

Gestaltungselement im Garten, bei dem ein Bereich unter das vorherrschende Gartenniveau abgesenkt wird; dieser tiefer liegende Bereich weist ein besonders angenehmes Kleinklima auf und wird in erster Linie zur Anlage eines Teichs oder eines geschützten Sitzplatzes genutzt.

Sense ➛ Mähgeräte

Septoria-Blattfleckenkrankheit

Durch Pilzbefall verursachte Erkrankung. *Gefährdete Pflanzen:* Gemüse, vor allem Sellerie, Tomaten und Petersilie, auch Stauden,

besonders Margeriten. Chrysanthemen, Pfingstrosen und Phlox.
Schadbild: auf den Blättern gelbe Punkte, die sich vergrößern und grau, braun oder schwarz werden; Blätter welken und sterben ab.
Vorbeugung und Bekämpfung: standortgerecht pflanzen; angemessene Pflanzabstände einhalten; ausgewogen düngen; stärkende Mittel wie Ackerschachtelhalmbrühe verabreichen; Blätter bei Wässern nicht benetzen; befallene Blätter sofort entfernen und bekämpfen.

Setzling
Eine Jungpflanze, die aus einem Anzuchtbeet oder einem Gefäß an ihren endgültigen Standort gepflanzt wird.

Sexuelle Vermehrung (geschlechtliche Vermehrung) ➛ Vermehrung

Sichel ➛ Mähgeräte

Sichtschutzpflanzung ➛ Schutzpflanzung

Sieb
Von einem Rahmen gefasstes Geflecht zur Trennung von groben und feinen Teilen. Ein engmaschiges *Erdsieb*, ein Handgerät, dient zur Gewinnung von feiner Erde, z.B. um Saaten abzudecken. Mit einem großen, meist rechteckigen *Durchwurfsieb*, das gewöhnlich schräg aufgestellt wird, können Erdbrocken, Steine oder grobe Pflanzenteile getrennt werden, z.B. aus Komposterde.

Silberglanzkrankheit ➛ Milchglanzkrankheit

Singularitäten
Wetterereignisse, die sich jährlich wiederholen und in bestimmten Monaten auftreten; die Kenntnis um sie hilft, sich bei Gartenarbeiten auf kommende Witterungen einzustellen. Die wichtigsten sind:

- *Märzwinter:* Kälterückfall, meist mit Schnee; tritt fast jedes 2. Jahr Anfang März auf.
- *Eisheilige* (Mamertus, Pankratius, Servatius, Bonifatius, „Kalte Sophie“): Mitte Mai auftretender Kälteeinbruch.
- *Schafskälte:* häufig Mitte Juni auftretende Kälte, meist mit reichlich Regen; in rauen Gebieten auch Frost.
- *Hundstage:* hohe Temperaturen um den 10. August herum, oft die heißeste Zeit des Jahres; nach dem Sternbild des Großen Hundes benannt.

Gerade an heißen Sommertagen sorgt ein gut angelegter Senkgarten für erfrischende Kühle.

- *Altweibersommer:* sehr beständige Schönwetterperiode im Frühherbst, meist gegen Ende September und Anfang Oktober.
- *Weihnachtstauwetter:* oft im Dezember auftretende milde Witterung, bei der Schnee und Eis wieder schmelzen.

Sitka-Fichtenlaus

Etwa 2 mm große grüne Pflanzenlaus mit roten Augen.

Gefährdete Pflanzen: Sitka-Fichte, Stechfichte, selten Rotfichte.

Schadbild: ab Vorfrühling an den Nadelunterseiten Läuse erkennbar; Nadeln zuerst gelbfleckig, ab Frühsommer braun oder grau; Nadelfall und Verkahlung von innen heraus; bei schwerem Befall Absterben des Baums.

Vorbeugung und Bekämpfung: standortgerechte Pflanzung, ausgewogene Ernährung und ausreichende Wasserversorgung der Bäume; bei leichtem Befall reichlich wässern und gezielt düngen; bei stärkerem Befall im Frühjahr Pyrethrum-Präparate oder im Spätwinter ölhaltige Mittel, z.B. Rapsöl, anwenden; bei sehr starkem Befall den Baum roden.

Solitärpflanzen

Pflanzen, die nicht im Verbund mit anderen Pflanzen, sondern einzeln stehen und so ihre größtmögliche Wirkung erzielen. Dies können Gehölze, aber auch ➛ Stauden oder ➛ Einjährige sein. Als Solitärpflanzen eignen sich solche mit besonders zahlreichen, prächtigen Blüten (etwa Strauchrosen oder Roseneibisch) oder solche, die einen besonders attraktiven Habitus entwickeln, wenn sie nicht von anderen Pflanzen bedrängt werden (etwa Fächerahorn, große Ziergräser, Trauerformen von verschiedenen Gehölzen). Als S. geeignete *Stauden* sind z.B. Waldgeißbart *(Aruncus dioicus)* und Schaublatt (*Rodgersia*-Arten) am Gehölzrand, Kandelaber-Königskerze *(Verbascum olympicum)* in steppenähnlichen Beeten; *Gehölze*, z.B. Trauerweide (*Salix alba* 'Tristis') für große Gärten, Blütenkirsche (*Prunus*-Arten), Fächerahorn *(Acer palmatum)* für kleine Gärten; *Kübelpflanzen*, z.B. Oleander *(Nerium oleander)*, Nachtschatten *(Solanum rantonnetti)* als Hochstämmchen.

Sommerblumen bringen Farbe in jeden Garten.

Sommerblumen, einjährige

Sommerblumen bringen Farbe und Vielfalt in den Garten. Anders als mehrjährige, ausdauernde ➛Stauden beschränkt sich die Blühdauer der Sommerblumen auf eine Saison. Man unterscheidet zwischen echten ➛Einjährigen, ➛Zweijährigen und einjährig kultivierten Sommerblumen. Typische Vertreter der einjährigen Sommerblumen sind Ringelblumen (*Calendula officinalis*), ➛Sonnenblumen (*Helianthus annuus*), Klatschmohn (*Papaver rhoeas*; ➛Mohn) und Kornblumen (*Centaurea cyanus*). Typische Vertreter zweijähriger Sommerblumen sind Löwenmäulchen (*Antirrhinum majus*), Bartnelken (*Dianthus barbatus*) und Goldlack (*Erysimum cheiri*). Einjährig kultivierte Sommerblumen sind oft tropischer oder subtropischer Herkunft, in ihrer Heimat ausdauernd und sterben bei uns wegen des im Herbst einsetzenden kalten Klimas ab. Sie können aber auch frostfrei überwintert oder alljährlich aus ➛Stecklingen oder ➛Samen herangezogen werden. Typische Vertreter sind ➛Pelargonien (*Pelargonium*-Hybriden), Ziersalbei (*Salvia*-Arten; ➛Salbei) und Leberbalsam (*Ageratum houstonianum*) sowie viele typische ➛Balkonblumenarten. **Kultur:** ➛Vorkultur (Aussaat) ab Februar unter Glas. Ab Mitte Mai fruchtbare, gut durchlässige Böden in voller Sonne auspflanzen. Während des Wachstums ausreichend feucht halten, Jungpflanzen mehrfach ➛entspitzen, um eine stärkere Verzweigung anzuregen, hohe Arten stützen, regelmäßig düngen und Verblühtes immer sofort ausschneiden,

Beliebte Sommerblumen (Auswahl):

- Bartnelke (*Dianthus barbata*): zweijährig; Blüten in Weiß, Lachs-, Rosa- und Rottönen; 50 cm hoch
- Bechermalve (*Lavatera trimestris*): Blüten in Weiß und Rosa; bis 60 cm hoch
- Buntnessel (*Solenostemon scutellarioides*): vielfältig gefärbtes Laub; bis 50 cm hoch
- Einjähriger Sonnenhut (*Rudbeckia hirta*): gelborange Blüten mit brauner Mitte; 40 bis 80 cm hoch
- Feuersalbei (*Salvia splendens*): rote oder cremeweiße Blüten, bis 40 cm hoch
- Goldlack (*Erysimum cheiri*): zweijährig; goldgelbe bis rotbraune, duftende Blüten; 35 bis 80 cm hoch
- Hohe Studentenblume (*Tagetes erecta*-Hybriden): Gelbe, orange oder rahmweiße Blüten; bis 80 cm hoch
- Jungfer im Grünen (*Nigella damascena*): blaue Blüten, fein gefiedertes Laub; 50 bis 60 cm hoch
- Kalifornischer Goldmohn (*Eschscholzia californica*): gelbe, orange, einfache oder gefüllte Blüten, bis 25 cm hoch
- Kanarenkresse (*Tropaeolum peregrinum*): gelbe, gefranste Blüten; bis 2,5 m lange Ranken
- Kapuzinerkresse (*Tropaeolum majus*): orange, gelbe, rote Blüten, 3 bis 4 m lange Ranken
- Kornblume (*Centaurea cyanus*): Blüten in reinem Blau, auch weiße und rosa Sorten; 70 bis 80 cm hoch
- Kosmee (*Cosmos bipinnatus*): weiße, rosa oder magentarote Blüten mit gelber Mitte; bis 1,5 m hoch
- Löwenmäulchen (*Antirrhinum majus*): zweijährig; Blüten in allen Farben außer Blau; 40 bis 90 cm hoch.
- Mehlsalbei (*Salvia farinacea*): blaugraue bis violette Blüten; bis 60 cm hoch
- Miniatur-Studentenblume (*Tagetes tenuifolia*-Hybriden): gelbe, orange oder zweifarbige Blüten; bis 20 cm hoch ➛

- Purpur-Skabiose (*Scabiosa atropurpurea*): Blüten in Weiß, Rosa, Violett; bis 90 cm hoch
- Ringelblume (*Calendula officinalis*): orangefarbene, gelbe oder rahmweiße Blüten; bis 40 cm hoch
- Rizinus, Wunderbaum (*Ricinus communis*): grüne oder rotbraune, aparte Blätter, bis 1,5 cm hoch
- Scharlachsalbei (*Salvia coccinea*): feuerrote Blüten; bis 75 cm hoch
- Schmuckkörbchen (*Cosmos sulphureus*): gelbe oder orangefarbene Blüten; bis 30 cm hoch
- Schöterich (*Erysimum* x *allionii*): zweijährig; orangegelbe, creme- oder mauvefarbene Blüten; 50 bis 60 cm hoch
- Sommeraster (*Callistephus sinensis*): Blüten in Weiß, Rosa-, Blau- und Rottönen; 30 bis 90 cm hoch
- Sommerazalee, Godetie (*Clarkia amoena*): weiße, rosa oder purpurrote Blüten; bis 40 cm hoch
- Sommerphlox (*Phlox drummondii*): weiße, rosa, rote, lavendelblaue Blüten; 10 bis 45 cm hoch
- Sommerzypresse (*Bassia scoparia* f. *trichophylla* syn. *Kochia trichophylla*): grüne Blattpflanze, bis 1 m hoch
- Sonnenblume (*Helianthus annuus*): große, gelbe Blütenteller mit brauner Mitte, bis 2 m und höher
- Stockrose, Rosenpappel (*Alcea rosea*): zweijährig; purpurne, rosa, gelbe oder weiße Blüten; bis 2,5 m hoch
- Strohblume (*Helichrysum bracteatum*): zum Trocknen geeignete Blüten in Gelb-, Rosa- und Rottönen; bis 70 cm hoch
- Studentenblume (*Tagetes patula*-Hybriden): gelbe, orangefarbene oder zweifarbige Blüten; bis 20 cm hoch
- Tithonie, Mexikanische Sonnenblume (*Tithonia rotundifolia*): orangerote Körbchenblüten; 40 bis 200 cm hoch
- Ziertabak (*Nicotiana sylvestris*): weiße, duftende Blüten; bis 150 cm hoch
- Ziertabak (*Nicotiana* x *sanderae*): grünlich weiße, gelbe, rote oder rosa Blüten; bis 60 cm hoch
- Zinnie (*Zinnia elegans*): Körbchenblüten in allen Farben außer Blau; bis 90 cm hoch (siehe auch ➛ Balkonblumen)

um einen Nachflor anzuregen. Die Produktion von Samen führt dazu, dass keine neuen Blüten gebildet werden. **Verwendung:** Sommerblumen werden meist in Gruppen oder Mischungen in Beetkultur gepflanzt. Sie bilden mit ihren kräftigen Farben und üppigen Blüten einen auffälligen Blickfang im Garten und liefern einen ständigen Vorrat an farbenprächtigen ➛ Schnittblumen. Im Gegensatz zu permanenten Staudenrabatten sind sie jedoch kosten- und pflegeintensiv. Sommerblumen eignen sich aber auch gut dazu, zwischen gemischten und Staudenrabatten für saisonale Farbtupfer zu sorgen und kurzfristig Lücken zu stopfen, wo Pflanzen ausgefallen sind.

Sommerflieder

(*Buddleja*; BUDDLEJACEAE)

Gattung mit etwa 100 immergrünen, halbimmergrünen oder Laub abwerfenden Arten, meist Bäumen oder ➛ Sträuchern aus den subtropischen und tropischen Regionen. Ihren botanischen Namen verdankt der Sommerflieder seinem „Entdecker", dem englischen Botaniker Adam Buddle, der im 17. Jahrhundert diese Gttung mit nach Europa brachte. Kultiviert werden die Sommerflieder-Arten wegen ihrer mit meist duftenden, röhrig besetzten Blütenrispen, die im Sommer erscheinen und für Insekten attraktiv sind. Sie haben lanzettliche bis breit eiförmige, meist ➛ gegenständige,

stumpfgrüne bis graugrüne Blätter und werden in gemischten und Strauchrabatten wie auch als ➛ Solitärgehölze gepflanzt. **Kultur:** In fruchtbarer, gut durchlässiger, neutraler bis stark alkalischer Erde in voller Sonne pflanzen. Sehr wärmebedürftig. Schnitt: *B. alternifolia* jährlich nach der Blüte auf kräftige Knospen oder Jungtriebe zurückschneiden. Ältere Zweige um ein Viertel kappen, um Jungwuchs anzuregen; bei *B. davidii* Rückschnitt im Frühjahr kurz vor dem Austrieb (Ende März) auf niedrige, bleibende Äste zurückschneiden, trockene Sprosse an der Basis kappen. **Schädlinge/Krankheiten:** Blindwanzen, Raupen, Rüsselkäfer, Rote Spinnmilben. **Vermehrung:** Halb verholzte ➛ Stecklinge im Sommer bewurzeln, von *B. davidii* Steckreiser im Herbst bewurzeln.
Arten und Sorten: Chinesischer Sommerflieder (*B. alternifolia*): Laub abwerfender, oft schleppenartig wachsender Normalstrauch, 2 bis 4 m hoch und breit, raschwüchsig, im Juni mit herb duftenden, lavendelfarbenen Blütenbüscheln an den Vorjahresästen; Schmetterlingsstrauch, Sommerflieder (*B. davidii*): Laub abwerfender, aufrecht und verzweigt wachsender Normalstrauch, 1,5 bis 2,5 m hoch und 2 m breit, raschwüchsig, von Juli bis Ende September herb riechende, je nach Sorte lilablaue bis weiße, 25 bis 50 cm lange Blüten in endständigen Rispen, versamt sich leicht selbst. Sorten (Auswahl): 'Black Knight' (dunkelpurpur bis schwarzviolett, Schlund orange); 'Cardinal' (purpurviolett, duftend); 'Dart's Ornamental White' (weiß, schlanke Rispen); 'Dart's Papillon Blue' (lavendelblau, gedrungene Rispen); 'Dart's Purple Rain' (purpurrot-violett, schlanke Rispen); 'Empire Blue' (lilablau, Schlund orange), 'Nanho Blue' (blauviolett, gelber Schlund); 'Nanho White' (weiß); 'Pink Delight' (leuchtend rosa); 'Purple Prince' (tief violett); 'Royal Red' (tief-purpurrot, Schlund orange).

Flieder – unvergleichlich gut duftender Frühlingsgruß.

sommergrün ➛ immergrün

Sommerschnitt

Schnittmaßnahme, die verschiedenen Zwecken dient: bei Gehölzen zur Begrenzung einzelner Triebe und zur Regulierung des Kronenaufbaus, zur Entfernung der so genannten Wasserreiser und der Wildlinge an den Veredelungsstellen sowie zum Ausdünnen des Fruchtbehangs (für bessere Fruchtqualität und reichere Ernte). Bei Rosen (Ausnahme Wildrosen) ist der S. das Abschneiden verwelkter Blüten mit 2 vollständig entwickelten darunterliegenden Blättern; bei öfter blühenden Rosen wird dadurch die Bildung eines erneuten Flors angeregt.

Sommersteckling (halbreifer Steckling)

➛ Stecklinge

Sommertrieb ➛ Trieb

Sonnenbrand

Durch Sonnenlicht auftretende Schädigungen der Oberfläche von Pflanzenteilen. Meist ausgelöst durch Wassertropfen, die wie

Brenngläser die Sonnenstrahlen bündeln, wodurch Verbrennungen entstehen.

Sonnenblume

(*Helianthus*; COMPOSITAE) Korbblütler

Gattung mit etwa 80 einjährigen und staudigen Arten aus Nord-, Zentral- und dem nordwestlichen Südamerika. Die meist großen, rau behaarten Pflanzen haben knollige oder kriechende Wurzeln und große, borstig behaarte, wechsel- oder gegenständige Blätter. Die Blütenköpfchen tragen einen äußeren Kranz steriler Zungenblüten (➛ Blütenformen), und können bei manchen einjährigen Riesenarten einen Durchmesser von bis zu 30 cm erreichen. Sie werden für gemischte wie Staudenrabatten, in ➛ Bauerngärten und – bevorzugt kleinere Sorten – als sommerliche Beet- und ➛ Balkonpflanzen verwendet. Gute ➛ Schnittblumen und ➛ Bienenweide. Der Kontakt mit den borstigen Pflanzenteilen kann zu Hautreizungen führen. Die reifen, ölreichen Samen der riesenblütigen Einjährigen sind essbar. **Kultur:** Einjährige Arten im Frühjahr an Ort und Stelle aussäen, ➛ Stauden in mäßig fruchtbarer, gut durchlässiger, neutraler bis alkalischer Erde in voller Sonne pflanzen. Die meisten Arten vertragen trockene Böden, manche Arten (*H. decapetalus*, *H.* x *multiflorus*) brauchen eher feuchte Böden. Hohe Sorten benötigen eine Stütze. Staudige Arten alle 3 bis 4 Jahre ➛ aufnehmen und ➛ teilen, um sie zu ➛ verjüngen. **Schädlinge/Krankheiten:** Schnecken, Echter Mehltau, *Sclerotinia*. **Vermehrung:** Aussaat von Stauden im Frühjahr im ➛ Kalten Kasten, ➛ Einjährige an Ort und Stelle; Kultivare bastardisieren leicht, daher ist eine sortenreine Nachzucht schwierig. Stauden im Herbst oder Frühjahr teilen oder grundständige ➛ Stecklinge im Frühjahr bewurzeln.

Sonnenblumen müssen nicht immer nur groß und mächtig sein. Niedrig wachsende Arten eignen sich auch für kleinere Gärten.

Arten und Sorten: Sonnenblume (*H. annuus*): schnell wachsende, aufrechte, schwach oder nicht verzweigte Einjährige mit großer Sortenvielfalt, darunter gefüllte und ungefüllte, zwergige und riesenwüchsige Sorten. ***Hohe Sorten (Auswahl):*** 'Hohe Sonnengold' (bis 1,5 m hoch; dicht gefüllt; goldgelb); 'King Kong' (bis 4,5 m hoch; Blüten bis zu 40 cm Ø; gelbe Zungenblüten); 'Lemon Queen' (bis 1,5 m hoch; zitronengelbe Zungenblüten, olivegrüne Mitte); 'Oranger Diskus' (1,5 m hoch; orangegelbe Zungenblüten, braune Mitte); 'Samtkönigin' (bis 1,5 m hoch; rostrote Zungenblüten, braune Mitte); 'Schnittgold' (bis 1,6 m hoch; gelbe Zungenblüten, tiefschwarze Mitte); 'Sonja' (reich verzweigt; bis 1 m hoch; gelbe Zungenblüten, braune Mitte). ***Zwergige Sorten (Auswahl):*** 'Sunspot' (bis 40 cm hoch; große Scheibe mit gelben Zungenblüten und dunkler Mitte); 'Teddy Bear' (bis 40 cm hoch; dicht gefüllt; goldgelb); 'Pacino' (bis 40 cm; gelbe Zungenblüten, kleine, braune Mitte; reichlich nachblühend).

- *H. atrorubens*: Gruppen bildende Staude, bis 1,8 m hoch; goldgelbe Zungenblüten und kastanienbraune Mitte im Hoch- und Spätsommer.
- *H. decapetalus*: Rhizomstaude, bis 1,3 m hoch; große, einfache, gelbe Blüten mit brauner Mitte im Hoch- und Spätsommer.

- *H.* x. *multiflorus* (Hybride aus *H. annuus* und *H. decapetalus*): Gruppen bildende Staude, bis 2 m hoch; bis 12 cm breite Blütenköpfchen mit gelben Zungenblüten und brauner Mitte im Hoch- und Spätsommer – die Sorte 'Capenoch Star' hat zitronengelbe Zungenblüten, 'Soleil d'Or' hat gefüllte Blüten.

Weidenblättrige Sonnenblume (H. salicifolius): Gruppen bildende Rhizomstaude, bis 2,5 m hoch; relativ kleine, aber zahlreiche, goldgelbe Blüten im Spätsommer bis Herbst.

Sonnenhut

(*Echinacea, Rudbeckia*; COMPOSITAE)
Korbblütler
Gattung mit etwa 20 Arten Einjähriger und ➛Stauden mit kurzen Rhizomen (➛Speicherorgane) mit Heimat Nordamerika. Die mehr oder weniger verzweigten Sprossen tragen wechselständige, einfache, fiederspaltige oder gefiederte, geäderte, an der Spitze gesägte Blätter. Vom Hochsommer bis zum Herbst erscheinen einzelne, lang gestielte Blütenköpfe mit goldgelben oder schwefelgelben Zungenblüten (➛Blütenformen) und schwarzbrauner bis olivgrüner Mitte. Manche Stauden bilden ➛Ausläufer und können aggressiv wuchern. Viele Arten werden als ➛Schnittblumen, Beet- und Rabattenpflanzen kultiviert. Am schönsten sehen sie alle in größeren Gruppen aus. Niedrige Staudenarten können auch auf Wiesen ➛verwildern. **Kultur:** In mäßig fruchtbaren, lehmigen, aber gut durchlässigen Boden in Sonne oder Halbschatten pflanzen. Einjährige im zeitigen Frühjahr unter Glas vorziehen (➛Vortreiben). **Schädlinge/Krankheiten:** Schnecken, Blattläuse, Mehltau. **Vermehrung:** Aussaat von Stauden und Einjährigen im Frühjahr in Töpfen oder im ➛Kalten Kasten, später auspflanzen; Stauden im Herbst oder Frühjahr teilen.

Eine der bekanntesten Heilpflanzen, der Sonnenhut.

Arten und Sorten:

R. fulgida var. *deamii*: sehr reich blühende, bis 80 cm hohe Staudenart mit lockerem Aufbau und goldgelben Blüten mit braunschwarzem Knopf; gute Schnittblume.

R. fulgida var. *sullivantii* 'Goldsturm': gute, lang blühende, bis 60 cm hohe Rabattenstaude; große, goldgelbe Blütenköpfe mit braunschwarzem Knopf und kürzeren Sprossen.

Einjähriger Sonnenhut (*R. hirta*): ein- oder zweijährig kultivierte, 30 bis 90 cm hohe ➛Sommerblume mit großen, blass- bis goldgelben, bei manchen Sorten rostrot gezeichneten Zungenblüten und braunem Knopf. Sorten (Auswahl): 'Bambi' (kastanienbraune und goldgelbe Zungenblüten; bis 30 cm hoch); 'Goldilocks' (gefüllte und halbgefüllte, goldgelbe Blüten; bis 60 cm hoch); 'Herbstgold' (goldgelbe, orangerot überhauchte Blüten; 80 bis 100 cm hoch); 'Indian Summer®' (leuchtend goldgelbe Blüten an langen, drahtigen Stängeln; 70 bis 80 cm hoch); 'Toto' (frühe gelbe Blüten mit braunem Knopf, 20 bis 25 cm hoch).

R. laciniata: bereifte, bis 1,5 m hohe Rhizomstaude mit fiederspaltigen Blättern und von Hochsommer bis Herbst blassgelben Zungenblüten mit grünlichem Knopf. Neigt

zum Wuchern. Die Sorten 'Goldkugel' und 'Goldquelle' haben gefüllte Blüten.
R. nitida: Gruppen bildende, bis 2 m hohe Staude mit fiederspaltigen Blättern; von Hoch- bis Spätsommer gelbe Blüten mit grünem Knopf.
R. triloba: kurzlebige, sich aber reichlich selbst versamende, bis 1,2 m hohe Staude; im Hochsommer viele kleine, goldgelbe Blüten mit braunschwarzem Knopf. Gute Schnittblume.

Sonnig ➛ Lichtverhältnisse

Sorte ➛ botanische Namen

Sortenecht (sortenrein, sortentreu)
Bezeichnung für das Aufweisen sämtlicher, für eine bestimmte Sorte typischer Merkmale. Zeigen die aus Samen entstehenden Nachkommen einer Pflanze diese Eigenschaft, heißt es, dass sie „treu fallen" - ist dies nicht der Fall, spricht man von „nicht treu fallen".

Sortenrein ➛ sortenecht

Sortenschutz ➛ Rechtsvorschriften

Sortentreu ➛ sortenecht

Spalier
Frei stehendes oder an einer Wand befestigtes Gerüst, an dem eine Kletterpflanze oder ein speziell geformtes Obstgehölz gezogen wird. Als Materialien für diese Art von Klettergerüsten eignen sich Holz, Metall, Drähte und Kunststoffe.

Spalierformen
Art und Weise, in der Gehölze an einem Spalier erzogen werden. Man unterscheidet:
Freies Spalier: Die Äste werden ohne strenge Regeln gleichmäßig verteilt.
Strenges Spalier: Die Äste werden in einer ganz bestimmten Symmetrie aufgeleitet. Folgende Formen gibt es:

- *U-Spalier* aus 2 gleichwertigen, vorwiegend mit Fruchtholz besetzten Leistästen, die eine U-Form bilden.
- *Verrier-Palmette* aus mehreren übereinander stehenden U-Formen mit wechselnder Breite.
- *Fächerspalier* mit Stammverlängerung und gleichwertigen Leitästen, die sich in regelmäßigen Abständen zu beiden Seiten abzweigen und V-Formen bilden.
- *Kordon (Schnurbaum)* aus Stammverlängerung, die mit extrem kurzen Zweigen besetzt ist; diese kann vertikal aufstrebend zum senkrechten, horizontal zu einem waagerechten oder diagonal aufsteigend zu einem schrägen Kordon erzogen werden.

Spaltöffnungen ➛ Blatt

Spargel
(*Asparagus officinalis*; LILIACEAE) Liliengewächse
Delikate, mehrjährig kultivierte Gemüsepflanze, aus Vorderasien stammend, heute in ganz Europa verwildert. Der wegen seiner Harn treibenden und entwässernden Wirkung zunächst nur zu Heilzwecken angebaute Spargel gehört mittlerweile zu den begehrtesten Edelgemüsen. Der Anbau lohnt nur in warmen, sonnigen Lagen mit sandigen, tiefgründigen Böden und nur dann, wenn man längerfristig plant, denn die erste Ernte kann frühestens im 3. Jahr nach dem Anpflanzen erfolgen. Verzehrt werden die unterirdisch wachsenden ➛ Sprosse, bevor sie die Erdoberfläche erreichen (Bleichspargel) oder die

jungen, oberirdisch vergrünenden Triebe (Grünspargel). **Kultur:** Spargeljungpflanzen im April in gut mit Humus versorgten, tiefgründig gelockerten und gedüngten Boden im Abstand von 40 cm in etwa 15 cm tief ausgehobene Gräben 5 cm tief (also 20 cm tiefer als die Bodenoberfläche) in Reihen mit einem Abstand von 1,5 m setzen. Die Wurzeln sternförmig ausbreiten. Im Topf vorgezogenen Spargel im Herbst pflanzen. Grünspargel setzt man 15 cm tief ohne Gräben auszuheben. Während des Wachstums unkrautfrei halten; im November/Dezember das welke Kraut abschneiden. Im folgenden Jahr können die 15 cm tief ausgehobenen Gräben eingeebnet werden. Im 3. Jahr werden etwa 30 cm hohe Dämme über den Spargelpflanzen aufgeworfen und festgeklopft. Eine ab Anfang April darüber gebreitete schwarze ➛ Folie verfrüht die Ernte. Aus dem Rhizom (➛ Speicherorgane) wachsen ab Mitte/Ende April weiße Sprosse („Stangen"), die man erntet, indem man die angehäufelte Erde über den einzelnen Pflanzen (die Köpfchen schauen aus dem Boden hervor) jeweils vorsichtig lockert und die etwa 20 cm langen Sprosse flach abschneidet. Danach den Damm wieder anhäufeln und fest klopfen. Geerntet wird 1- bis 2-mal täglich bis Ende Juni (im ersten Erntejahr nur bis Anfang Juni). Danach lässt man die Pflanzen durchtreiben, damit sie Kraft für die nächste Saison schöpfen. Grünspargel wird nicht angehäufelt, sondern dann geerntet, wenn die jungen Triebe 20 cm aus dem Boden herausragen. Nach 10 bis 12 Jahren sind die Pflanzen erschöpft und werden durch neue ersetzt. **Schädlinge/Krankheiten:** Spargelfliege, Spargelhähnchen, Spargelkäfer, Spargelrost, Fuß- und Wurzelkrankheiten. **Vermehrung:** Aussaat im März/April, später auf 20 x 20 cm vereinzeln, im nächsten Frühjahr auspflanzen. In der Regel kauft man jedoch vorgezogene Jungpflanzen.

Sorten (Alle Bleichspargelsorten können auch als Grünspargel angebaut werden): 'Cito', 'Huchels Leistungsschau', 'Limburgia', 'Lukullus', 'Schwetzinger Meisterschuss', 'Vita Green'; die Sorte 'Spaganiva' hat sich besonders als Grünspargel etabliert.

Spargelbohne ➛ Bohne

Spargelerbse ➛ Erbse

Spargelkohl ➛ Brokkoli

Sparrig ➛ Wuchsformen

Spätanbau

Kultivierung von Gemüsearten im Herbst, besonders im geschützten Klima eines Gewächshauses möglich.

Spaten ➛ Bodenbearbeitungsgeräte

Spatenprobe

Test zur Sichtbarmachung des Bodenprofils und der Durchwurzelung der Schichten: dazu das ganze Spatenblatt senkrecht in die Erde treiben, steckenlassen und mit der Handschaufel die Spatenfläche auf einer Seite vollständig freilegen. Beim vorsichtigen Herausziehen des Spatens kommt ein Profil zum Vorschein, an dessen Schichtung sich einige Bodeneigenschaften ablesen lassen, z. B. je dunkler gefärbt der Oberboden ist, desto höher sein Humusanteil.

Spätherbst

Im phänologischen Kalender der Zeitraum von Mitte Oktober bis Ende November; ➛ phänologische Jahreszeiten.

Spätsommer

Im phänologischen Kalender der Zeitraum von Ende Juli bis Mitte September; ➛ phänologische Jahreszeiten.

Species ➛ botanische Namen

Speichergewebe ➛ Gewebe

Speicherkapazität

Das Maß für die Menge an Wasser oder Nährstoffen, die ein Boden über einen längeren Zeitraum festhalten kann.

Speicherorgane

Umgebildete Pflanzenorgane, in denen vermehrt Reservestoffe, z.B. Stärke, eingelagert werden kann. Sind mehr oder weniger verdickt, werden hauptsächlich unterirdisch angelegt und dienen der Pflanze zur Überdauerung schlechter Zeiten. Die in ihnen eingelagerten Stoffe ermöglichen einen raschen Austrieb, sobald bessere Wachstumsbedingungen vorliegen. Nach der Art ihrer Ausbildung unterscheidet man folgende Speicherorgane:

- *Zwiebel:* besteht aus fleischig verdickten Blättern; z.B. Tulpen, Narzissen, Lilien.
- *Knolle:* ein verdicktes Gebilde aus Sprossteilen (Zwiebelknolle, z.B. Gladiolen, Krokusse und Hypocotylknolle, z.B. Anemonen, Alpenveilchen) oder aus Wurzeln (Wurzelknolle, z.B. Dahlien).
- *Rhizom (Erdspross, Wurzelstock):* zum Teil nur leicht verdickter, unterirdischer Spross, der meist knapp unter der Erdoberfläche waagerecht oder senkrecht verläuft und zeitlebens weiterwächst, z.B. Blumenrohr, Aronstab.

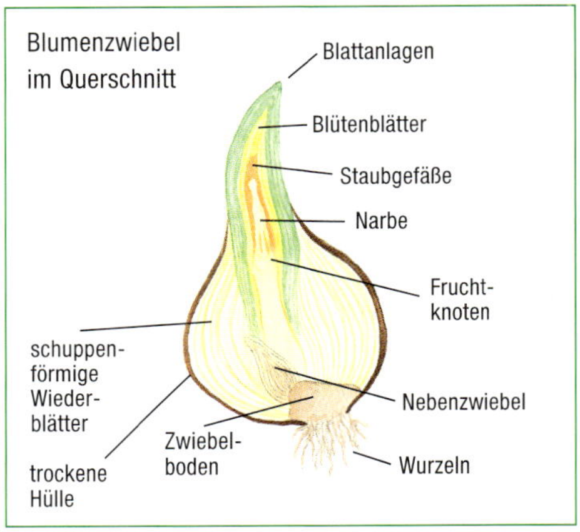

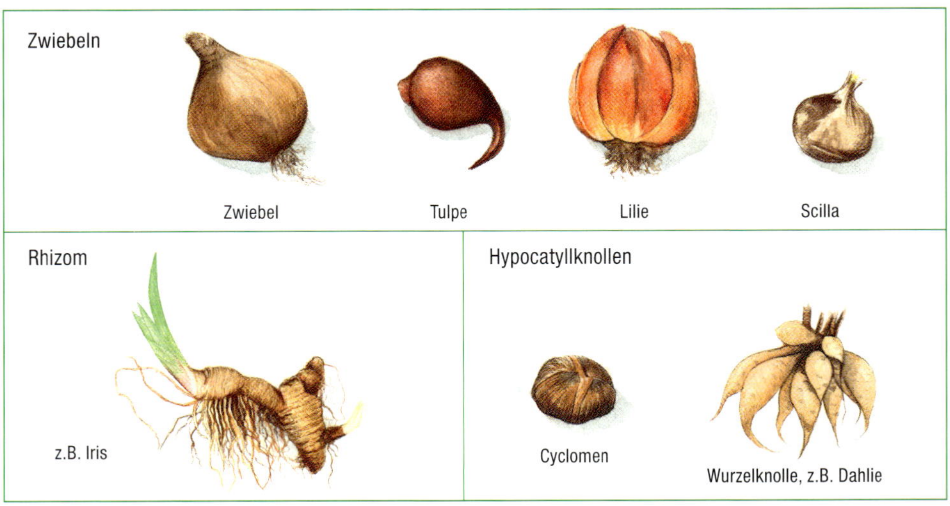

Speicher-
organe

Speisezwiebel ➛ Zwiebel

Sperrschicht
Wasserundurchlässige Bodenschicht, die durch Bodenverdichtung entstehen kann. Sie behindert den Wasserabfluss, was Staunässe bilden und Wurzelwachstum sowie Bodenleben einschränken kann.

Spezialdünger
Düngemittel für besondere Kulturen. In seiner Zusammensetzung auf die jeweils speziellen Nährstoffansprüche abgestimmt, z.B. Rasendünger, Kakteendünger, Rhododendrondünger.

Spielart (Sport) ➛ Mutation

Spierstrauch
(*Spiraea*; ROSACEAE) Rosengewächse
Gattung mit etwa 80 Arten Laub abwerfender oder halb-immergrüner ➛ Sträucher der gemäßigten nördlichen Hemisphäre. Die Blätter sind ➛ wechselständig und sehen bei einigen Arten ganzrandig, gesägt oder gelappt sehr dekorativ sind. Spierstrauch wird vor allem wegen der Blüten kultiviert, die in endständigen Rispen, Cymen, Trauben oder doldenartigen Schirmrispen zusammenstehen (➛ Blütenformen). Die im Frühjahr oder Sommer erscheinenden Einzelblüten sind meist 0,5 bis 1 cm breit, weiß oder rosa. Im Garten werden sie in gemischten oder Strauchrabatten gepflanzt, höhere Arten als ➛ Hecke und niedrigere als ➛ Bodendecker eingesetzt. Alle Arten sind voll frosthart, Spätfröste können junge Triebe und frühe Blüten jedoch schädigen. **Kultur:** In fruchtbaren, feuchten, aber gut durchlässigen Boden in voller Sonne pflanzen. Schnitt: Arten, die am letztjährigen Holz blühen (*S. arguta*, nach der Blüte im Frühsommer abgeblühte Sprosse auf junge Seitentriebe zurückschneiden, um Jungwuchs anzuregen; Arten, die am diesjährigen Holz blühen (*S. bumalda, S. japonica*) im zeitigen Frühjahr auf niedrige, bleibende Äste zurückschneiden, zur ➛ Verjüngung ➛ Sprosse nahe der Basis kappen. **Schädlinge/Krankheiten:** Pilzbedingte Laub- und Triebwelke (*Verticilium*). **Vermehrung:** Grünstecklinge im Sommer bewurzeln, Arten, die Schösslinge bilden, im Spätherbst oder zeitigen Frühjahr teilen.

Dekorativ in Rabatten und hecken – der Spierstrauch.

Arten und Sorten: Schneespiere (*S.* x *arguta*): bis 1,5 m hoher und breiter, Laub abwerfender Normalstrauch, im Alter bogig überhängend, langsam wachsend, weiße Doldentrauben im April; Rispen-Spiere (*S.* x *billardii* 'Triumphans'): aufrechter, bis 1,5 m hoher und breiter, Laub abwerfender Normalstrauch, vom Früh- bis Hochsommer purpurrosa Blütenrispen, bildet ➛ Ausläufer; Sommer-Spiere (*S.* x *bumalda,* syn. *S. japonica* in Sorten): kompakte, 0,5 bis 1 m hohe und breite, Laub abwerfende Kleinsträucher, dichttriebig und langsam wachsend, vom Früh- bis zum Spätsommer karminrote oder rosa Blüten in flachen Trugdolden – zahlreiche Sorten; Japanische Spiere (*S. japonica*): kompakte, langsam wachsende, Laub abwerfende Zwergsträucher, 0,3 bis

Im arabischen als „Prinz aller Gemüse" bezeichnet, ist Spinat ein Küchenklassiker und das zurecht.

0,8 m hoch und breit, im Juni/Juli weiße, rosa oder zweifarbige Blüten in endständigen Schirmrispen, zahlreiche Sorten; Japanische Strauch-Spiere (*S. nipponica*): aufrechter, Laub abwerfender, 1,5 bis 3 m hoher und breiter Normalstrauch, im Alter bogig übergeneigt, im Frühsommer weiße Blüten in halbkugeligen Doldentrauben – viele Sorten; Frühlings-Spiere (*S. thunbergii*): lockerwüchsiger, Laub abwerfender Kleinstrauch, 0,8 bis 1 m hoch und breit, elegant übergeneigt, langsam wachsend, weiße, in Schirmrispen angeordnete Blüten im März/April.

Spießförmig ➛ Blattformen

Spinat

(*Spinacia oleracea*; CHENOPODIACEAE) Gänsefußgewächse

Einjährig kultiviertes Blattgemüse, ➛ Langtagpflanze aus der Familie der ➛ Gänsefußgewächse mit Herkunft aus Vorderasien. Die an Mineralien und Ballaststoffen reichen Spinatblätter werd roh oder gekocht verzehrt. Man sollte die Blätter stets gartenfrisch verwenden oder durch Blanchieren und Einfrieren konservieren. Sobald die Tage länger als 14 bis 16 Stunden hell sind, beginnt Spinat zu blühen. Trockenheit und Hitze fördern das ➛ Schossen. Blühende Spinatpflanzen schmecken bitter. Wegen des hohen Gehaltes an Oxalsäure sollten Personen mit Neigung zu Nierensteinen auf den Verzehr von Spinat verzichten. **Kultur:** Aussaat ab Februar/März, sobald der Boden abgetrocknet ist, Folgeaussaaten bis Ende April und dann wieder von August bis September für die Herbsternte durchführen; in tiefgründigen, humosen Boden, 2 bis 3 cm tief in Reihen mit einem Abstand von 20 bis 30 cm aussäen – später auf 10 cm vereinzeln. Während des Wachstums jäten, hacken, bei Trockenheit gießen. Geerntet werden in der Regel jeweils die größten Blätter; schneidet man die gesamte Pflanze mit Wurzelkopf ab, ist nur eine einzige Ernte möglich. Bleibt das Herz der Pflanze stehen, kann 2- bis 4-mal geerntet werden. Spinat ist im Gemüsegarten ein guter Partner zu fast allen anderen Arten, außer anderen Gänsefußgewächsen und Starkzehrern (➛ Nährstoffbedarf) wie ➛ Kohl, ➛ Sellerie und ➛ Nachtschattengewächsen. Spezielle Sorten können überwintert werden und liefern bereits im zeitigen Frühjahr frisches Grün. **Schädlinge/Krankheiten:** Schnecken, Blattläuse, Rübenfliegen, Falscher Mehltau, Viren, Wurzelpilze. **Vermehrung:** Durch Aussaat.

Sorten:

- *Sorten für Frühjahrs- und Herbstanbau:* 'Gamma', 'Hermes', 'Hiverna', 'Matador', 'Monnopa', 'Montaku', 'Vitesse'
- *Sorten für den Sommeranbau:* 'Carambole', 'Lazio F 1', 'Nordic', 'Solar', 'Valeta'
- *Sorten für die Überwinterung:* 'Hiverna', 'Monnopa', 'Subito', 'Vitesse'

Spindel ➛ Gehölzverkaufsformen

Spindelbusch ➛ Gehölzverkaufsformen

Spindelkrone ➛ Kronenformen

Spindelstrauch ➛ Pfaffenhütchen

Spinnmilbe (Rote Spinne)
Winziges, höchstens 0,5 mm großes Spinnentier, das gelb, grün, orange oder rot sein kann.
Gefährdete Pflanzen: Sommerblumen, Balkon- und Kübelpflanzen, Stauden, Zwiebel- und Knollengewächse, Ziergehölze, Rosen, Gemüse, Beerenobst.
Schadbild: Blätter oberseits hell, meist gelb oder silbrig gesprenkelt, an den Unterseiten Milben nur mit der Lupe erkennbar; später Verfärbung, Welke und vorzeitiger Blattfall, feine Gespinste vorwiegend an den Triebspitzen und jungen Blättern.
Vorbeugung und Bekämpfung: ausgewogene und gleichmäßige Düngung und Wasserversorgung; Stärkungsmittel wie Brennnesseljauche verabreichen; welke Teile regelmäßig entfernen und vernichten; Schmierseife-Spiritus-Lösung spritzen; im Gewächshaus, Frühbeet und Wintergarten Raubmilben einsetzen.

Spitzenknospe (Endknospe) ➛ Knospe

Splintholz ➛ Holz

Splitt ➛ Bodenlockerungsmittel

Sporen
Ungeschlechtliche Fortpflanzungszellen der ➛ Sporenpflanzen. Außer bei vielen Pilzen in einem speziellen Behältnis, dem Sporangium, gebildet, das die S. erst bei der Reife entlässt. Bei Pilzen entwickeln sich die S. meist durch Sprossung an der Gewebeoberfläche.

Spinnmilben verbreiten sich sehr rasch und überwintern als Ei auf der Baumrinde.

Sporenpflanzen
Bezeichnung für alle niederen (blütenlosen) Pflanzen, die sich durch Sporen ver-

Lebenszyklus einer Farnpflanze

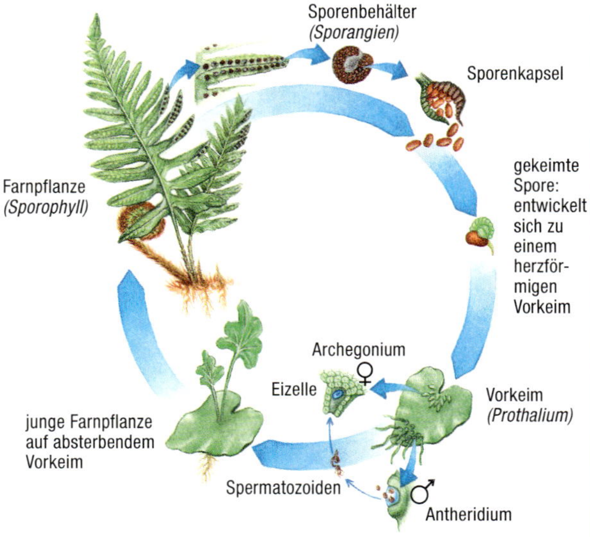

mehren. Die Gruppe umfasst ➛ Algen, ➛ Pilze, ➛ Moose und ➛ Farne. Nach neuerer Auffassung werden S. aufgrund der unterschiedlichen Ausprägung ihrer Zellkerne und der Gestalt nicht mehr als systematische Einheit, sondern als voneinander unabhängige Gruppen betrachtet.

Sport ➛ Mutation

Sprenger ➛ Beregnung

Springbrunnen

Ein Brunnen mit senkrecht oder schräg nach oben austretendem Wasserstrahl (Fontäne), aus einer Leitung mit Überdruck, entweder durch Gefälle oder vorwiegend durch Pumpen erzeugt. S. finden im Wassergarten häufig Verwendung, etwa in Gartenteich sowie Wasserbecken oder bei verschiedenen Wasserspielen.

Spross

Beblätterter Stängel. Alle Sprosse zusammen bilden das *Sprossgerüst*; ein seitlich von einer Hauptachse abgehender Spross ist ein *Seitenspross (Achselspross)*.

Sprossachse ➛ Stängel

Sprossachsel ➛ Achsel

Sprossenkohl ➛ Rosenkohl

Sprossranken ➛ Kletterorgane

Sprühfleckenkrankheit

Durch einen Pilz verursachte Obstbaumerkrankung.

Gefährdete Pflanzen: Kirschen, gelegentlich auch Pflaumen und Aprikosen.

Schadbild: auf den Blattoberseiten kleine, unscharf begrenzte, rötliche bis violette Flecken, vor allem entlang der Mittelrippe; blattunterseits hell-rosafarbener, bei feuchtem Wetter schleimiger Pilzrasen; Blätter vergilben und fallen vorzeitig ab.

Vorbeugung und Bekämpfung: luftigen Standort wählen; Falllaub vollständig entfernen; stärkende Mittel wie Ackerschachtelhalmbrühe verabreichen; erkrankte Blätter entfernen und vernichten; nur bei sehr starkem Befall spezielle Pflanzenschutzmittel verwenden.

Spurenelemente ➛ Nährstoffe

ssp. (Abkürzung für subspecies) ➛ botanische Namen

Stachelbeere

(*Ribes uva-crispa* var. *sativum*; SAXIFRAGACEAE) Steinbrechgewächse

Fruchtgehölz aus den nördlichen gemäßigten Breiten. Stachelbeeren haben bedornte Zweige, ➛ wechselständige, drei- bis fünflappige Blättern und unscheinbare Blüten und erreichen eine maximale Höhe von 1,5 m. Die meisten Stachelbeersorten sind selbstfruchtbar, eine zweite Befruchtersorte wirkt sich aber positiv auf den Ertrag aus. Die mit feinen Härchen besetzten Beeren sind je nach Sorte kugelig oder eiförmig, rötlich, gelb, grün oder weiß. Die reifen Beeren sind sehr reich an Vitaminen (besonders Vitamin C) und schmecken erfrischend säuerlich. Man isst sie frisch oder zu Marmelade, Gelee, Kompott oder Kuchen verarbeitet. **Kultur:** Möglichst im Spätherbst, ersatzweise im zeitigen Frühjahr in mäßig fruchtbaren, gut durchlässigen Boden windgeschützt in Sonne oder Halb-

Sorte	Größe	Farbe	Geschmack	Reifezeit
Gelbe Triumphbeere	mittelgroß	gelbgrün	angenehm süß, wenig aromatisch	Juli
Greenfinch®	groß	grün		Juli
Grüne Kugel	groß	hellgrün	aromatisch, süßsäuerlich	Juli
Hinnomäki gelb	groß	gelb	süßsäuerlich	Juli
Hinnomäki rot	groß	rot	süßsäuerlich, aromatisch	Juli
Hönings Früheste	mittelgroß	goldgelb	angenehm süß, aromatisch	Juni/Juli
Invicta®	groß	grün	süßsäuerlich	Juli
Karlin®	groß	grün		Juli
Lady Delamere	groß	hellgrün	süßsäuerlich	Juli
Lauffener Gelbe	groß	goldgelb	süß, aromatisch	Juli
Maiherzog	mittelgroß	braun- bis schwarzrot	süßsäuerlich, aromatisch	Juli
Reflamba®	groß	grün		Juli
Remarka®	groß	dunkelrot	süßsäuerlich	Juli
Reverta®	groß	grün	süßsäuerlich	Juli
Rokula®	groß	dunkelrot		Juli
Rolonda®	mittelgroß	dunkelrot	süßaromatisch	Mitte Juli
Rote Triumphbeere	groß	dunkelrot	süßsäuerlich, schwach aromatisch	Juli
Weiße Triumphbeere	groß	weißgrün	süßsäuerlich, schwach aromatisch	Juli

schatten pflanzen. Während der Reifezeit den Boden ausreichend feucht halten. Die Flachwurzler sind für eine gemulchte (➛ Mulchen) ➛ Baumscheibe dankbar und sollen nicht durch Hacken gestört werden. Jährlich vor dem ➛ Austrieb mit reifem ➛ Kompost mulchen oder einen Universaldünger geben. Schnitt: nach 3 bis 5 Jahren erschöpfte Äste komplett bis auf den Boden ausschneiden, damit junges ➛ Fruchtholz nachwachsen kann. Nach innen wachsende und stark überhängende Triebe werden jährlich entfernt. Ältere Sträucher können radikal ➛ verjüngt werden – nach 15 Jahren gelten sie allerdings als vergreist und erschöpft und sollten durch neue Exemplare ersetzt werden. Alle Schnittmaßnahmen entweder direkt nach der Ernte im Hochsommer oder erst im Spätwinter vor dem Austrieb vornehmen. **Schädlinge und Krankheiten:** Vogelfraß an Knospen im Winter und an Beeren im Sommer, Rote Stachelbeermilbe, Schildläuse, Stachelbeerblattwespe, Pilzerkrankungen (Stachelbeermehltau, Blattfallkrankheit, Milchglanz, Säulenrost, *Verticilium*-Welke), Virosen. Zu starke Sonneneinwirkung während der Fruchtreife führt zu Sonnenbrand. **Vermehrung:** Durch ➛ Abrisse vermehren oder Steckreiser im Winter schneiden.

Sorten: In jüngerer Zeit werden vermehrt Sorten angeboten, die mit amerikanischen Stachelbeeren gekreuzt wurden. Dadurch hofft man eine höhere Resistenz gegen Stachelbeermehltau zu erzielen. Ihr Sortenname beginnt in der Regel mit einem „R“.

Stacheln

Meist starre, stechende Auswüchse der äußeren Zellschicht (Epidermis) und der darunterliegenden Rindenzellen, die zur Abwehr von Fraßfeinden dienen. S. lassen sich

In England als „gooseberrys" verehrt, liebt man die Stachelbeere in Chutneys, Marmeladen, Kompotten oder Geflügelfüllungen.

im Gegensatz zu Dornen leicht abbrechen, ohne dass dabei die Pflanze ernsthaft verletzt wird; mit S. besetzte Triebe sind z. B. charakteristisch für Rosen.

Stamm ➛ Obstbaumteile

Stammanstrich ➛ Kalkanstrich

Stammbusch ➛ Gehölzverkaufsform

Standardsaatgut ➛ Saatgut

Standort
Wuchsort einer Pflanze, gekennzeichnet durch bestimmte Bedingungen. Diese Standortfaktoren setzen sich aus abiotischen Bedingungen wie Klima und Boden und biotischen Faktoren, z. B. Konkurrenz unter den Pflanzen oder Einwirkungen durch Tier und Mensch zusammen.

Stängel (Sprossachse, Stiel)
Eines der 3 Hauptorgane von Pflanzen (➛ Pflanzenorgane). Meist mehr oder weniger langgestreckt, im Querschnitt oft rund, dient er dazu, die Blätter zu tragen und den Stofftransport zwischen ihnen und den Wurzeln zu gewährleisten. Der S. wird durch *Knoten (Nodi)*, die häufig leicht verdickten Blattansatzstellen, und *Knotenzwischenräumen (Internodien)* unterteilt.

Stängelbulben ➛ Brutorgane

Stängelgrundfäule ➛ Basalfäule

Stangensellerie ➛ Sellerie

Stärkungsmittel
Substanzen, etwa von bestimmten Pflanzen gebildete biologische Wirkstoffe, die zur allgemeinen Kräftigung des Pflanzenwachstums dienen. Dadurch wird meist auch die Widerstandskraft gegen Krankheiten und Schädlinge erhöht; z. B. Pflanzenzubereitungen wie Brennnesseljauche, Ackerschachtelhalmbrühe

Starkzehrer ➛ Nährstoffbedarf

Staubbeutel ➛ Blüte

Staubblätter ➛ Blüte

Stauden
Bezeichnung für alle ausdauernden, krautigen oder nur leicht verholzenden Pflanzen, deren oberirdische Teile im Winter absterben. Sie treiben aus den unterirdischen Überdauerungsorganen im folgenden Frühjahr wieder aus. Je nach Überdauerungsorgan unterscheidet man neben den Wurzelstauden mit einem normalen Wurzelfilz noch Rhizomstauden (z. B. ➛ Schwertlilien, Maiglöckchen, ➛ Bergenien), Zwiebelstauden (➛ Tulpen, ➛ Narzissen, ➛ Hyazinthen) und Knollenstauden (Aronstab, Montbretien, Alpenveilchen). Nicht frostharte Stauden wie ➛ Dahlien oder ➛ Pelargonien sind in ihrer

natürlichen Heimat echte Stauden und werden bei uns entweder als ➛ Einjährige kultiviert oder frostfrei überwintert. Bei immergrünen Stauden (z.B. Bergenien, ➛ Fetthenne, Immergrün) stirbt im Winter nur ein Teil der Blätter oder gar kein Laub ab, bei wintergrünen Stauden (z.B. Elfenblumen) wird das Laub oft erst im Frühjahr gegen neues Laub ausgetauscht. ➛ Farne, ➛ Gräser und Seggen werden manchmal ebenfalls zu den Stauden gezählt.

Staunässe (stauende Nässe)

Nässe im oberen Bodenbereich, die sich ansammelt, weil ➛ Sperrschichten das Abfließen von Niederschlags- und Gießwasser verhindern. S. führt stets zu einem Sauerstoffmangel des Bodens und ist für die meisten Gewächse schädlich.

Staunasser Boden ➛ Bodeneigenschaften

Stechpalme

(*Ilex*; AQUIFOLIACEAE) Stechpalmengewächse Gattung mit über 400 Arten immergrüner und Laub abwerfender ➛ Sträucher und Bäume, die wegen ihrer attraktiven Blätter und (nicht essbaren) Früchte kultiviert werden. Sie sind in gemäßigten und tropischen Gebieten heimisch. Die ➛ wechselständigen, selten ➛ gegenständigen Blätter der am häufigsten kultivierten, immergrünen, frostharten Arten sind ganzrandig oder stachelig gezähnt, ledrig und haben eine glänzende Oberseite. Die im Frühjahr bis Frühsommer entstehenden Blüten sind unscheinbar, klein und becherförmig. Ihnen folgen im Herbst leuchtend orange, rot oder gelb gefärbte, kugelförmige Beeren, die den Winter über an den Zweigen bleiben. Stechpalmen werden als ➛ Solitärgehölze, als ➛ Hecken, ➛ Windschutz oder als Teil einer Strauchrabatte gepflanzt. **Kultur:** Im zeitigen Frühjahr in feuchter, aber gut durchlässiger, mäßig fruchtbarer, humoser Erde in volle Sonne oder Halbschatten pflanzen. Freistehende Bäume nur in den ersten Jahren in Form schneiden, sonst ist kein Schnitt erforderlich. Hecken im zeitigen Frühjahr trimmen. **Schädlinge/Krankheiten:** Blattläuse, Schildläuse, Blattminierer, *Phytophthora*-Wurzelfäule. **Vermehrung:** Samen im Herbst in Töpfen oder im ➛ Kalten Kasten aussäen; die ➛ Keimung kann bis zu 3 Jahre auf sich warten lassen. Wesentlich einfacher ist eine Vermehrung durch halb verholzte ➛ Stecklinge im Spätsommer.

Arten und Sorten: Gewöhnliche Hülse, Stechpalme (*I aquifolium*): gewölbter, bis 5 m hoher und 4 m breiter Großstrauch mit unordentlicher Verzweigung; immergrüne, eiförmige, schwarzgrüne Blätter, die in der Jugend dicht bedornt sind, im Alter fast glattrandig; scharlachrote Steinfrüchte im Herbst. Viele Sorten, z.B. 'Alaska' (sehr frosthart, etwas kleiner als die Art), 'Argentea Marginata' (weiß gerandetes Laub), 'J. C. van Tol' (sehr groß, fast dornenlos, schöner Beeren-

Anstelle eines Gartenzauns leistet die Stechpalme ähnlich gute Dienste.

schmuck), 'Pyramidalis' (kegelförmig, reich fruchtend); Japanische Hülse (*I. crenata*): unregelmäßig aufrecht wachsender, bis 3 m hoher und 2 m breiter, immergrüner Normalstrauch; ovale bis lanzettliche Blätter, nicht bedornt; unscheinbare Früchte, gutes ➛ Formschnittgehölz. Viele Sorten.

Steckenbleiben

Behinderte Entwicklung von Pflanzenteilen durch fehlendes bzw. stark eingeschränktes Streckenwachstum eines Sprosses, z. B. unvollständige Ausbildung von Blüten.

Steckholz ➛ Stecklinge

Stecklinge

Teile einer Pflanze, die gezielt zur vegetativen Vermehrung abgeschnitten und neu eingepflanzt (in die Erde „gesteckt") werden, woraufhin sie sich zu kompletten, eigenständigen Gewächsen entwickeln – wird besonders bei Stauden und Gehölzen angewandt.

Nach den Pflanzenteilen unterschiedet man

- *Kopfsteckling:* von einer Triebspitze abgewonnener Abschnitt.
- *Blattsteckling:* besteht nur aus einem Blatt oder einem Teil davon.
- *Teilsteckling:* Abschnitt eines Triebs, umfasst jedoch nicht dessen Spitze.
- *Grundsteckling (grundständiger Steckling, Basalsteckling):* besteht aus einem Trieb, der nahe der Pflanzenbasis bzw. dicht über oder unter dem Boden entspringt.
- *Wurzelsteckling (Wurzelschnittling):* wird aus einem kräftigen Teilstück der Wurzel gewonnen.

Stecklingsformen

Bei Gehölzen lassen sich S. aus unterschiedlich ausgereiften Trieben gewinnen:

- *Grünsteckling (krautiger Steckling):* stammt von einem jungen, unverholzten Trieb, meist ist dies die Triebspitze, d.h. ein Kopfsteckling.
- *Halbreifer Steckling (Sommersteckling):* wird im Sommer von einem noch nicht vollständig ausgereiften, daher nur teilweise verholzten Trieb geschnitten.
- *Steckholz (Hartholzsteckling, verholzter Steckling):* wird von einem reifen, vollständig verholzten Trieb im Herbst geschnitten und oft bis zur Pflanzung im Frühjahr in einem der ➛ Einschlag gelagert.

Steckrübe ➛ Kohlrübe

Steinbrech

(*Saxifraga*; SAXIFRAGACEAE) Steinbrechgewächse

Mit insgesamt über 300 Arten als ➛ Stauden oder ➛ Halbsträucher und viele Hybriden, ist Steinbrech in Hochgebirgen Europas, Asiens und Südamerikas heimisch. Die meist Polster bildenden, immergrünen, Rosetten bildenden Pflanzen mit fleischigen bis ledrigen Blättern passen, ihrer gebirgigen Herkunft gemäß, vor allem in ➛ Steingärten. **Kultur:** in feuchten, aber sehr gut durchlässigen, neutralen bis alkalischen Boden pflanzen. In kühlen Regionen wird bei ausreichend feuchtem Boden auch Sonne vertragen, sonst halbschattige bis schattige Standorte. Stauden im Frühjahr teilen, bei Rosetten bildenden Arten im Frühjahr bis Frühsommer einzelne Rosetten als Stecklinge bewurzeln.

Arten und Sorten: Steinbreche sind äußerst vielgestaltig, haben je nach Gruppenzugehörigkeit unterschiedliche Ansprüche

Der Klassiker in Steingärten – Steinbrech.

und werden daher in verschiedene Sektionen eingeteilt:

- Vorfrühlingssteinbreche (Porophyllum)
- Silberrosetten-Steinbreche, Kalkkrustensteinbreche (Euaizoonia)
- Moos-Steinbreche (Dactyloides)
- Blattrosetten-Steinbreche (Robertsoniana)
- Diptera

Der Einfachheit halber werden hier Arten und Sorten für sonnige und solche für schattige Standorte unabhängig von der jeweiligen Sektionszugehörigkeit aufgeführt:

1. für sonnige Standorte (alle im Frühsommer blühend): Kalkkrustensteinbrech (*S. callosa,* syn. *S. lingulata*): weiße Blütenrispen, Rosetten bildend, bis 30 cm; *S. cochlearis*: weiße Blütenrispen, kleine Rosetten, bis 20 cm; Pracht-Steinbrech (*S. cotyledon* 'Southside Seedling'): weiße, rotgepunktete Blütendolden, große Blattrosetten, bis 25 cm; *S hostii*: weiße Blütenrispen, mächtige Blattrosetten, bis 40 cm; Traubensteinbrech (*S. paniculata*): rosa Blütenrispen, Matten bildende Rosetten, bis 20 cm, die Variante 'Winterfeuer' bis 40 cm hoch mit schöner roter Herbstfärbung. **Kultur:** In mäßig fruchtbaren, sehr gut durchlässigen, alkalischen Boden oder in Geröll in voller Sonne pflanzen. Stauden im Frühjahr teilen, bei Rosetten bildenden Arten im Frühjahr bis Frühsommer einzelne Rosetten als Stecklinge bewurzeln.

2. für halbschattige bis schattige Standorte: Fetthennensteinbrech (*S. aizoides*): rot gefleckte, dunkelorange Blüten im Sommer, Matten bildende Rosetten, bis 15 cm; Moossteinbrech (*S. Arendsii*-Hybriden): immergrüne, moosartige Polster bildende Pflanze, blüht im Frühling, bis 15 cm hoch – Sorten: 'Ingeborg' (dunkelrot), 'Purpurteppich' (dunkelweinrot), 'Schneeteppich' (weiß); Stachelblättriger Kabschia-Steinbrech (*S. burseriana*): weiße Blütensprosse im Frühling, Rosetten bildend, bis 5 cm; Herbststeinbrech (*S. cortusifolia* var. *fortunei*): weiße Blütenrispen im Herbst, lockere Rosetten, bis 30 cm; Keilblättriger Steinbrech (*S. cuneifolia* 'Ingwersen'): weiße Blütenrispen im Frühsommer, Matten bildende Rosetten, für saure Böden, bis 20 cm; Gabelsteinbrech (*S. trifurcata*): weiße Blüten über moosartigem Polster im Frühsommer, bis 15 cm; Porzellanblümchen (*S. umbrosa* syn. *S. primuloides*): weiße Blütenrispen im Frühsommer, dunkelgrüne Blattrosetten, bis 30 cm.

Steinbrechgewächse

(SAXIFRAGACEAE)

Zur Familie der Rosenpflanzen zählende Gruppe. Meist Kräuter oder ➛ Sträucher mit wechselständigen, handförmigen oder gelappten, Blättern und strahligen Zwitterblüten. Auch Rosetten bildende Arten. Typische Vertreter sind die ➛ Steinbrech-Arten, aber auch ➛ Johannis- und ➛ Stachelbeeren und ➛ Bergenien gehören zu dieser Familie.

Steinfrucht

➛ Einzelfrüchte

Steingarten

Garten oder Gartenteil, der/das mit Steinen gestaltet wird. Er eignet sich vorwiegend

Gehölze für den Steingarten

Deutscher Name	Botanischer Name	Wuchsform	Höhe (in cm)	Standort
Alpenrose	*Rhododendron impeditum*	gedrungener Zwergstrauch	0,4	sonnig
Bewimperte Alpenrose	*Rhododendron hirsutum*	gedrungener Zwergstrauch	0,5	sonnig
Geißklee	*Cytisus decumbens*	polsterartiger Wuchs	0,2	sonnig
Igelfichte	*Picea abies* 'Echiniformis'	kissenförmig bis halbkugelig	0,2–0,6	sonnig
Kriechwacholder	*Juniperus horizontalis*	flach ausgebreitet, kriechend	0,2–0,5	sonnig
Krummholzkiefer	*Pinus mugo*	unregelmäßig, buschig	2–3	sonnig
Nestfichte	*Picea abies* 'Nidiformis'	halbrunder Kleinstrauch mit vertiefter Mitte	1–2	sonnig
Rostrote Alpenrose	*Rhododendron ferrugineum*	immergrün, gedrungener Strauch	1,5	sonnig
Säulenwacholder	*Juniperus communis*	straff kompakt, aufrecht, langsam wachsend	3–5	sonnig
Seidelbast	*Daphne mezereum*	Kleinstrauch, starr aufrecht, kurz verzweigt	1,2	halbschattig bis schattig
Zwerg-Felsenmispel	*Cotoneaster adpressus*	halbrunder, kriechender Zwergstrauch	0,2–0,3	sonnig bis halbschattig

Stauden für den Steingarten					
Deutscher Name	Botanischer Name	Blüte-monat	Blütenfarbe	Höhe (in cm)	Standort
Adonisröschen	*Adonis vernalis*	IV	gelb	25	sonnig
Akelei	*Aquilegia vulgaris*	V–VI	blauviolett	50–60	lichter Schatten
Alpenaster	*Aster alpinus*	V–VI	violett, weiß	20–30	sonnig
Alpenveilchen	*Cyclamen hederifolium*	VIII–IX	purpurn, auch weiß	15	halbschattig bis schattig
Aurikel	*Primula auricula*	IV	dunkelgelb	20	sonnig bis halbschattig
Blaukissen	*Aubrieta*-Hybriden	IV–V	blau, violett, rosa, weiß	10	sonnig
Dachwurz	*Sempervivum*-Arten	VI–VII	rosa	10–15	sonnig
Dost	*Origanum vulgare*	VII–X	rosalila	15	sonnig
Edelweiß	*Leontopodium alpinum*	VI–IX	grauweiß	20	sonnig
Ehrenpreis	*Veronica*-Arten	V–VI	blau, auch rosa	10–30	sonnig
Enzian	*Gentiana*-Arten	V–IX	blau, auch weiß	10–50	sonnig
Fingerkraut	*Potentilla*-Arten	V–VIII	gelb, auch rot	5–20	sonnig
Gänsekresse	*Arabis*-Arten	IV–V	weiß, auch rosa	10–20	sonnig
Gemswurz	*Doronicum caucasicum*	IV–V	gelb	40	sonnig bis halbschattig
Grasnelke	*Armeria maritima*	IV–V	rosa, auch weiß	15	sonnig
Habichtskraut	*Hieracium villosum*	VI–VII	gelb	20	sonnig
Helmkraut	*Scutellaria*-Arten	VI–VII	weiß, lila, gelb	15–30	sonnig
Hornkraut	*Cerastium tomentosum*	VI–X	weiß	10	sonnig
Hungerblümchen	*Draba*-Arten	IV	gelb	5–10	sonnig
Karpatenglockenblume	*Campanula carpatica*	VI–VII	blau, auch weiß	20–25	sonnig
Katzenpfötchen	*Antennaria dioica*	V–VI	rosa, weiß	15	sonnig
Küchenschelle	*Pulsatilla vulgaris*	III–VI	violett	25	sonnig
Kugelblume	*Globularia cordifolia*	V–VI	blau, weiß	5–20	sonnig
Lerchensporn	*Corydalis*-Arten	IV–V	rosa, weiß, blau, auch gelb	15–30	halbschattig
Mannsschild	*Androsace sarmentosa*	V–VI	rosa	10	sonnig
Mannstreu	*Eryngium alpinum*	VII–VIII	blausilbrig	40–70	sonnig
Mauerpfeffer	*Sedum*-Arten	V–VII	gelb, auch weiß	5–10	sonnig
Nelken	*Dianthus*-Arten	V–VIII	rot, rosa, weiß	5–40	sonnig
Nelkenwurz	*Geum montanum*	V–VII	gelb	15	sonnig bis halbschattig
Polsterphlox	*Phlox subulata*	V - VI	rosa, weiß, purpurn	5–10	sonnig
Primel	*Primula*-Arten	III–VI	gelb, rot	5–30	halbschattig
Schleierkraut	*Gypsophila procumbens*	V–VIII	weiß, auch rosa	5–15	sonnig
Schleifenblume	*Iberis sempervirens*	III–V	weiß	20–25	sonnig
Seifenkraut	*Saponaria ocymoides*	V–VI	rosa	20	sonnig
Silberwurz	*Dryas octopetala*	V–VI	weiß	10	sonnig
Sonnenröschen	*Helianthemum*-Hybriden	VI–VII	gelb, weiß, rosa, rot	20	sonnig
Stachelnüsschen	*Acaena macrophylla*	VI–VII	karminrot	10	sonnig
Steinbrech	*Saxifraga*-Arten	VI–VIII	weiß, gelb, rot	2–30	sonnig, einige Arten halbschattig
Steinkraut	*Aurinia saxatalis*	IV–V	gelb	25–30	sonnig
Storchschnabel	*Geranium*-Arten	VI–VIII	rosa, rot, violett	10–30	sonnig bis halbschattig
Thymian	*Thymus*-Arten	VI–VII	lila, rosa	5–20	sonnig

für Gewächse, die an magere, trockene Standorte angepasst sind, z.B. Gebirgspflanzen wie Stengelloser Enzian, Mannsschild und Hauswurzarten. ➛ Steingartenpflanzen

Steingartenpflanzen

Die meisten Steingartenpflanzen stammen aus Hochgebirgsregionen und Gebieten mit extremen Boden- und Klimaverhältnissen, die den meist sonnig gelegenen Steingärten entsprechen. Sie wachsen in Schotter, Kies, Felsritzen oder einer dünnen Humusschicht, manche sogar auf nacktem Fels, so etwa Dach- oder Hauswurz (*Sempervivum*-Arten) und Mauerpfeffer (*Sedum*-Arten; ➛ Fetthenne). Wichtig für alle Steingartenpflanzen ist ein sehr gut durchlässiger Untergrund, der keine Staunässe zulässt. Typische Steingartenpflanzen sind Klein- und Zwiebelstauden aus den gemäßigten Zonen, niedrig bleibende Zier- ➛ Gräser und ➛ Farne sowie zwergige Gehölze (klein bleibende Koniferen, Zwerg- ➛ Rhododendron, Geißklee (➛ Ginster), ➛ Zwergmispel).

Steinobst ➛ Obst

Stempel ➛ Blüte

Sternfräse ➛ Bodenbearbeitungsgeräte

Sternrußtau

Von einem Pilz verursachte Krankheit (nicht mit ➛ Rußtau zu verwechseln!).
Gefährdete Pflanzen: Rosen.
Schadbild: runde, braune bis schwarze Flecken, die an den Rändern strahlig auslaufen; anfangs nur an bodennahen Blättern, später überall, besonders bei kühlfeuchter Witterung; Blätter vergilben schließlich und fallen ab.
Vorbeugung und Bekämpfung: widerstandsfähige Sorten pflanzen; ausgewogene Düngung; luftiger Stand; Stärkungsmittel, z.B. Knoblauchtee, verabreichen, mit Gesteinsmehl bestäuben; befallene Blätter entfernen und vernichten.

Stickstoffdünger

Einnährstoffdünger, der nur die Komponente Stickstoff enthält und für die gezielte Nachlieferung dieses Nährstoffs geeignet ist. ➛ Düngemittel

Stiel ➛ Stängel

Stielmangold ➛ Mangold

Stippigkeit (Stippe)

Ein Lagerschaden durch pflanzeneigene Prozesse bei Äpfel und Birnen bedingt, bei dem kleine Bereiche des Fruchtfleischs vertrocknen, absterben und sich als braune, bitter schmeckende Flecken zeigen. Hervorgerufen wird St. durch ein Missverhältnis zwischen bestimmten Nährstoffen, vor allem zwischen Kalium und Kalzium, deren ausgewogenes Verhältnis für die Festigkeit der Früchte verantwortlich ist.

Stoffkreislauf

Die in sich geschlossene Bewegung, bei der einzelne Substanzen, z.B. Nährstoffe, über verschiedene Zwischenstufen immer wieder zum Ausgangspunkt zurückkehren und so dem System erhalten bleiben. Die Pflanze nimmt mit den Blättern aus der Luft Kohlendioxid und mit den Wurzeln aus dem Boden Wasser auf, die sie mit Hilfe des Sonnenlichts in Zucker und Stärke umwandelt (➛ Assimilation) – dafür gibt sie Sauerstoff und dampfförmiges Wasser ab. Sie verbraucht aber auch Sauerstoff und atmet

Kohlendioxid aus. Nährstoffe werden zusammen mit dem Wasser von den Wurzeln aufgenommen, in den Pflanzenkörper eingebaut und wieder freigesetzt, wenn pflanzlicher Abfall im Boden abgebaut wird.

Stoffwechsel (Metabolismus)

Bezeichnung für die Gesamtheit der in einem Organismus ablaufenden chemischen Vorgänge, die dem *Aufbau (Anabolismus), Umbau* oder *Abbau (Katabolismus)* von Substanzen dienen. Der S. mit dem damit verbundenen Energiewechsel ist unerlässlich für alle Lebensvorgänge. Nur Pflanzen sind in der Lage aus anorganischen Stoffen organische aufbauen – die dabei verbrauchte Energie wird durch Fotosynthese (➛ Assimilation) bereitgestellt. Menschen und Tiere können organische Verbindungen nicht selbst aufbauen und sind daher auf pflanzliche Nahrung angewiesen. Der Vorgang des Stoffabbaus setzt wiederum Energie frei. Der S. umfasst: Stoffaufnahme, Umbau in körpereigene Stoffe, Abbau, Ausscheidung.

Storchschnabel

(*Geranium*; GERANIACEAE) Storchschnabelgewächs

Gattung mit etwa 300 Arten einjähriger, zweijähriger oder staudiger, Laub abwerfender und immergrüner Pflanzen aus den gemäßigten Zonen Europas und Asiens. Die Blätter sind meist gerundet, fünfzipfelig und häufig aromatisch duftend; manche Arten fallen durch attraktive Blattzeichnunge und schöne ➛ Herbstfärbung auf. Die Blüten sind weiß, rosa, purpurn oder blau gefärbt, meist schalenförmig, manchmal flach ausgebreitet oder sternförmig und oft kontrastierend gemustert oder geädert. Sie stehen meist in lockeren Rispen oder Cymen zusammen. Die kompakten staudigen Arten und Sorten passen in ➛ Steingärten; größere ➛ Stauden sind wertvolle Struktur- und Blütenpflanzen, die als ➛ Einfassung oder ➛ Begleitpflanzen in Rabatten, Gehölz- und Wildblumengärten unersetzlich sind. **Kultur:** In fruchtbarer, gut durchlässiger Erde in voller Sonne oder Halbschatten pflanzen, während des Wachstums feucht halten, verwelkte Blüten und Blätter entfernen, um die Bildung neuer Blüten und Blätter anzuregen. **Schädlinge/Krankheiten:** Schnecken, Raupen des Gefurchten Dickmaulrüsslers, Blattwespenlarven, Echter und Falscher Mehltau, Viren. **Vermehrung:** Aussaat im Frühjahr in Töpfe oder im ➛ Kalten Kasten; Stauden im Frühjahr teilen; im Frühjahr grundständige ➛ Stecklinge mit Bodenheizung bewurzeln.

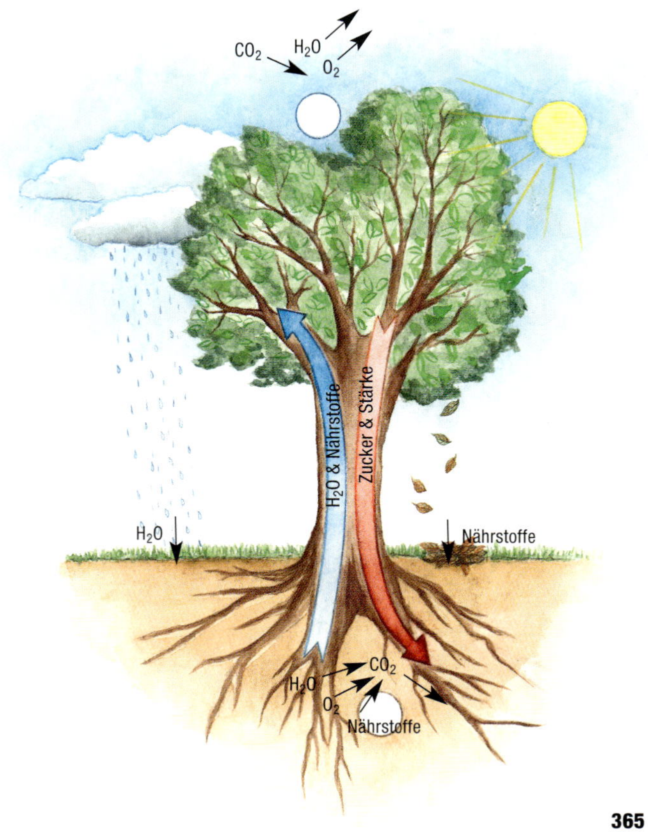

Stoffkreislauf: Die Pflanze nimmt aus der Luft Kohlendioxid und mit den Wurzeln Wasser auf und wandelt mit Hilfe der Sonnenenergie alles in Zucker und Stärke um.

Storchschnabelgewächse haben einfach alles: bunte, duftende Blüten und bildschöne Blätter, die sich noch im herbstlichen Farbenspiel steigern (links *Geranium sanguineum*, rechts *Geranium magnificum*).

Arten und Sorten: *G.* x *cantabriginense* 'Biokovo': kleiner, immergrüner ➛ Bodendecker mit zartrosa Blüten im Frühsommer, 20 cm hoch; *G. dalmaticum*: kleine Rhizomstaude mit rosa Blüten im Frühsommer, bis 15 cm hoch; *G. endressii*: wüchsige, in milden Wintern immergrüne Rhizomstaude mit rosa Blüten im Sommer, bis 30 cm hoch; *G. macrorrhizum*: wüchsige Rhizomstaude, guter Bodendecker für halbschattige Standorte mit rosa Blüten im Sommer, bis 40 cm hoch; Kaukasusgeranium (*G.* x *magnificum*): Gruppen bildende Staude mit großen, schalenförmig violetten Blüten im Sommer, bis 60 cm hoch; Brauner Storchschnabel (*G. phaeum*): Gruppen bildende Staude mit apart gezeichnetem Laub und malvenfarbenen bis weißen Blüten im Sommer, bis 40 cm hoch; Wiesenstorchschnabel (*G. pratense*): Gruppen bildende Staude mit weißen, blauen, violetten oder rosa Blüten, viele Sorten; *G. psilostemon*: Gruppen bildende Staude, leuchtend magentarote Blüten im Sommer, bis 100 cm hoch, viele Sorten; Blutstorchschnabel (*G. sanguineum*): Gruppen bildende Rhizomstaude mit tief magentaroten Blüten im Frühsommer, bis 30 cm hoch, viele Sorten; neben den Arten gibt es noch zahlreiche schöne Hybriden im Handel.

Stoßhacke ➛ Bodenbearbeitungsgeräte

Strahlige Blüte ➛ radiäre Blüte

Stratifikation

Brechen der Samenruhe bei Kalt- und Frostkeimern (➛ Keimung) durch eine vorübergehende Kälteeinwirkung. Dies kann durch zeitweiliges Aufstellen der gequollenen Samen an einem kühlen Ort, z.B. im Kühlschrank, bewirkt werden.

Sträucher

Immergrüne oder Laub abwerfende Gehölze, deren Hauptstamm sich in Bodennähe natürlich verzweigt, so dass später mehrere gleich starke Triebe oder Achsen einen Busch bilden. Je nach Größe werden Groß-, Normal- und Klein- bzw. Zwergsträucher unterschieden. Nach ihrem Verwendungszweck im Garten teilt man sie in Zier-, Deck-, Hecken- und Nutzsträucher ein. Sträucher können als ➛ Solitärgehölze, aber auch in Strauchrabatten und als Hecke gepflanzt werden. Sie stellen im Garten ein wesentliches Gestaltungselement dar, weil sie der Anlage sowohl optische Höhe geben, als auch als Begrenzung des Grundstücks eine wichtige Schutzfunktion haben. Für zahlreiche Tiere bieten Sträucher Unterschlupf und Brutplatz.

Strauchrosen ➛ Rosen

Strenger Schnitt ➛ Schnittstärke

Streufrüchte ➛ Fruchtformen

Strohballenkultur

Züchten von Pilzkulturen auf Strohunterlagen, die als Substrat dienen; geeignet sind vor allem Austernseitlinge, Braunkappen und Shiitake.

Studentenblume, Sammetblume

(*Tagetes*; COMPOSITAE) Korbblütler
Gattung mit etwa 50 Arten aufrechter, buschig verzweigter Pflanzen mit stark aromatischem Laub aus dem südlichen Nordamerika, Mittelamerika und Afrika. Bei uns einjährig kultivierte ➛ Sommerblumen, die im Handel ausschließlich als Hybriden zu bekommen sind. Sie haben mittel- bis dunkelgrünes, farnartig gefiedertes Laub und ungefüllte oder gefüllte, an Nelken erinnernde Blütenköpfe, die einzeln oder in Gruppen stehen. Die Zeit von der Aussaat bis zur Blüte ist sehr kurz. Die Pflanzen bringen bei guter Pflege bis zum Herbst praktisch ununterbrochen neue Blüten hervor. Niedrige Arten eignen sich für ➛ Einfassungen, Schalen, Töpfe und Balkonkästen, höhere Arten für Beete und Rabatten und als ➛ Schnittblumen. Der zumeist etwas strenge Geruch hat ihr den Beinamen „Stinkende Hoffart“ eingebracht – allerdings wird gerade dieser starke Geruch zur biologischen Schädlingsabwehr von Wurzelnematoden bei Kulturpflanzen genutzt. Neuere Sorten haben zum Teil einen weniger penetranten Geruch. **Kultur:** Aussaat im Frühjahr ab Mitte März als ➛ Vorkultur unter Glas oder ab Mitte Mai direkt an Ort und Stelle im Freiland. Auspflanzen in fruchtbaren, humosen, gut durchlässigen, aber nicht zu trockenen Boden ab Mitte Mai. Für einen buschigen Wuchs Jungpflanzen mehrfach ➛ entspitzen. Blühende Pflanzen wöchentlich düngen, ➛ Stickstoffdünger jedoch meiden, da eine dadurch angeregte übermäßige Laubbildung auf Kosten der Blüten geht. Verblühtes regelmäßig auskneifen, um neue Blütenbildung anzuregen. **Schädlinge/Krankheiten:** Schnecken, Rote Spinnmilbe, Weiße Fliege, Stängelgrundfäule, Grauschimmel. **Vermehrung:** Durch Aussaat.
Arten und Sorten:
1. Hohe Sorten (T. erecta-Hybriden, Afrikanische Tagetes): ‘Sunset Giants’ (gelb und dunkelorange, dicht gefüllt, bis 80 cm hoch); ‘Lemon Mum’ (chrysanthemenblütig, gelb, bis 35 cm hoch); ‘Vanilla’ (rahmweiße, gefüllte Blüten, bis 35 cm hoch); ‘Inka Orange F1’ (große, tieforange, gefüllte

Studentenblumen haben einen recht unangenehmen Duft, der Schädlinge Reißaus nehmen lässt (links *Tagetes erecta* ‘Jumbo’, rechts *Tagetes erecta* ’Lemon Mum’).

Blüten, bis 40 cm hoch); 'Inka Yellow F1' (große, leuchtend gelbe, gefüllte Blüten, bis 40 cm hoch).
2. Halbhohe Sorten (T. patula-Hybriden, Französische Tagetes): 'Disco'-Serie (ungefüllt, wetterbeständige Blüten in Gelb, Orange, Rotorange, bis 25 cm hoch); 'Safari'-Serie (gefüllte Blüten in verschiedenen Gelb- und Orangetönen, bis 25 cm hoch); 'Mr. Majestic' (braunrot/gelb gestreifte, ungefüllte Blüten, bis 25 cm hoch); 'Ehrenkreuz' (ungefüllt, gelb, mit rotoranger Zeichnung, bis 20 cm hoch).
3. Zierliche Sorten (T. tenuifolia-Hybriden, Signet-Tagetes): 'Gem'-Serie (einfache, gelbe, orange oder dunkel gemusterte Blüten, bis 25 cm hoch); 'Puszta-Zauber' (ungefüllt, orangegelb, bis 20 cm hoch); 'Gnom' (ungefüllt, goldgelb, bis 20 cm hoch).

Stützgerüst

Vorrichtung, die frisch gepflanzten Gehölzen das Anwachsen erleichtert und hochwüchsigen oder buschig wachsenden Stauden Halt bietet; z. B. ein Stützpfahl bei Gehölzen, Stäbe aus Holz oder Bambus bei krautigen Pflanzen (Stauden), oder eine Stützkonstruktion aus Eisen.

Nicht jede Pflanze kommt ohne helfendes Stützgerüst nach oben.

Stützgewebe ➝ Gewebe

Stützpfahl ➝ Stützgerüst

Stützstab ➝ Stützgerüst

Submerse Pflanzen ➝ Wasserpflanzen

Substrate (Erden)

Künstlich hergestellte Erdmischungen. Sie werden entsprechend dem jeweiligen Verwendungszweck aus verschiedenen Bestandteilen zusammengemischt und mit Nährstoffen angereichert, z. B. zur Aussaat, vegetativen Vermehrung oder zur normalen Kultur von Pflanzen. Neben den *Einheitserden* zur allgemeinen Verwendung gibt es auch *Torfkultursubstrate* mit hohem Torfanteil sowie verschiedene Spezialerden für einzelne Pflanzengruppen, z. B. für Rhododendren, Orchideen oder Kakteen. Man unterscheidet:

- *Einheitserden* mit leicht saurem pH-Wert:
  - *Nullerde:* ungedüngtes Aussaatsubstrat (Aussaaterde)
  - *Vermehrungserde:* leicht gedüngtes Anzuchtsubstrat
  - *Pikiererde:* gedüngtes Substrat für Jungpflanzen
  - *Topferde:* gedüngtes Substrat für Balkon- und Kübelpflanzen
- *Torfkultursubstrate* mit leicht saurem pH-Wert.
- *Lauberde:* Kompostierung von leicht zersetzbarem Laub; pH-Wert entsprechend des Ausgangsmaterials.

- *Nadelerde:* aus kompostierten Nadeln von Koniferen gewonnen; niedriger pH-Wert.
- *Rindensubstrat:* Torfersatzmaterial mit Anteilen aus Rindenkompost; niedriger pH-Wert.

Sukkulenten, Sukkulente Pflanzen

➛ Sukkulenz

Sukkulenz

Bildung besonders beschaffener Pflanzenorgane in Anpassung an Trockenheit. *Sukkulente Pflanzen* besitzen fleischig verdickte, stark saftige Teile wie Blätter, Stängel oder Wurzeln, mit meist lederiger Haut. Das Gewebe dieser Organe kann reichlich Wasser speichern, wodurch die Gewächse auch lange Trockenperioden überstehen können; vor allem bei Pflanzen aus Wüsten und Halbwüsten wie z. B. Kakteen.

Sumpfbeet

Eine Sumpfzone, die an einen naturnahen Gartenteich anschließt oder auch allein angelegt werden kann. Geprägt durch stetig durchnässten Boden, kann das S. sogar kurzzeitig knapp überflutet sein. Geeignet für Pflanzen, die diesen Bedingungen angepasst sind; z. B. Sumpfgarbe, Sumpfdotterblume und Sumpfvergissmeinnicht. ➛ Moor ➛ Moorbeet.

Sumpfbeetklärung

Eine Pflanzenkläranlage, die als Alternative zu einem Filtergerät zur Reinigung des Wassers in der Flachwasserzone eines Gewässers dient. Diese Aufgabe übernehmen Röhricht- und Sumpfpflanzen wie Schilf, Rohrkolben oder Binsen. Klärende Sumpfbecken werden als komplette Bausätze im Fachhandel angeboten und setzen sich aus Blähton, Filtermatte sowie entsprechenden Pflanzen zusammen.

Sukkulente Pflanzen sind in unseren Breiten auf die Fensterbank oder ins Gewächshaus verbannt.

Sumpfpflanzen ➛ Wasserpflanzen

Sunbeere ➛ Brombeere

Surfinie ➛ Petunie

Süßkirsche ➛ Kirsche

Symbiose

Zusammenleben verschiedenartiger Lebewesen, wobei jeder Partner Nutzen aus dem anderen zieht. Im Pflanzenreich z. B. bei ➛ Flechten, einer Gemeinschaft aus Alge und Pilz oder bei ➛ Knöllchenbakterien, die in den Wurzeln von Schmetterlingsblütlern leben.

Synthetischer Dünger ➛ mineralische Dünger

Systemische Mittel ➛ Pflanzenschutzmittel

T

Taglilie

(*Hemerocallis*; LILIACEAE) Liliengewächse Gattung mit etwa 15 meist halb-immergrünen, krautigen, lilienähnlichen Staudenarten aus den gemäßigten Regionen Südostasiens, von denen über 30 000 benannte Kultivare abstammen. Die zum Teil Rhizome (➛ Speicherorgane) bildenden Pflanzen haben riemenförmiges, bis 120 cm langes Laub, das horstig in Büscheln steht. Die Blütentriebe mit mehreren Einzelblüten in Weiß, Creme, Gelb, Orange, Rosa, Rotbraun oder Zwischentönen überragen den Blattschopf. Jede einzelne Blüte hält nur einen Tag lang, aber da sich täglich neue Blüten öffnen, erstreckt sich die Blütezeit der Pflanzen über einen längeren Zeitraum. Durch geschickte Kombination früh blühender und später Sorten erreicht man eine ununterbrochene Blütezeit von Mai bis Oktober. Alle bei uns im Handel befindlichen Arten und Sorten sind voll frosthart. Die pflegeleichten ➛ Stauden eignen sich für gemischte und Staudenrabatten, größere Gruppen zieren auch ➛ Naturgärten. Zwergige Sorten eignen sich für Kübel und Töpfe. **Kultur:** Bevorzugt im zeitigen Frühjahr, notfalls auch im Herbst in fruchtbarer, feuchter, gut durchlässiger, alkalischer bis leicht saurer Erde in voller Sonne oder im Halbschatten pflanzen. Besonders beim ➛ Austrieb im Frühjahr für ausreichend Feuchtigkeit sorgen. Für gelegentliche Düngergaben sind sie dankbar, ansonsten können die Pflanzen jahrelang ungestört am selben Standort bleiben. Wüchsige Arten kann man nach 3 bis 4 Jahren ➛ aufnehmen und teilen. **Schädlinge/Krankheiten:** Schnecken, Rost, *Hemerocallis*-Gallmücke, Blattläuse, Rote Spinnmilbe, Thripse, Wurzelhalsfäule, Blatt- und Sprossfäule. **Vermehrung:** Teilen größerer Gruppen im Frühjahr oder Herbst. Samen der Arten im Frühjahr in Töpfen oder im ➛ Kalten Kasten aussäen. Hybriden und Kultivare lassen sich nicht sortenrein aus Samen nachziehen.

Arten und Sorten: Wildarten: *H. citrina*: stark duftende, zierliche, hellgelbe Blüten im Hochsommer, bis 1 m hoch; *H. dumortieri*: glockenförmige, orange Blüten im Frühsommer, bis 50 cm hoch; *H. fulva*: orangebraune, hoch über dem Laub stehende Blüten im Hoch- und Spätsommer, bis 1,2 m hoch, die Sorte 'Pleno' hat gefüllte Blüten; *H. lilioasphodelus*: hellgelbe, duftende Blüten im Spätfrühjahr, bis 80 cm hoch; *H. middendorffii:* trichterförmige, goldgelbe Blüten im Frühsommer, manchmal nachblühend, bis 90 cm hoch; *H. minor*: kleine, zitronengelbe, duftende Blüten im Frühsommer, bis 80 cm hoch.

Taglilien blühen nur einen einzigen Tag – an diesem geben sie aber alles.

Taglilien-Sorten (Hybriden)			
Sorte	Blüte: Form und Farbe	Blütezeit	Wuchshöhe (in cm)
'American Revolution'	groß; samtig schwarzrot mit grünem Schlund	m – s	80
'Apple Tart'	dreieckig bis sternförmig; leuchtendes, samtiges Hellrot mit grünem Schlund	m	100
'Corky'	eher klein, sternförmig; klar gelb, außen rötlich braun	m	90
'Golden Chimes'	sternförmig; tiefgelb, außen rötlich braun	f – m	90
'Helle Berlinerin'	rundlich; hell-cremefarben, oranger Schlund	m	90
'Hyperion'	dreieckig bis sternförmig; zitronengelb	m	80
'Jake Russel'	rundlich; goldgelb	m	80
'Lavender Flight'	großblumig, kräftig lavendelrosa, grüner Schlund, helle Rippe	m	60
'Prairie Blue Eyes'	großblumig, sternförmig, lavendellila mit fast blauer Zone und grünem Schlund	m	80
'Raspberry Wine'	leicht gekreppt; dunkel himbeerrot, gelbgrüner Schlund	s	60
'Ruffled Apricot'	sternförmig, am Rand gekräuselt; aprikoseorange	m – s	75
'Scarlock'	groß; samtig kirschrot, grüner Schlund	f – m	75
'Siloam Dream Baby'	rundlich, aprikoseorange, helle Rippe, rötlich brauner Schlund	f – m	75
'Siloam Double Classic'	gefüllt; pfirsichrosa, gekräuselter Rand	f – m	50
'Wind Song'	groß, rundlich, cremefarben, gewellte Ränder	m	80

Auf Taglilien spezialisierte Züchter geben Kataloge heraus, die oft bebildert sind und die Auswahl aus dem fast unüberschaubaren Sortiment erleichtern. Die obenstehende kleine Auswahl gibt einen Überblick über das breite Sortenspektrum. Die Angaben zur Blütezeit erfolgt bei Taglilien nicht in Monaten, sondern werden für den Zeitraum zwischen Mai und Ende September in früh (f), mittel (m) oder spät (s) eingeteilt.

Tanne

(*Abies*; PINACEAE) Kieferngewächse

Gattung mit etwa 50 Arten immergrüner Nadelbäume aus gebirgigen Regionen der nördlichen Hemisphäre mit regelmäßigem, spitzkegeligen Kronenaufbau und quirlig stehenden Ästen. Die Nadeln sind flach, mittel- bis dunkelgrün und duften leicht aromatisch, unterseits haben sie häufig zwei Silberstreifen. Unauffällige, einhäusige Blüten. Weibliche Zapfen oft rötlich blau, aufrecht stehend (bei ➛ Fichten: hängend); sie werden erst von älteren Bäumen ausgebildet und befinden sich in den oberen Kronenbereichen. Bei der Reife fallen sie nicht als Ganzes zu Boden, sondern lösen sich in Schuppen auf. Die meisten Tannen sind riesenwüchsig und werden für Hausgärten zu groß. Kleinere Formen sind jedoch wegen ihrer symmetrischen Form geschätzte Gartenbäume, die vor allem als ➛ Solitärgehöl-

Tannen bezaubern durch ihre kompakte, symmetrische Form. (links *Abies cephalonica*, rechts *Abies equi trojani*).

ze gepflanzt werden. **Kultur:** In fruchtbaren, feuchten, aber gut durchlässigen, neutralen bis leicht sauren, tiefgründigen Boden in voller Sonne pflanzen. Jungpflanzen tolerieren auch schattigere Standorte. Die Pflanzen vertragen keine heißen, trockenen Standorte und keine extremen Böden. Bei anhaltender Trockenheit, auch an frostfreien Tagen im Winter, gießen. **Schädlinge/Krankheiten:** Fichtenläuse. **Vermehrung:** Bei Samenreife oder im späten Winter in Töpfen oder im ➛ Kalten Kasten aussäen. Vor dem Winter gesammelter Samen muss 3 Wochen eingefroren werden, damit er keimt.

Arten und Sorten: Zwerg-Balsamtanne (*A. balsamea* 'Nana'): gedrungen kissenförmig, sehr langsam wachsend, bis 1 m hoch und breit; Kolorado-Tanne, Grautanne (*A. concolor*): bis 30 m hoher und 8 m breiter, streng symmetrischer Großbaum mit langen, intensiv blaugrün gefärbten Nadeln, mittelstark wachsend; Korea-Tanne (*A. koreana*): schwach wachsender, bis 8 m hoher und 3 m breiter Baum mit kurzen, breiten, dunkelgrünen Nadeln, der schon in der Jugend violette Zapfen bildend; Nordmann-Tanne, Kauskasus-Tanne (*A. nordmanniana*): mittelstark wachsender, bis 30 m hoher und 8 m breiter Großbaum mit dicht verzweigten, breit kegelförmigen, bis zum Boden reichenden Ästen, dunkelgrüne, bürstenförmig angeordnete Nadeln; Amerikanische Blautanne, Silbertanne (*A. procera* 'Glauca'): locker kegelförmiger, manchmal mehrtriebiger, mittelstark wachsender Baum, bis 18 m hoch und 6 m breit mit waagerechten Ästen und intensiv blauweißen Nadeln; schon in der Jugend werden Zapfen ausgebildet.

Taschenkrankheit (Narrenkrankheit)

Pilzinfektion, die zu missgebildeten Früchten führt.

Gefährdete Pflanzen: Pflaumen, gelegentlich auch Aprikosen und Traubenkirsche.

Schadbild: junge Früchte wachsen zu langgezogenen, flachen, meist leicht gekrümmten Gebilden heran, bleiben oft steinlos; Fruchtoberfläche zunächst grün und glatt, später gelbgrau bepudert, warzig und runzelig; ab Spätsommer schrumpfen befallene Früchte, sie werden braun und trocken; hartes, saftloses Fruchtfleisch; selten auch Missbildungen an den Blättern und Blüten.

Vorbeugung und Bekämpfung: nur widerstandsfähige Sorten anbauen; fachgerechter Kronenschnitt; im Spätherbst einen schützenden Stammanstrich anbringen; zum Austrieb und zur Blüte Rainfarntee oder Knoblauchtee in die Kronen sprühen; befallene Früchte sofort absammeln und vernichten.

Taybeere ➛ Brombeere

Teehybriden ➛ Rosen

Teerosen ➛ Rosen

Teich

Kleines, stehendes Gewässer mit Uferzone, das im Garten meist zu dekorativen Zwecken, aber auch aus ökologischen Gründen sowie zur Fischhaltung angelegt wird.

Vor der Anlage sollte der *Teichtyp* festgelegt werden, um mit dem Stil des gesamten Gartens zu harmonieren. So passt z. B. ein naturnaher Teich in einen ländlichen Garten oder ein modern gestaltetes Wasserbecken mit streng geometrischen Formen in einen Garten mit einer klarer Raumaufteilung; Zwischenformen eignen sich meist für alle Gartensituationen. Die Wahl des *Standorts* muss umso sorgfältiger erfolgen je beengter der Gartenraum ist; Bauwerke und Bäume (Wurzeln erschweren den Aushub, das Falllaub macht viel Arbeit) können außerdem Grenzen setzen. Wichtig ist auch die Berücksichtigung der Sonneneinstrahlung, da die meisten Wasserpflanzen viel Licht brauchen – deshalb sollte ein Teich im Sommer mindestens 5 bis 6 Stunden pro Tag voll in der Sonne liegen; eine zeitweilige Beschattung, z. B. durch Gebäude, besonders um die Mittagszeit, verhindert zu starke Erwär-

Die Taschenkrankheit bewirkt, dass sich die Früchte lang strecken, verkrümmen und weißlich verfärben.

Verschiedene Teichmodelle für den Hausgarten.

mung des Wasser und damit Algenwuchs. Auch Leitungen und Kabel, z. B. für Wasser, Strom oder Gas, müssen berücksichtigt werden. Die *Größe* eines Teichs wird wesentlich von seiner Tiefe bestimmt. Ein Stillgewässer sollte stets über 3 Lebensbereiche (➛ Gewässerzonierung) verfügen: eine Sumpfzone, eine Flachwasserzone und eine Tiefwasserzone. Diese 3 Zonen müssen in einem ausgewogenen Verhältnis zueinander stehen: Sumpfzone 30–40 %, Flachwasserzone 30–40 % und Tiefwasserzone nicht mehr als 25 % der Gesamtfläche.

Teichformen: klare geometrische Konturen wie Quadrat oder Rechteck bei dekorativen Wasserbecken, weiche Begrenzungslinien bei naturnahen Gewässern.

Vor dem *Ausheben* des Teichs wird der Uferverlauf mit einem Schlauch oder Seil abgesteckt, dann eine Markierungslinie aus Sand, Kalk oder Sägemehl gestreut. Bei kleineren Gewässern erfolgt der Aushub mit Spaten und Schaufel, bei größeren Teichen mit Hilfe spezieller Baumaschinen. Zuerst wird die Sumpfzone, dann die Flachwasserzone, schließlich die Tiefwasserzone ausgehoben. Den Abschluss bildet die *Nivellierung* der Ufer, dazu dient eine Schlauchwaage; die Aushubtiefe wird mittels einer Richtschnur, die zwischen Holzpfosten rund um den Teich gespannt ist, überprüft. So liegt der Teichrand ringsum absolut gleich hoch und nirgendwo kann Wasser auslaufen.

Bevor das Abdichtungsmaterial eingebracht bzw. das Becken eingepasst werden kann, muss man den *Untergrund* sorgfältig vorbereiten. Größere Steine und Wurzeln werden entfernt, die Teichsohle bei einem Folienteich 2 bis 5 cm hoch mit Sand, dann mit einem dicken Schutzvlies (aus Polyesterfasern) ausgekleidet. Nach der Abdichtung des Teichs (➛ Teichabdichtung) erfolgt die *Uferbefestigung*. Bei einem Folienteich gibt es verschiedene Möglichkeiten:

- Die Folie haubenartig über einen Kieswall ziehen und außerhalb des Ufers in den Boden eingraben; den dadurch entstehenden Folienwulst kann man mit grobem Kies dekorativ abdecken.
- Den Folienrand mit einer sanften Biegung innerhalb eines Kies- oder Steinwalls ein

Stück in die Höhe ziehen und mit Kieseln befestigen.

- Mit der Folie, z. B. über Rundhölzer, einen rinnenartig vertieften Graben modellieren und mit Kies auffüllen; oder man gießt in die Mulde Beton hinein und gestaltet mit Trittplatten einen Uferweg.

Bei Fertigteichen kaschiert man die Randwülste des Beckens mit Kies oder gröberen Steinen; man kann auch den Rasen bis an das Ufer heranführen, indem man einzelne Soden auf die kahlen Bereiche legt. ➛ Böschungsmatten aus Jute oder Kokosgeflecht eignen sich zur Bepflanzung steiler Stellen und zur Überdeckung der Ränder.

Nach der Randgestaltung wird Substrat in die Tiefwasserzone eingebracht und diese langsam mit Wasser gefüllt.

Teichabdichtung

Art der Abdichtung bei der Anlage eines Gartenteiches oder eines Bachlaufs. Je nach Abdichtungsmaterial unterscheidet man:

- *Folienteich:* wird mit spezieller Folie aus Kunststoff ausgekleidet. Teichfolien bestehen meist aus Polyethylen (PE), Polyvinylchlorid (PVC) oder Natur- bzw. Synthesekautschuk. *PVC-Folien* sind hochelastisch, reiß- und wurzelfest, frostsicher, UV- und verrottungsbeständig. *PE-Folien* sind umweltfreundlicher, jedoch teurer; sie müssen speziell verschweißt werden. *Kautschuk-Folien* enthalten keine Schadstoffe, sind sehr elastisch und haltbar, aber teurer als PVC- und PE-Folien.

  Die Folie wird in der Teichgrube möglichst sorgfältig ausgebreitet und den verschiedenen Tiefzonen (➛ Teich) angeschmiegt; größere Hohlräume sind unbedingt zu glätten. Beim Befüllen passt sich die Folie durch den Wasserdruck allen Unebenheiten an. Die Folie sollte etwa 30 cm über den Teichrand ragen. Faustregel bei der Berechnung der benötigten Foliengröße:

  Länge + 2 x Tiefe + 2 x Randzugabe = Länge der Folie
  Breite + 2 x Tiefe + 2 x Randzugabe = Breite der Folie

- *Fertigteich:* Abdichtung mit Hilfe von Fertigbecken aus Kunststoff in unterschiedlichsten Größen und Tiefen. Sie bestehen vorwiegend aus glasfaserverstärktem Polyesterharz oder Polyethylen, sind verrottungs- und frostbeständig und wurzelstabil.

  Nach dem Ausheben des Lochs wird der Untergrund mit einer etwa 10 cm dicken Sandschicht ausgekleidet und gut verdichtet, damit der Wasserspiegel später waagerecht liegt. Das Becken zur Fixierung zu einem Drittel mit Wasser füllen, Hohlräume ringsum mit Erde füllen und mit Wasser einschlämmen, damit sich alle Fugen schließen.

Folienabdichtung für Gartengewässer.

Blumenpracht am Teichrand: eine Bereicherung fürs Auge, aber auch für die Tierwelt im Garten.

Alternative Abdichtungsmöglichkeiten:

- *Lehm:* besonders wenn der Boden bereits genügend Lehm enthält; ein geeigneter Boden sollte etwa zu zwei Drittel aus Lehm bestehen.
- *Ton:* industriell vorgefertigte, ziegelförmige, feuchte Tonelemente; sie werden lagenweise ineinander gepresst und mit einem Stampfer verdichtet; für kleine Teiche ungeeignet.
- *Glasfaser:* Matten aus umweltfreundlichem Glasfaser; der Untergrund muss mit einem Gipsbett oder Bitumenmatten ausgekleidet werden, bevor die Glasfaserkonstruktion ausgelegt wird.
- *Beton:* wird heute nur noch bei der Anlage eines formalen Bachlaufs oder versenkter Teiche verwendet; ist arbeits- und kostenintensiv und nicht frostbeständig.

Teichbepflanzung

Bestücken des Teichufers und der Pflanzzonen im Teich mit Gewächsen, die sich für die verschiedenen Bereiche eignen (➛ Wasserpflanzen, ➛ Sumpfpflanzen).
Um ein Überangebot an Nährstoffen im Teichwasser zu vermeiden, sollte man beim Einpflanzen das richtige *Substrat* verwenden: ein Lehm-Sand-Gemisch im Verhältnis 1:3 oder 1:4 (1 Teil Lehmboden, 3 oder 4 Teile Sand), das etwa 10 bis 15 cm hoch (fast alle Wasserpflanzen sind Flachwurzler) als Bodengrund in den gesamten Teich eingebracht wird. Winterharte Gewächse können direkt ins Substrat eingesetzt werden, während man empfindlichere Arten in spezielle *Gitterkörbe* pflanzt; diese überwintern an einem kühlen Ort (10–15 °C). *Pflanzzeit*: Die Pflanzen können vom Frühjahr an bis etwa Mitte September eingesetzt werden; nicht winterharte Gewächse ab Mitte Mai nach den Eisheiligen einpflanzen. *Pflanzdichte:* bei der Erstbepflanzung die Gewächse nicht zu dicht einsetzen. Die einzelnen Zonen werden unterschiedlich dicht bepflanzt:

- In der Sumpfzone pro m² ungefähr 4 bis 6 Pflanzen, in der Flachwasserzone 3 bis 4 Pflanzen.
- Seerosen werden nicht nach Quadratmeter berechnet. Für einen Teich bis zu einer Größe von 10 m² reichen je nach Sorte 3 bis 5 Seerosen.
- Bei Unterwasserpflanzen genügen etwa 2 bis 3 Pflanzen pro m² Wasseroberfläche, denn die meisten wuchern sehr stark.

Teichfilter
Reinigungsanlage zur Verbesserung der Wasserqualität im Gartengewässer. Gerade bei intensiver Fischhaltung, wie z.B. bei Fischarten wie Kois, die auf sehr sauberes Wasser angewiesen sind, sind T. unumgänglich. Man unterscheidet:

- *Mechanische Filter:* Sie sieben Schwebstoffe und andere Verschmutzung über Schaumstoff, Granulate und/oder andere Materialien aus dem Wasser ab.
- *Biologische Filter:* Sie arbeiten mit Hilfe von Mikroorganismen, die die Verschmutzungen zersetzen und abbauen.

Am effektivsten sind Modelle, die beide Methoden in sich vereinen.

Teichfolie ➛ Folie, ➛ Teichabdichtung

Teichpflege
Maßnahmen, um vor allem das biologische Gleichgewicht in einem Gartengewässer zu erhalten bzw. wiederherzustellen. Es umfasst Arbeiten wie die Wasserqualität zu kontrollieren, den Wasserspiegel auszugleichen, Reparaturen, Teichreinigung, Algen und Herbstlaub zu entfernen, nicht winterharte Pflanzen umzuquartieren und generell Vorkehrungen für den Winter zu treffen.

Da die Qualität des Wassers für Pflanzen und Tiere eines Teiches lebenswichtig ist, sollte man gelegentlich die ➛ Wasserhärte, den Säuregrad (➛ pH-Wert) und Nitrit-Nitrat-Gehalt prüfen; Test-Sets sind im Handel erhältlich. Wenn anhaltende Trockenheit durch starke Verdunstung zu Wasserverlusten führt, muss Wasser nachgefüllt werden. Im Sommer werden auch stark wuchernde Pflanzen (z.B. viele Unterwasserpflanzen) ausgelichtet, damit der Teich nicht völlig verkrautet. Bei Massenvermehrung (➛ Algenblüte), müssen die Algenmatten per Hand oder mit einem Kescher entfernt werden. Je nach Größe des Gewässers fällt alle 4 bis 5 Jahre eine Teichreinigung an; zu diesem Zweck sowie für Reparaturarbeiten und zum Einsetzen neuer Pflanzen kann ein Absenken des Wasserspiegels oder Entleeren des Teichs notwendig werden. Ist eine Tauchpumpe vorhanden, kann das Wasser mit einem Schlauch, der anstelle des Zulaufrohrs angebracht wird, abgesaugt werden. Sonst lässt sich der Teich durch Ansaugen des Wassers über einen Schlauch vom Gewässer in die Kanalisation umfüllen. Im Herbst müssen ins Wasser gefallenes Herbstlaub und abgestorbene Pflanzenteile entfernt werden, bevor sie auf den Grund sinken und dort faulen. Fische im Teich brauchen eine ausreichende Wassertiefe zum Überwintern, sonst müssen sie ins Aquarium gebracht werden. Pumpen und Filter werden gereinigt und im Winter trocken (z.B. in der Garage) aufbewahrt. Ein völliges Zufrieren des Wassers wird durch ➛ Eisfreihalter erreicht. Im Frühjahr nach der Schneeschmelze werden Uferbefestigung und Teichrand kontrolliert, technische Geräte überprüft; neue Pflanzen und die Fische (wieder) eingesetzt. Auch das Wasser sollte jetzt getestet werden.

Teichpumpe
Gerät zur Förderung von Wasser in Gartengewässern, z.B. für Bachläufe oder verschiedene Wasserspiele. Grundsätzlich unterscheidet man

- *Tauch-* oder *Unterwasserpumpen:* Sie arbeiten unter Wasser, müssen daher wasserdicht und korrosionsbeständig sein; geeignet für Bachläufe, Sprudelsteine und kleine Wasserspielen.

Ein wichtiges Gerät zur Wasserumwälzung – die Teichpumpe.

- *Außenpumpen:* Sie sind nur außerhalb des Wasser geeignet und müssen in einem geschützten Raum aufgestellt werden; meist nur für sehr hohe Wasserspiele erforderlich, da sie eine höhere Förderleistung bringen.

Teilsteckling ➛ Stecklinge

Teilung

Methode der vegetativen Vermehrung, bei der der Wurzelballen einer Pflanze in mehrere Stücke zerteilt wird – jedes Stück muss mindestens eine austriebsfähige Knospe und einige kräftige, möglichst unbeschädigte Wurzeln besitzen. Ist auch bei einem unterirdischen Speicherorgan möglich, das nach demselben Prinzip in Stücke geschnitten wird.

Tellerkrone ➛ Kronenformen

Temperiertes Gewächshaus ➛ Gewächshaus

Teppichbildner ➛ Wuchsformen

Terrassierung

Künstliche Abstufung von abschüssigem Gelände. Sie wird zur Stabilisierung eines Hangs, zur Herabsetzung der ➛ Erosion und zur besseren Nutzung oder Begehbarkeit einer Fläche durchgeführt.

Thermokomposter ➛ Kompostbehälter

Thomasphosphat (Thomasmehl)

Ein phosphorhaltiges Düngemittel, das durch Zermahlen der beim Thomasverfahren (eine Methode der Stahlerzeugung) entstehenden Schlacke hergestellt wird; ein Einnährstoffdünger (➛ Düngemittel).

Thripse (Blasenfüße)

Ein 1 bis 2 mm großes, schlankes hellbraunes Insekten mit 4 gefransten Flügeln. Sie saugt wie ihre durchscheinend wirkenden Larven an den Pflanzen.

Gefährdete Pflanzen: Sommerblumen, Balkon- und Kübelpflanzen, Zwiebel- und Knollengewächse, vor allem Gladiolen, Rosen, Gemüse, besonders Lauch, Zwiebeln und Erbsen; Kulturen unter Abdeckung.

Schadbild: punktförmige, helle Saugstellen an Blättern, Blüten und Stängeln, später größere graue oder silbern schimmernde Flecken oder Streifen, die gelb bis braun werden und vertrocknen; neben den Saugstellen winzige, schwarze Kothäufchen; unnatürlich entwickelte Knospen, bei Blumenkohl keine Kopfbildung.

Vorbeugung und Bekämpfung: luftiger Stand; mulchen; für gleichmäßige Bodenfeuchtigkeit sorgen; Unkraut regelmäßig entfernen; Gladiolenknollen vor dem Einlagern reinigen; Frühbeet, Gewächshaus

Ohrwürmer und Raubwanzen haben Thripsen zum Fressen gern.

und Wintergarten gut lüften; Blattunterseiten mit kaltem Wasserstrahl abduschen; Blätter mit Schmierseife-Spiritus-Lösung abwaschen; blaue Leimtafeln anbringen; stark befallene Teile abschneiden und vernichten.

Thuje ➛ Lebensbaum

Thymian

(*Thymus*; LAMIACEAE/LABIATAE) Lippenblütler

In Europa und Asien verbreitete Gattung mit etwa 350 Arten immergrüner, an der Basis verholzender ➛ Stauden und ➛ Halbsträucher. Die Blätter sind klein, oval bis lanzettförmig und ➛ gegenständig, die meist quirlig in den Blattachseln stehenden Blüten sind rosa, lila oder weiß. Die Pflanzen haben einen stark aromatischen Duft und werden sowohl als Würzkraut in der Küche, als auch in der Medizin eingesetzt. In der Natur bevorzugen sie trockene, steinige, gut durchlässige, stark alkalische Böden, aber sie gedeihen auch in normalen, sehr gut durchlässigen Gartenböden. Sie eignen sich für ➛ Stein- und Kiesgärten, Trockenmauern, Rabattenränder; kriechende Arten wachsen auch als „Thymianrasen" in Wegritzen. **Kultur:** In neutralen bis alkalischen, sehr gut durchlässigen Boden in voller Sonne pflanzen. Mäßig gut durchlässige Böden durch Sand abmagern. Wüchsige Sorten nach der Blüte kräftig zurückschneiden, damit sie nicht sparrig (➛ Wuchsformen) werden. Bei älteren, von der Mitte her verkahlenden Exemplaren hilft ein Rückschnitt nicht mehr. Man muss sie im Frühjahr ➛ aufnehmen, teilen und neu einpflanzen. **Schädlinge/Krankheiten:** Keine. **Vermehrung:** Aussaat im Frühjahr in Töpfen oder im ➛ Kalten Kasten. Grünstecklinge im Frühsommer, halb verholzte ➛ Stecklinge im Spätsommer bewurzeln. Die im Frühjahr und Sommer bewurzelten Sprossabschnitte abtrennen und einpflanzen.

Arten und Sorten: Zitronenthymian (*Thymus* x *citriodorus*): duftet nach Zitrone, bis 20 cm hoch; *T. comosus* 'Doone Valley': flache, dunkelgrüne Polster, bis 12 cm hoch; *T. doerfleri* 'Bressingham Seedling': hellgrüne Polster, früh blühend, 8 cm hoch; *T. praecox* 'Minor', syn. *T. serpyllum* 'Pygmaeus': feste, tiefgrüne Polster, bis 3 cm hoch; Echter Quendel (*T. pulegioides*): ausladend, bis 2 cm große Blätter, 5 bis 25 cm hoch; Feldthymian (*T. serpyllum* in Sorten): darunter auch weiß blühende; 5 bis 25 cm hoch; Gartenthymian (*Thymus vulgaris*): die Sorte

Thymian, ein kraftvoll aromatisches Gewürz aus dem Mittelmeerraum.

'Aureus' hat gelb überlaufene Blätter, die Sorte 'Auvergne' gräuliches Laub mit Zitronenduft, 8 bis 15 cm hoch.

Tiefwurzler ➛ Wurzelsystem

TSK (Torfkultursubstrate) ➛ Substrate

Tochterknolle (Brutknolle) ➛ Brutorgane

Tochterpflanzen ➛ Kindel

Tochterzwiebel (Brutzwiebel) ➛ Brutorgane

Tomate, Paradeiser

(*Lycopersicon lycopersicum*; SOLANACEAE) Nachtschattengewächse

Einjährig kultivierte, buschig wachsende Pflanze aus Mittel- und Südamerika. Nördlich der Alpen fast 400 Jahre lang als Zierpflanze gehalten, findet die Tomate erst seit knapp 100 Jahren in der Küche Verwendung. Berühmt für ihre aromatischen, vitaminreichen, roh oder gekocht genießbaren Früchte ist sie aus der mediterranen Küche nicht mehr wegzudenken. Früchte, die nicht frisch verzehrt oder verarbeitet werden, sind nur wenige Tage haltbar. Konserviert werden Tomaten durch Einkochen oder Trocknen – eingefrorene Früchte sind nach dem Auftauen matschig und ohne Aroma. Im Herbst noch unreife, grüne Früchte können vor den ersten Nachtfrösten abgenommen werden; sie reifen an einem warmen Ort nach. **Kultur:** Aussaat in ➛ Vorkultur ab Ende Februar bei 20–25 °C unter Glas, etwa 0,5 cm tief in sterilisierter Anzuchterde (➛ Substrate). Die Samen keimen innerhalb weniger Tage, dann stellt man die Sämlinge kühler (16–18 °C) und sehr hell auf. Wenn sich die ersten echten Blätter entwickelt haben, jede Pflanze in einen eigenen 9-cm-Topf pflanzen. Stehen sie zu warm oder zu dunkel, werden sie hochbeinig und schwächeln. Im April wird noch einmal in 12-cm-Töpfe umgetopft. Die Pflanzen dürfen tiefer gesetzt werden als vorher, sie entwickeln dann auch an der Stängelbasis Wurzeln. Mitte bis Ende Mai können die sehr kälteempfindlichen Pflanzen ins Freiland gepflanzt werden. Vor dem Pflanzen gibt man reichlich ➛ Kompost, verrotteten Stallmist oder frisches Brennnessellaub (ohne Samenansätze und Wurzeln!) ins Pflanzloch. Bei Stangentomaten, die eine Stütze brauchen, wird diese vor dem Pflanzen eingeschlagen. Man pflanzt die Jungpflanzen etwas schräg bis zum ersten Blattansatz ein. Während des Wachstums reichlich gießen, aber dabei nicht die

Gold-, Liebes- oder Paradiesapfel: Den wahren Genuss reifer Tomaten erkannte man erst ab dem 19. Jahrhundert.

Blätter benetzen; alle 30 cm anbinden. Die in den Blattachseln entstehenden Blatttriebe müssen regelmäßig ausgegeizt (ausgebrochen) werden, dabei aber nicht versehentlich mit den Blütentrieben verwechseln! ➛ Mulch hält die Feuchtigkeit im Boden. Da Tomaten gut selbstverträglich sind, können die ausgegeizten Triebe dazu verwendet werden. Aus dem gleichen Grund können Tomaten jedes Jahr auf demselben Beet angebaut werden. Bei windstillem Wetter muss bei der ➛ Bestäubung nachgeholfen werden, indem man die blühenden Pflanzen leicht schüttelt. Stehen die Tomaten nicht in regengeschützten ➛ Folien- oder Glashäusern, empfiehlt sich ab Ende Juni eine zweimalige Spritzung mit Kupferkalk gegen ➛ Braunfäule. **Schädlinge/ Krankheiten:** Blattläuse, Weiße Fliege, Nematoden, Braun- und Krautfäule, Korkwurzelkrankheit, Bakterienwelke, Blattflecken, Wachstumsstörungen aufgrund von Witterungsschwankungen und Nährstoffmangel oder -überschuss. **Vermehrung:** Aussaat und Veredelung von Jungpflanzen.

Sorten: Außer den Sorten mit meist roten, runden Früchten gibt es zahlreiche gelbe, rotgrün-gestreifte, schmale oder birnenförmig längliche und breitwulstige Sorten, die sehr aromatisch sind und einen Anbau lohnen. Jüngste Züchtungen konzentrieren sich auf die Resistenz gegenüber der gefürchteten Kraut- und Braunfäule und anderen ➛ Pilzerkrankungen.

1. Runde, rote Sorten: 'Frühzauber' (Traditionssorte, früh und hohe Erträge), 'Vitella F1' (tolerant gegen Kraut- und Braunfäule), 'Diplom F1' (resistent gegen viele Pilzkrankheiten), 'Hoffmanns Rentita' (Buschtomate, bei der Entgeizen und Aufbinden entfällt), 'Harzfeuer F1' (Traditionssorte, früh reifend), 'Vanessa F1' (gegen Krankheiten resistente Sorte, die nur voll ausgereift geerntet wird und lange haltbar ist), 'Sparta F1' (hohe Resistenzen gegen Krankheiten, lange haltbare Früchte), 'Estrella F1' (hohe Resistenz gegen viele Krankheiten, auch für Gewächshauskultur geeignet); 'Minibel' (für Balkon- und Topfkultur, kleine, süße Früchte), 'Balkonstar F1' (ebenfalls für Balkon- und Topfkultur).

2. Flaschenförmige, rote Sorten: 'Dasher F1' (süß-aromatische Rispentomate, zahlreiche Resistenzen); 'Caspar F1' (dickfleischig, reift auch unter extremen Temperaturen); 'Roma' (länglich eiförmig, festes Fruchtfleisch), 'San Marzano' (länglich, spitz zulaufend, sehr aromatisch), 'Andenhorn' (Früchte ähneln einer Paprikaschote, früh reifend).

***3. Fleischtomaten**:* 'Myrto F1' (widerstandsfähig gegenüber Kraut- und Braunfäule, resistent gegen viele Krankheiten, für Gewächshaus und Freiland), 'Vision F1' (widerstandsfähig gegenüber Kraut- und Braunfäule, für Gewächshaus und Freiland).

4. Cocktailtomaten *(kleine, besonders süße Früchte):* 'Firefly F1' (hohe Resistenzen, besonders süß), 'Piccolino F1' (schnitt- und platzfest, auch für die Gewächshauskultur geeignet), 'Tiny Tim', 'Maiglöckchen'.

5. Gelbe Tomaten und andere Spezialitäten: 'Yellow Pearshaped' (birnenförmige Obsttomate mit kleinen, süßen Früchten, für Freiland und Gewächshaus), 'Sankt Vinzenz' (große, gelbe Salattomate), 'Tigerella' (runde, grünrot gestreifte Früchte, für Freiland und Gewächshaus), Johannisbeertomate (unzählige, erbsen- bis haselnussgroße, sehr süße Früchte), 'Rindfleischtomate' (große, kräftige, dunkelrote Fleischtomate mit festem, aromatischem Fruchtfleisch), 'Kleines Ochsenherz' (herzförmige Früchte, kräftiges, rotes, festes Fruchtfleisch), 'Roter Kürbis' (bis zu 1000 g schwere Früchte, ideal zum Füllen).

Tomatenwelke

Eine bakterielle Infektion.
Gefährdete Pflanzen: Tomaten, gelegentlich auch Paprika und Auberginen.
Schadbild: zunächst vereinzelt welkende Blätter, während das gegenüberliegende Blatt noch gesund bleibt; später allgemeine Welke und Absterben der Triebe; Früchte mit eingesunkenen, weiß umsäumten Flecken; Stängel im Innern braun verfärbt, bei Drücken tritt gelber Schleim aus.
Vorbeugung und Bekämpfung: in Mischkultur anbauen, Fruchtwechsel und Fruchtfolge einhalten, für gleichmäßig feuchten Boden sorgen; regelmäßig Seitentriebe ausgeizen; Stärkungsmittel wie Kräuterjauchen verabreichen; befallene Pflanzen sofort entfernen und vernichten.

Tonboden ➛ Bodenart

Bakterienfäule an einer Tomate.

Tonminerale ➛ Gesteinsmehle

Topferde ➛ Substrate

Topiari ➛ Formschnitt

Topinambur, Erdbirne, Jerusalemartischocke

(*Helianthus tuberosis*; COMPOSITAE) Korbblütler
Ausdauernde, mit der ➛ Sonnenblume verwandte, Knollen bildende (➛ Speicherorgane), bis 2 m hohe ➛ Staude aus Nordamerika stammend. In Europa wird sie erst seit dem 17. Jahrhundert angebaut. Die als Gemüse- und Futterpflanze früher weit verbreiteten Knollen, die roh oder gekocht – dann ähnlich wie Kartoffeln – verzehrt werden, enthalten Inulin, ihr geringer Glukosegehalt lässt sie für Diabetiker besonders geeigneten sein. Die stark ➛ Ausläufer bildende Pflanze wird vor allem im süddeutschen Raum noch heute als Futterpflanze und zur Schnapserzeugung angebaut. Geerntet werden die voll frostharten Knollen während der Ruhezeit der Pflanze im Spätherbst (ab Oktober) und Winter. Ausgegrabene Knollen sind nicht lange haltbar, deshalb erntet man nach Bedarf. Einige Sorten des Topinamburs kommen wegen der späten Blütezeit bei uns nicht rechtzeitig vor dem Frost zur Blüte, andere Sorten haben hübsche, sonnenblumenähnliche, gelbe Blüten. **Kultur:** Ab Mitte März Rhizomknollen im Abstand von 35 x 60 cm etwa 10 cm tief in zuvor gelockerten Boden legen. Die Pflanzen sind in Bezug auf Boden und Klima sehr anspruchslos und können bis zum Herbst ohne weitere Pflege wachsen. **Krankheiten/Schädlinge:** Wühlmäuse, Schnecken, Echter Mehl-

Zierlich schöne Blüten, köstliche Wurzeln – Topinambur ähneln vom Geschmack her Kartoffeln.

tau. **Vermehrung:** Ausläufer und Rhizomknollen.
Sorten: Es gibt rot-, gelb- und weißfleisichige Sorten, z. B. 'Blanka', 'Waldspindel', 'Topinanka'.

Torf

In Torfmooren abgestochenes, nährstoffarmes Material, das überwiegend aus unter Sauerstoffabschluss unvollständig zersetzten Torfmoorpflanzen besteht. T. wird zur Lockerung und Strukturbildung Substraten beigemischt. Er ist wegen seines niedrigen pH-Wertes vor allem für Säure liebende Pflanzen geeignet. Es gibt

- *Weißtorf (Fasertorf):* ist relativ hell gefärbt, grobfaserig und nur wenig zersetzt (Pflanzenreste sind noch erkennbar).
- *Schwarztorf:* dunkel gefärbter Torf, der stärker zersetzt ist.
- *Torfmischdünger:* dem Torf werden Sand, Ton, Nährstoffe und/oder Kalk beigemischt.

Da Torfmoore jedoch als Lebensräume durch Torfabbau stark bedroht werden, greift man zunehmend auf *Torfersatzstoffe* zurück, die ähnliche Eigenschaften wie T. aufweisen, sich aber aus Materialien wie Holz, Rinde oder Kokosfasern zusammensetzen.

Torfersatzstoffe ➛ Torf

Torfkultursubstrate (TKS) ➛ Substrate

Torfquelltopf ➛ Anzuchtgefäße

Transpiration

Abgabe von Wasserdampf an die umgebende Luft aus dem Inneren des Pflanzenkörpers, was hauptsächlich über die Blattporen erfolgt. Durch die Verdunstung entsteht in den Leitbahnen der Pflanze eine Sogwirkung, die den Wassertransport von den Wurzeln zu allen übrigen Pflanzenorganen ermöglicht.

Traube

1. Blütenstand, bei dem gestielte Blüten entlang einer gemeinsamen Hauptachse sitzen.
2. Bezeichnung für den Fruchtstand der Weinrebe, der botanisch jedoch eine ➛ Rispe ist.

Trauerform ➛ Hängeform

Trauermücken

2 bis 3 mm große, schwarze Mücken, die an feuchten und warmen Stellen, vor allem in Gewächshäusern und Frühbeeten, anzutref-

fen sind. Sie legen ihre Eier in der Nähe von Stängeln und Wurzeln ab; die Larven fressen die Pflanzen vom Wurzelbereich her und verursachen Fäulnis.
Gefährdete Pflanzen: Gemüse, Balkon- und Kübelgewächse, vor allem Jungpflanzen.
Schadbild: Jungpflanzen welken und lassen alle Blätter hängen; in der Erde 6 bis 7 mm lange glasig weiße Larven.
Vorbeugung und Bekämpfung: keimfreie Erde verwenden; mäßiger gießen; Gelbtafeln anbringen; Nützlinge einsetzen.

Treiberei ➛ Vortreiben

Trieb

1. Kurzform für ➛ Austrieb
2. Bezeichnung für Spross, vor allem für einen verholzten. Je nach Ausbildung und Stellung am Pflanzenkörper können verschiedene T. bezeichnet werden. Je nach ihrem Alter unterschiedet man *diesjährige* (im aktuellen Jahr frisch erschienene) und *vorjährige* (mehrjährige oder alte), d.h. aus dem Vorjahr stammende oder noch ältere Triebe.

- *Haupttrieb:* dominant wirkender, weil schon älterer und stärker entwickelter Trieb. Bildet ein T. die Hauptachse einer Pflanze, nennt man ihn Mitteltrieb.
- *Seitentrieb:* ein seitlich des Haupttriebes abzweigender Trieb.
- *Langtrieb:* entsteht infolge kräftiger Entwicklung eines Seitentriebes; damit erweitert die Pflanze das Sprossgerüst und die Laubfläche.
- *Kurztrieb:* entsteht durch das beschränkte Wachstum des Seitentriebes; daran sitzen mehrere Blätter und/oder Blätter rosettenartig zusammengedrängt; bei Obstgehölzen entstehen Blüten und damit auch Früchte abhängig von der Art entweder ausschließlich oder vermehrt an Kurztrieben und nur geringfügig an Langtrieben oder gleichmäßig an beiden Triebtypen.

Triebbohrer ➛ Rosentriebbohrer

Triebsterben

Durch verschiedene Pilze verursachte Pflanzenkrankheit. Die Diagnose des einzelnene Erregers erfordert viel Fachkenntnis.
Gefährdete Pflanzen: Laub- und Nadelgehölze, besonders Scheinzypresse, Thuja-Arten; Flieder, Mandelbäume.
Schadbild: junge Triebe im Frühsommer grau, später braun; Triebe sterben ab; bei Mandelbäumen plötzlich welkende Blüten und absterbende Triebspitzen.
Vorbeugung und Bekämpfung: gleichmäßige Wasser- und Nährstoffversorgung; absterbende Triebe scharf zurückschneiden bzw. Knospen entfernen und vernichten.

Trimmen ➛ Formschnitt

Trittstein

Einzeln platzierter, in den Boden oder in Flachgewässer gesenkter Stein mit abgeflachter Oberfläche ohne direkten Anschluss zum nächsten.

Trockenblumen

Getrocknete Pflanzenteile (Blüten, Samenkapseln und andere Fruchtstände, ➛ Gräser, Zweige usw.), die zum Zweck der Dekoration durch Trocknung konserviert werden. Klassisch ist die Verwendung von Strohblumen (*Helichrysum bracteatum*) als Trockenblumen, da sie beim Trocknen weder Form noch Farbe verändern. Zahlreiche andere Blüten von ➛ Einjährigen und ➛ Stauden lassen sich ebensogut trocknen, wie auch knospige ➛ Rosen, die Blütenstände vieler ein- oder mehrjähriger Ziergräser, die Samenkapseln von Jungfer-im-Grünen (*Nigella damascena*) oder Judassilberling (*Lunaria annua*) sowie die dekorativ gewachsenen Zweige von Korkenzieherhasel (*Corylus avellana* 'Contorta') und Korkenzieherweide (*Salix matsudana* 'Tortuosa'). Manche Blüten behalten nach dem Trocknen lange Zeit ihren Duft bei, so z. B. ➛ Lavendel (*L. angustifolia*). Von anderen Pflanzen trocknet man bewusst die duftenden Teile (meist die Blätter; z. B. die vieler mediterraner Kräuter), um zusammen mit diesen duftenden Pflanzen und farbig attraktiven Trockenblüten elegante Duftpotpourris zu komponieren. Der optimale Erntezeitpunkt für jede Art ist unterschiedlich. Je nach Wassergehalt in der Pflanze entwickeln sich die Blüten nach dem Schneiden noch weiter. Trockene, verholzte Pflanzenteile verändern sich nach dem Schnitt weniger als weiche, wasserreiche wie etwa ➛ Hortensien (*Hydrangea macrophylla*) oder dicht gefüllte Rosenblüten. Generell gilt, dass knospig geerntete Blüten besser ihre Form und Farbe bewahren als aufgeblühte, die leicht auseinander fallen. Zu früh geschnittene Knospen bleiben allerdings geschlossen und werden leicht beim Trocknen braun. Samenstände werden in der Regel geerntet, wenn sie völlig ausgereift sind. Die Pflanzenzellen sind dann meist ausgehärtet und stabil genug, sodass sich die Form der Schoten, Hülsen oder Kapseln beim Trocknen nicht mehr verändert.

Strohblumen sind die bekanntesten Trockenblumen.

Konservierungstechniken: Am einfachsten ist die Lufttrocknung. Blumenstiele werden von überflüssigen Blättern befreit und mit einem Gummiring (da die Stiele beim Trocknen schrumpfen) zu kleinen Bündeln zusammengefasst. Man hängt sie kopfüber an einem dunklen, warmen, trockenen Ort auf und bewahrt sie, wenn sie nach einigen Tagen oder Wochen völlig trocken sind, locker und luftig in Kartons auf. Wenn die Blüten bereits Samenansätze enthalten, muss mit dem Auftreten von Vorratsschädlingen (Dörrobstmotten etc.) gerechnet werden. Alternativ kann man besonders empfindliche Blüten mit Siliziumdioxid (Kiesel- oder Blaugel) trocknen. Das Granulat ist stark hygroskopisch, zieht also Wasser an. Zum Konservieren bettet man einzelne Blüten in ein Gefäß mit dem Granulat und verschließt es luftdicht. Nach wenigen Tagen hat das blaue Mineral der Pflanze alle Feuchtigkeit entzogen; es verändert dabei seine Farbe und wird rosa. Nach dem Gebrauch erhitzt man es im Backofen auf etwa 200 °C, um es wieder gebrauchsfähig zu machen.

Zum Trocknen geeignete Pflanzen			
Pflanze	Verwendete Pflanzenteile	Erntezeitpunkt	Besonderes
Artischocke (*Cynara scolymus*)	Blüte mit kurzem Stängelansatz	violetter Distelkopf	Staude; große Blüten für rustikale Gestecke
Färberdistel, Saflor (*Carthamus tinctorius*)	Einzelblüten mit kurzem Stängelansatz	frisch aufgeblühte Einzelblüten	einjährig; distelartige, orange-farbene Blüten
Fetthenne (*Sedum telephium*)	Blütenstand	verblühte, verholzende Trugdolden	Staude; verwelkte Blüten behalten lange die braunrote Färbung
Flaschenkürbis (*Lagenaria siceraria*)	Früchte	verholzende Früchte	einjährige Kletterpflanze
Frauenmantel (*Alchemilla mollis*)	Blütenstiel	beim Öffnen der Einzelblüten	Staude; dekoratives Beiwerk
Fuchsschwanz (*Amaranthus caudatus*)	blühende Haupt- und Seitentriebe	wenn sich die kleinen Einzelblüten zu öffnen beginnen	einjährig; Sorten mit hängenden und solche mit aufrechten Blütenzöpfen
Goldrute (*Solidago canadensis*)	Blütenstängel	beim Erblühen der Einzelblüten	Staude; zu weit aufgeblühte Stängel zerfallen leicht
Hasenschwanzgras (*Lagurus ovatus*)	Blütenstand mit Halm	vor dem Aufblühen	einjähriges Gras
Hopfen (*Humulus lupulus*)	Seitentriebe mit Dolden	ausgereifte Triebe mit Dolden	Staude; kräftig wachsende Kletterpflanze
Hortensie (*Hydrangea macrophylla*)	Blütenstände mit kurzem Stängelansatz	verblühte, papierartige, trockene Blüten	Strauch; die „Blüten" sind in Wirklichkeit gefärbte Hochblätter
Judassilberling (*Lunaria annua*)	ganze Pflanze	ausgereifter, trockener Fruchtstand	zweijährig; äußere, grünlich braune Samenhüllen abziehen
Jungfer im Grünen (*Nigella damascena*)	ganze Pflanze	entfaltete Blüten oder ausgereifte, trockene Samenkapseln	einjährig; getrocknete Blüten bleiben blau
Korkenzieherhasel (*Corylus avellana* 'Contorta')	Zweige	im Winter kahle Zweige	kleines, langsam wachsendes Gehölz
Korkenzieherweide (*Salix matsudana* 'Tortuosa')	Zweige	im Winter kahle Zweige	mittelstark wachsendes Gehölz
Kugelamaranth orange (*Gomphrena haageana*)	Blüten	blühende Stiele	einjährig; große, orange Blüten
Kugelamaranth bunt (*Gomphrena globosa*)	Blüten	blühende Stiele	einjährig; kleine, runde Blüten in Weiß, Rot, Orange, Purpurrosa
Kugeldistel (*Echinops ritro*)	Blüten	frisch erblühte Einzelblüten	Staude; stahlblaue Blütenkugeln an festen Stielen
Kugelköpfchen, Trommelstock (*Craspedia globosa*)	Blüten	blühende Stiele	einjährig; kugelige, gelbe, haltbare Blütenstände

Pflanze	Verwendete Pflanzenteile	Erntezeitpunkt	Besonderes
Lampionblume (*Physalis alkekengi*)	ganze Pflanze mit Samenhüllen	voll ausgefärbte, orangerote Samenhüllen	Staude; sehr ausbreitungsfreudig
Lavendel (*Lavandula angustifolia*)	Blüten	kurz vor dem Aufblühen der Einzelblüten	Halbstrauch; intensiv duftende Blüten
Mähnengerste (*Hordeum jubatum*)	Blütenstand mit Halm	kurz vor dem Aufblühen	einjähriges Gras
Mannstreu, Edeldistel (*Eryngium*-Arten)	ganze Pflanze	voll erblühte Einzelblüten	Staude; sehr bizarre Blütenstände
Muschelblume (*Moluccella laevis*)	ganze Pflanze	sich öffnende weiße Einzelblüten	einjährig; dornige Auswüchse in den Blattachseln
Pampasgras (*Cortaderia selloana*)	Blütenstand mit Halm	kurz vor dem Aufblühen	mehrjähriges, sehr großes Gras
Papierblume (*Xeranthemum annuum*)	Blütenstiele	frisch erblühte Blumen	einjährig; spät geerntete Blüten verbräunen
Riesen-Zittergras (*Briza maxima*)	Blütenstand mit Halm	kurz vor dem Aufblühen	einjähriges Gras
Rose (*Rosa*-Arten)	Blüten mit Stiel	reife Knospen kurz vor dem Aufblühen	Gehölz; Blüten öffnen sich nach dem Schnitt noch ein wenig mehr
Schafgarbe (*Achillea millefolium, A. filipendulina*)	Blütenstände mit Stängel	frisch erblühter Blütenstand	Staude; zu spät geerntete Blüten verbräunen
Schlafmohn (*Papaver somniferum*)	Samenkapseln mit Stängel	reife, trockene Samenkapseln	einjährig; versamt sich leicht
Schleierkraut (*Gypsophila paniculata*)	Blütenstände mit Stängel	voll erblühte Einzelblüten	Staude; verzweigte Blütentriebe sind nach dem Trocknen sehr zerbrechlich
Silberdistel (*Carlina acaulis*)	Blüte	voll erblühte Einzelblüte	Staude; nur kultivierte Pflanzen verwenden, da in der Natur geschützt
Silberimmortelle (*Anaphalis margaritacea*)	Blütenstände mit Stängel	frisch erblühte Stängel	Staude; zu spät geschnittene Blüten fallen auseinander
Sternskabiose (*Scabiosa stellata*)	Fruchtstand	Hochblätter des kugeligen Fruchtstandes trocknen ein	einjährig; unauffälliger Blütenstand
Strandflieder (*Limonium sinuatum*)	Blütenstand	Einzelblüten öffnen sich	einjährig; blüht in verschiedenen Farben, nicht verblassend
Strohblume (*Helichrysum bracteatum*)	Blütenstand mit kurzem Stängelansatz	frisch geöffnete Blüten	einjährige klassische Trockenblume in verschiedenen Farben
Türkenmohn (*Papaver orientale*)	Fruchtstände mit Stängel	ausgereifte, holzige Kapseln	Staude; zieht im Sommer ein, im Herbst erscheint eine Überwinterungsrosette
Weberkarde (*Dipsacus silvester*)	Fruchtstände mit Stängel	ausgereifte Samenstände	Wildstaude mit ausdrucksvollen Samenständen
Ziermais (*Zea mays*)	Fruchtstände mit Stängel	ausgereifte Samenstände, gelbe Hüllblätter	einjähriges Gras mit besonders großen Fruchtständen

Trockener Boden ➛ Bodeneigenschaften

Trockenmauer ➛ Mauer

Trog ➛ Pflanzgefäße

Tröpfchenbewässerung

Automatisches Bewässerungssystem, besonders für Balkon- und Kübelpflanzen. Sensoren, meist aus Keramik, werden in das Substrat gesteckt und sind über dünne Tropfschläuche untereinander und mit der Wasserquelle, z.B. einem Wasserhahn oder einem erhöht platzierten Kanister, verbunden. Nur wenn der Sensor trockenfällt, läuft Wasser aus dem Schlauch tröpfchenweise nach.

Trugdolde ➛ Scheindolde

Tulpe

(*Tulipa*; LILIACEAE) Liliengewächse

Gattung mit etwa 100 voll frostharten Zwiebelpflanzenarten aus Ost- und Zentralasien, Nordafrika und Europa. Die Blätter sind lineal bis breit eiförmigen, spitz zulaufend, mittel- bis graugrün und meist grundständig. Die im mittleren bis späten Frühjahr erscheinenden aufrechten, endständigen, kelchförmigen Blüten (bei den meisten Arten nur eine pro Zwiebel) haben 6 Blütenblätter und erstrahlen in fast allen Farben, ausgenommen Blau. Tulpen gehören zu den beliebtesten Gartenblumen überhaupt. Neben den Arten gibt es mehrere 1000 Sorten. Die Kultivare sind in der Regel zwischen 25 und 60 cm hoch, haben einfache oder gefüllte, manchmal auch gefranste Blüten, die je nach Sorte einfarbig, zweifarbig (gestreift oder geflammt) oder mehrfarbig sind. Man kultiviert sie wegen der attraktiven, weithin auffälligen Blüten in Beeten und Rabatten, in großen, sortenreinen Gruppen oder gemischt mit anderen Zwiebelpflanzen, ein- und zweijährigen Frühjahrsblühern und ➛ Stauden. Sie gedeihen auch gut in Kübeln und Töpfen. Einige kleine Wildarten eignen sich außerdem für ➛ Steingärten und zum ➛ Verwildern. Alle Pflanzenteile sind leicht giftig. **Kultur:** Im Spätsommer/Herbst die Zwiebeln in etwa 10 bis 15 cm Tiefe in fruchtbaren, leicht sandigen, gut durchlässigen Boden in voller Sonne pflanzen. Die Zwiebeln sollen etwa 2-mal so tief wie sie hoch sind eingepflanzt werden. Gegen ➛ Wühlmäuse können sie geschützt werden, indem man sie in engmaschige Körbchen aus Kaninchendraht setzt. Danach den Boden nicht mehr bearbeiten, um die Pflanzen nicht zu stören. Im Frühjahr den ➛ Austrieb gegen ➛ Schnecken schützen. Nach der Blüte kneift man die Fruchtstände aus, damit die Kraft der Pflanze in die Zwiebel gelenkt wird. Das Laub muss so lange stehen bleiben, bis es von selbst welkt. In Gebieten mit feuchten Sommern nimmt man die Zwiebeln anschließend auf (➛ Aufnehmen), trocknet

Die botanisch interressierten Habsburger brachten im 16. Jahrhundert die Tulpen aus der Türkei nach Mitteleuropa.

Gefüllte späte 'Mount Tacoma'

Einfach frühe 'Dillenburg'

Einfache späte 'Queen of Night'

Lilienblütige 'Mariette'

Gefranste 'Blue Heroe'

Viridiflora – 'Green Queen'

und reinigt sie und pflanzt sie im kommenden Herbst erneut ein. In Gegenden mit trockenen Sommern können die Zwiebeln im Boden bleiben. Gedüngt wird unmittelbar nach der Blüte mit einem ➛ organischen Dünger. Viele Kultivare eignen sich zur Treiberei (➛ Vortreiben) und Blüteverfrühung. Im Handel gibt es speziell präparierte (vorgekühlte) Zwiebeln zu kaufen. **Schädlinge/Krankheiten:** Schnecken, Nematoden, Blattläuse, Tulpenfeuer, Viruserkrankungen, Grauschimmel, Zwiebelfäule. **Vermehrung:** Eine Aussaat bringt nur bei den Wildarten sortenreine Nachkommen. Sie erfolgt im Herbst in Töpfen oder im ➛ Kalten Kasten. ➛ Sämlinge kommen erst nach 4 bis 7 Jahren zur Blüte. Üblicher ist die Vermehrung durch ➛ Tochterzwiebeln, die im Sommer

Die gefüllte späte 'Angelique' hat Ähnlichkeiten mit einer Pfingstrose.

von der Mutterzwiebel abgelöst und separat eingepflanzt werden. Sie kommen schneller als Sämlinge zur Blüte. Durch Tochterzwiebeln können auch Kultivare sortenrein vermehrt werden.

Arten und Sorten: Die Gartentulpen (Kultivare) werden zur besseren Übersicht international in 15 Klassen sowie in die Gruppe der Wildtulpen (natürlich vorkommende Arten) eingeteilt. Nachfolgend werden lediglich einzelne Beispiele zu jeder Klasse genannt, da sich das Angebot praktisch mit jeder Saison ändert. Da die Namen der Züchtungen international verbindlich festgeschrieben sind, kann man die Tulpensorten unverwechselbar bei jedem Händler erhalten, falls sie noch im Sortiment sind.

Tulpenklassen:
(die angegebenen Blütezeiten sind Mittelwerte und können, je nach Region und Witterungslage, abweichend sein)

1. Klasse: Einfache frühe Tulpen
Becherförmige Blüten, in fast allen Farben, auch gerändert, flammenartig oder gefleckt gemustert.
Höhe: 15–45 cm; Blütezeit: Mitte April
Beispiele: 'Diana' (reinweiß, 30 cm hoch), 'Apricot Beauty' (aprikosefarben, 45 cm hoch), 'Keizerskroon' (syn. 'Kaiserkrone'; scharlachrot, gelber Rand, 35 cm hoch), 'Prins Carneval' (gelb, rot geflammt, 40 cm hoch).

2. Klasse: Gefüllte frühe Tulpen
Schüsselförmige, gefüllte Blüten, in allen Rot-, Orange- und Gelbtönen sowie in Weiß, oft in anderen Farben gerändert oder gemustert.
Höhe: 30–40 cm; Blütezeit: Mitte April
Beispiele: 'Carlton' (scharlachrot, 40 cm hoch), 'Peach Blossom' (rosa, 25 cm hoch), 'Monte Carlo' (außen hell- und innen dunkelgelb, 30 cm hoch), 'Willem von Oranje' (orange, 25 cm hoch).

3. Klasse: Triumph-Tulpen
Becherförmige, einfache, robuste Blüten in fast allen Farben, oft auch in anderen Farben gerandet oder gefleckt gemustert.
Höhe: 35–60 cm; Blütezeit: Ende April bis Anfang Mai
Beispiele: 'Annie Schilder' (außen rosaorange, innen orangerosa geflammt, 45 cm hoch), 'Calgary' (reinweiß, 20 cm hoch), 'Capri' (rot, 45 cm hoch), 'Gavota' (braunrot mit cremefarbenem Rand, 45 cm hoch), 'Leen van der Mark' (kardinalrot, weiß gerändert, 45 cm hoch), 'Passionale' (lilapurpur, 40 cm hoch), 'Cassini' (braunrot, 45 cm hoch), 'Pax' (reinweiß, 45 cm hoch).

4. Klasse: Darwin-Hybrid-Tulpen
Kreuzung aus Darwin-Tulpen und *Tulipa fosteriana*. Besonders große Blüten auf mittellangen Stielen. Fast alle Farben, auch kontrastierend überlaufen oder in anderen Farben geflammt, gerandet oder gemustert gefärbt. Schöne Beet- und Schnitttulpen.
Höhe: 50–70 cm; Blütezeit: Anfang bis Mitte Mai
Beispiele: 'Ad Rem' (scharlachrot, gelb gerändert, 60 cm hoch), 'Burning Heart' (cremegelb, blutrot gestreift, 55 cm hoch), 'Orange Bowl' (rot, gelb gestreift und gefe-

dert, 50 cm hoch), 'Golden Apeldoorn' (goldgelb mit schwarzer Basis, 55 cm hoch).

5. Klasse: Einfache späte Tulpen, Cottage- oder Breeder-Tulpen

Becher- oder pokalförmige, meist ovale Blüten in vielen leuchtenden Farben, oft am Rand andersfarbig, auf festen Stielen. Wetterfest.

Höhe: 45–75 cm; Blütezeit: Mitte bis Ende Mai

Beispiele: 'Georgette' (gelb mit rotem Rand, mehrblütig, 50 cm hoch), 'Queen of Night' (tief-schwarzbraun, 60 cm hoch), 'Kingsblood' (syn. 'Königsblut'; kirschrot, 60 cm hoch) 'Menton' (lachsrosa, 65 cm hoch), 'Sorbet' (cremeweiß, rot geflammt, 60 cm).

6. Klasse: Lilienblütige Tulpen

Zugespitzte, elegante Blütenblätter, im oberen Teil nach außen zurückgeschlagen. Weiß bis gelb, rosa bis rot oder pink, oft andersfarbig gerandet, geflammt oder überhaucht. Gut für formale Beete.

Höhe: 45–65 cm; Blütezeit: Mai

Beispiele: 'Akita' (kirschrot mit weißem Rand, 50 cm hoch), 'Aladdin' (rot mit gelben Zacken, 55 cm hoch), 'China Pink' (satinrosa mit weißer Mitte, 45 cm hoch), 'Elegant Lady' (elfenbeinweiß mit zartrosa Glut, 60 cm hoch), 'Maytime' (rötlich violett, gelbe Basis, 50 cm hoch), 'Queen of Sheba' (braunrot mit gelbem Saum, 60 cm hoch), 'White Triumphator' (reinweiß, 60 cm hoch).

7. Klasse: Gefranste (Crispa-) Tulpen

Becherförmige, einfache Blüten mit gefransten Blütenblättern, deren Rand oft deutlich anders gefärbt ist. Geeignet für Rabatten- und als Schnitttulpen.

Höhe: 35–65 cm; Blütezeit: Mitte bis Ende Mai

Beispiele: 'Blue Heron' (violettpurpurn weiß markiert, 60 cm hoch), 'Canasta' (rot, weiß gespitzt, 50 cm hoch), 'Fringed Apeldoorn' (flammend rot, 55 cm hoch), 'Fringed Beauty' (leuchtend rot, goldgelb gefranst, gefüllt, 25 cm hoch), 'Lambada' (orange, 50 cm hoch).

8. Klasse: Viridiflora-Tulpen

Becher- oder schüsselförmige, oft völlig grüne und bunt gerandete Blüten, auch andersfarbig gemustert oder geflammt, typischerweise außen grün gestreift.

Höhe: 40–55 cm; Blütezeit: Mitte bis Ende Mai

Beispiele: 'Golden Artist' (goldorange, grün gestreift, 30 cm hoch), 'Greenland' (syn. 'Grönland'; rosa, grün gestreift, 55 cm hoch), 'Spring Green' (weiß, grün gestreift, 50 cm hoch).

9. Klasse: Rembrandt-Tulpen, Bizarre Tulpen

Durch Virusbefall entstandene Tulpenvariante. Einfache, becher- bis kugelförmige Blüten mit schwarzen, braunen, bronze- oder kupferfarbigen Streifen bzw. flammenförmigen Mustern. Wegen der Ansteckungsgefahr sollten Rembrandt-Tulpen immer isoliert zu anderen Tulpen gepflanzt werden!

Wildtulpen, hier eine *F. turkestamica*, sind mittlerweile ebenfalls beliebte Gartentulpen geworden.

Höhe: 45–65 cm; Blütezeit: Mitte bis Ende Mai
Beispiele: meistens sind Mischungen verschiedener Farben im Handel; schöne Sorten: 'Beauty of Volendam' (weiß, violettrot geflammt, 35 cm hoch), 'Striped Sail' (weiß, purpurn geflammt, 35 cm hoch), 'Wonderland' (gelb, rot geflammt, 35 cm hoch).

10. Klasse: Papagei-Tulpen

Bizarre, becherförmige, einfache, am Rand unregelmäßig geschlitzte Blüten in vielen intensiven Farben, oft andersfarbig gestreift oder geflammt. Manche Sorten haben zu schwache Stiele und neigen sich unter der Last der schweren Blüten.
Höhe: 35–65 cm; Blütezeit: Ende Mai
Beispiele: 'White Parrot' (schneeweiß, 40 cm hoch), 'Black Parrot' (dunkel-violettbraun, 50 cm hoch), 'Blue Parrot' (heliotropenblau, 55 cm hoch), 'Estalla Rijnveld' (rot, weiß geflammt, 50 cm hoch), 'Rococo' (dunkelscharlach mit blauer Glut, 35 cm hoch), 'Texas Flame' (gelb, karminrot geflammt, 45 cm hoch).

11. Klasse: Gefüllte späte (päonienförmige) Tulpen

Bauschige, dicht gefüllte, schüsselförmige Blüten in vielen Farben, oft mit andersfarbigen Rändern oder geflammt.
Höhe: 35–60 cm; Blütezeit: Mitte bis Ende Mai
Beispiele: 'Angelique' (rosa, hellere Spitzen, 45 cm hoch), 'Carnaval de Nice' (weiß, rot geflammt, 50 cm hoch), 'Miranda' (zinnoberrot, 55 cm hoch), 'Mount Tacoma' (reinweiß, 45 cm hoch).

12. Klasse: Kaufmanniana-Hybriden (Seerosen-Tulpen)

Dazu zählen *Tulipa kaufmanniana* und die von ihr abstammenden Hybriden. Einfache, schüsselförmige, oft zwei- oder mehrfarbige Blüten. Das Laub ist manchmal bronzefarben oder purpurn gezeichnet. Wegen der geringen Wuchshöhe für Steingärten geeignet.
Höhe: 15–30 cm; Blütezeit: Ende März bis Mitte April
Beispiele: 'Showwinner' (kardinalrot, 25 cm hoch), 'Glück' (zartgelb, rot gestreift, 20 cm hoch), 'The First' (elfenbein, außen karminrot, 20 cm hoch), 'Daylight' (orange-scharlachrot mit schwarzer Basis, 25 cm hoch).

13. Klasse: Fosteriana-Hybriden

Dazu zählen *Tulipa fosteriana* und die von ihr abstammenden Hybriden. Einfache, schüsselförmige, weiße, gelbe, orange oder rote, manchmal andersfarbig gerandete, geflammte oder gemusterte Blüten. Das Laub ist manchmal purpurfarben gemustert.
Höhe: 20–65 cm; Blütezeit: Mitte bis Ende April
Beispiele: 'Cantata' (leuchtend scharlachrot, 30 cm hoch), 'Orange Emperor' (syn. 'Oranger Kaiser', orange, gelbes Herz, 40 cm hoch), 'Purissima' (syn. 'Weißer Kaiser'; reinweiß, 45 cm hoch), 'Red Emperor' (syn. 'Roter Kaiser', 'Mme. Lefeber', zinnoberrot, 40 cm hoch), 'Sweetheart' (zitronengelb, weißer Rand, 40 cm hoch).

14. Klasse: Greigii-Hybriden

Dazu zählen *Tulipa greigii* und die von ihr abstammenden Hybriden. Einfache, glockige, oft mehrfarbige Blüten, manchmal mit andersfarbigem Rand oder geflammt. Das Laub ist oft am Rand gewellt oder knorpelig und braun oder purpurn gestreift, getupft oder marmoriert. Wegen der geringen Wuchshöhe für Steingarten geeignet.
Höhe: 15–30 cm; Blütezeit: Ende April
Beispiele: 'Czaar Peter' (weiß, rosa geflammt, 25 cm hoch), 'Engadin' (rot, gelb gestreift, 35 cm hoch), 'Pinocchio®' (rosarot mit weißen Rändern, 25 cm hoch), 'Plaisir'

(cremegelb und karminrot, 25 cm hoch), 'United States' (orangerot, gelb gerändert, 45 cm hoch).

15. Klasse: Gemischte Gruppe

In diese Klasse werden alle Hybriden und Arten eingeordnet, die nicht in die anderen Klassen gehören. Zwei Untergruppen:

- Alle 10–20 cm hohen Tulpen mit sternförmigen Blüten und spitzen Blütenblättern
- Alle 20–35 cm hohen Tulpen mit schüssel- oder glockenförmigen Blüten und eher rundlichen Blütenblättern

Die Blütezeit erstreckt sich, je nach Art, vom Spätwinter bis zum späten Frühjahr. Wegen der oft zierlichen Blüten und geringen Wuchshöhe sind sie vor allem von botanischem Interesse und für den Steingarten geeignet. Von vielen gibt es apart gefärbte Sorten.

Beispiele: *T. batalinii*, Damentulpe (*T. clusiana*), *T. humilis*, *T. pulchella*, Füsiliertulpe (*T. praestans*), *T. saxatalis*, Weinbergtulpe (*T. sylvestris*), *T. tarda*, *T. turkestanica* u. a.

Tulpenfeuer (Tulpenbrand, Tulpenrost)

Durch den Grauschimmelpilz *Botrytis tulipae* verursachte Krankheit.

Gefährdete Pflanzen: Tulpen.

Schadbild: deformierter Austrieb, teilweise welk oder graubraune Flecken; später verfaulende Sprosse und Zwiebeln, an denen auffällige schwarze Punkte sitzen (Dauerfruchtkörper des Pilzes).

Vorbeugung und Bekämpfung; sorgfältige Hygiene im Garten; widerstandsfähige Sorten bevorzugen; angemessene Pflanzabstände einhalten; gleichmäßige Wasserversorgung, ohne dabei die Pflanzen zu benetzen; welke und abgestorbene Teile konsequent entfernen; regelmäßige Bodenpflege; Stärkungsmittel wie Ackerschachtelhalmtee verabreichen; befallene Pflanzen sofort entfernen und vernichten.

Bei Tulpenfeuer hilft nur eine konsequente Vernichtung der befallenen Zwiebeln und Pflanzen.

Überalterung ➛ Vergreisung

Überdüngung
Die übermäßige Versorgung von Boden und Pflanzen mit Nährstoffen, wobei weder der aktuelle Bedarf der Pflanzen noch der des Bodens berücksichtigt wird. Neben einer Beeinträchtigung des Grundwassers kann das auch negative Folgen für das Bodenleben haben:

- *Salzschäden:* vor allem über Anreicherung von mineralischen Nährstoffen in der obersten Bodenschicht, die zur Ausbildung einer Salzkruste führt; diese beeinträchtigt das Bodenleben und die Entwicklung der Pflanzen.
- *Verätzungen:* vorwiegend an oberirdischen Pflanzenteilen, wenn z. B. bei der Blattdüngung konzentrierte Düngerlösungen auf die Blätter gespritzt werden.
- *Verbrennungen:* Schäden an den feinen Haarwurzeln, die durch zu hohe Nährstoffkonzentrationen verursacht werden; beim ➛ Rasen spricht man von Verbrennungen, wenn hohe Düngerkonzentrationen unter starker Sonneneinstrahlung zu Braunfärbung und Absterben großer Flächen führen.

Überwinterung
Zu treffende Vorsorge für Gewächse in Töpfen vor Winterbeginn. Die Behälter von Pflanzen, die den Winter im Freien verbringen, werden zur besseren Isolierung in Noppenfolie, Stroh oder Zeitungspapier gewickelt und mit Reisig geschützt. Empfindliche Kübelpflanzen werden in einen kühlen, aber frostfreien, trockenen Raum transportiert, wo sie in der kalten Jahreszeit versorgt werden.

U-förmiges Spalier ➛ Spalierformen

Umfallkrankheit ➛ Keimlingskrankheit

Umgraben ➛ Bodenbearbeitung

Umkippen ➛ Eutrophierung

Umstechen ➛ Bodenbearbeitung

Umweltschutz
Maßnahmen, um den Lebewesen ein beständiges, möglichst natürliches und gesundes Fortkommen zu gewährleisten. Die negativen Auswirkungen, die Zivilisation und Technik mit sich bringen, sollten vermieden oder gering gehalten bzw. beseitigt werden. U. umfasst die Bewahrung von Boden, Wasser und Luft vor Verunreinigungen u. a. durch chemische Substanzen, Wiederverwertung von Wertstoffen, Wiederaufbereitung von Abwasser, Lärmschutz; geregelt durch rechtliche Vorschriften, Verordnungen und Auflagen.

Unbeheiztes Gewächshaus (Kalthaus) ➛ Gewächshaus

Ungeschlechtliche Vermehrung (vegetative Vermehrung) ➛ Vermehrung

Unkraut
Bezeichnung für eine Wildpflanze, die an einer Stelle wächst, wo sie vom Menschen unerwünscht ist. Gilt auch als Sammelbegriff für die Gesamtheit aller lästigen Kräuter und Stauden, die in Konkurrenz mit Kulturpflanzen treten und diese auf Dauer mehr oder weniger verdrängen, da sie meist besser an den gemeinsamen Standort angepasst sind. Da U. eine abwertende Bezeichnung ist, die den betreffenden Gewächsen nicht gerecht wird, verwendet man heute

Für den einen ein lästiges Unkraut, für andere schöne Blumen: Löwenzahn (links) und Zaunwinde auf dem Prüfstand.

vielfach den Begriff unerwünschtes Wildkraut. Man unterschiedet 2 Hauptgruppen:

- *Wurzelunkraut:* wächst ausdauernd und besitzt in der Regel kräftige, tief reichende oder auch weitläufige Wurzelsysteme, z.B. Ackerkratzdistel, Giersch, Quecke oder Schachtelhalm
- *Samenunkraut:* ist kurzlebig, verbreitet sich aber sehr stark durch Samen, z.B. Vogelmiere, Schaumkraut, Kleine Brennnessel oder Löwenzahn.

Unkrautstecher ➛ Bodenbearbeitungsgeräte

Unpaarig gefiedert

Zusammengesetztes Blatt, dessen Teilblättchen entlang der Rippe angeordnet sind und bei dem das Endblättchen vorhanden ist.

Unterart ➛ botanische Namen

Unterboden ➛ Bodenprofil

Unterglaskultur

Anbau von Kulturpflanzen in geschützten, großflächig verglasten Räumen, z.B. im Frühbeet oder im Gewächshaus.

Unterlage

Basis, auf die Pflanzen einer gewünschten Sorte veredelt werden (➛ Veredelung). Sie dient der besseren Verankerung der oft nicht sehr standfesten Sorten im Boden, verhilft dem aufveredelten Gewächs zu einer optimalen Anpassung an den Standort und beeinflusst sein Wuchsverhalten entscheidend; spielt vor allem bei Obstanbau eine bedeutende Rolle.

Unterpflanzung

Niederwüchsige Pflanzen, die unter größere gesetzt werden, um dort Lücken zu schließen, z.B. unter Bäumen oder Sträuchern.

Unterwasserpflanzen (submerse Pflanzen) ➛ Wasserpflanzen

Valsakrankheit (Kirschensterben, Triebsterben)
Durch Pilzbefall verursachte Pflanzenkrankheit.
Gefährdete Pflanzen: Kirschen, gelegentlich auch Aprikosen, Pfirsiche und Pflaumen, Rosen.
Schadbild: aufgewölbte, stellenweise gerissene Rinde; absterbende Rinde mit warzenartigen, schwarzen Punkten („Krötenhaut"); Austreten von klebrigen Fäden; Absterben einzelner Äste, später des gesamten Baums.
Vorbeugung und Bekämpfung: standortgerecht pflanzen, besonders staunasse Böden vermeiden; ausgewogene Ernährung; befallene Teile sofort großzügig herausschneiden und vernichten; Wunden mit Wundmittel verschließen.

Var. (Abkürzung für varietas) ➛ botanische Namen

Varietät ➛ botanische Namen

Da bei der Krötenhaut- oder Valsakrankheit keine heilenden Maßnahmen bekannt sind, sollte viel Sorgfalt auf die Vorbeugung gelegt werden.

Vaterpflanze ➛ Mutterpflanze

Vegetation
1. Allgemein für die Pflanzendecke.
2. Botanisch die Gesamtheit der in Pflanzengesellschaften vorkommende Gewächse eines bestimmten Gebietes.

Vegetationsperiode (Vegetationszeit)
Zeitspanne, während der sich Pflanzen weiterentwickeln.

Vegetationspunkt ➛ Gewebe

Vegetationsruhe (Ruhezeit, Wachstumsruhe)
Eine durch ungünstige Wetterbedingungen, meist Kälte und Trockenheit, bedingte Phase des pflanzlichen Lebenszyklus, in der kein Wachstum stattfindet.

Vegetative Vermehrung ➛ Vermehrung.
Verbänderung

Verbrennungen ➛ Sonnenbrand, ➛ Überdüngung

Verdichteter Boden ➛ Bodenverdichtung

Veredeln ➛ Veredelung

Veredelung
Aufbesserung einer Pflanze durch Kombination von Knospen oder Triebstücken einer wertvolleren Zuchtform mit einer Unterlage mittels verschiedener Veredelungsmethoden. V. wird erforderlich, wenn die Zuchtform selbst nicht zufriedenstellend gedeiht, bzw. sie wird als Maßnahme der vegetativen Vermehrung betrieben, wenn die Sorte sich auf andere Weise nicht sortenecht nachzie-

hen lässt. Veredelt werden meist Obstgehölze, aber auch zahlreiche Ziergehölze wie Rosen, Kakteen sowie einige Gemüsearten und -sorten. Beim Veredeln (Umpfropfen) wird eine *Knospe (Edelauge)* oder ein *Edelreis* (Trieb einer Edelsorte) auf eine Unterlage aufgebracht. Der Bereich der Unterlage, an dem die V. vorgenommen wird, ist der *Propfkopf*. Den Punkt, an dem das Auge oder Reis mit der Unterlage verbunden wird, nennt man *Veredelungsstelle*.

Okulation

Veredelungsmethoden

Unterschiedliche Techniken, mit denen eine Veredelung durchgeführt wird. Folgende Methoden finden im Gartenbau hauptsächlich Anwendung:

- *Kopulation:* Verbindung 2 etwa gleich starker Triebe, die mit schrägen Schnittflächen aneinander gelegt werden.
- *Kopulation mit Gegenzunge:* Unterlage und Edelreis, die ungefähr gleich stark sind; sie werden nicht schräg abgeschnitten, sondern die Schnittflächen noch jeweils mit einem Zungenschnitt versehen – dadurch verhaken sie sich beim Zusammenfügen und können nicht so leicht verrutschen.
- *Propfung:* Ein dünnes Edelreis wird mit seiner Unterlage verbunden. Bei der so genannten Geißfußpfropfung wird ein dünnes, speziell angekerbtes Edelreis in eine keilförmige Aussparung der deutlich dickeren Unterlage gefügt. Bei viel stär-

Kopulation

Geißfußpfropfung

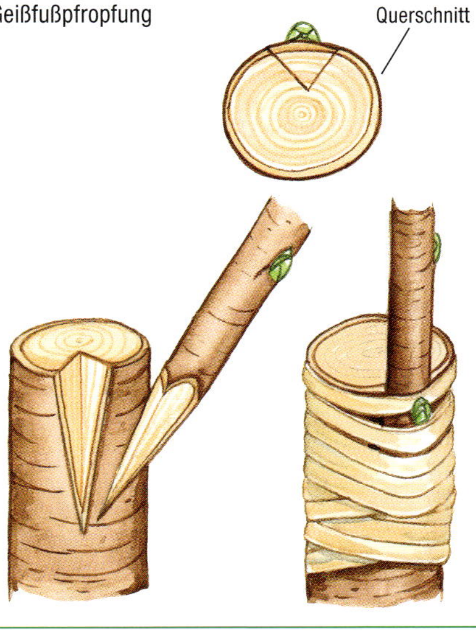

ker ausfallenden Unterlagen wird die *Rindenpfopfung* angewendet: Das Edelreis wird unter die etwas abgelöste Rinde der Unterlage geschoben.
- *Okulation (Okulieren, Augenveredelung):* Einsetzen und Fixieren eines Edelauges in die T-förmig geschnittene junge Rinde der Unterlage. Nach dem Anwachsen des Auges muss die Unterlage oberhalb des Neuaustriebs entfernt werden.

Vereinzeln ➛ Ausdünnen

Vergeilung (Etoilement)
Anomales Wachstum durch Lichtmangel. Vergeilte Pflanzen sehen bleich aus, weil die Produktion von Blattgrün gehemmt ist. Die Triebe werden ungewöhnlich lang und dünn und tragen wenige, kleine Blätter. V. tritt besonders häufig bei jungen Gewächsen auf, die im Winter unter Lichtmangel aufgezogen werden.

Vergreisung (Überalterung)
Schwächung der Wuchskraft bei Pflanzen, die infolge fortgeschrittenen Alters auftritt. Das äußert sich meist in nachlassender oder aussetzender Blütenbildung, Verkahlen oder teilweisem Absterben der Triebe. Bei vielen Pflanzen ist Vorbeugung durch häufige ➛ Teilung oder ➛ Verjüngungsschnitt möglich.

Vergrünen
Grünfärbung von andersfarbigen Pflanzenteilen, meist infolge von ungünstigen Standortbedingungen oder falscher Düngung. Der bisher auffällige Farbstoff wird durch neu gebildetes Blattgrün überdeckt, z. B. bei Blättern mit ➛ Panaschierung oder bei Blüten.

Verholzter Steckling ➛ Stecklinge

Verjüngung
Anregung stagnierenden Wachstums einer Pflanze bzw. Förderung der Wuchskraft einzelner Pflanzenteile durch verschiedene Maßnahmen, um eine vorzeitige ➛ Vergreisung zu verhindern; vor allem durch Schnitt oder Teilung.

Verjüngungsschnitt (Erneuerungsschnitt)
Zur Verjüngung vergreisender Sträucher dienende Schnittmaßnahme. Im ersten Jahr schneidet man alle alten, zu dicht stehenden Zweige aus der Mitte heraus, möglichst bis zum Boden. Die verbleibenden starken Triebe nimmt man auf 30 bis 50 cm über dem Boden zurück. Im folgenden Jahr werden die bis dahin neu gebildeten Triebe um ein Drittel eingekürzt, damit sie sich verzweigen. Ein solcher radikaler V. ist nur bei Arten, die reichlich junge Triebe aus dem Boden bilden können, möglich, z. B. Berberitze, Hasel und Forsythie. Andere Arten müssen behutsamer und über mehrere Jahre hinweg verjüngt werden.

Verkahlen
Zunehmender Verlust der normalen Belaubung und/oder Rückgang der Seitenverzweigungen, etwa aufgrund von Vergreisung oder eines Krankheitsbefalls; die Pflanze wird dadurch immer unansehnlicher.

Verkrustung
Krustenbildung auf der Erdoberfläche, bei der die zunächst aufgequollenen und dann wieder schrumpfenden Bodenteilchen miteinander verbacken. Sie tritt vor allem nach heftigen oder anhaltenden Regenfällen bzw. nach ausgiebiger Bewässerung auf, wenn der Boden vorher nicht gelockert wurde. V. beeinträchtigt u. a. die Bodenbelüftung und

die Keimung (das Durchbrechen der Erdoberfläche durch den Keimling wird erschwert).

Vermehrung

Fortpflanzung von Individuen. Sie dient der Erhaltung der Art und wird vom Menschen gezielt gefördert, um Pflanzen zu vervielfältigen:

- *Vegetative Vermehrung (ungeschlechtliche Vermehrung)*: Sie findet ohne Austausch und Neukombination von genetischem Erbmaterial statt. Ein Teil der Mutterpflanze entwickelt sich zu einem Nachkömmling, der dieser in jeder Hinsicht gleicht – bei Pflanzen z.B. durch *Brutorgane* oder *Ausläufer* hervorgerufen. Zudem wird die hohe Regenerationsfähigkeit der Pflanzen zur Vermehrung über *Teilung* oder *Stecklinge* genutzt.
- *Generative Vermehrung (geschlechtliche Vermehrung):* Dabei vereinigen sich während der ➛ Befruchtung von 2 Geschlechtszellen, die von verschiedenen Elternteilen stammen. Es kommt zur Neukombination der elterlichen Erbguts in vielfältiger und zufälliger Weise, es entstehen also Nachkommen, die sich von ihren Eltern wie auch voneinander mehr oder weniger unterscheiden – eine wichtige Voraussetzung für die Anpassung und für gezielte Züchtung. Die generative V. findet bei höheren Pflanzen über Samen statt.

Vermehrungserde ➛ Substrate

Vermehrungsgefäße ➛ Anzuchtgefäße

Vernalisation

Anregung der Blütenbildung durch Einwirkung bestimmter Temperaturen, besonders von Kälte. Sie läuft entweder noch vor der Keimung beim Embryo im Samen ab oder aber bei einer bereits entwickelten Pflanze, z.B. bei Wintergetreide, das im Herbst gesät wird und nach der Winterkälte im folgenden Jahr Blüten bildet.

Verrier-Palmette ➛ Spalierformen

Versailles-Kübel ➛ Pflanzgefäße

Versauerung

Ansteigen des Säuregrads im Boden. Sie kann durch ➛ sauren Regen, kalkarmes Ausgangsgestein, starke Vernässung oder Düngung mit sauer wirkenden Mitteln verursacht sein.

Verschlämmung

1. Durch Niederschläge oder Gießwasser verursachte oberflächliche Verlagerung von feinem Bodenmaterial; tritt meist in Hanglagen auf.

2. Zerschlagen von Krümeln durch aufprallende Wassertropfen. Nach Abtrocknung kommt es meist zu einer Verkrustung der jetzt fein verteilten Bodenteilchen, wodurch der erforderliche Luftaustausch zwischen Boden und Atmosphäre eingeschränkt wird.

Verticillium-Welke

Durch *Verticillium*-Pilze verursachte Krankheit, wobei der Pilz über die Wurzeln in die Pflanze eindringt.

Gefährdete Pflanzen: Sommerblumen, besonders Sommerastern, Balkonpflanzen, Stauden, vor allem Kissenastern und Staudenphlox, Ziergehölze, insbesondere Forsythien, auch Erdbeeren, Tomaten und Paprika.

Schadbild: welke, vergilbte Blätter; vorzeitiger Blattfall; Triebe sterben von der Spitze

Bei der Verticillium-Welke – auch als Wirtelpilz-Welke bekannt – werden die Leitbahnen der Wirtspflanze durch das Pilzwachstum verstopft.

her ab; Pflanzen gehen teilweise oder völlig ein.
Vorbeugung und Bekämpfung: widerstandsfähige Sorten wählen; standortgerecht pflanzen; ausgewogen düngen; in Mischkultur anbauen, Fruchtwechsel einhalten; Stärkungsmittel wie Ackerschachtelhalmbrühe verabreichen; befallene Teile abschneiden und vernichten; bei sehr starkem Befall Pflanzen ganz entfernen, Boden austauschen.

Vertikutieren ➛ Bodenbelüftung

Vertikutierer ➛ Bodenbelüftung

Verwildern
Größere Freiflächen wie Rasen oder Wiese mit Zwiebel- und Knollenpflanzen durchsetzen, um eine natürliche Wirkung zu erzielen. Dazu wirft man eine Hand voll Zwiebeln und Knollen aus oder lässt sie aus Schulterhöhe fallen; dort, wo sie liegenbleiben, werden sie eingepflanzt.

Vierzahnhacke ➛ Bodenbearbeitungsgeräte

Viren
Winzige, nur mit dem Elektronenmikroskop sichtbare Organismen Sie haben keinen eigenen Stoffwechsel und können sich nur innerhalb anderer Lebewesen vermehren. Einige V. rufen Krankheiten an Pflanzen (➛ Virosen) hervor.

Virosen (Viruskrankheiten)
Infektionen, die durch Viren verursacht werden und oft über Blattläuse übertragen werden. Eine direkte Bekämpfung ist bisher nicht möglich.
Gefährdete Pflanzen: Sommerblumen, Balkon- und Kübelpflanzen, Stauden, Zwiebel- und Knollengewächse, Rosen, Obst und Gemüse.
Schadbilder als Einzelerscheinung oder in Kombination sind:

- *Mosaikkrankheiten* hell- oder dunkelgrüne, gelbe oder durchscheinende Flecken, Ringe oder Wellenmuster auf den Blättern; Blüten oft mit weißen oder gelben Streifen; z.B. Hortensienmosaik an Hortensien, Ringfleckenkrankheit an Pfingstrosen, Apfelmosaik an Äpfeln und Ringfleckenmosaik an Birnen, Nekrotische Ringfleckenkrankheit an Kirschen, Himbeerringfleckenvirose (Pfeiffinger Krankheit) an Kirschen und Beerenobst, *Mosaik* an Bohnen, Gurken, Tomaten und Salat.
- *Kräuselungen* und *Blattrollung*: Blätter sind verkümmert, eingerollt, gekräuselt oder verformt; z.B. Blattkräuselung an Pelargonien, Scharkakrankheit, Kräuselkrankheit an Erdbeeren und Farnblättrigkeit an Tomaten.
- *Stauche- und Verzweigungskrankheiten:* extrem gestauchte und missgebildete

Stängel, Blätter meist verschmälert, die Pflanzen bleiben insgesamt zwergig; z.B. Stauchvirosen an Dahlien, Weidenblättrigkeit an Pflaumen, Flachästigkeit an Äpfeln.

- *Blattvergilbungen:* Blätter werden am Rand, entlang der Adern oder auf der ganzen Fläche gelb oder weißlich; z.B. Adernbänderung an Himbeeren, Blattrandvergilbung an Erdbeeren sowie Gelbstreifigkeit an Zwiebeln, Lauch, Narzissen und Lilien.

Vorbeugung und Bekämpfung: nur einwandfreies, möglichst virusgetestetes Saat- und Pflanzgut sowie widerstandsfähige Sorten verwenden; standortgerechte Pflanzung; Werkzeuge regelmäßig und gründlich reinigen, Schnittwerkzeuge desinfizieren; Verletzungen an holzigen Pflanzenteilen mit Wundmittel verschließen; Überträger wie Blattläuse bekämpfen; befallene Pflanzen entfernen und vernichten.

Viruskrankheiten → Virosen

Vitamine

Chemisch komplexe und sehr unterschiedliche Substanzen, die Mensch und Tier in geringen Mengen zum gesunden Wachstum benötigen, die aber vom Körper nicht selbst hergestellt werden können. V. werden vorwiegend von Pflanzen und Bakterien gebildet.

Vlies

Lockeres, textilartiges Gespinst aus leichten Kunststofffasern. Hauchdünne Formen werden zur Ernteverfrühung im Gemüseanbau verwendet, dickere, speziell verstärkte Vliesmatten vor allem bei der Anlage von Gewässern als Schutzunterlage für Folien eingesetzt. Im Steingarten und bei Gefäßkulturen legt man V. zwischen Drainageschicht und Substrat, um zu verhindern, dass die Erde ausgewaschen wird.

Vögel

Meist nützliche, bisweilen auch störende Wildtiere im Garten. Sie fressen schädliche

Vliese und Abdeckungen schützen nicht nur, sondern schaffen auch ein anderes, nämlich wärmeres Kleinklima unter der Haube.

Raupen und Insekten von Pflanzen ab und tragen auch zur Verbreitung mancher Gewächse bei. Förderung durch Pflanzen von *Vogelschutzhecken* und Aufhängen von *Nistkästen*.
Verschiedene V. sind vor allem im Nutz-, aber auch im Ziergarten nicht willkommen.
Gefährdete Pflanzen: gelb blühende Krokusse, gelbe Primeln, Zier- und Obstgehölze, Gemüse.
Schadbild: von Amseln zerfledderte Blüten von Knollengewächsen, von Sperlingen und anderen Arten gepickte Knospen von Gehölzen; zerpickte und angefressene Früchte und Gemüse.
Vorbeugung: abwechslungsreiche und ergiebige Futterquellen anbieten, z.B. reich fruchtende Wildsträucher pflanzen, für Tränken sorgen; engmaschige, möglichst blaue Netze über Kulturen spannen; flirrende Stanniolstreifen oder andere Vogelscheuchen anbringen.

Vogelbeere ➛ Eberesche

Volldünger ➛ Düngemittel

Vollfrühling
Im phänologischen Kalender der Zeitraum von Ende April bis Mitte Juni; ➛ phänologische Jahreszeiten.

Vollherbst
Im phänologischen Kalender der Zeitraum von Ende September bis Anfang November; ➛ phänologische Jahreszeiten.

Vollsonnig ➛ Lichtverhältnisse

Vorfrühling
Im phänologischen Kalender der Zeitraum von Mitte Februar bis Ende März; ➛ phänologische Jahreszeiten.

Vorkultur
1. (Vorfrucht), im Frühjahr vor der Hauptkultur angebaute, schnellwüchsige Pflanzen, z.B. Gemüsearten oder Gründüngungspflanzen.
2. Vorziehen von Pflanzen aus Samen unter geschützten Bedingungen, meist als Unterglaskultur; ermöglicht eine rasche Entwicklung der Sämlinge bzw. sehr empfindlicher Gewächse. Am häufigsten bei Sommerblumen und Gemüse angewendet.

Vorquellen
Aufweichen der Samenschale vor der Aussaat durch Einweichen der Samen im Wasser, um eine schnellere Keimung zu erreichen, besonders bei Schwerkeimern. ➛ Keimung

Vortreiben (Antreiben, Treiberei)
Beschleunigung der Entwicklung einer Pflanze oder von Pflanzenteilen durch besonders günstige Wachstumsbedingungen. Sie wird vor allem bei Gewächsen mit unterirdischen Speicherorganen vorgenommen, meist um eine frühere Blüte zu erreichen, z.B. bei Hyazinthen und Narzissen, Begonien oder Kartoffeln. Bei Gemüsearten wie ➛ Chikorée oder Löwenzahn gewinnt man durch V. besonders zarte Pflanzen.

Wacholder

(*Juniperus*; CUPRESSACEAE) Zypressengewächse

Gattung mit etwa 60 Arten immergrüner, strauch- bis baumförmiger Nadelgehölze der nördlichen Hemisphäre, von tropischen Gebirgen bis hin zur Polarzone. Die Beeren einiger Arten dieser langsamwüchsigen Nadelgehölze werden dazu verwendet, um Aromastoffe für Gin zu bekommen. Die Blätter sind kreuzweise ➛ gegenständig oder wirtelig angeordnet und nadel- oder schuppenförmig und kommen als Jugend- und Altersblätter gelegentlich auf einer Pflanze vor. Die Blüten sind ein- oder zweihäusig, die männlichen erscheinen als kleine Kätzchen, die weiblichen als ➛ Zapfen, die beerenartig und bereift im 2. oder 3. Jahr zur Reife kommen. Aufrecht wachsende Sorten werden im Garten meist als ➛ Solitärpflanzen, bevorzugt in ➛ Heidegärten, eingesetzt, niederliegende oder kriechende im ➛ Steingarten und als ➛ Bodendecker. **Kultur:** In allen gut durchlässigen Böden, auch kreide- und sandhaltigen Substraten, in voller Sonne oder im Halbschatten pflanzen. Schnittmaßnahmen sind keine erforderlich, zu groß gewordene Pflanzen können jedoch zurückgeschnitten werden. Bei Säulenformen sollte darauf geachtet werden, die symmetrische Form durch den Schnitt nicht zu verderben. **Schädlinge/Krankheiten:** Blattläuse, Schildläuse, Gespinstmotten, Astbrand; Wacholder gilt als Zwischenwirt des Birnengitterrostes, weshalb in der Nähe von Birnbäumen kein Wacholder gepflanzt werden sollte. **Vermehrung:** Reife Samen aus den Früchten lösen und in Töpfen oder im ➛ Kalten Kasten aussäen. Die Keimung kann mehrere Jahre dauern. Sorten werden in aller Regel durch Pfropfung vermehrt: dazu im Frühsommer kräftige Steckreiser bewurzeln.

Ehre, wem Ehre gebührt: Der Heide-Wacholder, *Juniperus communis*, wurde Baum des Jahres 2002.

Arten und Sorten: China-Wacholder (*J. chinensis*) mit seinen Sorten, die breit, aber nicht sehr hoch werden, z. B. 'Aurea' und 'Blaauw'; Heide-Wacholder (*J. communis*) und seine Sorten, darunter auch Boden deckende, z. B. 'Hornibrookii'; für Kübel geeignet ist 'Compressa'; Boden deckend sind auch die Sorten von *J. horizontalis* (Kriechwacholder, z. B. 'Douglasii', 'Glauca' und 'Plumosa'); weitere interessante Sorten bieten Sadebaum (*J. sabina*) und Schuppenwacholder *J. squamata* (viele Zwergsorten, z. B. 'Blue Star'). Zypressenähnlich wirkt *J. virginiana* 'Skyrocket', syn. *J. scopulorum* 'Skyrocket' (säulenförmig, grau bereifte Blätter, bis 6 m hoch und 50 cm breit).

Wachstumsruhe ➛ Vegetationsruhe

Rankende Schönheiten: *Clematis viticella*, *Clematis montana*, *Clematis* 'Snow Queen' (von links).

Waldrebe

(*Clematis*; RANUNCULACEAE) Hahnenfußgewächse

Gattung mit weltweit etwa 300 meist Laub abwerfenden, verholzenden Rankenkletterern (➛ Kletterpflanzen) und ➛ Sträuchern, die in allen Teilen der nördlichen gemäßigten und warmen Zone vorkommen. Durch die große Artenvielfalt ergibt sich eine Vielzahl der Erscheinungsformen, von flach ausgebreitet wachsenden ➛ Bodendeckern über halbhohe, nicht rankende, lockere Gehölze bis hin zu kletternden und rankenden Arten, die Höhen von 10 m und mehr erreichen. Die meist ➛ gegenständigen, selten ➛ wechselständigen, behaarten oder unbehaarten Blätter sind einfach, dreifingrig oder ein- bis zweifach gefiedert, ganzrandig oder mit unregelmäßig eingeschnittenen Rändern. Die Blüten sind meist zwittrig, nur selten eingeschlechtlich, stehen einzeln, in Cymen oder in Rispen. Sie haben 4 bis 10 Kelchblätter und variieren in Größe und Form. Sie blühen je nach Sorte von April bis September. Es gibt einmal- und öfter blühende Sorten, von denen manche duften. Die Früchte sind dekorative, behaarte Balgfrüchte. Man kultiviert die Pflanzen vor allem wegen der attraktiven Blüten, die bei manchen Sorten einen Durchmesser von über 20 cm erreichen können. Mit den an den Blättern ausgebildeten Ranken halten sich die Pflanzen an ➛ Pergolen, ➛ Spalieren, aber auch an anderen Pflanzen wie ➛ Rosen oder locker wachsenden Gehölzen fest und streben zum Licht. Kletterrosen sind die idealen Pflanzpartner für großblumige *Clematis*-Hybriden (➛ Waldrebe). Krautige, nicht rankende Arten werden in Stauden- oder gemischten Rabatten gezogen. **Kultur:** Waldreben lieben dunkle, feuchte Füße (aber keine ➛ Staunässe!) und einen hellen, sonnigen Kopf. Sie bevorzugen fruchtbare, humose, alkalische (kalkige) Böden. Beste Pflanzzeit ist im Herbst. Kletternde Arten werden so tief gepflanzt, dass die Spitze des Wurzelballens 8 cm tief unter der

Erde liegt. Man stützt die Jungpflanzen so lange, bis sie von selbst zu klettern beginnen; junge Pflanzen lassen sich manchmal einige Jahre Zeit, bis sie richtig gedeihen. Schnitt: Wildarten wie *Clematis alpina* und *C. montana* blühen am vorjährigen Holz und brauchen keinen Rückschnitt. Die meisten Hybriden, die zweimal im Jahr blühen (Mai/Juni und August/September) werden an den Spitzen nur leicht zurückgeschnitten, am besten im Herbst. Zähe Hybriden und Wildarten, die im Sommer aus neuen Trieben blühen (z.B. *C. viticella* und *C.* Jackmannii-Hybriden) werden im Spätherbst oder im Frühjahr vor dem ➛ Austrieb auf etwa 30 bis 80 cm über dem Boden zurückgeschnitten, sonst verkahlen die Pflanzen von unten und blühen nur in großer Höhe. **Schädlinge/ Krankheiten:** Schnecken, Erdraupen, Mäuse, Blattläuse, Weiße Fliege, *Clematis*-Welke. **Vermehrung:** Nur die Wildarten können sortenecht durch Samen vermehrt werden. Aussaat bei Samenreife in Töpfe oder im ➛ Kalten Kasten. Grünstecklinge im Frühjahr und halb verholzte Stecklinge im Sommer bewurzeln oder im Spätwinter bzw. zeitigen Frühjahr ➛ absenken.

Arten und Sorten:

- *Berg- oder Anemonenwaldrebe (Clematis montana):* Einmalblühend in Weiß oder Rosa im Mai/Juni, 8 bis 12 m hoch. Schöne Sorten: 'Pink Perfection', 'Alexander' und 'Grandiflora'.
- *Alpen-Waldrebe (Clematis alpina):* Einmalblühend im April/Mai in Blau und Violettblau, schwachwüchsig (bis ca. 2,5 m hoch), daher ideal für kleine Gärten, Terrassen und Sichtschutzwände.
- *Mongolische Waldrebe (Clematis tangutica):* Kleine, gelbe Blütenglöckchen von Juli bis Oktober und sehr dekorative Fruchtstände im Herbst. Dicht, aber niedrig wachsend (3–4 m), daher ideal für kleine Gärten, Terrassen und Sichtschutzwände.
- *Kleinblütige Wildform: Clematis terniflora* (syn. *C. maximowicziana, C. paniculata*): Im Sommer Gruppen kleiner, duftender, weißer Blüten (2–3 cm groß) und im Herbst dekorative Balgfrüchte. Für vollsonnige Lagen, wird etwa 6 m hoch.
- *Großblumige Hybriden (Auswahl):* 'Hagley Hybrid' (*Clematis-Jackmannii*-Gruppe): Von Juli bis September große (bis 15 cm), rosafarbene Blüten; schwachwüchsig (bis 2,5 m hoch); 'Nelly Moser': vom Früh- bis zum Spätsommer ungefüllte, malvenrosa Blüten mit dunklerem Streifen in der Mitte, 2–3 m hoch; 'Piilu': rosa mit dunklerer Mitte, Dauerblüher, bis 2 m hoch; 'Roter Kardinal': dunkel-purpurrote Blüten, bis 3 m hoch; 'The President' (*Clematis patens*-Gruppe): Große (bis 18 cm), dunkelviolettblaue Blüten von Juni bis Oktober. Schwachwüchsig (bis 3 m hoch).
- *Krautig wachsende, nicht rankende Waldreben: C. heracleifolia*: von Juli bis September pastellblaue Blüten, bis 1 m hoch und breit; *C. integrifolia*: im Juli und August nickende, blaue Blüten, bis 60 cm hoch und breit; Aufrechte Waldrebe (*C. recta*): rahmweiße, duftende, große Blütendolden im Juni/Juli, bis 1,3 m hoch, bis 75 cm breit.

Walnuss, Baumnuss, Welschnuss

(*Juglans regia*; JUGLANDACEAE) Walnussgewächse

Mittelhoher, bis 15 m hoher und bis 10 m breiter, Laub abwerfender Baum mit ursprünglicher Heimat in Südosteuropa, heute auf der ganzen nördlichen Halbkugel vorkommend. Der Baum zeichnet sich durch seine gefurchte Borke und ➛ wechselständige, gefiederte Blätter aus. Prinzipiell ist er selbstfruchtbar; da die grüngelblichen männlichen und weiblichen Blüten jedoch oft zeitversetzt aufblühen, lohnt die Pflanzung eines zweiten Baumes in der Nähe, damit der Pollen vom Wind übertragen wird (➛ Befruchtung). Besonders geschätzt als Hausbaum wegen des Schatten spenden Laubes und der ab September reifenden Früchte (Walnüsse), die botanisch gesehen eigentlich keine Nüsse, sondern Steinfrüchte sind. Der nahrhafte Kern steckt geschützt in einer zweigeteilten, holzigen Schale, die von einem grünen, ungenießbaren Fruchtmantel umgeben ist. Geerntet wird, wenn dieser sich von selbst von den Früchten löst. Meist fallen die Nüsse von selbst vom Baum, eventuell muss man durch Schütteln nachhelfen. Die Nüsse können frisch verzehrt oder langsam und gründlich getrocknet werden. Sie sind dann etwa 1 Jahr haltbar. Das Laub und der grüne Fruchtmantel enthalten sehr viele Gerbstoffe. Auf dem ➛ Kompost kann Walnusslaub die ➛ Rotte verzögern. Unter den Bäumen wächst normalerweise wegen der starken Beschattung im Sommer und des gerbstoffhaltigen Falllaubes im Herbst nicht mehr viel. Das Holz des Walnußbaums gilt als wertvolles Schreinerholz für die Möbelherstellung. **Kultur:** Nur in milden Regionen voll winterhart. Im Frühjahr in mäßig trockene bis feuchte, schwach saure bis stark alkalische, durchlässige, nährstoffreiche Böden in Sonne oder Halbschatten pflanzen. Nur gering salzverträglich. Neupflanzungen mit Pfahl stützen. Schnitt: ➛ Erziehungsschnitt im Spätwinter, vor dem Saftanstieg; man belässt neben dem Mitteltrieb noch 3 bis 4 Leitäste, um eine luftige Krone zu erzielen. Größere Wunden mit ➛ Wundverschlussmittel verschließen, da die Bäume stark ➛ bluten. Später sind aum noch Schnittmaßnahmen erforderlich. **Schädlinge/Krankheiten:** Spinnmilben, Bakterienbrand, Blattflecken; die Früchte werden gern von Eichhörnchen, Elstern und Krähen verschleppt. **Vermehrung:** Aussaat nach der Samenreife im Saatbeet, Jungpflanzen von *J. regia* oder *J. nigra* (Schwarznuss) mit einer Edelsorte pfropfen (➛ Veredelungsmethoden). Da dies jedoch recht schwierig ist, empfiehlt sich der Kauf veredelter oder gepfropfter Bäume im Handel.

Der Walnussbaum hat angeblich schon die Gärten des König Salomons geziert.

Sorten: Wildformen und aus Samen gezogene Exemplare bringen zwar auch Früchte hervor, die aber in Größe, Menge und Geschmack oft zu wünschen übrig lassen. Man pflanzt daher Kultursorten oder durch Pfropfung veredelte Sorten an. Die Kultursorten werden meist mit Nummern bezeichnet. Empfehlenswert sind etwa 'Nr. 26' (selbstfruchtbar auch ohne ➛ Bestäubung, bereits an jungen Bäumen hohe Erträge mittelgroßer Nüsse), 'Nr. 120' (nicht selbstfruchtbar, große bis sehr große Nüsse mit intensivem Geschmack), 'Nr. 139' (selbstfruchtbar auch ohne Bestäubung, schon junge Bäume bringen hohe Erträge mittelgroßer, dünnschaliger Nüsse), 'Nr. 1247' (selbstfruchtbar auch ohne Bestäubung, schon von jungen Bäumen hohe Erträge mittelgroßer, ovaler, spitz zulaufender Nüsse).

Walzenmäher ➛ Mähgeräte

Wandbegrünung ➛ Hausbegrünung

Wanderkasten ➛ Frühbeet

Warmer Kasten ➛ Frühbeet

Warmes Gewächshaus ➛ Gewächshaus

Warmhaus (warmes Gewächshaus) ➛ Gewächshaus

Warmkeimer ➛ Keimung

Wasser

Ohne Wasser kein Leben: Es ist das wichtigste Transportsystem der Pflanze. Mit Hilfe des Wasserstroms in den Leitbahnen (➛ Gefäße) gelangen Nährsalze und Speicherstoffe zu alle Organen der Pflanze. Angetrieben wird der Transport durch die Verdunstung: Durch die Abgabe von Wasserdampf über die Blätter entsteht in der Pflanze ein Sog, der den Wurzeln eine erneute Aufnahme aus dem Boden ermöglicht. Der dabei entstehende Druck sorgt dafür, dass die Pflanze aufrecht und straff steht. Bei zu niedrigem Wassertransport sinkt der Druck – die Pflanze welkt. Die wichtigsten Aufnahmeorgane für W. sind die Wurzeln. Zum Gießen eigenen sich Leitungswasser, Brunnenwasser und Regenwasser (➛ Regen).

Leitungswasser hat je nach Herkunft einen unterschiedlichen Kalkgehalt (➛ Wasserhärte), der, je nach Kalkempfindlichkeit der Pflanze, schädigende Folgen haben kann. Kalkreiches Leitungswasser führt im Boden oft zu hohen pH-Werten führt, worunter kalkempfindliche Gewächse wie Fingerhut und Buntnessel leiden – daher das Wasser erst abstehen lassen, dann gießen.

Brunnenwasser (die Bohrung und der Betrieb eines Brunnens sind genehmigungspflichtig) kann mit Hilfe einer Pumpe an die Oberfläche geholt werden. Es ist immer kälter als das Leitungswasser und sollte ebenfalls erst abstehen; zu reichlicher Wasserverbrauch lässt den Grundwasserspiegel absinken und schließlich auch die Brunnen versiegen.

Wassergarten

Gartenanlage, in der das Wasser als bestimmendes Element eingesetzt wird, z.B. in Form eines ➛ Teichs oder Bachs, aber auch verschiedener ➛ Wasserspiele.

Wasserhärte

Eigenschaft des Wassers, die durch den Gehalt von verschiedenen im Wasser gelösten Verbindungen, vorwiegend von Kalzium- und Magnesiumsalzen, zu Stande kommt. W. wird in Grad deutscher Härte (°dH) gemessen und in verschiedene Härtebereiche eingeteilt:

3–7 °dH = weiches Wasser
8–16 °dH = mittelhartes Wasser
18–30 °dH = hartes Wasser

Befinden sich im Wasser ein hoher Anteil an Kalziumionen, die besonders aus kalkhaltigem Gestein herausgespült werden, wird das Wasser als hart bezeichnet. Regenwasser kennt man als weiches Wasser.

Schwanenblume

Sumpfkalla

Sumpfdotterblumen

Wasserpflanzen

→ Gartenteiche, → Bachläufe und andere Wassermotive werden erst durch die Bepflanzung zu attraktiven Gartenelementen. Wasserpflanzen ermöglichen eine biologische Vielfalt und regen Tiere zur Zuwanderung und zum Bleiben an. Je nach Lebensraum unterscheidet man zwischen Sumpf-, Schwimm-, Schwimmblatt- und Unterwasserpflanzen.

1. Sumpfpflanzen fühlen sich nicht nur im flachen Wasser, sondern oft auch in ständig nasser Erde wohl. So genannte Randzonenpflanzen brauchen keine nasse, sondern nur dauerhaft feuchte Erde. Der Übergang zwischen Sumpf- und Randzonenpflanzen ist mehr oder weniger fließend. Eine typische Sumpf- oder Randzonenpflanze ist die Sumpfdotterblume, die sowohl in feuchter Erde als auch in der Flachwasserzone in bis 15 cm tiefem Wasser gedeiht.

2. Schwimmpflanzen wachsen ohne Verankerung im Boden an der Wasseroberfläche. Die Krebsschere (*Stratoides aloides*) etwa ist eine typische Schwimmpflanze, die zur Überwinterung auf den Gewässerboden absinkt.

3. Schwimmblattpflanzen lassen ihre Blätter an langen, flexiblen Stängeln von der Pflanzenbasis, die im Boden verankert ist, bis an die Wasseroberfläche aufsteigen, wo sie das Sonnenlicht einfangen. Die bekanntesten Schwimmblattpflanzen sind die Seerosen (*Nymphaea*).

4. Untergetaucht lebende Wasserpflanzen (Unterwasserpflanzen) reichern das Wasser mit Sauerstoff an und helfen, den Nährstoffüberschuss zu bekämpfen. Wenn sie Wurzeln haben, dienen diese weniger der Nahrungsaufnahme, als vielmehr der Verankerung im Boden. Manche Arten vermehren sich rasch und müssen immer wieder ausgelichtet werden. Schwimm-, Schwimmblatt- und Unterwasserpflanzen brauchen

Sumpfpflanzen:

- Amerikanische Scheinkalla (*Lysichiton americanus*)
- Asiatische Scheinkalla (*Lysichiton camtschatcensis*)
- Blutweiderich (*Lythrum salicaria*)
- Gauklerblume (*Mimulus luteus*)
- Mädesüß (*Filipendula ulmaria*)
- Pfennigkraut (*Lysimachia nummularia*)
- Scheinkalla (*Zantedeschia aethiopica;* nicht frosthart)
- Schilfrohr (*Phragmites pseudacorus*)
- Sumpfdotterblume (*Caltha palustris*)
- Sumpfvergissmeinnicht (*Myosotis palustris*)
- Trollblume (*Trollius europaeus*)
- Wollgras (*Eriophorum angustifolium*)

Flachwasserpflanzen:

- Amerikanische Sumpfschwertlilie (*Iris versicolor*)
- Bachbunge (*Veronica beccabunga*)
- Fieberklee (*Menyanthes trifoliata*)
- Gebänderter Wasserschwaden (*Glyceria maxima* var. *variegata*)
- Gelbe Sumpfschwertlilie (*Iris pseudacorus*)
- Gewöhnlicher Froschlöffel (*Alisma plantago-aquatica*)
- Goldkolben (*Orontium aquaticum*)
- Herzblättriges Hechtkraut (*Pontaderia cordata*)
- Igelkolben (*Sparganium emersum*)
- Kalmus (*Acorus calamus*)
- Pfeilkraut (*Sagittaria sagittifolia*)
- Schilfrohr (*Phragmites australis*)
- Schwanenblume (*Butomus umbellatus*)
- Sumpfkalla (*Calla palustris*)
- Tannenwedel (*Hippuris vulgaris*)
- Wasserknöterich (*Polygonum amphibium*)
- Zwergrohrkolben (*Typha minima*)
- Zyperngras (*Cyperus papyrus*; nicht frosthart)

Schwimmpflanzen:

- Feenmoos (*Azorella caroliniana;* nicht frosthart)
- Froschbiss (*Hydrocharis morsus-ranae*)
- Gewöhnlicher Schwimmfarn (*Salvinia natans*)
- Kleine Wasserlinse (*Lemna minor*)
- Krebsschere (*Stratoides aloides*)
- Muschelblume, Wassersalat (*Pistia stratoides;* nicht frosthart)
- Wasserhyazinthe (*Eichhornia crassipes;* nicht frosthart)

Schwimmblattpflanzen:

- Amerikanische Lotosblume (*Nelumbo lutea*; nicht frosthart)
- Gelbe Teichrose (*Nuphar lutea*)
- Indische Lotosblume (*Nelumbo nucifera*; nicht frosthart)
- Seekanne (*Nymphoides peltata*)
- Seerosen-Hybriden (*Nymphaea*-Hybriden; zum Teil nicht frosthart)
- Wasserknöterich (*Polygonum amphibium*)
- Wassermohn (*Hydrocleys nymphoides;* nicht frosthart)
- Weiße Seerose (*Nymphaea alba*)
- Zweireihige Wasserähre (*Aponogeton distachyos*)

Unterwasserpflanzen:

- Ähriges Tausendblatt (*Myriophyllum spicatum*)
- Gewöhnliche Wasserschraube (*Vallisneria spiralis;* nicht frosthart)
- Gewöhnlicher Wasserschlauch (*Utricularia vulgaris*)
- Krause Wasserpest (*Elodea crispa*)
- Krauses Laichkraut (*Potamogeton crispus*)
- Raues Hornblatt (*Ceratophyllum demersum*)
- Untergetauchte Wasserlinse (*Lemna trisulca*)
- Wasserfeder (*Hottonia palustris*)
- Wassermoos (*Fontinalis antipyretica*)
- Wasserpest (*Elodea canadensis*)
- Wasserstern (*Callitriche palustris*)

Krebsscheren, eingeramt von zwei Nymphemea-Seerosen-Hybriden.

eine Mindest-Wassertiefe, damit sie überleben können. Frostempfindliche Wasserpflanzen müssen im Herbst vor Erreichen der ersten Minusgrade aufgenommen und in frostfreien Becken bei 10–15 °C überwintert werden. Sind sie tiefer als 80 cm im Teich verwurzelt, kann man es wagen, sie im Freien zu lassen.

Kauf

Anders als Gartenpflanzen, die in normaler Erde wachsen, kann man Wasserpflanzen nicht überall bekommen. Gut sortierte Gartencenter halten eine kleine Auswahl bereit, auch Zoo- Fachgeschäfte bieten manchmal Unterwasserpflanzen für Teiche an. Für spezielle Wünsche ist man auf Spezialgärtnereien angewiesen oder bestellt die Pflanzen per Katalog oder im Internet. Die Pflanzen werden zum Transport in Plastikbeutel mit etwas Wasser verpackt und sollten bei Erhalt möglichst umgehend an ihren endgültigen Standort gepflanzt werden.

Pflanzen: Zeitpunkt und Menge

Gepflanzt werden Wasserpflanzen am besten im späten Frühjahr oder während der Sommermonate bis September entweder direkt in das Substrat am Boden des Gewässers, in Gitterkörbe, die auf den Gewässerboden abgesenkt werden oder in am Ufer befestigten Pflanztaschen. Im Fachhandel gibt es spezielle Teicherde, man kann aber auch ein selbst gemischtes Substrat aus Lehm und Flusssand im Verhältnis 1 : 4 verwenden. Damit das Substrat nach dem Pflanzen nicht aufschwimmt, wird die Oberfläche der Pflanzkörbe mit Kies bedeckt. Fast alle Wasserpflanzen sind Flachwurzler und kommen mit einer Substratschicht von 10 bis 15 cm aus. Man setzt die Pflanzen nicht zu dicht, pro 1 m^2 rechnet man in der Sumpfzone 4 bis 6 Pflanzen, in der Flachwasserzone 3 bis 4 Pflanzen und bei Unterwasserpflanzen 2 bis 3 Pflanzen. Seerosen sind je nach Art recht stark wachsend, daher hängt es von der Wüchsigkeit und Endgröße der Sorte ab, wie viele Exemplare man in Teiche einsetzt. Düngen braucht man Wasserpflanzen nicht, denn zusätzliche Nährstoffgaben regen vor allem übermäßiges Algenwachstum und eine ➛ Algenblüte an.

Pflanztiefen und Wasserqualität

Damit Wasserpflanzen gedeihen können, kommt es auf die richtige Pflanztiefe an. Vor dem Einsetzen der Pflanzen sollte man sich daher über die bevorzugte Pflanztiefe der jeweiligen Arten informieren. Manche gedeihen nur, wenn sie mit den Wurzeln

Wasserspiele können fertig in Gartenfachgeschäften erworben werden, wie z.B. die Wassertreppe oder der Quellstein.

oder untersten Sprossteilen ständig im Wasser stehen. Andere brauchen einen mittelhohen Wasserstand, während Unterwasserpflanzen ganz untergetaucht leben. Bietet ein Gewässer von Natur aus nicht die richtige Wassertiefe, kann man Pflanzkörbe in tieferen Bereichen auf Sockel stellen, um so die gewünschte Wassertiefe zu erreichen. Wasserpflanzen kommen nicht mit jeder Wasserqualität zurecht. Die meisten Arten bevorzugen eine neutrale bis schwach saure Substrat- und Wasserqualität. Zu viele Fische im Gewässer können die Pflanzen verwüsten oder durch ihre Ausscheidungen, die wie Dünger wirken, nachhaltig schädigen.

Wasserspiele

Mit Hilfe einer Pumpe wird Wasser im Garten bewegt, z.B. zu Fontänen, Springbrunnen, Sprudelsteine oder Wasserglocken.

Wechselpflanzung

Jahreszeitlich wechselnde Bestückung einer Pflanzfläche oder eines Pflanzgefäßes mit verschiedenen Pflanzenarrangements. So folgt z.B. auf einem Zierbeet nach einer Frühjahrspflanzung mit Zwiebel- und Knollengewächsen eine Sommerpflanzung mit Sommerblumen, oder ein Balkonkasten wird je nach Saison unterschiedlich bepflanzt.

Wedel

1. Blattähnliche Gebilde der Farne.
2. gefiedertes oder fächerförmiges Blatt der Palmen.

Majestätisch und filigran – Wedel eines Königsfarns.

Weibliche Blüte ➛ Geschlecht

Weibliche Elter ➛ Mutterpflanze

Weide

(*Salix*; SALICACEAE) Weidengewächse
Gattung mit etwa 300 Arten Laub abwerfender, in der Regel sehr rasch wachsender Bäume und ➛ Sträucher unterschiedlichster Lebensräume der gemäßigten Zonen der nördlichen Halbkugel. Fast alle Arten sind zweihäusig (➛ Geschlecht), haben einfache, ganzrandige oder gesägte, meist wechselständige Blätter. Die kätzchenförmigen Blüten erscheinen vor oder mit dem Laubaustrieb. Die Frucht ist eine Kapsel, die zahlreichen Samen haben einen wolligen Schopf. Einige Arten sind echte Pioniergehölze, die Kiesbänke und rohe Böden rasch besiedeln. Nur wenige können mit wirklich attraktiven Blüten überzeugen, daher setzt man Weiden im Garten vor allem wegen der schönen Wuchsform und des bei manchen Arten silbergrünen Laubes ein. Riesenwüchsige Arten eignen sich als Parkbaum, kleinere als ➛ Solitäre für Gärten und Zwergformen für ➛ Steingärten, Tröge und als dekorative Kleinsträucher oder Hochstämmchen. **Kultur:** In tiefgründigen, feuchten, aber gut durchlässigen Boden in voller Sonne pflanzen. Zwergige und alpine Arten schätzen gut durchlässigen, grusigen Boden. Ein Schnitt ist kaum nötig. Falls aus Platzgründen oder zur Wuchskorrektur erforderlich, im Spätwinter oder zeitigen Frühjahr Äste kappen oder schiefe und überkreuze Äste entfernen. **Schädlinge/Krankheiten:** Blattläuse, Raupen, Lilienhähnchen, Blattschneidewespen, Weidenschorf, Weidenanthraknose, Rost. **Vermehrung:** Grünstecklinge im Frühsommer bewurzeln, im Winter dazu Steckreiser nehmen.
Arten und Sorten: *S. acutifolia* 'Pendulifolia': bis 6 m hoher und breiter Kleinbaum oder Großstrauch mit lockerer Trichterkrone und besonders schönen Kätzchen; Silberweide (*S. alba*): rasch wachsender, bis 25 m hoher und 10 m breiter Großbaum mit langen, gesägten, dunkelgrünen Blättern. Einige gartenwürdige Sorten, u.a. Trauerweide (*S. a.* 'Tristis', 15 bis 20 m hoch und 15 m breit, mit schleppenartig überhängenden Ästen); Öhrchen-Weide (*S. aurita*): breitwüchsiger, zierlicher Normalstrauch, 0,5 bis 2 m hoch und breit, langsam wachsend; Salweide (*S. caprea*): kurz- und schiefstämmiger Großstrauch oder Kleinbaum, bis 8 m hoch und 5 m breit, rasch wachsend, graugrüne Blätter, duftende Kätzchen – die Sorte 'Pendula' wird häufig als Hochstämmchen mit herabhängenden Zweigen angeboten; Knackweide, Bruchweide (*S. fragilis*): krumm- oder mehrstämmiger, mittelgroßer, 5 bis 15 m hoher und 6 bis 8 m breiter Baum mit lichter, unregelmäßiger Krone und duftenden, gekrümmten Kätzchen; Schweizer Weide (*S. helvetica*): bogig aufrechter, langsam wachsender, bis 1 m hoher und breiter Kleinstrauch; Korkenzieherweide (*S. matsudana* 'Tortuosa'): bizarr wachsender Großstrauch oder Kleinbaum, 4 bis 8 m hoch und 4 bis 6 m breit, aufstrebende, spiralig verdrehte Äste und mattgrüne, lanzettliche, verdrehte Blätter; Purpurweide (*S. purpurea*): vieltriebiger, 2 bis 6 m hoher und breiter Großstrauch mit rutenartigen Zweigen und lanzettlichen, mattgrünen Blättern; Kriechweide (*S. repens*): kriechender, bis 60 cm hoher, bis 1,5 m breiter Zwergstrauch mit graugrünen Blättern, die Varietät var. *argentea* hat besonders schönes, silbergraues Laub.

Weintraube

(*Vitis vinfera*; VITACEAE) Weinrebengewächse Eine der ältesten Nutzpflanzen der Menschheit, deren ursprüngliche Heimat im Kaukasus ist. Wildformen kommen auch in den USA und Asien vor. Stark wachsende, schlingende, Laub abwerfende ➛ Kletterpflanze mit großen, frischgrünen, tief eingeschnittenen Blättern, die bis zu 10 m lange Triebe entwickelt. Die Pflanzen entwickeln ein weit verzweigtes, tief reichendes Wurzelgeflecht und gedeihen am besten in milden Regionen („Weinbauklima") und in geschützten Lagen (Hauswände, nach Süden ausgerichtete Mauern). Moderne Züchtungen versprechen auch zufrieden stellende Erträge in klimatisch weniger begünstigten Regionen Deutschlands. Kultiviert werden Weinreben vor allem wegen der schmackhaften, je nach Sorte grüngelben oder rotblauen, mehr oder weniger bereiften Beerenfrüchte, die im Spätsommer in Trauben (botanisch: Rispen) zusammenstehen. Man verzehrt sie frisch oder verwendet sie für Marmeladen, Gelees, Saft oder lässt sie keltern und zu Wein verarbeiten. Die selbstfruchtbaren Blüten (Mai/Juni) sind unscheinbar und stehen in den Seitenverzweigungen einjähriger Triebe, die wiederum als Seitenverzweigung an vorjährigen Trieben entstehen. Weinreben können wegen des besonders im Herbst attraktiven Laubes (➛ Herbstfärbung) und des raschen Wuchses auch als Fassadenschmuck und sommerlicher Sichtschutz eingesetzt werden. Sie brauchen allerdings ein ➛ Spalier als Rankhilfe. **Kultur:** Im Frühjahr oder Herbst in tiefgründigen, lockeren, alkalischen, humusreichen Boden an einem sonnigen, wind- und frostgeschützten Standort pflanzen. Dabei muss die ➛ Veredelungsstelle 5 cm über dem Boden stehen. Der Pfropfkopf wird so lange angehäufelt, bis die Edelknospe zu treiben beginnt. Dann legt man sie frei, damit sie keine eigenen Wurzeln ausbildet, die anfällig für die gefürchtete Reblaus wären. Die Pflanzen brauchen von Anfang an eine Stütze in Form eines Rankgerüstes, einer Pergola oder eines Drahtspaliers, das in mehreren Etagen an Holzpfählen oder im Abstand von 10 cm an der Hauswand gespannt wird. Im Hausgarten zieht man die Pflanzen meist als Fächerspalier (➛ Spalierformen) oder an der Hauswand. Die jungen Pflanzen werden baldmöglichst an die Stütze geleitet und dort befestigt. Eine ➛ Mulchschicht hält die Feuchtigkeit im Boden. Schnitt: Damit die Reben fruchten, müssen sie regelmäßig beschnitten werden. Im ersten Jahr belässt man nur den Haupttrieb, alle Nebentriebe werden entfernt. Im folgenden Jahr bilden

Eigene Ernte im Garten: Trauben der *Vitis vinifera*.

sich Nebentriebe, von denen etwa 3 als Tragäste weiter kultiviert werden; die anderen bricht man frühzeitig aus. Man kürzt sie jeweils auf 4 bis 5 Augen (➛ Knospe) ein und nimmt auch die entstehenden Seitentriebe auf etwa 5 Augen zurück, bis die erwünschte Ausdehnung des Weinstocks erreicht ist. Im 3. Jahr bilden sich die Fruchtruten. Diese werden alljährlich im Spätwinter auf 2 bis 3 Augen zurückgeschnitten („Zapfenschnitt"). Nach der Ernte oder beim nächstjährigen Schnitt wird die abgetragene Rute entfernt. Darunter hat sich meist eine neue Seitenverzweigung gebildet, die wieder mit dem Zapfenschnitt versehen wird. Überzählige Seitenzweige entfernt man. Beim ➛ Sommerschnitt werden nicht fruchtende Schosse ausgebrochen, im Hochsommer (Juli) überlange Triebe eingekürzt. Diesjährige ➛ Geiztriebe werden ebenfalls im Hochsommer bis auf das unterste Blatt ausgeschnitten. **Schädlinge/Krankheiten:** Spinnmilben, Rebenpocken- und Rebenkräuselmilben, Schildläuse, Erdraupen, Traubenwickler, Echter und Falscher Mehltau, Grauschimmel (*Botrytis*), Chlorosen; Wespen und Vögel fressen an den reifen Beeren. **Vermehrung:** Durch Aussaat erhält man ➛ Wildlinge. Eine sortenechte Vermehrung ist durch Steckreiser oder ➛ Absenker möglich. Sie sind weniger wuchsstark und ertragreich, außerdem anfällig für Reblausbefall und dürfen in Weinbaugegenden nicht ausgepflanzt werden.

Sorten: 'Blauer Burgunder' (blaue Traube, frühe, mittelgroße, süße Beeren, Tafeltraube), 'Blauer Portugieser' (blaue Traube, mittelfrüh, mittelgroße bis große, stark bereifte Beeren, als Tafeltraube und zur Most- und Weinbereitung), 'Dornfelder' (blaue Traube, mittelfrühe bis mittelspäte, bereifte Beeren, als Tafeltraube und zur Most- und Weinbereitung), 'Gelbe Seidentraube' (frühe, mittelgroße, sehr wohlschmeckende Tafeltraube), 'Königin der Weingärten' (weiße Traube, mittelfrühe, große, nach Muskat schmeckende Beeren, Tafeltraube), 'Romulus' (weiße Traube, fast kernlose Beeren, Tafeltraube), 'Solara' (blaue Traube, robuste Tafeltraube auch für rauere Lagen), 'Roter Gutedel' (rote Traube, mittelfrühe, große, würzige Beeren, Tafeltraube), 'Weißer Gutedel' (weiße Traube, mittelspäte, große, leicht bereifte Beeren, als Tafeltraube und zur Most- und Weinbereitung).

Weiße Fliege (Mottenschildlaus)

Bis zu 5 mm großes, mit weißem Wachsstaub überzogenes, geflügeltes Insekt, das bei Störungen sofort auffliegen; Verwandte der Schildläuse. Sie saugen wie ihre Larven auch Pflanzensaft.

Gefährdete Pflanzen: Sommerblumen, Balkon- und Kübelpflanzen, Knollenbegonien, auch einige Gemüse, vor allem Tomaten, Gurken und Kohl.

Schadbild: Blätter oberseits mit gelblichen Flecken, sie trocknen schließlich ein und fallen ab; auf Blattunterseiten Insekten und Larven erkennbar; Laub von Ausscheidungen klebrig; in der Folge tritt ➛ Rußtau auf.

Weiße Fliegen bevorzugen die Unterseite von Blättern. Ihre klebrigen Hinterlassenschaften lassen Rußtaupilze gedeihen.

Vorbeugung und Bekämpfung: Unterglaskulturen häufig lüften; Boden gleichmäßig feucht halten; Unkraut entfernen; Stärkungsmittel, z. B. Brennnesseljauche verabreichen; Pflanzen mit Rainfarntee übersprühen; unter Glas gelbe Leimtafeln anbringen; Erzwespen aussetzen; Brennnesselkaltwasserauszug spritzen.

Weißkohl, Weißkraut ➛ Kohl

Welkekrankheiten ➛ Fusarium-Welke

Wellpapperinge ➛ mechanische Abwehrmittel

Welschnuss ➛ Walnuss

Werkzeug ➛ Gartengeräte

Wermut, Beifuß, Gänsekraut

(Artemisia; COMPOSITAE) Korbblütler

Gattung mit etwa 300 immergrünen oder Laub abwerfenden, strauchigen, ausdauernden oder einjährigen Arten. Wermut ist in der gesamten nördlichen Hemisphäre beheimatet und schon seit der frühesten Antike als Heilkraut bekannt. Er hat stark verästelte Stängel, ➛ wechselständige, oft stark aromatische, manchmal gefiederte Blätter, die meist grau oder silbrig sind, und kleine, unauffällige, zylindrische Blütenköpfchen, die in endständigen Trauben oder Rispen stehen. Bei uns sind vor allem voll frostharte, staudige Vertreter wie Echter Wermut, Beifuß, Edelraute und dekorative Wermutarten als Zierpflanzen in Kultur. Früher wurde Wermut und Beifuß wegen der medizinischen Wirkung und als Würzkraut ausschließlich in Kräutergärten gepflanzt. Wegen des enthaltenen Alkaloids sollte man Wermut und Beifuß nur auf ärztlichen Rat hin anwenden. Neue Züchtungen machen die Pflanzen auch für den Ziergarten interessant. Das graugrüne, gefiederte Laub passt in ➛ Stein- und Kiesgärten, Rabatten und natürlich auch in den Kräutergarten. **Kultur:** In gut durchlässiger, fruchtbarer, lockerer, neutraler bis alkalischer Erde in voller Sonne pflanzen. In schweren, feuchten Böden sind die Pflanzen kurzlebig. Im Frühjahr kräftig zurückschneiden, um einen kompakten Wuchs zu erzielen. **Schädlinge/Krankheiten:** Schnecken, Gallen, Blattläuse, Echter Mehltau. **Vermehrung:** Aussaat im Herbst oder Frühjahr in Töpfe oder im ➛ Kalten Kasten, im Frühsommer ➛ Stecklinge mit grünem Holz bewurzeln.

Arten und Sorten: Eberraute (*A. abrotanum*): aufrechter, Laub abwerfender Strauch mit graugrünen, fein gefiederten Blättern,

Seit Jahrhunderten stellt man aus Wermut ein Kurmittel her, das stark bitter schmeckt.

bis 1 m hoch und breit; Echter Wermut (*A. absinthium*): Gruppen bildende, im unteren Teil verholzende ➛ Staude mit aromatischen, 2- bis 3-fach gefiederten, silbergrauen Blättern, graugelben Blüten im Spätsommer, 90 cm hoch und 60 cm breit – die Sorte 'Lambrook Silver' (bis 75 cm hoch) ist eine geschätzte Zierstaude; *A. arborescens*: immergrüner Strauch mit farnartigem, silbrig weißem Laub und kleinen, gelbgrauen Blüten im Sommer, bis 1 m hoch und 1,5 m breit; die Sorte 'Powis Castle' ist etwas kleiner und besonders schön; *A. ludoviciana*: Gruppen bildende Staude mit lanzettlichen, flaumigen Blättern, im Sommer dicht weißwollige Blüten, schöne Rabattenpflanze, bis 1,2 m hoch und 60 cm breit – besonders schön ist die Sorte 'Silver Queen', die kleiner bleibt. siehe auch ➛ Estragon (*A. dranunculus*)

Wetter ➛ Klima

Wicklerraupen

Winzige Larven verschiedener Wicklerarten (Schmetterlinge), die bei Ziergehölzen, vor allem Nadelhölzern, aber auch an Eichen und Weiden, sowie an Obstbäumen großen Schaden anrichten können. Sie überwintern in einem Gespinst an der Rinde und sind an kleinen Bohrlöchern in den Jungfrüchten und am Fraß an Früchten sowie an Gespinsten an Nadeln von Koniferen und anderen Bäumen zu erkennen. Befallene Triebe sollten möglichst früh entfernt und vernichtet werden; z.B. Eichenwickler, ➛ Apfelwickler, ➛ Pflaumenwickler, Traubenwickler.

Eingerollte Blätter mit einem Gespinst am Blattrand sind ein Zeichen dafür, dass sich hier eine Wicklerraupe eingenistet hat.

Widerstandsfähigkeit ➛ Resistenz

Wilder Wein

(*Parthenocissus*; VITACEAE), Weinrebengewächs

Gattung mit etwa 10 Arten Laub abwerfender, 10 bis 20 m hoher, betont senkrecht strebender, sehr wüchsiger ➛ Kletterpflanzen. Ihre Blätter sind groß, handförmig, fünfzählig und können ➛ ganzrandig, gefiedert oder gezähnt sein. Manche Arten bilden Ranken ohne Haftscheiben (➛ Kletterorgane) aus und brauchen ein Rankgerüst, an dem sie emporklimmen können. Andere entwickeln Ranken mit Haftscheiben, die sie zu echten Selbstklimmern machen. Im Juni/Juli unscheinbare, grünweiße Blütenrispen, gefolgt von blauen, bereiften, nicht essbaren Beeren im Spätsommer. Wegen des attraktiven Laubes, das im Herbst eine intensive rote oder gelbe Färbung annimmt (➛ Herbstfärbung), kultiviert. Man kann die Pflanzen an Mauern, Wände, Zäune oder ➛ Spaliere und ➛ Pergolen setzen und daran hochranken lassen, sie klettert aber auch frei in Bäume und ➛ Sträucher. Ältere Pflanzen können Schäden an Dächern verursachen, indem sie Ziegel heben und Dachrinnen verstopfen. Arten mit Haftscheiben sollten nur an intakten Fassaden emporranken dürfen, da sich die Haftwurzeln in Mauerspalten und Risse im Putz drängen und diese vergrößern könnten. **Kultur:** In fruchtbaren, durchlässigen, mäßig trocke-

Herbstliche Pracht: Wilder Wein mit Blättern und Trauben.

nen bis frischen Boden in Sonne bis Halbschatten pflanzen. Ein Rückschnitt ist nicht nötig, kann aber aus Platzgründen jederzeit erfolgen. Im Herbst können große Mengen Falllaub lästig werden, besonders wenn sie Dachrinnen und Abläufe verstopfen. **Schädlinge/Krankheiten:** Keine. **Vermehrung:** Aussaat bei Samenreife im Herbst in Töpfen oder im ➛ Kalten Kasten. Die Keimung erfolgt oft erst im nächsten Frühjahr. Im Frühsommer Grünstecklinge bewurzeln, im Sommer durch ➛ Absenker.

Arten und Sorten: Wilder Wein (*P. quinquefolia*): wüchsige, bis 15 m hohe Kletterpflanze mit gefingerten, stumpfgrünen Blättern, die sich aus 5 ovalen, stark gesägten Fiedern zusammensetzen. Im Herbst leuchtend rote Laubfärbung. Jungfernrebe (*P. tricuspidata*): wüchsige, bis 20 m hohe Kletterpflanze mit tief gesägten, leuchtend grünen, dreilappigen Blättern, die sich im Herbst leuchtend rot oder purpurn verfärben.

Wildhecke ➛ Hecke

Wildling (Wildschössling, Wildtrieb)
Trieb der Unterlage bei veredelten Gehölzen. Sprießt er in der Nähe der Stammbasis, handelt es sich um einen Triebausschlag; erscheint er dagegen aus den Wurzeln, ist es ein Wurzelausschlag (Wurzelausläufer, Wurzelschössling). W. müssen schnellst möglich entfernt werden, damit sie die Edelsorte nicht verdrängen.

Wildling, hier ein Wurzelschössling, der gerade entfernt wird.

Wildstauden (Auswahl)		
Name	Wuchsform	Verwendung
Akelei (*Aquilegia vulgaris*)	aufrecht, locker verzweigt; 30–60 cm hoch; blaue, weiße oder rosa Blüten	sonnige und halbschattige Rabatten und Beete, am schönsten in Gruppen; versamt sich reichlich
Alant (*Inula helenium*)	bis 1,5 m hoch; große, eiförmige, behaarte, gezähnte Blätter; große, gelbe Blüten	sonnige Rabatten
Alpenveilchen (*Cyclamen purpurascens*)	klein, bis 15 cm hoch; nierenförmige, glänzende Blätter; purpurrosa Blüten	an halbschattigen bis schattigen Standorten am Gehölzrand
Bergaster (*Aster amellus*)	40–60 cm hoch; steife Stängel mit zahlreichen hellvioletten Blüten	sonnige Rabatten
Berg-Flockenblume (*Centaurea montana*)	bis 40 cm hoch; behaarte Triebe und Blätter; blaue Blüten	im Vordergrund sonniger Rabatten und Beete
Blutweiderich (*Lythrum salicaria*)	bis 1,2 m hoch; aufragende, schlanke Triebe mit purpurfarbenen Blütenkerzen	feuchte Uferbereiche, Flachwasserzone
Buschwindröschen (*Anemone nemorosa*)	zierlich, bis 20 cm hoch; gefiedertes Laub und weiße, manchmal rosa Blüten	Unterpflanzung in lichten Gehölzgruppen; verwildernd
Dost (*Origanum vulgare*)	Polster bildend, 20–60 cm hoch; kleines, aromatisches Laub, hell-purpurrosa Blüten	sonnige Stein- und Kiesgärten, Rabattenränder
Eisenhut (*Aconitum napellus*)	aufrecht, bis 1,5 m hoch; gefiederte Blätter; blaue Blütenkerzen – sehr giftig	halbschattige bis schattige Rabatten
Fingerhut (*Digitalis purpurea*)	aufrechte, bis 1,5 m hohe Blütenkerzen mit rosaroten Blüten aus Rosetten graufilziger Blätter steigend – sehr giftig	halbschattige Rabatten und zwischen lichten Gehölzgruppen
Frauenmantel (*Alchemilla vulgaris*)	Gruppen bildend, bis 50 cm hoch; rundliche Blätter; kleine, grüngelbe Blüten in lockeren Knäueln	an sonnigen Standorten als Einfassung von Rabatten
Grasnelke (*Armeria maritima*)	Polster bildend, 10–50 cm hoch; grasartige Blätter; kleine, gestielte, rosa Blüten	sonnige Rabattenränder, Stein- und Kiesgärten
Günsel (*Ajuga reptans*)	flach kriechend, 10–30 cm hoch; dunkelgrüne, ovale Blätter, blaue, aufragende Blütenkerzen	immergrüner Bodendecker für sonnige bis halbschattige Standorte
Immergrün (*Vinca minor*)	niederliegend, Ausläufer bildend, 15–20 cm hoch; immergrün, mit dunkelgrünen, länglich lanzettlichen Blättern; violettblaue Blüten	immergrüner Bodendecker für halbschattige bis schattige Standorte, auch unter Gehölzen
Königskerze (*Verbascum bombycferum*)	aus einer graufilzigen Blattrosette ragen bis 2 m hohe Kerzen mit kleinen gelben Blüten	sonnige Stein- und Kiesgärten, auch für den Hintergrund sonniger Rabatten
Küchenschelle (*Pulsatilla vulgaris*)	zierlich, 5–40 cm; fein gefiedertes Laub; große kelchförmige, violettblaue Blüten	Steingärten
Maiglöckchen (*Convallaria majalis*)	Rhizomstaude, 10–25 cm hoch; breitelliptischen Blätter; mehrere duftende, weiße Blütenglöckchen an einem Stängel – sehr giftig	im Halbschatten unter Laubgehölzen

Wildstauden, wie Akelei, Fingerhut und Alant, lassen sich auch im Garten anpflanzen.

Wildrosen ➛ Rosen

Wildschössling ➛ Wildling

Wildstauden

Nicht durch Zucht veränderte, heimische oder seit längerem eingebürgerte ➛ Stauden, die in dieser Form in der Natur vorkommen. Anders als kultivierte, durch Zucht veredelte oder weiter entwickelte Arten haben Wildstauden einen engen, umgrenzten Lebensraum, in dem alle Komponenten wie Bodenbeschaffenheit (➛ Boden), Feuchtigkeit, Licht und Schatten optimal zusammenpassen müssen, um ein Gedeihen zu ermöglichen. Besonders an Extremstandorten können sie gezüchteten Arten überlegen sein und sind auch in normalen Hausgärten oft eine Erweiterung und Bereicherung des Pflanzenspektrums. Sie bieten Unterschlupf,

Name	Wuchsform	Verwendung
Schneeglöckchen (*Galanthus nivalis*)	Zwiebelpflanze, 8–20 cm hoch; riemenartiges Laub; nickende, weiße Blütenglöckchen	sonnig bis halbschattig unter Laub abwerfenden Gehölzen, auf Wiesen und in Beeten; verwildernd
Storchschnabel (*Geranium*-Arten)	Gruppen bildend, 30–60 cm hoch; gefiedertes Laub; zahlreiche zarte Blüten in Rosa, Blau oder Violett	im Vordergrund sonniger bis halbschattiger Rabatten
Trollblume (*Trollius europaeus*)	niedrig, Gruppen bildend, 10–15 cm hoch; gefiedertes Laub; leuchtend gelben Kugelblüten	sonnige bis halbschattige Uferbereiche und feuchte Rabatten
Türkenbundlilie (*Lilium martagon*)	aufsteigender, fast kahler Stängel, 30–60 cm hoch; rosa Blüten in lockerer Traube	halbschattige Gehölzränder und Rabatten
Waldgeißbart (*Aruncus dioicus*)	Gruppen bildend, bis 1,5 m hoch; gefiedertes Laub; weiße Blütentrauben	an halbschattigen Standorten in Gruppen vor oder zwischen Gehölzen
Wasserdost (*Eupatorium purpureum*)	aufrecht, bis 1,5 m hoch; behaart und verzweigt; graurosa, in großen Trugdolden angeordnete Blüten	im Hintergrund sonniger bis halbschattiger Rabatten

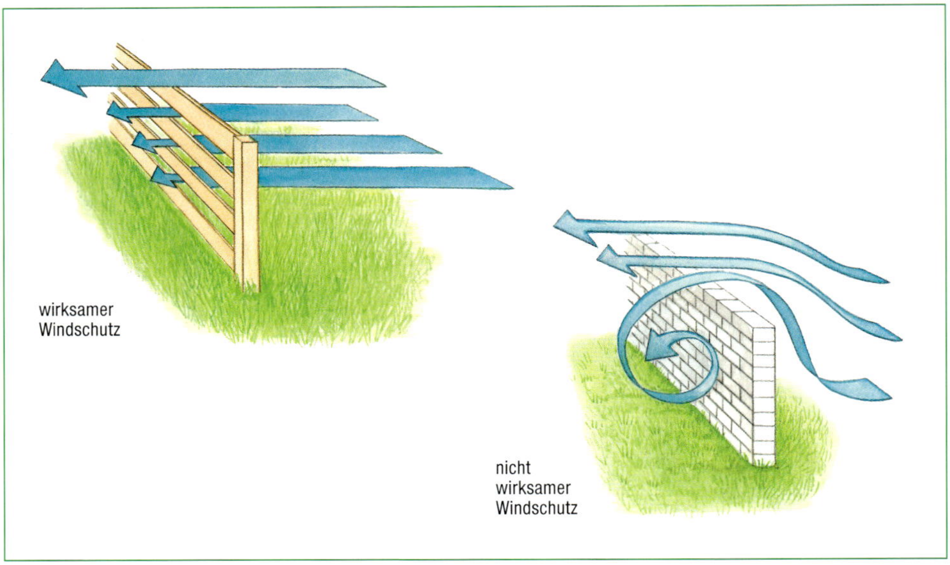

Brutplatz und Nahrungsquelle für viele Tierarten (➛ Bienenweide). Die Entnahme aus der Natur ist verboten – es gibt aber auf Wildpflanzen spezialisierte Gärtnereien, bei denen man Wildstauden kaufen kann.

Wildtrieb ➛ Wildling

Windschutz

Vorrichtung zum Schutz von Pflanzen vor starken Winden, z. B. Hecken aus Sträuchern oder Bäume sowie Zäune, die eine Durchlässigkeit von etwa 50 % aufweisen. Geeignet sind Lattenzäune, Hürdenzäune aus Hasel oder Weide (beide verrotten, daher kurzlebig), oder ein Maschendrahtzaun mit Heckenpflanzung; ungeeignet sind hohe Mauern, da der Wind hier einen Abwind bildet und auf der anderen Seite ungewollte Wirbel bildet.

Winter

Im phänologischen Kalender der Zeitraum von Ende November bis Ende Februar; ➛ phänologische Jahreszeiten.

Winterbirnen ➛ Birnen

Wintergrün ➛ immergrün

Winterhärte

Maß für die Widerstandskraft einer Pflanze gegenüber winterlichen Bedingungen. Sie umfasst *Frosthärte* sowie das Vermögen der Pflanze, Nässe, und Temperaturwechsel zwischen Plus- und Minusgraden im Winter zu vertragen.

Winterknospen (Turionen)

Von Schwimmpflanzen (➛ Wasserpflanzen) ausgebildete stärkereiche Knospen, um die kalte Jahreszeit schadlos zu überstehen. Sie setzen sich im eisfreien Bodenschlamm ab und treiben erst im darauffolgenden Frühjahr aus, z. B. der Gewöhnlich Froschbiss.

Winterschnitt

Zurückschneiden von Pflanzen, besonders von Gehölzen, im Spätwinter oder zeitigem Frühjahr.

Winterschutz

Maßnahmen, damit die Pflanzen im Garten die kalte Jahreszeit unbeschadet überstehen.

Unterirdische Speicherorgane nicht winterharter Zwiebel- und Knollengewächse, z. B. Dahlien, werden aus dem Boden genommen, trocken und frostfrei gelagert.

Stauden werden kräftig zurückgeschnitten und mit Zweigen und Laub abgedeckt.

Ziergehölze, vor allem junge Pflanzen, werden im Wurzelbereich mit einer Mulchschicht bedeckt, der Baum oder Strauch selbst mit Nadelreisig umhüllt.

Obstgehölze, besonders junge Exemplare, werden mit wärmendem Material, z. B. Jutesäcken, gegen Kälte geschützt, die Veredelungsstellen mit Stoffstreifen umwickelt; zum Schutz der Rinde hilft ein Kalkanstrich.

Kübelpflanzen ziehen meist in ein frostfreies Quartier um (➛ Überwinterung).

Im *Gartenteich* wird mit Hilfe von Eisfreihaltern ein völliges Zufrieren verhindert, damit die Sauerstoffversorgung gewährleistet ist.

Wirsing ➛ Kohl

Wirtel ➛ Quirl

Wirtswechsel

Regelmäßiger Wechsel eines Parasiten zwischen verschiedenen, aber bestimmten Arten von Lebewesen, seinen jeweiligen Wirten – dies ist bei Pflanzen schädigenden Pilzen häufig anzutreffen. Der vorwiegend befallene Organismus ist der *Hauptwirt*, in dem sich der Parasit vollständig entwickeln kann; der *Zwischenwirt* ist dagegen das nur zeitweilig zur Überbrückung heimgesuchte Lebewesen. Steht dem Parasiten kein geeigneter Hauptwirt zur Verfügung, weicht er auf einen *Nebenwirt*, z.B eine andere Pflanzenart, aus; z. B. Blattläuse, Rostpilze.

Wirtswechsel

Witterung ➛ Klima

Wolfsmilch

(*Euphorbia*; EUPHORBIACEAE) Wolfsmilchgewächse

Sehr variable Gattung mit weltweit etwa 2000 Arten ein- und zweijähriger, immergrüner oder Laub abwerfender ➛ Stauden, ➛ Halbsträucher, Bäume und ➛ sukkulenter Pflanzen, die bei Verletzung einen milchähnlichen, die Haut reizenden Saft absondern. Die Blüten bestehen meist aus einem männlichen und einem weiblichen Teil, der sich zu einem charakteristischen Blütenstand (Cyathium) zusammengesetzt, von einem roten, braunen, gelben oder grünen Hochblatt (Braktee) umgeben ist und

Hexenmilch, Giftmilch, Spechtwurzel, Springwurzel, Vierzeilige Wolfsmilch, Warzenkraut – die Wolfsmilch ist mit vielen Namen belegt.

einzeln oder in endständigen Dolden oder Büscheln steht (➛ Blütenformen). Die Blätter der in unseren Gärten kultivierten Arten sind oft lineal, blaugrün bis gelbgrün und wirtelig um einen aufrechten Stiel angeordnet. Die meist Sonne und Trockenheit liebenden Arten werden bevorzugt in ➛ Stein- und Kiesgärten und in trockene, sonnige Rabatten gepflanzt – höher wachsende Arten auch in gemischte und Strauchrabatten. **Kultur:** In gut durchlässige, schwach humose bis magere, leichte Böden in voller Sonne pflanzen. Manche Arten (z.B: *E. amygdaloides, E. dulcis* und *E. griffithii*) vertragen Halbschatten und feuchtere Böden besser. Während des Wachstums mäßig gießen, nach der Blüte welke Blütenstände ausschneiden, um eine Selbstaussaat zu verhindern. **Schädlinge/Krankheiten:** Grauschimmel (*Botrytis*), Blattläuse, Rost. **Vermehrung:** Samen frostharter Arten bei Reife in Töpfen, Samen einjähriger Arten im Frühjahr an Ort und Stelle aussäen, bei staudigen Arten im Frühsommer grundständige ➛ Stecklinge bewurzeln, Gruppen bildende Stauden im Herbst ➛ teilen.

Arten und Sorten: Mandelblättrige Wolfsmilch (*E. amygdaloides*): immergrüne, buschige Staude mit dunkelgrünen Blättern und im Frühsommer grünlich gelben Blüten in Trugdolden, bis 75 cm hoch – die Sorte 'Purpurea' hat dunkelpurpurne Blätter, die Varietät var. *robbiae* ist stark ➛ Ausläufer bildend; *E. characias*: aufrechter, immergrüner, bis 1,2 m hoher und breiter Strauch mit wirtelig angeordneten, linealen Blättern und im Frühsommer attraktiven, ball- bis doldenförmig angeordneten, gelbgrünen Blüten – meist findet man die schöne Sorte *E. c.* ssp. *wulfenii* im Handel; Süße Wolfsmilch (*E. dulcis*): Laub abwerfende, bis 30 cm hohe und breite Staude mit aufrechten Sprossen, bronzegrünen Blättern und grünlich gelben Blüten, schöne Herbstfärbung, sät sich sehr stark aus; Himalaya-Wolfsmilch (*E. griffithii*): Rhizome bildende, leicht wuchernde, aufrechte, bis 90 cm hohe Staude mit breitlanzettlichen Blättern und auffälligen, großen orangeroten Blütenständen; Walzenwolfsmilch (*E. myrsinites*): immergrüne, bis 10 cm hohe und 30 cm breite Staude mit niederliegenden Trieben, rundlich zugespitzten, blaugrauen Blättern und gelbgrünen Blütenständen; Goldwolfsmilch (*E. polychroma*): Gruppen bildende, bis 40 cm hohe und 60 cm breite, aufrechte, Laub abwerfende Staude, von Frühjahr bis Hochsommer auffällige, gelbe Blütenstände; Aufrechte Wolfsmilch (*E. rigida*): wie *E. myrsinites*, nur aufrecht wachsend, bis 60 cm hoch.

Wollläuse (Schmierläuse)

Kleine, von weißen flockigen Wachsausscheidungen bedeckte Insekten, die an Blättern und Trieben saugen.
Gefährdete Pflanzen: Ziergehölze und Kübelpflanzen.
Schadbild: Tiere vor allem an Blättern, Triebspitzen und in den Blattachseln; Blätter trocknen ein und fallen vorzeitig ab; Triebspitzen sterben ab.
Vorbeugung und Bekämpfung: standortgerecht pflanzen; stärkende Kräuterjauchen verabreichen; Nützlinge fördern; Läuse abstreifen oder samt Trieben abschneiden und vernichten; nur bei starkem Befall mineralölhaltige Präparate anwenden.

Wuchsformen

Art- oder sortentypische Gestaltsformen, die dem Wuchsverhalten der Pflanzen entsprechen; wurde zusätzlich durch Züchtung erweitert. Nach ihrem Erscheinungsbild lassen sich folgende W. unterscheiden:

- *Horstpflanzen:* setzen sich aus zahlreichen gleichwertigen Sprossen zusammen und wirken dadurch wie ein gleichmäßiger Busch, z. B. viele Gräser.
- *eintriebige Pflanzen:* bestehen aus nur einem oder sehr wenigen aufrechten Sprossen, z. B. Tulpen.
- *Polsterpflanzen (Kissenpflanzen):* ihre Triebe drängen sich kissenartig zusammen, z. B. Blaukissen.
- *Rosettenpflanzen:* reihen ihre Blätter an extrem kurz bleibenden Stängeln dicht gedrängt, spiralig auf, z. B. Hauswurzarten.
- *Teppichbildner:* lassen ihre Triebe über den Boden kriechen und überziehen die Fläche mit lockeren oder dichten Matten, z. B. Pfennigkraut.

Wuchsformen, die sich nur wenig verzweigen, sodass die Pflanzen wenig buschig wirken, bezeichnet man als *sparrig*.

Wühlmaus (Schermaus, Erdratte)

10 bis 20 cm große, plumpe, kurzschwänzige Maus.
Gefährdete Pflanzen: junge Zier- und Obstgehölze, Rosen, Stauden, Zwiebel- und Knollenpflanzen, Wurzel- und Blattgemüse.
Schadbild: plötzliche Welke trotz ausreichender Wasserversorgung; riefenartige Nagespuren an verschiedenen Pflanzenteilen; wellig aufgeworfene Gänge, wenige unregelmäßige Erdhaufen.
Vorbeugung und Bekämpfung: gefährdete Pflanzen mit einem Wurzelschutz versehen, z. B. Zwiebeln in nagesichere Körbe pflanzen; abschreckende Gewächse wie Kaiserkrone einsetzen; natürliche Feinde der W. fördern, z. B. Ansitzstangen für Greifvögel aufstellen; abschreckende Duftmittel wie das Laub von Walnuss oder Thuje in die Gänge legen; Tiere durch laute Geräusche vertreiben (z. B. wiederholt gegen eine Eisenstange schlagen); Spezialfallen aufstellen.

Wundbalsam ➛ Wundverschlussmittel

Wundbehandlung

Unterstützung des Heilungsprozesses von Baumwunden bei Gehölzen. Zerfranste Wundränder werden mit der ➛ Hippe begradigt, anschließend wird die Wunde mit einem ➛ Wundverschlussmittel bestrichen und damit versiegelt.

Wundverschlussmittel

Atmungsaktive, elastische und wasserunlösliche Substanz zum Verschließen von Baumwunden, z. B. nach dem Entfernen ei-

Eine Baumwunde wird mit einem scharfen Messer geglättet und mit einer speziellen Paste verschlossen. Einige Wochen später ist die Schnittstelle gut verheilt.

nes Astes. Es verhindert das Eindringen von Krankheitserregern, z.B. Pilzen oder Bakterien, und Feuchtigkeit in die Wunde. Früher wurde gewöhnlich *Baumwachs* verwendet, heute bevorzugt man *Wundbalsam*, ein Kunstharzprodukt.

Wurmhumus ➛ Humusarten

Wurmkiste

Ein Behälter zur Gewinnung von Wurmkompost, der aus Holz selbst hergestellt oder im Fachhandel erworben werden kann. Als unterste Schicht füllt man etwa daumendick Gartenerde oder Komposterde ein; darüber kommt eine Mischung aus 50 % frischem Pferdemist und 50 % Papierabfällen, Rasenschnitt und Küchenabfällen. Die Kompostwürmer (im Fachhandel erhältlich) werden zu dieser Mischung gegeben und zersetzen sie allmählich zu mürbem Kompost. Der fertige *Wurmkompost* eignet sich z.B. zum Abdecken von Beeten, zum Auspflanzen oder Eintopfen von Zimmerpflanzen.

Wurmkompost ➛ Humusarten

Wurzel

Hauptsächlich unterirdisch wachsendes Pflanzenorgan, das in erster Linie der Verankerung der Pflanze im Boden sowie der Wasser- und Nährstoffaufnahme dient. Die Übergangsstelle zwischen W. und Spross bezeichnet man als *Wurzelhals*. Nach ihrem Rang lassen sich *Haupt-* und *Seitenwurzeln* gliedern. Beide tragen zahlreiche *Feinwurzeln (Faserwurzeln)*, die hauptsächlich Wasser aufsaugen; an ihnen finden sich vor allem im Bereich um die Wurzelspitze dünne, fädige Auswüchse, die *Wurzelhaare*. Diese sind so ausgebildet, dass sie im Bodenwasser gelöste Nährstoffe aufnehmen können.
Die erste Wurzel, die bei der Keimung einer Pflanze aus dem Samen erscheint, ist die *Keimwurzel*. Eine mächtige, weit in die Tiefe vordringende Hauptwurzel bezeichnet man als *Pfahlwurzel*.
Befestigungswurzeln dienen der sicheren Verankerung der Pflanzen im Boden; sie sind vor allem bei Gehölzen von Bedeutung. *Zugwurzeln* ziehen sich beim Wachstum zusammen und können eine Jungpflanze in eine für sie günstige Tiefe bringen; sie finden sich vor allem bei vielen Zwiebel- und Knollenpflanzen. Manche Gewächse können außer den eigentlichen Wurzeln aus bodennahen Bereichen des Sprosses weitere Wurzeln, so genannte, *sprossbürtige Wurzeln* entwickeln.

Wurzelälchen ➛ Nematoden

Wurzelausläufer (Wurzelausschlag, Wurzelschössling, Wurzeltrieb)
Trieb aus einer Wurzel, der sich an die Oberfläche schiebt und sich dort zu einer eigenständigen Pflanze entwickeln kann, z. B. bei Himbeeren, Brombeeren und Pflaumen.

Wurzelballen

Bezeichnung für alle Wurzeln einer Pflanze samt der sie unmittelbar umgebenden Erde.

Wurzelballe zum Schutz in Säcke eingehüllt.

Wurzelbrand ➛ Keimlingskrankheit

Wurzelechte Pflanzen

Aus Samen gezogene, auf ihren eigenen Wurzeln stehende Gewächse, die nicht auf Unterlagen veredelt wurden.

Wurzelfäule

Durch bestimmte Pilze, aber auch Fäulnisbakterien verursachte Pflanzenkrankheit. In sehr feuchten, vor allem aber staunassen Böden sind Wurzeln besonders gefährdet, da sie weich und faulig werden können und Bakterien und Pilze eindringen und sie zerstören können. Eine direkte Bekämpfung der Krankheitserreger ist nicht möglich.
Gefährdete Pflanzen: Sommerblumen, Stauden, Balkon- und Kübelpflanzen, Erdbeeren (Rote Wurzelfäule).
Schadbild: Pflanzen kümmern; braune oder grünschwarze Faulstellen am Wurzelhals; Wurzeln reißen beim Ausgraben leicht ab, sind glasig verfault und riechen unangenehm; schlaffe oberirdische Triebe, die schließlich vertrocknen.
Vorbeugung und Bekämpfung: übermäßige Bodennässe vermeiden; Kulturbedingungen verbessern, z. B. angewärmtes Gießwasser verwenden, auf Bodenhygiene achten; beim ersten Erschlaffen und Vertrocknen der Triebe, Pflanze ausgraben, alle fauligen Wurzeln abschneiden und an einer günstigeren Stelle wieder einpflanzen; im fortgeschrittenen Stadium kranke Pflanzen entfernen und vernichten.

Wurzel- und Knollengemüse

Gemüsesorten mit nahrhaften, schmackhaftem unterirdischen Organen, meist verdickte ➛ Pflahlwurzeln, aber auch rundliche Formen, in denen die Pflanze Nährstoffe (Zucker, Stärke) speichert. Typische Vertreter sind ➛ Möhren, ➛ Rote Bete, Speiserüben (➛ Kohlrübe), Wurzel- ➛ Petersilie, ➛ Pastinake, ➛ Radieschen, ➛ Rettiche, ➛ Merrettich und ➛ Schwarzwurzel.

Wurzelhaare ➛ Wurzel

Wurzelhals ➛ Wurzel

Wurzelknolle ➛ Speicherorgane

Wurzelläuse

Verschiedene Arten von Blatt- und Schildläusen, die an den Wurzeln der Pflanzen leben und dort saugen; werden ähnlich wie Blattläuse von Wiesenameisen gehegt.
Gefährdete Pflanzen: Sommerblumen und Gemüse, vor allem Salate, Möhren, Bohnen, Artischocken.
Schadbild: Wachstumsstörungen; bei Salaten kaum Kopfbildung; Pflanzen welken, vergilben und sterben ab; befallener Wurzelbereich sieht wie weiß bepudert aus.
Vorbeugung und Bekämpfung: widerstandsfähige Sorten bevorzugen; mulchen, Boden gleichmäßig feucht halten; Stärkungsmittel wie Brennnesseljauche verabreichen; Boden mit Rainfarntee gießen; bei sehr starkem Befall eine Schmierseife-Spiritus-Lösung anbringen.

Wurzelpetersilie ➛ Petersilie

Wurzelraum

Der gesamte Bodenbereich, der von Pflanzenwurzeln erschlossen werden kann; je nach seinem Volumen – abhängig von Gründigkeit, Bodenart, Durchlüftung sowie Wasser- und Nährstoffangebot – erfolgt eine Durchwurzelung dieses Bodenraums, d.h. die Wurzelsysteme der Pflanzen können sich darin entwickeln und ausbreiten.

Wurzelschnitt

Einkürzen verletzter oder überlanger Wurzeln vor dem Pflanzvorgang. Er regt das Wachstum der Wurzeln an und erleichtert so das Anwachsen.

Wurzelschnittling (Wurzelsteckling)

➛ Stecklinge

Wurzelschutzmatte

Spezielle, meist folienartige Unterlage, die ein Durchwachsen von Wurzeln verhindert. Sie wird z.B. bei Dachbegrünungen in den Untergrund eingebracht.

Wurzelsperre

Vorkehrung im Untergrund, um ein Durchdringen von Wurzeln zu verhindern und bauliche Einrichtungen vor Beschädigung durch Wurzeln zu schützen. Wird eine entsprechende Sperre bei Rhizomgewächsen eingesetzt, spricht man von *Rhizomsperre*. Um der Ausbreitung wuchernder Pflanzen wie Bambusarten Einhalt zu gebieten, umgibt man deren Wurzelbereich z.B. mit einem Betonring, einem Zylinder aus verrottungsfester Gummimatte oder einem großen Kunststoffgefäß, dessen Boden entfernt wurde; z.B. Gräser wie Bambusse und Simsen.

Wurzelsteckling ➛ Stecklinge

Wurzelstock (Rhizom) ➛ Speicherorgane

Wurzelsystem

Einheit aller Wurzeln einer Pflanze. Nach Anordnung und Ausdehnung des W. lassen sich Gewächse einteilen in

- *Flachwurzler (Tellerwurzler):* Die Wurzeln breiten sich vorwiegend flach unter der Erdoberfläche aus; z.B. Rotfichte oder Rhododendron. Wichtig für die Bodenbearbeitung zu wissen.
- *Tiefwurzler (Herzwurzler, Pfahlwurzler):* Die Wurzeln reichen bis in große Tiefe; z.B. Stieleiche oder Hainbuche.

Wurzelunkräuter ➛ Unkraut

Ysop

(*Hyssopus officinalis*; LAMIACEAE/LABIATAE) Lippenblütler

Ausdauernder, in milden Lagen immergrüner, aus dem Mittelmeerraum stammender ➛ Halbstrauch. Aufgrund seines aromatischen Laubes wird Ysop als Gewürz- ➛ Heil- und Zierpflanze geschätzt. Man erntet die blühenden Triebspitzen und die Blätter, die durch Trocknen konserviert werden können. Das Aroma ist allerdings leicht flüchtig. Die violettblauen bis rosa Blüten stehen in Wirteln an ährenartigen, endständigen Rispen. Außer im Kräutergarten wird die etwas frostempfindliche Art auch in sonnigen Rabatten, im Kiesgarten, an sonnigen Mauern und als niedrige Hecken gepflanzt. **Kultur:** In fruchtbarer bis magerer, gut durchlässiger, neutraler bis alkalischer Erde in voller Sonne pflanzen. Im zeitigen bis mittleren Frühjahr die vorjährigen Triebe um etwa ein Drittel einkürzen, um einen buschigeren Wuchs zu erzielen. **Schädlinge/Krankheiten:** Keine. **Vermehrung:** Samen im Herbst in Töpfen oder im ➛ Kalten Kasten säen, im Sommer Grünstecklinge bewurzeln.

Sorten: *H. o.* f. *albus* hat weiße, f. *roseus* rosa Blüten.

Zapfen

1. Meist kegelförmiger weiblicher Blütenstand bei Nadelhölzern; verholzt allmählich, zwischen den zahlreichen Schuppen sitzen die Samen.
2. Beim Gehölzschnitt nicht vollständig entfernter Trieb, der anschließend als Stumpf stehenbleibt.

Zaubernuss

(*Hamamelis*; HAMAMELIDACEAE) Zaubernussgewächse

Gattung mit 6 Arten Laub abwerfender, bis 4 m hoher und breiter, fächer- bis trichterförmig wachsender ➛ Sträucher aus Ostasien und Nordamerika. Die Zweige werden als Wünschelruten verwendet, den nussartigen Samen spricht man Zauberwirkung zu – daher der Name.

Seine Blätter sind wechselständig und breit eiförmig. Im Spätwinter bis Frühjahr, lange vor dem Laubaustrieb, treibt er 2 bis 3 cm breite, in dichten, achselständigen Büscheln stehende, meist duftende Blüten aus, die aus 4 schmalen, fast fädigen Kronblättern (➛ Blütenformen) bestehen. Die Früchte sind kleine bräunliche Kapseln, die lange am Zweig haften. In Gärten wegen der frühen Blütenzier und der sehr attraktiven ➛ Herbstfärbung als ➛ Solitärpflanze, aber auch in Strauchrabatten und gemischten Hecken kultiviert. Alle Arten sind voll frosthart. **Kultur:** Die Flachwurzler reagieren empfindlich auf Störungen im Bodenbereich. In mäßig fruchtbare, nicht zu trockene, gut durchlässige saure bis neutrale Erde in voller Sonne oder im Halbschatten pflanzen. Schnitt: Kaum nötig; zur Wuchskorrektur oder aus Platzgründen im Spätwinter oder zeitigen Frühjahr schiefe, sich kreuzende oder zu lange Triebe entfernen.

Ysop galt im antiken Mesopotamien als „heilige Pflanze".

Sorten von *Hamamelis X Intermedia*		
Sorte	Blütenfarbe	Blütezeit
'Advent'	leuchtend gelb	sehr früh: ab November
'Arnold Promise'	schwefelgelb, mittelgroß	sehr spät: erst im März, anhaltend bis April
'Barmstedt's Gold'	intensiv goldgelb, besonders groß	mittelfrüh: Anfang Februar bis Anfang März
'Diane'	mittelgroß bis groß, dunkel karminrot	mittelfrüh: Anfang Februar bis Anfang März
'Feuerzauber'	kupfrig orangerot	früh: Ende Januar bis Ende Februar
'Jelena'	gelb bis kupferorange, groß	sehr früh: Ende Dezember bis Anfang Februar
'Pallida'	leuchtend hellgelb, stark duftend	sehr früh: Ende Dezember bis Anfang Februar
'Primavera'	hellgelb	mittelfrüh: Ende Januar bis Ende Februar
'Ruby Glow'	kupfrig braunrot	mittelfrüh: Anfang bis Ende Februar
'Westerstede'	hellgelb	spät: Februar bis Ende März
'Vezna'	dunkelorange	spät: Februar bis März

Schädlinge/Krankheiten: Rotpustelkrankheit. **Vermehrung:** Aussaat bei Samenreife in Töpfen oder im ➛ Kalten Kasten, Kultivare im Spätwinter pfropfen oder im Spätsommer okulieren (➛ Veredelungsmethoden). **Arten und Sorten:** Großblühende Zaubernuss (*H.* x *intermedia*): breiter, locker verzweigter, 3 bis 4 m hoher und 3 bis 5 m breiter Strauch, beliebteste Zaubernuss für Gärten, blüht ab Januar mit spinnenartig ausgebreiteten, fädigen Blütenblättern, die Frost bis -10 °C vertragen. Duftend, prachtvolle Herbstfärbung, zahlreiche Sorten (siehe Sortentabelle); Japanische Zaubernuss (*H. japonica*): breitkroniger, trichterförmiger, 2,5 bis 4 m hoher und breiter Strauch, ab Ende Januar bis März duftende, hellgelbe Blüten, die Frost bis -7 °C aushalten; Chinesische Zaubernuss (*H. mollis*): trichterförmiger, 3 bis 5 m hoher und breiter, locker aufgebauter Großstrauch, zahlreiche große, leuchtend gelbe Blüten von Ende Januar bis März – die Sorte 'Brevipetala' ist kleinblütig; Virgnische Zaubernuss (*H. virginiana*): locker ausgebreiteter bis trichterförmiger, bis 5 m hoher und breiter Großstrauch, die gelben Blüten erscheinen im Herbst, während sich das Laub färbt.

Nicht nur eine schöne Zierpflanze, auch als Heilmittel kommt die Zaubernuss zum Einsatz.

Zaun

Vorrichtung aus quer, längs oder gekreuzt angebrachten Holzlatten, aus Weidenruten, Metall, Maschendraht oder anderen Materialien zur Abgrenzung eines Grundstücks. Im Garten dient er außerdem dazu, den privaten Bereich vom öffentlichen Raum abzuschirmen und bietet Sicht- und/oder Lärmschutz. ➛ Rechtsvorschriften

Zeigerpflanzen-Beispiele	
Bodenart/ Bodenzustand	Charakteristische Wildkräuter
Sandiger Boden	Feldbeifuß *(Artemisia campestris)*, Pechnelke *(Lychnis viscaria)* Saatwucherblume *(Chrysanthemum segetum)*,
Lehmiger Boden	Ackerkratzdistel *(Cirsium arvense)*, Esparsett *(Onobrychis viciifolia)*, Huflattich *(Tussilago farfara)*, Echte Kamille *(Chamomilla recutita)*, Löwenzahn *(Taraxacum officinale)*, Wegwarte *(Cichorium intybus)*
Humoser, nährstoffreicher Boden	Ackersenf *(Sinapis arvensis)*, Franzosenkraut *(Galinsoga parviflora)*, Große und Kleine Brennnessel (*Urtica dioica* und *U. urens*), Vogelmiere *(Stellaria media)*
Feuchter, schwerer Boden	Ackerminze *(Mentha arvensis)*, Beinwell *(Symphytum officinale)*, Gänsefingerkraut *(Potentilla anserina)*, Kriechender Hahnenfuß *(Ranunculus repens)*, Scharbockskraut *(Ranunculus ficaria)*
Trockener, leichter Boden	Hasenklee *(Trifolium arvense)*, Heidenelke *(Dianthus deltoides)* Sandmohn *(Papaver argemone)*
Kalkarmer Boden	Adlerfarn *(Pteridium aquilinum)*, Buchweizen *(Fagopyrum esculentum)*, Kleiner Ampfer *(Rumex acetosella)*, Stiefmütterchen *(Viola tricolor)*, Weiches Honiggras *(Holcus mollis)*
Kalkreicher Boden	Ackerrittersporn *(Consolida regalis)*, Echter Gamander *(Teucrium chamaedrys)*, Kleiner Wiesenknopf (*Sanguisorba minor*), Wiesensalbei *(Salvia pratensis)*

Zeigerpflanzen (Bodenzeiger)
Pflanzen, vor allem Wildkräuter, die bestimmte Bedingungen für ihr Wachstum benötigen bzw. an diese angepasst sind und deshalb natürlicherweise nur an genau festgelegten Standorten vorkommen. Ihre Auftreten lässt Rückschlüsse auf gewisse Voraussetzungen des Standorts zu, vor allem was die Bodenqualität betrifft.

Zertifiziertes Saatgut ➛ Saatgut

Ziehhacke ➛ Bodenbearbeitungsgeräte

Zierfarn ➛ Farne

Ziergarten
Überwiegend nach ästhetischen Gesichtspunkten gestalteter Garten. Er dient im Gegensatz zu einem Nutzgarten zur Erholung und Erbauung und nicht zur Produktion von Nahrung.

Ziergehölze ➛ Gehölze

Ziergräser ➛ Gräser

Zierkirsche, Zierpflaume
(*Prunus*; ROSACEAE) Rosengewächse
Sehr variationsreiche Gattung mit mehr als 200 Arten Laub abwerfender oder immergrüner Bäume und ➛ Sträucher der gemäßigten Zonen der nördlichen Hemisphäre, des nördlichen Südamerikas und des gebirgigen Südostasiens. Sie haben ➛ wechselständige, meist gesägte, breit eiförmige bis lanzettliche, längliche oder rundliche Blätter und weiße, rosa oder rötliche Blüten mit 5 Kronblättern (gefüllte Sorten mehr). Sie reifen zu fleischigen runden oder eiförmigen Früchten, die in der Regel nicht genießbar sind. (Die essbaren Vertreter aus dieser Gattung, ➛ Pflaumen, ➛ Pfirsiche, ➛ Nektarinen, ➛ Aprikosen, ➛ Mandeln, Mirabellen (➛ Pflaumen) und ➛ Kirschen werden

Ihnen ist in Japan ein Fest gewidmet: die weiße Säulenkirsche und besonders die rosa Zierkirsche sind Schönheiten.

an anderer Stelle jeweils unter einem eigenen Stichwort aufgeführt.) Zierkirschen und Zierpflaumen werden wegen der attraktiven Blüten als ➛ Solitärbäume gepflanzt, immergrüne strauchige Arten wie Lorbeerkirsche (*P. laurocerasus*) auch als Hecke oder in Strauchrabatten. **Kultur:** In mäßig fruchtbaren, ausreichend feuchten, aber gut durchlässigen Boden in voller Sonne pflanzen. Immergrüne Arten vertragen auch Halbschatten. Schnitt: In der Regel nicht nötig. Wo aus Platzgründen oder zur Wuchskorrektur erforderlich, Laub abwerfende Arten im Spätwinter oder zeitigen Frühjahr, alternativ im Hochsommer kappen, schräge oder sich kreuzende Äste entfernen. Immergrüne Arten nach der Blüte im Frühjahr kappen, totes und beschädigtes Holz entfernen. Hecken nach der Blüte, im Früh- bis Hochsommer schneiden (Vogelschutzbestimmungen einhalten). **Schädlinge/Krankheiten:** Blattläuse, Raupen, Spinnmilben, Bleiglanz, Zweigmonilia, Bakterienbrand. **Vermehrung:** Aussaat im Herbst in Töpfen im Freiland, Kultivare im Sommer okulieren oder im zeitigen Frühjahr pfropfen (➛ Veredelungsmethoden), bei Laub abwerfenden Arten im Frühsommer Grünstecklinge, bei immergrünen im Hochsommer halb verholzte Stecklinge mit Bodenheizung bewurzeln.

Arten und Sorten:

Laub abwerfende Blütengehölze:

- Frühe Zierkirsche (*P.* 'Accolade'): Großstrauch, bis 8 m hoch und 5 m breit; locker trichterförmige Krone; mittel- bis stark wachsend; zahlreiche rosafarbene, halb gefüllte Blüten vor dem Laubaustrieb im April.
- Vogelkirsche, Wildkirsche (*P. avium*): heimische Wildkirsche, bis 20 m hoher und 12 m breiter, stark wachsender Baum; im April/Mai Büschel weißer Blüten, gefolgt von schwarzen, essbaren Früchten.
- Blutpflaume (*P. cerasifera* 'Nigra'): langsam wachsender Großstrauch, bis 7 m hoch und 5 m breit; dunkelrote bis schwarzrote, nicht vergrünende Blätter; lebhafte, rosafarbene Blüten im April, gefolgt von pflaumenartigen, essbaren Früchten.
- Zwerg-Blutpflaume (*P. cistena*): locker buschiger Kleinstrauch, bis 1,5 m hoch und breit; purpurrote bis kupfrig braune,

Sorten der japanischen Zierkirsche (Auswahl)			
Sorte	Blütenfarbe und -form	Wuchsform	Größe (in m) H: Höhe B: Breite
'Amanogawa'	hellrosa bis weiß; duftend, halb gefüllt	erst straff säulenförmig, später breit aufrecht	H: 5–7 B: 1–2
'Fugenzo'	rosa; halb gefüllt	flachkronig, breit aufrecht	H: 5–6 B: 5–6
'Ichiyo'	hellrosa; lang gestielte Doldentrauben	breit aufrecht	H: 6–7 B: 5–6
'Kanzan'	intensiv rosa; gefüllt, in Gruppen stehend	trichterförmig	H: 7–12 B: 5–8
'Kiku-shidare-zakura'	dunkelrosa; gefüllt	halbkugelförmig, schleppenartig herabhängende Zweige	H: 4–6 B: 3–4
'Pink Perfection'	silbrig rosa; ungefüllt	trichterförmig, stark wachsend	H: 6–8 B: 3–5
'Shimidsu-zakura'	erst rosa, dann weiß; halb gefüllt; sehr spät	breit gewölbte Krone	H: 2–3 B: 2–3
'Shirofugen'	Knospe rosa, dann weiß, dann wieder rosa; gefüllt	erst trichterförmig, später breitkronig	H: 5–8 B: 4–5
'Taihaku'	reinweiß; ungefüllt	rundlich aufgelockert	H: 9 B: 10

nicht vergrünende Blätter; hellrosa bis weiße Blüten, gefolgt von essbaren, schwarzen Früchten.

- Kurilenkirsche (*P. kurilensis* 'Brillant'): attraktiver, dicht, langsam und aufrecht wachsender Normalstrauch, bis 2,5 m hoch und 2 m breit; dunkelgrünes Laub; Ende März/April überreiche, große, reinweiße Blüten vor dem Laubaustrieb.
- Mahagonikirsche, Tibetanische Kirsche (*P. serrula*): oft kurz- und mehrstämmiger, langsam wachsender Kleinbaum, bis 7 m hoch und breit; im April/Mai kleine, weiße Blüten in Büscheln; mahagonifarbene, glänzende Rinde, die im Alter dekorativ abschilfert.
- Japanische Zierkirsche (*P. serrulata*): attraktiver Kleinbaum, 2 bis 12 m hoch und 1 bis 8 m breit; wegen der außergewöhnlich üppigen und schönen Blüten kultiviert. Nur Sorten im Handel (Übersicht siehe Sortentabelle).
- Schneekirsche, Higan-Kirsche (*P subhirtella*): Kleinbaum, 3 bis 5 m hoch und breit; graziler Wuchs mit auftrebenden Ästen und übergeneigten Zweigen; Ende März/Anfang April rosa bis weiße Blüten; zahlreiche Sorten, z. B. 'Autumnalis' (rosa, halbgefüllt, herbstblühend), 'Fukubana' (rosa, halb bis voll gefüllt, gekräuselt, Anfang April), 'Pendula' (waagerecht bis abwärts geneigte Zweige, hellrosa, ungefüllt, Mitte April).
- Großfruchtige Blutpflaume (*P.* 'Trailblazer'): breit aufrechter, bis 10 m hoher und 6 m breiter Baum; rotpurpurne bis rötlich grüne Blätter; hellrosa bis weiße Blüten gefolgt von großen pflaumenähnlichen, essbaren Früchten.

Die verwandte Lorbeerkirsche bringt dunkle Früchte hervor.

- Mandelbäumchen (*P. triloba*): vieltriebig oder als Hochstamm gezogen; im April/Mai vor dem Blattaustrieb prunkvolle, rosettenartige Blüten.
- Tokyo-Kirsche (*P.* x *yedoensis*): Kleinbaum, bis 7 m hoch und breit; mit überhängenden Ästen; im März/April üppige Trauben schüsselförmiger, blassrosa Blüten.

Immergrüne Arten:

- Lorbeerkirsche, Kirschlorbeer (*P. lausocerasus*): dichter, buschiger, im Alter ausladender Strauch mit ledrigen, dunkelgrünen, glänzenden, 15 cm langen, spitzovalen Blättern und duftenden weißen, in aufrechten Trauben stehenden Blüten, gefolgt von roten, später schwarzen, kirschähnlichen, nicht essbaren Früchten. Gut schnittverträglich, treibt auch aus dem alten Holz wieder aus. Zahlreiche Sorten, z.B. 'Otto Luyken' (breit ausladend bis halbrund, bis 1,5 m hoch, bis 3 m breit), 'Rotundifolia' (wüchsig, aufrecht, bis 5 m hoch und 4 m breit), 'Zabeliana' (niedriger, ausladender Wuchs, 2 bis 3 m hoch und breit, blüht oft im Herbst ein zweites Mal).
- Portugiesische Lorbeerkirsche (*P. lusitanica*): ähnlich wie *P. laurocerasus*, aber im Alter deutlich höher und breiter und nicht zuverlässig frosthart. Nur für sehr milde Regionen (Weinbauklima) geeignet.

Ziersträucher
➛ Sträucher

Zitronenmelisse
➛ Melisse

Zucchini, Zucchetti

(*Cucurbita pepo* convar. *giromontiina*; CUCURBITACEAE) Kürbisgewächse

In der Regel nicht rankende (bei modernen Züchtungen gibt es auch rankende Vertreter), einjährig kultivierte Gemüsepflanze mit großen, drüsig behaarten Blättern, gelben trichterförmigen Blüten und gurkenähnlichen, grünen oder gelben Früchten. Verzehrt werden die jungen, zarten Früchte roh, gekocht oder gebraten, sobald sie eine Länge zwischen 10 und 20 cm erreicht haben. Größere Früchte bilden eine harte, bittere Haut und wattiges, trockenes Fruchtfleisch. Auch die Blüten sind essbar und

Am besten schmecken Zucchini, wenn sie in noch sehr jungem Stadium geerntet werden.

werden von Liebhabern frittiert genossen. Zucchini sind weniger empfindlich als ➛ Kürbisse und ➛ Gurken, brauchen jedoch auch viel Wärme, Sonne, Wasser und Nährstoffe. **Kultur:** ➛ Vorkultur (Aussaat) ab Mitte/Ende April unter Glas, ab Mitte/Ende Mai an einem sonnigen und windgeschützten Standort in humose, fruchtbare, tiefgründige, nicht zu trockene Erde im Abstand von 1 bis 2 m auspflanzen. Moderne, rankende Züchtungen können auch im Kübel als Balkongemüse an ➛ Spalieren gezogen werden. Während des Wachstums regelmäßig gießen. Am besten fruchten Zucchini, wenn mehrere Pflanzen zusammen gepflanzt werden und man die jungen Früchte kontinuierlich erntet. Bleiben große Früchte an den Pflanzen, stellen diese die weitere Blüte ein. **Schädlinge/Krankheiten:** Schnecken, Blattläuse, Echter Mehltau, Mosaikvirus. **Vermehrung:** Aussaat im Frühjahr. **Sorten:** 'Black Forest F1' (rankend), 'Defender F1' (ertragreiche, frühe Sorte), 'Diamant F1', 'Eight Ball Rondini F1' (kugelrunde Früchte), 'Gold Rush F1' (gelbe Früchte), 'Papaya Pear F1' (birnenförmig, goldgelb), 'Partenon F1' (selbstfruchtend, für Einzelstellung), 'Radiant F1' (dunkelgrüne Früchte mit glatter Haut), 'Striato d'Italia' (gelbgrün gestreift).

Zuckerhutsalat, Fleischkraut

(*Cichorium intybus* var. *foliosum*; COMPOSITAE) Kreuzblütler

Mit dem ➛ Chicorée verwandte Gemüseart mit spitz zulaufenden, fest geschlossenen Köpfen, die vor allem als leicht bitterer Wintersalat, aber auch als Gemüse zum Dünsten angebaut wird. **Kultur:** Aussaat im Juli (frühere Aussaat führt zum ➛ Sprossen und blühenden Pflanzen, spätere Aussaaten bringen keine Köpfe vor dem Wintereinbruch) breitwürfig in tiefgründigen, humosen Boden in voller Sonne; später auf 40 x 40 cm vereinzeln, Ernte ab Oktober. Die Pflanzen vertragen schwache Nachtfröste und sind nach der Ernte gut eingewickelt mehrere Wochen haltbar. **Sorten:** z. B: 'Kristallkopf', 'Vatters Zuckerhut'.

Der geschmackvolle Zuckerhutsalat kann roh oder gedünstet genossen werden.

Züchtung

Gezielte Weiterentwicklung von Organismen durch Kreuzung mit anschließender Auslese der daraus entstandenen Nachkommen. Sie dient der Verbesserung und/oder Erweiterung von Arteigenschaften; bei Kulturpflanzen z.B. neuartige Blütenfarben und Wuchsformen, höhere Erträge und bessere Resistenzen gegenüber Krankheiten.

Zuckermais ➛ Mais

Zugwurzeln ➛ Wurzel

Zungenblüte

Einzelblüte bei Korbblütlern, bei der die Kronzipfel einseitig zu einer Zunge ausgezogen sind. Bei Zungenblütlern sind alle Einzelblüten gleich gestaltet, z.B. Löwenzahn. Bei manchen Korbblütlern bilden Z. einen Kranz um eine Scheibe aus ➛ Röhrenblüten.

Zurückschlagen ➛ Mutation

Zweig ➛ Baum

Zweihäusig ➛ Geschlecht

Zweijährige Pflanzen ➛ Lebensdauer

Zweikeimblättrige Pflanzen (Dikotyledoneae, Dikotylen)
Neben den einkeimblättrigen Pflanzen die größte Gruppe innerhalb der Bedecktsamer. Sie bildet 2 Keimblätter aus und zeigt mannigfaltige Blattformen, mit Blättern, die einen mehr oder weniger netznervigen Aufbau aufweisen. Sie besitzen ein ➛ Kambium, das sekundäres Wachstum ermöglicht; z.B. Doldengewächse wie Dill, Fenchel, Petersilie, Rachenblütler wie Königskerze, Fingerhut, Ehrenpreis, Rosengewächse wie Apfelbaum, Himbeere, Erdbeere, Weißdorn, Rosen.

Zweistämmigkeit (Zwistelbildung)
Entwicklung zweier gleichwertiger, starker Äste, die in spitzem Winkel zueinander stehen - das kommt vorwiegend bei nach oben strebenden Leitästen oder Stammverlängerungen vor. Einer der beiden Äste sollte möglichst rasch entfernt werden, da sich in der Astgabel oft Fäulnis bildet, wodurch die Äste leicht abbrechen und dabei schwere Wunden entstehen.

Zwerggehölze ➛ Gehölze

Zwergmispel
(*Cotoneaster*; ROSACEAE) Rosengewächse
Variationsreiche Gattung mit etwa 50 Arten und zahlreichen Kultivaren Laub abwerfender oder immergrüner Straucharten der gemäßigten Zonen der nördlichen Hemisphäre. Die Zwergmispel kann sehr unterschiedliche Wuchsformen aufweisen, hat ➛ wechselständige, elliptische, breit eiförmige bis rundliche Blätter und setzt von Frühjahr bis Sommer weiße bis rosafarbene, becher- oder schalenförmigen Blüten an, die einzeln oder in Cymen stehen und zu leuchtend gefärbten, runden bis eiförmigen, leicht giftigen Beeren reifen. Im Garten finden sie hauptsächlich Verwendung in Strauchrabatten und ➛ Hecken, immergrüne Arten als ganzjähriger Sichtschutz, Zwergarten in ➛ Steingärten und kriechende Sorten als ➛ Bodendecker. Alle Arten sind voll frosthart. **Kultur:** In mäßig fruchtbare, gut durchlässige, auch trockene Erde in voller Sonne oder im Halbschatten pflanzen. In der Sonne blühen und fruchten die Pflanzen besser. Schnitt: Die meisten Arten brauchen keinen regelmäßigen Rückschnitt, vertragen aber einen kräftigen ➛ Verjüngungsschnitt, wenn nötig. Laub abwerfende Arten schneidet man im Spätwinter oder zeitigen Frühjahr, immergrüne werden nach der Blüte zurückgeschnitten oder getrimmt. Hecken werden im Hoch- bis Spätsommer (ab Mitte August bis Ende September) zurückgeschnitten, eventuell ein 2. Mal im Herbst, wenn der Neuaustrieb die Früchte überwächst. **Schädlinge/Krankheiten:** Blattläuse, Wollläuse, Schildläuse, Gespinstmotten, Feuerbrand. **Vermehrung:** Aussaat im Herbst in Töpfen oder im ➛ Kalten Kasten. Grünstecklinge von Laub abwerfenden Ar-

ten im Frühsommer, halb verholzte Stecklinge von immergrünen Arten im Spätsommer bewurzeln.

Arten und Sorten:

Immergrüne Arten:

- Kriechmispel (*C. dammeri*): Zwerg- oder Kleinstrauch, bis 50 cm hoch und 2 m breit, mit auf dem Boden aufliegenden Trieben, kleinen, elliptischen, dunkelgrünen Blättern, weißen Blüten und roten Früchten – zahlreiche Zuchtsorten mit variationsreicher Beerenfärbung, z. B. 'Cardinal' (hellrot), 'Coral Beauty' (besonders üppiger, orangeroter Fruchtbesatz), 'Eichholz' (orangerot, aber wenig fruchtend), 'Holsteins Resi' (rot), 'Major' (hellrot), 'Thiensen' (leuchtend braun), 'Winterjuwel' (rot, reich fruchtend).
- Weidenblättrige Zwergmispel (*C. salicifolius*): eleganter, bis 3 m hoher und breiter Strauch (Sorten auch deutlich niedriger) mit mittelgroßen, lanzettlichen, runzeligen, oberseits dunkelgrünen, unterseits weißfilzigen Blättern und zahlreichen weißen, in Doldenrispen angeordneten Blüten im Juni, gefolgt von erbsengroßen, korallenroten Früchten. Sorten: *C.s.* var. *floccusus*: locker aufgebauter Großstrauch; *C. s.* 'Herbstfeuer': niederliegend, mattenförmig, 50 cm hoch und 1,5 m breit; *C. s.* 'Repens': dicht mattenförmig, sehr flach, 20 bis 40 cm hoch und 50 bis 100 cm breit.
- Englische Felsenmispel (*C. watereri*-Hybriden): Gruppe von Kultursorten, die aus ➛ Kreuzungen hervorgegangen und im Wuchs sehr variabel sind. *C. watereri* 'Pendulus' ist ein kriechender Kleinstrauch mit schleppenartigen Trieben, die, wenn er aufgebunden gezogen wird, in aparten Kaskaden herabstürzen.

Zwermispeln werden auch gerne als Bodendecker gepflanzt.

Laub abwerfende Arten:

- Peking-Felsenmispel (*C. acutifolius*): locker aufgebauter, bis 3 m hoher und breiter, langsam wachsender Normalstrauch; kleine, spitz eiförmige, mattgrüne Blätter; kontrastreiche, schwarze Früchte.
- Zwergmispel (*C. adpressus*): kriechender, bis 30 cm hoher und 1 m breiter Zwergstrauch; Zweige am Boden aufliegend; kleine, rundliche, mattgrüne Blätter; spärliche, rote Früchte.
- Runzelige Felsenmispel (*C. bullatus*): trichterförmiger bis halbrunder, 3 bis 5 m hoher und 2 bis 3 m breiter, locker und stark wachsender Großstrauch; spitz eiförmige, mittelgroße, runzelige Blätter; zahlreiche weiße, in Doldenrispen stehende Blüten, gefolgt von dekorativen, roten Früchten.
- Lockere Felsenmispel (*C. divaricatus*): vieltriebiger, bis 2 m hoher und breiter, locker und stark wachsender Normalstrauch; kleine, dunkelgrüne, glänzende, breit elliptische Blätter; weißen Blüten und glänzend roten Früchten.

Zwiebeln sind als Universalgemüse aus der Küche nicht wegzudenken. Und was sich die Köche dazu alles einfallen lassen, ist bewundernswert.

- Fächer-Felsenmispel (*C. horizontalis*): halb-immergrüner, bis 1,5 m hoher und 3 m breiter Kleinstrauch mit waagerecht ausgebreiteten Trieben; Zweige in fischgrätartiger Anordnung; kleine, eiförmige, glänzende, dunkelgrüne Blätter; zahlreiche, rote Früchte im Herbst; gut schnittverträglich.
- Blüten-Felsenmispel (*C. multiflorus*): locker breitwüchsiger, bis 3 m hoher und breiter Normalstrauch; bogig überhängende Zweige; mittelgroße, rundlich eiförmige, gelblich grüne Blätter; weißen, in Doldenrispen zusammenstehenden Blüten, gefolgt von roten Früchten.
- Nanshan-Zwergmispel (*C. praecox*): unregelmäßig bogenförmig ausgebreiter, 50 cm hoher und 1,5 m breiter Zwergstrauch; bodenbedeckend und sehr langsam wachsend; kleine, rundliche, dunkelgrüne Blätter; meist einzelne, rosafarbene Blüten im Mai, gefolgt von erbsengroßen, kugeligen, roten Früchten.

Zwergrosen ➛ Rosen

Zwetsche ➛ Pflaume

Zwiebel, Speisezwiebel

(*Allium cepa*; LILIACEAE) Liliengewächse

Ein- oder zweijährig kultivierte, vielseitige Gemüsepflanze. Eine der ältesten Kulturpflanzen mit Heimat Mittelasien, die in verschiedenen Sorten (Speise-, Perl-, Lauch- und Gemüsezwiebeln) weltweit zu Speise- und Heilzwecken kultiviert wird. Speisezwiebeln können nach der Ernte und einigen Tagen Trocknens über längere Zeit an einem dunklen, trockenen und kühlen Ort ohne Qualitätsverlust gelagert werden. Lauchzwiebeln werden frisch verzehrt, Gemüsezwiebeln sind nur für kurze Zeit haltbar. **Kultur:** Im März/April Steckzwiebeln in Abständen von etwa 10 cm in Reihen mit einem Abstand von 25 bis 30 cm etwa 1 cm tief in lockere, warme, humose, tiefgründige Erde in voller Sonne legen, sodass die Spitze der Zwiebel gerade noch sichtbar ist. Legt man die Zwiebeln vor dem Stecken einen Tag in Wasser, werden sie später im Boden nicht nach oben gedrückt. Während des Wachstums jäten und den Boden lockern, nur bei Trockenheit gießen. Erntereif sind die Zwiebeln im Juli/August, wenn das Laub von selbst welk wird. Die Zwiebeln werden einzeln aus dem Boden gezogen und bei trockenem Wetter einige Tage ausgebreitet im Freien nachgetrocknet. Bei nasser Witterung breitet man sie an einem geschützten Ort zum Trocknen aus. Man kann die trockenen Zwiebeln mit den Blättern zu Zöpfen flechten oder das Laub entfernen und die Zwiebeln luftig in Steigen oder flachen Körben lagern. Alternativ zu Steckzwiebeln kann auch eine Aussaat erfolgen. Perl-, Lauch- und Gemüsezwiebeln werden allein durch Aussaat, nicht durch Steck-

zwiebeln angebaut. Die Aussaat erfolgt im Frühjahr (März/April, bei Gemüsezwiebeln schon ab Januar in ➛ Vorkultur unter Glas) direkt im Freiland weitläufig in 25 bis 30 cm Reihenabstand. Später werden die Sämlinge auf etwa 10 cm (Gemüsezwiebeln: 15 cm) vereinzelt. Sie lassen sich auch verpflanzen. Die Kulturzeit ist etwas länger als bei Steckzwiebeln. In wintermilden Regionen kann die Aussaat auch im September erfolgen. Die Zwiebeln überwintern dann auf dem Beet und sind im folgenden Jahr schon im Frühsommer erntereif. So genannte Wintersteckzwiebeln werden ebenfalls im September in den Boden gebracht, überwintern auf dem Beet und können ab Mai des Folgejahres geerntet werden. **Schädlinge/Krankheiten:** Zwiebelfliege, Zwiebelhalsfäule, Lauchmotte, Zwiebelblasenfuß (Thripse); Falscher Mehltau, Porreerost. **Vermehrung:** Aussaat und Steckzwiebeln.
Sorten:
Speisezwiebeln: 'Barito' (frühe, gut lagerfähige Sorte), 'Birnenförmige' (längliche Zwiebeln), 'Braunschweiger Dunkelrote' (plattrunde, rote Sorte), 'Cernturion F!' (runde, früh reifende Sorte), 'Stuttgarter Riesen' (plattrunde, gut lagerfähige Sorte), 'Piroska' (rote Zwiebel), 'Zittauer Gelbe' (runde, lange haltbare Sorte).

Zwiebeln halten sich lange, wenn sie trocken und dunkel gelagert werden.

Perl- oder Silberzwiebeln: 'Weiße Königin'
Gemüsezwiebeln: 'Jumbo', 'The Kelsae', 'Yellow Sweet Spanish'.
Lauchzwiebeln: 'Lange Weiße Milda', 'Toga' (rot).

Zwiebel- und Knollenpflanzen Pflanzengruppe mit verdickten unterirdischen Überdauerungs- und Speicherorganen, die mehrjährig sind und daher zu den ➛ Stauden gezählt werden. Die meisten werden wegen der sehr attraktiven Blüten, manche auch als Nahrungspflanzen kultiviert. Nicht alle Arten sind frosthart. Botanisch wird die Gruppe weiter unterteilt in:

- *Zwiebelpflanzen:* mehrere Schalen des Zwiebelbodens umschließen einen Stängelansatz, der im Querschnitt bereits erkennbar Blätter und oft sogar schon Blütenknospen trägt. Beispiele: ➛ Tulpen, ➛ Hyazinthen, Speise- ➛ Zwiebeln und ➛ Lilien.
- *Zwiebelknollen, Rhizomknollen:* Übergangsform zwischen Zwiebeln und Knollen. Die Zwiebelschuppen bzw. -schalen haben sich zu einer festen Knolle verfestigt, die von einer oder zwei Schutzhäuten vor dem Austrocknen und vor Verletzungen geschützt wird. Beispiele: ➛ Krokusse, Montbretien, ➛ Gladiolen.
- *Knollen:* Echte Knollen werden in zwei Gruppen unterteilt: Sprossknollen sind nicht schichtenförmig aufgebaut und haben keine Schutzhaut. Überall an der manchmal buckeligen Oberfläche können sich Wurzeln bilden, es gibt kein eindeutiges „oben" und „unten". Beispiele: Knollen- ➛ Begonien, Alpenveilchen, ➛ Anemonen und Winterlinge. Wurzelknollen entstehen, wenn Wasser und Nährstoffe in den Hauptwurzeln eingelagert werden

und diese fleischig verdicken. An einigen Stellen entstehen „Augen“, aus denen neue Triebe sprießen können. Der Haupttrieb erfolgt in der Regel am Wurzelhals, wo der alte Stängel ansetzte. Typische Vertreter der Wurzelknollen: ➛ Dahlien, Ranunkeln und Steppenkerzen.

- *Rhizome:* Verdickte, fleischige Speicherorgane, aus denen unterirdisch Wurzeln und oberirdisch Knospen entspringen. Sie helfen den Pflanzen in ungünstigen Vegetationsphasen, etwa bei lang anhaltender Trockenheit, zu überdauern. Beispiele: manche ➛ Schwertlilienarten (z. B. *Iris-barbata*-Hybriden), Buschwindröschen, Indisches Blumenrohr und Maiglöckchen.

Zwiebelfäulen

Durch verschiedene Pilzgattungen verursachte *Grau-*, *Hart-* und *Trockenfäule*.
Gefährdete Pflanzen: Zwiebel- und Knollengewächse, besonders Gladiolen.
Schadbild: unterirdische Organe faulen im Innern, sind eingetrocknet und zeigen schwarzbraune Flecken; die oberirdischen Teile kümmern, vergilben oder sind braun gefleckt.
Vorbeugung und Bekämpfung: nur einwandfreies Pflanzgut verwenden; standortgerecht pflanzen; für gute Drainage sorgen; befallene Zwiebeln oder Knollen sofort aussortieren und wegwerfen; erkrankte Pflanzen entfernen und vernichten.

Zwiebelfliegen

Die Larven der verschiedenen Z.-Arten fressen an Zwiebelpflanzen. Die Weibchen legen ihre Eier auf den Zwiebelhälsen ab, wenn das Laub der Pflanzen abstirbt; die geschlüpften Larven bohren sich dann in die Zwiebeln hinein.
Gefährdete Pflanzen: Zwiebelgewächse, besonders Narzissen, Schneeglöckchen, auch Lauch und Küchenzwiebel.
Schadbild: schwache, gelblich verfärbte, grasartige junge Blätter; Ausbleiben des Austriebs, da die Zwiebeln von vom Boden her faulen.
Vorbeugung und Bekämpfung: Zwiebellhälse der gefährdeten Arten sollten nicht frei liegen, während das Laub einzieht; regelmäßige Bodenlockerung rund um die Pflanzen, um die Eiablage zu verhindern; gefährdete Kulturen im Haus vorziehen; befallene Zwiebeln sofort entfernen und vernichten.

Zwiebeljauche ➛ Pflanzenzubereitungen

Zwiebelpflanzen ➛ Zwiebel- und Knollengewächse

Zwischenfrucht ➛ Zwischenkultur

Zwischenkultur (Zwischenfrucht)

Gemüse, das zusammen mit einer Hauptkultur angebaut wird, aber schneller als diese heranreift und vor ihr geerntet wird. Sie nutzt das Platzangebot und Bodennährstoffe eines Beetes, z. B. Möhren. Z. vermindert auch durch ihre Boden schützende Blattmasse die Gefahr einer ➛ Erosion.

Zwischensaat

Aussaat einer rasch wachsenden und reifenden Pflanzenart zwischen anderen Kulturen. Sie dient der besseren Ausnutzung der Anbaufläche vor allem im Gemüsegarten; z. B. Spinat und Feldsalat.

Zwischenwirt ➛ Wirtswechsel

Zwittrig ➛ Geschlecht

Bildnachweis

Fotos: Frank M. von Berger S. 82, S. 87 oben rechts, S. 92, S. 93, S. 94, S. 96, S. 97, S. 99 oben rechts, S. 109, S. 112, S. 113, S. 117, S. 121, S. 124, S. 130, S. 131, S. 136, S. 137, S. 138, S. 139, S. 142, S. 143, S. 145, S. 146, S. 148, S. 154, S. 160, S. 162, S. 163, S. 164, S. 165, S. 169 links, S. 177, S. 181, S. 189, S. 191, S. 194, S. 195, S. 197, S. 204, S. 206, S. 216, S. 213, S. 219, S. 220, S. 225, S. 227, S. 229, S. 234 oben, S. 239 unten, S. 241, S. 246, S. 247, S. 248, S. 250, S. 257, S. 258, S. 259, S. 261, S. 263, S. 264, S. 266, S. 267, S. 273, S. 277, S. 280, S. 282, S. 284, S. 285, S. 286, S. 293, S. 298, S. 299, S. 340, S. 302, S. 305, S. 307, S. 309, S. 311, S. 313, S. 314, S. 316, S. 317 oben, S. 321, S. 326 unten rechts, S. 330, S. 332, S. 339, S. 340, S. 341, S. 344, S. 347, S. 348, S. 349, S. 353, S. 359, S. 361, S. 366, S. 367, S. 369, S. 370, S. 372, S. 375, S. 379 unten rechts, S. 380, S. 382, S. 385, S. 388, S. 389, S. 390, S. 395, S. 403, S. 404, S. 406, S. 408, S. 410, S. 411 unten rechts, S. 413, S. 417, S. 419, S. 422, S. 428, S. 430, S. 432, S. 435, S. 437; COM.BOX/J. Kottmann S. 326 oben links; Corbis/Johnson Peter S. 77/Bojan Brecelj S. 123 oben links /Corbis S. 323; Gardena S. 47 u. rechts, S. 99; Frank Hecker S. 19; Peter Himmelhuber S. 106, S. 108, S. 115, S. 169, S. 183 rechts unten, S. 184, S. 205, S. 214, S. 235, S. 269, S. 304, S. 317 unten, S. 325, S. 373; Renate Husmann S. 218; IFA-BILDERTEAM/Time Space Inc. S. 268, S. 296/Maier R. S. 297; Imago/Redeleit S. 383 links/Niehoff S. 383 rechts; Mauritius/West Studios S. 20/Halaska S. 78 unten/S. Mehlig 78 oben/fm S. 158/E. Harstrick S. 186 mitte rechts/Kabes S. 186 oben links/Reinhard S. 208, S. 234 unten, S. 335/age S. 217, S. 288/age fotostock S. 231/Howard S. 232 unten/Schrempp S. 262/Filser S. 320; Natur im Bild/Manfred Ruckszio S. 58, S. 123 unten rechts, S. 128, S. 132, S. 159, S. 172, S. 223, S. 239 oben links, S. 242, S. 329, S. 336, S. 355, S. 374, S. 376; Okapia/Bjoern Svensson S. 15/Hans Reinhard S. 19, S. 87, S. 104, S. 122, S. 187, S. 237 oben, S. 249, S. 358, S. 379, S. 414; Redeleit Wolfgang S. 12, S. 28 unten, S. 69, S. 123 oben rechts, S. 133 links, S. 230, S. 237 unten, S. 343, S. 368, S. 378, S. 401, S. 411, S. 423; Reinhard – Tierfoto/Nils Reinhard S. 253 oben rechts/Hans Reinhard S. 338, S. 425, S. 253 oben links, S. 255, S. 260, S. 290, S. 291; Dr. F. Sauer/Frank Hecker S. 171 unten, S. 238; Seidl S. 28 o. rechts, 133 rechts, S. 134, S. 157, S. 239 oben rechts, S. 243, S. 251, S. 278, S. 318, S. 180; Robert M. Sulzberger S. 80, S. 81, S. 86, S. 103, S. 125, S. 156, S. 167, S. 171 oben, S. 188, S. 207, S. 224, S. 232 oben, S. 283, S. 287, S. 315, S. 334, S. 337, S. 342, S. 354, S. 393, S. 396, S. 400, S. 414, S. 415, S. 427, S. 433, S. 436; Wildlife/D. Harms S. 183 links unten.